KB042778

註心賦

마음의 노래를 해설하다

역주

마음의 노래를 해설하다

註心賦

역주

영명연수 지음

박건주 옮김

學古房

책을 펴며

'마음의 노래를 해설하다'

본서는 당말 五代에서 북송 초에 걸쳐 활동한 선승 영명연수永明延壽 (904~975)가 지었다. 서명 「註心賦」 또는 「注心賦, 心賦注」는 '마음의 노래(心 賦)를 해설한다(注)'는 뜻이다. 500년 경 인도에서 건너 온 달마대사에 의해 중국에 전해진 선법은 마음의 성품을 자심에서 바로 보아 깨닫게 하는 가르침으로 대체로 간결한 핵심의 心地법문을 위주로 하였으나 그 선리(禪理, 禪旨)를 설파 내지 해설함에는 보통 수십 종류 이상의 대승 경론을 인용하며 문답식 논리로 이끌어 이해할 수 있도록 하였다. 그러나 이러한 교선일치의 전통은 당대의 불교번영기를 거치면서 변화하여 갈수록 퇴화하고, 경론은 멀리하면서 윗대 선사들의 선어록 해석이나 짤막한 선문답의 시적, 은유적 감흥으로 선어를 풀어내거나 서로 문자 놀음하듯 응대하는 이른바 문자선(文 字禪)에 빠져들었다. 짤막한 몇 구절의 선어록이나 선문답만을 붙들고 이를 궁극의 과제인 양 공안(公案)이라 하고, 여기에만 매달리며 높은 공부와 수행한다고 자임하면서 제대로 修證하는 것인 양 허풍을 떨었다. 그래서 성취와 진전의 내실은 없고 말만 번듯하여 이른바 '구두선(口頭禪)'이라는 유행어를 낳게 되었다. 저자 영명연수가 활동하던 시기는 바로 이러한 풍조가 만연해가던 무렵이었다. 그리하여 그는 기본적인 선리와 선지도 갖추지 못하고 달마선을 한다고 설쳐대는 현상을 치유하기 위해 600여 대승경론에 나오는 修證의 주요 법문들을 인용하여 무려 100권의 분량으로 『종경록』을 저술하였다(송태조 건륭2년 ; 961년). 대승의 거의 모든 방면의 수증 법문을 망라하여 집대성한 『종경록』 저술은, 달마대사가 강조하였던

'자교오종(藉敎悟宗 : 敎에 의지하여 宗(心性)을 깨닫는다)'의 교선일치 전통이 갈수록 흐려지고 이에 역행하는 풍조가 심해지면서 선종이라 자임하면서도 달마선의 근본 이치도 모르고 기초도 없는 현상을 치유하고자 하는 열망이 얼마나 강렬했었는가를 말해준다. 우리는 본서를 읽기 전에 먼저 그의 그러한 열망과 각고의 노력에 경의와 감사를 표하지 않으면 안 된다.

한편『종경록』은 분량이 100권에 이르러 널리 대중화되기는 무척 어려웠다. 그래서 그 요긴한 바를 크게 줄여 발췌하고, 그 핵심 요의를 짤막한 517개의 詩語구절로 노래하여 각 소절의 제목으로 삼고, 그 시어 제목의 뜻에 해당하는 법문을 아래에 해설식으로 덧붙여서 총 517개의 소절을 편성하였다. 또한 새로운 내용도 추가하였다.

이러한 방식의 법문은 돈황 출토의 여러 선종 법문에서 선법의 일목요연한 이해와 대중화를 위해 여러 방식으로 법문을 펼치고 있는 것과 뜻을 같이 한다. 본서에서는 어려운 달마선의 선지를 알기 쉽게 자세히 풀이하고 해설하면서, 그 요지를 맨 앞에 간략한 시어로 서두에 제시하여 쉽게 암송하듯 익숙해지게 하였다.

이후 북송 후기에서 남송 초에 걸쳐 그러한 선종의 폐해는 더욱 심해졌다. 특히 문자선에서는 그나마 몇 개의 문단으로 구성된 선어록이나 선문답을 가지고 공부하였다고 하겠지만 얼마 후 간화선이 나오고 크게 유행되면서 이제는 화두라고 하는 겨우 단어 한 두 개로 된 것만 가지고 씨름하면서 이것 만 잡고 타파하면 바로 조사와 불을 뛰어넘고 성불이나 하는 것처럼 허풍을 떨고 기고만장하며 수행자들을 달마선의 바른 길에서 벗어나 붕 뜨게 만들었다. 영명연수 이후에는 수많은 대승경론을 곳곳에서 인용하며 친절히 여러 방면에서 선리를 일깨우는 선종 초기의 법문 방식은 나오지 못하게 되었다. 따라서『종경록』과『주심부』는 달마선의 올바른 전통이 계승된 마지막 역작이며, 그 후세인들이 본받아야 할 성전이라 할 수 있다.

화두선이 유행된 이후 굴절되고 왜곡된 불교사의 흐름이 이제 본서의 내용과 그 저술의 뜻을 살려 다시 바른 전통으로 회복되어야 한다.

영명연수는 고려의 보조지눌에게 많은 영향을 주었다. 두 분 모두 선종의 선사로서 선종을 自宗이라 칭하면서 교선일치에 의한 달마선의 修證과 그 성취가 여타 宗에 비해 뛰어남을 여러 면에서 설명하고 강조하였다. 두 분 모두 초기선종인 능가선법을 근간으로 소개하면서 아울러 정토, 법화, 화엄, 유식, 중관, 밀교 등 대승 전반의 수증론을 아우르며 소개하고 해설하였다. 이러한 입장과 방법론은 모든 불자에게 시대를 막론하고 크나큰 모범이라 하겠다.

어려운 여건에서도 본서의 출간을 응락하고, 까다롭고 복잡한 본서의 편집에 힘써 주신 학고방의 여러분께 깊은 감사를 드린다.

본서가 두루 널리 읽히고 깊이 이해되어 정법을 찾는 이들에게 큰 빛이 되어주길 발원한다.

2014년 9월
무등산 하 원조 박건주 찬불

목 차

解 題

(1) 저자 永明延壽(904~975)

① 생애와 저술

영명연수는 선종 法眼宗의 제3조, 정토종 제6조이다. 중국 선종은 唐末五代期에 5家로 분화되며 발전하였다. 그 중에 법안종은 설봉의존(雪峰義存 822~908)─현사사비(玄沙師備 835~908)─나한계침(羅漢桂琛 867~928)을 거쳐 법안문익(法眼文益 885~958)의 代에 종파로서 성립되었다. 이후 천태덕소(天台德韶 891~972)─영명연수(永明延壽 904~975)로 이어졌다. 법안종은 五家 중 가장 늦게 성립되었지만 당말 송 초까지는 가장 영향력이 컸다. 특히 영명연수 시기에는 그의 다양한 활약과 당시 강소와 절강 지역을 지배하고 있던 오월왕의 존숭과 지원에 힘입어 전성시기를 구가하였다.

영명연수의 전기는 『송고승전』권28, 『경덕전등록』권26, 『전법정종기』권8, 『불조통기』권26 등에 전한다. 속성은 王이고, 字는 충원(冲元)이다. 본래 강소(江蘇)의 단양인이었는데 지금의 절강성 항주로 이주하였다. 어려서부터 불교를 믿으며 수학하였다. 16세에 오월왕에게 『제천부(齊天賦)』를 지어 올리니 왕이 칭찬하였다. 28세에 오월국의 화정(華亭 :강소성 松江) 진장(鎭將)이 되어 군수물자를 조달하는 직책을 맡았는데 마음대로 부고(府庫)의 재물들을 팔아 동물을 구입해서 방생하곤 하였다. 이 때문에 사형을 받게 되었는데 오월왕 원관(元瓘 933~941재위)이 사람을 보내 이르길, 얼굴색이 변하면 참(斬)하고, 변하지 않으면 풀어주라고 하였다. 연수(延壽)는 평안한 모습으로 조금도 두려워하는 모습이 없었다. 왕이 그를 사면해주고 출가를 허용해주었다. 곧바로 明州(절강성) 四明山 용책사(龍冊寺) 취암령참(翠岩令参)선사에게 나아가 출가하였다. 천태산 천주봉에서 90일간 좌선 중에 새가 그 옷에 집을 지었다고 한다. 이후 천태덕소에 나아가 그 玄旨를 전수받고 법안종 제3대 傳人이 되었다. 天台山 国清寺에서 '법화참법(法華懺法)'으로 정진하고, 천주봉에서 『법화경』을 독송하였다. 그는 일생동안 『법화경』을 1만3천번 독송하였다고 한다. 또 奉化 설두사(雪竇寺)의 주지로 있을 때는 강술할 때 이외에는 항상 폭포 앞에서 좌선하였다고 한다. 宋太祖 건륭원년(建隆元年 960)에는 오월왕의 요청으로 항주의 영은사를 중건하였고, 1년 후 인근의 慧日山 永明寺(지금의 浄慈寺) 주지가 되었는데 이 때 따르는 도중이 2천 여인이었다. 오월왕이 그 덕행을 추승하여 "智覺禪師"의 법호를 사여하였다. 이곳에서 15년여 동안 크게 교화를 폈기 때문에 그를 慧日의 "永明延壽"로 칭하게 되었다. 개보(開寶7년 ; 970)에 천태산에서 만여인에게 수계하는 대성회를 열었고, 황제의 명으로 전당강에 육화탑(六和塔)을 세웠다. 북송 개보8년(975) 72세로 입적하였다. 법랍 37세(42세)이고[1] 大慈山에 장하였다. 송 태종은 사액(賜額)하여 '수령선원(壽寧禪院)'이라 하였다. 그 대표 제자에 항주(杭州) 부양자몽(富陽子蒙)과 항주(杭州) 조명원율(朝明院津) 선사 등이 있다.

　그는 방대한 저술을 남겼다. 자신의 행록을 기술한 『자행록(自行錄)』에서 총 61本 197권을 저술하였다 하고, 그 서명을 들고 있다. 그 가운데 주요한 것으로 『종경록(宗鏡錄)』100권 · 『만선동귀집(萬善同歸集)』6권 · 『주심부(註心賦)』4권 · 『유심결(唯心決)』1권 · 『정혜상자가(定慧相資歌)』 · 『신서안양부(神栖安養賦)』 · 『경세(警世)』 · 『관심현추(觀心玄樞)』1권 등이 있다.

---

1) 『송고승전』은 37세, 『경덕전등록』은 42세이다.

특히『종경록』100권과『만선동귀집』6권은 많은 영향을 주었다.『종경록』의 방대한 내용에는 지금은 이미 실전된 많은 자료가 인용되어 있어 더욱 소중하다.『경세(警世)』에서는 一心과 三界唯心(삼계가 오직 마음일 뿐임)을 논증하여 그 뜻이 크게 드러나게 하였으며,『만선동귀집』에서는 특히 持戒와 慈善公益事業, 放生, 安樂有情 등을 강조하였다. 고려의 광종은『종경록』을 구하고자 제자의 禮를 갖추어 36인의 승려를 보내면서 많은 금은·비단·가사(袈裟)등의 선물을 보냈다. 이 때 고려에 들어온 本이『고려대장경』에 수록되었다. 이 本이 이후 일본의『대정장』권48에 수록되었고, 현재 세계에서 널리 이용하는 本이 되었다.

② 修證論

영명연수는 선종의 조사이면서 무척 많은 경론을 섭렵하였다.『종경록』에 인용된 경론 수가 무려 160종에 이른다. 그는 여러 곳에서 敎와 禪(理)이 모두 중요함을 역설하고 있다. 敎가 선에 장애되지 아니하고 선이 교에 장애되지 않는 것임을 여러 경론이나 이전 諸師의 논설을 인용하여 강조한다. 이러한 자세는「敎에 의거하여 宗(心性)을 깨닫는다(藉敎悟宗)」(『이입사행론』)는 달마 이래의 기본 수증론을 계승한 것이다. 사실 초기 선사들은 모두 교학을 기본으로 넓게 연찬하였다. 그런데 당후기로부터 교학을 등한시하는 경향이 심화되었다. 그로 인한 여러 폐해가 있었고, 영명연수는 이를 시정하고자 하는 열의가 있었다. 선가에서 마음을 근본으로 한다고 하면서 그렇게 많은 문언을 왜 쓰느냐는 질문에 대해 그는 일체법이 一心의 문에 들어오고, 이를 宗으로 하는 것이지만 중생의 근기에 따라 이 문에 들어오게 할 수 있는 법문이 다양하게 갖추어져 있어야 한다고 하였다(『註心賦』).

그의 교선일치론은 일체 모든 것이 곧 一心, 唯心이라는 義를 바탕으로 한다. 그 心體(심성)가 知함 없고, 見함 없는 가운데 영묘하게 知하여 어둡지 않다(靈知不昧). 오염되고 청정한 모든 중생심이 이 심성을 떠나지 않는다. 당념 당처의 언제나 바로 이 심성에 즉(卽)해 있다. 교와 선은 모두 이 義를 宗(근본)으로 한다. 이러한 義를 어언의 敎에 의해 이해하고 了知하게 되면 바로 선이 된다. 敎를 통해 理를 了知함이 교와 선이 일치하게 되는 관건이다. 理를 了知함은 곧 自心을 了知함인 까닭에 선이 된다. 즉 自心에서 그러한 理를 自證함이 바로 修證이다. 그는 달마 이래 주요 선사들의 선지를 모두 인용 융회하고 있다. 그 중에서도 특히 하택신회(荷澤神會 684-758)와 규봉종밀(圭峰宗密 780-841)의 주된 선지인 영지불매(靈知不昧)의 心體를 宗 으로 하는 義를 칭양하고 있다. 이러한 선지는 고려의 보조지눌(普照知訥 1158-1210)에 의해 현창된 바 있다.

연수는 또한 『법화참법』과 『법화경』 독송으로 용맹정진 한 바가 있고, 정토염불을 근행하였다. 이후 중국과 한국의 禪家는 이러한 행을 겸수(兼修) 겸행(兼行)하는 모습으로 전개되었다. 연수의 이러한 실천행이 끼친 영향이 컸음을 알 수 있다. 그는 禪과 화엄, 정토 뿐 아니라 천태종의 조사들도 크게 존숭하여 그 법을 중시하였다. 그의 주요 활동지역이 수당 이래 천태종의 중심 지역이었던 영향도 있었다.

이른 바 그의 선정쌍수(禪淨雙修)는 단순히 칭념(稱念)염불을 통한 정토왕 생염불 만은 아니었다. 유심정토(唯心淨土)이며, 청정 자심이 곧 정토라 하고, 自心에서 淨土를 證함이 곧 선이요 진실한 염불이라고 하였다. 그는 이렇게 교와 선과 정토의 수증론이 모두 융회되는 길을 開示하였다. 唯心淨 土를 중심으로 한 그의 선정겸수론(禪淨兼修論)은 후대 선종의 禪淨兼修 경향을 크게 이끌었다.

영명연수의 선법 내지 수증론은 본서에 한하기만 하더라도 거의 모든 불법이 총망라되어 있다. 초기선종의 능가선, 화엄, 법화, 유식, 중관, 능엄선,

열반, 정토, 밀교 등이 一心, 唯心, 無生의 능가선지(楞伽禪旨)를 근간으로 회통되며, 상호 그 선지가 더욱 뚜렷이 드러나고 있다. 그래서 어느 한 편에 치우치지 않는 통불교라고 할 수 있다.

(2) 『註心賦』의 구성과 내용, 意義

『주심부』는 판본 내지 사본(寫本)에 따라 題名이 『注心賦』·『心賦注』·『註心賦』·『永明心賦註』로 되어 있다. 4권의 본서가 저술된 시기는, 권3에 宋 건국초인 건륭(建隆)원년(960)에서 건덕(乾德)2년(964) 사이에 저술된 『종경록(원문은 心鏡錄)』 이름이 있는 것으로 보아 그 이후 975년 입적 때까지 대략 10여년 사이일 것으로 생각된다. 즉 본서는 그의 만년의 저술에 해당한다. 一心을 宗으로 하는 禪旨를 간략한 시어로 된 부(賦)의 양식으로 송영(誦詠)하여 각 소절의 제목으로 삼고, 다시 517개에 이르는 각 소절의 제목별로 상세한 해설식 주석을 아래에 덧붙였다. 7천5백자에 이르는 소절 제목의 詩語는 너무 소략하게 축약되어 있어 아래에 부기(附記)된 註의 해설 없이는 해독하기 어려울 정도이다. 그 내용은 위에 기술한 그의 修證論을 많은 경론과 諸宗 諸師들의 논술을 인용하여 고구정령하게 설명한 것이다. 이에 앞서 100권에 이르는 방대한 『종경록』 저술을 통해 이미 그러한 법문이 펼쳐진 것이지만 거대한 분량이었고, 『종경록』이 당시 왕실의 문서고에만 보관되어 널리 대중화되지 못하고 있었기 때문에 대체로 그 축약본이라 할 본서를 저술한 것이다. 아울러 단순한 축약본이 아니라 517개의 소절로 나누고, 誦詠을 위해 소절별 賦를 앞에 붙이는 새로운 방식을 취하였다. 아울러 본서는 『종경록』에 없는 새로운 내용도 있어 축약된 증정본(增訂本)이라 할 수 있다.

본서는 맨 서두에 『능가경』의 「佛語心品」이 開示하는 뜻을 설명함으로부터 교선융회론의 핵심 요지와 그 근거를 제시하고 있다. '佛語心品'은 '부처님의 가르침 가운데 핵심(근본)이 되는 品(章)'이란 듯이다. 그러나 본문에서는, 뒷 문단의 글 등에 의하면 '부처님의 가르침과 마음'이라는 뜻으로 쓰였다. 달마대사 이래의 초기 선종은 『능가경』을 주요 소의경전으로 하였다. 그래서 그 師들을 '능가사(楞伽師)'라 칭하였다. 달마대사는 "敎에 의지하여 宗(심성)을 깨닫는다"고 하였고, 『대승입능가경』(7권본)에서는 맨 끝에 敎와 理에 의지하고 다른 것에 의지하지 말 것을 당부하고 있다.2) 즉 초기 선종은 敎理 공부를 크게 강조하였다. 또한 『능가경』은 唯心, 一心의 도리를 근간으로 하는 법문이다. 당념 당처의 自心에서 깨닫고 수증하는 길을 확연히 開示한다. 따라서 『능가경』은 佛語와 心을 함께 근간으로 하는 법문이다. 그는 이를 계승하여 이러한 뜻으로 맨 먼저 「佛語心品」을 인용 해설한 것으로 이해된다. 즉 『능가경』을 주요 所依경전으로 하였던 초기 선종 이래의 전통이 크게 퇴색된 宋初의 현실에 처하여 一心을 宗으로 하는 능가선 본래의 취지를 다시 회복하여 천명한다는 뜻이 여기에 깃들어 있다.

한편 영명연수는 선대 선사들의 선법을 비평하여 논하기도 하였다. 그는 洪州의 馬祖道一(709-788) 보다는 荷澤神會(684-758)의 선법을 더 높이 보았다. 眞心의 본체에는 自性에 本有한 것과 隨緣에 응용하는 2종의 用이 있는데, 마조도일의 법문에는 이 가운데 隨緣의 用만 있고, 마음이 항상 知하는 自性의 用이 결락되어 있다고 하였다. 또한 하택신회는 공적(空寂 : 텅 비어 고요함)한 가운데 영지불매(靈知不昧)의 心體가 知함 없이 知하되, 知에 의지하지 않고 마음을 드러낸다는 현량현(現量顯)을 설하고 있지만,

---

2) 7권본 『능가경』(『대승입능가경』)권7 게송품 맨 끝에
　『敎는 理로부터 이루어지고, 理는 敎로부터 나타나나니
　마땅히 이 敎와 理에 의거하고, 그 밖의 다른 분별 다시는 하지 말지니라.』
　(박건주, 『능가경역주』, 서울, 운주사, 2010, p.630)

마조도일은 이 법이 결락되어 있다고 하였다(『주심부』). 이러한 입장은 대체로 규봉종밀(圭峰宗密 780-841)과 같다. 또한 양인의 교학과 선학, 내지 교선일치의 법문도 거의 비슷하게 규봉종밀에 상통되어 있다. 영명연수는, 마조도일의 어언 분별의 법문을 隨緣의 用으로만 보고 自性의 用이 결락되어 있다고 하였다. 요컨대 영명연수는 自性과 隨緣의 用이 모두 갖추어진 법문을 중시하고 이를 천양하고자 하였다.

규봉종밀에서 영명연수로 이어진 법문은 초기 선종의 근본 맥락이 흐려져 가던 시기에「敎에 의거하여 宗(心性)을 깨닫는다」는 초기선종의 전통을 회복시키려는 큰 뜻이 깃들어 있다고 본다. 종밀과 연수 모두 방대한 저술을 남긴 것도 그러한 뜻을 실현하기 위한 것이었다고 하겠다.

수많은 경론과 諸宗 諸師의 저술 인용 해설을 통해 一心을 宗으로 하는 禪旨를 명료하게 천명하고 있는 본서는 중국불교사상사에서 교와 선을 융회한 뛰어난 성과 가운데 하나이다. 특히 쇠잔해가던 초기 선종의 교선일치 전통을 다시 한 번 크게 일으켜 세움으로써 이후 지금에 이르기까지 천 년 간 일면에서나마 그 명맥이 이어져 오게 하는데 상당한 역할을 하였다.

(3) 『註心賦』의 형식과 그 의의

초기 선종 이래 간략하게 禪旨를 드러낸 心地법문이 여러 형태로 양산되었다. 그 중에 상당 부분이 1세기 전 돈황에서 발견되었다. 그 가운데는 게송, 문답식 해설, 깊이 들어가는 단계를 5단계로 나누어 그 요지를 詩歌처럼 읊조릴 수 있도록 한 오경전(五更轉), 樂曲, 賦 등이 있다. 돈황의 다양한 선종 문헌들은 상당부분이 禪旨를 대중화하기 위해 저술된 것이다. 본서의 賦도 그러한 취지와 형식을 계승한 것이라고 할 수 있다. 『종경론』100권을 저술하였지만 널리 읽혀지기 어려운 현실을 보고, 대중화를 위해 축약의 연구(聯句)로 賦를 지어 음률과 함께 송영(誦詠)될 수 있도록 한 것이라고 생각한다. 그리고 그 聯句들이 심하게 축약된 것이기 때문에 각 句 별로 자세한 해설을 덧붙여 각 句에 따른 개별 법문을 쉽게 접하고 통효할 수 있도록 한 것이다. 즉 그는 음률을 수반하는 짤막한 賦에 자세한 해설을 가미하는 새로운 법문 형식을 창안한 셈이다. 올바르고 깊은 이해와 대중화를 함께 거두기 위한 참신한 법문 형식이었다. 어려운 禪旨를 대중화하기 위해 간략한 賦의 誦詠 형식에 자세한 敎義 설명을 가미한 새로운 법문 형식은 중국불교사상 이루어진 수많은 저술 가운데 매우 참신하고 모범적인 성과라 할 수 있다.

이렇게 선법을 크게 요략하기도 하고, 광설하기도 한 것은 선종만이 아니라 원시불교 이래 이어져 온 전통이기도 하다. 고래로 대종사들은 보통 광설과 약설을 다 펼친 경우가 많지만 그렇지 않은 경우도 있다. 연수는 양면을 함께 활용하고자 하였다. 그의 이러한 노력과 활동으로 쇠잔해가던 초기 선종의 전통이 어느 정도 회복되었다. 그러나 연수 이후 그와 같은 노력과 활동은 거의 보이지 않게 되었다.

후대의 선종은 간편함에만 호소하는 간화선, 염불, 기도 등이 행법의 주류를 이루게 되었다. 禪旨(禪理)를 여러 경론 인용을 통하여 문답식 등으로 넓고 깊이 이해할 수 있도록 한 초기 선종의 전통은 후대에 특히 간화선의 유행으로 거의 단절되다시피 하였다. 풍부하고 심오한 경론의 敎義 해설을 통한 禪理의 전개는 중국에서는 영명연수, 한국에서는 보조지눌이 사실상 맨 마지막을 장식한 셈이다. 그리하여 중국이나 한국의 현 불교는 敎義와 禪旨가 회통되지 못한 채로 여러 병폐를 양산하고 있다. 이러한 현실을 감안할 때 『註心賦』의 법문 형식과 회통의 정신을 널리 알리는 일은 매우 소중하다. 고려 광종이 『종경록』100권을 구하기 위해 많은 노력과 정성을 기울였던 일을 회고할 필요가 있다. 그나마 근래에 이르기까지 일면에서나마 보이는 올바르고 건실한 면모에서 그가 남긴 성과가 지니는 의의를 짐작해 볼 수 있게 한다. 이제 현대의 대중 사회에서는 방대한 『종경록』을 대신하여 『註心賦』를 더 필요로 한다.

(4) 저본

현재 세계에서 상용하는 본은 『만속장卍續藏』제63책에 수록된 본이거나 이 본을 저본으로 한 재판본들이다. 이 『만속장』본은 明 숭정7년(1634) 刊本을 저본으로 하였다. 대만 남길부(藍吉富) 主篇의 『禪宗全書』제39책(台北, 文殊文化, 1989)에 수록된 것은 『卍續藏』本을 復印한 것이다. 또 중국의 유택량(劉澤亮) 교수가 위 本을 새로 点校 정리하여 『永明延壽禪師全書(上,中,下)』(北京, 宗敎文化出版社, 2008)에 수록하였다. 한편 淸 옹정13년(1735년)에서 건륭3년(1738) 사이에 간행된 『건륭대장경』141권에 수록된 本이 있다.

그런데 이들 本 보다 더 오래된 本이 이조 초 이래 조선에서 간행되어 왔다. 현재 고려대학교 세종학술정보원에 소장된 本은 刊年이 이조 太祖6년 (1397년)인데 그 저본은 宋板의 복각본이고, 그 刊記에 「紹興30년(1160년) 歲次庚辰 仲夏圓日 開畢」이라 하였다. 즉 본서의 저술 연대와 1세기 밖에 떨어져 있지 않기 때문에 송에서 처음 印行된 本을 저본으로 고려에서 간행하였을 것이다. 4권2책인데 간인지(刊印地)와 간인자(刊印者)는 不明이다. 현재 국내 여러 곳에 산재(散在)하고 있는 본들은 대체로 이 本을 복각 印行한 것으로 보인다. 현재 전남대학교 도서관에 소장된 4권 별책의 목판본은 본래 송광사에서 소장해 오던 것인데 임시로 보관중이다. 정신문화연구원 고전자료편찬실에서 간행한 『불교자료총서』제1권에 수록된 本도 송광사본과 동일본을 印行한 것인데 단지 총서에 수록되어 있기 때문에 4권이 합철되어 있다.

국내에서 간행된 本이 활자가 크고 뚜렷하며 가장 오래된 本으로서 원본에 가장 가깝다. 따라서 본 역주에서는 정신문화연구원 고전판찬실에서 1980년 2월 29일 간행한『불교자료총서』제1권에 수록된 本을 저본으로 하고, 의심스러운 부분은『卍續藏』본 등 여타의 본을 참조한다.

단지 본서에 기입된 원문은『卍續藏』본으로 인터넷 중국사이트에서 복사한 것이다. 저본인『불교자료총서』본은 디지털화가 되지 않아 옮겨 붙이기가 어려웠다. 또한 원문의 방점이『卍續藏』본에 되어 있는 그대로여서 본 역문과 다소 어긋난 곳이 있다. 그래서 원문의 방점과 번역이 어울리지 않은 곳은 모두 번역된 글에 따라주길 바란다.

저본과『卍續藏』본 등의 차이가 큰 경우는 그 내역을 각주에 기술하였고, 일부는 본문에 괄호 하여 기술하였다. 해석에 영향을 주지 않는 사소한 부분은 대부분 저본에 따르고 그 사항의 기술을 생략하였다.

(5) 기타사항

본서는 아직 국내에서 역주된 바가 없다. 영명연수에 대한 연구는 여러 방면에서 상당히 많은 연구가 이루어졌다. 특히 그의 탄신 1100주년을 기념하는 永明延壽 연구 국제학술대회가 2004년 11월 중국 항주에서 개최되었는데 이 대회에서 발표된 논문 50편을 집성하여『永明延壽大師硏究』(杭州佛學院編, 北京, 宗敎文化出版社, 2005.8)로 출간하였다. 중국불교사상 그의 위상과 역할이 중요하고, 많은 영향을 주었으며, 그의 저술이 많기 때문에 앞으로도 그에 대한 세계 학자의 관심과 연찬은 계속될 것으로 생각한다. 본서를 역주하게 된 배경에는 앞에 기술한 본서의 여러 의의와 더불어 이러한 점도 관련된다.

◀ 일러두기 ▶

1. 원본에는 소절별 일련번호가 없으나 서두에 각 소절의 제목이 큰 글자체로 명기됨으로써 상하의 단락별 소절이 명확히 구분되어 있다. 따라서 연구자를 비롯한 독자의 여러 편의를 위해 번호를 붙인다.

2. 한문 불교용어를 어느 정도 한글화 하지만 무리한 한글화는 피한다. 용어 습득을 통한 교리 이해의 증진을 위해 한문용어에 괄호 하여 그 뜻을 간략히 해설하는 방식을 주로 취하였다.

3. 여러 전적(典籍)에서 인용된 부분은 「　」으로 표기하고, 전적명은 『　』, 인용문 가운데 대화 부분은 "　", 인용문 가운데 재인용은 '　'의 부호로 표기한다.

4. 긴 인용문은 상하로 한 줄 띄우고, 들여쓰기를 하며, 「　」의 부호를 생략한다.

5. 여러 異本과 다른 글자 및 인용된 원 경문의 글자가 본 저본과 다른 경우는 (　)에 그 사항을 기술한다.

6. 본서는 큰 활자로 된 '賦의 부분과 그 아래 작은 활자로 된 해설 부분으로 크게 구분된다. 그리고 역주자의 해설 내용은 모두 각주에 기입한다.

7. 원문 관련 해설 부분 가운데 일부는 독자의 편의를 위해 본문 역문 자리에 기입한다.

註心賦

권1

宋杭州慧日永明寺智覺禪師延壽述

송(宋) 항주(杭州) 혜일(慧日) 영명사(永明寺)의 지각(智覺)선사 연수(延壽)가 저술하다.

〈1〉

覺王同稟。

楞伽經。佛語心為宗。無門為法門。又經頌云。如世有良醫。以妙藥救病。諸佛亦如是。為物說唯心。問。佛語心為宗。無門為法門。既稱心賦。便是標宗。何假廣用文言。仍繁註解。且凡論宗旨。唯逗頓機。如日出照高山。駃馬見鞭影。所以丹霞和尚云。相逢不擎出。舉意便知有。首楞嚴經云。圓明了知。不因心念。揚眉動目。早是周遮。如先德頌云。便是猶倍句。動目即差違。若問曹溪旨。不更待揚眉。答。今為樂佛乘人。實未薦者。假以詞句。助顯真心。雖挂文言。妙旨斯在。俯收中下。盡罩羣機。但任當人。各資己利。百川雖潤。何妨大海廣含。五嶽自高。不礙太陽普照。根機莫等。樂欲匪同。於四門入處雖殊。在一真見時無別。如獲鳥者羅之一目。不可以一目為羅。治國者功在一人。不可以一人為國。如內德論云。夫一水無以和羹。一木無以建室。一衣不稱眾體。一藥不療殊疾。一彩無以為文繡。一聲無以諧琴瑟。一言無以勸眾善。一戒無以防多失。何得怪漸頓之異。令法門之專一。故云。如為一人。眾多亦然。如為眾多。一人亦然。豈同劣解凡情。而生局見。我此無礙廣大法門。如虛空非相。不拒諸相發揮。似法性無身。匪礙諸身頓現。所以藏法師云。自有眾生。尋教得真。會理無礙。常觀理而不礙持教。恒誦習而不礙觀空。則理教俱融。合成一觀。方為究竟博通耳。斯乃教觀一如。詮旨同原矣。

각왕(覺王 ; 諸佛)께서 모두 똑같이 (『능가경』의) 가르침을[1] 내리셨고,

『능가경』은 '부처님 말씀(가르침)과 마음'을[2] 宗(근본)으로 하며, 無門을 法門으로 한다.[3] 또 경(『입능가경(10권본 능가경)』)의 게송에 이른다.

---

1) 『대승입능가경』권1 라바나왕권청품 제1에
   과거의 한량없는 부처님들 　　　　모두 (능가산의) 寶頂에 오르시어
   능가성에 머무르시며, 　　　　　　自心에서 증득한 법 설하셨네!
   (過去無量佛　咸昇寶山頂　住楞伽城中　說自所證法) 『대정장』권16, 587c.
   또한 『능가경』의 가르침은 과거 제불이 똑같이 설하셨다고 한다.

2) '佛語心'은 4권본 『능가경』인 『능가아발다라보경』의 첫 品名인 '一切佛語心品'에서 나온 말이다. 宋代의 소식(소동파)은 본 경의 서문에서 「능가아발다라보경은 앞의 부처님들이 설하셨고 미묘 제일의 진실한 了義經이다. 때문에 이를 佛語心品이라 한다(楞伽阿跋多羅寶經, 先佛所說, 微妙第一眞實了義, 故謂之佛語心品).고 하였다. 즉 '佛語心品'은 '부처님의 가르침 가운데 핵심(근본)이 되는 品(章)이란 뜻이다. 그러나 본문에서는, 뒷 문단의 글 등에 의하면, '부처님의 가르침과 마음'이라는 뜻으로 쓰였다. 달마대사 이래의 초기 선종은 『능가경』을 주요 소의경전으로 하였다. 그래서 그 師들을 '능가사'라 칭하였다. 달마대사는 "敎에 의지하여 宗(심성)을 깨닫는다(藉敎悟宗)'고 하였고(『이입사행론』), 『대승입능가경』(7권본)의 맨 끝에 敎와 理에 의지하고 다른 것에 의지하지 말 것을 당부하고 있다. 즉 초기 선종은 敎理 공부를 크게 강조하였다. 또한 『능가경』은 唯心, 一心의 도리를 근간으로 하는 법문이다. 당념 당처의 自心에서 깨닫고 수증하는 길을 확연히 開示한다. 따라서 『능가경』은 佛語와 心을 함께 근간으로 하는 법문이다. 이 어구는 교(말씀)와 선(마음)을 함께 중시하는 교선일치를 뜻한다. 본서의 저자 永明延壽는 특히 교와 선을 융회하면서 교선일치를 중시하였다. 이러한 뜻으로 경문의 「佛語心品」을 인용한 것으로 이해된다.
   위의 소동파의 글 가운데 「앞의 부처님들이 설하셨고, 미묘 제일의 진실한 了義經이다」는 경문에 나온다.

3) 『능가경』의 선지는 마음이 본래 분별 떠나 있어 無心임을 了知하여 絶觀, 不思, 不用心, 無作意의 無修之修인 까닭에 심행의 상이 없는 행이다. 그래서 無門의 法門이라 하였다. 본 경은 그 禪理를 唯心, 一心, 無生의 도리를 통해 開示하고

24

세간의 훌륭한 의사가
묘약으로 병을 치유하듯이
모든 부처도 또한 이와 같아
중생 위해 오직 마음뿐임을 설하네.[4]

묻는다 :

　　부처님의 '말씀(가르침)과 마음'을 宗(근본)으로 하며, 無門을 法門으로 한다 하였고, 이미 '心賦(마음을 읊다, 頌하다, '마음의 노래')라 하였으니 바로 宗을 드러낸 것인데 왜 널리 문언을 빌려 쓰고, 거듭 번거롭게 주해(註解)하는 것입니까? 또 무릇 종지를 논함은 오직 돈기(頓機 : 단박에 깨달을 수 있는 뛰어난 근기)인 자에게 한하는 것입니다. 마치 해가 떠서 (먼저) 높은 산부터 비추는 것과 같고, 쏜살같이 달리는 말에서 보이는 채찍의 그림자와 같습니다. 때문에 단하(丹霞)화상이[5] 이르길, "만나서 들어 내보이지 않아도 생각하면 바로 알아챈다."고[6] 하였습니다. 『수능엄경』에[7] 이르길, 「圓明(眞如)이 뚜렷이 知하니

있다.

4) 『입능가경』권2 集一切佛法品第三之一, 『대정장』권16, 524a. 원 경문과 字句가 약간 다르다. 원문은 「彼彼諸病人,　良醫隨處藥,　如來爲衆生,　唯心應器說.」

5) 唐代의 丹霞天然선사(739~824)를 말한다. 석두회천(石頭希遷)의 門人이다. 석두 선사에게 삭발 수계하고 江西의 마조선사로부터 天然의 법호를 받았다. 후에 남양의 단하산에서 크게 법석을 열어 활동하였다. 시호는 智通선사이고, 탑호는 妙覺이다. 『송고승전』권11, 『경덕전등록』권14 등에 그의 전기가 전한다.

6) 『祖堂集』권4, 丹霞和尙條. 『祖堂集』上卷, 北京, 中華書局, 2007(2010), p.217.

7) 『大佛頂首楞嚴經』10권, 『大佛頂經』, 『楞嚴經』으로도 칭하며, 본 경명은 『大佛頂如來密因修證了義諸菩薩萬行首楞嚴經』이다.　唐代에　般刺蜜帝가　역출하였

心念에 의하지 않는다.」고[8] 하였습니다. 눈썹을 치켜뜨고 눈알을
움직이는 것도 또한 쓸 데 없이 말이 많은 것입니다. 이를테면 先德이
이르길, "바로 문구를 더하고, 눈알을 움직이면 바로 어긋난다."고
하였습니다. 조계(曹溪 : 六祖 慧能)의 禪旨를 (누가) 묻는다면 다시는
눈썹 치켜뜨는 일을 하려 해서는 안 될 것입니다.

답한다 :

　　지금 佛乘(최상승의 법인 대승의 一佛乘)을 즐겨 따르는 자를 위함이지
만 실은 아직 (佛乘의 가르침에 바로 들어가도록) 천거할 만하지 못한
이들을 위하여 임시로 글을 빌려 眞心 드러나도록 도와주는 것이다.
비록 文言을 달더라도 妙旨가 여기에 있는 것이다. 아래로 머리 숙여
살펴서 中下의 근기를 거두어들이고, 모든 근기를 다 아우르는 것이다.
단지 (각 법문을) 해당하는 자에 맡겨서 각기 자신의 이익을 얻도록
한다. 百川이 비록 가득하여도 어찌 大海가 널리 다 거두어들이지
못하리오! 오악(五岳)이 스스로 높지만 태양이 널리 비춤을 장애하지
못한다. 근기가 같지 아니하고, 즐겨하고 바라는 것이 같지 아니하다.
四門으로 들어 온 곳은 비록 다르지만 하나의 진실한 자리에서 보면
다름이 없는 것이다. 이를테면 새를 잡는 이가 포망(布網)을 펼쳐
그 一目(網의 한 눈)에서 잡지만 (網의) 一目으로 펼쳐 잡을 수 없는
것과 같다. 나라를 다스림에 功이 일인에게 있을 수 있지만 일인으로

다. 『대정장』권19에 수록되었다. 구마라집(鳩摩羅什)이 역출한 『首楞嚴三昧經』
　　과는 다른 본이다.
8) 『대불정수능엄경』권4, 『대정장』권19, 123c.

나라를 이룰 수는 없다. 이를테면 『內德論』에[9] 이르길, 「무릇 물 한 가지 만으로는 양갱을 만들 수 없고, 나무 하나로는 집을 지을 수 없다. 한 가지의 옷만으로는 모든 사람의 몸에 맞을 수 없다. 한 가지의 약 만으로는 다른 여러 질병을 치료하지 못한다. 하나의 채색으로는 문양이 되지 못하며, 하나의 소리만으로는 거문고와 비파 의 음에 和하지 못한다. 한 종류의 말만으로는 여러 선을 권하지 못하며, 하나의 금계만으로는 많은 잘못을 막지 못한다.」고 하였다. 어찌 점(漸)과 돈(頓)의 근기가[10] 다른 것을 이상하게 여기어 법문을 오직 하나로만 할 수 있을 것인가! 까닭에 말한다. 한 사람이 그러하니 대중도 또한 그러하고, 대중이 그러하니 한 사람도 또한 그러하다고 한다면 어찌하여 이해력이 열등한 범부 중생은 똑같이 편협한 지견을 내는 것인가! 나의 이 걸림 없고 광대한 법문은 허공이 非相이어서 모든 상이 발휘되는 것을 거부하지 않는 것과 같다. 법성이 몸이 없어 걸림 없기에 모든 몸을 단박에 드러내는 것과 같다. 까닭에 장법사(藏法師 ; 賢首法藏)가[11] 이른다. "어떤 중생은 教를 추구하여

---

9) 唐初의 李師政의 저술이다. 그는 上黨(山西長治)人으로 처음 유생이었으나 후 에 불법을 수학하여 濟法寺 법림(法琳)의 제자가 되었다. 당 高祖 武德 년간 (618~626)에 道士 太史 부혁(傅奕)이 누차 훼불(毁佛)의 상주문을 올려 격렬한 논쟁이 벌어졌을 때 이 『내덕론』1권을 저술하여 불교가 국정에 이롭다는 주장을 펼쳐 부혁을 논박하였다. (『불조통기』권39, 『광홍명집』권14 등)

10) 돈법으로 행할 수 없는 근기는 점법으로 권하고, 돈법을 행할 수 있는가를 살펴 돈법을 권한다고 하였다. 초기 선종 이래 돈법과 점법을 상대의 근기에 따라 각 각 설하였다. 후에 남종에서는 돈법 만을 천양하였으나 『육조단경』에도 돈법과 점법을 함께 쓴다고 하였다.

11) 화엄종 제3조인 賢首法藏(643~712)이다. 선조가 康居國人이다. 화엄2조 智儼으 로부터 화엄을 배우고, 지엄 입적 후 28세시에 삭발 수계하였다. 그는 서역의 여

진리를 얻고, 理에 합치하여 걸림 없다. 항상 理를 관찰하되 敎를 지니는데 방애 받지 않는다. 항상 (敎를) 송습(頌習)하되 空을 관찰하는데 방애 받지 않는다. 이러하면 理와 敎가 함께 원융해겨서 一觀으로 합성되어 바야흐로 구경에 이르게 되고(인용 원문은 여기서 끝남) 널리 통달하게 된다."[12] 이것이 곧 敎와 觀이 一如함이니 가르침의 뜻이 同原이다.

〈2〉

祖胤親傳.

此土初祖達磨大師云.以心傳心.不立文字.又云.直指人心.見性成佛.亦云.默傳心印.代代相承.迄至今日.

러 언어와 산스크리트어 경전에 능통하여 황제(측천무후)의 명으로 『新華嚴經·(80권본)』,), 『大乘入楞伽經』 등 10여부를 역출하는데 참여하였다. 그는 일생 동안 『화엄경』을 30여회 강의 하였고, 註疏 등 많은 저술을 통해 화엄교학의 체계를 세우고 현창하였다. 화엄학이 실로 그로부터 크게 흥기하였다. 주요 저술에 『華嚴經探玄記』20권·『華嚴料簡』·『華嚴五敎章』·『大乘密敎經疏』4권·『梵網經疏』·『大乘起信論疏』·『華嚴綱目』·『華嚴玄義章』 등 20여종이 있다.

12) 법장의 『華嚴發菩提心章凡例』에서 인용하였다. 원문 가운데 중간의 일부분이 생략되었다. 수행자가 敎를 버리고 수증할 것인가, 아니면 敎를 지니면서 수증해야 하는가에 대한 질문에 대해 답변한 내용 중 일부이다. 그는 10종의 중생을 들고, 그 성향에 따라 사정이 다른 것임을 말하였다. 인용문은 그 가운데 10번째의 중생을 설명한 것이다. 원문은 다음과 같다. 「十者, 自有衆生, 尋敎得眞, 會理敎無礙, 常觀理而不礙持敎, 恒誦習而不礙觀空. 故經曰, 成就第一誠諦之語, 如說能行, 如行能說. 乃至學三世諸佛無二語, 隨順如來一切智慧等. 此則理敎俱融, 合成一觀, 方爲究竟也.」 『대정장』권45, 652a.

조사께서 계승하여 친히 전하셨네!

이 땅(중국)의 초조 달마대사께서 이르길, "마음으로 마음을 전하고, 문자를 세우지 않는다" 하였고, 또 이르길, "사람의 마음을 바로 가리켜 심성을 보아 성불하게 한다" 하였으며, 또한 이르길, "心印을 말없이 전하니 대대로 이어져서 금일에 이르렀다"고 하였다.

〈3〉

大開眞俗之本.

如大乘起信論云. 有摩訶衍. 能發起一切眾生大乘信根. 所言摩訶衍者. 此云大乘. 又大乘者. 是眾生心. 心體周遍. 故名為大. 心能運載. 故名為乘. 立心真如門. 心生滅門. 論云. 摩訶衍者. 總說有二種. 一者法. 二者義. 所言法者. 謂眾生心. 是心則攝一切世間出世間法. 依於此心. 顯示摩訶衍義. 何以故. 是心真如相. 即示摩訶衍體故. 是心生滅因緣相. 能示摩訶衍自體相用故. 所言義者. 則有三種. 一者體大. 謂一切法真如平等不增減故. 二者相大. 謂如來藏具足無漏性功德故. 三者用大. 能生一切世間出世間善因果故. 一切諸佛本所乘故. 一切菩薩皆乘此法到如來地故. 是知一心. 是諸佛本所乘. 菩薩因乘此心法. 皆到如來地故. 離此一心外. 別無殊勝. 故今賦詠. 志在於此. 藏法師云. 真俗雙泯. 二諦恒存. 空有兩亡. 一味常現. 所以華嚴疏云. 真俗雖相即. 而各不壞其相. 謂即有之空. 方是真空. 即空之有. 方為妙有. 空有不二. 兩相歷然. 如波即水而恒動. 俗即真而俗相立. 如水即波而恒濕. 真即俗而真體存. 已上皆況心之體用. 非一非異. 又云. 不壞生滅門說真如門. 不隱真如門說生滅門. 良以二門唯一心故. 所以十方諸佛. 常依二諦說法.

若不得俗諦, 不得第一義諦, 以俗諦無有自體, 即第一義諦故.

크게 진제(眞諦)와 속제(俗諦)의 근본을 開示하고,

이를테면 『대승기신론』에 설하길, 「마하연(대승)의 가르침이 있어 능히
모든 중생의 대승에 대한 믿음의 뿌리를 발기시킨다.」고[13] 하였다. 이른
바 마하연(Mahayana)이란, 이 곳(중국)에서 말하는 '대승'이다. 또한 대승이란
중생심이며, 心體가 두루 한 까닭에 이름 하여 '大'라 하였고, (그) 마음이
능히 실어 나를 수 있는 까닭에 이름 하여 '乘'이라 하였다. 心眞如門과
心生滅門을 세운다. 논(『대승기신론』)에 이른다.

마하연이란 총설하여 2종이 있다. 1은 법이고, 2는 義이다. 이른
바 법이란 중생심을 말한다. 이 心은 일체 세간과 출세간의 법을
다 아우른다. 이 마음에 의지하여 마하연의 義를 드러낸다. 왜 그러한
가. 이 心眞如相이 바로 마하연의 體를 드러낸 까닭이며, 이 心生滅의
인연상이 능히 마하연 自體相의 用을 드러내는 까닭이다. 이른 바
義라 함은 여기에 3종이 있다. 1은 體大이니 일체법의 진여가 평등하고
증감이 없는 것을 말한 까닭이다. 2는 相大이니 여래장이 무루(無漏)의
성품 공덕을 구족하였음을 말한 까닭이다. 3은 用大이니 능히 일체
세간 출세간의 선한 因果를 생하는 까닭이며, 일체 諸佛이 본래 乘하여
쓰는 까닭이고, 일체 보살이 모두 이 법에 의거하여 여래지에 이르는
까닭이다.[14]

---

13) 『대정장』권32, 575b.
14) 『대정장』권32, 575c.

이로 알지니, 一心의 법문은 諸佛이 본래 승(乘 : 중생을 이끄는데 쓰는 수레 ; 법문, 방편)으로 쓰는 법문이다. 보살은 이 심법에 타고 감으로 인하여 모두 여래지에 이르는 까닭이다. 이 一心의 법문을 떠나 그 밖에 별다른 수승한 법문이 없다. 까닭에 지금 賦를 지어 송영(誦詠)하는 것이니 그 뜻이 여기에 있다.

藏법사(현수법장)가 이르길, 「眞과 俗이 모두 사라져야 二諦(眞諦와 俗諦)가 항상 존재하며,[15] 空과 有가 모두 사라져야 一味(中道)가 항상 드러난다.」고[16]하였다. 때문에 『화엄경소』에 이르길, 「眞과 俗이 비록 서로 卽해 있으나 각기 그 相을 부수지 아니한다.」고 [17]하였다. 이는 有에 卽한 空이어야 眞空이며, 空에 卽한 有가 되어야 妙有라는 말이다. 空과 有가 不二이되, 두 相이 뚜렷하다. 마치 파도가 물에 즉하여 항상 움직이는 것과 같다. 俗이 眞에 즉하여 俗의 相이 세워지는 것이 마치 물이 파도에 즉하되 항상 습윤한 것과 같다. 眞이 俗에 卽하되 眞의 體가 항상하다.

이상의 글은 모두 비유를 들어 마음의 體와 用이 非一이되 非異임을 설명한 것이다. 또 설한다. 「생멸문을 부수지 아니하고 진여문을 설하며, 진여문을 감추지[18] 아니하고 생멸문을 설한다. 진실로 二門이 오직 一心인 까닭이다.」[19] 까닭에 十方의 제불이 항상 二諦에 의지하여 법을 설한다. 만약 俗諦를 얻지 못하면 第一義諦(眞諦, 勝義諦)를 얻지 못한다. 俗諦의 自體가 없어 第一義諦에 卽하여 있는 까닭이다.

---

15) 眞과 俗의 어느 한 편에 치우쳐 분별함이 없게 되었을 때 걸림 없는 자리에서 眞諦와 俗諦가 不一이되 不二인 뜻으로 항상 드러난다.
16) 현수법장의 『般若波羅蜜多心經略疏』(『대정장』권33, 552a)에서 인용하였다.
17) 현수법장의 『화엄경소』권4에서 인용하였다. 『대정장』권35, 532a.
18) 본서는 '隱'이고, 『대정장』의 『大乘起信論義記』의 원문은 '壞"이다.
19) 현수법장의 『大乘起信論義記』卷中에서 인용하였다. 『대정장』권44, 253a.

〈4〉

獨標天地之先.

傳大士頌云. 有物先天地. 無形本寂寥. 能為萬象主. 不逐四時彫. 老子云. 有物渾成. 先天地生. 寂兮寥兮. 獨立而不改. 周行而不殆. 可以為天下母. 吾不知其名. 字之曰道. 強之曰大. 寶藏論云. 空可空. 非真空. 色可色. 非真色. 真色無形. 真空無名. 無名名之父. 無色色之母. 作萬法之根源. 為天地之太祖. 上施玄象. 下列冥庭. 元氣含於大象. 大象隱於無形. 為識物之靈. 靈中有神. 神中有身. 無為變化. 各稟乎自然.

천지에 앞 선 자리를 홀로 드러내었네.

『부대사송(傳大士頌)』에[20] 설한다.
　　어떤 물건이 있어 천지에 앞서며, 형상 없어 본래 고요하다.
　　능히 만상의 주인이 되고 四時에 따라 시들지 않는다.

『노자』에 이른다. 「어떤 물건이 혼성되어 천지에 앞서 생하였으니 고요하

---

20) 남조 梁代의 선혜부흡(善慧傅翕 497~569)의 글들을 唐代의 누영(樓穎)이 編錄하였다. 『善慧大士語錄』, 『善慧大士錄』으로도 칭한다. 『卍續藏』第120冊에 수록되었다. 본래는 8권이었는데 宋代 紹興13年(1143)에 兩浙東路安撫使 누소(樓炤)가 번잡함을 줄여 4권으로 편찬하였다. 여기에 인용된 글은 권3에 '頌二首'로 題한 頌이다. 후대에 매우 자주 인용되는 글이기에 여기에 전문을 인용한다.
　空手把鋤頭　步行騎水牛,　牛從橋上過　橋流水不流.
　有物先天地　無形本寂寥,　能為萬象主　不逐四時凋.

고 적막하네. 홀로 안립하여 변하지 않고, 두루 어디에나 작용하되 위태롭지 않도다. 가히 천하의 어머니라 할 수 있나니 내가 그 이름을 몰라 字하여 '道'라 하고 억지로 말을 붙여서 '大'라 하노라.」[21]

『보장론』에[22] 설한다.「空을 空이라 할 수 있으면 眞空이 아니다. 色을 色이라 할 수 있으면 眞色이 아니다. 眞色은 형상이 없고, 眞空은 이름이 없다. 이름 없는 것이 이름의 父이고, 無色이 色의 母이다. 만법의 근원이 되고, 천지의 태조가 된다. 위로는 玄象을 베풀고, 아래로는 명정(冥庭 : 冥界)을 진설(陳設)한다. 원기가 大象에 포용되어 있고, 大象이 無形에 감추어져 있다. 사물을 인식하는 영(靈)이며, 靈 가운데 神이 있고, 神 가운데 몸이 있다. 無爲로 변화하면서 각기 내려짐이 자연에서(자연히) 이루어진다.」

〈5〉

常爲諸佛之師. 能含衆妙.

諸佛以法爲師. 起信論云. 所言法者. 衆生心是. 又知之一字. 衆妙之門. 禪源集云. 夫言心者是心之名. 言知者是心之體. 能含衆妙者. 一心杳冥之內. 衆妙存焉. 淸淨法界. 杳杳冥冥. 以爲能含. 恒沙妙德. 微妙相大. 以爲所含. 相依乎性. 性無不包. 故稱爲含. 又云. 妄念本寂. 塵境本空. 空寂之心. 靈知不昧. 卽此空寂之知. 是前達磨所傳淸淨心也. 任迷任悟. 心本自知. 不籍緣生. 不因境起. 迷時煩惱. 知非煩惱. 悟時神變. 知非神變. 然由迷此知. 卽起我相. 若了此知. 刹那成佛. 故心要牋云. 心法本乎無住. 無住心體. 靈知不昧.

---

21) 『도덕경』25.
22) 僧肇(384-414)의 저술로 전해진다. 『대정장』권45에 수록되어 전한다. 1권이다. 『대정장』권45, 143b.

又況如一摩尼珠. 一靈心也. 唯圓明淨. 空寂知也. 都無一切差別色相. 以體明故. 對外物時. 能現一切差別色相. 色相自有差別. 明珠不曾變易. 且如珠現黑時. 但云黑等是珠. 如洪州馬大師云. 起心動念. 彈指瞬目. 所作所為. 皆是佛性. 此是即妄明真. 或擬離黑覓珠. 如北宗秀大師云. 眾生本有覺性. 如鏡有明性. 煩惱覆之不見. 如鏡有塵闇. 妄念盡則心明. 昏塵滅則鏡朗. 此是離妄明真. 或云明黑都無者. 如牛頭融大師云. 諸法如夢. 本來無事. 心境本寂. 非今始空. 宜喪己忘情. 情忘即絕. 此是真妄俱無. 初一皆真. 次一皆妄. 後一皆無. 皆是未見珠也. 如荷澤和尚. 於空無相處. 指示知見. 了了常知. 不昧心性. 見珠黑之時. 但見珠體明白. 不觀黑色. 及青黃等雜色. 既不即黑. 亦不離黑. 亦不黑白俱拂. 了了見心性之時. 不即不離. 無住無著. 非一非異. 不取不捨. 又真心本體. 有二種用. 一者自性本有. 二者隨緣應用. 猶如銅鏡. 銅之質是自性體. 銅之明是自性用. 明所現影是隨緣用. 影即對緣方現. 現有千差. 明即光明. 明唯一味. 以喻心常寂是自性體. 心常知是自性用. 今洪州指示能語言分別等. 但是隨緣用. 闕自性用也. 又顯教. 有比量顯. 現量顯. 洪州云. 心不可指示. 但以能語言等驗之. 知有佛性. 是比量顯也. 荷澤直云. 心體能知. 知即是心. 不約知以顯心. 是現量顯. 洪州闕此. 又不變是體. 隨緣是用. 又荷澤所宗空寂知者. 空寂即是無相. 以神解之性. 雖無形相. 而靈知不昧. 故云寂知. 亦云寂照. 亦云無相之智. 亦云無知之知. 如肇論云. 放光般若云. 般若無所有相. 無生滅相. 道行般若云. 般若無所知無所見. 此辯智照之用. 而曰無相無知者. 何耶. 果有無相之知. 不知之照. 明矣. 何者. 夫有所知. 則有所不知. 以聖心無知. 故無所不知. 不知之知. 乃曰一切知. 故經云. 聖心無知. 無所不知. 信矣. 空寂即是無相. 即是無知. 論云無所不知. 又云. 乃曰一切知者. 此知即是真知. 為一切眾生自心之體. 真性靈知. 湛然恒照. 亦云無念之知. 若有念而知. 凡夫境界. 故云知覺乃眾生. 若無念無知. 二乘境界. 若無念而知. 諸佛境界. 空寂即是無念. 亦云無住之知. 若有所住. 如人入闇.

則無所見. 若無所住. 如日月光明. 照見種種色. 華嚴錦冠云. 含衆妙而有餘
者. 謂一切事. 皆不改本相. 不離本位. 法法皆能爲大爲小. 爲一爲多. 爲主爲
伴. 即此即彼. 即隱即顯. 即延即促. 互相攝入. 重重無盡. 如帝網天珠. 以要
言之. 隨一一事. 念念皆具十玄之義. 同時具足. 無有前後. 如海一滴. 即具百
川. 滴滴皆爾. 故名爲妙.

항상 諸佛의 스승이 되고,
능히 모든 묘함을 다 포용하며,

諸佛은 법을 스승으로 한다. 『기신론』에 이른다. 「이른 바 법이란 중생심
이다.」 또 "知의 一字가 뭇(모든) 묘함의 門이다"고[23] 하였다. 『禪源集(禪源諸
詮集都序)』에 이르길, "무릇 '心'이라 함은 心의 이름이고, '知'라 함은 心의
體이다."고[24] 하였다. '능히 뭇 妙함을 포용한다'란, 一心의 아득한 자리에

---

23) 宗密(780~841)의 『中華傳心地禪門師資承襲圖』(『卍續藏』NO.1225, p.33)에서 荷
澤神會의 선법을 요약한 부분에 나온다. 또 『선원제집도서』卷上之二에서도
인용되고 있다. 하택신회는 여러 법문에서 空寂之心이 靈知不昧하니 空寂한 가
운데 寂知함이 곧 心體라고 하였다. 그리고 마음이 본래 空寂함을 知함이 수행
의 요결이라고 하였다(『南陽和尙頓敎解脫禪門直了性壇語』에 「知心空寂, 即是用
處」). 衆妙之門의 知는 知함 없이 知하고, 見함 없이 見하는 심성을 드러낸 것으
로 分別知가 아니다. 그래서 그와 구별하여 眞知, 靈知, 絶對知라 칭하기도 한다.
심성이 본래 知함 없음을 知하는 것이 반야이다. 그래서 이를 '般若無知'라 한다.
僧肇가 일찍이 『반야경』에 의거하여 이를 설파한 바가 있다(『般若無知論』). 그래
서 知의 一字는 여러 면에서 衆妙한 뜻을 지니고 있다. 종밀의 글에서는 "知之
一字, 衆妙之源"으로 되어 있다.
하택신회 법문에 대해서는 박건주 역주, 『하택신회선사어록 역주 : 돈황문헌역주
1』, 씨아이알, 2009 참조.
24) 종밀의 『선원제전집도서』(『都序』). 본서에 똑같은 문장은 없지만 핵심 요의를

뭇 妙함이 자리하고 있으니 청정한 법계가 그윽하고 아득하며, 항하사의
妙德을 포용하는 자가 되고, 미묘한 相大(體大, 相大, 用大에서의 相大)는 포용되
는 것이 됨을 말한다. 서로 性에 의지하는데 性은 포용하지 않음이 없다.
까닭에 '含(포용)'이라 칭한다.

또 (『선원제전집도서』에) 이른다.

  망념이 본래 텅 비어 고요하고, 육진(六塵 : 색성향미촉법)의 경계가
  본래 공하다. 텅 비어 고요한 마음이 靈知하여 어둡지 않으니 바로
  이것이 텅 비어 고요한(空寂) 知이며, 이전에 달마가 전한 청정심이
  다.[25] 미혹에서든 깨달음에서든 마음이란 본래 스스로 知함이다.
  緣에 의지하여 생하지 아니하고, 경계에 인하여 생기지 않는다.

  미혹한 때는 번뇌이지만 知 자체는 번뇌가 아니고, 깨달은 때에는 神變하
지만 知 자체는 神變함이 없다. 그러나 이 知에 미혹함으로 말미암아 바로
我相이 일어나는 것이니 이 知를 깨닫는다면 찰나에 성불한다. 까닭에
『심요전(心要箋)』에[26] 이른다. 「마음이란 본래 머무름이 없다. 머무름 없는
心體가 靈知하여 不昧(어둡지 않음)하다.」 또 하나의 마니주와 같은 것으로
비유하여 설명하기도 한다. 하나의 영활한 마음이니 오직 圓明하고 청정할

뜻으로 인용하였다. 『선원제전집도서』는 종밀이 선종 諸家의 선법을 비교하여
평하면서 교선일치를 주장한 글이다. 『대정장』48권에 수록되어 있다. 본래 백권
이었으나 분실되고 지금은 都序 부분만 남아 4권 또는 8권으로 전한다.
25) 밑줄 친 문장은 『都序』의 원문에 「이것이 너의 眞性이다」로 되어 있다.
26) 『心要箋』은 不明이지만 이 인용문은, 澄觀의 『答順宗心要法門』에 나오는데 이
   書는 香港 光明講堂에서 1971에 간행된 書에 『大華嚴經略策』, 『三聖圓融觀門』,
   『原人論』, 등 징관의 여러 저술과 합철되어 수록되어 있다.

뿐이다. 空寂의 知이니 일체의 차별 색상이 조금도 없다. 그 體가 밝은 까닭에 바깥 사물을 대할 때에 능히 모든 차별의 색상을 드러낸다. 색상에 스스로 차별이 있으나 밝은 구슬은 일찍이 변역된 바가 없다. 또 구슬이 검게 보이게 되면 단지 검은 것 등이 구슬이라고 말한다.」

이를테면 洪州馬(馬祖道一 : 709~788)대사가 이르길, "마음 일어나고 상념이 동하며, 손가락 튀기고 눈 깜빡이는 등의 짓는 행들이 모두 불성이다"[27]고 하였다. 이것이 妄에 卽하여 眞을 明證하는 법이다. 혹은 어둠 떠나 구슬을 찾는 것으로 비유하기도 한다. 이를테면 北宗神秀(605~706)대사가 이르길, "중생이 본래 覺性을 지니고 있으니 거울에 밝게 비추는 성품이 있는 것과 같다. 번뇌가 덮이어 보지 못함이 마치 거울에 먼지가 덮이어 어둡게(비추지 못하게) 된 것과 같다. 망념이 모두 소멸하면 마음이 밝아진다. 어둡게 하는 먼지가 소멸하면 거울이 밝아진다."고[28] 하였다. 이것이 망(妄)을 떠나 진(眞)

---

27) 이 인용문은 '平常心是道"와 함께 洪州宗(마조도일의 선맥 : 洪州는 마조도일이 오랫동안 활동하였던 지금의 강서성 지역이다)의 특색을 대표하는 구절로 인구에 회자되어 왔다. 여기서 말하는 일상의 행위와 평상심은 당념 당처의 자심에서 본래 걸림 없고, 분별 떠난 무심의 심성을 明證한 자리에서 구현되는 無作意, 無願, 無修, 無心의 心을 말한다. 그러한 심성을 깨닫기 전 범부의 평상심을 말한 것은 아니다. 범부의 평상심은 그 평상심에서 걸리고 물들지만 심성을 깨닫게 되면 걸리고 물듦에서 벗어나게 된다.

28) 이 인용문은 북종 신수의 漸法으로 널리 자주 인용되는 글이다. 여기서 먼지를 털어낸다는 것은 修證이 이루어지는 과정을 말하는 것이지 그 행법이 그렇다는 것을 말하는 것이 아니다. 이는 『능가경』에서 깨달음은 단박에 이루어지는 돈정상(頓淨相)이지만 修證은 점차로 이루어지는 漸淨相이라고 함과 같다. 그런데 남종의 일부 선사가 이를 점법으로 매도하면서 후대에 대부분 그렇게 여기게 되어버렸다. 그러나 북종의 법문도 돈법 위주이고 때로는 점법을 설하였다. 이에 대해서는 박건주, 『중국초기선종 능가선법 연구』, 운주사, 2007 ; 同 『북종선법문 : 돈황문헌역주Ⅱ』, 운주사, 2009 참조.

을 명증하는 법문이다. 우두법융(牛頭法融 : 594~657)대사가 이르길, "모든 것이 꿈과 같아 본래 無事하다. 마음과 경계가 본래 적멸하여 지금에서야 비로소 공한 것이 아니다. 마땅히 我相을 멸하고 情을 잊어야 한다. 情을 잊으면 바로 끊게 된다"고29) 하였다. 이것이 眞과 妄이 함께 없게 되는 법문이다. 처음에 眞이 모두 사라지고, 다음에는 妄이 모두 사라진다. 후에는 모두 아무 것도 없게 된다. 모두 의주(意珠 : 마음)를 보는 바가 없다.30) 이를테면 하택(荷澤神會) 화상이 이르길, "텅 비어 無相한 자리에서 指示하고 知見하며 뚜렷이 항상 知하나니 심성이 어둡지 않다."고 하였다. 구슬이 검게 보이는 때에 단지 구슬의 체가 하얗게 밝은 것을 볼 뿐 검은 색이나 청색 황색 등의 잡색을 보지 않는다.31) 이미 검은 색이 아니되 또한 검은 색을 떠나 있는 것도 아니다.32) 또한 흑색과 하얀색을 모두 버린 것도 아니다. 뚜렷이 심성을 보는 때에 卽하지도 아니하고(不一) 떠나지도 않는다 (不二). 머무르지 아니하고 집착하지도 않는다. 一도 아니고 다르지도 않다. 취함도 없고 버림도 없다.

또한 眞心의 본체에 2종의 用이 있다. 一은 自性에 本有한 것이고, 二는 수연(隨緣 : 인연에 따름)하며 응용하는 것이다. 마치 구리거울과 같아 구리(銅)

---

29) 이 인용문은 우두법융의 저술로 전하는 『心銘』과 『絶觀論』에 보이지 않는다. 아마 후인의 여러 저술에 그의 글로서 자주 인용된 듯 하다. 위 두 저술에 대한 역주 해설은 박건주, 『절관론』, 운주사, 2012 참조.

30) 心이 無相이고, 마음은 본래 인식의 대상이 아니다. 識心이 소멸하니 마음이라 할 것이 없다. 마음을 보는 바가 없어야 無心이 된다.

31) 벽지에 흑색의 점이 보이는 것은 그 점의 본바탕이 흑색이 아닌 까닭이다. 마찬가지로 보이는 검은 빛은 그 바탕이 검은 빛이 아닌 까닭이다. 그래서 하얗게 밝음이 그 어두움의 본바탕이다.

32) 검은 색의 점과 그 바탕인 하얗고 밝은 자리는 따로따로 있는 것이 아니고 같은 자리에 있다.

의 바탕은 自性의 体이고, 구리의 밝게 비춤은 自性의 用이다. 밝게 비추어 드러난 영상은 隨緣의 用이다. 영상은 대상에 緣하여야 비로서 나타난다. 나타난 상이 천차만별하다. 밝음은 바로 광명이며, 밝음이라는 오직 一味로 마음이 항상 고요함을 비유하니33) 이것이 自性의 體이다. 마음이 항상 知함이 自性의 用이다. 지금 洪州(마조도일)가 指示하면서 어언 분별 등을 행한 것은 단지 隨緣의 用이고, 自性의 用이 결락되어 있다.

또 현교(顯敎)에 비량현(比量顯 : 유추에 의해 드러남)과 현량현(現量顯 : 어디에 의거함이 없이 현전에 즉하여 드러남)이 있다. 洪州(마조도일)가 이른다. "마음은 가리킬 수 없다. 단지 語言 등을 통해 이를 증험할 뿐이다. 불성이 있다고 아는 것은 比量顯이다." 하택이 바로 이르길, "심체가 능히 知하니 知함이 곧 마음이다. 知에 의하지 아니하고 마음을 드러내는 것이 現量顯이다."고 하였다. 洪州에게는 이것(현량현)이 결락되어 있다. 또한 不變함이 體이고 隨緣이 用이다. 또 하택이 宗으로 하는 것이 공적(空寂 : 텅 비어 고요함)의 知인데 텅 비어 고요함은 곧 無相이고 神解의 성품으로서 비록 형상이 없으나 영지(靈知)하여 어둡지 않다. 까닭에 적지(寂知 : 고요함에서 知함)라 하고, 또한 적조(寂照 : 고요함에서 비춤)라고 한다. 또한 無相의 智(모습 없는 智)라 하고, 또한 無知의 知(知함 없는 知)라고 한다.

이를테면 『조론(肇論)』에 이른다.

『방광반야경』에 이르길, 「반야는 상이 없고, 생멸하는 상이 없다.」 고 하였다. 『도행반야경』에 이르길, 「반야는 知하는 바도 없고 見하는 바도 없다」고 하였다. 이는 智(知)하고 照하는 用이되, 相이 없고

---

33) 마음이 일어남 없이 고요한지라 흔들림 없는 거울이 밝게 만물을 비출 수 있는 것과 같이 마음에 만상이 나타난다.

知함이 없음을 설명한 것이다. 왜 그러한가? 과연 相이 없는 知이고, 知함 없는 비춤이니 분명하다. 왜 그러한가? 무릇 知함이 있으면 知함이 없는 것도 있게 된다. 聖心은 知함이 없는 까닭에 知하지 못함이 없다. 知함 없는 知를 바로 一切知라 한다. 까닭에 경에서 설하길, 「聖心은 知함이 없어 知하지 못함이 없다」고 하였다. 믿을 지어다!34)

공적(空寂 : 텅 비어 고요함)하니 바로 相이 없고 바로 知함이 없다. (위의) 『(肇)論』에 이르길, 「知하지 않는 바가 없다」 하고, 또 이르길, 「一切知」라고 한 이 知가 바로 眞知이다. 모든 중생의 자심의 체(體)이며 영지(靈知)하는 眞性이다. 담연(湛然)하여 항상 비춘다. 또한 念하는 바 없는 知라고 한다. 만약 念하는 바가 있는 知라면 범부의 경계이다. 까닭에 이르길, 「지각함이 있으면 바로 중생이고, 念함이 없고 知함도 없으면 2승의 경계이며, 念함 없이 知하면 諸佛의 경계이다」고 하였다. (심성이) 텅 비어 고요하니 바로 念함이 없는 것이다. 또 이르길, 머무름 없는 知라고 한다. 만약 머무르는 바가 있으면 사람이 어두움 속에 들어가는 것과 같아서 보이는 것이 없다. 만약 머무르는 바가 없으면 마치 일월 광명과 같이 갖가지 색상을 비추어 본다. 『화엄금관(華嚴錦冠)』에35) 이른다. 「모든 묘함을 포용하되 여지(餘地)

---

34) 僧肇의 『肇論』 「般若無知論」 제3, 『대정장』권45, 153a
35) 이 『錦冠』은 아마 唐末五代의 승려 石壁傳奧가 지은 『華嚴經錦冠鈔』4권(혹 2권)이 아닌가 한다. 이 책은 失傳되었다. 전오(傳奧)는 화엄과 율에 뛰어나 화엄종 제6조로 추앙되었다. 주요 저술에 『華嚴經錦冠鈔』・『金剛經纂要疏貫義意鈔』・『盂蘭盆經鈔』・『梵網經略疏』・『梵網經科文』・『大乘起信論隨疏記』 등이 있는데 대부분 會昌法難 때 유실되고 현재는 『梵網經記』2권만이 전한다. 그는 주로 圭峰宗密의 저술을 해설한 여러 글을 찬술하였다.

가 있는 것을 一切事라고 한다. 모두 本相을 바꾸지 않고 本位를 떠나지 않는다. 존재 하나 하나가 모두 능히 大가 되고 小가 된다. 一이 되고 多가 되며, 主가 되고 반(伴)이 된다. 이것에 卽하고 저것에 즉하며, 감추어짐에 즉하고 드러남에 즉하며, 늘어짐(延)에 즉하고 촉박함(促)에 즉한다. 서로 당기어 들어가는 것이 重重無盡(중중함이 다 함 없음)함이 마치 제망(帝網 : 제석천왕이 쓰는 冠에 드리운 網)의 天珠와 같다.」36) 요컨대 하나하나의 事와 念念에 따라 모두 十玄의37) 뜻을 갖추어 동시에 구족하며, 전후가 없다. 마치 바다의 한 방울 물에 바로 百川의 물이 갖추어져 있으니 물방울 하나하나 마다 모두 그러한 것과 같다. 까닭에 이름 하여 '妙'라고 한다.

---

36) 화엄에서 설하는 一卽一切 一切卽一, 一中一切 一切中一의 事事無碍 法界緣起를 쉽게 이해시키기 위해 비유를 들어 설한 법문이다. 帝釋天王의 寶冠에 드리워진 網에 달려 있는 많은 보배구슬 가운데 어느 한 구슬에 一點을 찍으면, 그 점 하나 찍힌 구슬의 모습이 모든 구슬에 투영되고, 투영된 하나하나의 구슬에는 이미 점 하나가 찍힌 모든 구슬의 모습을 담고 있으며, 이렇게 끝도 없이 각 투영된 구슬 속의 구슬 마다 점 하나 찍힌 구슬 모습이 重重無盡으로 투영된다. 이 비유는 빛의 투영현상에 의거하여 이해하기 쉽게 비유한 것이지만, 실제로는 투영이 아니라 몸이 그대로 들어 와 있다는 것이니 곧 하나의 事物이 일체의 사물에 들어 있고(一中一切), 일체의 事物이 하나의 사물에 들어 있다는 것이다. 또 하나의 사물에 갖가지 다른 성질의 모든 사물이 다 들어 있으나 서로 장애함 없이 그 사물을 드러내고 있으니 이를 事事無碍라 한다.

37) 『화엄일승십현문華嚴一乘十玄門』에 나오는 법문이다. 본서는 唐代 화엄종 初祖 杜順의 說을 제자 지엄(智儼)이 찬술하였다. 如來의 海印三昧에서 드러나는 경계를 十門으로 설명하여 그 玄旨를 펼쳤다. 十門은 (1)同時具足相應門, (2)因陀羅網境界門, (3)祕密隱顯俱成門, (4)微細相容安立門, (5)十世隔法異成門, (6)諸藏純雜具德門, (7)一多相容不同門, (8)諸法相卽自在門, (9)唯心迴轉善成門, (10)託事顯法生解門이다. 이 十門은 각기 敎義・理事・解行・因果・人法・分齊境位・法智師弟・主伴依正・逆順體用・隨生根欲性 등의 十義를 갖추어 모두 百門이 된다. 이로써 重重無盡의 義를 밝혔다. 십현문에 대한 자세한 설명은 본서 〈384〉절에 나온다.

〈6〉

恒作羣賢之母. 可謂幽玄.

夫般若者. 是諸佛之母. 故淨名經頌云. 智度菩薩母. 能生一切導師. 所言般若者. 即一切眾生自心靈知之性耳. 如寶藏論云. 夫天地之內. 宇宙之間. 中有一寶. 祕在形山. 識物靈照. 內外空然. 寂寞難見. 其謂玄玄. 巧出於紫微之表. 用在於虛無之間. 端化不動. 獨而無雙. 聲出妙響. 色吐華容. 窮視無所. 寄號空空. 誰留其聲. 不見其形. 唯留其功. 不見其容. 幽顯朗照. 物理虛通. 森羅寶印. 萬象真宗. 其為也形. 其寂也冥. 本淨非瑩. 法爾圓成. 光超日月. 德越太清. 萬物無作. 一切無名. 能轉變天地. 自在縱橫. 恒沙妙用. 混沌而成. 誰聞不喜. 誰聞不驚. 如何以無價之寶. 隱於陰入之坑. 哀哉哀哉. 其謂自輕. 悲哉悲哉. 晦何由明. 其寶也. 煥煥煌煌. 朗照十方. 闃寂無物. 圓應堂堂. 應聲應色. 應陰應陽. 奇特無根. 妙用常存. 瞬目不見. 側耳不聞. 其本也冥. 其化也形. 其為也聖. 其用也靈. 可謂大道之真精. 其精甚靈. 萬有之因. 凝然常住. 與道同倫. 故經云. 隨其心淨. 則佛土淨. 任用森羅. 其名曰聖. 又若證此一心. 則解一切法門. 如止觀云. 譬如良醫. 有一祕方. 總攝諸方. 阿伽陀藥. 功兼諸藥. 如食乳糜. 更無所須. 一切具足. 如如意珠. 乃至此一心. 是大中大. 上中上. 圓中圓. 滿中滿. 實中實. 真中真. 了義中了義. 玄中玄. 妙中妙. 不可思議中不可思議. 若能如此簡非顯是. 體權實而發心者. 是一切諸佛種. 譬如金剛. 從金性生. 佛菩提心. 從大悲起. 是諸行先. 如服阿婆羅藥. 先用清水. 諸行中最. 如諸根中. 命根為最. 佛正法正行中. 此心為最. 如太子生. 具王儀相. 大臣恭敬. 有大聲名. 如迦陵頻伽鳥. 殼中鳴聲已勝諸鳥. 此菩提心有大勢力. 如師子筋絃. 如師子乳. 如金剛鎚. 如那羅延箭. 具足眾寶. 能除貧苦. 如如意珠. 雖小懈怠. 小失威儀. 猶勝二乘功德. 舉要言之. 此心即具

一切菩薩功德, 能成三世無上正覺.

항상 여러 현인의 어머니가 되니
가히 그윽하고 현묘하다고 하리라!

　무릇 반야란 모든 부처님의 어머니이다. 까닭에 『정명경(유마경)』의 게송에 이르길, 「지도(智度 : 반야바라밀, 지혜로 고해를 건너감)가 보살의 어머니이니 능히 모든 도사(導師 : 佛)를 낳는다」고[38] 하였다. 이른 바 반야라 하는 것은 곧 일체 중생 自心의 靈知하는 성품이다.
　이를테면 『보장론』에 이른다.

　　무릇 천지의 內와 우주 사이에 이 가운데 하나의 보배가 있으니 형상들의 山에[39] 감추어져 있으면서 사물을 알고 영묘하게 비춘다. 내외가 텅 비어 있고, 적막하여 보기 어렵다. 그것을 일러 玄玄하다 하고, 그 교묘함은 자미(紫薇)의 표상을 넘어 선다. 그 用은 허무의 사이에서 이루어진다. 본원의 자리에서 화현하되 不動하고 홀로이니 짝할 자 없다. 소리는 묘하게 울러 나오고, 色은 화려한 모습을 토해낸다. 궁구하여 보려고 하여도 있는 자리가 없어 비고 비었다고 이름 붙일 따름이다. 오직[40] 그 소리만 머물 뿐 그 형상을 보지 못한다.

---

38) 『유마힐소설경』불도품제8에 나온다. 원문은 다음과 같다. 『대정장』권14, 549c.
　智度菩薩母　方便以爲父　一切衆導師　無不由是生.
39) 갖가지 형상들의 존재들을 가리킨다.
40) 원문은 '誰'인데 뜻이 통하지 않고, 바로 이은 對句가 '唯'이고 뜻이 통한다. 따라서 '誰'는 '唯'의 오자이다.

오직 그 功만 머물 뿐 그 모습을 보지 못한다. 그윽하게 드러내고 밝게 비추니 그 物理가 허공처럼 트여 있다. 삼라(만상)의 보배 印이며 (삼라)만상의 眞宗이다. 그것이 작용하면 형상이 되고, 그것이 고요하면 감추어져 그윽하게 된다. 본래 청정하되 광채를 내지 아니하며, 본래 그대로 원만히 이루어져 있다. 그 광명이 일월을 넘어서고 그 덕은 太淸을 뛰어 넘는다. 만물은 작위함이 없고, 일체는 이름(名 : 이름 할 自相의 實)이 없다. 능히 천지를 전변시키며 종횡 자재한다. 항하사의 묘용을 펼쳐 혼돈한 가운데 이룬다. 누가 듣고 기뻐하지 아니하고, 누가 듣고 놀라지 않을 것인가. 어찌하여 無價의 보배가 어두운 구덩이 속에 감추어져 있게 된 것인가. 슬프고 슬프도다! 저 자신을 가벼이 여김이여! 슬프고 슬프도다! 어둠 속에서 어떻게 하여 밝음을 찾을 것인가! 저 보배여! 밝고 찬란하도다! 十方을 밝게 비추고 고요하여 無物이네. 두루 응함에 당당하니 소리에 응하고 色에 응하며, 陰에 응하고 陽에 응하네. 기이하게도 뿌리 없지만 그 묘용이 항상 있네. 깜빡이는 눈으로 보지 못하며 옆에 붙은 귀로 듣지 못한다. 그 근본은 아득하여 보이지 아니하고, 그것이 화현하면 모습이네. 그것이 행함은 聖이고, 작용함은 靈이니 가히 大道의 眞精이라 할 수 있다. 그 정묘함이 심히 영이(靈異)하여 만유의 因이 된다. 응연(凝然)히 상주하며, 도와 더불어 함께 한다. 까닭에 경(『유마경』)에 이르길, 「그 마음 청정함에 따라 불토도 청정해진다」고[41] 하였다. 삼라만상에 자재하여 작용하니 그 이름을 聖이라 한다.[42]

---

41) 『유마힐소설경』권1, 불국품, 『대정장』권14, 538c.
42) 승조의 『보장론』廣照空有品第一에서 인용하였다. 『대정장』권45.

또 만약 이 一心을 증득하면 일체의 법문을 이해한다. 이를테면 『止觀(摩訶
止觀)』에 이르길, 「비유컨대 良醫가 하나의 비방을 지니고 모든 처방을
다 아우르는데 아가타약(阿伽陀藥)의[43] 공효(功效)가 모든 약의 효능을 겸하
는 것과 같고, 우유죽을[44] 먹으면 다시 다른 것이 필요하지 않는 것과 같다.
일체를 구족함이 마치 여의주와 같다.」고[45] 하였다. 그러하니 바로 이 一心이
大 중의 大이고, 上 중의 上이며, 원만함 가운데 원만함이고, 충만함 가운데
충만함이며, 實 가운데 實이고, 眞 가운데 眞이다. 了義[46] 가운데 了義이며,
玄 중의 玄이고, 妙 중의 妙이며, 불가사의 중의 불가사의이다.

만약 능히 이와 같이 잘못된 것을 가려내어 버리고 올바름을 드러내며
권(權 : 임시의 방편)과 실(實 : 궁극의 실제)의 뜻을 체득하여 발심하는 자는
일체 제불의 種이니 비유컨대 금강과 같아 金의 성품에서 생한다. 佛의
보리심은 대비심에서 생한다. 이것이 모든 행의 시작이니 마치 아파라(阿婆
羅)약을 복용할 때 먼저 청수를 사용하는 것과 같다. 모든 행 가운데 최상이니
마치 모든 根 가운데 명근(命根 : 목숨, 생명)이 최상인 것과 같다. 佛의 正法과
正行 가운데 이 마음이 최상이다. 마치 太子가 태어나 왕의 위의와 모습을
갖추었으면 대신이 공경하고 크게 명성을 얻게 되는 것과 같다. 마치 가릉빈
가 새가 알 속에 있을 때의 소리가 이미 모든 새의 소리를 뛰어 넘는 것과
같이 이 보리심이 큰 세력을 지님이 마치 사자의 힘줄로 만든 활과 같고,
사자의 젖과 같으며, 금강추와 같고, 나라연의[47] 화살과 같다. 많은 보배(공

---

43) 아가타약은 『대반열반경』40권본의 여러 곳에서 최상의 묘약으로 등장하고 있다.
44) 『대반열반경』에서 우유 맛이 모든 맛 가운데 최상이고 우유죽 또한 최상의 약으
로 비유되고 있다.
45) 『마하지관』권1에 나온다. 『대정장』권46, 09b.
46) 세속제에 따른 방편의 가르침인 3승과 2승의 敎에 대하여 궁극의 가르침인 1승
을 了義敎라 하고, 그 경전을 了義經이라 한다.

덕)를 구족하고 능히 빈고(貧苦)함을 제거해주는 것이 여의주와 같다. 비록
약간 게으름을 피우고 약간 위의를 그르치더라도 2승(3승과 2승) 보다는
뛰어난 공덕을 얻는다. 요점을 말하건대, 이 마음에 바로 일체 보살의 공덕을
갖추고 있어 능히 삼세의 위없는 正覺을 능히 이룰 수 있다.

〈7〉

靈性有珠. 該通匪一.

此一心靈臺之性. 最靈最妙. 作萬法之王. 為羣有之體. 堅徹三世. 橫亘十方.
大智度論云. 在有情數中為佛性. 在無情數中為法性. 所以華嚴經頌云. 法
性遍在一切處. 一切眾生及國土. 三世悉在無有餘. 亦無形相而可得. 如肇
論離微體淨品云. 夫性離微者. 則非取非捨. 非修非學. 非本無今有. 非本
今無. 乃至一法不生. 一法不滅. 非三界所攝. 非六趣所變. 非愚智所改. 非真
妄所轉. 平等普遍. 一切圓滿. 總為一大法界幻化靈宅. 迷之者歷劫浪修. 悟
之者當體凝寂.

영묘한 성품이 意珠(마음)에 있어
어디에나 두루 통하나니

 이 일심 영대(靈臺 : 마음)의 성품은 가장 영묘하여 만법의 왕이 되고,
모든 존재의 體가 된다. 시간으로는 삼세에 통하고, 공간으로는 十方에

---

47) 나라연(nārāyaṇa)은 나라연천의 힘이 장대 무궁한 것에 비유하여 불보살의 뛰어
 난 몸이 금강과 같이 견고하고 용맹함을 가리킨다.

걸쳐 있다. 『대지도론』에 이른다. 「유정 중생 가운데서는 불성이 되고, 無情 중생에서는 법성이 된다.」 까닭에 『화엄경』의 게송에 이른다.[48)

> 법성이 일체처와
> 일체 중생과 국토에 두루 하며,
> 삼세 어느 때나 항상하여 그렇지 않은 때가 없고,
> 또한 형상이 없어 얻을 바 없다.

『조론(肇論) (『보장론』의 誤記)』이미체정품(離微體淨品)에[49) 이른다.

무릇 이(離)와 미(微)의[50) 성품은 취할 수 있는 것도 아니고 버릴 수 있는 것도 아니며, 닦을 것도 아니고 배울 것도 아니다. 본래 없었다가 지금 있게 된 것도 아니고, 본래 있다가 지금 없게 된 것도 아니다. 내지 하나의 법도 생함 없고 하나의 법도 멸함이 없다. 三界에 포함되는 것도 아니며, 육취(六趣 : 욕계의 六道 ; 천상, 인간, 아수라, 축생, 아귀, 지옥)로 전변되는 것도 아니다. 어리석음과 지혜가 바꾸어지

---

48) 『화엄경(80권본)』권28 十廻向品第二十五之六, 『대정장』권10, 156c.
49) 여기서의 『조론』은 앞에 든 승조의 『보장론』을 가리킨다. 이미체정품은 본서의 제2품이다.
50) 본 『보장론』에서 말하는 離는 色이 외부에 떨어져 있다는 성품을 가리키고, 微는 內의 심식이 미세하여 볼 수도 취할 수도 없다는 성품을 가리킨다. 그래서 본 품에 「무릇 망령되이 바라는 바가 있는 자는 그 離(色의 離인 性)를 보지 못한 것이고, 망령되이 작위하는 바가 있는 자는 그 微(심식의 微한 性)를 보지 못한 것이다. 그 微함을 보지 못한 자는 곧 마음에 악견이 일어나고, 그 離를 보지 못하는 자는 바로 밖에서 풍진이 일어난다(夫妄有所欲者, 不觀其離. 妄有所作者, 不觀其微. 不觀其微者, 卽內興惡見. 不觀其離者, 卽外起風塵)」고 하였다. 同145c.

는 것도 아니며, 眞과 妄으로 전변되는 것도 아니다. 두루 평등하고
일체에 원만하다. 모두 다 一大 법계의 幻化인 영묘한 집이다. 미혹한
자는 역겁토록 닦느라 시간을 낭비하지만 깨달은 이는 (현생의) 당체
(當體)에서 적멸을 이룬다.

〈8〉

千途盡向於彼生.萬象皆從於此出.

淨名經云.一切法以無住為本.無住者.一切眾生第八識心.此心無住無本.
故云從無住本.立一切法.如華嚴經云.不離於心.所見清淨.又云.不離於心
無處所.是知心生一切法.如地出水.如谷孕風.如石生雲.如木出火.是知離
心無法.離法無心.如長者論云.若直說第八種子識為如來藏者.即業種恒
真.生怖難信.以法如是之力.何一含識而不具神通.承本覺性之功.豈一剎
塵而靡含道跡.故華嚴經云法如是力者.本合如然.又云佛神力者.應真曰
神.所以古德云.自力與佛力無別.自智與佛智無差.又云.一身即以法界為
量.自他之境都亡.法界即自身遍周.能所之情見絕.如大海之滴.滴滴之中
皆得大海.比眾生之心.心心皆含佛智.

천 가지 (成道의) 길이 모두 다 그곳(여래장)을 향하여 생하고,
만상이 모두 이로부터 나오네.[51]

---

51) 이 뜻은 본 단락의 여래장과 제8식(아뢰야식)에 대한 각주 해설 참조.

『정명경(유마경)』에 설한다.「일체 모든 것은 머무르지 않음을 근본으로 한다」.[52] 머무르지 않는 것은 일체 중생의 제8識心(아뢰야식, 藏識)이다. 이 마음은 머무름이 없고 本(自體)이 없다. 까닭에 '머무름 없음을 근본으로 한다'고 하였다. (제8식 자리에서) 일체법이 세워진다. 이를테면『화엄경』에서「마음을 떠나지 아니하고, 보는 바가 청정하다」고[53] 하였다. 또 이르길,「마음을 떠나지 아니한 채로 처소가 없다」고[54] 하였다. 이로 알지니 마음이 일체법을 생한다.[55] 마치 땅에서 물이 나오고 골짜기가 바람을 품는 것과 같다. 돌이 구름을 생하는 것과 같고, 나무가 불을 내는 것과 같다. 이로 알지니 마음을 떠나서는 아무 것도 없다. 존재를 떠나서는 마음이 없다. 이를테면『長者論(신화엄경론)』에[56] 이르길,「만약 직설하여 제8種子識(아뢰야식, 藏識)이 여래장이라고 하면 업의 종자가 항상 眞이게 되어 두려워하며 믿기 어려워 할 것이다」고 하였다.[57] 법이 이러한 힘을 지니고 있는데[58]

---

52) 『유마경』에는 이 구절이 보이지 않으나 '無住爲本'은 『육조단경』에 있고, 여러 대승경전에 상통하는 구절이 많다.
53) 『화엄경(80권본)』권41 十定品第二十七之二, 『대정장』권10, 217c.
   제8식의 체성이 없어 그대로가 空寂함을 了知하면 그 마음을 떠나지 아니한 채로 취착할 마음의 處所가 없고 분별할 바 없어 청정하다. 『능가경』의 여러 곳에서 설한 바와 같이 분별 떠남이 청정이다.
54) 『화엄경(80권본)』권38 十地品第二十六之五, 『대정장』권10, 204b. 위의 해설 참조.
55) 처소가 따로 없어 텅 빈 자리에서 일체법이 나올 수 있는 것이다. 처소가 없되 幻化의 제8식(바탕의 識, 本識)이 없지 아니하다. 제8식에 일체법의 종자가 轉成하고 轉滅한다. 그러나 처소가 본래 없어 생멸 그대로 생멸을 떠나 있는 것이다.
56) 이통현 長者의 『신화엄경론』을 말한다. 권1의 원문을 삭감하여 인용하였다. 원문을 여기에 옮긴다.「卽欲直爲說, 第八種子識, 爲如來藏者, 爲彼學徒 畏苦習故. 卽說業種恒眞, 怖難信故.」『대정장』권36, 723a.
57) 제8식에서 청정한 본 바탕을 여래장이라고 하고, 오염된 면을 아뢰야식(제8식, 장식)이라 한다. 이에 대해서는 『능가경』에 설명되어 있다. 권제5찰나품에「보살마하살이 뛰어난 법을 얻고자 하건대 마땅히 여래장에서 藏識이라 이름하는 것을

어찌 하나의 함식(含識)이 신통을 갖추고 있지 않겠는가. 本覺 성품의 功力을
받는데 어찌 하나의 찰진(刹塵 ; 미진)에 道의 자취가 포함되어 있지 않을
것인가. 까닭에 『화엄경』에 이르길, 「법의 이와 같은 힘」(힘이 있게 되는
것은)이라59) 한 것은 본래 如함(평등하여 분별 떠나 있음, 진여, 여래장)에 합치되
어 있는 까닭이다.60) 또 (『화엄경』에)「佛의 神力」이라61) 한 것은, 眞에
응함을 神(力)이라 한 것이다. 까닭에 古德이 이르길, "自力과 佛力이 별개가
아니다. 자신의 지혜와 佛의 지혜가 차별이 없다"고 하였다.62) 또 이른다.
"한 몸이 바로 법계(우주)로써 量(범위, 한량)으로 하니(한 몸이 그대로 법계이니)
自他의 경계가 모두 없다. 법계란 곧 자신이 두루 충만하여 있는 것이다.
能(주관, 見分)과 所(객관, 인식대상, 相分)의 情見이63) 끊어진다. 마치 대해의
물방울 하나하나 가운데서 모두 대해를 얻는 것과 같다. 마찬가지로 중생의
마음과 마음 마다에도 모두 佛智를 지니고 있다."

정화하여야 한다.」,「이 여래장 장식의 본성은 청정한데 객진(客塵)으로 오염되어
서 부정하게 된 것임을 ——.」(박건주, 『능가경역주』, 운주사, 2010, p.417).
58) 모든 존재가 실은 여래장을 바탕으로 하는 까닭에 여래장의 공덕상이고 무량한
功力을 지니고 있다. 또한 여래장이 생사윤회한다. 마치 파도가 출렁거리는 것이
아니고 바닷물이 그렇게 출렁거리는 것과 같다.
59) 『화엄경(80권본)』권77 입법계품 39-18, 『대정장』권10, 427a. 게송의 한 구를 인
용하였다.
  원문은 「譬如日月光　當成如是力, 所行無動亂　所行無染著」
60) 위의 해설들 참조.
61) 『화엄경(80권본)』권1 世主妙嚴品第一之一, 『대정장』권10, 001c.
62) 위의 주석에서 설명한 바와 같이 일체가 여래장을 바탕으로 하기 때문이다.
63) 識이란 모두 能과 所로 二分되어 있는 상태이다. 제7식의 我相으로 인한 분별행
인 까닭에 情이 깃들어 분별한다. 그래서 情見이라 하였다.

〈9〉

事廓恒沙.理標精實.吞滄溟於毛孔.唯是自因.卷法界於塵中.匪求他術.

首楞嚴經云.眾生迷悶.背覺合塵.故發塵勞.有世間相.我以妙明不生不滅
合如來藏.而如來藏.唯妙覺明圓照法界.是故於中.一為無量.無量為一.小
中現大.大中現小.不動道場現十方界.身含十方無盡虛空.於一毛端現寶
王刹.坐微塵裏轉大法輪.是知背境觀心.自然大明相含.不為物轉.亦如芥
納須彌等.百門義海云.且如見山高廣.是自心現作大.今見塵小時.亦是自
心現作小.今由見塵.全以見山高之心.而今現塵也.是故即小容大.如云萬
象如須彌.淨心如芥子.故云森羅及萬象.一法之所印.即是萬法一心.一心
萬法.故稱毛吞巨海.芥納須彌.非干神通變化之力.真心具德法性如是.如
華嚴記云.如經一毛端中一切世界差別性者.謂一毛端性.即是一切世界差
別性.今一切世界即事.隨其法性即一毛端.以性即毛端.諸界即性故.

事의 경계는 항하사와 같고,

理는 (그러한 事의) 정실(精實 : 性品)을 드러낸 것이네.

푸른 바닷물을 털구멍에 삼키지만

단지 이는 自因(본래 自心에 갖추어진 공덕이 그 因이 된 것)에 의한 것
일 뿐,

법계를 휘감아 티끌 속에 집어넣나니

이밖에 다른 법술 구하지 말라!

『수능엄경』에 이른다.

중생이 미혹하고 막히어 覺을 등지고 객진 경계에 부딪쳐 간다. 까닭에 진로(塵勞 : 객진 번뇌)가 발생하고 세간상이 있게 된다. 나는 妙明·불생불멸의 理로써 여래장에 계합하였다. 여래장은 오직 묘한 覺明이며, 법계를 원만하게 두루 비춘다. 이 까닭에 그 가운데서는 하나가 無量이고, 무량이 하나이다. 小 중에서 大가 드러나고, 大 중에서 小가 드러난다. 不動의 도량에서 十方세계가 드러나고, 몸에 十方의 다 함 없는 허공을 포용한다. 한 터럭 끝에 보배의 왕찰(王刹 : 왕이 지배하는 세계)을 드러내고 미진 속에 앉아 대법륜을 굴린다.[64]

이로 알지니 경계를 등지고 마음을 관찰하면 자연히 大明의 相이 함용되어 사물에 이끌려가지 않게 되고, 또한 겨자씨에 수미산이 들어가는 것과 같다.

『百門義海』에[65] 이른다.

산이 높고 광대함을 보면 이는 자심이 크게 되어 나타난 것이다. 지금 티끌의 작은 것을 보는 때에는 또한 이 자심이 작게 되어 나타난 것이다. 지금 티끌을 본 것에 인하여 완전히 산이 높다고 보는 마음이 나왔고, (다시) 이제는 (높은 산을 본 것에 인하여) 미진으로 보는 마음이 나온다. 이 까닭에 小가 大를 함용한다.

---

64) 『대불정수능엄경』권4, 『대정장』권19, 121a.
65) 현수법장의 『華嚴經義海百門』이다. 본서의 인용문은 원문과 다른 부분이 있어 여기에 옮긴다.
　　『대정장』권45, 630b에
　　「且如見高廣之時, 是自心現作大, 非別有大. 今見塵圓小之時, 亦是自心現作小, 非別有小. 今由見塵, 全以見山, 高廣之心, 而現塵也. 是故卽小容大也.」.

이를테면 만상이 수미산과 같고, 청정심이 겨자씨와 같다고 하는 것과 같다. 까닭에 삼라만상은 一法으로 인출(印出)된 것이라 한다. 그래서 만법이 일심이고, 일심이 만법이다. 때문에 터럭 끝에 거해를 삼켜 넣는다 하고, 겨자씨가 수미산을 받아들인다고 하는 것이지 신통 변화의 힘으로 그렇게 한다는 것이 아니다. 眞心에 갖추어진 법성의 덕이 그와 같은 것이다. 이를테면 『화엄기(화엄경수소연의초)』에 이르길, 「경(『화엄경』)에서 한 터럭 끝에 일체 세계의 차별성이 있다 함은 한 터럭 끝의 성품이 곧 일체 세계의 차별성임을 말하는 것이다. 지금 일체 세계가 事에 卽하고, 그 법성에 따르니 한 터럭에 즉한다. 법성이 터럭 끝에 즉하고, 모든 세계가 법성에 즉한 까닭이다.」고66) 하였다.

〈10〉

任機啟號. 應物成名.

一切法本無名. 但是心為名. 故般若經云. 六塵鈍故. 不自名. 不自立. 皆是因心立名. 故云萬法本閑. 而人自鬧. 又云三阿僧祇名字. 皆是心之異號. 如天台淨名疏云. 一法異名者. 諸經異名. 說真性實相. 或言一實諦. 或言自性清淨心. 或言如來藏. 或言如如. 或言實際. 或言實相般若. 或言一乘. 或言即是首楞嚴. 或言法性. 或言法身. 或言中道. 或言畢竟空. 或言正因佛性. 性淨涅槃. 如是等種種異名. 此皆是實相之異稱. 故大智論偈言. 般若是一法. 佛說種種名. 隨諸眾生類. 為之立異字. 大涅槃經云. 如天帝釋有千種名. 解脫亦爾. 多諸名字. 又云佛性者有五種名故. 皆是赴機利物. 為立異名也. 而法體

---

66) 澄觀의 『화엄경수소연의초』권40. 『대정장』권36, 305b.

是一. 未曾有異. 如帝釋千名. 名雖不同. 終是目於天主. 豈有聞異名故. 而言非實相理. 如人供養帝釋. 毀憍尸迦. 供養憍尸迦. 毀於帝釋. 如此供養. 未必得福. 末代執法者亦爾. 或信賴耶自性淸淨心. 而毀畢竟空. 或信畢竟空無所有. 毀賴耶識自性淸淨心. 或言般若明實相. 法華明一乘. 皆非佛性. 此之求福. 豈不慮禍. 若知名異體一. 則隨喜之善. 遍於法界. 何所諍乎. 又諸經內. 逗緣稱機. 更有多名. 隨處安立. 以廣大義邊. 目之爲海. 以圓明理顯. 稱之曰珠. 以萬法所宗. 號之曰王. 以能生一切. 諸之曰母. 但是無義之眞義. 多亦不多. 無心之眞心. 一亦不. 故華嚴私記云. 取決斷義. 以智言之. 取能生長. 以地言之. 取其高顯. 以山言之. 取其深廣. 以海言之. 取其圓淨. 以珠言之. 此上約有名. 尚乃無數. 更有無名. 豈可測量. 如大法炬陀羅尼經云. 佛告諸菩薩. 汝等勿謂天定天也. 人定人也. 餓鬼定餓鬼也. 乃至如一事有種種名. 如一人有種種名. 如一天. 乃至餓鬼畜生有種種名. 亦復如是. 亦有多餓鬼. 全無名字. 於一彈指頃. 轉變身體作種種形. 如是衆生於一時間現無量色身. 云何可得呼其名也. 若餓鬼等. 有生處名字. 受食名字. 及壽命名字. 若地獄衆生. 無有名字生處者. 則其形亦無定. 彼中惡業因緣未盡. 故於一念中種種變身. 釋曰. 如地獄中. 一日一夜之中萬生萬死. 豈可名其名字耶. 又無間獄中. 一一身無間. 各各盡遍八萬四千由旬. 地獄之量不相障礙. 是知業果不可思議. 非獨聖果. 如云淸淨妙法身. 湛然應一切. 今時人將謂諸佛法身能分能遍. 不信衆生亦一身無量身. 以衆生業果不可思議故. 是以經云. 佛界不可思議. 衆生界亦不可思議.

근기 따라 명칭 세워 이끌고,
중생류에 응하여 (여러) 이름(法數, 法相) 세우네.

일체법은 본래 이름 할 것이 없다. 단지 이 마음이 이름 하는 것일 뿐이다.

까닭에 『반야경』에 이른다. 「6진(塵 : 색성향미촉법)이 둔한 까닭에 스스로 이름 하지 못하고 스스로 (나다 하고) 세우지 못한다. 모두 마음으로 인하여 이름을 세운다.」 까닭에 이르길, "만법이 본래 한가로운데 사람이 스스로 소란스럽게 한다"고 하였다. 또 이르길, "3아승지의 名字가 모두 마음의 다른 이름이다."고 하였다. 천태(天台智顗 538–597)의 『정명소净名疏(維摩經玄疏)』에 이른다.[67]

一法에 이름이 다르다 한 것은, 여러 경에서 다른 이름으로 眞性과 實相을 설함이니 혹은 一實諦(하나의 진실한 진리)라 하고, 혹은 자성청정심이라 하며, 혹은 여래장이라 하고, 혹은 如如라 하며, 혹은 실제라 하고 혹은 실상반야라 하며, 혹은 일승이라 하고, 혹은 바로 수능엄이라 하며, 혹은 법성이라 하고, 혹은 법신이라 하며, 혹은 중도라 하고, 혹은 필경공이라 하며, 혹은 正因, 불성, 性淨, 열반이라 한다. 이러한 갖가지 다른 이름은 모두 실상의 다른 칭호이다. 까닭에 『대지도론』의 게송에 설한다.

반야는 一法인데 佛이 갖가지 이름 설한 것은
여러 중생류에 따라 그들 위해 다른 이름 세운 것이네.[68]

『대반열반경』에 설한다.[69] 「제석천에 천 가지 이름이 있는 것과

---

67) 천태지의(天台智顗)의 『유마경현소』권6, 『대정장』권38, 558c–559a.
68) 『대지도론』권18. 『대정장』권25, 190c.
69) 이어지는 『대반열반경』의 두 인용문은 경문의 뜻을 요약하여 인용하였다. 『대반열반경』권35 가섭보살품第十二之三.

같이 해탈 또한 이러하여 많은 이름이 있다.」 또 설하길 「불성에는
5종의 이름이 있으며, 모두 근기에 따라 생류를 이롭게 하고자 다른
이름 세운 것이다.」고[70] 하였다. 그러나 법체는 하나이고 일찍이
다른 것이 없었다. 제석천의 이름이 천 가지인 것과 같이 이름은
비록 같지 않으나 결국 모두 天主(제석천왕)를 가리키는 것이니 어찌
다른 이름을 듣고는 실상의 理가 아니라고 말하겠느냐! 이를테면
제석천에게 공양하면서 교시가를[71] 헐뜯고, 교시가에게 공양하면서
제석천을 헐뜯는다면 이러한 공양으로는 꼭 복을 얻는다고는 할 수
없을 것이다. 말세의 법을 지니는[72] 자도 이와 같아 혹은 자성청정심을
신뢰하면서 필경공(의 법문)을 헐뜯고, 혹은 필경공, 무소유를 신행하
면서 아뢰야식, 자성청정심의 법문을 헐뜯는다. 혹은 반야와 실상,[73]
법화와 일승이 모두 불성이 아니라고 말한다. 이렇게 복을 구한다면
어찌 그 화가 염려되지 않겠는가.[74] 만약 이름은 다르되 體는 하나임을
안다면 수희(隨喜)의 善法이 법계에 두루 할 것이니 어디에 다툴 바가
있겠는가.

또한 여러 경에서 인연에 따르고 근기에 응하여 더욱 많은 이름을 곳에
따라 안립하였다. (불성이) 광대하다는 뜻의 면에서 이를 가리켜 海라 칭하였

---

70) 위와 같음.
71) 교시가(Kauśika)는 제석천왕의 異名이다.
72) 저본은 '執法者'인데 『대정장』의 『유마경현소』 원문은 '弘法者'이다. 여기서는 뜻
  으로 별 차이가 없다.
73) 원문 「或言般若明實相, 法華明一乘」에서의 '明'은 '與'의 오자임이 분명하다.
74) 저본은 '豈不慮禍'인데 『대정장』의 『유마경현소』 원문은 '豈若慮禍'이다. 저본이
  옳다.

고, 圓明한 理가 드러난다는 면에서 이를 珠(구슬)라고 칭하였다. 만법의 宗이 되는 까닭에 이를 王이라 칭하였다. 능히 일체를 생하는 까닭에 이를 母라고 이름 하였다.

단지 無義인 眞義이며, 여러 가지이되 여러 가지가 아니고, 無心인 眞心이며, 하나이되 하나가 아니다. 까닭에 『華嚴私記(화엄경탐현기)』에 이른다. 「결단의 뜻을 취하여 '智'라고 말한다.[75] 능히 생장시킨다는 뜻을 취하여 '地'라고 한다. 그 높이 드러남을 취하여 '山'이라고 말한다. 그 깊고 광대함을 취하여 '海'라고 칭한다. 그 원만하고 청정함을 취하여 '珠'라고 한다.」[76] 이상은 간략히 이름을 든 것이고, 아직도 무수한 이름이 있다. 또한 아직 이름 없는 것(알려지지 않은 이름)도 있으니 어찌 가히 측량할 수 있겠는가! 이를테면 『대법거다라니경(大法炬陀羅尼經)』에 설한다.

佛이 여러 보살에게 설하였다. "너희들은 天을 天이라 이름 하는 것에 한정하지 말고, 人을 人이라 칭하는 것에 한정하지 말며, 아귀를 아귀라 칭하는데 한정하지 말라! 내지 한 사물에 갖가지 이름이 있고, 한 사람에게도 갖가지 이름이 있는 것과 같이, 하나의 天에도 내지 아귀와 축생에게도 갖가지 이름이 있는 것이 또한 이와 같다. 또한 많은 아귀가 모두 이름이 없는데 손가락 한 번 튕기는 사이에 신체를 전변하여 갖가지 형상을 짓는다. 이러한 중생들은 한 시간에 무량한 색신을 나타내는데 어떻게 그 이름을 부를 수 있겠느냐. 또는 아귀들에

---

75) 현수법장의 『화엄경탐현기』권3 노사나불품에 「又眼是觀見義, 智是決斷義, 明是照了義, 覺是警察義」에 나오는 '決斷義'를 인용한 것으로 보인다. 『대정장』권35, 154a.
76) 위의 『화엄경탐현기』권3의 내용을 뜻으로 인용함.

게 태어난 곳의 이름이 있고, 음식 받을 때의 이름과 수명에 따른
이름이 있다. 또한 지옥 중생에게는 태어난 곳에서의 이름도 없고
그 형상도 일정하지 않으며, 그 가운데는 악업 인연이 아직 다 하지
않아서 일념 중에 갖가지 변신을 하게 된다."77)

해설한다 : 저 지옥에서는 一日一夜 중에 만 번 태어나고 만 번 죽는데
어찌 그 이름을 칭할 수 있겠는가. 또 무간지옥에서는 하나하나의 몸이
틈이 없이 각각 다 팔만사천 유순(由旬)에78) 걸쳐 두루 퍼져 있지만 지옥의
量은 서로 장애됨이 없다. 이로 알지니 그 업의 과보가 불가사의함은 聖人의
과보만이 그러한 것이 아니다. 이를테면 청정법신은 맑아서 일체에 응하는
것과 같다. 지금의 사람들도 장래에는 제불의 법신이 능히 나누어지고
능히 (법계에) 두루 하다고 말 할 것이다. 이를 믿지 않는 중생 또한 한
몸이면서 한량없는 몸이다. 중생의 업의 과보가 불가사의한 까닭이다. 그래
서 경에서 설한다.「佛界가 불가사의하고, 중생계 또한 불가사의하다.」

<h2>⟨11⟩</h2>

大士修之而行立.

菩薩所行十波羅蜜. 四攝. 萬行. 皆從真慈悲心起. 故金剛三昧經云. 空心不
動. 具足六波羅蜜. 又般若經云. 一心具足萬行十波羅蜜者. 檀因心捨. 經云.

---

77) 『대법거다라니경』권3 상호품제7 菩薩行品之餘. 『대정장』권21, 671a.
78) 유순은 산스크리트어 yojana의 음역이다. 거리의 단위이다. 관청의 牛가 하루에
가는 거리, 왕의 군대가 하루에 가는 진군의 거리 등 여러 설이 있다.

無可與者. 名為布施. 是名真施. 若心外有法. 即名住相布施. 如人入闇. 即無
所見. 戒因心持. 經云. 戒性如虛空. 持者為迷倒. 自性之律豈執事相. 妄分持
犯耶. 忍因心受. 經云. 云何菩薩能行忍辱. 佛言. 見心相念念滅. 豈可將心對
治前境. 為忍受耶. 進因心作. 經云. 若能心不起. 精進無有涯. 寧著有為. 妄
興勞慮耶. 禪因心發. 經云. 能觀心性. 名為上定. 豈避喧雜. 而守靜塵耶. 般
若從心起. 經云. 不求諸法性相因緣. 是名正慧. 寧外徇文言. 強生知解耶. 方
便從心生. 經云. 菩薩以無所得而為方便. 則心外無法. 方能行菩薩之道. 力
從心運. 四大之力皆不如心. 心無形故力最無上. 神通變化入不思議. 心之
力也. 願從心布. 一切意願盡從心生. 一切行門. 皆從願起. 智從心達. 如來靈
智. 是眾生心. 此心念念具足十波羅蜜. 乃至八萬四千法門. 皆從心出. 如眾
生心中有體大. 今日修行引出法身. 心中有相大. 今日修行引出報身. 心中
有用大. 今日修行引出化身. 故知三身四智. 皆自心中出. 心外更無一事一
法而能建立. 如還源觀云. 一體起二用. 一者海印森羅常住用. 海印者. 真如
本覺也. 妄盡心澄. 萬象齊現. 猶如大海. 因風起浪. 若風止息. 海水澄清. 無
像而不現. 故云森羅及萬象. 一法之所印. 一法者. 所謂一心. 是心則攝一切
世間出世間法. 則是一法界大總相法門. 體唯是一. 依妄念而有差別. 若離
妄念. 唯一真如. 故云海印三昧. 二者法界圓明自在用. 是華嚴三昧也. 謂廣
修萬行. 稱理成德. 普同法界. 而證菩提. 良以非真流之行. 無以契真. 何有飾
真之行. 不從真起. 此則真該妄末. 行無不修. 妄徹真源. 相無不寂.

大士[보살]는 修證하고 그 행을 세우며,

　　보살이 행하는 십바라밀, 사섭법, 만행은 모두 진실한 자비심에서
　　일어난다. 까닭에 『금강삼매경』에서 설한다. 「텅 빈 마음이 不動함에
　　서 6바라밀을 갖춘다.」 또 『반야경』에서 설한다. 「일심에 만행이

갖추어져 있다.」

십바라밀이란 (다음과 같다). 단바라밀(보시바라밀)은, 마음을 버림에 因한다. 경에 설하길, 「시여하는 자가 없는 것, 이를 이름하여 보시라 하며, 진실한 보시라고 한다」 하였으니 만약 마음 밖에 법이 있다면 바로 相에 머무른 보시이다. 마치 사람이 어둠 속에 들어가니 보이는 바가 없는 것과 같다. 지계바라밀은, 마음을 지킴에 因한다. 경에서 설하길, 「계율의 성품은 허공과 같은 것이니 지니는 자는 미혹하여 전도된다」고 하였거늘, 자성의 계율이거늘 어찌 事相에 집착하여 망령되이 금계를 나누어 지닐 것인가」 인욕바라밀은, 마음에서 받아들임을 因으로 한다. 경에 설하길, 「어떻게 보살이 능히 인욕을 행하여야 합니까? 부처님이 설하셨다. "心相이 念念에 멸함을 보는데 어찌 마음으로 앞의 경계를 對治하는 것으로 인욕하여 받아들이는 것이 된다 할 것인가!"라 하였다. 정진바라밀은, 마음을 작위함에 因한다. 경에 설한다. 「만약 능히 마음 일어나지 않는 행을 한다면, 정진이란 가없는 것이니 차라리 有爲에 집착할지언정 망령되이 (마음 일으키지 않으려고)79) 힘들게 염려하겠는가!」 선정바라밀은, 마음을 발함에 인한다. 경에 설한다. 「능히 심성을 관찰함을 이름 하여 높은 선정이라 하는데 어찌 소란하고 혼잡함을 피하여 고요한 자리를 지킬 것인가!」 반야바라밀은, 마음 일어남에 인한다. 경에 설한다. 「모든

---

79) 달마선의 요체는 마음 일으키지 않으려는 행이 아니라 마음이 본래 일어남이 없음을 뚜렷이 알아 그 뜻이 현실에서 구현되는 행이다. 마음을 어떻게 하려 하면 마음은 본래 텅 비어 고요해서 무엇을 한다고 함이 없고, 能과 所가 따로 없다는 뜻에 어긋나 버린다. 無心도 마찬가지로 마음을 無心하게 하려는 행이 아니라 당념 당처가 항상 그대로 본래 無心임을 알아 그 뜻이 구현되는 행이다.

것의 性相 인연을 구하지 않음이 올바른 지혜」라 하니 어찌 밖으로
文言을 찾아다니며 억지로 知解를 낼 것인가」 방편바라밀은, 마음이
생함에 인한다. 경에서 설한다. 「보살은 얻을 바 없음을 방편으로
하니 마음 밖에 아무 것도 없어야 바야흐로 능히 보살의 도를 행할
수 있다.」 力바라밀은, 마음을 움직임에 인한다. 四大의 힘이 모두
마음만 하지 못하고, 마음은 형상이 없는 까닭에 그 힘이 가장 뛰어나
위없다. 신통변화로 불가사의한 마음의 힘에 들어간다. 願바라밀은,
마음을 베품에 인한다. 일체의 발원이 모두 마음으로부터 생하는
것이니 일체의 행문이 모두 願으로부터 일어난다. 智바라밀은, 마음을
통달함에 인한다. 여래의 영묘한 智가 중생심이다. 이 마음이 念念에
십바라밀을 갖춘다. 내지 팔만사천법문이 모두 마음에서 나온다.
이를테면 중생심 가운데 體大가 있어 금일 수행에 법신을 인출한다.
마음 가운데 相大가 있어 금일 수행에 보신을 인출한다. 마음 가운데
用大가 있어 금일 수행에 화신을 인출한다. 까닭에 三身(법신, 보신,
화신)과 四智가[80] 모두 자심에서 나오는 것임을 안다. 마음 밖에 다른
어떤 하나의 事와 하나의 법도 없되 능히 건립한다. 이를테면 『(망진)환
원관』에서[81] 이른다.

하나의 體에서 둘의 用이 일어난다.

---

80) 제8식, 제7식, 제6식 前5식이 전변하여 각각 순서대로 大圓鏡智・平等性智・妙
觀察智・成所作智의 四智를 이룬다.

81) 현수법장이 지은 『修華嚴奧旨妄盡還源觀』1권이다. 六門 가운데 앞의 三門
에서는 圓頓의 妙解를 뒤의 三門에서는 관법을 설명하고 있다. 화엄의 관법을
수습하여 일심의 본원에 還歸하는 법문이다. 『대정장』권45에 수록되어 있다.

一은, 海印의 삼라만상에 상주하는 用이다. 해인이란 진여 본각이다. 妄이 다하면 마음이 맑아져서 만상이 모두 드러난다. 마치 대해에 바람으로 인해 파도가 일어났다가 바람이 멈추면 바닷물이 맑아져서 드러나지 않는 형상이 없는 것과 같다. 까닭에 이르길, "삼라와 만상은 一法이 印出한 것이다."고 하였다. 일법이란 이른바 일심이다. 이 마음이 일체의 세간 출세간을 함용하니 이것이 一法界 大總相법문의 體이다. 오직 이 일법이 망념에 의지하여 차별이 있게 된다. 만약 망념을 떠나면 오직 하나의 진여인 까닭에 해인삼매라 한다.

二는, 법계의 圓明하고 자재한 用이다. 이것이 화엄삼매이다. 널리 만행을 닦아 理에 합치하여 덕을 이룬다. 두루 법계에 함께하며 베풀고[82] 보리를 증득한다. 진실로 眞流의 행이 아니라면 眞에 계합하지 못한다. 어찌 眞을 가식한 행을 할 것인가. 眞을 좇아 행을 일으키지 않는다.[83] 이러하니 眞이 妄의 끝자락에 처하여 妄이 眞의 근원에 통철(通徹)하게 되고, 相이 적멸하게 되지 않음이 없게 된다.

〈12〉

覺帝體之而圓成.

諸佛了一切法. 皆是真心圓成實性. 眾生迷於自心. 但是遍計所執性. 情有理無. 如還源觀云. 良以法無分劑. 起必同時. 真理不礙萬差. 顯應無非一際.

---

82) 저본의 '普法界'는 異本의 '施普法界'가 옳을 것이다.
83) 妄의 당처를 떠나서 眞을 좇아 가는 행은 잘못이라는 뜻이다. 眞의 자리가 당처를 떠나 어디에 따로 있는 것이 아니다.

用即波騰海沸. 全眞體以運行. 體即鏡淨水澄. 擧隨緣而會寂. 若曦光之流
彩. 無心而朗十方. 如明鏡之端形. 不動而呈萬象.

각제(覺帝 : 佛)는 (진심을) 체증(體證)하고,
(實性을) 원만히 이루셨네!

諸佛께서 모든 것이 다 진심이며, 圓成實性임을 깨달았다. 중생은 자심에
미혹하여 있다. 이는 단지 변계소집성(遍計所執性)이니[84] 情은 있되 理는
없다. 이를테면『(妄盡)환원관』에 이른다. 「진실로 법은 따로 떨어져 있지
않아서 生起함에 반드시 (일체와) 同時이며, 진리가 걸림 없이 만상의 차별을
응하여 드러내되 일제(一際 : 같은 시간과 공간)가 아님이 없다. 用하니 바로
파도가 솟구치고, 바다가 들끓되 전체가 眞으로써 운행한다. 體에 즉하니
거울이 맑고, 물이 맑아 인연 따르는 자리마다 적멸에 합치한다. 마치 햇빛이
흐르며 빛나되 무심히 十方을 밝게 하고, 밝은 거울이 단정한 모습으로
흔들림 없음에 만상이 드러나는 것과 같다.」[85]

〈13〉

聲聞證之爲四諦.

---

84) 依他起性의 名과 相에서 그 義를 대상의 실제로 착각하여 두루 분별하는 성품이
변계소집성(遍計所執性)이다. 그렇게 분별하는 義가 실제와 비슷한 까닭에 似義
라 한다. 비슷한 까닭에 실제로 착각한 것이고, 그러하니 그렇게 있다고 보는 것
은 허망한 것이라는 성품이어서 얻을 바 없고, 환과 같으며, 꿈과 같다는 법문이
다. 이에 대해서는 특히『섭대승론』과『능가경』에 잘 설명되어 있다.
85) 『修華嚴奧旨妄盡還源觀』, 『대정장』권45, 638b.

聲聞不了自心.但見人空.證作苦諦集諦滅諦道諦.生滅四諦.為灰斷之果.
不達一心圓教無作四諦.具廣大神通.所以舍利弗.於法華會中得見心性.
親受佛記.後方懺悔云.同共一法中.而不得此事.

성문(3승)은 사제(四諦)를 證하였고,

　성문은 자심을 了知하지 못하고 단지 人空(自我가 空함)만 보아 고제(苦諦
: 모든 것이 고통이라는 진리)・집제(集諦 : 고통의 원인이 집착이라는 진리)・멸제
(滅諦 : 苦와 그 원인인 집착의 소멸이라는 진리)・도제(道諦 : 滅諦의 원인이
되는 도행의 진리)의 사제(四諦)를 證하고, 번뇌를 단멸한 果라고 여긴다.
(이들은) 일심 圓敎의 無作四諦(짓는 바 없는 四諦)를 통달하여 광대한 신통을
갖추는 데는 이르지 못하였다. 까닭에 사리불이 법화회상에서 심성(心性)을
보고, 부처님으로부터 친히 수기를 받고서야 참회하며 말하길, "(본래) 一法
가운데서 함께 하고 있었는데 (이제껏) 이 일을 증득하지 못하고 있었다."고
하였다.

〈14〉

支佛悟之諸緣生.

　辟支佛但於自心境內.見因緣性離.證十二因緣法門.亦成灰斷之果.皆不
能一心圓具十法界之體用.

벽지불(2승)은 (단지) 인연으로 생하였다는 법을 깨달아
여기에만 안주하는데,[86]

벽지불은 단지 자심의 경계에서 인연성을 보고(깨닫고) (집착을) 떠나 12인연법문을 증득하며, 또한 번뇌가 단멸된 果를 성취한다. (그러나 이들은) 모두 일심에 원만히 갖추어진 십법계의[87] 體用을 발휘하지는 못한다.

〈15〉

天女之華無著.

> 淨名經中. 天女散華之菩薩身上即無著. 於聲聞身上即華著身. 大凡一切菩薩施為. 皆是自心作用. 以心無著故. 華亦無著. 是以聲聞執為心外之華. 妄起厭離. 云不如法. 乃隨拂隨生. 故知萬法. 隨自心生. 隨自心滅.

천녀가 뿌린 꽃이 (보살의 몸에는) 달라붙지 않았으며,

『정명경(유마경)』에서 천녀가 보살의 몸에 뿌린 꽃은 붙지 아니하고, 성문의 몸에 서는 꽃이 바로 달라붙었다. 무릇 모든 보살의 施行은 모두 자심의 작용이어서 마음에 집착이 없는 까닭에 꽃 또한 달라붙지 않은 것이다. 성문은 마음 밖의 꽃이라는 것에 집착하여 망령되이 꺼려하고 떨쳐버리려는 생각을 일으켜 말하길, '如法하지 않은 것이다'고 한다. 바로 (꽃이 떨어지면 마음이 그) 떨어짐에 따르고, (생하면 마음이 그) 생함에 따른다. 까닭에 만법이 자심 따라 생하고, 자심 따라 멸함을 알 수 있다.

---

86) 이름 붙인다는 뜻의 본문 '諺'은 여기서 벽지불이 인연생의 법상에만 붙들려 있음을 나타낸 말로 쓰였다.

87) 佛, 보살, 벽지불, 성문, 천상, 인간, 아수라, 축생, 아귀, 지옥의 10界.

〈16〉

海慧之水澄淸.

大集經中.海慧菩薩初來之時.不見四衆.盡見爲水.以法外無法故.

해혜(海慧)보살이 본 물은 맑았도다!

『(大方等)大集經』에서[88] 해혜보살이 처음 왔을 때 사부대중을 보지 못하고 모두 물로 보았으니 법 밖에 따로 법이 없는 까닭이다.

〈17〉

執謬解而外道門開.邊邪網密.

西天九十六種外道.皆不達自心.唯苦其身.行投巖赴火無益苦行.但心外見法.理外別求.皆是外道盡成邪見.如密網自圍.不能得出三界.

잘못된 지견을 집착하니 외도의 문이 앞에서 열리고
변견(邊見)[89]의 삿된 지견으로 조밀한 그물망에 갇히네!

서천(인도)의 96종 외도가 모두 자심을 통달하지 못하고, 오직 그 몸을

---

88) 『대방등대집경』海慧菩薩品, 『대정장』권16.
89) 有와 無, 一과 異, 斷과 常 등 어느 한 쪽의 견해에 치우친 지견을 말한다.

괴롭게 하여 암벽에서 뛰어내리고, 불길 속으로 뛰어드는 무익한 고행을 행한다. 단지 마음 밖에서 법을 보아 理 밖에 따로 구하는 것은 모두 외도이고, 다 삿된 견해가 된다. 마치 조밀한 망에 스스로 갇혀 있는 것과 같아 삼계에서 벗어날 수 없다.

〈18〉

役妄念而凡途業起生死波橫.

一切諸業. 皆從有心起. 無心即無業. 故經頌云. 諸法不牢固. 但立在於念. 善解見空者. 一切無想念. 又云. 一念中有九十刹那. 一刹那中有九百生滅. 故知生死即念. 念即生死. 所以經頌云. 有念即生死. 無念即泥洹.

망념에 몰두하니 모든 종류의 業이 일어나고,
생사의 파랑(波浪)이 종횡으로 퍼지네.

일체의 모든 업은 다 마음으로부터 일어난다. 무심하면 바로 업이 없다. 까닭에 경(『반주삼매경』)의 게송에서 설한다.

모든 것이 견고하지 않나니
단지 바로 당념에서
공임을 잘 알면
일체에 아무런 상념이 없게 되네.[90]

---

90) 『반주삼매경』권상 行品第二. 『대정장』권13, 899c. 저본의 「但立在於念」은 원 경

또 설한다. 「일념 중에 90찰나가 있고, 1찰나에 9백의 생멸이 있다. 까닭에 생사가 念에 즉해 있고, 念이 생사에 즉해 있음을 안다. 까닭에 경의 게송에서 설한다.

　　念이 있으면 생사가 있고,
　　念이 없으면 바로 니원(열반)이다.[91]

〈19〉

括古搜今. 深含獨占.

此一心法. 諸教同詮. 無不指歸傳通於此. 如大乘本生心地觀經觀心品云. 爾時文殊師利菩薩摩訶薩白佛言. 世尊. 如佛所說. 告妙德等五百長者. 我爲汝等敷演心地微妙法門. 我今爲是啟問如來. 云何爲心. 云何爲地. 乃至薄伽梵告諸佛母無垢大聖文殊師利菩薩摩訶薩言. 大善男子. 此法名爲十方如來最勝祕密心地法門. 此法名爲一切凡夫入如來地頓悟法門. 此法名爲一切菩薩趣大菩提眞實正路. 此法名爲三世諸佛自受法樂微妙寶宮. 此法名爲一切饒益有情無盡寶藏. 此法能引諸菩薩衆到色究竟自在智處. 此法能引詣菩提樹後身菩薩眞實導師. 此法能雨世出世財. 如摩尼寶滿衆生願. 此法能生十方三世一切諸佛功德本原. 此法能消一切衆生諸惡業果. 此法能與一切衆生所求願印. 此法能度一切衆生生死險難. 此法能息一切衆

　　문에서 「常立在於念」인데 양자 모두 상통한다.

91) 위의 『반주삼매경』 게송 바로 윗 구 「心起想卽癡, 無想是泥洹」과 같은 뜻인데 이 원문을 뜻으로 변용하여 인용한 것으로 보인다. 同, 899c.

生苦海波浪. 此法能救苦惱眾生而作急難. 此法能竭一切眾生老病死海. 此
法善能出生諸佛因緣種子. 此法能與生死長夜為大智炬. 此法能破四魔兵
眾而作甲冑. 此法即是正勇猛軍戰勝旌旗. 此法即是一切諸佛無上法輪. 此
法即是最勝法幢. 此法即是擊大法鼓. 此法即是吹大法螺. 此法即是大師子
王. 此法即是大師子吼. 此法猶如國大聖王. 善能正法. 若順王化獲大安樂.
若違王化尋被誅滅. 善男子. 三界之中. 以心為主. 能觀心者. 究竟解脫. 不能
觀者. 究竟沈淪. 眾生之心. 猶如大地. 五穀五菓. 從大地生. 如是心法. 生世
出世善惡五趣. 有學無學. 獨覺菩薩. 及於如來. 以是因緣. 三界唯心. 心名為
地. 一切凡夫. 親近善友. 聞心地法. 如理觀察. 如說修行. 自利教他. 讚勵慶
慰. 如是之人. 能斷二障. 速圓眾行. 疾得阿耨多羅三藐三菩提.

古今의 귀한 법문 찾고 모아
깃든 깊은 뜻 홀로 음미하네!

　　이 一心의 법은 여러 敎가 같이 설하는 것이며, (여러 가르침이)
이 법문에 귀일하여 전해지고, 회통되지 않는 것이 없다. 이를테면
『대승본생심지관경』관심품에 설한다.

　　이 때 문수사리보살마하살이 부처님께 말하였다. "세존이시어! 부
처님께서 묘덕 등 오백장자에게 설하시길 '내가 너희를 위해 心地의
미묘한 법문을 설하겠다'고 하셨기에 제가 지금 여래께 이렇게 질문을
올립니다. '어떤 것이 心이고, 어떤 것이 地입니까?' 또 박가범(佛)께서
諸佛母이신 무구대성(無垢大聖) 문수사리보살마하살에게 말씀하시
길, '대선남자여! 이 법은 十方여래의 가장 뛰어난 비밀의 心地법문이라

이름하고, 이 법은 일체범부가 여래지에 드는 돈오(頓悟)법문이라
하며, 이 법은 일체보살이 대보리의 진실하고 올바른 길에 나아가는
법문이라 하고, 이 법은 삼세제불이 스스로 받는 법락의 미묘 보궁의
법문이라 하며, 이 법은 일체의 유정 중생을 이롭게 하는 다 함 없는
보장(寶藏)이라 하고, 이 법은 능히 모든 보살대중을 이끌어 색구경의
자재하는 지혜의 자리에 이르게 하는 법문이라 하고, 이 법은 능히
이끌어 보리수에서 성불하신 후신보살인 진실한 導師에게 나아가게
하는 법문이라 하며, 이 법은 능히 세간 출세간의 재물을 비와 같이
내림이 마치 마니보주가 중생의 원을 만족시키는 것과 같은 법문이고,
이 법은 능히 시방 삼세 일체제불 공덕의 본원이 되는 법문이고,
이 법은 능히 일체 중생의 모든 악업 과보를 능히 소멸시켜주는 법문이
며, 이 법은 능히 모든 중생에게 구원의 印(약속)을 주고, 이 법은
능히 모든 중생의 험난한 생사를 건너게 해주며, 이 법은 능히 모든
중생의 고해의 파도를 소멸하게 해주고, 이 법은 중생이 다급한 어려움
에 처하여 고뇌하는 것을 구제하여 주며, 이 법은 능히 모든 중생의
생로병사의 바다가 다 멸진되게 하고, 이 법은 제불의 인연 종자가
잘 출생할 수 있게 하며, 이 법은 능히 생사의 긴 밤에 큰 지혜의
횃불이 되어주며, 이 법은 능히 사마(四魔)의[92] 병중(兵衆)을 부수고
(魔의 군대를 방어할) 갑주(甲冑)를 지어주고, 이 법문은 바로 올바르고

---

92) 1) 온마(蘊魔) 色·受·想·行·識의 오온이 생사하며 慧命을 빼앗는 까닭이다.
2) 번뇌마 3) 사마(死魔) 4) 天子魔 : 欲界 第六天 의 魔王으로 인간의 善事를
해치고, 賢聖의 법을 증오하고 질투하여 갖가지 요란하게 하는 일들을 지으면서,
수행인이 출세의 선근을 성취하지 못하도록 한다. 앞의 셋은 內魔이고 천자마는
외마이다.

용맹한 군대가 전승하여 흔드는 장군의 깃발이며, 이 법은 바로 모든 부처님의 위없는 법륜이며, 이 법은 바로 가장 뛰어난 법륜이고, 이 법은 바로 대법고(大法鼓)를 두드림이며, 이 법은 바로 큰 법의 나팔을 부는 것이고, 이 법은 바로 대사자왕이며, 이 법은 바로 대사자후이고, 이 법은 마치 나라의 대성왕이 능히 정법으로 잘 다스리니 王化에 잘 따르는 자는 대안락을 얻고, 王化에 위배하는 자는 붙잡혀 처형되는 것과 같다. 선남자여! 삼계 가운데 마음이 주인이 되는 것이니 능히 마음을 관찰하는 이는 구경에 해탈할 것이고, 관찰하지 않는 이는 구경에 (생사의 고해에) 빠질 것이다. 중생의 마음은 대지와 같아서 오곡과 오과(五果)가 대지로부터 나오나니 이와 같이 마음에서 세간·출세간·선악·五趣93)·有學·無學·독각·보살 및 여래가 나온다. 이러한 인연으로 삼계가 오직 마음일 뿐이니 마음을 이름하여 '地(바탕)'라 하는 것이다. 모든 범부는 선우를 가까이 해서 心地법문을 잘 청문하고 如理하게 관찰하며, 설한 바대로 수행해야 한다. 자신을 이롭게 하고 남을 가르치면서 칭찬해주고 격려해주며 축하해주고 위로해주라! 이러한 이는 능히 二障을94) 끊고 속히 많은 행을 원만히 성취하여 신속하게 아뇩다라삼먁삼보리(佛의 無上正等覺, 妙覺)를 성취할 것이다.'고 하셨습니다."95)

---

93) 욕계 六趣(六道)인 천상·인간·아수라·축생·아귀·지옥 가운데 아수라를 제외한 나머지 다섯 생류를 가리킨다.

94) 二障은 아집(我執)으로 인하여 생기는 번뇌장과 법집으로 인하여 생기는 所知障을 말한다.

95) 『대승본생심지관경』관심품, 『대정장』권3, 327a.

〈20〉

五乘道. 鍊出於沖襟.

五乘者. 一持五戒. 得人乘. 二行十善. 得天乘. 三修四諦. 得聲聞乘. 四悟十二因緣法. 得緣覺乘. 五具六度行. 得菩薩乘. 此五乘法. 皆從一念善心熏鍊而出.

5乘의 도가 충금(沖襟 : 마음)에서 훈숙되어 나오고,

5乘이란, 1은 五戒를 지켜서 人乘을 얻음, 2는 十善을 행하여 天乘을 얻음, 3은 四諦를 닦아 성문승을 얻음, 4는 12인연법을 깨달아 연각승을 얻음, 五는 6度行(바라밀행)을 갖추어 보살승을 얻는 것이다. 이 5승법은 모두 일념의 선심이 훈숙되어 나온다.

〈21〉

十法界. 孕成於初念.

十法界者. 一天法界修十善業. 二人法界. 持五戒業. 三脩羅法界. 行憍慢業. 四地獄法界. 造十惡業. 五餓鬼法界. 造慳貪業. 六畜生法界. 造愚癡業. 七聲聞法界. 證四諦法. 八緣覺法界. 悟十二因緣法. 九菩薩法界. 行六度門. 十佛法界. 行平等一乘法. 已上凡聖. 共成十法界. 陞降雖殊. 皆從最初一念發起. 爾後念念相續成事. 善因樂果. 惡因若果. 前後相酬. 未曾遺失. 故經云. 心能天堂. 心能地獄. 且約地獄界. 法華中十如唯心. 上九界亦然. 如觀音玄義云.

地獄界具十如, 性相體力作因緣果報本末究竟等. 一如是地獄性者, 性名不改, 如竹中有火性. 若其無者, 不應從竹求火, 從地求水, 從扇求風, 心有地獄界性. 亦復如是. 二地獄相者, 攬而可別, 名之為相. 善觀心者, 即識地獄之相, 如善相師, 占相無謬. 三地獄體者, 以心為體, 心覺苦樂, 故以當體. 譬如釵鐺環釧之珠, 終以銀為體質. 六道之色雖異, 祇是約心, 故心為體也. 四地獄力者, 運御名力, 緣刀山, 入火聚, 皆是其心力也. 五地獄作者, 發動曰作. 既能有力, 即有所作, 或作善作惡, 皆是心作也. 六地獄因者, 業是心因也. 七地獄緣者, 緣者假藉為緣也, 如貪愛潤業, 即因緣會合也. 八地獄果者, 習果也, 如地獄人, 前世多婬, 生地獄中, 還約多婬. 見可愛境, 即往親附, 如見美女, 近前抱之, 即是銅柱, 名習果也. 九地獄報者, 報者果也, 昔有婬罪, 今墮地獄, 受燒炙之苦. 昔行婬罪, 名為慾火, 後受其報, 即受火車鐵牀之苦. 初後相等, 報應無善, 名為報果也. 十本末者, 地獄本者, 性德法也, 地獄末者, 修德法也. 究竟等者, 覽修德即等有性德, 覽性德即具有修德, 初後相在, 故言等也. 餘九法界亦然, 雖逐界行相各別, 都不出一心, 如性相體力作因緣果報本末等. 十界十如, 皆從心體而起, 先因心造作善惡等業因緣, 後受凡聖苦樂等果報, 初後是心, 本末皆等, 故云本末究竟等.

십법계가 初念에서 잉태되어 이루어지네.

십법계란 1은 天法界이다. 십선업을 닦는다. 2는 人法界이다. 오계를 지키는 업을 행한다. 3은 아수라법계이다. 교만의 업을 행한다. 4는 지옥법계이다. 십악을 짓는 업을 행한다. 5는 아귀법계이다. 인색하고 탐착하는 업을 짓는다. 6은 축생법계이다. 우매하고 어리석은 업을 짓는다. 7은 성문법계이다. 四諦法을 修證한다. 8은 연각법계이다. 12인연법을 깨닫는다. 9는 보살법계이다. 6바라밀의 문을 행한다. 10은 佛法界이다. 평등의 一乘法을 행한다. 이상의 범부와 성인의 界를 모두 합하여 십법계가 된다. 위 아래의 界에 따라 다르나 모두 최초의 일념에서 발기되어 나온다. 이후 念念 상속하여 현상의 事가 이루어진다. 선한 因은 樂의 果를 받고, 악의 인은 고통의 과보를 받는다. 전후가 서로 응답하여 일찍이 유실(遺失)된 적이 없다. 까닭에 경에서 설한다. 「마음이 능히 천당을 짓고, 마음이 능히 지옥을 짓는다」 또 지옥계에 대하여 본다면 『법화경』에 十如의[96] 법문이 있다. 오직 마음일 뿐인 것은 위의 九界도 마찬가지이다. 이를테면 『관음현의』에[97] 이른다.

지옥계에 十如를 갖추니 性·相·体·力·作·因·緣·果·報·本末究竟 등이다. 1, 如是한 지옥의 性 : 性은 改變되지 않는 것을 이름한 것이다. 마치 대나무에 火性이 있는 것과 같다. 만약 그것이 없다면 대나무에서 불을 구할 수 없다. 땅에서 물을 구하고 부채로부터 바람을 구하듯 마음에 있는 지옥계의 性도 또한 그와 같다. 2, 지옥의 相 : 잡아보면 판별할 수 있는 것을 이름하여 相이라 한다. 觀心을 잘 하는 이는 바로 지옥의 相을 안다. 마치 뛰어난 관상쟁이가 관상을 점치는데 잘못됨이 없는 것과 같다. 3, 지옥의 體 : 마음을 體로 한다. 마음이 고락을 지각하는 까닭에 體가 되는 것이다. 비유컨대 비녀나

---

96) 『법화경』권1방편품에 나오는 相, 性, 體, 力, 作, 因, 緣, 果, 報, 本末究竟의 10 종 '如是'를 十如라 한다. 경문에 「오직 佛과 佛이어야 능히 제법의 실상을 남김 없이 다 규명하나니 이른 바 諸法의 如是相, 如是性, 如是體, 如是力, 如是作, 如是因, 如是緣, 如是果, 如是報, 如是本末究竟等이다」고 하였다. 一切諸法의 본래 실상에 10종의 如是함을 갖추고 있다는 것이다. 천태지의(天台智顗)는 이 법문과 十法界 및 3종 世間을 배합하여 「一念三千」의 수증론을 설하였다.
97) 『觀音玄義』2권은 隋代 天台智顗가 강술한 것을 제자 灌頂이 기록하여 편찬하였다. 天台5小部의 하나이다. 『법화경』권7관세음보살보문품의 玄義를 해설하였다. 『대정장』권34에 수록되어 있다.

쇠사슬, 팔찌의 구슬이 종내 銀을 체질로 하는 것과 같다. 육도 중생의 모습이 비록 다르나 단지 (똑같이) 마음에 의거한 지라 마음이 체가 된다. 4, 지옥의 力 : 운반하여 감을 力이라 이름한다. 刀山지옥에 가게 되고 화탕지옥에 들어가는 것이 모두 그 心力에 의한다. 5, 지옥의 作 : 발동함을 作이라 한다. 이미 능히 力을 갖추었으니 作하는 바가 있게 된다. 혹은 선을 作하고 혹은 악을 作한다. 모두 마음이 作하는 것이다. 6, 지옥의 因 : 업은 마음의 因이다. 7, 지옥의 緣 : 緣이란 빌려 의지함이다. 탐애가 업을 윤택하게(증장하게) 하는 것과 같이 바로 인연이 만나 어울려지는 것이다. 8, 지옥의 果 : 習의 果이다. 마치 지옥인이 전생에 음행이 많아 지옥에 생하였는데 또한 음행을 많이 한 탓에 사랑스러운 경계를 보면 바로 가까이 다가가고, 미녀처럼 보여 가까이 가서 껴안는데 그것은 바로 (지옥의) 동주(銅柱)인 것과 같다. (그래서) 習의 果라고 한다. 9, 지옥의 報 : 報는 果이다. 예전에 음행한 죄가 있어 지금 지옥에 떨어지면 불에 구워지는 고통을 받는다. 예전에 음행죄를 행한 것을 이름하여 욕화(欲火)라 한다. 후에 그 과보를 받으면 바로 火車의 철상(鐵床)에 있게 되는 고통을 받는 것이 처음이나 나중이나 똑같다. 無善(惡行)에 응하여 받게 되는 것을 이름하여 과보라고 한다. 10, (지옥의) 本末 : 지옥의 本은 性德의 法이고 지옥의 末은 修德의 法이다. '究竟等(구경에 평등함)'은, 修德을 보니 바로 性德과 等하고, 性德을 보니 바로 修德을 갖추고 있는 것이 처음과 나중이 같아서 '等'이라 한 것이다. 나머지 九法界 또한 그러하다. 비록 界의 行相 따라 각기 구별되지만 모두 일심을 벗어나지 않는다. 如性·如相·如体·如力·如作·如因·如緣·如果·如報·如本末等의 十界 十如가 모두 心體로부터 일어난 것이다. 먼저 마음에 인하여

선악 등의 업을 지은 인연으로 나중에 범부·성인·고락 등의 과보를
받는다. 처음이든 나중이든 마음인 것은 本末에 이르기까지 모두 평등하
다. 까닭에 '本末究竟等(본말이 구경에 평등함)'이라 하였다.[98]

〈22〉

虛聲頓息.法空之正信旋生.

高僧傳云.法空禪師初棲蘭若.每至中宵.庵外常有清聲所召.屢呼空禪.及
至開關.又無蹤跡.後乃悟云.乃是自心境界.爾後其聲永絕

허망한 소리 단번에 끊어지니
법공선사의 올바른 믿음이 회생하게 한 것이로다!

『(속)고승전』에[99] 이른다. 「법공선사가 처음 난야(한적한 수행처)에 머무
르는데 매일 한밤중이 되면 암자 밖에서 항상 맑은 목소리로 부르면서
자꾸 '空禪'이라고 외쳤다. 문을 열고 나가보면 아무런 종적이 없었다. 후에
깨닫고 말하였다. '바로 내 마음의 경계이구나!' 이후에는 그 소리가 영원히
끊어졌다.」

---

98) 『대정장』권34, 888c.
99) 『속고승전』권35釋法空傳의 글을 그대로 옮긴 것이 아니라 내용을 풀어서 기술
하였다. 『대정장』권50, 665b.

〈23〉

猛燄俄消. 靈潤之真誠立驗.

高僧傳云. 釋靈潤. 常與四僧共遊山谷. 忽遇野火四合. 三僧迸走. 其靈潤獨
不動. 乃曰. 心外無火. 火是自心. 為火可逃. 焉能免火. 言訖. 火至身自斂.

맹렬하던 화염이 갑자기 소멸하니
영윤선사의 진실함이 영험을 보였네.

『(속)고승전』에 이른다.[100]「석영윤이 항상 네 승려와 더불어 산곡을
유람하였는데 홀연 들판에 불이 나서 사방에 가득한 상황을 만나게 되었다.
세 승려는 달려 나갔는데 영윤은 홀로 움직이지 않았다. 이에 말하였다.
'마음 밖에 불이 없고 불은 곧 내 마음이다. 불 때문에 도망치는 것으로
어찌 불을 면할 수 있겠는가.' 말을 마치니 불이 몸에 이르렀는데 물에
적시어지며 불이 저절로 사그라졌다.」

〈24〉

陞沈表用. 體具靈知.

---

100) 『속고승전』권15 釋靈潤傳의 글을 그대로 옮긴 것이 아니고 그 내용을 풀어서
기술한 것이다. 원문은 다음과 같다. 「貞觀年中, 與諸法侶, 登山遊觀, 野燒四
合, 衆並奔散. 惟潤安行, 如常顧陟, 語諸屬曰, 心外無火, 火實自心, 謂火可逃,
無由免火. 及火至, 潤燼餘自斂.」『대정장』권50, 546b.

此知是一切衆生心體.不同虛空.性自神解.亦不作意.任運而知.禪源集云.
此言知者.不是證知.意說真性不同木石.故云知也.非如緣境分別之識.非
如照體了達之智.直是真如之性自然常知.又不同虛空者.靈然覺知.覺知
卽神解義.陰陽不測謂之神.解卽是智.智卽是知.知卽一心也.故祖師云.空
寂體上.自有本智能知.於一切染淨法中.有真實之體.了然鑒覺.目之爲心.
如是無漏無明種種業幻.皆同真如性相.蓋爲真如隨緣成於一切.一切不離
真如.以理融之.唯是一味.此是通相.相卽無相.若約別顯.染淨施爲造作.
卽是真心不守自性.隨緣之相用.隱顯不定.陞降一差.

높고 낮은 (十法界의) 현상은 (一心 진여의) 用이며,
心體에 영지(靈知) 갖추었네.

이 (靈)知는[101] 일체 중생의 심체이다. 허공과 같지 않아서 성품이 스스로
神解한다. 또한 作意함이 없이 任運하되 知한다. 『선원집(선원제전집도서)』
에 이른다.

　　여기서 말하는 知는 證知(認知, 分別知)가 아니고, 뜻으로 眞性을
　　말한 것이다. 목석과 같지 않은 까닭에 知라고 한다. 경계를 緣하여
　　분별하는 識과 같은 것이 아니며, 體에 비추어 了達하는 智 같은
　　것도 아니다. 바로 진여의 性이며 자연히 항상 知한다.[102]

---

101) 여기서의 '知'는 '靈知', '眞知', '絶對知'로서 識이 멸한 一心에서 분별 떠나 몸으
　　로 覺되는 것이며, 心體를 드러낸 말이다. 한편 중생의 分別知는 能(見分, 주
　　관)과 所(相分, 객관)으로 二分된 상태인 識의 분별로 知함이다. 또한 지혜는
　　성인에게 많고 범부에게는 적지만 靈知는 누구에게나 평등하게 똑같이 있다.
102) 『선원제전집도서』卷上之二, 『대정장』권48, 404c-405a.

또 허공과 달라서 영묘하게 覺知한다. 覺知는 곧 神解의 뜻이다. 음양을 헤아려볼 수 없으니 이를 神이라 하고, 解는 곧 智이다. (神解의) 智가 곧 知이다. 知가 곧 一心이다. 까닭에 조사가 이르길, "공적(空寂)한 體에 스스로 本智의 能知를 지닌다."고 하였다. 일체의 오염과 청정의 법 가운데 진실의 체가 있어 뚜렷이 비추어 覺知한다. 이를 가리켜 마음이라 한다. 이와 같이 무루(無漏)와 無明의 갖가지 업환(業幻)이 모두 똑같은 진여의 性相이다. 대저 진여가 수연(隨緣)하여 일체를 이루고, 일체는 진여를 떠나지 않는다. 理로써 융회하면 오직 一味이다. 이것이 공통의 相이며 (그) 相은 곧 無相이다. 따로 구별하여 드러냄에 의한다면 오염과 청정의 법은 조작을 한 것이니 바로 이것은 진심이 自性을 지키지 아니하고 隨緣하는 相用이다. 감추고 드러남이 일정하지 아니하여 높고 낮음의 (十法界의) 차이가 있게 된다.

〈25〉

惺惺不昧.了了何虧.湛爾而無依無住.

一切法依虛空.虛空無所依.一切法依真智.真智無所依.

성성(惺惺)하여 어둡지 아니하고
뚜렷한데 어찌 결손 됨이 있겠는가!
있는 그대로 맑고 맑아 의지함도 없고, 머무름도 없네.

모든 것은 허공에 의지하나 허공은 의지하는 바가 없다.
모든 것은 眞智에 의지하나 眞智는 의지하는 바가 없다.

〈26〉

蕭然而非合非離.

　祖師偈云. 汝言與心親. 父母非可比. 汝行與道合. 諸佛心即是. 外求有相佛.
　與汝不相似. 欲識汝本心. 非合亦非離.

(텅 비어 고요한 심체가) 고요하여 합하여 있는 것도 아니고,
떨어진 것도 아니며,

　조사의 게송에 이른다.

　　　너의 언어가 마음과 친함이 부모에 비할 바가 아니며,
　　　너의 행이 道와 합치하니 諸佛의 마음이 바로 그러하네.[103]
　　　밖으로 相이 있는 佛을 구한다면
　　　(本來是佛인) 너와 비슷하지 않게 되나니
　　　너의 본심을 알고자 하건대
　　　(본심, 심성은) 합하여 있는 것도 아니고 떨어진 것도 아니라네!

〈27〉

一字寶王. 演出難思之法海.

---

103) 당념 당처와 모든 행이 실은 本來是佛인 자리를 떠나 있지 않다.

心為一字中王. 經云, 一句能訓誨八萬四千之國邑. 又一切法中, 心最為勝.
萬象含於一字, 千訓備於一言. 如云依境教理行果五. 唯識中, 一明境唯識,
捨離心外無境, 一切境不離心故. 二教唯識, 成論本教, 釋彼唯識說故. 三理
唯識, 成立本教所說之理, 分別唯識性相義故. 四行唯識, 明五位修唯識行
故. 五果唯識, 求大果亦證唯識性故.

('心') 一字의 보배로운 왕이 생각하기 어려운 法海를 연출하고,

心은 一字 중의 왕이다. 경에 설한다.「心'의 一句가 능히 8만4천의 國邑을
설명해준다.」 또 모든 것 가운데 心이 가장 뛰어나다. 만상이 一字에 함용되고,
千의 訓이 一言에서 갖추어진다. 이를테면 境・教・理・行・果의 오유식(五
唯識)에 의거하여 말한다면, 1은 境唯識(경계가 오직 識일 뿐임)을 설명하는
것이다. 마음 떠나 다른 경계가 없고, 일체의 경계가 마음 떠나지 않은 까닭이
다. 2는 教唯識이다. 본 (유식의) 教에 대해 論을 지어 저 유식설을 해설하는
까닭이다. 3은 理唯識이다. 본 (유식의) 教가 설하는 理를 세워서 유식 性相의
義를 분별하여 설명하는 까닭이다. 4는 行唯識이다. 五位의 유식행 닦는
것에 대해 설명한 까닭이다. 5는 果唯識이다. 大果를 구하고 또한 唯識性('일체
모든 것은 얻을 바 없다'는 것이 유식성이다)을 증득하는 까닭이다.

〈28〉

羣生慈父. 訓成莫測之宗師.

淨名經頌云. 方便以為父. 一切諸聖, 皆從一心方便門入. 得成祖佛, 為人天
之師. 故華嚴經云. 以少方便, 疾得菩提. 以即心是故. 所以疾證. 又般若經

云. 以無所得為方便. 心外無法. 豈有得耶. 是以菩薩親證自心. 方能入世間
幻化之綱. 自利利他. 無有斷絕. 是知十方如來. 皆悟心成佛. 故華嚴經頌曰.
若人欲了知. 三世一切佛. 應觀法界性. 一切唯心造. 是以經中所說西方阿
彌陀等諸佛. 皆是釋迦. 如古釋云. 以理推之. 結成正義. 皆我本師海印頓現.
且法華分身有多淨土. 如來何不指己]" class=corr〉己淨土. 而令別往彌陀妙
喜. 思之. 故知賢首彌陀等佛. 皆本師矣. 復何怪哉. 言賢首者. 即壽量品中.
過百萬阿僧祇剎. 最後勝蓮華世界之如來也. 經中偈云. 或見蓮華勝妙剎.
賢首如來住其中. 若此不是歎本師者. 說他如來在他國土. 為何用耶. 且如
總持教中. 亦說三十七尊. 皆遮那一佛所現. 謂毗盧遮那如來. 內心證自受
用. 成於五智. 從四智流出四方四如來. 謂大圓鏡智. 流出東方阿閦如來. 平
等性智. 流出南方寶生如來. 妙觀察智. 流出西方無量壽如來. 成所作智. 流
出北方不空成就如來. 法界清淨智. 即自當毗盧遮那如來. 言三十七者. 五
方如來. 各有四大菩薩在於左右. 復成二十. 謂中方毗盧遮那如來四大菩薩
者. 一金剛波羅蜜菩薩. 二寶波羅蜜菩薩. 三法波羅蜜菩薩. 四羯磨波羅蜜
菩薩. 東方阿閦如來四菩薩者. 一金剛薩埵菩薩. 二金剛王菩薩. 三金剛愛
菩薩. 四金剛善哉菩薩. 南方寶生如來四菩薩者. 一金剛寶菩薩. 二金剛威
光菩薩. 三金剛幢菩薩. 四金剛笑菩薩. 西方無量壽如來. 亦名觀自在王如
來. 四菩薩者. 一金剛法菩薩. 二金剛劍菩薩. 三金剛因菩薩. 四金剛利菩薩.
北方不空成就如來四菩薩者. 一金剛業菩薩. 二金剛法菩薩. 三金剛藥叉菩
薩. 四金剛拳菩薩. 已具二十五. 及四攝八供養. 故成三十七. 言四攝者. 即鈎
索鎖鈴. 八供養者. 即燒散燈塗華鬘歌舞. 皆上有金剛. 下有菩薩. 然此三十
七尊. 各有種子. 皆是本師智用流出. 與今經中海印頓現大意同也. 問. 若依
此義. 豈不違於平等意趣. 平等意趣云定即我者. 依於平等意趣而說. 非即
我身. 如何皆說為本師耶. 答中平等之定. 乃是一義. 唯識尚說一切眾生中
有屬多佛. 多佛共化以為一佛. 佛能示現以為多身. 十方如來一一皆爾. 今

正一佛能為多身.依此而讚本師.又本師者.即我心耳.我攝歸自心.無法不
備.豈止他(저본은 佛)耶.

중생의 자부(慈父)께서 헤아릴 수 없는 종사를 가르쳐 성숙하게 하
시네!

『정명경(유마경)』의 게송에 설한다.

> 方便은 父가 되는 것이니
> 일체의 모든 성인이
> 다 일심의 방편문으로 부터 들어와서
> 祖佛을 성취하고, 人天의 스승이 되었네![104]

까닭에 『화엄경』에서 설하길, 「적은(간단한) 방편으로 신속히 보리를
얻는다」고[105] 한 것은 卽心이어서 바로 그렇다는 것이다. 까닭에 신속히
증득하게 된다.

또 『반야경』에 설하길, 「얻을 바 없음을 방편으로 한다.」고 하였다.
마음 밖에 아무 것도 없는데 어찌 얻음이 있겠는가. 이로써 보살이 자심을
親證하고, 이제 능히 세간 幻化의 그물 세계에 들어가 自利利他를 행함에
단절함이 없다. 이로 알지니 十方의 如來가 모두 마음 깨달아 성불한 것이다.

---

104) 『유마힐소설경』권중 佛道品第八, 『대정장』권14, 549c. 원문을 약간 번안하여
　　인용하였다.
105) 『화엄경(80권)』권48 普賢行品第三十六에 「少作功力, 疾得阿耨多羅三藐三菩
　　提.」 이 구절은 여러 곳에 나온다. 『대정장』권10, 258c.

까닭에 『화엄경』 게송에 설한다.

> 삼세의 諸佛을
> 了知하고자 하건대
> 응당 법계의 성품을 관찰하여
> 일체가 오직 마음이 만든 것임을 알라![106)

이러하니 경에서 설하는 서방 아미타 등의 제불은 모두 석가불이다. 이를테면 古釋에 이르길, 「理로 추론하여 正義를 결론한다면 모두 우리의 本師(석가모니불)께서 해인삼매로 문득 드러낸 것이다.”고 하였다. 또 『법화경』에서 分身하고 수많은 정토를 나투었는데 여래가 왜 자신의 정토는 指示하지 아니하고, 따로 미타의 묘희국에 왕생하도록 하였겠는가. 생각해 보라! 까닭에 알지니 賢首와 미타 등의 佛은 모두 本師이다. (그렇게 보면) 다시 무엇이 이상하겠는가. 賢首라 함은, 바로 (『법화경』) 수량품에 설하길, 백만 아승지의 찰토를 지나 맨 뒤의 뛰어난 연화세계에 계신다고 한 여래이다. 경(『화엄경』) 가운데 게송에 이르길, 「혹은 연화의 뛰어나고 묘한 찰토를 보나니 현수여래가 그곳에 계신다.」고107) 하였다. 만약 이것이 본사를 찬탄한 것이 아니고, 다른 여래가 다른 국토에 계신 것을 설한 것이라면 어디에 쓸모가 있을 것인가!

이를테면 총지교(밀교)에서도 또한 37尊을 설하는데 모두 비로자나 一佛의 化現이다. 비로자나여래라 함은 內心에서 證한 自受用의108) 佛이고 五智를

---

106) 『화엄경(80권본)』권19 夜摩宮中偈讚品第二十, 『대정장』권10, 102a-b.
107) 『화엄경(80권본)』권80 入法界品第三十九之二十一, 『대정장』권10, 443a.
108) 佛身에는 법신 보신 응신의 三身과, 自性身·受用身·變化身의 三身이 있다.

이룬다. 四智로부터 사방으로 四如來가 流出된다. 대원경지(大圓鏡智)에서 동방의 아축여래가 유출되고, 평등성지(平等性智)에서 남방의 보생여래가 유출되며, 묘관찰지(妙觀察智)에서 서방의 무량수여래가 유출되고, 성소작지(成所作智)에서 북방의 불공성취여래가 유출된다. 법계청정지는[109] 바로 비로자나여래 자체에 당한다. 37이라 한 것은, 五方如來에 각각 四大보살이 左右에 있어 20이 된다. 中方 비로자나여래의 4대보살은 1. 금강바라밀보살 2. 보바라밀보살 3. 법바라밀보살 4. 갈마바라밀보살을 말한다. 동방 아축여래의 4보살은 1. 금강살타보살 2. 금강왕보살 3. 금강애보살 4. 금강선재보살이다. 남방 보생여래의 4보살은 1. 금강보보살 2. 금강위광보살 3. 금강당보살, 4. 금강소보살이다. 서방 무량수여래는 또 관자재왕여래라고도 한다. 4보살은 1. 금강법보살 2. 금강검보살 3. 금강인보살 4. 금강리보살이다. 북방의 불공성취여래의 4보살은 1. 금강업보살 2. 금강법보살 3. 금강약차보살 4. 금강권보살이다. 이렇게 25분이 갖추어지고, 사섭(四攝)과 팔공양(八供養)보살을[110] 더하여 37尊이 된다. 사섭(四攝)이란 곧 구(鉤)·색(索)·쇄(鎖)·

自性身은 法身이고, 受用身은 다시 自受用身과 他受用身으로 나누이는데 自受用身은 다른 보살은 보고 들을 수 없는 佛身으로서 부처님이 얻은 法樂을 부처님만이 누리는 身이고, 他受用身은 부처의 法樂을 初地보살 이상의 보살이 맛 볼 수 있는, 맛볼 수 있도록 준 佛身이다. 變化身은 二乘과 범부를 교화하기 위해 그들이 볼 수 있도록 成所作智의 힘으로 여러 모습으로 변화하여 보이는 佛身임.

두 三身을 대응시키면 다음과 같다.

```
自性身 ······························· 法身
受用身 ┬ 自受用身 ···················· 報身
       └ 他受用身 ········· 勝應身 ┐ ········ 報身
變化身 ··························· 劣應身 ┘
```

109) 밀교에서는 앞의 四智 밖에 法界淸淨智(法界體性智)를 더하여 五智를 설한다.
110) 八供養보살은 內外로 나누이는데 內四供養은 大日如來가 四佛을 공양하는데

령(鈴)의 4보살이고, 八供養은 곧 소(燒)·산(散)·등(灯)·도(塗)·화(華)·
만(鬘)·가(歌)·무(舞)의 8보살이다. 모두 위에 금강이 있고 아래에는 보살
이 있다. 그런데 이 37존에는 각기 종자(種子)가 있고, 모두 본사의 智用에서
유출된다. 지금 경에, 海印삼매에서 단박에 나타난다는 大意와 같다.

묻는다 :

"이 뜻에 의거한다면 어찌 평등의 뜻에 어긋나지 않겠는가? 평등하다는
뜻으로 말하건대 분명히 (모든 佛이) 곧 我者(我의 本師)라고 설함은, 평등하다
는 뜻에 의거하여 설한 것이지만 바로 我身(개별로서의 석가불)이 아니거늘
어찌 모두를 本師라고 할 수 있을 것입니까?"

답한다 :

"그 가운데 평등하다는 定理가 곧 一이라는 뜻이다. 唯識에서도 또한
설하길, 일체중생이 多佛에 속하고, 多佛이 함께 화현하여 一佛이 되며,
佛이 능히 시현하여 多身이 되니 시방의 여래 한 분 한 분이 모두 이러하다고
하였다. 이제 바로 一佛이 능히 多身이 된다고 하였으니 이에 의하여 本師를
찬탄하는 것이다. 또 본사는 바로 나의 마음이다. 내가 자심에 거두어 돌아가
면 갖추어지지 않은 것이 없으니 어찌 他者에 의지(依止)할 것인가."

서 유출되니 곧 嬉·鬘·歌·舞의 4보살이다. 外四供養은 四佛이 大日如來를
공양하는데서 유출되니 곧 香·華·燈·塗香의 4보살이다.
四攝보살은 대일여래의 마음에서 유출되어 모든 중생을 만다라에 끌어들인다.
果地(佛地)의 법을 주어서 他를 교화하는 덕을 나타낸다.

〈29〉

任性卷舒. 隨緣出沒. 挺一眞之元始. 總萬有之綱骨.

原始該終. 唯一心道. 大教至理. 皆同所詮. 如華嚴經云. 佛子. 諸菩薩初住地
時. 應善觀察. 隨其所有一切法門. 隨其所有甚深智慧. 隨所修因. 隨所得果.
隨其境界. 隨其力用. 隨其示現. 隨其分別. 隨其所得. 悉善觀察. 知一切法皆
是自心. 而無所著. 如是知已. 入菩薩地. 能善安住.

중생의 근성 따라 말아 접기도 하고 펴기도 하며
인연 따라 출몰하네.
우뚝 빼어나 一眞의 元始이고,
만유를 총괄하는 강골이로다!

原始가 종말에 當한다. 오직 일심의 도가 大教이고 至理이며, 모든 법이
설하는 바가 다 그와 같다. 『화엄경』에 설한 바와 같다.

佛子들이여! 모든 보살이 처음 十住의 位에 있을 때에는 응당 일체의
모든 법문에 따라, 모든 깊고 깊은 지혜에 따라, 닦는 바의 因에 따라,
그 경계에 따라, 그 力用에 따라, 그 示現에 따라, 그 분별에 따라,
그 소득에 따라, 잘 관찰해야 한다. 모두 다 잘 관찰하면 일체법이
모두 自心임을 알고 집착하는 바 없게 된다. 이와 같이 알고 나서는
보살지(初地에서 十地 내지 等覺까지)에 들어 능히 잘 안주하게 된다.[111]

---

111) 『화엄경(80권본)』권18 明法品第十八, 『대정장』권10, 096b.

〈30〉

十二因緣之大樹.産自玄根.

此十二因緣法.皆從眾生心中建立.云何稱樹.若眾生界中.即以無明為根.
愛水漑注.抽名色芽.開有漏華.結生死果.生住異滅四相常遷.無有斷絕.若
諸聖界中.發正覺芽.開萬行華.成菩提果.盡未來際供佛利生.無有休息.並
從一心十二因緣大樹生起.故云十二因緣即是佛性.又一心十二因緣者.如
眼見色時.心不了名無明.心於色生愛惡名行.是中心意名識.色共識行即
名色.眼與色等六處生貪名六入.色與眼作對名觸.心見色時領納名受.心
於色纏綿不斷名愛.心想像色相名取.念色心起名有.一念心生名生.一念
心滅名滅.如華嚴經云.三界所有.唯是一心.如來於此分別演說十二有支.
皆依一心如是而立.又頌云.了達三界依心有.十二因緣亦復然.生死皆由
心所作.心若滅者生死盡.

12인연의 큰 나무가
스스로 현묘한 뿌리를 낳네!

이 12인연법은 모두 중생심으로부터 건립된 것이다. 왜 나무(樹)라 칭한
것인가. 중생계에서라면 바로 무명을 뿌리로 하고, 애착의 물이 뚫고 흘러들
며 名色의 싹을 나오게 하며, 유루(有漏)의 꽃을 피우고, 생사의 과보를
맺으며, 생주이멸의 네 모습으로 항상 변해가는 것이 단절됨이 없다. 모든
聖界에서라면 정각의 싹을 발하게 하고, 만행의 꽃을 피우며, 보리의 果를
성취한다. 미래제(未來際)가 다하도록 佛을 공양하고 중생을 이롭게 하면서
휴식함이 없다. 모두 一心 12인연의 큰 나무로부터 생기한 것이다. 까닭에

"12인연이 바로 불성이다"고 한다.

또 一心의 12인연이란, 이를테면 눈으로 색을 보는 때에 마음이 깨닫지 못함을 無明이라 하고, 마음이 색에서 좋아하고 싫어함을 일으키면 이를 行이라 하며, 이 중에서 心意를 識이라 한다. 色이 識・行과 함께 하게 된 것이 곧 名色이며, 眼과 色 등의 6處(12處)에서 탐착이 생하니 이를 6入(12入)이라 한다. 色이 眼과 더불어 만남을 촉(觸)이라 한다. 마음이 색을 보는 때에 받아들임을 受라고 한다. 마음이 색에 끌리어 끊이지 않음을 愛라고 한다. 마음에 색상을 상상함을 取라 한다. 색을 念하는 마음이 일어남을 有라고 한다. 일념의 마음이 생함을 生이라 한다. 일념의 마음이 멸함을 멸(滅)이라 한다.

이를테면 『화엄경』에서 「삼계의 모든 것은 오직 一心일 뿐이다」고[112] 하였다. 여래는 이 분별에서 12의 有支(12갈래의 인연법문)를 설하신다. 모두 일심에 의지하여 이와 같이 세운 것이다. 또 게송에 이른다.

> 삼계가 마음에 의지하여 있고,
> 12인연 또한 그러함을 요달(了達)하라!
> 생사가 모두 마음에 연유하여 일어난 것이니
> 마음 멸하면 생사 또한 소멸 하네![113]

〈31〉

五千教典之圓詮.終歸理窟.

---

112) 『화엄경(80권본)』권37 十地品第二十六之四, 『대정장』권10, 194a.
113) 『화엄경(80권본)』권37 十地品, 『대정장』권10, 195b.

諸佛案一切衆生心.宣說諸法.華嚴經頌云.諸佛不說法.佛於何有說.但隨
其自心.爲說如是法.如普賢行願疏云.指其源也.情塵有經.智海無外.妄惑
非取.重玄不空.四句之火莫焚.萬法之門皆入.冥二際而不一.動千變而非
多.事理交徹而兩亡.性相融通而無盡.若秦鏡之互照.猶帝珠之相含.重重
交光.歷歷齊現.故得圓至功於頃刻.見佛境於塵毛.諸佛心內衆生.新新作
佛.衆生心中諸佛.念念證眞.

5千 敎典의 원융한 가르침,
궁극에 모두 理의 바다에 돌아간다.

諸佛이 모든 중생심을 자세히 살펴서 여러 법문 설하셨다.『화엄경』
게송에서 설한다.

　　　諸佛은 법을 설하지 않는데[114]
　　　佛이 어떻게 설한다는 것인가.
　　　단지 그 自心따라 설하나니
　　　그와 같이 법을 설하느니라.[115]

---

114) 오직 마음일 뿐인지라 마음에서 무엇을 설한다고 함이 없다. 그러한 상이 있으
　　면 마음 외에 설해지는 다른 어떤 것이 있다는 것이 되어 唯心의 뜻에 어긋난
　　다. 그래서 諸佛은 하나의 법문도 설한 바가 없다고 한다. 또한 법이 본래 있는
　　것인지라(「本住法」) 새로 생긴 것이 아니어서 새로 무엇을 드러내어 설한다 할
　　바가 없다. 이에 대해서는『대승입능가경』권제4무상품 등에 설명되어 있다.
115) 80권본『화엄경』권19 夜摩宮中偈讚品第20에 「諸佛無有法 佛於何有說 但隨其
　　自心 謂說如是法」(『대정장』권10, 102.b). 60권본에 「過去未來世 現在諸導師
　　無有說一法 而得於道者. 佛知衆生心 性分各不同 隨其所應度 如是而說法」
　　(보살문명품第10)

이를테면 『보현행원품소』에[116) 설한다.

　　그 근원을 가리키건대 情의 번뇌에 도리가 있다. 지혜의 바다는 다른데 있는 것이 아니라 망령된 미혹을 취하지 않는데 있으며, 현묘하고 현묘하여 空하지 않다. 四句의[117) 火를 태워 없애지 말라![118) 만법이 모두 들어오는 문이다. 이제(二諦)가[119) 그윽하여 따로 없는 듯 하되 하나가 아니고, 움직여 천 가지 모습으로 변하되 多가 아니다. 事와 理가 서로 교철(交徹)하여 양자가 따로 없고, 性相이 융통함에 다함이 없다. 진경(秦鏡 : 밝은 거울)에 서로 비추는 것과 같고, 제망(帝網)의 구슬에 만상이 함용되는 것과 같다.[120) 중중(重重)으로 교광(交光)하여 비춤에 만상이 뚜렷이 모두 나타난다. 까닭에 원각(圓覺)에 이르는

---

116) 唐의 澄觀이 40권 『화엄경』의 강요서로서 저술한 것이다. 총 10권이다. 『貞元新譯華嚴經疏』・『華嚴經普賢行願品疏』라고도 한다. 『卍續藏』제5책에 수록되어 있다. 징관이 정원14년798)에 황제의 명을 받아 찬술하였다. 인용문은 권1의 첫 문단에 나온다.

117) 四句란 「有, 無, 有而無, 非有而非無」, 「一, 異, 一而二, 非一而非二」 등의 네 가지 치우친 견해를 말한다. 외도의 여러 견해는 모두 이 가운데 하나에 속한다. 여러 경론에서 버려야 할 외도의 지견으로 설해져 있다.

118) 四句는 버려야 할 외도의 치우친 惡見이다. 그래서 '4구의 火'라고 하였다. 그런데 이를 태워 없애지 말라고 한 것은 일체법에 이 4구 하나 하나의 뜻이 없지 아니하고, 뒷 句에 기술한 바와 같이 일체법이 모두 들어오는 문인 까닭이다. 즉 이 4구는 각기 일체법의 일면을 말해주고 있다는 뜻이 있다. 이 4구가 惡見이 되는 것은 그 일면의 법상에 치우쳐서 망집하게 되는 까닭이다. 『능가경』에서는 일체법이 본래 無生이어서 幻과 같은 것인데 이를 有다 無다 하는 분별은 꿈속에서 크다 작다 하고 분별하는 것과 같다고 하였다.

119) 世俗諦와 眞諦(勝義諦, 第一義諦). 앞의 각주에 설명.

120) 帝網重重의 事事無碍緣起에 대해서는 앞의 각주에서 설명함.

지극한 功이 경각에 있고, 佛의 경계를 터럭 끝의 미진에서 본다.
諸佛의 마음에 중생이 있어 항상 새롭게 作佛하고, 중생 마음의 諸佛이
念念에 眞을 證한다.

〈32〉

孤標寂寂. 獨立堂堂. 若華中之靈瑞.

此華三千年一現. 當佛出世. 表說圓教一心法門時. 難聞難遇.

홀로 고요하게 드러나니
우뚝하고 당당하다.
꽃 가운데 영이롭고 상서로운 우담바라화 같네!

이 꽃(우담바라화)이 3천년에 한 번 나타나면 佛이 세상에 나오신다. 圓教의
一心법문 드러내어 설할 때에 듣기 어렵고 만나기 어려움을 상징한다.

〈33〉

猶照內之神光.

於眾光中. 神光為最. 祖師云. 眾明之中. 心明為上.

역시 (가장 뛰어남은) 마음에서 비추는 神光이라네!

모든 빛 가운데 그 神光이 최상이다. 조사가 이른다. "모든 밝음 가운데 마음의 밝음이 최상이다."

〈34〉

截瓊枝而寸寸是寶. 析栴檀而片片皆香.

此明法法是心. 塵塵合道.

玉으로 된 가지 자르니 조각조각이 다 보배로다!
전단(栴檀) 나무 자르니 조각조각이 다 (전단)향이로다!

이는, 존재 하나하나가 마음이고, 티끌의 경계 하나하나가 도에 합치함을 드러낸 것이다.

〈35〉

剋從凡夫之身. 便登覺位. 類在白衣之地. 直坐龍牀.

若信入華嚴一心無盡宗趣. 長者論云. 如將寶位. 直授凡庸. 似夜夢千秋. 覺已隨滅. 華嚴疏云. 頓教之人一念不生即是佛者. 即一切眾生心. 未是佛體. 妄念起故為眾生. 一念妄心不生. 何為不得名佛. 故華嚴經頌云. 法性本空寂. 無取亦無見. 性空即是佛. 不可得思量. 又頌云. 法性如虛空. 諸佛於中住. 又般若經云. 以本性空為佛眼. 若論性空. 皆是凡聖之體. 祇為不覺. 忽起妄念. 隨境流轉. 所以云法身流轉五道. 號曰眾生. 設一念起時亦是佛. 以妄

念無體.不出性空故.但要直下信解圓明.不在更思量推度也.華嚴疏云.眾
生心中佛.為佛心中眾生說法.此明眾生稱性普周.而佛不壞相在眾生心
內.又佛心稱性普周.而眾生不壞相在佛心內.喻如水乳和同一處.而互為
能和所和.且約說聽解釋.以能和為說.所和為聽.且將水喻於佛.乳喻眾生.
應言乳中之水.和水中之乳.水中之乳.受乳中之水.雖一味.能所宛然.雖能
所宛然.而互相在相遍相攝.

범부의 몸을 극복하면 바로 覺位(佛位)에 오른다.
마치 白衣(平民)의 자리에 있다가
바로 용상(임금)의 자리에 오르는 것과 같다.

마치 十信位에서[121] 화엄의 일심 무진(無盡)의 종취(宗趣)에 들어가는
것과 같다.

『長者論(『신화엄경론』)』에[122] 이른다.「寶位를 바로 평민에게 내려주는
것과 같고, 밤의 꿈속이 천추의 긴 세월이었으나 깨고 나니 사라지는 것과
같다.」『화엄경소』에 이르길,「돈교(頓教)의 人은 (단지) 일념 不生이면
바로 佛이라 한다」고[123] 하였으니 바로 모든 중생심이 본래[124] 佛心을
體로 하는 것이다. 망념이 일어나는 까닭에 중생이지만 일념의 망심이

---

121) 보살의 여러 階位에서 佛位에 오르는 52位 가운데 맨 처음의 10位가 信位이다.
122) 이통현 長者의 『신화엄경론』권2에서 인용하였다. 원문 :「如將寶位, 直受凡庸.
　　如夜夢千秋, 覺已隨滅.」『대정장』권36, 0729a.
123) 징관의 『화엄경소』권2, 『대정장』권35, 512b에「四頓教者, 但一念不生, 即名爲佛」
124) 저본은「未是佛體」이지만「本是佛體」가 되어야 전후의 뜻이 통한다. 따라서
　　'未'은 '本'의 오자로 보아야 한다. 중생심이 여래장을 바탕으로 하는 뜻에 대해
　　서는 앞의 각주에서 설명하였다.

일어나지 않으면 어찌 佛이라 할 수 없겠는가. 까닭에 『화엄경』 게송에서
설한다.

> 존재의 성품이 본래 텅 비어 고요하니
> 취함도 없고 見함도 없다.
> 성품이 공함이 바로 佛인지라
> 사량할 수 없네.125)

또 게송에 설한다.

> 존재의 성품이 허공과 같고
> 諸佛이 그 가운데서 안주하네!126)

또 『(大)반야경』에 설하길, 「본성이 空함이 佛眼이다.」고127) 하였다.
성품이 공함을 논하건대 모두가 聖의 體이다. 단지 不覺으로 홀연히 망념을
일으켜 경계 따라 유전(流轉)한다. 까닭에 이르길, 「법신이 五道(욕계의 五趣
생류 : 6道)에 유전하니 이름하여 중생이라 한다.」고 하였다. 설사 한 생각
일어난 때도 또한 佛이니 망념에 體가 없어 성품이 空함을 벗어나 있지
않는 까닭이다. 단지 (이 뜻을) 곧바로 信解하여 원만히 밝아지는 것이니
다시 사량하고 헤아릴 일이 아니다. 『화엄경소』에 이른다. 「중생심 중의
佛이 佛心 중의 중생을 위해 설법한다.」128) 이는(이 경문은) 중생이 항상

---

125) 『화엄경(80권본)』권16 須彌頂上偈讚品, 『대정장』권10, 081c.
126) 『화엄경(80권본)』권6 如來現相品, 『대정장』권10, 30c.
127) 『대반야바라밀다경』권388 初分不可動品第七十之三. 『대정장』권6, 1004b.

성품에 일치하여 두루 하며, 佛이 相을 멸하지 아니하고 중생심 가운데서 있음을 밝힌 것이다. 또한 佛心이 성품에 일치하여 두루 하고, 중생이 相을 멸하지 아니하고 佛心 안에 있음을 밝힌 것이다. 비유하자면 마치 물과 우유가 같은 한 자리에 있으면서 서로 능히 和하고 和하는 것과 같다. 또 說과 청(廳)에 의해 해석한다면 能和(和하는 자)가 說이 되고, 所和(和되는 자)는 청(廳)이다. 또 물은 佛에 비유한 것이고, 우유는 중생에 비유한 것이다. 응당 우유 속의 물이 물속의 우유와 和하고, 물속의 우유가 우유 속의 물을 수용한다고 말해야 한다.[129] 비록 一味이지만 能(주관, 하는 자)과 所(객관, 대상)가 완연하며, 각자의 상, 함께 있는 상, 두루 하여 있는[130] 상이 모두 함용되어 있다.

〈36〉

聽而不聞. 觀之莫見.

法身無像. 眞聽無聲.

듣되 들음이 없고, 보되 봄이 없다.
법신은 형상이 없고, 진실한 들음은 소리가 없다.

---

128) 『화엄경소』권3, 『대정장』권35, 520a.
129) 즉 和하는 것은 佛(水)이고, 수용하는 것은 중생(우유)이다.
130) 우유의 어느 부분이나 우유의 상이 두루한 면을 가리킨 것이다.

〈37〉

常在而莫更推尋. 本瑩而何勞熏鍊. 三界之門無體. 谷裏傳聲.

> 首楞嚴經云. 三界之法. 捏所成故. 是知無體. 猶如谷響. 皆是我聲. 長者論
> 云. 一切法如谷響. 以表萬法唯心故. 華嚴經云. 一念之間悉包法界. 又云. 一
> 念三世畢無餘. 又云. 一念現於無盡相.

항상 있는 것이니 다시 애써 찾으려 하지 말라.

본래 환하게 밝은데 어찌 애써 훈숙(수련)할 것인가.

三界의 문은 體가 없고,

텅 빈 골짜기에 소리가 나서 퍼지네!

『수능엄경』에 이르길, 「三界의 존재는 화합(반죽)되어[131] 이루어진 까닭에 體가 없음을 안다. 골짜기의 메아리와 같아 모두 나의 목소리이다.」[132] 하였고, 『長者論(신화엄경론)』에 이르길, 「모든 존재는 골짜기의 메아리와 같다.」고[133] 하여 만법이 오직 마음 뿐임을 드러내었다. 『화엄경』에 설한다. 「一念 사이에 법계 모두를 다 함용한다.」[134] 또 설한다. 「一念에 三世가

---

131) 본래 없던 것인데 여러 가지 것이 화합 반죽되어 그 존재가 실재한 것처럼 보이게 된 것이니 '捏(造)'된 것이라 하였다. 날조(捏造)의 뜻은 반죽하여 어떠한 형상으로 만드는 것이다.

132) 『수능엄경』과 『대불정수능엄경』에 이 문단이 보이지 않는다.

133) 『신화엄경론』권3에 「如空谷響, 應擊成音」 등의 문구가 있다. 여기서는 그 뜻만 요략하여 인용하였다.

134) 『화엄경(80권본)』권1 世主妙嚴品, 『대정장』권10, 001c.

남김없이 다 들어 있다.」135) 또 설한다. 「一念에 다 함 없는 상이 나타난다.」136)

〈38〉

六塵之境本空. 鏡中寫面.

六塵之境. 皆從妄念而生. 如人照鏡. 自見其面. 非有別影.

6진(塵) 경계가 본래 공한데 (만상이 보이는 것은)
거울에 얼굴이 나타나는 것과 같네!

6진(塵 : 색수상행식의 6境) 경계가 모두 망념에서 나온다. 사람이 거울에
비추어보면 저절로 그 얼굴이 나타나고 다른 것의 영상이 아닌 것과 같다.

〈39〉

寂寞虛沖. 無事不融. 彌勒閣而普現.

華嚴經云. 善財童子入彌勒閣時. 見其樓閣廣博無量. 同於虛空. 阿僧祇寶
以爲其地. 乃至見彌勒菩薩初發心. 行菩薩道. 八相成佛. 三生之事耳.

---

135) 『화엄경(80권본)』권5 世主妙嚴品, 『대정장』권10, 024c.
136) 위의 同品, 同 023b.

적막하고 텅 비어

無事하되 융화하여 소실되지 않나니[137)

미륵의 누각에 두루 만상이 나타나네!

　『화엄경』에 설한다. 「선재동자가 미륵보살이 있는 누각에 들어 간 때에 그 누각이 한량없이 광대하여 허공과 같고, 아승지의 보배가 그 땅으로 되어 있는 것을 보았다. 이어 미륵보살이 초발심하고 보살도를 행하여 八相[138) 성불하는 삼세의 일을 보았다.」[139)

〈40〉

摩耶腹而無窮.

華嚴經云. 摩耶夫人腹中. 悉現三千大千世界一切形像. 其百億閻浮提內.
各有都邑. 各有園林. 名號不同. 皆有摩耶夫人於中止住. 天衆圍繞. 爲顯現
菩薩將生不可思議神變之相. 又廣大如法界. 究竟若虛空. 是處胎義.

---

137) 원문은 '不融'이다. 모든 존재가 하나로 융회된 면에서는 不異이고, 그 가운데 개
　　별의 自相이 뚜렷한 면에서는 不一이다. 여기에서는 不一의 뜻으로 말하였다.

138) 석가불이 도설천에서 지상에 태어나 성불하고 열반에 들 때까지의 여덟 가지
　　중요한 일을 말한다.
　　1. 도설천에 계시다 인간세계에 내려오는 상, 2. 모친에게 잉태되는 상, 3. 출생
　　하는 상, 4. 출가하는 상, 5. 정진 중에 魔를 항복시키는 상, 6. 성도하는 상, 7.
　　설법하는 상, 8. 열반하는 상.

139) 『화엄경(80권본)권79 입법계품

마야부인의 배 안이 무궁하도다!

『화엄경』에 설한다.「마야부인의 배 속에 삼천대천세계의 모든 형상이 다 나타났다. 저 백억의 염부제(인간계)에[140] 각각 도읍이 있고, 각각 원림이 있는데 이름이 같지 않았다. 어느 곳에서나 모두 마야부인이 거기에 거처하였고, 천중이 에워쌌다. 보살(석가모니)이 곧 태어날 것임을 드러내는 불가사의 신변(神變)의 상이었다.」[141] 또한,「광대함이 법계와 같고, 구경(究竟)임이 허공과 같았다.」고[142] 하였으니 이것이 (8상 가운데) 태(胎)에 들어가는 상의 뜻이다.

〈41〉

文殊寶冠之內.

文殊般泥洹經云. 文殊身如紫金山等. 其文殊冠. 毗楞伽寶之所嚴飾. 有五百種色. 一一色中. 日月星辰. 諸天龍宮. 世間眾生. 所希有事. 皆於中現.

문수의 보관(寶冠) 內에

---

140) 산스크리트어 Jambu-dvīpa, 빨리어 Jambu-dīpa의 音譯이다. jambu는 樹의 이름, dvīpa는 洲이다. 舊譯은 예주(穢洲), 예수성(穢樹城)이다. 須彌山 四大洲의 南洲인 까닭에 남섬부주(梵 Dakṣiṇa-jambu-dvīpa・南閻浮洲・南贍部洲)라고 한다. 보통 인간세계를 가리킨다.

141) 『화엄경(80권본)』권74 入法界品第제39의15에 나온다. 『대정장』권10, 403c.

142) 『화엄경(80권본)』권25 十迴向品第25의3에 나온다. 『대정장』권10, 134.c.

『문수반니원경』에 설한다.「문수의 몸은 자금(紫金)의 산과 같고, 문수의 관(冠)은 비능가보(毗楞伽宝)로 장엄하게 장식되었으며, 5백종의 색이 있고, 하나하나의 색에는 일월성신, 제천, 용궁, 세간 중생이 있었다. 모든 희유한 것이 모두 그 가운데 나타났다.

〈42〉

淨名方丈之中.

淨名經云. 東方度三十六恒河沙國. 有世界名須彌相. 其佛號須彌燈王. 今現在. 彼佛身長八萬四千由旬. 其師子座. 高八萬四千由旬. 嚴飾第一. 於是長者維摩詰現神通力. 即時彼佛遣三萬二千師子座. 高廣嚴淨. 來入維摩詰室. 乃至其室廣博悉包容三萬二千師子座. 無所妨礙.

정명(淨名 : 유마힐)의 방장(方丈)[143] 가운데 (장애 없이 들어가고),

『정명경(유마경)』에 설한다.

동방으로 36항하사의 나라를 지나 세계가 있으니 이름이 수미상이고, 그 부처님의 이름은 수미등왕이다. 지금 현재 그 佛身의 크기가 8만4천 유순이며, 그 사자좌의 높이가 8만4천 유순이며, 장엄하게 장식되어 있음이 第一이었다. 이에 장자 유마힐이 신통력을 나타내니

---

143) 사방 1丈 크기의 방을 가리키는데 유마힐거사의 거처가 그러한 크기 였던 까닭에 보살, 대선지식 또는 그 거처를 가리키는 말로 통용된다.

즉시에 그 부처님이 3만2천의 사자좌를 보내었는데 높고 넓으며 장엄
하고 청정하였다. 유마힐의 방에 들어오니 그 방이 넓게 커져서 3만2천
의 사자좌를 포용하는데 장애받지 않았다.[144]

〈43〉

芥子針鋒而不窄.

淨名經云. 以須彌之高廣. 納芥子中. 而不迫窄. 涅槃經云. 於針鋒上. 立無邊
身菩薩等.

겨자씨와 바늘 끝에 (들어가고 세워도) 협착하지 않도다!

『정명경(유마경)』에 설한다. 「수미산의 높고 광대함이 겨자씨 가운데
들어가되 비좁지 않는다.」『열반경』에 설한다. 「바늘 끝에 무변신(가없는
몸의) 보살들을 세운다.」

〈44〉

近塵遠刹而全通.

華嚴經頌云. 一一微塵中. 能證一切法. 如是無所礙. 周行十方國. 又云. 於一
微塵中. 一切國土曠然安住. 古德云. 一切不思議事. 於一切處悉能普現. 其

唯一毗盧清淨法身之應用耳. 此法身者. 即是心也. 心是法家之身. 所以言
若能諦觀心不二. 方見毗盧清淨身. 一念起惡. 法身亦隨現. 一念起善. 法身
亦隨現. 名為處處互現. 乃至色處現. 空處現. 自在無礙. 更莫遠推諸佛. 唯一
念空心是. 華嚴疏云. 猶如海印頓現. 經云. 一念現故. 謂無前後. 如印頓成.
又常現. 非如明鏡有現不現時. 又非現現. 如明鏡對至方現. 以不待對. 是故
常現. 該三際故. 已上俱是一真心寂照普現之義耳.

가까이 있는 티끌과 멀리 있는 찰토(국토, 세계)가
(모두 一心에서) 온전히 통해 있도다!

『화엄경』의 게송에 설한다.

하나하나의 미진 중에서　　　능히 일체법을 증득하니
이와 같이 걸림 없고　　　十方의 모든 국토에 두루 돌아다니네![145]

또 설한다. 「하나의 미진 가운데 모든 국토가 환하게 안주하고 있다.」.
古德이 이른다. 「모든 不思議의 事가 일체처에서 능히 두루 나타난다」.
그것은 오직 하나의 비로청정법신이 응(應)한 用이다. 이 법신이 곧 마음이다.
마음이 法(존재)의 家의 몸이다. 까닭에 이르길, 「능히 不二임을 자세히
관찰한다면 바야흐로 비로청정법신을 보게 된다.」고 하였다. 일념에 악이
일어나고, 법신 또한 따라 나타난다. 일념에 선이 일어나고, 법신 또한
따라 나타난다. 이름하여 '곳곳에 서로 함께 나타남'이라고 한다. 내지 색처(色

---

145) 『화엄경(80권본)』권6 如來現相品第二, 『대정장』권10, 031b.

處)에서도 나타나고, 공처(空處)에서도 나타남이 자재하여 걸림 없다. 다시는
멀리 諸佛을 찾지 않는다. 오직 일념의 텅 빈 마음이 바로 이것(佛)이다.」
『화엄경소』에 설한다.「마치 해인삼매가 즉시에 나타나는 것과 같다.」146)
『경』에 설하길,「일념에 나타난다」고147) 하였으니 전후가 없다는 말이다.
마치 해인삼매가 즉시에 나타나는 것과 같다. 또한 항상 나타나니, 밝은
거울에는 나타나기도 하고 나타나지 않는 때도 있는 것과 같지 않다. 또한
(대상이) 나타나 있지 않아도 나타나니, 밝은 거울은 대상이 이르러야 나타나
지만 대상을 기다리지 아니한다(아니하고 나타난다). 이 까닭에 항상 나타난
다. 삼제(三際 : 과거·현재·미래)에 항상 當해 있는 까닭이다.

이상으로 一眞心의 적조(寂照 : 적멸의 體를 떠나지 않고 비추는 바 없이
비추는 여래 본연의 행)하고 두루 나타나는 뜻을 자세히 설명하였다.

〈45〉

靡減靡增.綿綿而常凝妙體.非成非壞.續續而不墜玄風.

亘古垂今.通凡徹聖.更無異法.唯是一心.得時不增.失時不減.陞時不成.
墜時不壞.如華嚴錦冠云.大方廣佛華嚴經者.大者即是心體.心體無邊.故
名為大.方是心相.心具德相之法.故名為方.廣是心用.心有稱體之用.故名
為廣.佛是心果.心解脫處.名之為佛.華是心因.心所行行.喻之以華.嚴是
心之功用.心能善巧嚴飾.目之為嚴.經是心教.心起名言.詮顯於此.故名為

146) 『화엄경소』권9, 『대정장』권35, 563a.
147) 『화엄경(80권본)』권2 世主妙嚴品第一之二, 『대정장』권10, 007a에「如來神變無
    量門 一念現於一切處」

經. 斯即大等七字. 並不離心. 然心之一字. 非體非用. 非因非果. 非義非教.
雖非一切. 能為一切. 何以故. 謂一法界心是體. 若能依此悟解. 念念即是華
嚴法界. 念念即是毗盧法身. 如華嚴經云. 若與如是觀行相應. 於諸法中不
生二解. 一切佛法疾得現前. 初發心時即成正覺. 得阿耨多羅三藐三菩提.

멸함도 없고, 증가함도 없이 면면히 이어지되
항상 응연(凝然)하며,
묘체(妙體)는 이루어짐도 없고, 무너짐도 없되
현풍(玄風 : 모호한 상태)에 떨어지지 아니하네.

옛적부터 금일에 이르기까지 범인과 성인을 통 털어 별다른 법이 있는
것이 아니고, 오직 一心일 뿐이다. 얻은 때라 해도 증가됨이 없고, 잃은
때라 해도 멸함이 없다. 상승하는 때라 해서 (어떤 새로운 것이) 이루어짐이
있는 것이 아니며, 추락하는 때라 해서 괴멸되지 않는다. 이를테면 『화엄금관
(華嚴錦冠)』에[148] 이른다.

　'大方廣佛華嚴經'이란, '大'는 바로 心의 體이니 심체가 무변(無邊)한
까닭에 '大'라 하였고, '方'은 心의 相이니 마음에 德相의 법이 갖추어져
있는 까닭에 '方'이라 한 것이며, '廣'은 心의 用이니 마음에 體에 상응하

---

148) 이 『錦冠』은 아마 唐末五代의 승려 石壁傳奧가 지은 『華嚴經錦冠鈔』4권(혹 2
　　권)이 아닌가 한다. 이 책은 失傳되었다. 傳奧는 화엄과 율에 뛰어나 화엄종 제
　　6조로 추앙되었다. 주요 저술에 『華嚴經錦冠鈔』・『金剛經纂要疏貫義意鈔』・
　　『盂蘭盆經鈔』・『梵網經略疏』・『梵網經科文』・『大乘起信論隨疏記』 등이 있
　　는데 대부분 會昌法難 때 유실되고 현재는 『梵網經記』2권만이 전한다. 그는 주
　　로 圭峰宗密의 저술을 해설한 여러 글을 찬술하였다.

는 用이 있는 까닭에 '廣'이라 하고, '佛'은 心의 果이고 심해탈(心解脫)이
니 이를 '佛'이라 하며, '화(華)'는 心의 因이고 心所行이니 이를 華로써
비유하였다. '엄(嚴)'은 心의 공용(功用)이니 마음이 능히 뛰어나고
묘하게 엄밀히 분간하지라 이를 가리켜 '嚴'이라 하였다. '經'은 心의
가르침이니 마음이 일어남에 名言의 설명이 여기에 나타나는지라
이를 '經'이라 하였다. 이 '大' 등의 일곱 개 字는 모두 마음을 떠나
있지 않다. 그러나 心의 一字는 體도 아니고, 用도 아니며, 因도 아니고,
果도 아니며, 義도 아니고, 敎도 아니다. 비록 一切가 아니나 능히
一切가 된다. 왜 그러한가. 一法界라 함은 心이 (그) 體이니 능히
이 뜻에 의거하여 깨달아 안다면 念念이 그대로 화엄법계이며, 念念이
그대로 비로법신(毘盧法身)인 까닭이다. 이를테면 『화엄경』에149) 이
른다. 「만약 이와 같이 觀行하여 상응하면 제법에서 (법을) 둘로 보는
지견(「二解」)이150) 나오지 아니하며, 일체의 佛法이 신속히 현전하고,
처음 발심하였을 때 곧바로 正覺을 이루어 아뇩다라샴막삼보리를
얻는다.」

---

149) 『화엄경(80권본)』권17 범행품 ; 『대정장』권10, 088c~089a.
150) 원문 「二解」란 일체법을 有와 無, 善과 惡, 生과 滅, 大와 小, 苦와 樂 등 相對
의 법으로 구분하여 어느 한쪽으로 분별하는 지견을 말한다. 그러나 모든 존재
의 實相은 相對되는 兩者가 서로 卽해 있는 中道인 까닭에 그러한 분별을 떠나
있다. 분별하게 되면 어느 한 편의 知見을 취하게 되지만 이는 實相이 아니고
변견(邊見 : 한 편으로 치우친 지견)일 뿐이다. 그래서 어떠한 분별도 낼 수 없
는 자리가 곧 中道의 자리이고, 분별 떠난 자리이다. 『능가경』에 「분별 떠남이
곧 眞如다」고 하였다.

〈46〉

大業機關.金輪種族.

釋迦佛是金輪王之種.一鉢和尙歌云.萬代金輪聖王子.祇這眞如靈覺是.
所以祖代相傳.但示卽心是佛. 纔生信解.卽紹祖位矣.

(석가불께서는) 大業의 기관(機關)이시며,
금륜(金輪)의 종족이시네!

석가모니불께서는 금륜왕의 종족이다. 일녑(一鉢)화상이 가송(歌頌)으로
말하였다.

　　　萬代 金輪聖王의 子이시되
　　　단지 이는 진여 영각(靈覺)일 뿐이네!

까닭에 조사 대대로 相傳함에는 단지 '卽心是佛'임을 보이는 것이다.
이를 신해하게 되어야 비로소 조사의 位를 잇게 된다.

〈47〉

如頻伽鳥而韻壓羣音.

頻伽鳥未出殼時.於殼中發聲.已勝衆鳥之音.此況一切生死最初際底下凡
夫.未脫煩惱殼.便能識心.我當作佛.已超過一切聲聞辟支佛上.

猶好堅樹而高陞眾木.

마치 가릉빈가가 노래함에
그 운(韻)이 모든 소리를 압도하는 것과 같고,

　가릉빈가는 아직 껍데기를 나오지 못하였을 때 그 안에서 소리를 내면
모든 새들의 소리를 능가한다. 이러하거늘 하물며 모든 생사의 최초 때
하위의 범부가 아직 번뇌의 껍데기를 벗어나지 못하였는데 곧바로 능히
심성을 알아 내가 응당 佛이 되리라 하고 모든 성문과 벽지불을 넘어서는
것이야 말할 나위 있겠는가!

〈48〉

猶好堅樹而高陞眾木.

　西天有好堅樹.出土便高百尺.超過羣木之上.此況圓教之人.知心即具法
界.圓解圓修.出過二乘藏通別教修行之人.若論功程.日劫相倍.

훌륭하고 굳건한 나무가
모든 나무들 가운데 우뚝 솟구쳐 있는 것과 같네!

　西天(印度)에 훌륭하고 굳건한 나무가 있었는데 땅에서 솟구쳐 높이가
백 척에 이르러 모든 나무들을 넘어서 있었다. 이러하거늘 하물며 圓教의
人이 마음을 알아 바로 법계의 원해(圓解 : 圓教의 이해)와 원수(圓修 : 圓教의
수행)를 갖추면 2승(3승과 2승)의 장교(藏教)·통교(通教)·별교(別教)의[151]

수행인을 뛰어넘음이 마치 논공(論功)함에 일수로 계산하여 겁(劫)의 倍가
되는 것이야 말할 나위 있겠는가!

〈49〉

一翳初起. 繽紛而華影駢空. 瞥念纔興. 縱橫而森羅滿目.

首楞嚴經云. 由汝無始心性狂亂. 知見妄發. 發妄不息. 勞見發塵. 如勞目睛.
則有狂華. 於湛精明無因亂起. 一切世間山河大地生死涅槃. 皆即狂勞顛倒
華相. 是知萬法因想而生. 隨念而至. 故瓔珞經云. 佛言. 我從本來. 不得一
法. 究竟定意. 如今始知. 所謂無念. 若得無念者. 觀一切法悉皆無形. 因此得
成無上正真之道. 又如起信論云. 是故三界虛偽. 唯心所作. 離心即無六塵
境界. 此義云何. 以一切法. 皆從心起妄念而生. 一切分別. 即分別自心. 心不
見心. 無相可得. 當知世間一切境界. 皆依眾生無明妄念而得住持. 是故一
切法. 如鏡中像. 無體可得. 唯心虛妄. 以心生則種種法生. 心滅則種種法滅
故. 又云. 一切境界. 唯心妄動. 心若不動. 則一切境相滅. 唯一真心遍一切
處. 是知心外見有境界. 皆自妄念情想而生. 故云. 情生智隔. 想變體殊. 情生
智隔者. 失正智而成妄想故. 想變體殊者. 迷真如以成名相故. 還源觀云. 真

---

151) 천태종의 敎判인 五時八敎 가운데 佛이 중생을 교화하여 이롭게 하기 위한 방
　　법의 면에서 법문을 분류한 藏通別圓의 化法四敎를 말한다. 藏敎는 三藏敎로
　　서 소승교이며 아함경이 이에 해당한다. 通敎는 성문·연각·보살의 세 乘에
　　공통인 大乘初門敎이다. 別敎는 3승 및 2승과는 함께 하지 아니하고 보살에게
　　만 설한 법문이다. 圓敎는 迷悟를 불문하고 본래 평등한 진실의 理를 갖추고
　　있음을 근본으로 하여 분별 떠난 佛知見 自內證의 자리를 空·假·中 一心三
　　觀(圓融三觀)의 법문으로 이끈다.

空滯於心首. 恒爲緣慮之場. 實際居在目前. 翻成名相之境. 唯識樞要云. 起
自心相有二. 一者影像相. 萬法是心之影像. 二者所執相. 諸境無體. 隨執而
生. 因自心生. 還與心爲相.

한 번 마음에 영상의 가림이 처음 일어나니
분분히 허공꽃(空華)의[152] 그림자가 공중에 가득하고,
언뜻 생각들이 더불어 일어나 종횡하니
삼라만상이 눈에 가득하도다!

『수능엄경』에 설한다.

　　너희들이 無始 이래 마음이 광란(狂亂)함으로 말미암아 知見이 망발
(妄發)하고, 망심을 발함이 그치지 않는다. 여러 지견에 힘쓰니 번뇌를
내는 것이 마치 피로하면 맑고 정밀한 눈동자에 광화(狂華 : 어지러이
생멸하는 空華)가 나오게(보이게) 되는 것과 같다. 因이 없이 어지러이
모든 세간과 산하대지 생사 열반이 일어나는 것이니 이는 모두 광란의
지견으로 피로해져 나온 전도된 허공꽃의 相이다.[153]

이로 알건대 만법(모든 존재)은 상념으로 인하여 생기고, 생각 따라 나오게
된다. 까닭에 『(보살)영락경』에 설한다.

---

152) 피로하거나 눈에 병이 들었을 때 바로 눈앞에 하얀 꽃과 같은 형상들이 꾸물꾸
　　물 생겼다 없어졌다 부침하는 모습.
153) 『대불정수능엄경』권5 ; 『대정장』권19 125b.

부처님께서 설하셨다. 「내가 본래로 一法과154) 궁극의 定意(三昧)를
얻지 못하다가 지금 이렇게 비로소 깨닫게 된 것은, 이른 바 無念에
의해서 이다. 무념을 얻으면 일체법이 모두 다 형상 없음을 보게
된다. 이로 인해 위없는 正眞의 도를 이룬다.」155)

또한 『기신론』에 이른다.

이 때문에 三界가 허위이고, 오직 마음이 지은 것이니 마음 떠나면
바로 육진(六塵)의 경계가 없다. 이 뜻이 무엇인가? 일체법은 모두
마음에 일어난 망념이니 모든 일어난 분별은 바로 自心을 분별한
것이다. 마음이 마음을 보지 못하며, 얻을 수 있는 相이 없다. 마땅히
알지니, 세간의 일체 경계는 모두 중생의 무명 망념에 의지하여 주지(住
持)된다. 이 때문에 일체법(모든 것)은 거울속의 모습과 같아 얻을

---

154) 여기서 설한 '一法'에 대해 『보살영락경』권3에 「無明緣行 乃至老死 不見起滅,
是謂定意.」라 하였다. 또 위의 정거천품에서는 一法을 無念이라 하였다. 즉 12
인연의 생멸을 봄이 없음이 곧 一法이고 無念이다.

155) 『菩薩瓔珞經』淨居天品 제38 ; 『대정장』권16, 113b. 원경문을 뜻으로 요약하여
옮겼다. 원문은 「天子여! 마땅히 알지니, 나는 옛 적에 구도하던 무수겁 이래
본말을 분별관찰하면서 一法(無念)과 定意(三昧)를 궁구함에는(터득, 성취함에
는) 아직 다 하지 못하였다(궁극에까지 이르지는 못하였다). 어떠한 것을
一法이라 하는가. 이른바 無念이다. 보살이 無念과 定意를 이루면 일체법이 모
두 다 형상 없음을 볼 수 있게 된다. 이와 같이 천자여! 내가 지금 성불한 것은
이 一行으로 인하여 위없는 正眞의 도를 이룬 것이니라.」(「天子! 當知吾昔求
道, 從無數劫分別本末, 未能究盡一法定意. 云何爲一法. 所謂無念也. 菩薩得
無念定意者, 觀一切法皆悉無形. 如是天子!吾今成佛, 由此一行, 得成無上正眞
之道.」)

수 있는 실체가 없다. 오직 마음일 뿐이고 (모든 것이) 허망한 것이니, 마음이 생하면 모든 갖가지 것이 생하고, 마음이 멸하면 모든 갖가지 것이 멸한다.[156)]

까닭에 또 (『기신론』에) 이르길, 「모든 경계는 오직 마음이 망동(妄動)한 것이니 만약 마음이 不動하면 모든 경계의 相이 소멸하고, 오직 하나의 眞心이 일체 어느 곳에나 두루 하다.」고[157)] 하였다. 이로 알지니, 마음 밖에 보이는 경계는 모두 망념의 정상(情想)으로부터 나오게 된 것이다. 때문에 이르길, 「情이 생기면 智에서 격리(隔離)되고, 상념이 바꾸어지면 體가 다르게 된다.」고 하였다. '情이 생기면 智에서 격리된다'고 한 것은, 正智를 잃고 망상을 이룬 까닭이다. '상념이 바꾸어지면 體가 다르게 된다'고 한 것은, 眞如에 어두워 名相을 이룬 까닭이다.

『還源觀(망진환원관妄盡還源觀)』에[158)] 이른다.

(본래의) 眞空에서 心首(마음이 일어난 시초의 상 ; 初相)에 걸리어 항상 연려(緣慮 : 경계를 緣하여 생각함)하는 자리에 있게 된 것이니 실제(진공)가 바로 목전에서 名相의 경계로 바꾸어져버리는 것이다.

『유식추요(唯識樞要)』에[159)] 이른다.

---

156) 『대승기신론』, 『대정장』권32, 577b.
157) 同 580a.
158) 『妄盡還源觀』1권은 唐의 화엄3조 현수법장이 지었다. 『대정장』권45에 수록되어 있다. 一心의 본원으로 되돌아가는 화엄의 관문을 6문으로 펼쳤다.
159) 唐의 자은규기(慈恩窺基)가 지은 『성유식론장중추요成唯識論掌中樞要』4권의 약칭이다. 『성유식론추요』라고도 한다. 인용문은 卷上(末), 『대정장』권43, 621c

自心의 相이 일어나는데 두 가지가 있다. 첫째는, 영상(映像)의 相이니 모든 것(萬法)이 마음의 영상이다. 둘째는, 소집(所執)의 相이니 모든 경계에 실체가 없는데 집착함에 따라 생한다. 自心에 인하여 생하고, 다시 마음과 더불어 相이 된다.

〈50〉

道絶浮言.至妙難論.出生死而無別路.登涅槃而唯一門.

華嚴經云.一切無礙人.一道出生死.首楞嚴經云.十方薄伽梵.一路涅槃門. 此二教.唯宗一心法而求出離.是以既了一心而出.亦不住生死涅槃.謂大悲故.常處生死.謂大智故.常處涅槃.是俱住義.二大悲故不住涅槃.大智故不住生死.即二俱不住.又一明俱不住者.有二義故.不住生死.一見生死過患故不可住.二由見生死本空故無可住.上二皆約智故不住.有二義故.不住涅槃.一見涅槃本自有故不住.二由不異生死故不可住.

道는 허황한 말이 끊어졌고,
지극히 묘함에 의론하기 어렵네!
생사를 벗어남에 다른 길 없나니
열반에 오름은 오직 一門일 뿐이로다!

『화엄경』에 설하길,「모든 무애인(無碍人 : 걸림 없이 자유자재 하는 人)이

에 나오는데 원문을 약간 번안하여 옮겼다.

하나의 道로 생사를 벗어난다.」고160) 하였고, 『수능엄경』에 설하길, 「十方
의 박가범(薄伽梵 : 佛)은161) 하나의 길로 열반문에 이른다.」고162) 하였다.
이 二教는 一心의 법을 근본으로 하여 벗어남(해탈)을 구한다. 이로써 一心을
깨닫고는 벗어나되 생사와 열반에 머물지 않는다. 大悲인 까닭에 항상
생사에 처하고, 大智인 까닭에 항상 열반에 처한다. 이것이 양자에 모두
머문다는 뜻이다. 大悲인 까닭에 열반에 머물지 아니하고, 大智인 까닭에
생사에 머물지 않는다. 이는 바로 양자에 다 머물지 않음이다. 또한 첫째,
양자에 모두 머물지 않음을 설명한다면 두 가지 뜻이 있어 생사에 머물지
않는다. 一은, 생사의 환고(患苦)를 보는 까닭에 머물 수 없음이고, 二는,
생사가 본래 空임을 본 까닭에 머물 수 없음이다. 위의 둘은 모두 智에
의거해서 머물지 않음이다. (둘째는,) 두 가지 뜻이 있어 열반에 머물지
않는다. 一은, 열반이 본래 스스로 있음을 본 까닭에 머물지 않음이다.
二는, 생사와 다름없는 까닭에 머물지 않음이다.

〈51〉

須臾而即俗歸眞.莫儔茲旨.頃刻而從凡入聖.難報斯恩.

禪宗門下.從上已來.但了即心是佛.便入祖位.即坐道場.但信之.凡聖不隔
一念.若不信.天地懸殊.如經頌云.諸佛從心得解脫.心者清淨名無垢.五道
鮮潔不受染.有解此者成大道.直饒未信自心是佛.雖淪五道.心性常淨.染

160) 『화엄경(80권본)』권13, 光明覺品제9.
161) 박가범(범어 bhagavat, 빠알리어 bhagavā 또는 bhagavant)은 佛陀 十號 가운데
   하나로, 有德 · 能破 · 세존 · 존귀의 뜻이다.
162) 『대불정수능엄경』권5, 『대정장』권19, 124c.

不能染. 故云五道鮮潔不受染. 以衆生法身. 即諸佛法身. 不增不減. 雖隨流
返流. 其性不改. 是以隨流作衆生時不滅. 返流成佛時不增. 以一切衆生. 垢
深障重. 設遇善友開發. 亦不信受. 唯逐情生. 不見自性. 故先德云. 妄情牽引
何年了. 辜負靈臺一點光.

잠깐 사이에 俗에 즉하여 眞에 돌아가나니
이 선지(禪旨)에도 짝하지 말라![163]
경각에 범부에서 성인에 들어가나니
이 은혜 갚기 어렵도다!

선종 문하에서는 윗대 이래 단지 '卽心是佛'임을 깨달아 조사의 位에
들어간다. 앉아 있는 자리에 즉하여(當念 當處가) 그대로 도량이니 단지
이를 믿으면 범부와 성인이 일념도 떨어져 있지 않다. 만약 믿지 못하면
하늘과 땅 사이로 떨어져 있다. 이를테면 경의 게송에서 설한다.

　　　諸佛은 마음으로부터 해탈하였나니
　　　마음이 청정함을 이름하여 무구(無垢)라 하네.
　　　五道(六道)가[164] 청결하여 오염되지 아니하니

---

163) '짝한다'는 말은 마음에 그 법상을 떠 올려 거기에 향하고 있는 것을 말한다. 위
　　에서 설한 禪旨가 成佛 一路의 길을 밝힌 것이지만 이를 마음에 두고 향하고
　　있으면 그 禪旨에 이미 위배되어 버린다. 거기에는 이미 마음이 있고, 법상이
　　있어 버리니 그 뜻에 의거하건대 마음에 두어 짝하지 말아야 한다. 그래야 그
　　뜻이 구현된다.

164) 6도(천상, 인간, 아수라, 축생, 아귀, 지옥) 가운데 아수라를 天趣나 天趣와 鬼
　　趣의 중간에 포괄하여 5道로 칭하기도 한다.

이 뜻을 아는 자 대도 성취하리.

단지 自心이 佛임을 아직 충분히 믿지 못하여 비록 五道에 빠져 있으나 심성은 항상 청정하여 물들여도 물들게 할 수 없는 것이다. 까닭에 五道가 청결하여 오염되지 않는다고 하였다. 중생의 법신이 곧 諸佛의 법신이어서 증가함도 없고 감소함도 없다. 비록 윤회의 유전(流轉)에 따르든 유전에서 되돌아오든 그 성품(심성)은 바꾸어지지 않는다. 이 때문에 윤회의 유전에 따라 중생이 되었을 때 감소됨이 없고, 유전에서 되돌아와 성불한 때에 증가함이 없다. 모든 중생의 번뇌(더러움 ; 垢)가 깊고 장애가 두터워 설령 善友가 일깨워주는 것을 만나더라도 信受하지 못하고, 오직 情이 일어나는 것에 쫓아간다. 自性(自心의 성품, 心性)을 알지 못한 까닭이다.

선덕이 이른다.

망령된 情이 끌고 가니 이느 해에 깨달을 것인가!
영대(靈臺 : 마음)에 허물 덮인 가운데 한 점 빛이 찬란하도다!

〈52〉

羣籍共推. 罕逾深理. 吞蛇得病而皆是疑生.

晉書樂廣傳. 廣有親客. 久隔闊不復來. 廣問其故. 答曰. 前在座. 蒙賜酒. 見盃中有蛇. 意甚惡之. 旣飮而疾. 於時河南廳署. 壁上有角弓. 上畫作蛇. 廣意盃中蛇. 卽角影也. 復置酒前處. 客見如初. 豁然意解. 沈痾頓愈.

많은 전적(典籍)을 함께 추구해보아도

깊은 理法 넘어서기 드물고
뱀을 삼켜 병을 얻듯이
모두 의심만 생기게 하네.

　『진서(晋書)』(권43) 낙광전(樂廣傳)에 이른다. 「(낙)광에게 친한 객(客)이
있었는데 오랫동안 멀리 떨어져 다시 찾아오지 않았다. 광이 그 까닭을
물으니 답하길, "이전에 함께 한 자리에서 술잔을 받게 되었을 때 술잔
속에 뱀이 있어 매우 거북하였는데 이미 마셔버려서 병이 생겼었습니다."고
하였다. 당시 하남의 관서 벽 위에 각궁(角弓)이 있었는데 그 위에 뱀의
그림이 그려져 있었다. (낙)광이 술잔 속의 뱀은 바로 각궁의 그림자라고
생각하였다. 다시 그 앞에 술잔을 놓아보니 이전과 같이(술잔 속에 뱀의 모습이)
보였다. 활연히 (그 이유를) 알게 되었다. 빠져 있던 병이 금방 치유되었다.」

〈53〉

懸砂止饑而悉從思起.

　如律中四食章云. 思食者. 如饑饉之歲. 小兒從母求食. 啼而不止. 母遂懸砂
囊. 誆云此是飯. 兒七日諦視其囊. 特爲是食. 其母七日後. 解下示之. 其兒見
是砂. 絶望. 因此命終. 方驗生老病死. 皆是自心. 地水火風. 終無別體.

모래주머니를 걸어놓고 배고픔을 멈추게 하나
모두 다 사념 따라 일어난 것이네!

　이를테면 律의 「四食章」에 이른다.

思食165)이란, 이를테면 기근이 든 해에 어린애가 어머니에게 먹을 것을 구하며 보채길 그치지 않았다. 어머니가 마침내 모래주머니를 걸어놓고 거짓으로 말하길, '이것이 밥이다'고 하였다. 어린애가 7일 동안 자세히 그 주머니를 보면서 단지 이것을 밥이라고 생각하였다. 그 어머니가 7일 후 주머니를 풀어 보여주니 그 아이가 모래임을 알고 절망하여 이로 인해 죽었다.

이것으로 증험이 되는 것과 같이 생로병사가 모두 自心의 地水火風이고, 끝내 별체(別體)가 없는 것이다.

---

165) 세간의 食에 단식(段食)·촉식(觸食)·사식(思食)·식식(識食)의 4食이 있고, 출세간의 食에 선열식(禪悅食)·법희식(法喜食)·원식(願食)·염식(念食)·해탈식(解脫食)의 5食이 있다. 세간의 4식은 생사의 色身을 長養하고, 출세간의 5식은 법신의 慧命을 資益한다(『중일아함경』권41). 양자를 합하여 9食이라 한다. (1)단식(段食)은 욕계 중생이 향(香)·미(味)·촉(觸)의 3진(三塵)을 체(體)로 하여 분단(分段)하여 입과 코로 食하는 것이고, (2)촉식(觸食)은 촉(觸)의 心所를 체로 하여 觸되는 대상에 대해 희락의 愛를 일으켜 몸을 장양하는 것으로 이를테면 종일토록 영화를 보며 먹지 않아도 배고픔을 느끼지 못하는 것 등이다. (3)思食은 제6식인 의식에서 바라는 바의 경계에 대해 희망하는 생각을 내어 여러 根을 장양하는 것으로 이를테면 梅實을 보고 침이 나와 갈증이 멈추는 것 등 정신이 식량이 되는 것을 말한다. 또는 과거의 業思가 命根의 資糧이 되어 수명이 끊이지 않게 하는 것을 思食이라 한다. 그래서 모든 중생의 수명은 모두 과거의 思에 연유한다. (4)識食은 유루식(有漏識)이 앞의 三食의 세력으로 증장하여 제8식인 아뢰야식을 체로 한 유정중생의 身命이 무너지지 않도록 지지해주는 것이다. 이를테면 무색계와 지옥의 중생이 識을 食으로 하는 것이다. 4식 가운데 단식은 욕계에 한정되고 나머지 3식은 3계에 모두 통한다.

〈54〉

乃至筍拔寒林.

孟宗父病. 冬中索筍. 宗遂抱竹而泣. 筍乃隨生.

내지 겨울날 숲에서 죽순을 얻고

맹종(孟宗)이[166] 부친의 병환으로 겨울날 죽순을 찾다가 (찾지 못하고)
맹종이 마침내 대나무를 끌어안고 울며 애탄 하였는데 죽순이 이에 홀연히
땅에서 솟아 나왔다.

〈55〉

魚跳冰泚.

晉王祥至孝. 早喪所親. 後母朱氏喜食生魚. 時寒. 祥乃解衣冰上. 冰忽自釋.
雙鯉躍出. 時人以爲孝感.

물가 얼음 위에 물고기가 튀어 올랐고,

진왕(晉王) 상(祥)의 효성이 지극하였는데 일찍이 모친을 잃었다. 후모(後
母) 주씨(朱氏)가 물고기를 즐겨 먹었다. 당시 추운 겨울이었다. 상(祥)이

---

166) 맹종은 삼국시대 吳 의 江夏人으로 효성이 지극하였다. 벼슬이 司空에 이르렀다.

얼음 위에서 옷을 벗으니 얼음이 홀연 스스로 녹으면서 두 마리의 잉어가 뛰어 올라왔다. 당시 사람들이 효성이 감응한 것이라고 여겼다.

〈56〉

酒變河中.

> 越王單醪投河. 三軍告醉.

강물이 술로 변하였으며,

> 월왕(越王) 단(單)이 술을 강에 던지니 삼군(三軍)이 (강물을 마시고) 취하였다.

〈57〉

箭穿石裏.

> 李廣少失父. 問母. 父安在. 母云. 汝父早被虎所傷. 廣遂攜弓捉虎. 至山向晚. 見石似虎. 挽弓射之沒羽. 近前觀看. 乃知是石..

화살이 바위를 뚫었네.

> 이광(李廣)이[167] 어려서 부친을 잃었다. 모친께 물었다. "아버님께서 왜

---

167) 李廣은 농서(隴西) 成紀人으로 漢武帝 때 장군으로써 흉노 정벌에 수차 출전하

안계십니까?"모친이 말하였다. "너의 아버님은 일찍이 호랑이에게 상처를 입었다."(이)광이 마침내 활을 가지고 호랑이를 잡으러 나섰다. 산에 이르러 저녁 무렵이 되었는데 바위를 보니 호랑이인 듯해서 활을 당겨 쏘았는데 (화살의) 깃 부분까지 바위에 박혔다.168) 앞으로 가서 보고나서야 그것이 바위인 줄 알았다.169)

〈58〉

非麯蘗之所成.豈功力之能恃.

　　上四事.皆從孝心及平等心所感.

누룩을 빚어 된 것이 아니거늘
어찌 공력(功力)을 믿어 힘쓴 들 이루어지겠는가!

　　위의 네 가지 일은 모두 효심과 평등심으로부터 감응된 것이다.

　　여 많은 공훈을 세웠다. 그의 전기가 『사기』권109 李將軍列傳에 전한다.
168) 『사기』권109이장군열전의 원문은 「沒鏃」이고 「沒羽」로 된 本도 있다. 모두 「화살이 바위에 깃 부분까지 박혔다」는 뜻이다.
169) 『사기』권109이장군열전에 실린 원문의 내용은 약간 다르다. 「(이)광이 사냥을 나갔는데 풀 섭 가운데 있던 바위를 호랑이로 보고 쏘았더니 바위에 화살이 온전히 박혔다. 가서 보니 바위였다. 그래서 다시 쏘아보았으니 끝내 다시는 바위에 (화살이) 들어가게 할 수 없었다. (「廣出獵, 見草中石, 以爲虎而射之, 中石沒鏃. 視之石也. 因複更射之,終不能複入石矣.」)」

〈59〉

無纖塵而不因識變. 道理昭然.

此八識心有四分. 一見分. 二相分. 三自證分. 四證自證分. 華嚴記云. 如契經
說. 一切唯有覺. 所覺義皆無. 能覺所覺分. 各自然而轉. 釋曰. 此即華嚴經.
上半明無外境. 下半明有見相二分. 各各自從因緣所生. 名自然而轉. 下結
正義. 論云. 達無離識所緣境者. 則所變相分是所緣. 見分名自行相. 相見所
依自體名事. 即自證分. 釋曰. 此中雖是立二分家. 義已有三. 故次論云. 若無
自證分. 此者應不自憶心所法. 如不曾更境. 必不能憶. 故釋曰. 此明有自證
分. 意云. 相離於見. 無別自體. 但二功能. 故應別有一所依體. 若無自證. 應
不自憶. 心心所法如不曾更境. 必不能憶. 謂如見分不更相分之境. 則不能
憶. 要曾更之. 方能憶之. 若無自證. 已滅心所. 則不能憶. 以曾不為自證緣
故. 則如見分不曾更憶. 今能憶之. 明先有自證已曾緣故. 如於見分憶曾更
境故. 次下立三分. 論云. 然心心所一一生時. 以理推徵. 各有三分. 所量. 能
量. 量果. 別故. 相見必有所依體故. 釋曰. 所量是相分. 能量是見分. 量果是
自證分. 自證分與相見為所依故. 論如集量論伽陀中說. 似境相所量. 能取
相自證. 即能量及果. 此三體無別. 釋曰. 所量如絹. 能量如人. 量果如解數
智. 果是何義. 成滿因義. 言無別體者. 唯一識故. 則離心無境. 次立四分. 論
云. 又心心所. 若細分別. 應有四分. 見分. 相分. 自證分. 如前. 第四證自證分.
若無此者. 誰證第三. 心分別既同. 應皆證故. 釋曰. 見分是心分. 說有自證
分. 自證分應無有果. 諸能量者皆有果故. 釋曰. 見分是能量. 須有自證量見
分. 說有第四果. 恐被救云. 却用見分為第三果. 故次論云. 不應見分是第三
果. 見分或則非量攝故. 因此見分不證第三. 證自體者必現量故. 釋曰. 意明
見分通於三量. 三量者. 謂現量. 比量. 非量. 即明見緣相時. 或量非量. 不可

非量法.為現量果.或見緣相.是於比量.及緣自證.復是現量.故自證是心
體.得與比量非量而為果.見分非心體.不得與自證而為其量果.故不得見
分證於第三.證自體者必現量故.第三四分既是現量.故得相證無窮過矣.
意云.若以見分為能量.但用三分亦得足矣.若以見分為所量.必須第四為
量果.若通作喻者.絹如所量.尺如能量.智所量果.是自證分.若人為所使.
智為能使.何物用智.即是於人.如證自證分.人能用智.智能使人.故能更
證.亦如明鏡.鏡像為相分.鏡明為見分.鏡面如自證分.鏡背如證自證分.面
依於背.背復依面.故得互證.亦可以銅為證自證分.鏡依於銅.銅依於鏡.

터럭 끝의 객진(客塵 : 색수상행식의 모든 대상 경계)이라도
識으로 인하여 변하지 않는 것이 없으니
이 도리가 분명하다.

이 8識의 心이 넷으로 나누어진다. 1은 見分, 2는 相分, 3은 自證分, 4는
證自證分이다. 『華嚴記(『大方廣佛華嚴經隨疏演義鈔』)』에170) 이른다.

> (『論(成唯識論)』에171) 이른다. 「까닭에 心과 心所에 반드시 二相이 있다」)
> 이를테면 계경(契經 : 경전)에서 이르길, 「일체에는 오직 (能)覺(知覺
> 하는 주관)과 所覺(知覺의 대상)의 義만 있고, 能覺과 所覺의 分이 없이
> 각기 자연히 전(轉)한다(구른다)」고 하였다.

---

170) 唐의 澄觀이 찬술한 90권의 『大方廣佛華嚴經隨疏演義鈔』를 가리킨다. 『대정
　　장』36책에 수록되어 있다. 이어지는 긴 인용문은 본서의 권33에서 인용하였다.
　　『대정장』36, 251c-252b.
171) 본 『주심부』에서는 「論曰, 故心心所必有二相.」이 생략되어 있다. 본 인용단락
　　에서의 「論」은 모두 『成唯識論』이고, 권2에 나온다.

『釋(成唯識論述記)』에172) 해설한다. 「이는 바로 『화엄경』에서 上半은 바깥 경계가 없음을 밝혔으며, 下半에서는 見分과 相分의 二分이 각각 스스로 인연 따라 생함을 밝히고 이를 '자연히 전(轉)함'이라 이름 하였으며, 끝에서는 결론하여 正義를 설한 것이다.」

『論(성유식론)』에 이른다. 「識을 떠나 所緣의 경계가 없음을 알았으니 所變의 相分이 所緣이 되고(『성유식론』 원문은 「바로 相分이 所緣이라 하고」), 見分은 자체의 行相이며, 相分과 見分이 의지하는 自體의 名事가 곧 自證分이다."173) (권2)

『釋(성유식론술기)』에 이른다. 「여기에서 (소승은) 비록 (見分과 相分으로) 二分을 세웠으나174) 뜻으로 보면 이미 (見分·相分·自證

---

172) 본 인용단락에서의 『釋』은 모두 규기(窺基)가 『성유식론』을 주석한 『成唯識論述記』이다. 『大方廣佛華嚴經隨疏演義鈔』는 이를 인용하면서 본문을 그대로 옮기기도 하고 어느 곳에서는 뜻으로 요약하여 옮기기도 하였다. 본 인용단락은 『성유식론술기』권3의 글이다.

173) 『성유식론』권2의 원문과 약간 다르나 뜻으로 상통한다. 원문은 「達無離識所緣境者, 則說相分是所緣, 見分名行相, 相·見所依自體名事, 卽自證分.」

174) 규기의 해설(『성유식론술기』권3)에 의하면 소승에서는 心의 行相이 相分이되 그 相分은 能緣上의 所緣인 까닭에 所緣이 되지 못하고 心外의 경계를 所緣으로 하며, 自體의 事를 見分으로 한다. 대승에서는 心外에 경계가 없다고 보는 까닭에 그 所緣은 마음에 일어난 相分이며, 相을 能行하는 行相을 見分이라 한다. 또 상분과 견분이 함께 의지하는 體로서 自證分이 응당 있는 것이라고 한다. 「述曰, 是大乘義, 則說相分是所緣故, 由無心外法. 以小乘行相而爲所緣, 卽是相分. 彼宗說相分, 非是所緣, 是能緣上所緣之相故. 彼之見分自體事者, 大乘名行相, 能行於相故. 所似卽相分.」
「然小乘人心外有境, 卽以爲所緣. 大乘說無故, 以彼小乘行相, 爲大乘相分. 大乘心得自緣, 別立自體分, 卽以爲事, 故以見分名行相. 卽小乘事體是見分, 不立自證分, 無返緣故. 大小二乘所說各別.」

124

分의) 셋이 있다.(권3)

그래서 다음으로 『논(성유식론)』에서 이른다. 「만약 자증분이 없으면 이는 응당 스스로 心所法을 억상(憶想)하지 못하게 된다. (일어났던 경계가) 다시는 일어나지 않으므로 반드시 억상할 수 없다.」(권2)

까닭에 『釋(성유식론술기)』에 이른다. 「여기에서 자증분이 있는 것임을 밝혔다.」(『성유식론술기』에서) 뜻으로 해설하여 이른다. 「相分이 見分을 떠나 따로 자체가 있는 것이 아니지만 단지 (상분과 견분의) 二功能이 있는 까닭에 응당 (상분과 견분 밖에) 따로 하나의 의지하는 바의 體가 있어야 한다. 만약 자증분이 없으면 응당 스스로 억상(憶想)하지 못하게 된다. 心과 心所法이 (일어났던 것이 그대로) 다시 일어나는 일이 없는 것이어서 반드시 억상할 수 없는 것이다. 이를테면 見分이 (일어났던) 相分을 다시는 경계로 하지 못하니 억상할 수 없게 된다. 다시 (그대로) 일어나야 비로소 그를(그 상분을) 억상할 수 있게 되는 것이다. 만약 자증분이 없다면 이미 소멸한 心所를 억상할 수 없을 것이며, (그 새로 일어났다 사라진 相分이) 언제 自證分의 所緣이 된 바가 없었기 때문에 마찬가지로 見分도 다시는 억상하지 못할 것이다. (그러나) 지금 능히 이를 억상하는 것은 이전에 언젠가 所緣으로 自證한 바가 있었음을 말해준다. 그래서 이를테면 견분에서 다시 예전의 그 경계를 억상하게 되는 것이다. 그래서 다음에서 三分(相分·見分·自證分)을 세웠다.(권3)

『論(성유식론)』에 이른다. 「그러나 心과 心所 하나하나가 생길 때에 理로 면밀히 살펴보면 각기 소량(所量)·능량(能量)·양과(量果)의

三分으로 구별된다. 相分과 見分에는 반드시 의지하는 바의(所依의) 體가 있는 까닭이다.」(권2)

『釋(성유식론술기)』에 이른다.「所量은 相分이고, 能量은 見分이며, 量果는 는 自證分이다. 자증분은 상분과 견분의 所依가 되는 까닭이다.」(권3)

『論(성유식론)』(에 이른다).「이를테면『집량론(集量論)』의175) 가타(伽陀 gāthā ; 게송)에서 설한다.

사경상(似境相)인176) 所量,
能取相(能量)과 自證分(量果)
즉 能量과 量果,
이 三者의 體가 따로 있는 것이 아니라네! (권2)

『釋(성유식론술기)』에 이른다.「所量은 비단과 같고, 能量은 길이를 재는 것(尺)과177) 같으며, 量果는 (셈하여) 아는 것과 같다. '果'란

---

175)『집량론』(Pramāṇa-samuccaya)은 6세기 인도의 陳那(Dignāga)가 저술하였고, 唐代 義淨이 景雲二年(711)에 4권으로 역출하였으나 오래지 않아 망실되었다. 진나 자신의 저술 가운데 '量'에 관한 사항을 총괄하여 6章으로 논술하였다. 본서는 本偈 부분과 이를 주석한 부분으로 되어 있다. 여기에서 그는 識을 相分·見分·自證分의 세 부분으로 나누어 唯識學派 인식론 발전에 큰 역할을 하였다. 본서의 산스크리트본도 이미 망실되었고, 2종의 티베트역본이 전한다. 그 주석서로 西藏大藏經에 수록된 法稱(Dharmakīrti)의『釋量論』, 吉年陀羅菩提(Jinendrabuddhi)의『集量論注』등이 있다.

176) 인식의 대상이 되는 경계는 인식되는 그대로가 아니다. 이미 依他起性으로 일어나 있던 名에 따라 인식하게 되어 실재가 아니고 비슷한 경계가 된다.

무슨 뜻인가? 성만(成滿 : 원만히 이루어짐)의 因(因이 成滿된 것)을 뜻한다. '별체(別體)가 없다'고 한 것은 오직 하나의 識인 까닭이니 마음 떠나 경계가 없다.」 (권3)

다음에 四分을 세운다.

『논(성유식론)』에 이른다. 「또한 心과 心所를 세분한다면 응당 四分이 있다. 見分·相分·自證分은 앞에서 설한 바와 같다. 第四는 證自證分이다.178) 만약 이것이 없다면 누가 第三(自證分)을 證하겠는가. 心의 분별은 이미 같은지라 응당 모두 證이 있는 까닭이다.」 (권2)

『釋(성유식론술기)』에서 이른다. 「見分이 心分이니 반드시179) 자증분이 있어야 한다. 자증분이 心分이니 응당 第四의 證(證自證分)이 있어야 한다.」180) (권3)

---

177) 저본에서는 「人」이나 『대정장』권33의 『대방광불화엄경수소연의초』(이하 『연의초』로 약칭) 원문은 「尺」이고 후자가 옳다.

178) 앞의 3分 가운데 自證分을 自證하는 分으로써 證自證分을 세운 것이다. 법상종의 교의이다. 4분을 총괄하면 다음과 같다. (1)相分 : 인식의 대상이 되는 객진(客塵) 내지 마음에 인식된 映像이다. 그래서 마음에 떠오른 映像分과 本質相分으로 나눌 수 있다. (2)見分 : 見은 능히 대상을 대상으로 取(認知)하는 작용이다(能緣). 相分으로 비추는 주관의 작용이다. (3)自證分(自體分)에서 自는 自體, 證은 證知의 뜻이다. 自體上에서 見分의 작용을 證知함이다. 즉 자신의 인식활동(見分이 相分을 緣하여 인지하는 작용)을 認知함이다. (4)證自證分 : 自證分의 인식활동을 認知함이다. 즉 自證分을 다시 證知함이다. 여덟 識 각각에 모두 이 4분을 갖추었다고 한다.
4분설은 護法이 처음 제창하였고, 법상종은 이를 따랐다. 호법의 스승인 陳那는 3분설(見, 相, 自證分), 難陀는 2분설(見分, 相分), 安慧는 1분설(단지 自證分)을 설하였다. 원효는 3분설을 주장한다.

179) 저본에서는 「說」이나 『대정장』권33의 『연의초』 원문은 「須」이다. 후자가 옳다.

『논(성유식론)』에서 또 이른다.[181] 「자증분에는 응당 果가 없고, 여러 能量에는 모두 果가 있는 까닭이다.」(권2)

『釋(성유식론술기)』에서 이른다. 「見分은 能量이니 반드시 自證의 果와[182] 自證의 量이 있어야 한다. (그래서) 見分에는 반드시[183] 第四의 果가 있어야 한다. 저들이 반론하여 이르길, '도리어 見分으로 第三의 果가 되는 것이라고 해야 한다'고 하게 될까 저어하여 다음의 『論(성유식론)』에서 이른다.

"응당 견분이 第三의 果라고 해서는 안 된다. 견분은 혹은[184] 非量에[185] 포함되기도 한다."고 하였다. 까닭에 이 견분으로 인하여 第三(의 果)을 證하지 않는다. 자체(自體)를 證하는 자는 반드시 現量인 까닭이다.」(권3)

---

180) 저본의 이 문단은 뒷 부분이 결락되어 있다. 『대정장』권33의 『연의초』 원문은 「見分是心分, 須有自證分, 自證是心分, 應有第四證.」이다. 이에 의거하여 해석한다.

181) 저본에는 「又論曰」이 결락되어 있다. 『대정장』권33의 『연의초』 원문에 의거하여 보완하여 해석한다.

182) 저본에는 「自證果」가 결락되어 있다. 『대정장』권33의 『연의초』 원문에 의거하여 보완하여 해석한다.

183) 저본은 '說'이나 『대정장』권33의 『연의초』 원문은 '須'이고 후자가 옳다.

184) 저본은 「或則」이고, 『대정장』권33의 『연의초』 원문은 「或時」이다. 뜻으로 양자가 상통한다.

185) 非量은, 現前의 것을 바로 인식(지각)하는 現量, 推論으로 인식하는 比量과 함께 三量의 하나다. 非量을 似量이라고도 하는데 실제인 듯 하면서도 그렇지 않은 까닭이다. 現量도 所緣의 경계에 대해 미망의 분별로 惑亂의 認知를 일으켜 진실상을 정확히 인식하지 못하는 까닭에 似現量이고, 比量도 不成·不定·相違·似喩 등 似因으로 말미암아 사실인 듯 하면서도 사실이 아닌 認知를 하는 까닭에 似比量이다. 이 似現量과 似比量은 모두 진실한 現量도 아니고 진실한 比量도 아닌 까닭에 이를 非量이라고 한다. 『因明入正理論疏』卷上

『釋(성유식론술기)』에 이른다.

「뜻으로 보건대 見分이 三量에 통하는 것이 명백하다. 三量이란
現量·比量·非量이다. 분명히 (대상으로) 緣한 相을 見하는데 혹은
量하기도 하고 非量하기도 하는 것이며, 非量한 것이 現量果가 될
수 없다. 혹은 (대상으로) 緣한 相을 見함이 比量이어도 自證(자체에서
認知한 것)을 緣하게 되니 또한 現量이다. 때문에 自證은 心體이고,
比量과 함께 할 수 있는 것이며, 非量이 果가 되기도 하나, 見分은
心體가 아니어서 自證과 함께 하여 그 量果가 되지 못한다. 까닭에
見分이 第三(自證分)을 證(認知)할 수 없는 것이며, 自體를 證하는 것은
반드시 現量이다. 때문에 第三과 第四分은 이미 現量이다. 때문에
相을 證할 수 있는 것이며, 무궁과(無窮過)186)가 없다.187)

생각하건대 만약 見分을 能量이라 한다면 단지 三分으로도 족할
것이다. 만약 見分을 所量이라 한다면 반드시 第四(證自證分)를 量果로
해야 한다. 통털어 이를 비유한다면, 비단은 所量과 같고, 길이를
재는 것은 能量과 같으며, (길이를 재어) 알게 된 것(智)인 所量果는
自證分이다. 만약에 사람(길이를 재는 자)이188) 所使이고, 智(길이를
재어 알게 된 것)가 能使라면 어떤 것으로 智할 것인가? 즉 이 사람(길이를
재는 자)이 證自證分과 같다. 사람이 능히 智를 쓰고, 智가 능히 사람을

---

186) 證(認知)한 것을 다시 證하게 되고, 또 그 證을 다시 證함이 끝없이 이어지게
되는 모순을 말한다. 즉 自證分에 다시 證自證分을 세우더라도 그렇게 무궁하
게(끝없이) 이어지는 모순이 되지 않는다는 말이다.
187) 저본은 「無窮過」이나 『대정장』권33의 『연의초』 원문은 『無無窮過』이고 후자가
옳다.
188) 저본은 「人」이고, 『대정장』33의 『연의초』 원문은 「尺(길이를 재는 것)」인데 양
쪽이 모두 길이를 재는 주체를 뜻하는 것으로 상통한다.

부린다. 때문에 능히 재차 證(認知)함이 또한 마치 밝은 거울과 같다. 거울의 像이 相이 되고, 거울의 밝음이 見分이 되며, 거울의 面은 自證分과 같고, 거울의 뒷면은 證自證分과 같다. 앞면은 뒷면에 의지하고, 뒷면은 다시 앞면에 의지한다. 까닭에 서로 證할 수 있다. 또한 (구리거울의 素材인) 구리(銅)가 證自證分이 되며, 거울은 구리에 의지하고, 구리는 거울에 의지한다.」(권3)

〈60〉

非一種而罔賴心成. 言思絶矣.

心識變者. 如密嚴經頌云. 汝等諸佛子. 云何不見聞. 藏識體清淨. 眾或所依止. 或具三十二. 佛相及輪王. 或為種種形. 世間皆悉見. 譬如淨空月. 眾星所環遶. 諸識阿賴耶. 如是身中住. 譬如欲天主. 侍衛遊寶宮. 江海等諸神. 水中而自在. 藏識處於世. 當知亦復然. 如地生眾物. 是心多所現. 譬如日天子. 赫奕乘寶宮. 旋遶須彌山. 周流照天下. 諸天世人等. 見之而禮敬. 藏識佛地中. 其相亦如是. 十地行眾行. 顯發大乘法. 普與眾生樂. 常讚於如來. 在於菩薩身. 是即名菩薩. 佛與諸菩薩. 皆是賴耶名. 佛及諸佛子. 已受當受記. 廣大阿賴耶. 而成於正覺. 密嚴諸定者. 與妙定相應. 能於阿賴耶. 明了而觀見. 佛及辟支佛. 聲聞諸異道. 見理無怯人. 所觀皆此識. 種種諸識境. 皆從心所變. 瓶衣等眾物. 如是性皆無. 悉依阿賴耶. 眾生迷惑見. 以諸習氣故. 所取能取轉. 此性非如幻. 陽燄及毛輪. 非生非不生. 非空亦非有. 譬如長短等. 離一即皆無. 智者觀幻事. 此皆唯幻術. 未曾有一物. 與幻而同起. 幻燄毛輪等. 在在諸物相. 此皆心變異. 無體亦無名. 世中迷惑人. 其心不自在. 妄說有能幻. 幻成種種名. 去來皆非實. 如鐵因磁石. 所向而轉移. 藏識亦如是. 隨於分別轉. 一

切諸世間. 無處不周遍. 如日摩尼寶. 無思及分別. 此識遍諸處. 見之謂流轉.
不死亦不生. 本非流轉法. 定者勤觀察. 生死猶如夢. 是時即轉依. 說名為解
脫. 此即是諸佛. 最上之教理. 審量一切法. 如秤如明鏡. 若以此一心. 為一切
法之定量者. 如秤稱物. 斤兩無差. 似鏡照像. 姸醜皆現. 又心成者. 古釋一心
有四. 一紇利陀耶. 此云肉團心. 身中五藏心也. 如黃庭經所明. 二緣慮心. 此
是八識. 俱能緣慮自分境故. 色是眼識境. 根身種子器世界. 阿賴耶識之境.
各緣一分. 故云自分. 三質多耶. 此云集起心. 唯第八識. 積集種子. 生起現
行. 四乾栗陀耶. 此云堅實心. 亦云貞實心. 此是真心也. 故祖佛法中. 皆以心
為印. 楷定萬法故. 若能決定信入. 請各收疑. 離此別無奇特. 故云言思絕矣.

어느 한 가지라도 마음에 의지하지[189] 않고
이루어진 것은 없나니
이는 말과 생각이 끊어진 자리이네.

　心識은 변하는 것이니 이를테면 『(대승)밀엄경(지파하라 역본)』게송에[190]
이른 바와 같다.

　(이 때 금강장보살이 게송으로 설하였다.)
　** 저본에 결락된 문구를 원 경문에서 보완하여 [ ]에 넣음

---

189) 본문 「賴心」은 아뢰야식으로 해석해도 뜻이 통한다.
190) 지파하라 역본의 『밀엄경』阿賴耶建立品第六에 나오는 긴 게송이다. 저본의 게
　　송 인용은 빠진 句가 7개에 이르기 때문에 『卍續藏』63冊의 원문을 함께 기재
　　하고 譯한다.

너희 여러 佛子들은
어찌 견문하지 못하느냐?
장식(藏識)의 체는 청정하여
모든 몸이 의지하는 바 되며,
혹은 32종의 佛相과
전륜성왕의 모습을 갖추고,
혹은 갖가지 형상의 세간을
모두 다 나타내는 것이
마치 맑은 하늘의 달이
뭇 별들에 둘러싸인 것과 같거늘!

모든 識과 아뢰야식이
이와 같이 몸에 머무름이
마치 욕계 天上主(제석천왕)의 시위(侍衛)가
보궁을 순찰하며 돌아다니는 것과 같고
강과 바다 등의 여러 신이
물속에서 자재함과 같나니
장식(藏識)이 세간에 처함도
또한 그러함을 응당 알아야 하리.

마치 땅이 여러 생물을 생하게 하는 것과 같이
이 마음이 (한없이) 많은 것을 나타냄이
비유컨대 日天子의 빛나는 광채가
보궁에 오르는 것과 같고,

수미산을 휘감고 돌며,
천하를 두루 돌아 비추는 것과 같아
諸天과 世人들이
이를 보고 예경하나니
장식(藏識)과 佛地에서의
상도 또한 이와 같다네!

십지보살은 여러 행으로
대승법을 발휘하고,
두루 중생에게 즐거움을 주며
여래를 항상 찬탄하면서
보살신으로 있나니
이들이 바로 보살이네.

佛과 모든 보살이
다 아뢰야(장식)의 이름이며,
佛과 여러 佛子가
이미 수기(受記, 授記)를 받았으니
광대한 아뢰야식에서
正覺 이루네.

밀엄(密嚴)의 여러 선정을 이룬 이들이
妙定에 상응하여
능히 아뢰야식에서

명료하게
佛과 벽지불,
성문과 여러 異道(外道)들을 본다네.

진리를 보아 두려움 없는 사람이
관하는 것도 모두 이 識이며,
갖가지 여러 식의 경계도
모두 마음이 변한 것이어서
병(瓶)과 옷 등 뭇 사물들의
그러한 체성이 모두 없는 것이네.

모두 아뢰야식에 의지하여
중생의 미혹으로 그렇게 보는 것이며,
모든 습기로 인해
소취(所取 : 인식의 대상)와 能取(인식하는 주관)로 굴러가는 것이네.

그 체성이 있는 것이 아니어서 환(幻)과 같고
아지랑이와 모륜(毛輪)과191) 같아
生도 아니며, 不生도 아니고,
空도 아니며, 또한 有도 아니네.

비유컨대 길고 짧음 등이(등의 다른 것이)

---

191) 모륜(毛輪)이란 눈을 감으면 보이는 둥그런 여러 색깔의 환영을 말한다.

一(같음)을 떠나서는 아무 것도 없는 것과 같아
지혜로운 이는 (이들이) 환사(幻事)이며
이것들이 모두 환술임을 보네.

일찍이 한 물건도 있었던 적이 없었는데
환과 더불어 함께 일어난 것이며,
환·아지랑이·모륜과 같은 것이
[화합으로 보이게 된 것이니]
[一을 떠나서는 화합 없고,]
[과거와 미래 또한 있지 않네.]

[事와 모륜 등]
곳곳의 모든 모습들은
모두 마음이 변한 것이어서
체가 없고 또한 이름도 없네.

세간의 미혹한 이들은
그 마음이 자재롭지 못하여
환의 주체가 있어 갖가지 사물을[192]
환으로 만든다고 망령되이 설하지만
[환사(幻師)가 만든]
[벽돌 기와 등 여러 사물의 류가]

---

192) 저본은 「物」을 「名」으로 하였다. 양자가 상통하지만 원본 「物」이 더 정확하다.

[움직여 구르며] 오고 가는
[이러한 모습들은] 모두 사실이 아니네.

이를테면 쇠가 자석으로 인하여
그 방향으로 움직여 가듯이
장식(藏識)도 또한 그리하여
분별 따라 구르네.

(장식이) 일체의 모든 세간에
두루 있지 않는 곳이 없음이
마치 해와 마니보주와 같고,
(이러함은) 생각과 분별로 알 수 없다네.

이 (장)식이 어느 곳에나 두루 한 것인데
이를 보고는 유전(流轉)한다고 말하지만
不死하고 또한 不生한지라
본래 유전하는 것이 아니네.

선정을 닦는 자가
생사가 꿈과 같음을 부지런히 관찰하면
그 때 바로 전의(轉依 : 識에 의지함에서 벗어남 : 해탈)하니
이를 해탈이라 하네.

이것이 바로 모든 부처님의

최상의 교리이나니
일체법을 자세히 관찰함을
마치 저울과 같이 하고, 밝은 거울과 같이 하라!

만약 이 一心으로 일체법의 잣대로 삼는다면 마치 저울로 사물의 무게를 재는 것과 차이가 없다. 마치 거울이 모습을 비추는데 예쁜 것과 추한 것이 모두 나타나는 것과 비슷하다.

또한 「마음을 이룬다(구성한다 ; 心成)」함은 고석(古釋)에193) 一心에 4종이 있다고 한 것을 말한다. 1은 흘리타야(訖利陀耶 hṛdaya)이다. 이는 육단심(肉團心)이다. 몸에 있는 5장(藏) 중의 心이다. 『황정경(黃庭經)』에 설명한 바와 같다. 2는 연려심(緣慮心)이다. 이는 여덟 가지 識이다. 모두 능히 自分의 경계를 연려(緣慮 : 대상으로 삼아 상념함)하는 까닭이다. 色은 안식(眼識)의 경계이며, 근(根 : 감각기관)과 신(身)의 종자이다. 기세계(器世界)는194) 아뢰야식의 경계이다. (모든 생류가) 각기 (그) 一分을 緣하는 까닭에 自分이라 한다. 3은 質多耶(citta)이다. 이를 집기심(集起心)이라 한다. 오직 제8식(藏識)에 쌓여진 종자에서 생기하여 현행한다. 4는 건율타야이다. 이를 견실심(堅實心)이라 한다. 또한 정실심(貞實心)이라고도 한다. 이것이 眞心이다. 까닭에 조사와 佛의 법에서 모두 心을 인(印 ; 本)으로 삼아 만법을 本에 의거하여 판단한다. 그래서 만약 능히 결정의 믿음을 내면 (一心의 문 없는 문에) 들어올 것이니 청하건대 각자 의심을 거두어들이라(끊으라). 이를(이 법문을) 떠나 달리 기특한 것이 없다. 때문에 '말과 생각이 끊어졌다'고 한다.

---

193) 이 四心의 설이 맨 처음 나온 것은 唐의 宗密의 저술 『禪源諸詮集都序』卷上之一에서이다.
194) 器世界란 몸이 의지하고 있는 산하대지, 지구, 우주를 말한다.

〈61〉

動靜之境. 皆我緣持. 如雲駛而月運. 似舟行而岸移.

圓覺經云. 佛言. 善男子. 一切世界. 始終生滅. 前後有無. 聚散起止. 念念相
續. 循環往復. 種種取捨. 皆是輪迴. 未出輪迴而辯圓覺. 彼圓覺性即同流轉.
若免輪迴無有是處. 譬如動目能搖湛水. 又如定眼猶迴轉火. 雲駛月運. 舟
行岸移. 亦復如是. 善男子. 諸旋未息. 彼物先住. 尚不可得. 何況輪轉生死垢
心曾未清淨. 觀佛圓覺而不旋復. 譬如動目能搖湛水者. 古釋云. 以眼勞觀
水. 見水有動. 眼若不瞬. 池水則不搖. 妄見若除. 亦無草木成壞之相. 若舉眼
見色. 由有色陰. 舉身受苦樂. 由有受陰. 舉心即亂. 由有想陰. 舉眼見生滅.
由有行陰. 精明湛不搖處. 即識陰. 又若以遍身針刺俱知. 不帶分別. 則是識
陰. 若次第分別. 則餘識陰. 故知一念纔起. 五陰俱生. 微識未亡. 六塵不滅.
若唯識之義燈常照. 妄何由生. 一心之智鏡恒明. 旨終不昧. 又如定眼猶迴
轉火者. 如定目看旋火輪之時. 眼亦迴轉. 前因眼動而水動. 即是因心動而
境動. 後因火動而眼動. 即是因境動而心動. 故知心即是境. 境即是心. 能所
雖分. 一體常現. 故華嚴疏云. 往復無際. 動靜一源. 雲駛月運舟行岸移者. 亦
復如是. 故知真心不動. 妄念成差. 如起信論云. 復次顯示從生滅門即入真
如門. 所謂推求五陰. 色之與心. 六塵境界. 畢竟無念. 以心無形相. 十方求之
終不可得. 如人迷故謂東為西. 方實不轉. 眾生亦爾. 無明迷故謂心為念. 心
實不動. 若能觀察知心無念. 即得隨順入真如門故.

움직이고 고요한 경계가 모두 내가 (경계를) 緣하여 지님에 연유
한 것이니 이를테면 구름이 빨리 흐르니 달이 움직여 가는 듯 하
고, 배가 나아가니 언덕이 움직여 가는 듯 하는 것과 같다

『원각경』에 이른다.

부처님께서 이르셨다. "선남자여! 일체 세계의 시작과 끝·생과
멸·前과 後·有와 無·취(聚)와 산(散)·기(起)와 지(止)가 생각 생각
에 이어지고, 순환 왕복하며, 갖가지 취하고 버림이 모두 윤회이니라.
아직 윤회를 벗어나지 못하고 圓覺을 분별함은(圓覺을 能觀한 心이
아직 윤회하고 있음) 그 원각성도 바로 함께 유전(流轉)하고 있는 것이니
(所觀의 원각도 함께 流轉). 만약 (이를 가지고) 윤회를 면한 것이라고
한다면 이는 잘못이다.195) 비유컨대 눈동자를 자주 움직이면 능히
맑은 물이 출렁이듯 보이게 하고, 또 불깡통 회전하는 것을 보면
멈춰 있는 눈이 따라 회전하는 것과 같다. 구름이 빨리 흐르니 달이
움직여 가는 듯 하고, 배가 나아가니 언덕이 움직여 가는 듯 하는
것도 또한 그와 같다.196)선남자여! 여러 회전하는 것들(動眼, 雲, 舟
등 : 생사하는 윤회심)이 아직 그치지 않아서 그 것들(水 火 月 岸 :
원각)이 먼저 와 있다고 하더라도 (원각을) 얻지 못하는데 하물며
윤회하는 생사의 오염된 마음이 아직 청정해지지 않아서 佛의 원각을
관하되 (원각의 자리에) 다시 돌아오지 못함이야 말할 나위 있겠느
냐.197)

---

195) 이를테면 꿈에서 본 사물도 꿈이다.
196) 이 비유에서 眼 目 雲 舟는 생사하는 구심(垢心 : 오염된 마음), 水 火 月 岸은
    圓覺이다.
197) 『원각경』권1, 『대정장』권17, 915c.

'비유컨대 눈동자를 자주 움직이면 능히 맑은 물이 출렁이듯 보이게 된다'에 대해 고석(古釋)에 이른다.

눈이 피로해진 상태로 물을 보면 물이 움직이는 듯 보인다. 눈을 깜짝이지 않으면 연못의 물이 출렁거리지 않게 된다. 망령된 지견을 제거하면 또한 초목이 이루어지고 무너지는 相이 없게 된다. 눈을 들어 색을 보는 것은 색음(色陰, 色蘊)이 있는데 연유하고, 身을 들어 고락을 받는 것은 수음(受陰)이 있는데 연유하며, 마음을 들어 혼란함은 상음(想陰)이 있는데 연유하고, 눈을 들어 생멸을 보는 것은 행음(行陰)이 있는데 연유하며, 정명(精明)하고 맑아 흔들리지 않는 곳이 바로 식음(識陰)이다. 또한 온 몸에 두루 침을 찌르면 다 지각하는데 분별을 띠지(帶) 않으면 식음(識陰)이고, 차제(次第)로 분별하면 識陰 밖에 나머지 것(受·想·行의 陰)들이다. 까닭에 한 생각이 연기(緣起)하면 5음(陰)이 함께 일어난다는 것을 안다. 미세한 識이 아직 없어지지 않아서 6진(塵 : 색성향미촉법)이 멸하지 않는다. 唯識의 뜻에 의하건대 등불이 항상 비추는데 망령된 것이 어디에 연유하여 나오겠는가. 一心의 지혜의 거울이 항상 밝아서 모두 끝내 미혹하지 않는다. 또 '멈춰 있는 눈이 불깡통 회전하는 것을 보고 따라 회전하는 것과 같다'고 한 것은 이를테면 멈춰 있는 눈으로 회전하는 불깡통을 볼 때에 눈도 회전하는 것과 같다는 것이다. 앞의 경우는 눈이 움직임으로 (눈을 깜빡임으로) 인하여 불이 움직인 것이니 바로 마음이 움직임으로 인하여 경계가 움직인 것이다. 뒤의 경우는 불이 움직임으로 인하여 눈이 움직이게 된 것이니 바로 경계가 움직임에 인하여 마음이 움직인 것이다. 그래서 마음이 바로 경계이고, 경계가 바로 마음임을 안다.

能(인지하는 자)과 所(인지되는 대상)가 비록 나누어졌으나 一體로서 항상 나타난다. 까닭에『화엄경소』에서 이르길,「왕복함에 변제(邊際 : 가, 한계)가 없고, 움직임과 고요함이 하나의 근원이다」고[198] 하였다. '구름이 빨리 흐르니 달이 움직여 가는 듯 하고, 배가 나아가니 언덕이 움직여 가는 듯 하다고 한 것 또한 이와 같다. 까닭에 眞心은 움직이지 않는데 망념으로 차별하게 되는 것임을 안다. 이를테면『기신론』에 이른다.「또한 생멸문으로부터 眞如門에 들어감을 드러낸다. 이른바 5음(陰 : 색수상행식)을 살펴보아도 色과 마음, 6진 경계가 필경에 無念이다(생각함이 없다). 마음이 형상이 없어서 十方으로 찾아보아도 끝내 얻을 수 없다. 마치 사람이 미혹하여 동쪽을 서쪽이라 하나 방향이 실은 바꾸어지지 않는 것과 같다. 중생도 이와 같아서 無明으로 미혹하여 마음을 念이라 하나 마음은 실은 움직이지 않는다. 만약 능히 마음이 생각함이 없음(無念)을 관찰하여 알면 바로 진여문에 수순하여 들어갈 수 있다.」[199]

〈62〉

魚母憶而魚子長.

如魚散子. 魚母不憶持. 其子即爛壞. 魚母若憶. 子即生長. 如獨影境. 過去等諸法. 心若不緣. 境不現前. 一切諸法. 皆是心緣識變. 若無心. 即無法.

---

198) 澄觀의『화엄경소』권1의 序에 나온다.『대정장』권35, 503a.
199)『대정장』권32, 579c.

어미 물고기가 생각하여 주니 새끼 물고기가 자라며,

이를테면 물고기가 알을 낳고는 어미 물고기가 계속 생각해주지 않으면 그 새끼가 바로 썩어 죽게 되는데 어미 물고기가 계속 생각해주면 새끼가 바로 생장하는 것과 같다. 마치 그림자만 경계로 있는 것과 같아서 과거 등의 여러 일들을 마음이 緣하지 않으면 경계가 현전되지 않는다. 일체 모든 것은 다 마음이 識에 緣하여 변한 것이다. 만약 無心하면 바로 법(존재)도 없게 된다.

〈63〉

蜂王起而蜂眾隨.

大智度論云. 諸法入佛心中. 唯一寂滅三昧門. 攝無量三昧. 如牽衣一角. 舉衣皆得. 亦如得蜜蜂王. 餘蜂盡攝. 心王若起. 從心所有善惡等法. 悉皆隨起. 況如王出. 百司盡隨.

여왕벌이 일어나니 벌떼가 그 뒤를 따르네!

『대지도론』에[200] 이른다. 「모든 것이 佛心 가운데 들어가며, 오직 하나의 적멸삼매문이 무량한 삼매를 다 아우른다. 마치 옷 한 귀퉁이를 잡아당기면 옷 전체를 다 얻을 수 있는 것과 같다. 또한 여왕벌을

---

200) 『대지도론』권28에 「入一門中攝無量三昧, 如牽衣一角舉衣皆得. 亦如得蜜蜂王, 餘蜂盡攝」 원문 앞부분에서 약간 새 句를 추가하여 인용하였다.

얻으면 나머지 벌을 다 포섭할 수 있는 것과 같다.」心王이 일어나면 마음에서 모든 선악 등의 법이 다 따라서 일어나는데 하물며 왕이 나가니 백관이 다 따르는 것이야 말할 나위 있겠는가.

〈64〉

印前後而無差. 諸賢共仰. 揩初終而不謬. 千聖同推.

如王寶印. 其文頓現. 無前後際. 又印定天下. 如佛法中. 若無心印. 不成佛法. 是知前亦是心. 後亦是心. 古亦是心. 今亦是心. 故云. 非古盛而今衰. 匪愚亡而智現. 又云. 萬法不出一心矣. 華嚴經頌云. 眾生心行無有量. 能令平等入一心. 以智慧門悉開悟. 於所修行不退轉. 又云. 如是一切人中主. 隨其所有諸境界. 於一念中皆了悟. 而亦不捨菩提行. 又云. 諸佛隨宜所作業. 無量無邊等法界. 智者能以一方便. 一切了知無不盡.

(王)印을 찍기 전후에 시간의 차이가 없어
(王의 위엄에) 諸賢이 함께 우러르고,
처음과 끝 모두 어긋남이 없으니
천성(千聖)이 함께 추앙하네.

왕의 보인(寶印)을 찍으니 그 글자가 단박에 드러나 전후가 없다. 또한 그 印으로 천하를 안정되게 한다. 佛法 가운데 만약 心印이 없다면 佛法은 이루어지지 않는다. 이로 알지니 앞도 또한 마음이고, 뒤도 또한 마음이다. 옛날도 또한 마음이며, 현재도 도한 마음이다. 까닭에 이른다. 「옛날에 번성해서 현재에 쇠퇴한 것이 아니다. 어리석음이 없어져서 지혜가 나타나는 것이 아니다.」또 이른다. 「모든 것이 一心을 벗어나지 않는다.」『화엄경』
의201) 게송에서 이른다.

> 중생의 심행은 한량이 없지만
> 능히 평등하게 一心에 들어오게 하며,
> 지혜문으로 모두 깨닫게 하여
> 수행함에 물러섬이 없게 하네.

또 이른다.202)

> 이에 모든 사람 가운데 주인께서는
> 그 모든 경계 따라
> 일념 중에 모두 깨달으며
> 또한 보리행을 버리지 않네.

또 이른다.203)

> 諸佛께서 마땅한 바에 따라 행하시는 바는
> 무량무변하여 법계와 같고,
> 智者는 능히 하나의 방편으로
> 모든 것을 깨달아 아는 것이 다 함 없네.

---

201) 『화엄경(80권본)』권31 十廻向品第二十五之九. 『대정장』권10, 169c.
202) 『화엄경(80권본)』권31 十廻向品第二十五之九. 『대정장』권10, 170b.
203) 위와 같음.

〈65〉

是以朕迹纔生. 皆從此建. 快馬見鞭而鶖子先知.

> 經云. 外道問佛. 不問有語不問無言時如何. 佛默然而坐. 外道讚曰. 快哉. 瞿
> 曇. 開我迷雲. 令我得入. 禮拜而出. 後阿難問佛. 外道得何道理而稱讚之. 佛
> 言如快馬見鞭影. 疾入正道. 鶖子先知者. 舍利弗亦名鶖子. 於法華會上. 初
> 周法說. 最先領解. 前得授記.

짐(朕 : 황제)의 지시가 나오자마자
모두 이를 따라 건립(시행)하며
쾌마는 채찍의 그림자 보고 곧바로 달리고
추자(鶖子 : 사리불의 異名)는
(법화회상에서 그 뜻을) 먼저 알았네.

경에 이른다. 「외도가 부처님께 물었다. "묻지 않았는데 말씀을 하시기도 하고, 묻지 않았는데 말씀을 하시지 않기도 하는 때가 있는데 왜 그렇게 하십니까?" 부처님이 아무 말 없이 앉아 계셨다. 외도가 찬탄하여 말하였다. "쾌재라! 구담(석가모니불)께서 나의 미혹의 구름을 걷어주시어 나를 깨달음에 들게 해주셨네." 하고 예배한 후 물러나갔다. 후에 아난이 부처님께 물었다. "외도가 어떠한 도리를 깨달아 칭찬한 것입니까?" 부처님께서 말씀하시길, "마치 쾌마가 채찍의 그림자를 보고 질풍과 같이 바른 길에 들어오는 것과 같다."고 하셨다.

'추자(鶖子)가 먼저 알았다'라 한 것은, 사리불은 추자(鶖子)라고도 하는데 법화회상에서 처음 법을 두루 설하였을 때 맨 먼저 뜻을 깨달아서 먼저 수기(授記)를 받을 수 있었던 일을 가리킨다.

〈66〉

香象迴旋而龍女親獻.

象王迴旋者. 文殊師利於覺城東畔. 如象王迴. 顧示四眾. 最初善財童子得入. 法華會上龍女獻珠. 此是實報畜生女. 以不得人身. 是戒緩. 得悟大乘心宗. 是乘急. 如淨名經云. 於念知一切法是道場. 成就一切智故. 又處胎經云. 釋梵女. 皆不受身不捨身. 皆現身成佛. 又偈云. 法性如大海. 不說有是非. 凡愚賢聖人. 平等無高下. 唯在心垢滅. 取證如返掌.

(문수사리보살이) 향상(香象)처럼[204] 고개를 돌려 쳐다보며 (법을 설하고),
용녀가 친히 (석가모니불께) 보주를 바쳤네!

'상왕(象王)처럼 고개를 돌려 쳐다보며'라 한 것은 문수사리보살이 각성(覺城) 동편에서 마치 象王처럼 고개를 돌려 사부대중을 향해 법문을 開示하였는데 제일 먼저 선재동자가 깨달았음을 말한 것이다.[205]

---

204) 원문 「香象迴旋」은 인용한 經(『화엄경』)文에 의하면 「如香象迴旋」이 되어야 한다.

205) 이 부분은 『화엄경』60권본 권49, 80권본 권62('覺城'이 '福城'으로 기재됨), 40권본 권4('福生城'으로 됨)에 나오는데 문수보살이 南行 도중에 이 곳에서 선재동자 등 수많은 도중에서 법을 설하였는데 선재동자가 제일 먼저 깨달음을 얻은 일을 간략히 인용한 것임. 인용문의 앞 부분 경문은 다음과 같다. 「爾時文殊師

'법화회상에서 용녀가 보배구슬을 바쳤다'라[206] 하였는데 이는 (용녀가) 실제 받은 몸이 축생녀로서 사람 몸을 얻지 못하여 그 계(戒)가 느슨한 것 밖에 받지 못한 터였지만 대승의 심종(心宗)을 깨달아 그 승(乘)이 급한(빠른) 것이 되었음을 말한 것이다. 이를테면『정명경(유마힐소설경)』에 이르길[207]「일념에 일체법이 도량임을 알아 一切智를 성취하는 까닭이다」하였고, 또『(보살)처태경(處胎經)』에 이르길,「석범녀(釋梵女)가 모두 몸을 (새로) 받지도 않고 버리지도 않은 채 모두 현생의 몸으로 성불하였다」하였다.[208] 또 게송에 이른다.[209]

利菩薩, 如象王迴, 觀察善財, 而告之曰――.」『화엄경(60권본)』권49,『대정장』권30, 688b.

206) 『법화경』제바달다품에서 문수보살의 말을 듣고 바다에서 용출하여 나온 龍王의 女가 女子 몸이기에 성불할 수 없을 것이라는 사리불의 말을 듣고 바로 寶珠를 석가모니불께 바치고 즉시 남자 몸이 되어 연화보좌에 앉아 성불하는 모습을 보여주었음.

207) 『유마힐소설경』제자품제3.『대정장』권 543a. 경문은「於一念知――」인데 저본의 인용은「一」이 빠져 있다.

208) 『乾隆大藏經』大乘單譯經 0429『보살처태경』諸佛行齊無差別品第十三에「佛告無盡意, 諦聽善思念之. 今當與汝一一分別過去九十一劫有梵天王, 名大辯才, 分別古今常樂閑居坐天宮內, 今我寧可化此宮女及諸梵天, 我得成佛諸天翼從, 剃須髮着法服, 一時成道不亦快乎! 作是念已, 即于天宮詣晝度樹, 端坐思惟一意一心, 系念在前無他異想, 即得成佛三十二大人相八十種隨形好. 諸天眷属修行比丘正法, 得阿羅漢, 皆是利根. 彼天女衆有得須陀洹斯陀含阿那含不往還此間, 即于彼般涅槃. 是謂梵天王不舍身受身現身得成佛道.」
저본의 인용문 앞 부분「釋梵女」는 경문에 나오는 梵天王과 天女衆을 합칭하여 인용한 것이다. 또 저본은「不受身不捨身」인데 원경문은「不舍身受身」이다. 그러나 경문도 그 뜻은「不舍(捨)身不受身」으로 해석되어야 하기 때문에 실은 같은 내용이다.

209) 앞의『보살처태경』인용문 단락에 이어 기술된 게송이다.

법성은 큰 바다와 같아

是非를 설하지(드러내지)[210] 않으며

어리석은 범부와 현인 성인이

평등하여 높고 낮음이 없는 것이라

오직 마음의 더러움을 멸하는데 있는 것이니

증득함이 손바닥 뒤집듯 쉬운 일이네.

〈67〉

得果而榮枯已定. 盡合前因. 擧念而苦樂隨生. 悉諧初願.

唯識變定. 豐儉由心. 飮啄有分. 追身受報. 未曾遺失. 不唯人間報應隨心. 一切出世功德. 皆在初心圓滿. 如華嚴演義記云. 初發心時. 得如來一身無量身. 則法身開顯. 得究竟智慧. 得一切智慧光明. 則般若開顯. 以心離妄取. 寂照雙流. 故解脫開顯. 故此心中無德不攝. 因該果海. 並在初心. 從初發心時便成正覺. 卽梵行品. 又言初後圓融者. 以初是卽後之初. 後是卽初之後. 以緣起法. 離初無後. 離後無初. 故擧初攝後. 若約法性融通. 一切因果. 不離心性. 契同心性. 無德不收. 以一切法隨所依住. 皆於初心頓圓滿故. 如梵行品云. 若諸菩薩. 能與如是觀行相應. 於諸法中不生二解. 一切佛法疾得現前. 初發心時. 卽得阿耨多羅三藐三菩提. 知一切法卽心自性. 成就慧身不由他悟. 十善業道經云. 爾時世尊告龍王言. 一切衆生心想異故. 造業亦異. 由是故有諸趣輪轉. 龍王. 汝見此會及大海中形色種類各別不耶. 如是一切靡不由心造. 乃至又觀此諸大菩薩妙色嚴淨. 一切皆由修集善業福德而生. 又諸

---

210) 원경문은 「說」이 「記」로 되어 있다.

天龍八部眾等大威勢者.亦因善業福德所生.今大海中所有眾生.形色麤鄙.或大或小.皆由自心種種想念.作身語意諸不善業.是故隨業各自受報.是知境隨業識轉.是故說唯心.不淨之財變為膿血.非分之寶化作毒蛇.如昔有娼姬.捨錢造普光王寺.主者不受.遂令埋於寺東北上.邇後尋掘.悉變為血.所亦有屠羊之人.聚錢於竹筒之內.死後.母開之.亦成赤血.如古德云.眾生世界海.依住形相.苦樂淨穢.皆是眾生自業果報之所莊嚴.不從他有.諸佛菩薩世界海.皆依大願力.自體清淨法性力.大慈悲智力.不思議變化力.之所成就.故知染淨緣起.不出自心.世界果成.更無別體.如經頌云.或從心海生.隨心所解住.如幻無處所.一切是分別.又頌云.始從一念終成劫.悉依眾生心想生.一切剎海劫無邊.以一方便皆清淨.又唯識變定.報應無差.千駟一瓢.各任其分.朱門華戶.盡逐其緣.隨善惡現行之心.感豐儉等流之境.如前定錄云.韓晉公在中書.因召一吏.不時而至.公怒.將撻之.吏曰.某有所屬.不得遽至.乞宥其罪.晉公曰.宰相之吏.更屬何人.吏曰.某不幸.兼屬陰司.晉公以為不誠.怒曰.既屬陰司.有何所綰.吏曰.某主三品已上食料.晉公曰.若然.某明日當以何食.吏曰.此非細事.不可顯之.請疏於紙.過後為驗.乃如之.而繫其吏.明旦.遽有詔命.既對.適遇大官進食.有饆饠一器.上以一半賜晉公.食之美.又以賜之.既而腹脹.歸私第.召醫者視之.曰食物所擁.宜服少橘皮湯.至夜可啗漿水粥.明日愈.思前夕吏言.召之.視其書.則皆如其說.公固復問.人間之食.皆有籍也.答曰.三品已上.日支.五品已上而有權位者.旬支.凡六品者.季支.其有不食祿者.歲支.又云.京兆府趙郡李敏求.應進士.入就禮部試不利.太和九年秋.旅居宣平里.日晚擁膝愁坐.忽如沈醉.俄而精魂去身.約行六七十里.至一城門之外.有數百千人.忽有一人出拜之.敏求曰.何人也.答曰.某李岸也.敏求曰.汝前年隨吾旅遊.卒於涇州.何得在此.對曰.某自離二十二郎後.事柳十八郎.職甚雄盛.二十二郎既至此.亦須一見.遂於稠人中引入通見.入門.兩廊多有衣

冠. 或有愁立者. 或白衣者. 或簡板者. 或有將通狀者. 其服率多黲紫. 或綠
色. 既至廳. 柳揖坐. 與之言曰. 公何為到此. 得非為他物所誘乎. 某力及. 公
宜速去. 非久駐之所也. 敏求具如此答. 柳命吏送出. 將去. 懇求知將來之事.
柳曰. 人生在世. 一食一宿. 無不前定. 所不欲人知. 慮君子不進德修業. 小人
惰於農耳. 君固欲見. 亦不難爾. 乃命一吏. 引敏求至東院. 約有屋一百餘間.
從地至屋. 書架滿文簿. 籤帖一一可觀. 吏取一卷. 出三行. 第一行云. 太和二
年罷擧. 第二行云. 其年得伊宰宅錢二十萬. 其第三行云. 受官於張平子. 餘
不復見. 敏求既醒. 具書於標帙之間. 明年客遊西京. 過時不赴擧. 明年遂娶
韋氏. 韋氏之外祖伊宰. 將鬻別第. 召敏求而售之. 敏求因訪所親. 得價錢二
百萬. 伊宰乃以二十萬貺敏求. 既而當用之券頭. 以四萬為貨. 時敏求與萬
年尉戶曹善. 因請之九十君用所資伊亦貺焉. 累為二十四萬. 明年以蔭調授
河北縣. 有張平子墓. 時說者失其縣名. 以俟知者.

果를 얻음과 번영 · 쇠락이 이미 정해졌으니
모두 앞서 행한 因에 합치되는 것이며,
한 생각 들면 고락이 따라 생하고
모두 처음 발원(초발심)에 따라 합치되는 것이네.

오직 識으로 인해 변화하고, 풍요와 부족함이 마음에 연유한다. (음식을)
마시는 생류와 쪼아 먹는 생류의 分이 있어 그 몸 따라 과보를 받음이
일찍이 유실(遺失)됨이 없었다. 인간계에서 만이 마음 따라 응보를 받는
것이 아니라 모든 출세의 공덕이 다 초심의 원만함에 연유한다. 이를테면
『華嚴演義記(華嚴隨疏演義鈔)』에 이른다.[211]

---

211) 징관의 『화엄수소연의초』권27 毘盧遮那品第六, 『대정장』권36, 207b.

초발심 때에 如來一身의 한량없는 몸을 얻으니 법신이 열려 드러난다. 궁극의 지혜를 얻고, 일체의 지혜광명을 얻으니 반야가 열려 드러난다. 마음이 망령되이 취착함을 떠나고, 적(寂 : 고요함)과 조(照 : 비춤)가 함께 흐르니 해탈이 열려 드러난다. 까닭에 이 마음 가운데 포함되지 않는 덕이 없다. 인과의 바다가 모두 초심에 있다. 초발심한 때에 바로 정각을 성취한다. 즉 범행품에[212) 또 이르길, '初와 後에 원융하다'라 하였는데 (여기에서) '初'는 即後의 初이고, 後는 即初의 後이다. 연기법에 의하건대 初를 떠나 後가 없고, 後를 떠나 初가 없다. 까닭에 初를 들어 後를 포함한다. 만약 법성에 의거하여 융통한다면 모든 인과가 심성을 떠나지 아니하며 심성에 합치되어 있어 그 덕에 포함되지 않는 것이 없다. 일체법이 의지하는 바에 따라 머무는 것은 모두 초심이 단박에 원만해진 까닭이다. 이를테면 (『화엄경』80권본 권17) 범행품에 이른다. '만약 모든 보살이 능히 이와 같은 관행에 상응하면 제법 가운데서 二解(두 가지로 달리 분별하는 지견)를 내지 아니하며, 모든 佛法이 신속히 현전된다. 초발심한 때에 곧바로 아뇩다라삼먁삼보리를 얻고 일체법이 即心의(마음에 즉한) 自性임을 알아 혜신(慧身)을 성취하는 것이니 다른 것에 연유하여 깨닫는 것이 아니다.'[213)

---

212) 다음 단락의 범행품 인용은 『화엄경(80권본)』권17의 범행품에 나오지만, 이 부분 인용문은 同 범행품에 보이지 않는다. 또한 『대반열반경(40권본)』의 범행품에도 보이지 않는다.

213) 『화엄경(80권본)』권17 범행품제16. 『대정장』권10, 089a.

『十善業道經』에214)이른다.

이 때 세존께서 용왕에서 말씀하셨다. "모든 중생의 心想이 다른 까닭에 업을 짓는 것 또한 다르다. 이로 말미암아 여러 생류에 윤회전생 (輪廻轉生)한다. 용왕이여! 네가 이 법회와 대해 중의 형형색색으로 각기 다른 것들을 보지 않느냐? 이와 같이 모든 것은 마음으로 짓지 않는 것이 없다.(———)215) 또한 내지 이들 모든 보살의 묘색(妙色) 엄정(嚴淨)한 모습을 보건대 모두 다 선업 복덕을 닦음이 쌓아짐으로 인해 생긴 것이다. 또한 모든 천룡 팔부중(八部衆) 등 큰 위세가 있는 이들도 또한 선업 복덕으로 인해 생긴 것이다. 지금 大海 중의 모든 중생의 형색이 거칠고 비루하며, 혹은 크고 혹은 작은 것이 모두 自心의 갖가지 상념에 연유한 것이다. 몸과 말과 생각으로 여러 不善業 을 짓나니 이 까닭에 업에 따라 각기 스스로 과보를 받는다."

이로 알건대 경계가 업식에 따라 전변한다. 이 까닭에 唯心(오직 마음 뿐 임)이라고 설한다. 부정한 재화가 농혈로 변하고, 나누어 주지 않은 보물이 독사로 변한다. 이를테면 옛날에 어떤 배우가 보광왕사를 짓는데 돈을 보시하였는데 주지가 받지 않고는 마침내 사찰의 동북편에 매장하게 하였 다.216) 얼마 지나지 않아 파보니 모두 피(血)로 변해 있었다. 근래에 또 羊을 도살하는 사람이 있었는데 돈을 죽간(竹簡)에 모아두었다. 사후에 모친이 열어보니 또한 붉은 피로 변해 있었다. 이를테면 고덕이 이르길,

---

214) 『대정장』권15, 경문 맨 앞 단락에서 인용하였다.
215) 원경문의 서너 줄을 생략하였다.
216) 저본은 『埋』인데 『대정장본』은 『理』이다. 후자가 오자이다.

「중생세계의 바다에서는 의지하여 머무는 형상과 고통과 즐거움, 청정함과 더러움이 모두 중생 스스로 지은 업의 과보로 장엄된 것이고, 다른 것에 연유하여 나온 것이 아니다. 제불보살 세계의 바다는 모두 대원력과 자체의 청정한 법성력(法性力), 대자비지력(大慈悲智力), 부사의변화력(不思議變化力)으로 성취된 것이다.」고 하였다. 까닭에 오염과 청정의 연기가 自心을 벗어나 있지 않은 것임을 안다. 세계의 果가 이루어지는 것은 다시 별개의 체가 있지 않다.

이를테면 경(『화엄경』)의 게송에서 이른다.[217]

언제나 心海로부터 생하고
心所 따라 지해(知解)하고 머무네.
환과 같고 처소가 없으며
일체가 모두 분별이라네.

또 (『화엄경』의) 게송에 이른다.[218]
한 생각으로부터 겁에 이르기까지
모두 중생의 心想에 의하여 생하나니
일체 모든 찰해(刹海 : 세계의 바다)와 겁의 세월이 한없다 하더라도
하나의 방편으로 모두 청정해지는 것이라네.

또한 唯識이 변화하고 결정되는 것이어서 보응을 받는 것에는 차이가 없다. 천 수레의 말과 하나의 표주박이 각기 그 分의 임무가 있고, 호화롭게

---

217) 『화엄경(80권본)』권7 普賢三昧品第三, 『대정장』권1, 036c.
218) 앞의 경, 同 038a.

부유한 집이 모두 그 인연에 따른 것이며, 선악의 현행하는 마음에 따라 풍요와 검약 등의 경계를 감득하는 것이다. 이를테면 『전정록(前定錄)』에219) 이른다.

한(韓)의 진공(晋公)이 중서령에 있던 중 한 관리를 불렀는데 때에 맞추지 못하고 늦게야 오니 공이 노하여 이 사람을 매질하려 하였다. 관리가 말하였다. "제가 속한 곳에 일이 있어서 바로 오지 못하였습니다. 그 죄를 너그럽게 보아 주십시오." 진공이 말하였다. "재상의 관리인데 또 어떤 사람에게 속하여 있단 말인가?" 관리가 말하였다. "제가 불행히도 음사(陰司 : 冥界 地府의 관리)에도 함께 속해 있습니다." 진공이 이를 진실하지 못하다고 생각하고, 노하여 말하였다. "음사에 속하여 있다면 어떠한 일을 맡고 있느냐?" 관리가 말하였다. "저는 3품 이상 관리의 식료를 맡고 있습니다." 진공이 말하였다. "그러하다면 너는 내일 어떠한 음식으로 준비해야 하느냐?" 관리가 말하였다. "이는 하찮은 일이 아니어서 밝힐 수 없습니다. 종이에 기록해 놓을 테니 지난 후에 보시어 확인하시길 바랍니다." 이에 그렇게 하기로 하고 그 관리를 구속하여 두었다. 다음날 아침 갑자기 황제의 명이 있어 알현하였는데 마침 (궁에서) 大官에게 음식을 대접하는 자리가 있었다. 황제가 고미(餻糜 : 경단죽) 반 그릇을 진공에게 내리고는 먹어보니 맛이 좋아 또 내려주었다. (진공이) 배가 불러 집에 돌아와서는 의사를 불러 살펴보게 하였다. (의사가) 말하길, "드신 것이 걸렸으

---

219) 『前定錄』1권 : 唐의 종로(鍾輅)가 지었다. 唐文宗 大和827~835) 연간에 관직이 숭문관 교서랑에 이르렀다. 본서는 총 23則이 수록되었는데 대부분 勸戒의 내용이다. 나중에 『속전정록』1권도 지었다. 『사고전서』에 수록되어 전한다.

니 귤피탕(橘皮湯)을 조금 드셔야겠습니다."고 하였다. 밤에 되어 미음과 함께 (약을) 들게 하니 다음날 낳았다. 전날 저녁에 관리가 말한 것이 생각나 그를 불러서 기록된 것을 보니 모두 그가 말한 것과 같았다. 그래서 진공이 다시 물었다. "인간의 음식에 모두 (정해진) 적(籍 : 정해진 음식 명목)이 있는가?" (관리가) 답하였다. "3품관 이상은 일지(日支 : 매일 지급되는 음식 명목), 5품관 이상이며 권위가 있는 자는 순지(旬支 : 십일마다 지급되는 음식 명목), 모든 6품관은 계지(季支 : 계절마다 지급되는 음식 명목), 식록(食祿)이 없는 자는 세지(歲支 : 매년 지급되는 음식 명목)가 있습니다."

또 (『전정록』에) 이른다.

경조부(京兆府) 조군(趙郡)의 이민구(李敏求)가 진사 시험에 응하여 예부시(禮部試)에 갔다가 낙방하였다. 태화9년(835년 : 당 문종 9년) 가을에 여행 중 선평리에 있다가 저녁에 무릎을 안고 시름하며 앉아 있는데 홀연 깊이 술에 취한 듯 하더니 갑자기 정혼(精魂)이 몸에서 나오게 되었다. 약 60~70리를 가서 한 성문 밖에 이르게 되었는데 수백천인이 있었다. 홀연 한 사람이 나와 절을 하였다. (이)민구가 말하였다. "누구십니까?" 답하였다. "저는 이안(李岸)입니다." 민구가 말하였다. "당신은 작년에 나를 따라 여행하다 경주(涇州)에서 죽었는데 어떻게 여기에 있는 것입니까" 대답하였다. "제가 이십이랑(二十二郎)을 떠난 후 유십팔랑(柳十八郎)을 모시고 있는데 그 직책이 매우 웅성(雄盛)합니다. 이십이랑이 이미 여기에 계시니 또한 한 번 만나보십시오." 마침내 빽빽한 군중 가운데서 그를 이끌고 들어와 만나게 하였다. 문에 들어서니 양편의 행랑에 의관을 한 자들이 많았는데 혹은 시름하는 모습으로 서 있는 자, 혹은 白衣를 입고 있는 자, 혹은 판(板 : 사무처리 관련 板書)을 살펴보는 자, 혹은 전달문서를 지니고 가는 자가 있었다. 복장의 색깔은 대부분 검푸르거나 자주색, 혹은 녹색이었다. 청사(廳舍)에 이르니 유(柳 ; 유십팔랑)가 읍(揖)하고 앉기를 청한 후 더불어 말하였다. "공이 어떻게 해서 여기에 오게 된 것입니까? 다른 것에 유인된 것은 아닙니까? 저의 힘이 미치니 공은 응당 속히 떠나야 합니다. 오래 머무를 곳이 아닙니다." 민구가 (그간의 일을) 위와 같이 자세히 말해주었다. 유(柳)가 吏에게 명하여 모시고 나가게 하였다. (민구가) 나가려 하면서 장래의 일을 말해주길 간청하였다. 柳가 말하였다. "인생이 살아 있는 동안 일식일숙(一食一宿)이 이미 정해지지 않은 것이 없습니다. 남이 알아줄 것을 바라지 말고, 군자는 덕을 닦는 업이 진전되지 못할까 염려하고, 소인은 농사에 게으름 피움을 염려해야 합니다. 君이 꼭 보고자 한다면 또한 어려운 일은 아닙니다. 그리고는 한 吏에게 명하여 민구를 동원(東院)으로 안내하게 하였다. 약 1백여 칸쯤 되는 건물이 있었는데 땅에서부터 건물에 이르기까지 서가에 문서 장부가 가득하였고, 표지 번호가 붙어 있어 하나하나를 구분하여 볼 수 있었다. 吏가 1권을 잡아들고 3行을 꺼냈다. 제1行에 이르길, '태화2년에 과거시험에 낙방', 제2行에 이르길, '그 해에 이재(伊宰)의 댁에서 20만전을 얻는다', 그 제3行에 이르길, '장평자(張平子)에서 관직을 받는다'라 하였다. 나머지 사항은 보지 못하였다.

민구가 깨어나서 (이 일을) 책 표지 사이에 모두 기록하여 두었다. 다음 해 서경(장안)에 노닐며 왔다가 때를 놓쳐 과거 시험에 응하지 못하였다. 그 다음 해에는 드디어 위씨(韋氏)를 처로 맞아들였다. 위씨의 외조부 이재(伊宰)가 별장을 팔려고 민구를 불러서 팔게 하였다. 그리하여 민구가 아는 분들을 방문하여 2백만전에 팔았다. 이재(伊宰)가 이에 20만전을 민구에게 주었다. (그는 또) 이미 쓸 수 있는 어음이 있어 그 액수 4만을 전화(錢貨)로 찾으려 하였다. 당시 민구는 만년현(萬年縣)의 위(尉)와 호조(戶曹)와 친하였는데 이로 인해 (어음액의) 10분의 9로 할인하여 받아서 자신의 생활자금으로 쓰게 해 줄 것을 이들에게 청하였다. 이재도 (錢을) 주었다. (이리하여) 누계(累計) 24만전이 되었다. 다음 해에 음서(蔭敍 : 高官인 부친 등 친족의 子에게 특별히 벼슬을 주는 것)로 하북현령의 관직을 제수받았다. (하북현에) 장평자묘(張平子墓)가 있었는데 당시 설한 자가 그 현의 이름을 잊어버려 아는 사람이 나오길 기다리게 되었다(후일에야 아는 사람이 나와 하북현이라 쓰게 되었다).

〈68〉

美惡無體.因念所持.

一切萬法.因第八識之所持.一切好惡.是第六意識分別之所起.

아름답고 추악함이 體가 없는 것인데
念(여기서는 제8식, 아뢰야식)으로 인하여 집지(執持) 되네.

일체 모든 것은 제8식(아뢰야식, 장식)에 의지하여 집지(執持)된다. 모든 좋고 나쁨은 제6식의 분별로 일어난 것이다.

〈69〉

聲響冥合.形影相隨.

心直事直. 心邪法邪. 一一法但隨心開合. 更無別旨. 或正殺悞殺. 實報虛報.
絲毫匪濫. 晷刻不移. 既自心口所爲. 還自心口所受. 如自鏡錄云. 昔月氏國
城西有大山. 是離越辟支佛住處. 去此不遠. 有人失牛. 尋到此山. 値此辟支
燃火染衣. 宿業力故. 當於爾時. 鉢變爲牛頭. 法衣變爲牛皮. 染汁變爲血. 染
滓變爲肉. 柴變爲骨. 其迹既爾. 遂爲牛主執入獄中. 弟子推覓. 莫知所在. 從
是荏苒經十二年. 後遇因緣. 知在獄中. 便向王說. 我師在獄. 願王放赦. 王問
獄典. 有僧否. 典曰. 無僧. 白王. 願喚獄中沙門者出. 我師自出. 獄典尋喚. 辟
支佛即出. 此辟支佛在獄既久. 髮長衣壞. 沙門形滅. 諸弟子等. 禮而問曰. 師
何在此. 師於爾時答以上事. 弟子復問. 宿世造何因. 今令致此. 師答曰. 吾於
昔時謗他人偸牛. 致使如此耳. 故經云. 假使百千劫. 所作業不亡. 因緣會遇
時. 果報還自受.

소리와 메아리가 그윽하게 하나가 되고,
형상과 그림자가 서로 따르네.

　마음이 바르면 모든 것이 바르게 되고, 마음이 삿되면 모든 것이 삿되게
된다. 하나하나의 존재가 단지 마음 따라 드러나는 것일 뿐 그 밖에 다른
뜻이 없다. 혹 올바로 죽였든 잘못 죽였든, 실보(實報)이든 허보(虛報)이든
터럭 끝의 오차도 없고 (받는 시점의) 시각이 옮겨지지도 않는다. 이미
자신의 마음과 입으로 행한 것을 다시 자신의 마음과 입이 돌려받는다.
이를테면 『자경록(自鏡錄)』에220) 이른다.

---

220) 唐의 懷信이 지은 『釋門自鏡錄』2권을 말한다. 『대정장』51책에 수록되어 있다.
　　남북조에서 唐代까지의 인과응보 고사를 수집하여 경계하였다.

옛날 월씨국 도성의 서편에 큰 산이 있었는데 이월(離越)벽지불이 머무르는 곳이었다. 여기에서 멀지 않은 곳에서 어떤 사람이 소를 잊어버리고 찾다가 이 산에 이르러 이 분 벽지불이 염의(染衣, 승복)를 불에 태우는 것을 만나게 되었는데 숙업의 힘으로 인한 것이었다. 바로 이 때 발우가 변하여 우두(牛頭)가 되고, 법의가 변하여 우피(牛皮)가 되었으며, 염색의 즙이 변하여 피가 되고, 염색의 앙금이 변하여 살이 되었으며, 장작이 변하여 뼈가 되었다. 그 흔적이 이미 이러함에 마침내 소 주인이 이 분을 잡아 옥에 넣었다. (그 벽지불의) 제자가 찾아 다녔으나 계신 곳을 알 수 없었다. 이로부터 세월이 덧없이 흘러 12년이 지난 후에 우연한 인연으로 옥중에 계신 것을 알게 되었다. 바로 왕에게 말하길, "저희 스승이 옥에 계시니 왕께서 석방해주시길 원합니다"고 하였다. 왕이 옥의 관리에게 "승려가 있는가?" 하고 물었다. 옥의 관리가 바로 가서 부르니 벽지불이 바로 나왔다. 이 벽지불이 옥에 있은 지 이미 오래되어 머리카락이 길게 자라고 옷은 헤어져 사문의 모습이 소멸되었다. 제자들이 예를 올리고 물었다. "스승님께서는 어찌 해서 여기에 계시게 된 것입니까?" 스승이 이 때 앞에 있었던 일을 말해주었다. 제가가 다시 물었다. "숙세에 어떠한 인연을 지어 금일 이러한 일에 이르게 된 것입니까?" 스승이 답하였다. "내가 옛 적에 타인을 비방하고 소를 훔친 일이 있어 이러한 일에 이르게 된 것이다."

까닭에 경에서 이른다. 「가령 일천겁이 지나더라도 지은 업은 없어지지 않는다. 인연을 만나는 때에 과보를 다시 자신이 받는다.」

〈70〉

本性希奇. 莫可思議. 似服伽陀之藥. 如餐眞乳之糜.

經云. 阿伽陀藥. 功兼諸藥. 能治一切病. 又經云. 如食乳糜. 更無所須. 況了
心之人. 一切悉皆具足.

본성이 희기하여 思議할 수 없음이
(아)가타(阿伽陀)의221) 양약과 같고,
진유(眞乳 : 모유)로 만든 죽을 먹는 것과 같다.

　경(『마하지관』)에 이른다. 「아가타의 약은 그 공효가 모든 약효를 포괄하
여 능히 모든 병을 치유한다.」222) 또 경(『마하지관』)에 이르길, 「마치 우유죽
을 먹는 것과 같아 다른 것이 더 이상 필요치 않다」고223) 하였으니 하물며
마음을 了達한 사람이 일체 모든 것을 구족한 것이야 말할 나위 있겠는가.

〈71〉

同如意樹. 雨無盡之寶.

---

221) 여기서의 伽陀는 게송을 뜻하는 가타가 아니고, 良藥을 뜻하는 阿伽陀(agada)
　　를 줄인 말이다. 『화엄경(60권본)』권10에 「비유컨대 가타약과 같아 모든 독을
　　소멸시킨다」 하였다.
222) 『마하지관』권1(下), 『대정장』권46, 009b에 「阿伽陀藥, 功兼諸藥」까지 나온다.
223) 위의 『마하지관』 인용문에 바로 이어 나온다.

此如意樹.隨一切眾生心所念.悉皆雨寶.心亦如是.隨念出生萬法.無有窮盡.

여의수(如意樹)와 같아 다함없는 보배를 내리며,

이 여의수는 모든 중생이 마음에 생각하는 바에 따라 모두 다 보배를
내려준다. 마음도 또한 이와 같아 생각 따라 만법(모든 것)을 나오게 함에
다 함이 없다.

〈72〉

類水清珠.澄眾濁之池.

大水清珠.能清濁水.如悟一心.能破一切塵勞境界.

물을 맑게 하는 구슬과 같아
뭇 혼탁한 연못을 맑히네.

물을 맑히는 큰 구슬이 능히 혼탁한 물을 맑힘이
마치 一心을 깨달으니 능히 모든 번뇌의 경계를 다 부수는 것과 같다.

〈73〉

陞第一義天.正會大仙之日.登普光明殿.當朝法界之時.

教中有第一義天.故號佛為天中天.又號佛為大仙.普光明殿者.華嚴經中.

佛登普光明殿. 說華嚴經. 華嚴經以法界爲宗. 如法華經云. 以禪定智慧力.
得法國土. 王於三界. 又普光明智者. 若說等覺說妙覺是約位. 普光明智不
屬因果. 該通因果. 其由自覺聖智超絶因果故. 七卷楞伽. 妙覺位外. 更立自
覺聖智之位. 亦猶佛性. 有因有果. 有因因. 有果果. 以因取之. 是因佛性. 以
果取之. 是果佛性. 然則佛性非因非果. 普光明智亦復如是. 體絶因果. 爲因
果依. 果方究竟. 故云如來普光明智.

제일의천(第一義天)에 올라 바로 대선(大仙 ; 佛)을 만나는 날
보광명전에 올라 법계를 친증(親證)하는 때에

敎에 第一義天이224) 있다. 까닭에 佛을 天中天이라 칭한다. 또한 佛을
大仙이라 칭한다. 보광명전이란 『화엄경』에서 佛이 보광명전에 올라 『화엄
경』을 설하였다고 하였다.225) 『화엄경』은 법계를 宗으로 한다. 이를테면
『법화경』에서226) 이른다. 「선정과 지혜의 힘으로 법의 국토를 얻으며 삼계
에서 왕이 된다.」

또한 보광명지(普光明智)를 등각(等覺)이라 설하고 묘각(妙覺)이라 설하면
이는 약위(約位)이다.227) 普光明智는 인과에 속하지 않으며, 인과에 두루

---

224) 第一義는 2승 3승의 敎에 대비하여 대승의 深義를 말한다. 第一義天은 곧 대승
    의 법계를 뜻한다.
225) 『화엄경(80권본)』권12 여래명호품제7에 「爾時世尊, 在摩竭提國阿蘭若法菩提
    場中, 始成正覺, 於普光明殿, 坐蓮華藏師子之座.——」『대정장』권10, 057c24.
226) 『법화경』권5 안락행품에 나온다.
227) 約位란 화엄종에서 3종 成佛을 설하는데 그 가운데 十信終心에서 勝進分 후에
    入十解初位에서 바로 成佛함을 가리킨다(『華嚴經探玄記』권3 ; 『대정장』35,
    166中). 화엄종의 行位에 行布門과 圓融門이 있고, 行布門에서는 十信에서 佛
    果에 이르기까지, 六位의 次第가 不同하나 圓融門에서는 一位를 성취하면 그

통한다. 그 까닭은 자각성지(自覺聖智 : 自心에서 증득한 성스러운 지혜)는[228] 인과를 초월하여 끊은 까닭이다. 7권본 『능가경』에서[229] 妙覺位 외에 따로 自覺聖智의 位를 세웠다. 또한 佛性에 因이 있고, 果가 있으며, (그) 因의 因이 있고, (그) 果의 果가 있다.[230] 因으로 취한다면 因으로서의 佛性이고, 果로 취한다면 果로서의 佛性이다. 그러하니 佛性은 因이 아니고 果가 아니다. 寶光明智도 이와 같아 體에 因果가 끊어졌다. 果에 因하고, 果에 의거함이 되어야 바야흐로 구경(궁극)이 된다.[231] 까닭에 이르길 "여래보광명지(如來寶光明智)"라 한다.

에 따라 一切位를 이룬다고 한다. 즉 一行卽一切行이고, 一位卽一切位인지라 一位를 성취함에 따라 一切位를 이룬다고 한다. 約位는 바로 十信滿位에서 入十解의 初에서의 成佛을 가리킨다.

普賢의 작용은 대부분 佛과 같으나 아직 佛은 아니다(『화엄경소』권19 ; 『대정장』권35, 647中). 또한 行佛과 位佛로 나누는데 十信滿位에서 入十解初의 佛이 곧 行佛이고, 十解初位 이상의 位가 곧 位佛이다(『五教章纂釋卷下之七』).

228) 『능가경』의 여러 곳에 설해져 있다.

229) 실차난타가 700년에서 704년(당 중종 장안4년)에 걸쳐 역출한 『대승입능가경』을 가리킨다. 박건주, 『능가경역주』(서울, 운주사, 2009)는 이 본을 역주한 것이다.

230) 이를테면 無明은 因이고, 諸行은 그 果이다. 諸行이 因이 되어 識을 果로 한다. 따라서 無明은 因(諸行)의 因이 되니 이를 因因이라 한다. 또한 識은 果(諸行)의 果인지라 이를 果果라 한다. 佛性도 이와 같아서 因이 있고, 因因이 있으며, 果가 있고, 果果가 있다. 12因緣의 관찰 지혜를 因으로 하고, 菩提(佛果之智德)를 果로 한다. 菩提를 因으로 하고, 열반(佛果之斷德)을 果로 한다. 그래서 智慧(觀因緣之智慧)는 因의 因이 되고, 열반은 곧 果의 果가 된다. 즉 果位의 果이다. 『南本涅槃經』권25사자후품 및 『法華玄義釋籤(會本)』권5上.

231) 佛果를 성취함은 본래 佛性이라는 因에 의거해야 한다. 그래서 佛性인 心性을 먼저 뚜렷이 알아 이에 의거해야 한다. 선종의 선지는 바로 여기에 있다.

〈74〉

冥真寂照.含虛吐耀.

肇論云.玄道在乎妙悟.妙悟在乎即真.即真則有無齊觀.有無齊觀則彼己
莫二.所以天地與我同根.萬物與我一體.同我則非復有無.異我則乖於會
通.所以不出不在.而道存乎其中.又云.至人虛心冥照.理無不統.懷六合於
胸中.而靈鑒有餘.鏡萬有於方寸.而其神常虛.

진여에 그윽하게 합치하여 적조(寂照)하고,[232]
텅 빈 가운데 빛을 토하도다.

『조론(肇論)』에[233] 이른다.

현묘한 도는 묘오(妙悟)에 있다. 妙悟는 眞에 즉해 있다. 眞에 즉하면
아무 것도 봄이 없다. 아무 것도 봄이 없으니 彼와 我가 둘이 아니다.
까닭에 천지와 我가 같은 뿌리이다. 만물과 我가 일체이다. 我와
같으니 다시는 有와 無가 없다.[234] 我와 다른 것이 있다고 하면 회통되

---

232) 보살은 照寂(적멸임을 알아 비춤)하고, 佛은 寂照(적멸에서 무위로 비춤)한다
　　（『금강삼매경론』 등)

233) 後秦의 僧肇(384-414)가 지었다. 전1권이고, 『대정장』권45에 실려 있다. 본서에
　　는 『物不遷論』, 『不眞空論』, 『般若無知論』, 『涅槃無名論』의 4론이 합록되어
　　있다. 인용구절은 이 가운데 『열반무명론』이다.

234) 我가 아닌 것이 있어야 무엇이 있다(有)고 할 것이나 我 아닌 것이 없으니 有見
　　이 생기지 않는다. 有見이 생기지 않으니 無見도 생기지 않는다. 이것이 곧 無

지 못하고 어긋난다. 까닭에 밖에 있는 것도 아니고 안에 있는 것도
아니되 도가 그 사이에 있다.235)

또 (『조론』에) 이른다.

　지인(至人)은 허심(虛心)에서 그윽이 합치되어 비추니 理에 통섭하
지 않는 것이 없다. 가슴(마음)에 온 우주를 품었으되 마음에 남음이
있다. 비추는 거울이 마음에 가득 있되 그 마음은 항상 텅 비어 있다.236)

<h1 style="text-align:center">〈75〉</h1>

罔象兮獲明珠.

　黃帝於赤水求玄珠. 有臣離婁. 百步能觀毫末. 求之不得. 乃罔象而得之. 罔
象即無心也. 故弄珠吟云. 罔象無心却得珠. 能見能聞是虛僞.

망상(罔象 : 無心)이여!237)
(無心하니) 明珠 얻게 되었고,

　　所有이다.
235) 『조론』의 「열반무명론」妙存에 나온다. 『대정장』권45, 159b.
236) 위의 글에 이어 「何則(왜 그러한가)」만 생략하고 바로 이어진 구절이다. 同
　　159c.
237) 罔象은 모습이 없다는 뜻으로 無相과 같다. 無相이니 곧 無心이다.

황제(黃帝)가 적수(赤水)에서 현주(玄珠)를 찾고 있었다. 이루(離婁)라고 하는 신하가 있어 백보(百步)의 거리에서 능히 터럭 끝을 볼 수 있었는데 찾아보았지만 얻지 못하였다. 이에 망상(罔象 : 無心)하니 찾게 되었다. 망상(罔象)이란 바로 無心이다. 까닭에 「농주음(弄珠吟)」에[238] 이른다.

> 망상(罔象 : 無心) 無心하여 오히려 구슬 얻게 되었으니
> 見함이 있고 들음(聞)이 있는 것은[239] 오히려 허위라네.

〈76〉

希夷兮宗法要.

> 眼不見謂之希. 耳不聞謂之夷. 故云無心道現. 又眞心無形. 非見聞覺知之
> 所能解.

희이(希夷 ; 無心의 道)여!
법요(法要)의 근본이네.

---

238) 丹霞天然선사가 지었다. 「玩珠吟」이라고도 한다. 『경덕전등록』권30과 『조당집』
　　권4 단하화상 條에 수록되어 있다.

239) 원문 「能見」과 「能聞」은 見하는 자가 있어 見함이고 듣는 자가 있어 들음이다.
　　또한 見하는 자가 있으니 見한다 함이 있고, 듣는 자가 있으니 듣는다 함이 있
　　게 된다. 이러한 경우는 모두 心에 卽하지 못하고 一切法에 卽하지 못한 탓이
　　다. 一切에 卽해야 無相이 되고, 無所有가 되어 見한다 함도 없으며, 듣는다 함
　　도 없게 된다. 卽하면 무엇이 있다고 할 바가 없는 것이어서(無所有) 무엇을 見
　　하거나 듣는다 함이 없는 것인데 범부 중생이 見한다 함이 있는 것은 모두 망령
　　이고 허위이다.

눈으로 見함이 없음을 희(希)라 하고, 귀로 들음이 없음을 이(夷)라고
한다. 까닭에 無心의 도가 드러난 것을 말한다. 또한 眞心은 형상이 없어서[240]
견문각지(見聞覺知)로 능히 알 수 있는 것이 아니다.

〈77〉

恩覆羣生而無得. 不作不爲.

> 肇論云. 夫聖人功高二儀而不仁. 明踰日月而彌昏. 註云. 是以聖人不仁. 以
> 百姓爲芻[卄/狗]. 天地不仁. 以萬物爲芻[卄/狗]. 芻[卄/狗]者. 無畎守之功也.
> 不仁者. 施恩不望報. 彌昏者. 照而無照也. 卽無心矣.

(성인, 佛의) 은혜가 온갖 생류를 덮었으되
얻을 바 없고, 짓는 바가 없으며, 함이 없도다!

『조론(肇論)』에 이른다. 「무릇 성인은 功이 이의(二儀 : 天地)보다 높되
不仁하다. 밝기가 日月을 넘되 두루 어둡다(彌昏).」[241] 註에 이르길,[242]
「이 까닭에 '성인은 不仁하여 백성을 추구(芻狗 : 짚으로 만든 개)로 삼는다.」고

---

240) 일체는 當念當處일 뿐이고 당념당처 외에는 아무 것도 없다. 때문에 당념당처
에 卽하면 대상이 될 당념당처도 없는지라 見聞覺知됨이 없어 분별 떠나고, 분
별 떠났으니 바로 眞心이고 眞如이다. 『능가경』을 비롯한 여러 대승경전에서
「분별 떠남이 곧 眞如다」고 하였다.

241) 『조론』의 「般若無知論」제3에 나온다. 『대정장』권45, 153b.

242) 唐 元康의 『肇論疏』卷中 「반야무지론」, 『대정장』권45. 인용문 가운데 맨 앞의
'是以(이 까닭에)'가 원문에는 없다.

하였다. 天地가 不仁하여 만물을 추구(芻狗)로 삼는다.[243] 추구(芻狗)란 짖어
서 지키는 功이 없다. 不仁이란 은혜를 베풀되 과보를 바라지 않는 것이다.
두루 어둡다(彌昏)란 비추되 비춤이 없음이니 바로 無心이다.

〈78〉

光含萬象而絶思. 忘知忘照.

　永嘉集云. 若以知知寂. 此非無緣知. 如手執如意. 非無如意手. 若以自知知.
亦非無緣知. 如手自作拳. 非是不拳手. 亦不知知寂. 亦不自知知. 不可為無
知. 以性了然故. 不同於木石. 如手不執物. 亦不自作拳. 不可為無手. 以手安
然故. 不同於兔角. 斯為禪宗之妙. 故今用之. 而復小異. 以彼但顯無緣真智.
以為真道. 若奪之者. 但顯本心. 不隨妄心. 未有智慧照了心原. 故云直須能
所平等. 等不失照. 為無知之知. 此知知於空寂無生如來藏性. 方為妙耳.

빛이 만상을 함용하였으되 생각을 끊었고,
知함도 잊었으며, 비춤도 잊었다.

　『영가집(永嘉集)』에[244] 이른다.

---

243) 『노자도덕경』제5절에 나온다. 여기서 不仁이란 성인이 無心하여 모든 중생과
　　만물의 생사 쇠락(衰落) 전멸(轉滅)을 자연 그대로 둔다는 뜻으로 말한 것이다.
244) 唐代 永嘉玄覺(665~713)이 지은 1권의 『禪宗永嘉集』이다. 『대정장』48권에 수
　　록되었다. 그는 天台를 수학하다가 후에 6조 혜능의 제자가 되었다.

知함으로써(能知가 있는 것으로써) 적멸임을 知함은 무연지(無緣知 : 能과 所 떠난 絶對의 知)가 아니다. 마치 손으로(能知)로 주먹을 쥐는 것(所知)이 如意하나 如意한 손이 없지 않는 것과 같다(즉 아직 能知의 知를 잊지 못하고 있다는 뜻). 만약 스스로(저절로) 知하여 知하는 것이라 하더라도 이 또한 無緣知가 아니다(앞의 경우 보다는 뛰어나고 비록 一體라 하더라도 아직 能과 所를 잊지 못하였다. 그래서 아직 無緣知가 아니 다). 마치 손 스스로 주먹을(所知) 쥐었어도 손을 주먹 쥐지 않은 것이 아님과 같다. 또한 적멸임을 知함 없이 知함도, 또한 스스로(저절로) 知함 없이 知함도, 知함 없다고 할 수 없다. 성품이 了然(了知 : 뚜렷이 知함, 깨달아 知함)한 까닭에 목석과 같지 않기 때문이다. 마치 손으로 물건을 잡지 않는 것도, 또한 스스로 주먹을 쥐지 않는 것도, 손이 없는 것이라 할 수 없는 것과 같으니 손이 편안히 있어 토끼뿔과[245] 같지 않은 까닭이다.

이것이 禪宗의 妙이다. 까닭에 지금 이것을 쓴 것이로되 또한 약간 다르다. 저것은 단지 無緣眞智를 드러내어 眞道로 삼은 것이다. 만약 이러한 경계도 벗어버린다면 단지 본심을 드러낸 것이고, 망심(妄心)에 따르지 않은 것이며, 지혜가 심원(心源)을 비춤도 없다. 까닭에 이르길, 「바로 能・所가 평등하고, 평등하여 비춤을 잃지 않아야 知함 없이 知함이 된다」고 하였다. 이 知는 공적(空寂 : 텅 비어 고요한 심성)・無生・여래장성(如來藏性)을 知함이 되어야 바야흐로 妙함이 된다.

---

245) '토끼뿔'은 名字, 이름으로만 있고 실재하지 않는 것을 가리킨다.

〈79〉

如是則塵成佛國.念契圓音.

心要牋云.心心作佛.無一心而非佛心.處處道成.無一塵而非佛國.又唯心
訣云.巖樹庭莎.各挺無邊之妙相.猿吟鳥噪.皆談不二之圓音.又佛以一音
演說法.眾生隨類各得解.猶如滿月唯一圓形.隨器差別而現多影.謂多即
是一.若多不即一.則非一音.一復即多.若一不即多.即非圓音矣.

이러하니 티끌세상 중생계가 佛國이 되고,
생각마다 圓音(佛音 : 부처님의 가르침)에 계합한다.

『심요전(心要牋)』에[246] 이른다.

　　마음 마다 佛을 作하니 한마음도 佛心 아님이 없고,
　　곳곳마다 도가 이루어지니 한 티끌도 佛國 아님이 없네.

또 『유심결(唯心訣)』에[247] 이른다.

---

246) 唐 順宗이 태자로 있을 때 청량국사 澄觀에게 청하여 짓게 하였다. 『송고승전』
　　권5 澄觀傳에 「順宗在春宮, 嘗垂敎令述了義一卷, 心要一卷」이라 한데서 「心
　　要一卷」이 곧 「심요전」이다.
247) 본 『주심부』의 저자인 永明延壽(904~975)선사의 저술이며, 본명은 『永明智覺
　　禪師唯心訣』이다. 全一卷이며, 『대정장』48권에 수록되어 있다.

암벽의 나무와 정원의 풀들이

각기 한없는 妙相을 나타낸다.

원숭이가 소리 내고 새가 지저귀는 것이

모두 圓音과 둘이 아니다(다르지 않다).

또한 佛이 一音으로 법을 설하는데 중생은 생류에 따라 각기 알아듣는다. 마치 둥근 달이 오직 하나의 둥근 모습인데 그릇의 차이에 따라 수많은 모습으로 나타나는 것과 같다. 그래서 '多가 곧 그대로 一이다'고 한다. 만약 '多가 곧 그대로 一이' 아니라면 一音이 되지 않는다. '一이 또한 그대로 多이다'. 만약 一이 그대로 多가 아니라면 圓音이 되지 않는다.

〈80〉

但顯金色之世界.

華嚴經云. 一切處文殊師利. 從金色世界來. 金色者. 卽一切衆生自心白淨
之色. 文殊者. 卽信自心無依住性妙慧解脫. 是自文殊. 若人若法. 皆是自心
所表之法. 如法華經云. 入如來室者. 卽衆生大慈悲心是. 豈可入於有相屋
宅乎. 所以牛頭第一祖融大師. 天台智者大師. 所釋佛經. 皆作觀心之釋. 如
是卽深契祖佛之本懷矣.

단지 金色의 세계만 드러낼 뿐이며,

『화엄경』에 이르길, 「일체 모든 곳의 문수사리보살이 金色세계로부터 온다」고[248] 하였다. '金色'이란 바로 일체 중생 自心의 백정(白淨)한 색이다.

'문수'란 바로 自心의 의지하여 머무름 없는 성품인 묘혜해탈(妙慧解脫)이 문수 자신임을 믿음이다. 人我(我相)이든 法(法相)이든 모두 自心에서 드러난 법이다. 이를테면 『법화경』에서 이른다. 「여래의 방에 들어가는 자는 바로 중생의 대자비심이다」고249) 하였다. 어찌 모습이 있는 집에 들어가겠는가? 때문에 우두종(牛頭宗)의 제1조 법융(法融 594~657)250)대사와 천태지자(天台智者)251)대사가 불경을 주석한 것은 모두 관심(觀心)을 해설한 것이었다.

---

248) 『화엄경(60권본)』권5 如來光明覺品第五에 「所謂文殊師利 乃至賢首等, 是諸菩薩所從來國, 金色世界乃至如實色世界」라 하였다. 인용문은 원문을 줄인 것이다. 『대정장』9권, 424c.

249) 원 경문을 간략히 하여 인용하였다. 원문은 『묘법연화경』권4 五百弟子受記品第八에

「若人說此經   應入如來室, 著於如來衣   而坐如來座.

處衆無所畏   廣爲分別說,   大慈悲爲室   柔和忍辱衣.」『대정장』권9, 32a.

250) 牛頭法融(594~657)은 4조 道信의 법을 이어 우두종 초조가 되었다. 정관17년 (643년) 우두산 幽捿寺에서 선방을 개설하자 많은 도중이 모여 우두종의 法系가 이어지게 되었다. 그의 저술로 전해지는 『絶觀論』이 있다. 道信에서 5조 弘忍으로 이어지는 계통을 正系라 하고 우두 계통을 傍系로 칭하는 경향이 있다.

251) 천태지자(天台智者 ; 지의智顗 538~597) : 天台宗의 3조이다. 荊州 華容(湖南 潛江西南)人이고, 俗姓은 陳이다. 중국불교사상 가장 많은 저술을 남긴 분으로 유명하다. 18세에 果願寺의 法緖에게 출가하였다. 남조의 陳 천가원년(560)에 光州 大蘇山에 가서 慧思의 제자가 되었다. 그는 여기에서 『법화경』약왕품을 읽다가 크게 깨우쳤다. 그는 혜사의 부촉을 받고, 이후 새로운 敎判을 통해 天台의 종지를 세웠으며, 4종 止觀법문을 저술하여 禪法의 체계를 세웠다. 불교는 먼저 天台로부터 들어가라는 말이 있는 것은 실로 그가 인도에서 전해진 수많은 법문과 선법을 일목요연하게 정리 분류하고, 체계를 세워 수학자가 혼란에 빠지지 않도록 하였기 때문이다. 陳 太建七年(575) 절강성 天台山에 들어가 이곳에서 크게 홍법하였다. 隋 개황11년(591), 晉王 楊廣(煬帝)은 그를 매우 존숭하여 그로부터 보살계를 받고 「智者」의 호를 올렸다. 그 후 西行하여 當陽 玉泉山에 사찰을 세우고, 이곳에서 행화하다 세수 60, 계납(戒臘)40으로 입적하였다. 대표 제자에 灌頂·智越·智璪 등이 있다.

172

이러함이 바로 조사와 부처님의 본마음에 깊이 계합하는 것이다.

〈81〉

唯聞薝蔔之園林.

> 如淨名經云. 方丈之內. 唯談大乘一心之旨. 故云. 唯聞薝蔔之香. 不齅餘香
> 三乘之氣.

오직 원림(園林)에서 치자 꽃(1승) 향기 만 맡았으니

이를테면 『정명경(淨名經 : 유마경)』에서 이르길, 「방장(方丈 : 유마힐거사의
房) 안에서 오직 대승 一心의 뜻만 담론하였다」고[252] 하였다. 까닭에 이르길,
「오직 치자 꽃 향기만 맡고 여타의 향기, (즉) 3승의 향기는 맡지 않았다」고
하였다.

〈82〉

莫比商人之寶.

주요 저술에 『法華玄義』『法華文句』『마하지관』 및 『觀音玄義』『觀音義疏』
『金光明經義』『金光明經文句』・『관무량수불경소』『동몽지관』『육묘법문』『석
선라밀차제법문』 등이 있다.

252) 『유마경』 원문을 인용한 것이 아니고 그 本旨를 간략히 총괄하여 말한 것이다.

任商人採寶. 設獲驪珠. 皆是世珍. 徒勞功力. 如管子云. 利之所在. 雖千仞之
山. 無所不上. 深源之下. 無所不入. 商人通賈. 倍道兼行. 夜以續日. 千里不
遠. 利在前也. 漁人入海. 海水百仞. 衝波逆流. 宿夜不出. 利在水也. 此乃世
間勤苦求利之耳. 如或堅求志道. 曉夕忘疲. 不向外求. 虛襟澄慮. 密室靜坐.
端拱寧神. 利在心也. 如利之所在. 求無不獲. 況道之在心. 信無不得矣. 故知
訓格之言. 不得暫捨. 可以鏤於骨. 書於紳. 染於神. 熏於識. 所以楚莊輕千乘
之國. 而重申叔一言. 范獻賤萬畝之田. 以貴舟人片說. 此乃成家立國. 尚輕
珍重言. 況稱揚心地法門. 諸佛祕密. 言下契無生. 聞之成大道. 寧容輕慢乎.

상인(商人)의 보배와 비교할 수 없는 것이네.

상인에게 마음대로 보물을 채취하도록 하니 설령 보배 구슬을 가져간다
하더라도 모두 세간의 보배라 힘만 헛되이 쓴 것일 뿐이다. 이를테면『관자(管
子)』에서 이른다.「이익이 있는 곳이면 비록 천 길의 산이라도 오르지 않음이
없고, 깊고 깊은 바닥이라도 내려가 들어가지 않음이 없다. 상인은 통상을
위해 이틀 길을 하루에 가면서 밤낮으로 이어 달리며 천리 길도 멀다 하지
않는다. 이익이 앞에 있기 때문이다. 어부는 바다에 들어가는데 바닷물이
백 길이고 파도가 치며 역류하더라도 밤을 지새우며 나오지 않는다. 이익이
물에 있기 때문이다.」253) 이는 세간에서 힘들게 애써 이익을 구하는 것이다.
만약 도를 구하는 뜻을 굳게 하고, 새벽부터 저녁까지 피로함도 잊고, 밖을

---

253) 본문은『관자』원문을 일부 자구와 순서 등을 약간 변동시켜 인용하였다. 원문
　　은 다음과 같다.『管子』七臣七主제52에「其商人通賈, 倍道兼行, 夜以續日, 千
　　里而不遠者, 利在前也. 漁人之入海, 海深萬仞, 就彼逆流, 乘危百里, 宿夜不出
　　者, 利在水也. 故利之所在, 雖千仞之山, 無所不上, 深源之下, 無所不入焉.」

174

향하여 무엇을 구하지도 아니하며, 텅 빈 마음으로 맑게 사유하고, 밀실에서
고요히 좌선하여 몸과 마음을 바르고 평안하게 한다면 이익은 마음에 있다.
이익이 있는 곳이면 구하여 얻지 않음이 없는데 하물며 도가 마음에 있음을
믿어 얻지 못함이 없는 것이야 말할 나위 있겠는가. 까닭에 알건대 훈계하는
격언을 잠시도 버려서는 안 되는 것이며, 뼈에 새기고, 옷의 띠에 기록해두며,
마음에 지니고, 마음에 익어지도록 해야 한다. 때문에 초(楚)나라의 장왕(莊
王)이 천승(千乘 : 전차 1천대)의 나라를 가벼이 보았으나 신숙(申叔)의 一言을
귀중하게 여겼으며,254) 범헌(范獻)은255) 만무(萬畝)의 田을 가벼이 보았으나
뱃사공의 한마디 말을 귀하게 여겼다. 이는 가문을 이루고 나라를 세우는
일임에도 또한 보배를 가벼이 하고 (이로운) 말을 귀중히 여긴 것인데 하물며
心地법문이며 諸佛의 비밀한 가르침을 칭양하여 言下에 無生(의 진리)에
계합(契合, 合致)되게 하고, 듣고 대도를 이루게 하는 것이야 말할 나위
있겠는가! 어찌 가벼이 여기고 모멸할 것인가!

〈83〉

寧齊樵客之金.

如採樵人.負薪而歸.路逢黃金.即棄薪拾金.價逾萬倍.況捨僞歸眞.不依權
漸不了義教.直入一心實教之門.則所學功程.日劫相倍.如孤寂吟云.不迷
須有不迷心.看時淺淺用時深.此箇眞珠若採得.豈同樵客負黃金.黃金烹

鍊轉爲新. 此珠含光未示人. 了則毛端吞巨海. 始知大地一微塵. 一滴一塵
並擧喩一心包含廣大矣. 豈比人間之寶. 此乃出世之珍. 標萬化之原. 統一
真之本. 隨緣應用. 猶如意珠. 對物現形. 若大圓鏡. 是以能包萬象. 是大法
藏. 出生無盡. 是無盡藏. 妙慧無窮. 是大智藏. 法法恒如. 是如來藏. 本性無
形. 是淨法身. 體合真空. 是虛空身. 相好虛玄. 是妙色身. 妙辯無窮. 是智慧
身. 隱顯無礙. 是應化身. 萬行莊嚴. 是功德身. 念念無滯. 是入解脫法門. 心
心寥廓. 是入空寂法門. 六根自在. 是入無礙法門. 一念不生. 是入無相法門.
又此中旨趣. 若相資. 則唯廣唯大. 演之無際. 若相奪. 則唯微唯細. 究之無
蹤. 斯乃離有無而不壞有無. 標一異而非一異. 則四邊之火莫能燒. 百非之
垢焉能染. 但隨緣顯現. 如空谷響. 故大涅槃經云. 譬如一人. 多有所能. 若其
走時. 則名走者. 若收刈時. 復名刈者. 若作飮食. 名作食者. 若治材木. 則名
工匠. 鍛金銀時. 言金銀師. 如是一人. 有多名字. 法亦如是. 其實是一. 而有
多名. 故知約用分多. 體恒冥一. 盧山遠大師云. 唯一知心隨用分多. 非全心
外別有諸數. 譬如一金作種種器. 非是金外別有器體.

어찌 나무꾼이 얻은 금덩이와 같을 것인가!

이를테면 나무꾼이 땔감을 지고 돌아가다가 길에서 황금을 보게 되어
바로·땔감을 버리고 금덩이를 주워갔는데 그 값어치가 (땔감보다) 만 배가
넘었다. 하물며 거짓을 버리고 진실에 돌아가며, 임시방편의 점법(漸法)인
不了義敎에256) 의지하지 아니하고, 바로 一心實敎의 門에 들어가면 그 수학

256) 궁극의 자리에 바로 가지 못하는 이들에게 임시방편으로 어느 자리를 설정하여
이를 목표로 삼아 일정한 행을 시설한 가르침을 不了義敎라 한다. 한편 일체법
은 不可得이며, 心性이 본래 知함 없이 知하고, 見함 없이 見함을 알고, 당념당

176

의 성취도가 매일 겁(劫)의 배수(倍數)가 되는데 말할 나위 있겠는가!
이를테면 『고적음(孤寂吟)』에서257) 이른다.

  미혹하지 않아도 반드시 미혹하지 않은 마음 있고,

  보는 때는 얕고 얕으나 쓰는 때는 깊네.258)

  이 진주 얻는다면

  어찌 나무꾼이 황금을 얻은 것과 같겠는가!

  황금은, 녹여 제련하면 다시 새롭게 되지만

  이 진주는 빛을 품고 있되 아직 사람에게 드러내지 않았네.

  깨달으면 털끝이 거대한 바다를 삼키고,

  비로소 대지가 한 티끌임을 안다네.

  한 방울 한 티끌을 들어 비유하나니

  一心이 광대한 법계를 포함하였네.

이러하거늘 어찌 인간의 보배에 빗대겠는가! 이는 세간을 뛰어넘는 보배이
며, 萬化(自在하며 萬象을 化現함)의 근원이고, 진실의 근본을 통일한 것이다.
인연 따라 응용함이 마치 의주(意珠 : 如意珠)와 같고, 사물에 대하여 형상을

처에 眞如 佛性이 無始 이래로 갖추어져 있음을 알아 따로 무엇을 구하려거나
어디에 향하는 마음도 없어 당념당처에 卽心하여 無心 忘心(마음을 잊음)에 들
게 하는 無修之修, 卽心卽佛의 가르침을 了義敎라 한다.

257) 唐 丹霞선사(739-824)가 지었다. 『祖堂集』권4 丹霞和尙傳에 실려 있다. 『祖堂
集(上)』(『中國佛敎典籍選刊』, 北京, 中華書局, 2007, p.213.

258) 「보는 때는 얕다」라 한 것은, 본심 진여의 자리가 항상 현전하여 특별히 깊은
자리가 아닌 것처럼 보인다는 것이고, 「쓰는 때는 깊다」란, 그 자리를 온전히
증득하여 쓰게 되면 그 공용이 무궁무진하여 깊다는 뜻이다.

드러냄이 크고 둥그런 거울과 같다. 이 때문에 능히 만상을 포용하니 크나큰 법장(法藏)이며, 출생이 다 함 없으니 무진장(無盡藏)이다. 묘한 지혜가 무궁하니 대지장(大智藏)이고, 法 하나하나가 모두 항상 如如하니 여래장(如來藏)이며, 본성이 모습 없어 청정법신이다. 體가 眞空에 합하였으니 허공신이며, 相好가 텅 비어 현묘하니 妙色身이다. 묘한 설법이 무궁하니 智慧身이며, 감추고 드러냄에 걸림 없어 응화신(應化身)이다. 만행으로 장엄하니 功德身이고, 念念에 걸림 없으니 해탈에 드는 법문이다. 마음마다 텅 비고 훅 트여 있으니 공적(空寂)에 드는 法門이다. 6근에 자재하니 걸림 없음에 드는 법문이고, 한 생각도 생하지 않으니 無相에 드는 법문이다.

또한 이 중의 뜻은, 서로 도와주는 면에서는 오직 더욱 광대해져 펼쳐짐에 끝이 없다. 서로 덜어가는(빼앗는) 면에서는 더욱 미세해져 궁극에는 자취가 없다. 이것이 바로 有와 無를 떠났으되 有와 無를 부수지 않음이다. 一과 異를 따로 세웠으되 一과 異가 아니니 사방의 불길이 태울 수 없고, 수많은 是非의 때(垢)가 오염시키지 못한다. 단지 인연 따라 나타남은 마치 텅 빈 골짜기의 메아리와 같은 것이다. 까닭에 『대반열반경』에서 이른다.

　　비유컨대 한 사람이 있는데, 재능이 많아 달려갈 때는 '달려가는 자'라 하고, (곡식을) 수확할 때는 '수확하는 자'라 하며, 음식을 만들 때는 '음식을 만드는 자'라 하고, 재목을 깎을 때는 공장(工匠)이라 하며, 금은을 제련할 때는 '금은사(金銀師)'라 한다. 이와 같이 한 사람이 많은 이름을 갖는다. 법도 또한 이와 같아 실은 하나인데 많은 이름이 있는 것이다.259)

---

259) 『대반열반경(40권본)』권13 성행품7의3.

까닭에 알지니 用의 방면에 의거하면 다양하되 體는 항상 하나이다.

여산(廬山) 혜원(慧遠 334-416)대사가 이른다.[260]「오직 하나의 知하는 마음이 用에 따라 分이 많은 것일 뿐이고, 온통 마음일 뿐이어서 그 밖에 다른 여러 가지 법(존재)이 있는 것이 아니다. 비유컨대 하나의 금덩이로 갖가지 그릇을 만들면 모두 금이고, 그 외에 그릇의 다른 체가 있지 않은 것과 같다.」[261]

〈84〉

厭異忻同而情自隔.

---

260) 慧遠(334-416)은 淨土宗初祖로 모셔지며 廬山 白蓮社의 創始者이다. 山西출신으로 21세에 출가하여 道安의 제자가 되었다. 381년 지금의 강서성 廬山으로 남하하여 동림사에서 주석하며 염불결사를 주도하여 염불정토종을 창립하였다 (402년). 그는 장안의 구마라즙과 편지를 주고받으며 교의를 토론하였고, 제자들을 파견하여 여러 경전을 가져오게 하고 제자들과 『십송률』 등을 역출하였다. 장안에서 구마라즙에 의해 밀려난 불타발타라를 초빙하여 『달마다라선경』을 역출하게 하였다. 그는 대승반야학과 더불어 소승의 禪法도 연구 수습 해설하였다. 또한 당시 東晉의 실권자 桓玄이 사문을 탄압하며 사문도 王者에게 모두 禮敬하여야 한다고 주창하였을 때「沙門不敬王者論」을 저술하여 사문을 출가인인 까닭에 세속의 군주에게 예경할 필요가 없다고 주창하였다. 조정에서 이에 대한 의론 끝에 혜원의 주장을 지지함으로써 환현은 자신의 주장을 철회하고 사과하였다.

그는 義熙12년 世壽 83세로 입적하였다. 隋의 정영사 혜원과 구별하여 보통 '廬山혜원'으로 칭한다. 주요 저술에 『廬山集』10권·『問大乘中深義十八科(大乘大義章 ; 鳩摩羅什法師大義)』3권·『明報應論』·『釋三報論』·『辯心識論』·『沙門祖服論』 각 1권과 『大智度論抄序』 등이 있다. 弟子에 慧觀·僧濟·法安·曇邕·道祖 등이 있다.

261) 여산혜원의 저술로 현전하는 글에는 보이지 않는다.

摩訶衍釋論云. 厭異捨別. 唯一眞如. 譬如有人避影畏空. 終不得離. 任九十
六種外道. 常合圓宗. 縱八萬四千塵勞. 恒當正位. 以各不離心故.

다름을 싫어하고 같은 것(하나의 진실, 진여)을 좋아하되
情에서 스스로 떠나며,

『석마하연론(摩訶衍釋論)』에262) 이른다. 「다른 것을 싫어하고 다른 것을
버리니 (어느 때나) 오직 하나의 眞實(眞如)인263) 까닭이다.」264) 비유컨대
어떤 사람이 그림자를 피하고 허공을 두려워하여도 끝내 떠날 수 없는
것과 같이 98종의 외도를 만나서도 항상 圓宗(佛敎)에 합치되고, 8만4천의
번뇌 속에 지낸다 하더라도 항상 正位에 처한다. (이는) 각 경우에 모두
마음을 떠나지 않은 까닭이다.

〈85〉

捨此取彼而理恒任.

任背覺合塵. 遺心騖境. 且一心眞如之理. 未嘗移易. 如釋摩訶衍論云. 一心

---

262) 『석마하연론釋摩訶衍論』10권(姚秦三藏 筏提摩 역, 『대정장』32권)은 용수보살
이 『대승기신론』을 주석한 것으로 전해지는데 그 저자에 대해서는 여러 이설이
있다. 제10권 性德圓滿海의 법문은 일본의 홍법대사가 이에 의거하여 진언종의
교의를 발휘하였다고 한다. 『卍續藏』72권에 여러 注釋들이 수록되어 있다.

263) 본 저본은 「唯一眞如」이나 『대정장』의 원문은 「唯一眞故」이다. 양자의 뜻이
별 차이가 없으나 후자에 따른다.

264) 『석마하연론』권6에 「厭異捨別, 唯一眞故.」

真如體大.通於五人.平等平等.無差別故.云何名為五種假人.一者凡夫.二
者聲聞.三者緣覺.四者菩薩.五者如來.是名為五.如是五人.名自是五.真
自唯一.所以者何.真如自體.無有增減.亦無大小.亦無有無.亦無中邊.亦
無去來.從本已來.一自成一.同自作同.厭異捨別.唯一真如.是故諸法.真
如一相.三昧契經中作如是說.譬如金剛作五趣像.五人平等亦復如是.於
諸人中無有增減.故起信論云.心真如者.即是一法界大總相法門體.所謂
心性不生不滅相.一切諸法.皆由妄念而有差別.若離妄念.則無一切境界
差別之相.

이것을 버리고 저것을 취하되[265]
(一心, 不二, 眞如, 평등의) 理에 항상 임한다(처한다, 卽한다).

覺에 위배하여 경계에 어울려 있으면서 마음을 경계에 재빨리 쫓아가게
두더라도 또한 一心 眞如의 理에서 일찍이 옮기거나 바꾼 적이 없다. 이를테
면 『석마하연론』에서 이른다.

---

265) 대승의 禪旨에서는 '이것을 취하고 저것은 버리는 행을 떠나라' 하였는데 여기
　　서 이렇게 설한 것은, 그렇게 '취하고 버리는 행을 떠나야 한다'는 法相에 걸리
　　지 않도록 함이다. 즉 '떠나지 않는 행'과 '떠나는 행'이 둘로 구분되는 행 가운
　　데 한 편으로 치우치는 행이 되어 버리는 까닭이다. 그래서 진실한 행은 '취하
　　고 버리는 행' 그 자리에 처하여(임하여, 卽하여) 항상 如一한 理(眞如, 一心,
　　不二平等)가 구현되는 자리임을 설한다. 즉 어떠한 행의 자리이든 거기에는 이
　　러한 如一한 理가 항상 본래 갖추어져 있어 이 뜻이 항상 구현되면 바로 진실
　　한 행이 되고 있다는 것이다.
　　요컨대 心眞如門에 의한다면 취함도 버림도 모두 一心 眞如의 자리일 뿐이다.

一心 眞如의 體大(「眞如自體」: 大正藏本)는 5人에 통한다. 평등하고 평등하여 차별이 없는 까닭이다. 어찌해서 5종의 가인(假人 : 임시로 가설하여 구분해서 세운 人)이라 하는가? 1은 범부, 2는 성문(聲聞), 3은 연각, 4는 보살, 5는 如來이니 이를 5인이라 한다. 이러한 5인은 이름으로 해서 다섯일 뿐이고 진실로는 오직 하나다(唯一). 왜 그러한가? 진여 자체는 증감이 없고, 크고 작음이 없으며, 또한 有와 無가 없고, 또한 중앙과 변두리가 없고, 또한 去와 來가 없다. 본래 이래로 하나가 스스로 하나가 되어 왔다. 동일함이 스스로 동일함이 되어 왔다. 다름을 싫어하고 다름을 버림은 오직 하나의 진실(진여)인 까닭이다(「唯一眞故」: 대정장본). 이 까닭에 모든 것은 眞如·一相三昧이다. 경에서 이와 같이 설한다. 「비유컨대 금강으로 다섯 가지 생류의 모습을 만들면 5인이 평등함도 또한 이러하여 이 여러 사람에게 증감이 없는 것과 같다.」266)

까닭에 『기신론』에 이른다. 「心眞如란 바로 一法界 大總相법문의 體이다. 이른바 심성이 불생불멸의 相이라 함이다. 일체 모든 것은 다 망념으로 말미암아 차별이 있게 된 것이다. 만약 망념을 떠나면 일체 모든 경계의 차별상이 없다.」267)

---

266) 인용문은 『석마하연론』권6에 나온다. 『대정장』의 본문과 다른 부분이 있다. 원문은 다음과 같다. 「眞如自體通於五人, 平等平等, 無差別故. 云何名為五種假人? 一者凡夫, 二者聲聞, 三者緣覺, 四者菩薩, 五者如來, 是名為五. 如是五名, 人自是五, 眞自唯一. 所以者何? 眞如自體, 無有增減, 亦無大小, 亦無有無, 亦無中邊, 亦無去來, 從本已來, 一自成一, 同自作同, 厭異捨別, 唯一眞故. 是故諸法眞如 一相三昧, 契經中, 作如是說. "譬如金剛作五趣像, 五人平等, 亦復如是. 於諸人中, 無有增減故."」

〈86〉

繩上生蛇而驚悸.

論頌云. 白日看繩繩是麻. 夜裏看繩繩是蛇. 麻上生繩猶是妄. 豈堪繩上更
生蛇. 此況迷心作境之人. 如繩上生蛇. 若麻上生繩. 是依他起性. 若繩上生
蛇. 是遍計所執性. 無名無體. 情有理無. 例觀萬境. 亦復如是. 悉落周遍計度
之心.

(길가의) 새끼줄을 보고 뱀이라는 생각을 내어
놀라 두려워하고,

『論』의 게송에서 이른다.

　　　　　한 낮에 새끼줄을 보면 마(麻)인데
　　　　　밤에 보면 새끼줄이 뱀이네.
　　　　　마(麻)에서 새끼줄이라는 생각 내는 것도 망령인데
　　　　　어찌 새끼줄에서 다시 뱀이라는 생각 일으킬 것인가!

이러하건대 하물며 미망의 마음으로 경계를 짓는 사람이야 말할 나위
있겠는가! 이는 마(麻)에서 새끼줄이라는 생각을 내는 것과 같다. 만약 마(麻)
에서 새끼줄이라는 생각을 낸다면 이는 依他起性(다른 것에 의지하여 나온
것이라는 성품)이다. 만약 새끼줄에서 뱀이라는 생각을 낸다면 이는 변계소집

---

267) 『대정장』권32, 576a.

성(遍計所執性 : 두루 분별하여 집착함에서 나온 것이라는 성품)이다. 無名이고 無體인데 情으로 있는 것이며, 理로는 없는 것이다. 이를테면 만경(萬境)을 보는 것 또한 이와 같아 모두 두루 분별하는 마음에 떨어진 것이다.

⟨87⟩

杌中見鬼而沈吟.

如夜看杌. 疑爲是鬼. 雖無眞實. 而起怖心. 亦如夢中所見. 以萬法體虛成事. 此亦喻迷心作境. 自起怖心. 若了一心. 無境作對. 自然忻厭不生.

나무 그루터기에서 귀신을 보고(그루터기를 귀신으로 보아)
마음이 잠기어 신음하며,

이를테면 밤에 나무 그루터기를 보고 귀신이 아닌가 하는데 비록 진실이 아니지만 공포심을 일으킨다. 또한 꿈속에서 보이는 것이 모두 다 그 실체가 텅 빈 일이지만 이 또한 미혹한 마음이 경계를 짓는 것과 같이 스스로 공포심을 낸다. 만약 一心임을 깨달으면 대상이 되는 경계가 없다.[268] 자연히 좋아하고 싫어하는 마음이 일어나지 않는다.

---

268) 一心이란 바로 能(見分, 주관)과 所(相分, 객관, 대상)로 二分되어 있지 않다는 뜻을 드러낸 용어이다.

〈88〉

癡猿捉月而費力. 渴鹿逐燄而虛尋.

並喻心外取法. 無有得理. 故證道歌云. 不離當處常湛然. 覓即知君不可見.
寶藏論云. 察察精勤. 徒興夢慮. 遑遑外覓. 轉失玄路.

어리석은 원숭이가 달을 잡으려 힘을 쓰고,
갈증 난 사슴이 아지랑이 좇아 다니되 허사가 되는 것과 같네.

모두 마음 밖에서 법(존재)을 취함은 얻을 바 없다는 이치를 비유한 것이다.
까닭에 『증도가(證道歌)』에[269] 이른다.

(당념)당처를 떠나지 않고 항상 고요하며
찾아보면 알건대 볼 수 없네.

『보장론(寶藏論)』에[270] 이른다. 「살피고 살펴 정근하지만 헛되이 꿈속의
사량분별만 흥기시킬 뿐이며, 서둘러 밖으로 향해 찾지만(구하지만) 도리어
현묘한 길을 놓친다.」

---

269) 唐 永嘉玄覺이 지은 『永嘉證道歌』이다. 『대장경』권48에 수록되어 있다.
270) 僧肇의 저술로 『대정장』권45에 실려 있다.

〈89〉

飲狂藥而情隨轉日.食莨蕩而眼布華針.

大涅槃經云.如人醉時.見有轉日.此況妄心纔動.幻境旋生.又經云.如人服
莨蕩子.眼見針華.並況不達一心.妄生境界.

미치게 하는 약을 마시니 해가 빙글 도는 듯 하고,
낭탕자(莨蕩子)를 먹으니 눈에 바늘(針) 꽃이 퍼진 듯하네.

『대열반경』에 이르길, 「마치 사람이 술에 취했을 때 눈에 해가 빙글
도는 것처럼 보이는 것과 같다.」고[271] 하였다. 이러하건대 하물며 망심이
자주 움직여 환영의 경계가 회오리처럼 연이어 생기는 것이야 말할 나위
있겠는가! 또 경에서 이른다. 「마치 사람이 낭탕자(莨蕩子)를 먹으면 눈에
바늘(針) 꽃이 퍼진 듯 한데 하물며 一心에 이르지 못하여 망령되이 경계가
생기는 것이야 말할 나위 있겠는가!」

〈90〉

皆自想生.萬品而始終常寂.盡因念起.一眞而境界恒深.

---

271) 원 경문을 대략의 뜻으로 줄여 인용하였다. 『대반열반경(40권본)』권2 수명품에
「譬如人醉其心恈眩, 見諸山河石壁草木宮殿屋舍日月星辰, 皆悉迴轉.」『대정장』
12권 377b.

經云. 一切國土. 皆想持之. 若無想. 即無法. 又一切境界. 隨念而至. 若無念.
諸境不生. 如還源觀云. 攝境歸心真空觀者. 謂三界所有法. 唯是一心. 心外
更無一法可得. 故曰歸心. 謂一切分別. 但由自心. 曾無心外境. 能與心為緣.
何以故. 由心不起. 外境本空. 論云. 由依唯識故. 境本無體. 真空義成故. 以
塵無有故. 本識即不生.

모두 상념으로부터 생긴 것일 뿐
모든 것이 처음부터 끝까지 항상 적멸할 뿐인데
다 생각으로 인하여 일어난다.
하나의 진실이니
(그 자리에서의) 경계는 항상 깊고 깊다.

경에 이른다.「모든 국토가 다 상념으로 지탱된다. 만약 상념이 없으면
모든 것이 없다. 또한 모든 경계는 생각 따라 현전한다. 만약 생각 없으면
모든 경계가 생기지 않는다. 이를테면『환원관(還源觀)』에서[272] 이른다.

    모든 경계를 거두어 마음을 眞空에 돌리는 觀(攝境歸心眞空觀)이란,
    三界의 모든 것은 오직 一心일 뿐[273] 마음 밖에 다른 하나의 것도
    얻을 바 없다고 하는 것이니 까닭에 마음에 돌아감(歸心)이라 한다.
    일찍이 마음 밖에 다른 경계가 있어 마음과 더불어 緣(대상)이 된

---

272) 唐代 현수법장이 지은『修華嚴奧旨妄盡還源觀』을 가리킨다. 인용문은 6觀 가
    운데 첫 번째 觀을 설한 부분이다.『대정장』권45, 640a.
273)『대정장』본은「唯是一心造」로「造」의 一字가 더 있으나 오히려 저본과 같이
    없는 편이 더 낳다.

바가 없었다. 왜 그러한가? 마음이 일어남이 없어 바깥 경계가 본래 공한 까닭이다. 『論』에서 이른다. 「오직 識인 까닭에 경계는 본래 아무런 體가 없다. 眞空의 뜻이 성립되어[274] 경계가 없는 까닭이다. 本識(아뢰야식, 제8식)은 바로 생함이 없다.」

〈91〉

法內規模. 人間軌則.

此一心法門. 可謂盡善盡美. 何者. 體含虛寂. 不能讚其美. 理絶見聞. 不能書其過. 降茲已下. 皆墮形名. 則難逃毀讚矣. 如昔人云. 夫大道混然無形. 寂爾無聲. 視之不見. 聽之不聞. 非可以影響知. 不得以毀譽稱也. 降此以往. 則事不雙美. 名不並盛矣. 雖天地之大. 三光之明. 聖賢之智. 猶未免於毀譽也. 故天有拆之象. 地有裂之形. 日月有謫蝕之變. 五星有勃彗之妖. 堯有不慈之誹. 舜有謫父之謗. 湯主有放君之稱. 武王有弒主之譏. 齊桓有貪婬之目. 晉文有不臣之聲. 伊尹有誣君之迹. 管仲有僭上之名. 以夫二儀七曜之靈. 不能無虧彌. 堯舜湯武之聖. 也不能免嫌謗. 桓文伊管之賢. 也不能遺纖過. 由此觀之. 宇宙庸流. 奚能得免怨謗. 而無悔恪也. 若以心智通靈. 成無爲之化. 則萬累不能干矣. 又眞俗二諦. 並從心起. 第八識心是持種依. 眞如心是迷悟依. 如華嚴記云. 依生滅八識辯二所由. 顯法相但是心境依持. 而即如來藏. 辯其二所以. 於中先總. 後以會緣入實. 下別示二相. 即以起信眞如生滅二門爲二義耳. 存壞不二. 唯一緣起. 結歸華嚴會緣入實. 言二門無礙. 唯是一心者. 結歸起信依一心法立二種門. 故須具足二義. 方名具分唯識. 問. 唯

---

274) 저본의 「眞空義成故」에서 「故」는 『대정장』본과 같이 없는 편이 더 낫다.

識第九. 亦說其所轉依有其二種. 一持種依. 謂第八識. 二迷悟依. 謂卽眞如.
何以說. 言然依生滅八識. 唯有心境依持. 答. 彼雖說迷悟依. 非卽心境依持.
以眞如不變. 不隨於心變萬境故. 但是所迷耳. 後還淨時. 非是攝相卽眞如
故. 但是所悟耳. 今乃心境依持. 卽是眞妄非有二體. 故說一. 約義不同. 分成
兩義. 說二門別. 故論云. 然此二門. 皆各總攝一切法. 以此二門不相離故.

法에 규범이 있어
인간이 궤칙(軌則)으로 삼는다.

이 一心法門은 가히 뛰어남을 다 하였고, 아름다움을 다 하였다 할 것이니
왜 그러한가. 體가 텅 비어 고요함을 머금었으니 그 아름다움을 찬탄할
수 없고, 理는 견문이 끊어졌는지라 그 초월함을 기술할 수 없다. 이후로는
모두 모습과 이름에 떨어졌으니 비방하거나 찬미하는 것을 피하기 어려웠다.
이를테면 옛 분이 이르길, 「무릇 대도는 혼연(渾然 : 완전)히 형상이 없고,
고요함에 소리가 없어 보아도 보지 못하며, 들어도 듣지 못한다. 영상이나
메아리로 알 수 없는 것이며, 비방하거나 칭찬할 수 없는 것이다」고 하였다.
이로부터는 事(실제의 사정)에서 모두 좋지 않게 되었고, 이름(명성으로 알려진
사정)도 모두 흥성하지 못하였다.

　비록 천지의 광대함과 三光(해, 달, 별)의 밝음, 성현의 지혜라 하더라도
또한 비방과 칭찬을 면하지 못하는 것이다. 까닭에 하늘에 갈라지는 모습이
있게 되고, 땅에 갈라지는 모습이 있으며, 해와 달에는 일식 월식의 변화가
있고, 五星에는 혜성(彗星)이 갑자기 생기는 괴이한 현상이 있게 되는 것이다.
요(堯)임금은 자애롭지 못하였다는 비방이 있었고, 순임금은 부친을 꾸짖었
다는 비방이 있었다. 탕(湯 : 商나라 건국자)임금은 군주를 쫓아냈다는 평이
있었으며, (周의) 무왕은 군주를 시해하였다는 비난이 있었고, 제(齊)나라

환공(桓公)은 탐음(貪婬)하였다고 지목받았으며, 진(晉)의 文公은 신하로서의 마땅한 바를 행하지 않았다는 비난이 있었다. 이윤(伊尹 : 殷의 재상)은 군주를 업신여긴 행적이 있다 하였고, 관중(管仲 : 춘추시대 齊의 재상)은 군주를 범하였다는 평이 있었다.

무릇 이의(二儀 : 천지)와 칠요(七曜 : 日月과 水火木金土의 星)의 영묘함도 줄어들고 늘어나는 것을 면하지 못하고, 요임금·순임금·탕임금·무왕과 같은 성왕도 비방을 면하지 못하였으며, 제환공(齊桓公)과 진문공(晉文公), 이윤(伊尹)과 관중(管仲)의 현명함도 조그마한 잘못을 면할 수 없었다. 이로 보건대 우주의 범용(凡庸)한 類들이야말로 어찌 원망의 비방을 면할 수 있겠으며, 인색했던 것을 후회하는 일이 없을 수 있겠는가! 만약 心智가 통령(通靈)하면 무위의 조화가 이루어지는 것이니 만 가지 걸리게 하는 것들이 능히 간섭하지 못하는 것이다.

또한 진제(眞諦)와 속제(俗諦)의 이제(二諦)가 모두 마음으로부터 일어난다. 제8식심(아뢰야식, 藏識)은 종자를 지니면서 그 의지처가 되고, 眞如心은 미혹과 깨달음의 의지처가 된다. 이를테면 『화엄기(華嚴記)』에서[275] 이른다.

＊＊ 이 『화엄기』 즉 『연의초(演義鈔)』는, 징관이 자신의 『화엄경소』를 다시 세밀히 주석한 것이기 때문에 이해의 편의를 위해 『화엄경소』의 해당 부분을 먼저 앞에 번역하여 옮긴다.

(징관의 『화엄경소』권21 夜摩宮中偈讚品第二十)
(까닭에 眞과 忘이 의지하고 있음을 비유하였고, 나중에는 心과 境(경계)이 의지하고 있음을 비유하였다. '그런데 생멸하는 8識에 의거

---

275) 澄觀이 저술한 『大方廣佛華嚴經隨疏演義鈔』를 가리킨다. 인용문은 卷42에 나온다. 『대정장』권36, 321c.

한다면' 단지 心과 境이 의지하고 있을 뿐이되 여래장심에 즉한 까닭에 眞과 妄이 의지하고 있다. 隨緣을 융회하여 하나의 진실에 들게 하면 (「入實」) 차별상이 다 사라져 오직 眞如門일 뿐이다. 앞에 비유하여 드러난 바에 즉하면 경계를 모두 아우르고 마음 따라 相이 멸하지 않으니 이는 생멸문(生滅門)이다. 뒤에 비유하여 밝힌 바에 즉하면 존재함과 멸함이 不二이고, 오직 하나의 緣起일 뿐이다. 二門(진여문과 생멸문)에 걸림 없어 오직 一心일 뿐이다.)[276]

『(화엄경)疏』에서 「그런데 생멸하는 8識에 의거하면」 이하의 글은 二(진여문과 생멸문)의 所由를 설명하여 法相의 宗을[277] 드러낸 것이다. 「단지 마음과 경계가 의지하고 있을 뿐이되 여래장에 즉한 까닭에」 이하의[278] 글은 二(二門)의 所以를 설명한 것이다. 이 중에서 먼저 총설하였고, 나중에 「隨緣을 융회하여 하나의 진실에 들게 하면」 이하의 글로 따로 二相을 구별하여 설명하였다. 즉 『기신론』에서 眞如 生滅 二門을 二義로 하여 존재함과 멸함이 不二이며, 오직 하나의 緣起라고 한 뜻을 화엄에 귀결시켰다. 隨緣을 융회하여 하나의 진실에 들면 (모든 상이) 멸함이고, (진실이) 멸하지 않는 상인 까닭에 존재함 이다.[279] (따라서) 二門이 걸림 없어 오직 一心일 뿐이라고 하여 『기신

---

276) 「故喩眞妄依持, 後喩心境依持. 然依生滅八識, 但有心境依持, 而卽如來藏心 故, 有眞妄依持. 以會緣入實, 差別相盡, 唯眞如門. 卽前喩所顯, 攝境從心, 不 壞相故, 是生滅門. 卽後喩所明, 存壞不二, 唯一緣起. 二門無礙, 唯是一心.」 『대정장』권35, 658a.

277) 저본에는 「宗」이 결락되어 있다.

278) 저본은 「下一」가 결락되어 있다.

279) 저본은 「會緣入實」 다음에 「壞也. 不壞相故, 存也.」가 결락되어 있다.

론』에 귀결시켰다. 一心法에 의거하여 2종의 『門을 세운 까닭에 반드시
二義를 갖추어야 이름이 唯識을 구분하는 뜻을 갖추게 된다.

묻는다 :

"유식에서 설하길, 제9식(암마라식, 無垢淸淨識)에 대해서도 또한
그것이 전의(轉依 : 識에 의지함에서 벗어남, 해탈)한 것이라 하고, 그
依(의지함)에 2종이 있어서 一은 종자를 지니고 그 의지처가 되니
이는 제8식을 말함이고, 二는 미혹과 깨달음이 의지하는 바니 바로
진여를 말한다고 하는데 어찌해서 '그러나 생멸하는 8識에 의거해서
오직 마음과 경계가 의지한다'고 하는 것입니까?"

답한다 :

"그것(진여)에서 비록 미혹과 깨달음이 의지한다고 하였으나 바로
마음과 경계가 의지함은 아니다. 진여는 변함이 없고, 마음의 만경(萬
境) 변화에 따르지 않는 까닭이다. 단지 미혹될 뿐이다(중생이 진여에
미혹함). 나중에 다시 청정해진 때에는 相을 포함하지 않는다. 바로
진여인 까닭이다. 단지 깨닫게 된 것이다(중생이 진여를 깨달음). 지금
그러하니 마음과 경계의 의지함이 바로 진실과 망령의 의지함이어서
이체(二體)가 아니다. 까닭에 一心²⁸⁰⁾이라 설하였다. 義가 같지 않은
면에 의거해서 2종의 義로 나눈다면 二門으로 구별하여 설하게 된다.
까닭에 『논(대승기신론)』에서 이르길, "그러나 이 二門은 모두 각각

---

280) 저본은 「一」이나 『대정장』의 『연의초』는 「一心」이다.

일체법을 모두 아우른다. 이 二門이 서로 떨어지지 않은 까닭이다."
고[281] 하였다.

〈92〉

願無不從.信無不剋.見萬像於掌中.收十方於座側.

華嚴策林云.全色為眼.恒見色而無緣者.色是所緣之境.眼是能緣之根.今
即是眼.故無緣也.言全眼為色.恒稱見而非我者.眼是我能見.今全為色.正
見之時.即非我也.非我離於情想.無緣絕於貪求.收萬像於目前.全十方於
眼際.是以緣義無盡.隨見見而不窮.物性叵思.應法法而難準.法普即眼普.
義通乃見通.體之自隱隱.照之遂重重.然後窮十方於眼際.鏡空有而皎明.
收萬像以成身.顯事理而通徹.

발원함에 따르지 않음 없고,
믿음에 극복하지 않음 없다.
손바닥 안에서 만상을 보고,
앉은 자리에서 十方을 거둔다.

『화엄책림(華嚴策林)』에[282] 이른다.

---

281) 『대승기신론』 원문은 「是二種門. 皆各總攝一切法. 此義云何? 以是二門不相離故.」
282) 『화엄책림』은 현수법장의 저술로 1권이고 『대정장』권45에 실려 있다. 인용문은
「一徵普眼」에 나온다.

모든 색(色)이 안(眼)이 되니 항상 色을[283] 보되 대상으로 緣함이 없다」고 하였다. (여기서) 色은 所緣緣이 되는, 대상이 되는)인 경계이고, 眼은 能緣(대상으로 인식하는 者)인 根(감각기관)이다. 여기서는 眼에 卽한 까닭에 대상으로 緣함이 없음(無緣)이라 하였다. (또 『화엄책림』에)「眼이 모두 色이니 항상 見한다 하나 非我이다.」고 하였다. (여기서) 眼은 我로서의 能見이다. 여기서 眼이 모두 色이니 바로 見하는 때에 非我이다. (또 『화엄책림』에 이른다.)「非我이니 情想을 떠났고, 緣함이 없으니 탐착하여 구함을 끊었다. 만상을 목전(目前)에서 거두어 들이고, 十方을 眼의 사이에서 다 포함한다. 이 까닭에 緣의 義가 다 함 없고(無盡), 보고 또 보아도 끝이 없다. 사물의 性은 사유하기 어렵고[284] 사물마다에 응하는데 규준을 두기 어렵다. 모든 법에 두루 하여[285] 眼의 두루 한 뜻(普義)이 통한다. 이에 見함이 體에 통하여 (영구히)[286] 스스로 숨으며, 숨어서 비춤이 마침내 重重하다. 그러한 후에[287] 十方을 안(眼) 사이에서 궁구하고, 거울이 텅 비어 있어 밝고 밝은 것과 같이 만상을 거두어 들여 몸을 이루고, 事와 理를 드러내어 통철(通徹)한다.

---

283) 저본은 「恒見色」인데 『화엄책림』 원문은 「恒見」이다.

284) 저본은 「物性叵思」이고 『화엄책림』 원문은 「物性難見思」인데 「叵」가 「어렵다, 不可, 不得」의 뜻인 까닭에 뜻으로는 같다.

285) 저본은 「法普卽」인데 『화엄책림』 원문은 「十法則」이다. 뜻으로는 같다.

286) 저본은 「乃見通體之自隱」인데 『화엄책림』 원문은 「乃見通體久自隱」이다.

287) 저본은 「然後窮十方」인데 『화엄책림』 원문은 「然究十方」이다. 영명연수는 「然」을 「然後」로 보았다. 문의로 보아도 「然後」가 더 쉽게 통한다.

〈93〉

感現而唯徇吾心. 美惡而咸歸我識.

此明具分唯識者. 以不生滅與生滅和合. 非一非異. 名阿賴耶識. 即是具分. 以具有生滅不生滅故. 不生滅即如來藏. 即通真心也. 若不全依真心. 事不依理. 故唯約生滅. 便非具分. 有云影外有質. 為半頭唯識. 質影俱影. 為具分者. 此乃唯識宗中之具分耳. 又三界唯心. 萬法唯識. 唯心法總有四義. 一是事. 隨境分別. 見聞覺知. 二是法. 論體唯是生滅法數. 此二義. 論俗故有. 約真故無. 三是理. 窮之空寂. 四是實. 論其本性. 唯是真實如來藏法. 又如進趣大乘方便經云. 佛言. 一實境界者. 謂眾生心體. 從本已來. 不生不滅. 乃至一切眾生心. 一切二乘心. 一切菩薩心. 一切諸佛心. 皆同不生不滅真如相故. 乃至盡於十方虛空一切世界. 求心形狀. 無一區分而可得者. 但以眾生無明癡闇熏習因緣. 現妄境界. 令生念著. 所謂此心不能自知. 妄自謂有. 起覺知想. 計我我所. 而實無有覺知之相. 以此妄心. 畢竟無體. 不可見故. 若無覺知能分別者. 則無十方三世一切境界差別之相. 以一切法皆不能自有. 恒依妄心分別故有. 所謂一切境界. 各各不自念為有. 知此為自. 知彼為他. 是故一切法不能自有. 則無別異. 唯依妄心. 不了不知. 內自無故. 為有前外所知境界. 妄生種種法想. 謂有謂無. 謂好謂惡. 謂是謂非. 謂得謂失. 乃至生於無量無邊法想. 當如是知. 一切諸法. 皆從妄想生. 依妄心為本. 然此妄心無自相故. 亦依境界而有. 所謂緣念覺知前境界故. 說名為心. 又此妄心. 與前境界. 雖俱相依. 起無前後. 而此妄心. 能為一切境界原主. 所以者何. 謂依妄心不了法界一相故. 說心有無明. 依無明力因故. 現妄境界. 亦依無明滅故. 一切境界滅. 非依一切境界自不了故. 說境界有無明. 亦非依境界故. 生於無明. 以一切諸佛. 於一切境界. 不生無明故. 又復不依境界滅故. 無明心滅. 以一

切境界.從本已來.體性自滅.未曾有故.因如此義.是故但說一切諸法依心
為本.當知一切諸法.悉名為心.以義體不異.為心所攝故.又一切諸法.從心
所起.與心作相.和合而有.共生共滅.同無有住.以一切境界.但隨心所緣.
念念相續故.而得住持.暫時而有.

감지한 현전의 경계는 오직 내 마음이 나타난 것이며,
아름답다 추하다 함이 모두 나의 심식에 돌아간다.

이는 자세히 分(나눔, 분류)을 갖추어 오직 識일 뿐임을 설명한 것이다.
불생불멸과 생멸이 화합되어 非一이고 非異임을 이름 하여 아뢰야식(제8식,
장식)이라 한다. 바로 이것이 分을 갖춤이니 생멸과 불생불멸(의 分을) 갖춘
것이다. 생멸하지 않는 까닭에 바로 여래장이고, 바로 眞心에 통한다. 만약
온전히 眞心에 의하지 않는다면 事가 理에 의하지 못한다. 때문에 오직
생멸에 의거할 뿐이니 바로 分을 갖춤이 되지 못한다. 이른다. 「그림자
밖에 실질이 있다 함은 반쪽의 唯識이다. 실질과 그림자를 갖춘 그림자여야
分을 갖춘 것이다. 이는 바로 유식종에서의 分을 갖춤이다. 또한 三界(欲界·
色界·無色界)가 오직 識일 뿐이다. 唯心의 법에 모두 4종의 義가 있다.
1은 事이다. 경계 따라 분별하며 견문각지함이다. 2는 法이다. (事의) 體가
오직 생멸하는 法數(존재, 이름으로서의 존재)를 논함이다. 이 두 가지 義는
세속의 뜻에 의하여 논하면 有이고, 眞(출세간, 眞諦의 뜻에 의하면 無이다.
3은 理이다. 궁구하여 봄에 텅 비어 고요함(空寂)이다. 4는 實이다. 그 본성을
논함에 오직 진실 여래장이다.」.
또한 이를테면 대승으로 나아가는 방편에 대해 경(『점찰선악업보경』)에
이른다.[288]

** 인용에 빠진 경문을 아래에 小字로 (　　　)에 넣어 보완함 **

(이 때 견정신보살마하살이 지장보살에게 물었다. "대승을 구하여 방편에 나아
가고자 하는 자에게 어떻게 開示하는 것입니까?"
지장보살마하살(저본의 '佛'은 誤字)이 말하였다.
"선남자여! 만약 어떤 중생이 대승에 향하고자 하면 응당 먼저 맨 처음 행해야
할 근본업을 알도록 해야 하나니 그 최초의 행할 바 근본업이란, 이른바 '一實境
界'에 의지하여 信解를 닦는 것이다. 신해력이 증장됨으로 인하여 신속히 보살종
성에 들어갈 수 있다. 이른바 '一實境界'란)

　　부처님(지장보살의 誤字)이 말하였다.

　　"'一實境界'란, 중생심의 體이며, 본래 이래로 생함도 없고 멸함도
없다. 내지(생략 부분) 일체의 중생심, 일체의 2승심, 일체의 보살심,
일체의 諸佛心도 모두 마찬가지로 생함이 없고, 멸함이 없나니 眞如相
인 까닭이다. 내지 十方 허공 모든 세계를 통 털어 마음의 형상을
구하여도 하나의 부분이라도 얻을 수 없다. 단지 중생의 無明의 어리석
음과 혼미함의 훈습 인연으로 망령된 경계가 나타나서 상념이 나와
집착하게 하는 것일 뿐이다.
　　이른 바 이 마음이란 것은 스스로 알지 못하고, 망령되이 스스로
있다고 한다. 覺知의 상념을 일으켜 我와 我所(인식의 대상)를 분별하나
실은 覺知하는 相이 없다. 이 망심(妄心)은 필경 실체가 없어 볼 수

---

288) 『점찰선악업보경』권하의 앞 부분, 『대정장』권17, 906c~907b에 이르는 긴 원문
　　을 일부분 생략하고 인용하였다. 이해의 편의를 위해 생략된 일부 문장을 (　)에
　　넣어 보완해서 역한다.

없는 까닭이다. 만약 覺知하여 분별할 수 있는 것이 없다고 한다면
十方 三世의 모든 경계 차별의 상도 없게 된다. 일체 모든 것은 다
스스로 있을 수 없다. 항상 망심의 분별에 의지하는 까닭에 있게
된다. 이른 바 모든 경계는 각각 스스로 있다고 생각하지 못한다.
이것을 自로 알고, 저것은 他로 아는 것이니 이 때문에 모든 것은
스스로 있을 수 없는 것이다. 그러하니 따로 다른 것이 있어서가
아니고 오직 망심에 의지한 것이다. 깨닫지 못하고 알지 못하는 것은
안에 자체가 없는 까닭이다. 앞과 밖의 지각되는 경계를 있다고 생각하
여 망령되이 갖가지 상념을 내어 '있다' 하고, '없다'라 하며 '좋다'
'나쁘다'라 하고, '옳다' '그르다' 하며, '얻었다' '잃었다'라 하고, 내지
한량없고 가없는 상념을 낸다. 마땅히 이와 같이 알아야 하는 것이니
모든 것은 다 망상으로부터 생긴 것이다. 망심에 의지함을 근본으로
한다. 그러나 이 망심은 自相(自體)이 없는 까닭에 또한 경계에 의지하
여 있게 된다. 이른바 상념에 緣하여 앞의 경계를 覺知하는 까닭이다.
이름 하여 '마음'이라 한다. 또한 이 망심과 앞의 경계가 서로 의지하지
만 일어남에는 전후가 없다. 그리고 이 망심은 능히 모든 경계의
本 주인이 된다. 왜 그러한가. 망심에 의지하여 법계가 一相임을[289]
깨닫지 못한 까닭이다. 이르건대 마음에 무명이 있고, 무명에 의지하는
힘의 因이 있는 까닭에 망령된 경계가 나타난다. 또한 무명이 멸함에
의하여 모든 경계가 멸한 것이고, 모든 경계에 의한 것이 아니다.

---

289) 『화엄경』등 여러 대승경에 자주 설한 바와 같이 一相은 곧 無相이다. 법계가
오직 一心일 뿐이다. 오직 마음일 뿐이니 마음 이외에는 없고, 따라서 마음이라
는 相이 대상으로 지각될 수 없다. 마음뿐일 때는 마음도 無心이 되어 無相이
다. 그래서 唯心은 곧 一心이고, 無相이다.

스스로 깨닫지 못한 까닭에 경계가 있다고 한다. 무명 또한 경계에 의하지 않고 무명을 낸다. 모든 부처님이 모든 경계에서 무명을 내지 않는 까닭이다. 또한 경계가 멸함에 의해서 무명심이 멸하는 것이 아니다. 모든 경계는 본래로 체성이 스스로 멸하는 것이며, 일찍이 있었던 적이 없었던 까닭이다. 그러한 뜻에 의하는 것이니 이 때문에 단지 모든 것이 마음에 의지함을 근본으로 한다고 설한다.

마땅히 알지니 모든 것은 다 이름 하여 마음이라 한다. 뜻으로 보건대 體가 다름없어 마음에 아울려지는 까닭이다. 또한 모든 것은 다 마음으로부터 일어난 것이며, 마음과 더불어 相을 짓고 화합하여 있게 된다. 함께 생하고 함께 멸하며, 똑같이 머무름이 없다. 모든 경계는 단지 마음이 (대상을) 緣함에 따라 念念 상속하는 까닭에 주지(住持)되어 잠시 있게 되는 것이다.[290]

〈94〉

手出金毛師子.皆籍善根.城變七寶華池.盡承慈力.

大涅槃經云.阿闍世王欲害如來.放護財狂醉之象.佛即舒手示之.即於五指出五師子.是象見已.投地敬禮.佛言.我於爾時手五指頭實無師子.乃是修慈善根力故.令彼見如斯事.又云.南天竺國有一大城.名首波羅.城中有一長者.名曰盧至.為眾導首.佛欲至彼城邑.化度彼人.彼眾尼乾.聞佛欲至.遂破壞林泉.堅閉城壁.各嚴器仗.防護固守.設彼來者.莫令得前.佛言.

---

290) 『점찰선악업보경』권하, 『대정장』권17, 906c-907b. 일부 구절을 생략하고 인용하였다.

我於爾時至彼城已,不見一切樹木叢林,唯見諸人莊嚴器仗當壁自守,見是
事已,尋生憐愍,慈心向之,所有樹木還生如本,河池泉井清淨盈滿,如清淨
池生眾雜華,變其城壁為紺瑠璃,我於爾時實不化作種種樹木清淨華池,當
知皆是慈善根力,能令彼見如是事,故知凡有一切苦樂境界,仗佛力為增上
緣,但是自心感現,例見目前實境,悉是想生,心外實無一法,但從識變耳.

(다섯) 손가락에서 금모사자(金毛師子)가 나온 것은
모두 선근력에 의한 것이고,
성읍이 변하여 칠보의 연화 연못으로 된 것도
다 자비의 선근력에 의한 것이네.

『대반열반경』에[291] 이른다. (이하 경문을 축약하여 인용하였음)

아사세왕(阿闍世王)이 여래를 해치고자 술에 취해 미친 호재(護財)코
끼리를 풀어 놓았다. 부처님이 바로 손을 펴서 보이니 즉시에 다섯
손가락에서 다섯 사자가 나왔다. 이 코끼리가 보고나서는 땅에 엎드려
경례하였다. 부처님께서 말씀하셨다. "내가 이 때 다섯 손가락에 실은
사자가 없었다. 이는 자비를 닦은 선근력으로 인해서 저들이 이러한
일을 보게 한 것이다."
또 이르길, 남천축국에 하나의 大城이 있었는데 이름이 수파라였다.
성 내에 한 장자가 있어 이름이 노지(盧至)고 대중들을 앞서서 이끌고
있었다. 부처님께서 그 성읍에 가서 그 사람을 제도하고자 하였다.

---

291) 『대반열반경(40권본)』권16 범행품제8의2에서 축약하여 인용하였음. 『대정장』권
    12, 457a~c.

그 무리의 니건타(니건자 신봉자, 자이나교도)들이[292] 부처님이 오려고 한다는 소식을 듣고, 마침내 숲과 샘을 파괴하고, 성벽을 굳게 닫았다. 각기 무기와 깃발 등을 엄중히 갖추고 방호하며 굳게 지켜 그가 들어오려 하더라도 앞으로 나아갈 수 없게 하였다. 부처님께서 말하였다. "내가 이 때 그 성에 이르렀는데 모든 수목과 숲을 볼 수 없었고, 오직 여러 사람이 무기와 깃발 등으로 장엄하여 성벽에서 자수(自守)하고 있는 모습만 볼 수 있었다. 이 모습을 보고나서 바로 연민의 마음이 일어나 자비심이 그들을 향하게 되었다. 모든 수목이 다시 본래대로 소생하였고, 하천과 연못, 샘물이 맑게 가득 고였다. 맑은 연못에 여러 잡다한 꽃이 피었다. 그 성벽은 푸른 빛 유리로 바꾸어졌다. 내가 이 때 실은 갖가지 수목과 맑고 갖가지 꽃들이 있는 연못을 化作한 것이 아니었다. 마땅히 알지니 이는 모두 자비의 선근력이 능히 그들로 하여금 이러한 일을 보도록 한 것이다."

까닭에 알지니, 모든 고락의 경계는 佛力에 의지해서 증상연(增上緣)이[293] 되는 것이다. 단지 현전의 경계를 自心에서 감득하고, 목전에서 실제의

---

292) 니건자외도(尼乾子外道 ; Nirgrantha-putra, Nirgrantha-jñātaputra)는 6사외도 가운데 하나이다. 이 외도는 고행을 닦음으로 인해 세간의 衣食 속박에서 벗어나고, 번뇌와 삼계의 결박을 멀리 떠날 수 있다고 한다. 그래서 離繫・不繫・無繼・無結 등으로 번역되기도 하였다. 또 살생을 극단으로 금지하여 나체로 다니는 것을 부끄러워하지 않았기 때문에 無慚外道・裸形外道라고도 칭한다. 開祖는 勒沙婆(Rṣadha)이고, 尼乾陀若提子(巴 Nigaṇṭha-nāeaputta)가 中興祖이다. 후세에 이 외도를 耆那敎(Jaina)로 칭하였다. 그 출가 수행자를 니건타(尼犍陀)로 통칭한다.

293) 어떤 사물과 일이 증장되도록 하고 활성화 시켜주는 역할을 하는 緣을 말한다.

경계를 다 보는 것은 모두 상념으로 생긴 것이고, 마음 밖에는 실은 하나의 존재도 없는 것이다. 단지 심식으로부터 변화된 것일 뿐이다.

〈95〉

卷舒不定.隱顯千端.或閴爾無跡.或爛然可觀.處繁而不亂.履險而常安.

心境諸法.互奪互資.相泯相入.若相資相入.則性相俱存.爛然可見.若互奪互泯.則理事俱空.閴爾無跡.以萬法從心.隨緣建立.以無性從緣故有.以從緣無性故空.如寶印重玄序云.蘊大千之經卷.不出情塵.布極淨之身雲.常居穢土.會寂滅於因緣之際.得圓常於生死之輪.理事雙現而兩亡.性相共成而互奪.一眞湛爾而非寂.萬化紛然而匪繁.頓虛諸相而不空.遍興多事而非有.不得一法而密傳心要.不演一字而恒轉圓音.一體遍多.猶朗月而影分千水.多身入一.若明鏡而光寫萬形.

말고(卷) 폄에(舒) 자재하고,
숨고 드러남이 변화무쌍하다.
혹은 고요하여 자취가 없고,
혹은 찬연하여 볼 수 있다.
번거로움에 처하되 어지럽지 아니하며,
험한 일 겪으면서도 항상 편안하다.

마음과 경계의 모든 것은 서로 빼앗고 서로 도와주며, 서로 끊고 서로 들어온다. 만약 서로 돕고 서로 들어오는 면에서 본다면 性과 相이 함께 있으면서 찬연함에 가히 볼 수 있다. 만약 서로 빼앗고 서로 끊는 면에서 본다면 理와 事가 함께 空하고, 고요하여 자취가 없다. 모든 것은 마음에서 나온 것이며, 緣에 따라 건립한 것이다. 自性(體性)이 없어 인연으로부터 나온 까닭에 有이다. 인연으로부터 나와서 自性이 없는 까닭에 空이다. 이를테면 보인중현서(寶印重玄序)에294) 이른다.

大千의 경권(經卷)을 간직한다 하더라도 情을 벗어나지 못한다. 극히 청정한 구름이 몸에 퍼져 있다 하더라도 항상 예토(穢土 : 오탁악세의 세계)에 있다. 인연의 세계에서 적멸하며, 생사의 세계에서 원만하고 영원함을 얻는다. 理와 事가 함께 드러나되 함께 없고, 性과 相이 함께 이루어지되 서로 빼앗는다. 하나의 진실이 고요하되 고요하지 아니하고, 萬化가 분연(紛然)하되 번잡하지 않다. 모든 相이 단박에 텅 비되 텅 비지 아니하였고, 수많은 일들이 두루 흥기하되 있는 것이 아니다. 一法도 얻을 수 없되 심요(心要)를 밀전(密傳)하며, 一字도 연설하지 아니하되 항상 원음(圓音)을 영구히 굴린다(편다). 하나의 體가 어디에나 다 두루 함이 마치 밝은 달의 그림자가 千江에 비추이는 것과 같다. 다신(多身)이 하나에 들어옴이 마치 밝은 거울에 수만의 모습이 비추이는 것과 같다.

〈96〉

醍醐之海泓深.橫吞眾派.法性之山挺出.高落羣巒.

---

294) 현전하는 서명, 인명 등에 보이지 않는다.

法華經云.譬如一切川流江河.諸水之中.海為第一.此法華經亦復如是.於
諸如來所說經中最為深大.又云.及十寶山眾山之中.須彌山為第一.此法
華經亦復如是.於諸經中最為其上.此經是醍醐之教.為第一心宗.故經云.
十方諸國土.唯有一乘法.

제호(醍醐 : 최상의 법)의295) 바다는 넓고 깊어
모든 파도를 거침없이 집어삼켜버리며,
법성의 산은 높고 낮은 뭇 산 가운데 우뚝 빼어나네!

　『법화경』에 이른다. 「비유컨대 모든 냇물과 강들의 물 가운데 바다가
제일인 것과 같이 이 『법화경』 또한 그러하다. 여래께서 설한 모든 경
가운데 가장 깊고 광대하다.」296) 또 이른다. 「(土山・黑山―――) 및 十寶山의
모든 산 가운데 수미산이 제일인 것과 같이 이 『법화경』 또한 그러하여
모든 경 가운데 최상이다.」297) 이 경은 제호(醍醐)의 가르침이며, 第一의
心宗이다. 까닭에 경에서 이르길, 「十方의 모든 國土(佛土)에 오직 一乘法
만이 있다.」고298) 하였다.

〈97〉

理體融通.芳名震烈.瞻時而別相難窮.入處而一門深徹.

---

295) 제호(醍醐)는 우유를 몇 단계로 발효시켜 정제된 최상의 맛과 향을 가진 최상의
　　식품으로 여러 경론에서 최상의 궁극의 법문을 비유하는데 자주 쓰인다.

296) 『법화경』권6 藥王菩薩本事品第23, 『대정장』권9, 54a.

297) 위와 같음.

298) 『법화경』권1 序品1, 『대정장』권9, 8a. 「國土」는 원경문에서 「佛土」이다.

若以事相觀. 隨差別而迷旨. 若以一心照. 隨平等而歸根. 所以首楞嚴經云.
但於一門深入. 則六知根一時清淨. 又云. 入一無妄. 李長者論云. 一入全眞.
如新豐和尙悟道頌云. 向前物物上求通. 祇爲從前不悟宗. 如今悟了渾無
事. 方知萬法本來空.

理體가 어디에나 융통되어 있어
(법신의) 아름다운 이름에 법계가 진동하네.
보는 때에 그 別相 살펴보기 어렵되
그 자리에 들어서면 一門에서 깊이 꿰뚫어지네.

만약 事相(존재의 모습)으로 보면 차별상에 따르게 되어 뜻(本義)에 미혹하
게 된다. 만약 一心으로 비춘다면 평등(如一함)에 따르게 되어 근본에 돌아간
다. 까닭에 『수능엄경』에 이르길, 「단지 一門에서 깊이 들어가면 여섯
감각기관이 일시에 청정해진다.」고[299] 하였다. 또 이르길, 「하나의 妄이
없음에 들어간다」고[300] 하였다.
　『李長者論(新華嚴經論)』에 이르길, 「(一切諸佛이 본래 머무르는 大宅에)
한 번에 온전히 眞에 들어간다.」고[301] 하였다. 이를테면 신풍화상(新豐和尙
: 洞山良价)의[302] 『오도송』에 이른 바와 같다.

---

299) 『수능엄경』권4. 원문은 「令汝但於一門深入, 入一無妄, 彼六知根一時淸淨.」
　　『대정장』권19, 123a.
300) 위와 같음.
301) 이통현장자의 『신화엄경론』권4.
302) 新豐화상은 曹洞宗의 祖인 동산양개(洞山良价 ; 807~869)를 가리킨다. 그가 한
　　때 지금의 江西省 新豐山에 주석한 까닭에 그렇게 칭하기도 한다. 洞山과 같은
　　산이라는 설도 있도 인근의 다른 산이라는 설도 있다.

앞의 사물들에서 도통을 구함은
단지 그것들을 따르게 될 뿐, 宗(心性)을 깨닫지 못하네.
지금 깨달아 혼연히 할 일 없게 된다면
바야흐로 만법이 본래 空임을 알게 되리.

〈98〉

服善見王之藥餌. 眾病咸消. 奏師子筋之琴絃. 羣音頓絶.

善見王藥. 能治眾病. 心之妙藥亦復如是. 能治諸法. 故偈云. 一丸療萬病. 不
假藥方多. 又云. 以師子筋為琴絃. 其音一奏. 羣音斷絶. 況說一心能收萬法.

선견왕의 약을 복용하면
모든 병이 다 나으며,303)
사자의 힘줄로 만든 가야금을 연주하니
뭇 音이 단박에 끊어졌다.304)

　선견왕의 약은 능히 모든 병을 치유한다. 마음의 묘약도 또한 이와 같다.
까닭에 게송에서 이른다.

---

303) 『화엄경(60권본)』권59 入法界品第三十四之十六에 「譬如有人得善見藥王, 滅一
　　切病.」이라 하였다. 『대정장』권9, 777a.
304) 위의 경문 아래 부분에 「譬如有人用師子筋, 以爲琴絃, 音聲旣奏餘絃斷絶.」

한 알의 약으로 만병을 치유하니
많은 약의 처방을 쓸 필요가 없네.

또 이른다.

사자의 힘줄로 거문고 줄을 만들고,
그 소리로 한 번 연주하니
뭇 音이 단절되었네.

하물며 一心을 설하여 능히 만법을 융회함이야 말할 나위 있겠는가!

〈99〉

爾乃明逾皎日. 德越太淸. 隨機起用. 順物無生.

問. 初心學人. 悟入此宗. 信解圓通. 有何勝力. 答. 若正解圓明. 決定信入. 有
超劫之功. 獲頓成之力. 雖在生死. 常入涅槃. 恒處塵勞. 長居淨刹. 現具肉
眼. 而開慧眼之光明. 匪易凡心. 便同佛心之知見. 則煩惱塵勞. 不待斷而自
滅. 菩提妙果. 弗假修而自圓. 乃至等冤親. 和諍論. 齊凡聖. 泯自他. 一去來.
印同異. 融延促. 混中邊. 世出世間. 不可稱不可量不可說不可說之力. 莫能
過者. 亦名佛力. 亦名般若力. 亦名大乘力. 亦名法力. 亦名無住力. 所以先德
釋云. 無住力持者. 則大劫不離一念. 又云. 色平等是佛力. 色旣平等. 則唯心
義成. 故知觀心之門. 理無過者. 最尊最貴. 絶妙絶倫. 刹那成佛之功. 頓截苦
輪之力. 大涅槃經云. 譬如藥樹. 名曰藥王. 於諸藥中. 最爲殊勝. 能滅諸病.
樹不作念. 若取枝葉及皮身等. 雖不作念. 能愈諸病. 涅槃亦爾. 是以若於一

心.有圓信圓修.乃至見聞隨喜.一念發心者.無不除八萬塵勞三障二死之
病.大品經云.如摩尼珠.所在住處.一切非人不得其便.以珠著身.闇中得
明.熱時得涼.寒時得溫.若在水中.隨物現色.卽況識此自心如意靈珠.圓信
堅固.一切時處.不爲無明塵勞非人之所侵害.則處繁不亂.履險恒安.高而
不危.滿而不溢.

이에 밝음이 밝은 해보다 더 하고,
덕은 태청(太淸)을 뛰어 넘었다.
근기(根機, 機微, 기틀)따라 用을 일으키되
사물에 수순하며, 생함이 없었다.

묻는다 :

"初心 學人이 이 宗에 悟入하고, 信解 圓通하면 어떠한 뛰어난 힘이 있게
됩니까?"

답한다 :

"만약 올바로 解하여 圓明해진다면 결정의 믿음에 들어 겁(劫)을 뛰어
넘는 功이 있게 된다. 단박에 이루어지는 힘을 얻는다면 비록 생사에 있더라
도 항상 열반에 든다. 항상 세속의 번뇌에 처해 있으면서도 영구히 청정
국토에 거처한다. 현생에 육안(肉眼)을 지녔으되 혜안(慧眼)의 광명이 트였
다. 범부의 마음을 바꾸지 아니하되 바로 佛心의 知見과 같으니 번뇌를
끊으려 하지 않아도 저절로 멸한다. 보리(깨달음)의 묘과(妙果)는 수행을
빌리지 아니하고 저절로 원만해진다. 내지 원한과 친애에 평등하고, 쟁론을

화해하며, 凡聖에 균등하고, 자타의 분별을 멸한다. 去來를 하나로 하고, 同異를 한 자리로 뚜렷이 알며, 늦음과 빠름을 융회하고, 中과 변(邊)을 혼용한다. 세간과 출세간은 칭할 수 없고, 헤아릴 수 없으며, 설할 수 없다. 설할 수 없는 힘을 넘어설 자가 없으니 또한 이를 佛力이라 하고, 또한 반야력(지혜의 힘)이라 하며, 또한 대승의 힘이라 하고, 또한 법의 힘이라 하며, 또한 無住의 힘이라 한다. 까닭에 先德의 『釋』에 이른다. 「無住의 힘을 지닌 자는 대겁(大劫)이 지나도록 일념을 떠나지 않는다」. 또 이른다. 「色이 평등함이 佛力이다. 色이 이미 평등하니 唯心의 뜻이 이루어진다. 까닭에 관심(觀心)의 문을 안다. 理에 잘못이 없는 것이 가장 존귀하며, 절묘하고 절륜하다. 찰나에 佛의 功을 성취하고, 고통의 수레바퀴가 돌아가는 힘을 단박에 단절한다.」 『대열반경』에 이른다.

「비유컨대 약(藥) 나무가 있어 약의 왕이라 하는데 여러 약 가운데 가장 뛰어나 능히 여러 병을 낫게 하였다. 그 나무는 이렇게(다음과 같이) 생각하지 않았다.

** 이하 밑줄 부분은 원 경문으로 역함 **

'모든 중생이 만약 나의 뿌리를 취하면 잎을 취해서는 안 된다 생각하고, 만약 잎을 취하면 뿌리를 취해서는 안 된다 하며, 만약 몸통을 취하면 표피를 취해서는 안 된다 하고, 만약 표피를 취하면 몸통을 취해서는 안 된다고' 이 나무가 비록 이러한 생각을 내지 않았지만 능히 모든 병고를 없애 주었다. 선남자여! 이 대반열반의 미묘한 경전도 또한 이와 같아 이름하여 '藥의 왕'이라 하느니라.」305)

---

305) 경문을 축약하여 옮겼다. 원 경문은 『대열반경(40권본)』권9 如來性品第四之六에 「譬如藥樹名曰藥王, 於諸藥中最爲殊勝. 若和酪漿若蜜若蘇若水若乳若末若

때문에 만약 一心을 원만하게 믿고 원만하게 닦으며, 내지(一心의 법문을) 견문하고, 수희(隨喜)하며, 일념으로 발심한다면 팔만 번뇌와 세 가지 장애와 두 가지 죽음에 이르는 병을 소멸케 하지 않음이 없다.

『大品經(대반야경)』에 이른다.

마치 마니보주가 있는 곳에서는 모든 非人은306) 그 편리함을 얻지 못한다. (사람이) 구슬(마니보주)을 몸에 지니면 어두운 곳에서는 밝음을 얻고, 뜨거운 곳에서는 시원함을 얻으며, 추운 때에는 따뜻함을 얻는다. 물 가운데 있으면 사물 따라 色을 드러내는 것과 같다. 그러하건대 하물며 이 自心의 여의보주를 알고 원만하게 믿음이 견고하면 일체 어느 때 어느 곳에서나 무명 번뇌와 非人에게 침해받지 않는 것이야 말할 나위 있겠는가!307)

그러하니 번거로운데 처하여 혼란하지 아니하고, 험한 일에 처하여 항상 편안하다. 높은 곳에 있어도 위태롭지 아니하고, 충만하되 넘치지 않는다.

丸. 若以塗瘡薰身塗目若見若嗅, 能滅衆生一切諸病. 如是藥樹不作是念, 一切衆生若取我根, 不應取葉, 若取葉者, 不應取根. 若取身者, 不應取皮, 若取皮者, 不應取身. 是樹雖復不生是念, 而能除滅一切病苦. 善男子, 是大涅槃微妙經典, 亦復如是.」『대정장』12권, 418a.

306) 非人(amanuṣya)은 인류가 아닌 天龍八部 및 夜叉・惡鬼・修羅・地獄 등의 생류를 가리킨다. 보통 귀신의 범칭으로 쓰이기도 한다.

307) 원 경문을 축약하여 인용하였다. 『대반야경』권128 初分校量功德品第三十之二十六에 나온다. 『대정장』권5, 700a~b.

〈100〉

非異非同. 盈刹而坦然平現. 不大不小. 遍空而法爾圓成.

此一心法. 是大真理. 不假有緣生. 亦非無緣生. 以法體故. 為萬法之性. 遍一
切處. 隨人所感. 應現無盡. 異而非異. 同而非同. 大而非大. 小而非小. 如華
嚴經頌云. 一一微塵中. 能證一切法. 一切眾生心. 普在三世中. 如來於一念.
一切悉明達.

다르지도 아니하고, 같지도 아니하며,
온 세계에 가득하되 평탄하게 드러나
크지도 않고 작지도 않네.
두루 텅 비어 있되
자연 그대로 원만히 이루어져 있도다!

이 一心의 법은 대진리이며, 인연을 빌려 생한 것도 아니고, 또한 인연
없이 생한 것도 아니다. 모든 존재의 體인 까닭이며, 모든 것의 性이 되는
까닭이다. 어느 곳에나 두루 하며, 사람이 감득하는 바에 따라 응현함에
다 함 없다. 다르되 다르지 않고, 같되 같지 않다. 광대하되 광대하지 아니하고
작되 작지 않다. 이를테면 『화엄경』의 게송에 이른다.

하나하나의 미진(微塵) 가운데서
능히 모든 법을 證한다.308)

---

308) 『화엄경(80권본)』권6 如來現相品, 『대정장』권10, 31b.

모든 중생심이
두루 三世 중에 있고,
여래는 일념에서
일체를 다 밝게 요달(了達)하네.[309]

〈101〉

神靈之臺.祕密之府.

此一心法.是神解之性.能通靈通聖.故曰靈臺.又萬法之指歸.千途之通體.
故云祕府.

신령이 거처하는 곳이며,
비밀이 있는 곳이네.

이 一心法은 神解하는 性이라 능히 통령(通靈)하고 통성(通聖)한다. 까닭에
영대(靈臺 : 마음)라고 한다. 또한 만법이 돌아가는 곳이며, 천 가지 길 모두에
통하는 체(體)이다. 까닭에 '비밀이 있는 곳'이라 한다.

〈102〉

病遇良醫.民逢聖主.

---

309) 『화엄경(80권본)』권13 光明覺品, 『대정장』권10, 69a.

法華經云.如商人得主.如子得母.如渡得船.如病得醫.如闇得燈.如貧得
寶.如民得王.如賈客得海.此況人間所遇.若於佛法中.直了心人.可以永脫
塵勞.長居聖地.治煩惱之重病.成無上之法王.校量得失.天地懸殊矣.

병든 자가 훌륭한 의사를 만나고,
백성이 성군을 만나도다!

『법화경』에 이른다. 「(『법화경』을 만남은) 상인이 주인을 얻는 것과
같고, 아이가 어머니를 얻는 것과 같으며, 강을 건너는데 배를 얻는 것과
같고, 병자가 의사를 얻는 것과 같으며, 어둠 속에서 등불을 얻는 것과
같고, 빈곤한 자가 보물을 얻는 것과 같으며, 백성이 임금을 얻는 것과
같고, 상인과 손님이 바다를 얻는 것과 같다.」[310] 이는 인간이 만나는 바이지
만 하물며 만약 佛法 가운데서 곧바로 마음을 깨달은 사람이 영원히 번뇌를
벗어나 영구히 성지(聖地)에 머무르며, 번뇌의 무거운 병을 치유해서 위없는
법왕을 이루는 것은, 그 득실을 비교하건대 천지의 차이이다.

〈103〉

以本攝末.駕智海之津梁.

一心爲本.諸法爲末.欲渡生死海.應以心智而度之.

本으로써 末을 다 아우르고,

---

310) 『법화경』권6 藥王菩薩本事品第二十三, 『대정장』권9, 54b.

지혜의 배를 타고 (생사의) 바다를 건넌다.

一心이 本이고, 諸法이 末이다. 생사의 바다를 건너고자 하건대 응당 마음의 지혜로 건너야 한다.

〈104〉

擧一蔽諸. 關玄關之規矩.

擧一心法. 攝盡無餘. 此一法門. 能建立凡聖境界. 攝生化門. 六度萬行. 無不具足. 如還源觀云. 從一心體. 出生二用. 三遍. 四德. 五止. 六觀. 一體者. 即自性淸淨圓明體. 即通爲十定之體. 言二用者. 一海印森羅常住用. 即海印三昧. 二法界圓明自在用. 即華嚴三昧. 言三遍者. 一者一塵普周法界遍. 二一塵出生無盡遍. 三一塵含容空有遍. 此三並是因陀羅網三昧門. 言四德者. 一隨緣妙用無方德. 二威儀住持有則德. 三柔和質直攝生德. 四普代衆生受苦德. 言五止者. 一照法淸虛離緣止. 二觀人寂泊絕欲止. 三性起繁興法爾止. 四錠光顯現無念止. 五事理玄通非相止. 言六觀者. 一攝境歸心眞空觀. 二從心現境妙有觀. 三心境祕密圓融觀. 四智身影現衆緣觀. 五多身入一鏡像觀. 六主伴互現帝網觀. 上之止觀. 並是寂用無涯三昧門也.

一을 들어 多를 가리고(닫고),
현관(玄關)의311) 규거(規矩)를312) 연다.

---

311) 여기서 玄關은 불교의 현묘한 궁극의 자리에 들어가는 관문을 뜻한다.
312) 규거는 正道, 규범, 지렛대의 뜻이다.

一心의 법을 드니 모두 다 남김없이 아우른다. 이 一心의 문이 능히 凡聖의
경계를 건립하고, 중생 교화의 문을 아우르며, 육도(육바라밀) 만행을 구족하
지 않음이 없다. 이를테면 『(修華嚴奧旨妄盡)還源觀』에서313) 이른다.

　　1인 심체에서 2用, 3변(三遍 : 세 가지의 두루 함), 4德, 5止, 6觀이
　　나온다. 1體란, 바로 자성의 청정하고 圓明한 體이다. 즉 十定의314)
　　體에 통한다. 2用이란, 하나는, 해인(海印)의 삼라만상이 항상 머무르는
　　用이니 바로 해인삼매이고, 둘은, 법계원명자재용(法界圓明自在用)이
　　니 곧 화엄삼매이다. 3변(三遍)이란, 하나는, 일진(一塵 : 一心)이 법계에
　　두루 함이고, 둘은, 일진(一塵)이 (만법을) 나오게 함이 다 함 없는
　　두루 함, 셋은, 일진(一塵 : 一心)이 空과 有를 포용하는 두루 함이다.
　　이 셋은 모두 인다라망삼매문(印陀羅網三昧門)이다.315) 4德이란, 하나

---

313) 法藏이 지은 『修華嚴奧旨妄盡還源觀』이다. 『대정장』권45에 실려 있다.

314) 十定(十大三昧)의 十은 圓極의 數를 표시한 것으로 行願이 만족된 법계의 定
　　을 열 가지로 펼쳐 나눈 것이다. 보현의 심오한 선정 묘용이 다 함 없음을 표시
　　하였다. 『화엄경(80권본)』권40 十定品第二十七之一에 의거한다. 十定은 다음과
　　같다. (1)普光大三昧, (2) 妙光大三昧, (3) 次第遍往諸佛國土神通大三昧, (4)
　　淸淨深心行大三昧, (5) 知過去莊嚴藏大三昧, (6) 智光明藏大三昧, (7)了知一
　　切世界佛莊嚴大三昧, (8) 衆生差別身三昧, (9) 法界自在大三昧, (10) 無礙輪大
　　三昧.

315) 인다라(indra)는 제석천의 異名이다. 인다라망(indra-jāla)은 제석천(帝釋天) 궁
　　전(또는 寶冠)의 망(網)을 가리키는데 여기에 달린 많은 보배구슬이 서로 투영
　　하는 모습을 통해 「一卽一切 一切卽一」, 「一中一切 一切中一」의 화엄 법계연
　　기(重重無盡緣起, 事事無碍緣起)를 설명한다. 인드라망의 어느 한 구슬에 一點
　　을 찍으면, 그 점 하나 찍힌 구슬의 모습이 모든 구슬에 투영되고, 투영된 하나
　　하나의 구슬에는 이미 점 하나가 찍힌 모든 구슬의 모습을 담고 있으며, 이렇게
　　끝도 없이 각 투영된 구슬 속의 구슬마다 점 하나 찍힌 구슬 모습이 重重無盡

는, 隨緣의 묘용이 어디에나 있는 덕, 둘은 존재의 위의(威儀)를 주지(住持)케 하는 덕, 셋은 유화(柔和) 질직(質直)케 하여 중생을 섭양(攝養)하는 덕, 넷은 중생이 받는 고통을 널리 대신 받는 덕이다. 5止란, 하나, 존재가 청허(淸虛)함을 비추어 보아 (대상에) 緣함을 떠나는 止, 둘, 중생이 고요함에 머물러 있음을 관찰하여 욕심을 끊는 止, 셋, (만법이) 번잡하게 흥기하는 자리에 (無自性의) 性이 生起하여(性起) 법이(法爾 : 만법 그대로가 無性의 性이 起한 자리이니 자연 그대로에 걸림 없음)하는 止316), 넷, 둥그런 빛이 환하게 드러나 무념하게 되는 止, 다섯, 事와 理가 현묘하게 통하여 相을 떠난 止이다. 6觀이란, 하나, 一이 경계를 모두 포용하여 마음에 돌아가게 하는 眞空觀, 둘, 마음에서 경계를 드러내는 妙有觀, 셋, 마음과 경계가 비밀리에 원융하는 觀, 넷, 智身이 영현(影現)하는 중연관(衆緣觀), 다섯, 多身이 一에 들어가는 경상관(鏡像觀), 여섯, 주(主)와 반(伴)이 서로 나타나는 제망관(帝網觀)이다. 위의 止와 觀은 모두 고요함 가운데 用함이 한량없는 삼매문(寂用無涯三昧

으로 투영된다. 이 비유는 빛의 투영현상에 의거하여 이해하기 쉽게 비유한 것이지만, 실제로는 투영이 아니라 몸이 그대로 들어와 있다는 것이니 곧 하나의 사물이 일체의 사물에 들어 있고(一中一切), 일체의 사물이 하나의 사물에 들어 있다는 것이다. 또 하나의 사물에 갖가지 다른 성질의 모든 사물이 다 들어 있으나 서로 장애하지 아니하고 그 사물을 드러내고 있으니 이를 事事無碍라 한다. 杜順, 『華嚴五敎止觀』 참조.

316) 모든 존재는 인연화합으로 생한 것이라 그 자성(실체)이 없다는 성품을 지닌다. 그래서 하나의 법이 생하면 거기에는 동시에 無性(無自性)이 생한 것이 되어 이를 性起라 한다. 즉 緣起이면서 동시에 性起이다. 까닭에 모든 존재가 번잡하게 흥기하는 가운데 性起의 뜻을 안다면 그것들을 대상으로 삼아 제거하려거나 피하려 하거나 취하려 함을 떠나게 된다. 이것이 곧 法爾의 뜻이니 존재의 현상 그대로에서 어떠한 마음의 조작도 행함 없이 안주함이다.

門)이다.」[317]

〈105〉

匡時龜鏡. 爲物權衡.

此一心法. 能考古推今. 窮凡達聖. 如秤知輕重. 似鏡鑒妍媸. 但了一心. 無不
知諸法根源巨細矣.

(一心法은) 올바로 바로 잡을 때 귀감이 되고,
사물을 올바로 판별하는 저울이 된다.

이 一心法은 능히 옛 일을 고찰하여 현재의 일을 알게 하고, 범부의
경계를 궁구하여 성인에 이르게 한다. 마치 저울이 무게를 아는 것과 같고,
거울이 예쁘고 추한 것을 그대로 비추는 것과 같다. 단지 一心을 깨달으면
모든 것의 근원과 크고 미세함을 알지 못함이 없게 된다.

〈106〉

相奪則境智互泯. 相資則彼我俱生.

以境奪智則智泯. 以智奪境則境亡. 以彼資我則我立. 以我資彼則彼生.

---

317) 원문을 개략하여 옮겼다.

서로 빼앗으면 경계와 智(能智, 能知 : 인지의 주체)가 서로 멸하고,
서로 도우면 彼와 我가 함께 생한다.

　　경계로써 智(能智, 能知)를 빼앗으면 智가 멸하고, 智로써 경계를 빼앗으면
경계가 없어진다. 저것으로써 我를 도우면 我가 세워지고, 我로써 저것을
도우면 저것이 생한다.

〈107〉

無明樹上而覺華頓發. 八苦海內而一味恒淸.

　　經云. 煩惱大海中. 有圓滿如來. 宣說實相常住之理. 本覺實性中. 有無明衆
生. 起無量無邊煩惱之波. 論云. 唯眞不立. 單妄不成. 眞妄相成. 方能建立.
如水因風而起波. 風水不相捨離故.

無明의 나무 위에 깨달음의 꽃이 단박에 피어나니
八苦의 바다에 한 맛(一味)이 항상 청정하다.

　　경에서 이른다. 「번뇌의 큰 바다에 원만의 여래 계시어 實相이 상주하는
理를 설한다. 본각 實性에 무명의 중생이 있어 무량무변의 번뇌의 파도를
일으킨다.」『논』에서 이른다. 「오직 眞만 홀로 세워질 수 없는 것이며,
오직 망(妄)만 홀로 성립되지 않는 것이다. 眞과 妄이 서로 함께 이루어져야
바야흐로 능히 건립될 수 있다. 마치 물이 바람을 만나면 파도를 일으키는
것과 같으니 바람과 물이 서로 떨어지지 않은 까닭이다.」

〈108〉

全體現前.豈用更思於妙悟.本來具足.何須苦待於功成.

> 諸佛將衆生心為佛.衆生將佛心為衆生.一體無差.但隔迷悟.以卽心是佛
> 故.雖分三身之異.終無別體.故云.法身相好.一際無差.又古德云.新佛舊
> 成.曾無二體.以報身就法身.如出模之像.像本舊成.故無二體.新成舊佛.
> 法報似分.以法身就報身.如金成像.金像似分.以有未成像金故.今成像竟.
> 似分於二.諸佛如已成像之金.衆生如未成像之金.成與未成.似分前後.則
> 金體始終.更無別異.

전체가 현전되어 있는데
어찌 다시 마음을 써서 묘한 깨달음을 얻으려 할 것인가!
본래 구족되어 있는데
어찌 힘들여 功이 이루어지길 바랄 것인가!

　모든 부처님은 중생심을 佛이라 하고, 중생은 佛心을 중생심으로 한다.
하나의 體인지라 차별이 없는 것이며, 단지 미혹과 깨달음의 차이가 있을
뿐이다. (당념 당처의) 마음에 즉하면 그대로가 佛인 까닭이다. 비록 삼신(法,
報, 化身)으로 다르게 구분하였으나 궁극으로 별다른 체가 있지 않다. 까닭에
이르길, 「법신의 相好는 일제(一際 : 一相, 無相)여서 차별이 없다.」고 하였다.
또 옛 고승이 이른다. 「新佛과 舊佛이 나왔으나 일찍이 二體였던 바가
없다」. 보신(報身)으로써 법신(法身)에 나아감이 마치 모형 틀에서 나온
像과 같아 像이 본래 이전에 이루어진 까닭에 二體가 아니다. 新佛과 舊佛,
법신과 보신으로 나누어지는 듯하지만, 법신이 보신으로 나아감은 마치

금덩이가 像이 되는 것과 같다. 금덩이와 像으로 나누어진 듯 하는 것은 아직 像이 되지 않은 금덩이가 있는 까닭이다. 이제 像으로 만들어졌으면 (마찬가지로) 둘로 나누어진(구분되어지는) 듯 하다. 諸佛은 이미 像으로 만들어진 금덩이 이고, 중생은 아직 像으로 만들어지지 않은 금덩이 이다. 이루어진 것과 아직 이루어지지 않은 것으로 전후가 나누어진 듯 하나 금덩이의 체는 처음부터 끝까지 별개의 다른 것이 아니었다.」

〈109〉

顯異標奇.精明究竟.如舒杲日之光.似布勾芒之令.

此一心法.如日照天下.無法而不明.猶春遍實中.無物而不發.

기이한 여러 차별상을 드러내며
궁극으로 정명(精明)함이
마치 높이 솟은 해가 빛을 발하는 것과 같고
구망(勾芒 : 春神)의 令을[318] 포고(布告)하는 것과 같네.

이 一心의 법은 해가 천하를 비추는 것과 같아 밝히지 않는 법이 없고, 봄이 되니 온 세계에 두루 새 기운(싹)이 발하지 않는 것이 없는 것과 같다.

---

318) 勾芒은 勾龍이라고도 하며 중국고대 신화중의 木神(春神)으로서 수목의 발아와 생장을 주관한다. 중국고대에 매년 春祭에 등장하는 등 매우 중요한 기능을 하였다. 구망의 令이란 곧 月令 가운데 봄에 마땅히 해야 할 일들을 나라에서 布令하는 春令이다.

〈110〉

三毒四倒而非凡. 八解六通而非聖.

在凡非凡. 處聖非聖. 以但是自心故. 終無別理. 寶藏論云. 如實際中. 無毫釐
凡聖可得.

삼독(三毒 ; 탐냄, 성냄, 어리석음)과 사전도(四顚倒)에[319] 있되

범부가 아니고,

팔해탈[320]과 육신통에 있되

---

319) 사전도(四顚倒 viparyāsa)에는 有爲의 사전도와 無爲의 사전도가 있다. 有爲의
四顚倒는 2승과 3승에서 설하는 것으로 일체는 無常인데 常이라 하고, 苦인데
樂이라 하며, 無我인데 有我라 하고, 不淨한 것인데 淨하다고 하는 뒤바뀐 생
각을 말한다. 無爲의 사전도는 1승에서 설하는 것으로 본래 열반의 無爲法은
본래 常(영원)한 것인데 無常이라 하고, 樂인데 苦라 하며, 진실한 我인데 無我
라 하고, 청정인데 不淨이라고 생각하는 것이다.

320) 八解脫(aṣṭau vimokṣāḥ)은 8종의 선정력으로 色과 無色에 대한 탐욕을 버리고 넘
어서는 것을 말한다. 八背捨・八惟無・八惟務라고도 한다. 8종은 다음과 같다.
(1) 內心의 色想을, 諸色이 解脫되어 있음을 관찰하여 멸하고, 밖의 諸色에 대
해서 不淨觀을 닦는다. (2) 안으로 色想이 없고, 밖의 色이 解脫되어 있음을 관
찰. 內心의 色想이 비록 이미 멸진되었지만 욕계의 탐욕을 끊기 어렵기 때문에
外色의 不淨相을 관찰하여 싫어하는 마음을 내게 해서 斷除되도록 함. (3) 善
根이 원만히 성취되었는지 試練하기 위해 앞의 不淨觀을 버리고 밖의 色경계의
청정상을 관찰하여 번뇌가 나오지 않도록 함으로써 청정해탈신을 證하여 具足
하고 안주함. (4) 모든 色想을 초월하고, 대상으로 있다는 생각을 멸함. 갖가지
상념을 짓지 않는다. 空無邊處에 들어 해탈에 안주한다. (5) 일체의 空無邊處
를 뛰어넘어 識無邊處에 들어 해탈에 안주한다. (6) 일체의 識無邊處를 뛰어넘
어 無所有處에 들어 해탈에 안주한다. (7) 일체의 無所有處를 뛰어넘어 非想非

성인이 아니다.

　범부의 세계에 있되 범부가 아니고, 성인의 자리에 있되 성인이 아니다.
단지 自心일 뿐인 까닭이다. 끝내 별다른 理가 있는 것이 아니다.『보장론(寶
藏論)』에 이른다.「이를테면 實際(眞如, 法性, 本際, 法身)에서는 터럭 끝만큼의
凡과 聖도 얻을 수 없다.」[321)]

〈111〉

至寶居懷兮終不他求. 靈珠在握兮應須自慶.

　肇論云. 聖遠乎哉. 體之即神. 何者. 為眾生自心. 皆是般若. 但能體悟至理.
即心是佛. 即今日靈覺之真性. 即是般若聖智也. 此明真智. 斯乃悟理之聖.
非神通果證也. 又所云般若聖智者. 若正智即觀照般若. 如如即實相般若.
此正智如如. 即是圓成實性. 圓成實性. 即是如來藏心. 如來藏心. 即是眾生
靈覺之性. 眾生靈覺之性. 即是般若真智.

지극한 보배가 마음에 있음이여!
끝내 다른데서 구하지 아니하네.

　非想處에 들고 해탈에 안주한다. (8) 일체의 非想非非想處를 뛰어넘어 想受滅
　身(滅盡定)에 들어 證함을 具足하고 해탈에 안주한다.
321)　僧肇가 지은 『보장론』(『대정장』권45)의 원문을 뜻으로 축약하여 인용하였다.
　　원문은 다음과 같다.「然實際中亦無聖人法, 如微塵許而有異也. 若復有人自性
　　清淨, 含一而生中有妄想. 自體濁亂, 即為凡夫. 然實際中, 亦無凡夫法, 如微塵
　　許, 而有異也.」

신령한 구슬 손에 쥐고 있음이여!
응당 스스로 경하해야 하리.

　『조론(肇論)』에 이른다.「聖이 멀리 있겠는가! 體에 즉하면(體悟, 證悟하면)
바로 神(眞如, 佛性)이거늘!」322) 왜 그러한가? 중생의 自心이 모두 반야인
까닭이다. 단지 능히 지리(至理)를 체오(體悟)하면 即心是佛(당념 당처의 自心
이 그대로 佛이다)이다. 바로 근래 말하는323) 영각(靈覺)의 眞性이며, 바로
반야의 聖智이다. 이는 眞智를 설명한 것이니 이것은 바로 理를 깨달은
聖이고 신통의 果證이 아니다. 또한 이른바 반야의 聖智라 함은 正智의
면에서는 바로 관조반야(觀照般若)이고, 如如의 면에서는 바로 실상반야(實
相般若)이다. 이 正智와 如如가324) 바로 원성실성(圓成實性)이다. 원성실성이
바로 여래장심(如來藏心)이다. 여래장심이 바로 중생의 영각(靈覺)의 性이다.
중생의 靈覺의 性이 바로 반야 眞智이다.

〈112〉

愍同體兮起無緣.

　菩薩觀一切眾生. 同一體性. 愍彼不達. 而行大悲. 無緣者. 即無緣慈. 如石吸

---

322) 『조론』의 『不眞空論』 말미에 나온다. 인용문 앞 구절은 「그러하니 道가 멀리
　　있겠는가! 일상의 부딪치는 현실(事)에서 그대로 진실이거늘!」이다.
323) 당 중기로부터 송 초에 걸쳐 화엄과 선종에서 心體를 靈知, 眞知, 覺性, 本覺으
　　로 칭하는 법문이 많았다.
324) 正智와 如如는 『능가경』의 주요 법문 가운데 하나인 五法(名·相·分別·正智·
　　如如)에 들어간다. 경문의 여러 곳에서 이에 관해 자세한 법문을 펼치고 있다.

鐵. 任運吸取一切眾生. 而無度想.

(중생을) 한 몸으로 연민하심이여!
無緣(大悲) 일으키시네!

보살은 모든 중생을 동일한 체성으로 본다. 그들이 깨닫지 못함을 연민하여 大悲를 행한다. '無緣'이란 즉 무연자비(無緣慈悲)이다. 마치 자석(磁石)이 철(鐵)을 빨아들이는 것과 같이 임운(任運 ; 무위)으로 모든 중생을 거두어들이되 제도한다는 생각이 없다.

〈113〉

溢法財兮資慧命.

法財者有七. 一聞. 二信. 三戒. 四定. 五進. 六捨. 七慚愧. 慧命者. 即自心無盡真如之性. 此七種法財. 乃至恒沙智德. 皆是心所有法. 悟入之者. 資益無窮.

넘치는 법문의 재산이여!
혜명(慧命)의 밑거름이 되고,

법문의 재산(法財)에 일곱 가지가 있다. 1은 (법문을) 들음, 2는 믿음, 3은 계율, 4는 선정, 5는 나아감(進), 6은 버림, 7은 부끄러워함이다. 慧命이란 바로 自心의 다 함 없는 진여의 性이다. 이 7종의 법문의 재산 내지 항하사의 智德은 모두 마음에 갖추어진 것이다. 깨달은 이는 그 자재(資財)가 갈수록 증대되어 무궁하다.

〈114〉

履得一之旨.豁爾消疑.

天得一以淸.地得一以寧.人得一而道成.經云.若得一.萬邪滅矣.又云.若
得一.萬事畢.若了一眞心.何理而不圓.何事而不畢也.如古德問云.所言心
性是一者.何得衆生界見有種種.答.以眞如心性是一.隨緣生滅而成種種.
又第八識.正是所熏心體.含多種子.熏成種種.卽是眞如隨緣義.又心性是
一者.古釋有二義.一者妄心之性.成心之性.以性相不同故.眞心之性.眞心
卽性故.二者通成.謂此二性.別明二藏.前之二性.皆具二藏.但爲妄覆.名
如來藏.直語藏體.卽自性心故.此自性淸淨眞心.不與妄合.名爲空藏.具恒
沙德.名不空藏.前明卽離.此明空有.故重出也.言皆平等無二者.上二卽離
不同.由心之性故不卽.由心卽性故不離.不卽不離.爲心之性.後二卽空之
實爲不空.卽實之空爲空藏.空有不二.爲心之性.然空有無二之性.卽是不
卽不離之性.故但云一也.

하나(一)의 뜻을 체험하여 얻으니
활연히 의문이 소멸 되네

天은 하나를 얻음으로써 청정해지고, 땅은 하나를 얻음으로써 평안해진
다. 사람은 하나를 얻음으로써 도가 이루어진다. 경에서 이른다. 「만약
하나를 얻으면 만 가지 삿됨이 멸한다.」또 이른다. 「만약 하나를 얻으면
만사를 마치게 된다. 만약 하나의 眞心을 깨달았는데 어떠한 理가 원만하지
않을 것이며, 어떠한 일이 성취되지 않을 것인가.
　이를테면 옛 고승이 물었다.

"이른바 심성이 하나인데 어찌해서 중생계에 갖가지가 보이는 것입니까?"

답한다 :

"진여 심성은 하나이나 인연 따라 생멸하며 갖가지 것을 이룬다."

또한 제8식이 바로 (업에) 훈숙(薰熟)된 심체이며, 많은 종자를 담고 있으면서 갖가지 것을 훈숙하여 이룬다. 바로 이것이 진여가 인연에 따르는 뜻이다. 또 '심성이 하나다'고 함에는 古釋에 二義가 있다. 一은 망심의 性이고, 마음을 이루는 性이다. (이는) 性과 相이 다른 까닭이다(性과 相이 다른 까닭에 妄心의 性 및 마음을 이루는 性을 相으로 구분하고, 眞心의 性을 性으로 구분함). 眞心의 性이니 (이는) 眞心이 바로 性인 까닭이다.325) 二는 (妄心 내지 마음을 이루고 있는 性과 眞心의 性인 二性이) 함께 통해져 있는 면이다. 이 二性에 대해 개별로 2장(二藏 : 空藏과 不空藏)을 말하자면, 앞의 二性(相의 면 : 妄心의 性과 마음을 이루는 性)은 모두 二藏을 갖추었다. 단지 妄心이 덮여 있는 면을 여래장이라 이름 한다. 바로 藏의 體를 말한다면 곧 自性心인 까닭이다. 이 자성청정의 眞心이 妄과 합해지지 않음을 이름 하여 空藏이라 한다. 항하사의 공덕을 갖추고 있음을 이름 하여 不空藏이라 한다. 앞은(二性은), 卽(양면이 떠나 있지 않고 한 자리에 卽해 있음)과 이(離 : 양면이 서로 떠나 있음)의 면을 드러낸 것이고, 이는(二藏은) 空과 有의 면을 드러낸 것이다. 까닭에 중복하여 설하였다. 모두 평등하여 不二라고 한 것은, 위의 二性이 즉(卽)함과 이(離)함으로 不同하되 心의 性인 까닭에 不卽이고,326) 心이 性에 卽한

---

325) 2종의 性에서 (1)은 二性(妄心 내지 마음을 이루는 면에서의 性과 眞心의 性으로 나눈 것)으로 나누어 보는 면이고, (2)는 二性을 함께 통한 면으로 보는 것이다.
326) 心의 性인 까닭에 性과 不卽한 相으로서의 心(妄心의 性, 마음을 이루는 性)이 전제되어 있다.

까닭에 不離이며, 不卽하고 不離함이 心의 性인 까닭이다. 뒤의 二(二藏)에서, 空에 卽한 實은 不空이고, 實에 卽한 空은 空藏이다. 空과 有가 不二임이 心의 性이다. 그렇게 空과 有가 無二인 性이 바로 不卽 不離의 性이다. 까닭에 단지 하나(一)라고 하였다.

〈115〉

入不二之門.廓然無諍.

心外有法.卽見有二.便有對治.卽乃成諍.若了境卽心.能所冥一.卽無諍矣.既不涉能所.卽非情無情.但直論見性之門.匪落是非之道.是以能所不同.不可執一.心境一味.不可稱異.若以性從緣.則情非情異.為性亦殊.若泯緣從性.則非覺不覺.若二性互融.則無非覺悟.華嚴經云.真如無少分非覺悟者.則真如遍一切有情無情之處.若無少分非覺悟者.豈無情非佛性乎.又經意但除執瓦礫無情之見.非除佛性.則性無不在.量出虗空.寧可除乎.又古德云.覺性是理.覺了屬事.如無情中.但有覺性.而無覺了.如木中但有火性.亦無火照.今言性者.但)" class=corr)但據理本.誰論枝末.又覺智緣慮名情.自性不改名性.愚人迷性生情.故境智不一.智者了情成性.故物我無二.

不二의 門에 들어가니
확연히 트여 다툼이 사라지네!

마음 밖에 법이 있으면 바로 見에 둘이 있게 되니 바로 대치(對治)함이 있게 되고, 다툼이 있게 된다. 만약 경계가 바로 마음임을 깨달으면 能(주관)과

所(객관, 대상)가 그윽하게 하나 되니 다툼이 없게 된다. 이미 能과 所가
미치지 못하니 바로 情도 아니고 情도 없다. 단지 곧바로 見性의 門을
논하게 되어 是非의 道에 떨어지지 않는다. 이 때문에 能과 所가 不同하되
하나로 집착할 수도 없다.327) 마음과 경계가 一味이되 다르다고 할 수도
없다. 만약 性이 인연에 따른 면으로 본다면 情과 非情으로 다르고, 性
또한 다르게 된다. 만약 인연에 따름을 없애고 性에 따른다면 覺과 不覺이
(따로) 없다. 만약 二性(隨緣門과 眞如門)이 서로 융회된다면 각오(覺悟) 아님
이 없다. 『화엄경』에 이르길, 「진여에 조그만 부분이라도 각오(覺悟) 아닌
곳이 없다」고328) 하였으니 진여가 일체 有情과 無情에 두루 하다. 만약
조그만 부분이라도 覺悟 아님이 없다면 어찌 無情이라 하여 佛性이 없겠는가!
또한 경의 뜻은, 단지 기와나 자갈 등 無情에 대한 見에 집착함을 제거할
뿐 佛性을 제거하지 않는다는 것이니 性이 없는 곳이 없다. (性의) 量이
허공을 넘었는데 어찌 제거할 수 있겠는가! 또 옛 고승이 이르길, 「覺性은
理이고, 覺了(覺知)는 事이다」고 하였다. 이를테면 無情 중생에는 단지 覺性
만 있고 깨달음(覺了)은 없다. 마치 나무 가운데 단지 火性 만 있고, 火의
비춤은 없는 것과 같다. 지금 性이라 한 것은 단지 理에 의거한 근본(性)을
말한 것인데 누가 지말(枝末)을 논하겠는가. 또한 覺智가 연려(緣慮 : 대상에
緣하여 상념하는 것)함을 이름 하여 情이라 하고, 自性이 변화되지 않음을
이름 하여 性이라 한다. 우매한 사람은 性에 미혹하여 情을 일으키는 까닭에
경계와 智(認知하는 자로서의 心智)가 不一(非一)하다. 지혜로운 이는 情을

327) 하나로 집착하면 하나라는 법이 집착의 대상이 되어 所(객관, 대상)가 있게 되
어 버리고, 동시에 집착하는 자로서의 能(주관)이 있게 되어버린다.
328) 『화엄경(80권본)』권30 十迴向品第二十五之八의 다음 경문을 뜻으로 축약하여
옮겼다. 이 부분의 경문은 다음과 같다. 「譬如眞如無有少法, 而能壞亂, 令其少
分, 非是覺悟. 善根迴向, 亦復如是.」『대정장』권10, 164a.

깨우쳐 性을 이루는 까닭에 物我가 無二하다.

〈116〉

大理齊平. 不虧不盈. 道性如是. 無送無迎. 千潯海底而孤峻. 萬
仞峰頭而坦平.

傅大士行路易云. 須彌芥子父. 芥子須彌爺. 山海坦然平. 敲冰來煮茶.

大理가 고루 균평하여
모자람도 없고 넘침도 없다.
道性도 이와 같아
보냄도 없고 맞이함도 없다.
천 길 바다 밑에 있되 홀로 높이 솟아 있고,
만 길 봉우리 끝에 있되 평평하다.

부대사(傅大士 ; 497-569)의329) 「行路易」에330) 이른다.

---

329) 傅大士는 남조 梁·陳시대의 거사. 본명은 흡(翕), 善慧大士(大士는 보살의 異
名)로도 불린다. 동토의 유마, 또는 미륵의 화신으로 신앙되었다. 16세에 결혼,
두 아들을 낳고, 24세에 인도 스님 숭두타(崇頭陀)를 만나 불도 수행. 낮에는
품을 팔고 밤에는 아내 妙光과 함께 大法(大乘)을 설하였다. 天台에서는 그를
쿠마라지바가 역한 『법화경』과 『대지도론』의 선양자로서 남악혜사(天台 제2조)
의 앞에 두고 있으며, 담연(湛然)의 『止觀義例』 卷上에도 "그 깨달음이 佛과 等
한 경지에 있으며, 또한 三觀四運의 법을 第一로 하였다." 하고, 그의 『獨自詩』
1首를 들고 있다. 禪에 관해서는 『心王銘』·『行路難』등의 작품이 존중받고 있
다. 『속고승전』 권25와 『전등록』 권28에 略傳이 있고, 따로 『善慧大士錄(傅大

수미산은 겨자의 아버지이고,

겨자는 수미산의 아버지이네.

산과 바다가 평평하니

얼음 두드려 끓인 물로 茶를 다리네.331)

〈117〉

竹祖搖風而自長.桐孫向日而潛榮.數朵之青山長在.一片之閑
雲忽生.

士錄)』4권이 있어 그의 작품과 전기를 집성하고 있다.

한편 『선혜대사록』 권4에는 부대사의 스승인 숭두타(崇頭陀)의 전기가 실려 있
고, 그 이름이 達摩라 하였으며, 同書 권1에는 그를 호승(胡僧)이라 하였다. 숭
산(嵩山)과 두타행(頭陀行)을 가리키는 崇頭陀라는 이름 자체가 모두 달마대사
와 관련이 깊은 점, 또한 본『능가사자기』 神秀의 장에서 신수가 부대사의 法身
頌 가운데 一句를 인용하여 설하고 있는 점 등으로 보아 숭두타가 곧 禪祖 보
리달마일 가능성이 있다.

근래 중국에서 張勇이 傅大士에 대한 종합적 연구로서 『傅大士研究』(成都, 巴
蜀書社, 2000.7)를 편찬하였다. 큰 업적이라 할 수 있다. 단지 張勇은 崇頭陀가
禪祖 달마대사일 가능성을 부정하고 있으나(同書, 483쪽) 그 근거가 단지 인도
의 승려에 達摩라는 이름이 극히 많다는 점 정도에 지나지 않다. 그러나 그 達
摩가 禪祖 달마일 가능성이 더 많은 점은 어떻게 해명할까?

330) 傅大士(傅翁)의 『傅大士錄(善慧大士錄)』권3에 수록된 「行路難二十篇」에 바로
    이어 「行路易十五首」가 있다. 인용된 구절은 「傅大士頌云」 이하의 글이다(『대
    정장』권48, 559c). 「行路難」은 수행의 길이 어려움을 歌頌하였고, 바로 이어
    「行路易」에서는 수행의 길이 쉬운 것임을 歌頌하였다. 이 단락은 永明延壽가
    『宗鏡錄』권6에 처음 인용한 글을 다시 본서에 인용하였다.

331) 뒤의 2句는 「山海坦然平, 敲氷來煮茶」인데 『부대사록』의 원문은 「山海坦平地,
    燒氷將煮茶」로 조금 다르다. 그러나 뜻으로는 차이가 없다.

丹霞和尚忘己吟云. 青山不用白雲朝. 白雲不用青山管. 雲常在山山在雲.
青山自閑雲自緩. 皆比一心之道性. 智境閑閑.

대나무 뿌리 바람 부니 스스로 잘 자라고,
오동나무 새 싹 햇빛 받아 슬며시 잘 자라네.
여러 봉우리의 청산 길게 늘어서 있는데
한 조각 한가로운 구름 홀연 생기네.

단하(丹霞天然 ; 739-824) 화상의 「망기음(忘己吟)」에 이른다.

青山은 白雲의 변화함을 쓰지 아니하고,
白雲은 青山의 일관됨을 쓰지 아니하건만
백운은 항상 청산에 있고, 청산은 백운에 있으며,
청산은 스스로 한가롭고, 백운은 스스로 느긋하네.

이는 모두 一心의 道性을 비유한 것이니 智(認知의 주관으로서의 心智)와
경계가 한가롭고 한가롭다.

〈118〉

意地頓空. 如兎角之銛利. 解心全息. 猶談水之澄淸.

新豐和尚頌云. 井底燈塵生. 高山起波浪. 石女生得兒. 龜毛長數丈. 若欲學
菩提. 應須看此樣.

생각의 자리가 단박에 텅 비게 됨이
마치 토끼뿔이 예리하게 되는 듯 하고,
심식을 해탈하여 온전히 멸함이
마치 물을 끓여 맑은 증류수 되는 듯하네.

신풍화상(新豐和尚 : 洞山良价 807-869)의 송(頌)에 이른다.
  우물 바닥에서 봉수대의 불과 연기 일어나고,
  높은 산에서 파도가 일어난다.
  석녀가 아이를 낳고,
  거북이 털의 길이가 여러 장(丈)이다.
  보리(깨달음)를 수학하고자 하건대
  응당 이러함을 보아야 하리.

〈119〉

大建法幢.深提寶印.居下恒高.處違常順.

此一心法門.是高建法幢.又是祖佛之心印.乃平等門.為一際地.高下自相
傾.順逆自違諍.若入真智.必無差別.如華嚴經云.智入三世悉皆平等.此明
俗體本真.故云平等.以六相該之.即總而全別.即別而全總.即同而俱異.即
異而恒同.即成而俱壞.即壞而俱成.

(높은 곳에) 크게 법당(法幢 : 진리의 깃발)을 세우고,
깊은 곳에서 보인(寶印 : 불보살의 印契)을 치켜든다.

아래에 처하여 항상 높고,

거슬림(違, 逆)에 처하여 항상 수순한다(順).332)

이 一心法門은 높이 세워진 법당(法幢)이며, 또한 조사와 佛의 心印이고, 평등문이며, 일제지(一際地 ; 一相, 無相地)이다. 높고 낮음이 스스로 서로에게 기울고, 수순함(順)과 거슬림이 스스로 다툰다. 만약 眞智에 들어간다면 반드시 차별이 없게 된다. 이를테면 『화엄경』에 이르길, 「智가 三世에 들어가면 모두 다 평등하다」고333) 하였다. 이는 세속의 체가 본래 진실임을 드러낸 것이다. 까닭에 평등이라 하였다. 이를 (화엄의) 六相(總·別·同·異·成·壞)에334) 해당시킨다면 전체에 즉해 있되 온전히 별개이고, 별개에 즉해 있되 온전히 전체이다. 同에 즉해 있되 모두 다르고, 다름에 즉해 있되 항상 동일하다. 이룸(成)에 즉해 있되 모두 괴멸하고, 괴멸에 즉해 있되 모두 이루어진다.

〈120〉

握王庫刀之真形.撫脩羅琴之正韻.

涅槃經中.況衆生佛性.昧者不見.如王庫中.有真寶刀.羣臣無能識者.又經云.阿脩羅王琴.不撫而韻.此況衆生心.恒轉根本法輪.未嘗間斷.如華嚴經

---

332) 違는 경계를 피하려 하거나 제거하려 함이고, 順은 경계를 그대로 따라감이다. 올바른 행은 違도 아니고 順도 아니어야 한다.

333) 『화엄경(80권본)』권1 世主妙嚴品第一之一. 『대정장』권10, 001c.

334) 화엄의 주요 법문 가운데 하나이다. 모든 존재에는 總·別·同·異·成·壞의 六相이 구족되어 있으면서 相依相卽 하고 있다.

云.刹說眾生說.三世一時說.

왕의 창고에 있던 眞相의 보도(寶刀 ; 常樂我淨의 眞實我)를
쥐고(파악하고),
아수라왕의 거문고에서 저절로335) 정운(正韻)이 나오네.

『열반경』에 (이른다).「하물며 중생의 佛性을 우매한 자는 보지 못하는
것이 마치 왕의 창고에 진보도(眞寶刀)가 있었는데 여러 신하들이 알아보는
자가 없었다는 것과 같은데 말할 나위 있겠는가.」336) 또 경에 이르길,「아수라
왕의 거문고가 타지 않았는데도 저절로 음악이 나온다」고 하였다. 중생심이
이러하건대 하물며 항상 근본 법륜을 굴림이 일찍이 멈추어진 적이 없었던
것이야 말할 나위 있겠는가! 이를테면 『화엄경』에 이르길,「찰토(刹土 kṣetra
: 국토)가 설하고 중생이 설하며, 삼세(과거・현재・미래)에 일체가337) 설한다」
고338) 하였다.

〈121〉

得趣而幽途大闢.胡用多求.了一而萬事齊休.但生深信.

---

335) 본문은 '撫(만지다, 연주하다)'인데 경문은 만지지 않아도 저절로 소리가 난다는
  뜻이다.
336) 『열반경(40권본)』권8 如來性品第四之五에 나오는 장문의 비유를 간략히 요약
  하여 인용하였다(『대정장』권12, 412b-c). 이 비유는 처음 無我를 방편으로 설하
  였지만 궁극의 뜻은 常樂我淨의 眞實我를 알도록 하기 위함이었다는 것이다.
337) 저본은 「一時」이나 경문은 「一切」이다. 경문에 따른다.
338) 『화엄경(60권본)』권33 普賢菩薩行品第三十一에 나온다. 『대정장』권9, 611a.

信心銘云.一即一切.一切即一.若能如是.何慮不畢.華嚴經頌云.種種變化
無量身.一切世界微塵等.欲悉了達從心起.菩薩以此初發心.

뜻을 얻으면 깊고 깊은 길이 크게 열린다.

어찌 많은 길로 구할 것인가.

하나를 깨달으면 만사가 모두 쉬워진다.

단지 (이에 대한) 깊은 믿음을 내라!

『신심명(信心銘)』에 339) 이른다.「하나가 일체에 즉해 있고, 일체가 하나에
즉해 있다」만약 능히 이러할 수 있다면 어찌 성취하지 못할 것을 염려하겠는
가!『화엄경』의 게송에 이른다.

갖가지로 변화한 無量身,

모든 세계의 미진 등이

모두 다 마음에서 일어난 것임을 깨닫고 통달하고자 하여

보살은 이를 위해 초발심 하네.340)

〈122〉

自在無礙.超古絕倫.荊棘變為行樹.梟獍啼或梵輪.

---

339) 선종 三祖인 鑑智禪師 승찬(僧璨)의 저술로 전한다. 1권으로 『大正藏』48책에
실려 있다.

340) 『화엄경(80권본)』권16 十住品第十五에 나온다. 『대정장』권10, 086.c.

高僧傳云.釋智通云.若夫尋近大乘修正觀者.察微塵之本際.識一念之初
原.便可荊棘播無常之音.梟獍說甚深之法.十方淨土.未必過此矣.凡言唯
心淨土者.則一淨一切淨.可謂即塵勞而成佛國也.

自在하여 걸림 없고,
예전의 일을 초월하여 절륜(絶倫)하나니
가시밭이 변하여 가로수가 되고,
맹수들의 울부짖는 소리가 법음 굴리는 소리가 되네.

『(속)고승전』에 이른다. 「석지통(釋智通)이 이른다. "만약 무릇 평소 대승
을 가까이 하여 正觀을 닦아 미진(微塵)의 본제(本際 : 實際, 진여, 일심)를
살펴 일념의 시원(始原)을 알게 된다면 바로 가시밭이 無常의 법음을 펴고,
맹수들의 울부짖는 소리가 깊고 깊은 법문을 설함이 될 것이니 十方의
정토(淨土)가 이 보다 더 뛰어나지는 못할 것이다.」[341] 무릇 '唯心淨土(오직
이 청정한 自心이 淨土이다)'를 말함은 하나가 청정함에 일체가 다 청정하다는
것이니 가히 진로(塵勞 : 번뇌)에 즉하여 불국토를 이룬다고 할 수 있다.

〈123〉

似毛端之頭含於寶月.

---

341) 唐 道宣이 저술한 『속고승전』권18 習禪三 釋智通傳. 『대정장』권50, 578a.
     저본의 「識一念之初原」은 원문에서는 「信一念之初源」이다. 여기서는 '識(알
     다)'과 '信'이 상통한다.

236

龐居士偈云.毛頭含寶月.徹底見眞源.

털 끄트머리에 보월(寶月)을 품은 듯 하고,

방거사(龐居士 ; ? ~ 808)의[342] 게송에 이른다.

털 끄트머리에 寶月을 품은 듯하니
철저히 진원(眞源)을 보네.

〈124〉

如瑠璃之內現出金身.

法華經偈云.如淨瑠璃中.內現眞金像.

유리구슬 안에 金身이 나타난 듯하네.

『법화경』의 게송에 이른다.

---

342) 방거사(방온龐蘊)는 중국의 유마거사로 칭해지는 재가 禪者이다. 衡陽(湖南)
人. 처음 石頭希遷에게 참학하여 깨우치고, 후에 馬祖道一에게서 言下에 대오
하였다. 丹霞天然(739~824)을 비롯하여 藥山惟儼・齊峰・百靈 등과 교유하였
다. 후에 襄陽에서 처자와 함께 농경하면서 참학하러 온 이들을 機鋒으로 인도
하니 그 명성이 자자하였고, 그의 妻子도 大悟하였다. 『방거사어록』(『卍續藏』
권69)에 그의 어록 등이 전한다.

(여래의 身色이) 마치 맑은 유리구슬에

진금상(眞金像)이 나타난 듯하네.343)

〈125〉

若暢斯宗.發明妙慧.剔摩訶衍之骨髓.摘優曇華之根蒂.

　摩訶衍.卽大乘心.優曇華.是靈瑞華.表說心時.難遇難解.

만약 이 宗을 통달하여 妙慧가 발명되면

마하연(대승)의 골수를 파헤치고,

우담바라화의 꽃송이를 따리!

　마하연은 곧 대승심(大乘心)이다. 우담바라화는 영서(靈瑞)한 꽃이다. (대
승의) 心을 상징할 때는 만나기 어렵고 이해하기 어려움을 뜻한다.

〈126〉

任聚須彌之筆.未寫纖毫.縱饒樂說之門.難敷一偈.

　華嚴經云.聚須彌山爲筆.未寫普眼經之一句一偈.

---

343) 『법화경』권1서품1. 『대정장』권9, 04c.

수미산 만 한 많은 붓을 모아 (書寫 하려해도)
(普眼법문의) 터럭 끝도 서사(書寫)하지 못하고,
아무리 많이 즐겁게 그 문을 설한다 하더라도
하나의 게송도 펴기 어렵다.

『화엄경』에 이른다.

　　수미산만큼 많은 붓을 모아 (書寫 하려해도) 普眼經(普眼법문)의
　　일구일게(一句一偈)도 서사(書寫)하지 못한다.[344]

〈127〉

印同異.泯中邊.等來去.絕偏圓.

以自心之體.非同異中邊之見.如太虛空.更無異相.故經云.菩薩知一切法.
即心自性.成就慧身.不由他悟.又起信論云.復次真如自體相者.一切凡夫
聲聞緣覺菩薩佛.無有增減.非前際生.非後際滅.畢竟常恒.無始已來.本性
具足一切功德.所謂自體有大智慧光明義.遍照法界義.真實識知義.自性

---

344) 『화엄경(80권본)』권62 入法界品第三十九之三에서 요략하여 인용하였다. 원문
　　 은 다음과 같다. 「가령 어떤 사람이 大海 만큼의 墨과 수미산만큼 많은 붓들을
　　 모아 이 普眼의 법문을 書寫한다 하더라도 一品 中의 一門, 一門中의 一法, 一
　　 法 중의 一義, 一義 중의 一句 등 조금 만이라도 書寫할 수 없는데 하물며 어
　　 찌 능히 다 書寫할 수 있겠느냐! 假使有人, 以大海量墨, 須彌聚筆, 書寫於此普
　　 眼法門, 一品中一門, 一門中一法, 一法中一義, 一義中一句, 不得少分, 何況能
　　 盡.」『대정장』권10, 336a

淸淨心義. 常樂我淨義. 淸凉不變自在義.

(自心의 體는) 同과 異를 인(印 ; 不二)하였고,

中과 변(邊)을 멸하였으며,

來와 去가 평등하고,

치우침과 원만함을 끊었다.

自心의 體는 同과 異, 中과 邊의 見이 아니다. 마치 태허공과 같아서 다시 어떤 異相도 없다. 까닭에 경(『화엄경』)에 이른다. 「보살은 일체 모든 것이 그대로 마음의 자성임을 알고, 혜신(慧身)을 성취하니 다른 것에 연유하여 깨닫는 것이 아니다.」345) 또 『기신론』에 이른다. 「또한 진여자체상(眞如自體相)이란 모든 범부·성문·연각·보살·佛에 더 많고 적음이 없으며, 과거에 생긴 것도 아니고, 미래에 멸할 것도 아니어서 필경에 항상하다. 무시346) 이래로 본성에 모든 공덕을 구족하고 있다.347) 이른바 자체에 대지혜광명의 뜻, 법계를 두루 비추는 뜻, 진실식지(眞實識知)의 뜻, 자성청정심의 뜻, 상락아정(常樂我淨)의 뜻, 청량하고, 불변하며 자재하다는 뜻을 구족하고 있다.」348)

---

345) 『화엄경(80권본)』권17 梵行品第十六. 『대정장』권10 089a.

346) 저본은 '無始'인데 『기신론』의 원문은 '從本'이다.

347) 저본은 '本性具足'인데 『기신론』 원문은 '性者滿足'이다. 뜻은 차이가 없다.

348) 『기신론』 원문은 각 '義(뜻)' 뒤에 '故'가 있으나 저본에서는 이를 생략하여 인용하였다.

〈128〉

水朝東而星拱北.

水朝東者. 尙書云. 江漢朝宗于海. 宗者尊也. 有似於朝. 如心爲萬法宗. 未有
一法而不歸心者. 星拱北者. 論語云. 子曰. 爲政以德. 譬如北辰. 居其所而衆
星拱之. 爲政以德者. 無爲之德也. 猶北辰之不移. 而衆星拱之. 如一心不動.
衆行歸之.

강물은 동쪽의 바다로 향하여 받들고,
별들은 북극성을 향하여 받든다.

'강물이 동쪽의 바다로 향한다'란, 『상서』에 이르길, 「長江과 漢水가 바다
를 향하여 宗한다.」349) '宗'이란 존대함이다. (강물과 들이 바다와 북극성을)
근본으로 받드는 것이 마치 마음이 모든 것의 宗이 되는 것과 같다. 어느
하나의 존재라도 마음에 돌아가지 않는 것이 없다. '별들이 북극성을 향하여
받든다'라 한 것은 『논어』에 이른다. 「공자가 말하였다. "정치를 덕으로써
함은 마치 북극성이 (항상) 거처하는 자리를 향하여 뭇 별들이 받드는 것과
같다."」350) '정치를 덕으로써 한다'는 것은 無爲의 덕이다. 마치 북극성이
자리를 옮기지 않고 있는데 뭇 별들이 향하여 받드는 것과 같다. 마치
一心이 움직이지 않는데 모든 行(존재)이 이에 돌아가는 것과 같다.

---

349) 『상서』禹貢.
350) 『논어』爲政第二.

〈129〉

谷孕風而海納川.

斯皆法爾如是. 道性自然. 如寶藏論云. 谷風無絶. 泉水無竭. 亦比道性無有
間絶. 則道不離心. 心不離道. 故先德云. 至妙靈通. 目之曰道. 又楞嚴經云.
汝之心靈. 一切明了. 豈非真道耶.

골짜기가 바람을 잉태하고,
바다가 강물을 받아들인다.

이는 모든 것이 그대로 이와 같다는 것이다. 道性은 자연이다. 이를테면
『보장론(寶藏論)』에 이른다. "골짜기 바람이 끊임없고, 샘물이 다 함 없다."[351]
마찬가지로 道性은 끊임이 없다. 그러하니 도가 마음을 떠나지 않으며,
마음이 도를 떠나지 않는다. 까닭에 先德이 이르길, 「지극히 묘하며, 영통(靈
通)함을 가리켜 道라고 한다.」고 하였다. 또 『능엄경』에 이르길, 「너의 마음이
영통하여 일체에 명료하다.」고[352] 하였으니 어찌 眞道가 아니겠는가!

〈130〉

寂爾無聲. 衆響羣音而吼地. 蕩然無相. 奇形異狀而參天.

---

351) 僧肇의 『보장론』廣照空有品第一. 원문은 「泉水無竭, 谷風無休」이다. 원문의
　　 句와 순서가 뒤바뀌어 있고, '休'를 '絶'로 옮겼으나 뜻은 차이가 없다. 『대정장』
　　 권45.

352) 『능엄경』권1. 『대정장』권19, 107a~b.

即相無相. 無相即相. 以是一心之境界故. 如華嚴經中. 境界重重. 佛身無盡.
互相徹入. 能同能別. 全異全同. 淨穢國土. 無障無礙. 不論有情無情之異. 皆
爲一心眞智之境界.

고요하여 아무 소리 없는데
뭇 메아리와 갖가지 소리가 땅을 울린다.
확 트여 아무 모습 없는데
기이한 형상들이 천차만별로 천지를 수놓는다.

相이 無相에 즉해 있고(相이 곧 無相이고), 無相이 相에 즉해 있다(無相이
곧 相이다). 이는 一心의 경계인 까닭이다. 이를테면 『화엄경』에서 경계가
重重(無盡)하고, 佛身이 무진(無盡 : 다 함 없음)하며, 서로 몸이 통해 들어와
있고, 능히 동일하되 능히 다르고, 모두 각기 다르되 모두 각기 같으며,
정토와 예토(穢土)가 서로 걸림이 없다고 하였다.353) 有情·無情의 차이를
불문하고 모두 一心 眞智의 경계이다.

〈131〉

約理而分. 稱眞而說. 蜜齊海內之甜. 火均天下之熱.

一蜜甜. 遍天下之蜜皆甜. 一火熱. 盡寰中之火皆熱. 此況若此一法是心. 則
世出世間一切諸法. 皆即是心矣.

---

353) 이 인용문단은 『화엄경』 전반의 一心法界, 法界緣起(事事無碍緣起)의 교법을
요략하여 옮겼다.

理의 면에서 보면 구분되는 것이나
眞性의 면에서 설한다면
꿀이 세계 어디서나 고루 달고,
불이 천하 어디에나 고루 덥게 하는 것과 같다.

　하나의 꿀이 다니, 천하의 모든 꿀이 두루 다 달다. 하나의 불이 뜨거우니 온 세상의 불이 다 뜨겁다. 이러하건대 하물며 이 하나의 존재가 마음이니 세간 출세간의 일체 모든 것이 다 바로 마음임이야 말할 나위 있겠는가!

〈132〉

當正位之發揚.因法性之施設.

　此心賦者有二觀.一唯心識觀.二眞如實觀.先觀唯心.次入眞如.楞伽經云. 自覺聖智者.令覺自心耳.攝論云.通達唯是意言分別.無有實法.即爲入唯 識方便.不取外相.即入唯心.占察經云.一唯心識觀.二眞如實觀.唯心觀 淺.眞如觀深.能入法性.法性即眞如異名.如起信論云.心若馳散.即當攝 來.令住正念.其正念者.當知唯心.無外境界.此即唯心識觀.次云.即復此 心.亦無自相.念念不可得.此即眞如實觀.若了唯心.成唯心識觀.若了無 性.成眞如實觀.心境兩亡.則成無分別智.

(마음의) 正位에 처하여 발양(發揚)하고,
법성에 인하여 시설한다.

　이 심부(心賦)에 2종의 觀이 있다. 一은 유심식관(唯心識觀 : 오직 心識일 뿐임을 관찰함), 二는 眞如實觀이다. 먼저 唯心을 관하고 다음에 眞如에 들어간다. 『능가경』에서 이르길, 「自覺聖智(自心에서 깨달은 聖智 ; 自證聖智 : 자심에서 증득한 聖智)」라354) 한 것은 (오직 일체가) 自心임을 깨닫도록 하기 위함이다. 『섭대승론』에 이른다. 「오직 意言분별일 뿐이어서 實法이 없음을 통달하여 바로 唯識方便에 들고, 바깥 相을 취하지 않게 되어 바로 唯心에 들어간다.」355) 『점찰경(占察經)』에 이른다. 「一은 唯心識觀이고, 二는 眞如實觀이다.”356) 唯心觀은 얕다. 眞如觀은 깊어서 능히 법성에 들어간다. 법성이 곧 진여의 다른 이름이다. 이를테면 『기신론』에 이른다. 「마음이 만약 이리저리 치달아 흩어진다면 곧바로 마땅히 추슬러 지켜서 正念에 머물도록 해야 한다. 그 정념이란 마음일 뿐이어서 바깥 경계가 없음을 아는 것이다. 이것이 바로 唯心識觀이다.」357) (바로 이어 같은 경에서) 다음에 이른다. 「바로 다시 이 마음도 또한 自相이 없어 念念에 얻을 수 없다. 이것이 바로 眞如實觀이다.」 만약 오직 마음일 뿐임을 깨달으면 唯心識觀을 성취하고, 만약 (이 마음도) 自性이 없음을 깨달으면 眞如實觀을 성취한다. 마음과 경계가 모두 사라지면 무분별지(無分別智)가 이루어진다.

---

354) 『능가경』에서 '自覺聖智' 또는 '自證聖智' 법문은 여러 곳에서 설해지며 강조되고 있다. 다른 데서 깨닫는 것이 아니라 바로 自心에서 聖智를 깨닫는다는 것이다. 그 聖智는 바로 일체가 오직 自心일 뿐임을 깨달음에서 시현된다.

355) 이 부분은 『섭대승론』卷中 應知入勝相第三의 내용을 요약하여 옮겼다.

356) 『점찰선악업보경』卷下에 나온다.

357) 저본의 '令住正念'은 원문에서 '住於正念'이고, '其正念'은 '是正念'인데 뜻은 차이가 없다.

〈133〉

弗從事而失體.非一非多.不守己而任緣.亦同亦別.

如前云正位發揚者.未曾有一法.出心之正位.如法華經云.是法住法位.世間
相常住.又前云法性施設者.般若經云.未曾有一法.而出於法性.真如一心.
不守自性.隨事建立.故云亦同亦別.雖隨事建立.不失自體.故云非一非多.

事에 쫓음이 없되 體를 잃고
一이 아니되 多도 아니다.
자신을 지키지 아니하고, 緣에 맡겨 따르되
또한 동일하기도 하고, 또한 별개다.

앞에서 말한 '正位에서 발양(發揚)한다'고 함은, 일찍이 하나의 법도 마음의
正位를 벗어난 적이 없다는 것이다. 이를테면 『법화경』에서 이르길, 「이
(一乘의) 법이 머무름과 그 법의 位는 세간상(世間相)에서 상주한다.」고 [358]
하였다. 또 앞에 이르길 「性에 인하여 시설한다」고 하였다. 『반야경』에
이른다. 「일찍이 一法도 법성을 벗어난 것이 없었다」고 하였다. 眞如 一心은
自性을 지키지 아니하고, 事에 따라 건립한다. 까닭에 「또한 동일하기도
하고, 또한 별개다. 라고 하였다. 자체를 잃지 않는 까닭에 '一이 아니되
多도 아니다'고 하였다.

---

358) 『법화경』권1 序品1. 『대정장』권9, 09a.

〈134〉

本迹雙擧.權實俱存.

肇論云.非本無以垂末.非末無以顯本.本迹雖殊.不思議一也.心即是本.法
即是末.

본(本)과 적(迹 : 자취, 드러난 相)을 함께 들고,
권(權 : 假立된 방편)과 실(實)이 함께 있다.

『조론(肇論)』(『注維摩詰經序』의 착오)에359) 이른다. 「本이 없이 末(원전
은 跡 ; 자취)을 드리우는 것이 아니고, 末(원전은 跡)이 없이 本을 드러내는
것이 아니다. 本과 적(迹)이 비록 다르나 不思議하게 하나이다.”360) 마음이
바로 本이고, 法이 곧 末이다.

〈135〉

言中而盡提綱要.指下而全見根源.

萬法雖殊.一言而無不該盡.千月不等.一指而各見根源.如錦冠云.一一事
中.皆具如是無盡之德.如海一滴.即具百川.又一一事.不壞本相.不離本

---

359) 僧肇가 『유마경』을 주석한 『注維摩詰經』의 序文에 나오는 글이다. 본서(『주심
부』)의 저자인 영명연수가 같은 승조의 저술인 『肇論』으로 착각한 듯하다.
360) 『대정장』권38. 327b.

位.而圓融即入.謂欲言相用.即同體寂.欲謂之寂.相用紛然.故華嚴疏序
云.超言思而迥出.匪但超言思.抑亦出於超言思.超與不超俱出.華嚴經云.
雖復不依言語道.亦復不著無言說.但即言亡言.即思忘思.以契超出之旨.

(한마디) 말에 강요가 남김없이 들려 있고,
(한 번) 지시함에 근원을 온전히 본다.

　만법(萬法)이 비록 다르지만 한 마디 말에 다 드러나지 않음이 없다.
千月이 다르지만 한 번 지시함에 각기 근원을 본다. 이를테면『(화엄)금관(錦
冠)』에서361) 이른다.

　「하나하나의 事 가운데 모두 이러한 다 함 없는 덕을 갖추고 있다. 마치
바다의 한방울 물에 百川의 물이 갖추어져 있는 것과 같다. 또한 하나하나의
事가 本相을 무너뜨리지 아니하고, 本位를 떠나지 아니하고, 원융하게 即入
되어 있다. 相으로 用되는 면으로 말하자면 體와 동일하게 고요하고, 고요함
의 면에서 말한다면 相의 用이 어지럽다.」까닭에『華嚴經疏序』에362) 이르
길,「말과 생각을 뛰어 넘어 멀리 벗어났다.」고 한 것은, 말과 생각 만
뛰어넘은 것이 아니라 또한 말과 생각을 뛰어 넘은 것에서도 벗어났다는
것이니 뛰어 넘음과 뛰어 넘지 않음을 모두 벗어났다는 것이다.『화엄경』에

---

361) 이『錦冠』은 아마 唐末五代의 승려 石壁傳奧가 지은『華嚴經錦冠鈔』4권(혹 2
　　권)이 아닌가 한다. 이 책은 失傳되었다. 傳奧는 화엄과 율에 뛰어나 화엄종 제
　　6조로 추앙되었다. 주요 저술에『華嚴經錦冠鈔』・『金剛經纂要疏貫義意鈔』・
　　『盂蘭盆經鈔』・『梵網經略疏』・『梵網經科文』・『大乘起信論隨疏記』 등이 있
　　는데 대부분 會昌法難 때 유실되고 현재는『梵網經記』2권만이 전한다. 그는 주
　　로 圭峰宗密의 저술을 해설한 여러 글을 찬술하였다.
362) 澄觀의『화엄경소』서문 맨 앞줄에 나온다.『대정장』권35.

이르길, 「비록 다시는 언어의 길에 의지하지 않는다 하여도 또한 언설이
없음에도 집착하지 않는다.」고[363] 하였다. 단지 말에 즉하여 말을 잊고
생각에 즉하여 생각을 잊는 것으로써 뛰어 넘어 벗어남의 뜻에 계합(契合)한
것으로 한다.

〈136〉

如一金分眾器之形. 不變隨緣之道. 猶千波含溼性之理. 隨緣不
變之門.

> 金是不變. 器是隨緣. 波是隨緣. 溼是不變. 則一心門. 具隨緣不變二義. 如演
> 義記云. 由隨緣即不變故. 奪差別令體空. 則末寂也. 由體空差別故. 奪不變
> 令隨緣. 故本寂也. 以全本為末. 故本便隱. 全末為本. 故末便亡也. 是則真如
> 隨緣成眾生時. 未曾失於真體. 故令眾生非眾生也. 眾生體空即法身時. 未
> 曾無眾生. 故令法身非法身也. 故二雙絕. 二既互絕. 則真妄平等. 無可異也.

마치 하나의 금덩이가 여러 그릇의 모습으로 나누이듯,
불변(不變)과 수연(隨緣 : 緣에 따름)의 道가 그러하고,
千의 파도가 모두 습성(濕性)을 지니는 理와 같이
수연과 불변의 門도 그러하다.

　金은 불변하고 그릇은 隨緣(緣에 따름)한다. 파도는 수연하고 습(濕)은
불변한다. 그래서 一心의 門에 수연과 불변의 二義를 갖추고 있다. 이를테면

---

363) 『화엄경(80권본)』권24 十迴向品第二十五之二. 『대정장』권10, 129b.

『演義記(화엄경수소연의초)』에 이른다.

　수연(隨緣)이 불변(不變)에 즉한 까닭에 차별을 빼앗아 體가 空하게 한다. 그래서 末이 적(寂 : 고요함, 차별상이 멸함)하다. 體가 空함이 차별에 즉한³⁶⁴⁾ 까닭에 불변을 빼앗아 수연하게 한다. 까닭에 本이 적(寂)하다. 本 전체로써 末이 되는 까닭에 本이 바로 숨는다(隱). 末 전체가 本이 되는 까닭에 末이 바로 없어진다. 이러하니 진여(本, 不變)와 수연(末)이 중생을 이루는 때에 일찍이 眞體를 잃은 적이 없었다. 까닭에 중생을 중생이 아니게 한다. 중생의 體가 空하여 바로 법신인 때에 일찍이 중생이 아닌(없었던) 적이 없었다. 까닭에 법신을 법신이 아니게 한다.³⁶⁵⁾ 까닭에 양자가 모두 (각각의 자성을) 절멸하고 있다. 양자가(양자의 자성이) 이미 서로 절멸하였으니 眞(本, 眞如, 不變)과 妄(隨緣, 末)이 평등하여 다르지 않다.³⁶⁶⁾

〈137〉

若達斯宗. 無在不在.

淨名經云. 佛說一切法. 皆無在無不在. 約理實而隱. 云無在. 約相虛而現. 云無不在. 斯即一心隱顯. 無礙自在也.

---

364) 원문에는 ‘即’이 있는데 저본에 탈락되어 있다.
365) 원문은 ‘法身非法身’이나 저본은 ‘令法身非法身’이다. ‘令’이 있어야 한다.
366) 澄觀의 『大方廣佛華嚴經隨疏演義鈔』권75. 『대정장』권36, 594a.

만약 이 宗(근본, 일심, 심성)을 了達하면

(이) 宗이 있지 않은 곳이 없다.

『정명경(유마경)』에 이른다. 「부처님께서 모든 것은 모두 있지 않되 있지 않음도 아니다.」고367) 하였다. 理의 면에서 본다면 實이되 감추어진다(隱). 그래서 '있지 않다'고 하였다. 相의 면에서 본다면 허(虛)이되 드러난다. 그래서 '있지 않음이 아니다'고 하였다. 이러하니 一心이 감추고 드러남에 걸림 없이 자재하다.

〈138〉

入聖體而靡高.居凡身而弗改.即狹而廣.毫端遍於十方.以短攝長.刹那包於劫海.

先德云.塵含法界.無虧大小.念包九世.延促同時.即是一心開合.以彰殊勝.如朝菌之類.夕死之徒.豈等大椿之歲耶.此是世間人物.延促之情見耳.如華嚴經.明毗目仙人執善財手.時經多劫.處歷無邊.故不可以長短思也.若顯超勝.一生頓圓.若約甚深.多劫莫究.延促不可定執.貴在入玄.即權機淺學.罔測津涯矣.如華嚴經頌云.始從一念終成劫.悉依眾生心想生.一切刹海劫無邊.以一方便皆清淨.釋曰.一方便者.即是自心.延促由心定量.若了一心.長短之劫自盡.故云皆清淨.華嚴經頌云.有數無數一切劫.菩薩了

---

367) 『유마경』권중 관중생품제7의 경문을 약간 줄이고 순서를 바꾸어서 인용하였다. 원문은 다음과 같다. 「一切諸法, 亦復如是, 無在無不在. 夫無在無不在者, 佛所說也.」

知即一念.於此善入菩提行.常勤修習不退轉.

성체(聖體)에 들어갔으되 높지 아니하고,
범부의 몸에 있되 바꾸어진 것이 없다.
협소함에 즉하여 광대하고,
터럭 끝이 十方에 두루 하다.
짧은 것으로써 긴 것을 아우르고,
찰나가 겁(劫)의 바다를 포용한다.

　先德이 이르길, "한 티끌이 법계를 포함하되 줄어듦이 없고, 크고 작은 상념이 九世368)를 포용하되 늘어짐과 재촉함이 동시이다"고369) 하였다. 이는 바로 一心의 열고 닫음으로써 그 뛰어남을 드러낸 것이다. 이를테면 조균(朝菌)의 류나 하루살이의 무리들이 어찌 기나긴 수명의 중생들과 같을 것인가 라고 하는 것은 세간의 인물들이 늘어짐(느림)과 재촉하는(빠름) 情으로 보는 것일 따름이다. 이를테면 『화엄경』에서 비목선인(毗目仙人)이 선재동자의 손을 잡았는데 그 때 수많은 겁(劫)의 세월이 지나고 수많은 세계를 가없이 거쳤다고 하였다.370) 까닭에 길고 짧은 見으로 생각할 수 없는 것이다.
　만약 단번에 뛰어 넘는 뛰어난 길을 밝혀 나아가면 일생에 단박에 원만한 성취를 이룰 것이다. 만약 깊이 파헤쳐 나아간다면 다겁을 지나고 궁구하지

---

368) 과거 현재 미래의 三世에 각기 三世가 있어 九世라고 한다.
369) 현수법장의 『修華嚴奧旨妄盡還源觀(망진환원관)』에 나온다. 『대정장』권45.
370) 상당히 긴 경문을 내용으로 크게 줄여서 인용하였다. 『화엄경(80권본)』권64.
　　『대정장』권10, 345c.

못한다. 느리고 빠름에 메어 집착할 것은 아니지만 귀중한 것은 현묘한 자리에 들어가는 것이다. 그래서 임시방편의 근기인[371] 자와 천학(淺學)들은 그 경계를 어림하지 못한다. 『화엄경』의 게송에 이른다.

> 한 생각으로부터 겁에 이르기까지
> 모두 중생심의 상념에 의지하여 생기네.
> 모든 세계와 가 없는 겁도
> 하나의 방편으로 모두 청정해지네.[372]

　해설한다. '하나의 방편'이란 바로 自心이다. 느리고 빠름은 마음에 의해 정해진 한량(限量)이다. 만약 一心을 깨달으면 길고 짧은 겁(劫)이 스스로 다 한다. 까닭에 이르길, '모두 청정해진다'고 하였다.
　『화엄경』의 게송에 이른다.

> 有數 無數의 모든 겁(劫)도
> 보살은 바로 일념임을 뚜렷이 아나니
> 여기에서 보리행에 잘 들어가
> 항상 부지런히 수습하여 퇴전(退轉)하지 아니하네.[373]

---

371) 임시방편의 여러 法相에 머무르고 여기서 벗어나지 못하는 근기인 자들을 가리킨다.
372) 『화엄경(80권본)』권7 世界成就品第四. 『대정장』권10, 038a.
373) 『화엄경(80권본)』권31 十廻向品第二十五之九. 『대정장』권10, 170c.

〈139〉

一葉落時天下秋. 一塵起處厚地收. 向空門而及第.

　　龐居士偈云. 十方同聚會. 箇箇學無爲. 此是選佛場. 心空及第歸.

한 잎의 낙엽 떨어질 때 천하가 가을이 되고,

하나의 티끌 일어나는 곳에 두터운 땅이 (이를) 거두어들이며,

空門으로 나아가 급제(及第 : 성취)한다.

방거사의 게송에 이른다.

　　　　十方에서 함께 모여 각각 無爲로 수학하니

　　　　이것이 부처 뽑는 자리이고,

　　　　마음이 空하게 되면374) 급제(及第)하여 돌아가네.375)

〈140〉

於禪苑而封侯.

　　世間以成功立德. 以爲封侯. 出世悟心得記. 以爲封侯.

---

374) 마음이 空하게 됨이 곧 마음을 잊음이다(忘心).

375) 『방거사어록』龐居士詩卷下에 나오는데 원문과 약간 다르다. 원문은 「十方同一
　　會, 各自學無爲, 此是選佛處, 心空及第歸.」이다. 『卍續藏』권69.

선원(禪苑)에서 제후에 봉(封)해지고,

　세간에서 공업 이루고 덕을 세워 제후에 봉해진다. 출세간에서는 마음을 깨달아 수기(授記)를 얻는 것이 제후에 봉해짐이다.

〈141〉

敵生死軍之甲冑.戰煩惱陣之戈矛.

　唯識疏云.心外有法.生死輪迴.心外無法.生死永絕.

생사의 군대를 대적하여 싸우는 무기를 갖추며,
번뇌의 군진과 싸우는 무기를 갖춘다.

　『유식소(唯識疏 ; 성유식론술기)』에 이른다.「마음 밖에 어떤 것(法)이 있으면 생사에 윤회한다. 마음 밖에 아무 것도 없으면 생사를 영원히 끊는다.」[376]

〈142〉

得大總持.可作超塵之本.

---

376) 窺基의 『成唯識論述記』권1에 나오는데 원문을 약간 바꾸어 인용하였다. 원문은 다음과 같다. "有心外法, 輪迴生死. 覺知一心, 生死永棄."『대정장』권43. 원문의 '覺知一心(一心임을 깨달아 알면'을 '마음 밖에 아무 것도 없으면'으로 하였는데 실은 뜻으로 상통한다.

心是總持都院. 無法不收.

대총지(大總持)를 얻어
세간을 뛰어 넘는 근본으로 삼으며,

마음이 총지(總持)의 본원이어서 거두어들이지 않는 것이 없다.

〈143〉

具王三昧. 堪為入道之由.

能觀心性. 名為上定. 此心是真如三昧. 一切三昧之根本. 故心為三昧之王. 名王三昧. 是以悟心成道. 萬行俱成. 夫若了即心是佛者. 自然謙下. 何以故. 信自心故. 知一切眾生皆有心. 悉即是佛故. 既不自憍[怡-台+居]. 亦不輕慢他. 以知一心平等故. 經云. 柔和之行. 以順法界. 謙下是忍辱之本. 周易云. 謙亨君子有終. 象曰. 謙亨. 天道下濟而光明. 地道卑而上行. 天道虧盈而益謙. 地道變盈而流謙. 鬼神害盈而福謙. 人道惡盈而好謙. 是以於自於他. 不讚不毀. 若自讚非大人之相. 是衒惑人. 若自毀. 是妖諂之人. 若毀他. 是讒賊之人. 若讚他. 是諂諛之人. 是以傅大士云. 見好見惡但低頭. 有底因緣得成病. 故知得地萬物皆生. 得理萬行皆成. 唯心之理. 不可忘也. 迄至成佛. 無有增減.

가장 뛰어난 삼매(王三昧)를 갖추어
뛰어나게 入道의 바탕으로 삼는다.

心性을 관함을 이름 하여 上位의 선정이라 한다. 이 마음이 진여삼매이고, 모든 삼매의 근본이다. 까닭에 마음이 삼매의 왕이고, 王三昧라 한다. 이 까닭에 마음을 깨달음으로써 도를 성취하고 만행을 모두 함께 이룬다. 무릇 바로 (당념당처의) 마음이 佛임을 깨달은 자는 자연히 겸하(謙下; 겸손)하게 된다. 왜 그러한가. 自心을(自心이 佛임을) 믿는 까닭이다. 모든 중생이 다 마음이 있어 모두 바로 佛임을 알게 된 까닭이다. 이미 스스로 교만하지 않게 되었고, 또한 타인을 가벼이 여기지도 않는다. 一心이 평등함을 아는 까닭이다.

경에서 이른다. 「유화(柔和)한 행은 법계에 수순함이며, 겸하(謙下)함은 인욕의 근본이다.」『주역』에 이른다. 「謙은(謙下하면) 형통(亨通)함이니 군자가 유종(有終)한다(有終의 美를 거둔다). 단(彖; 彖辭)에 이른다. 「謙을 亨이라 함은, 天道는 아래로 향하여 구제하되 빛나고, 地道는 비천하되 위로 향하여 행한다. 天道는 줄어들고 차오르되 더욱 겸하고, 地道는 변하며 차오르되 겸하함에 따른다. 귀신은 해침이 차오르되 겸하함에 복을 준다. 人道는 악이 차오르되 겸하함을 좋아한다.」[377] 이 까닭에 자신과 남에 대해 칭찬하지 아니하고, 훼손하지 아니한다. 만약 스스로 자신을 칭찬한다면 大人의 相이 아니다. 이는 사람을 현혹하는 것이다. 만약 스스로 자신을 훼손한다면 이는 요망하게 아첨하는 사람이다. 타인을 훼손하는 자는 적을 중상하는 사람이다. 만약 타인을 칭찬하면 이는 아첨하는 사람이다. 이 까닭에 부대사(傅大士)가 이른다. 「좋은 일을 보든 싫은 일을 보든 단지 머리를 숙이라! 인연에 바탕하여 병을 이룬다. 까닭에 땅을 얻으면 만물이 살아나고, 理를 얻으면 만행이 모두 이루어짐을 안다.」[378] 唯心의 理는 잊어서는 안 된다.

---

377) 『周易』謙卦第十五.
378) 『부대사록』 또는 『선혜대사록』에 이 인용문이 보이지 않는다.

성불에 이르기까지 증가하거나 감소됨이 없다.

〈144〉

學問宗師.菩提牓樣.功德叢林.眞如庫藏.

一切衆生第八識心. 名含藏識. 亦名宅識. 如華嚴經云. 菩薩摩訶薩知善巧 說法. 示現涅槃. 爲度衆生所有方便. 一切皆是心想建立. 非是顚倒. 亦非虛 誑. 何以故. 菩薩了知一切諸法. 三世平等. 如如不動. 實際無住. 不見有一衆 生已受化. 今受化. 當受化. 亦自了知無所修行. 無有少法若生若滅而可得 者. 而依於一切法. 令所願不空. 是爲第九如實住.

학문종사(學問宗師)는 보리[覺]의 표본이며,
공덕총림(功德叢林)이고,
眞如의 저장고(貯藏庫)이다.

모든 중생의 제8식심(識心)을 함장식(含藏識; 아뢰야식)이라 한다. 또한
택식(宅識)이라고도 한다. 이를테면 『화엄경』에 이른다.

보살마하살은 뛰어나고 교묘하게 법을 설하여 열반을 시현한다.
중생을 제도하기 위한 모든 방편은 일체 모두 心想으로 건립된 것이다.
전도(顚倒)된 것이 아니며 허광(虛誑)하지도 않다. 왜 그러한가. 보살은
일체 모든 것이 삼세에 평등하고, 여여부동하며, 실제이고, 머무름
없음을 안다. 한 중생도 이미 제도 받았거나 지금 제도 받고 있거나

앞으로 제도 받을 자가 없다. 또한 스스로 수행할 바가 없음을 뚜렷이
한다. 조그만 법이라도 생이든 멸이든 얻을 수 있는 것이 없음을
뚜렷이 알되 모든 법에 의해 원하는 바가 不空이 되게 한다. 이것이
제9 如實住(如實하게 머묾)이다.[379)]

〈145〉

縱橫幻境. 在一性而融虛. 寂滅靈空. 寄千門而顯相.

一性是萬法之性. 千門是萬法之相. 性相分二. 融之歸一. 如涅槃經云. 佛性
者. 名第一義空. 第一義空. 名為智慧. 此二不二. 以為佛性. 然第一義空. 是
佛性. 名為智慧. 即佛性相. 第一義空不在智慧. 但名法性. 由在智慧. 故名佛
性. 以性從相. 則唯衆生得有佛性. 有智慧故. 牆壁瓦礫無有智慧. 故無佛性.
若以相從性. 第一義空無所不在. 則牆壁等. 皆是第一義空. 如何非性. 故經
云. 知一切法即心自性. 論云. 以色性即智性故. 色體無形說名智身. 以智性
即色故. 說名法身遍一切處. 其體本均. 今分性相. 故分二義.

여환(如幻)의 경계에 종횡하며,
一性에 자리하되 융허(融虛)하다.
적멸하고, 영묘하게 텅 비어 있으면서
천차만별의 문에 의탁하여 모습을 드러낸다.

---

379) 『화엄경(80권본)』권55 離世間品第三十八之三. 『대정장』권10, 291a.

'一性'은 모든 것의 性이다. '千門'은 모든 것의 모습(相)이다. 性과 相이 둘로 나누이나 융회하면 하나로 돌아간다. 이를테면 『열반경』에 이른다. 「佛性이란 第一義空이라 하고, 第一義空을 지혜라 한다.」380) 이 둘은 不二이며, 佛性이다. 그래서 第一義空이 佛性이고 지혜라 하니 곧 佛性의 (모습 없는) 相이다. 第一義空에서 지혜가 있지 않은 면을 단지 法性이라 하고, 지혜가 있는 면으로는 佛性이라 한다. 性이 相을 따르는 면으로 보면 오직 중생에게 불성이 있게 되고, 지혜가 있게 된다. 담장이나 기와 자갈은 지혜가 없는 까닭에 불성이 없다. 만약 相이 性을 따르는 면으로 본다면 第一義空이 없는 곳이 없다. 그래서 담장 등도 모두 第一義空이니 어찌 性이 아니라 하겠는가! 까닭에 경에서 이르길, 「일체 모든 것이 바로 心自性임을 안다.」고 하였다. 논(『기신론』)에 이른다. 「色의 性이 곧 智의 性인 까닭에 色의 體가 형상 없는 면을 이름 하여 '智身'이라 한다. 智의 性이 곧 色인 까닭에 설하길, '법신이 일체처에 두루 하다'고 한다.」381) 그 體는 본래 평등한데 지금 性과 相으로 나누는 까닭에 二義로 나눈다.

〈146〉

妙跡無等. 實中最親.

天下最親. 莫過心也. 以一切法從心所生. 離心則無一法. 所以華嚴經云. 以從波羅蜜所生一切寶蓋. 於一切佛境界淸淨解所生一切華帳. 無生法忍所生一切衣. 入金剛法無礙心所生一切鈴網. 解一切法如幻心所生一切堅固

380) 『열반경(40권본)』권27 師子吼菩薩品第十一之一. 『대정장』권12, 523b.
381) 『기신론』에 나온다.

香.周遍一切佛境界如來座心所生一切佛眾寶妙座.供養佛不懈心所生一
切寶幢.解諸法如夢歡喜心所生佛所住一切寶宮殿.無著善根所生一切寶
蓮華雲等.

(마음의) 현묘한 자취는 비할 바 없고,
천하에 가장 가깝다.

천하에 가장 가까운 것에 마음보다 더 한 것이 없다. 일체 모든 것은
마음에서 생긴 것이다. 마음 떠나면 하나의 존재도 없다. 까닭에 『화엄경』에
이른다.

바라밀로부터 생긴 일체의 보개(寶蓋)와, 무생법인(無生法忍 : 생한
바 없다는 진리)에서 생한 일체의 衣와, 금강법의 걸림 없는 마음으로부
터 생긴 일체의 방울 달린 망(網), 일체 모든 것이 幻과 같은 마음에서
생한 일체의 견고한 향, 일체의 佛境界 如來座心에서 생긴 일체의
佛의 뭇 보배롭고 묘한 좌(座), 佛의 게으르지 않는 마음에 공양함에서
생긴 일체의 보당(寶幢), 모든 것이 꿈과 같다는 환희심에서 생긴
佛이 머무르는 일체의 보배 궁전, 집착함이 없는 선근에서 생한[382]
일체의 보배 연화 구름 등.」[383]

---

382) 원경문은 '無著善根' 다음에 '無生善根'이 이어지는데 저본에서는 탈락되었다.
383) 『화엄경(80권본)』권22 昇兜率天宮品第二十三. 『대정장』권10, 118a.

〈147〉

小器出無邊之嘉饌.

華嚴經云. 有具足優婆夷. 得菩薩無盡福德藏解脫門. 能於小器中. 隨諸衆
生種種欲樂. 出生種種美味飲食. 悉令充滿. 以此小器. 能於天中充足天食.
乃至人中充足人食. 諸佛聲聞羅漢及遍鬼趣等. 乃至云. 善男子. 且待須臾.
汝當自見. 說是語時. 善財則見無量衆生. 從四門入. 皆是優婆夷本願所請.
既來集已. 敷座令坐. 隨其所須. 給施飲食. 悉皆充足. 於小器中者. 即是心
器. 心為無盡藏. 隨念出生一切世出世間珍寶法門. 有何窮盡.

조그마한 그릇에서 가 없는 훌륭한 음식이 나오고,

『화엄경』에 이른다.

　　어떤 (보살행을) 구족한 우바이가 보살의 다 함 없는 복덕장 해탈문
을 얻고, 능히 조그마한 그릇에서 여러 중생의 갖가지 욕락에 따라
갖가지 좋은 맛의 음식을 내어 모두 충만하게 하였다. 이 조그마한
그릇으로 능히 天界에 天食을 충족케 하였고, 내지 人界에 人食을
충족케 하였다. 諸佛·성문·아라한 및 두루 여러 귀취(鬼趣) 등에
대해서도 내지 그리하였다(경문을 뜻으로 크게 줄여 인용함). 선남자여!
또한 잠시 기다려보라! 너는 스스로 보게 될 것이다. 이 말씀을 설한
때에 선재동자가 한량없는 중생이 4문으로부터 들어오는 것을 보았는
데 모두 우바이의 본원(本願)으로 초청받은 이들이었다. 이미 와서
모이고는 자리에 앉게 하였다. 그들이 필요로 하는 바에 따라 음식을

베풀어주고 모두 충족케 하였다.[384]

'조그마한 그릇에'라 한 것은 곧 마음의 그릇이다. 마음은 무진장(無盡藏)이다. 상념에 따라 일체 세간과 출세간의 진보(珍寶)의 법문을 내는데 어찌다 함이 있겠는가!

〈148〉

仰空雨莫測之殊珍.

華嚴經中. 明智居士云. 我得隨意出生福德藏解脫門. 凡有所須. 悉滿其願. 所謂衣服瓔珞. 象馬車乘. 華香幢蓋. 飲食湯藥等. 乃至爾時居士知會衆普集. 須臾繫念. 仰視虛空. 如其所須. 悉從空下. 一切衆會. 普皆滿足. 然後爲說種種法. 所謂爲得美食而充足者. 與說種種集福德行等. 釋曰. 空中雨物者. 一是居士心中出. 故云隨意出生. 又云須臾繫念. 二是所化衆生自心感現. 機應冥合. 非一非異. 成就斯事. 仰視虛空者. 即是法空中現. 故法句經云. 菩薩於畢竟空中. 熾然建立.

허공을 쳐다 보니 측량할 수 없는 진기한 것들이
비처럼 쏟아져 내렸으며,

---

384) 『화엄경(80권본)』권65 入法界品第三十九之六. 『대정장』권10, 351c~352b. 경문을 중간 중간 생략하며 인용하였다. 어느 곳은 뜻으로 요략한 부분도 있다.

『화엄경』에서 명지거사가 이르길, 「내가 마음 따라 복덕장해탈문을 내어 모든 필요한 것들을 다 그 원하는 대로 충만 시켜 준다. 이른바 의복・영락・코끼리・말・거승(車乘)・화향(華香)・당개(幢蓋)・음식・탕약 등이다.」 내지(긴 경문이 생략됨) 이 때 거사가 회중이 두루 모인 것을 알고 잠시 생각하고 나서 허공을 쳐다보니 그들이 필요로 한 대로 모두 허공에서 쏟아져 내려 왔다. 모든 회중들이 다 만족하였다. 그러한 후에 갖가지 법을 설하였다. 이른바 美食을 얻어 충족한 이들에게 갖가지 복덕을 쌓는 행등을 설해주었다.385) 해설한다. '허공에서 여러 물건들이 비처럼 쏟아져 내렸다'라 한 것은, 一은, 居士의 마음에서 나온 것이다. 까닭에 '마음 따라 내었다'고 하였고, 또 이르길, '잠시 생각하니'라 하였다. 二는, 제도 받은 중생들의 自心에서 감현(感現 ; 感得)된 것이다. 근기에 응하여 그윽이 합치된 것이니 동일하지도 않고 다르지도 않아서 이 일이 성취된 것이다. '허공을 쳐다 보았다'라 한 것은 바로 법이 空한 가운데 나타난 것임을 뜻한다. 까닭에 『법구경(佛說법구경)』에 이르길, 「보살은 필경에 空인 가운데서 치연(熾然)하게 건립한다.」고386) 하였다.

〈149〉

仙人執手之時.動經塵劫.

如華嚴經中.毗目仙人執善財手.即時善財自見其身.往十方十佛剎微塵數

---

385) 『화엄경(80권본)』권65 入法界品第三十九之六. 『대장경』권10, 353a. 경문을 중간 중간에 많이 생략하여 인용하고, 어느 곳은 뜻으로 요략하였다.

386) 여기서의 『법구경』은 대승의 『佛說法句經』이다. 親近真善知識品第五에 나온다. 『대정장』권85, 1433c.

264

世界中. 到十佛刹微塵數諸佛所. 見彼佛刹及其衆會. 諸佛相好種種莊嚴.
乃至經百千億不可說不可說佛刹微塵數劫. 乃至時彼仙人放善財手. 善財
童子即自見身還在本處. 是知不動本位之地. 身遍十方. 未離一念之中. 時
經塵劫. 古釋云. 善財隨事差別. 皆入法界. 若圓融門. 纔擧一門. 即融諸門.
然以理融事. 令事如理. 以理顯事. 令理如事. 故云理非無分. 謂理即事. 事旣
有分. 理亦有分. 不爾. 眞理不即事故. 理旣如事. 隨擧一法. 即一法界. 若擧
多法. 即多法界. 如善財親證. 暫時執手. 便經多劫. 明一切時圓融. 後入樓
閣. 普見無邊. 明一切處圓融. 是以善財一生能辦多劫之行者. 旣善友力. 瞬
息之間. 或有佛所. 見經不可說不可說佛刹微塵數劫修行. 何得一生不經多
劫. 仙人之力長短自在故. 如世王質遇仙之碁. 令斧柯爛. 三世尙謂食頃. 旣
然以長爲短. 亦能以短爲長. 如周穆隨於幻人. 雖經多年. 實唯瞬息. 故結云.
不應以長短之時. 廣狹之處. 定其旨也.

仙人이 (선재동자의) 손을 잡은 때에
미진수의 겁(劫)이 지나갔다.

이를테면 『화엄경』에서 비목(毗目)仙人이 선재동자의 손을 잡자 즉시에
선재동자가 그 몸이 十方의 十佛世界 미진수의 세계에 가서 十佛世界의
미진수 諸佛이 계신 곳에 이르러 그 불세계 및 그 회중의 諸佛의 相好와
갖가지 장엄 내지 백천억의 不可說 不可說의 佛世界가 미진수의 겁(劫)을
거치는 것을 스스로 보았다 하였고, 내지 그 때 그 선인이 善財의 손을
놓자 손재동자가 즉시에 몸이 다시 본처에 있음을 스스로 보았다고 하였
다.[387] 이로 알건대 본래의 자리에서 움직이지 아니하고, 몸이 十方에 두루

---

387) 『화엄경(80권본)』권64, 入法界品第三十九之五. 『대정장』권10, 345c. 원 경문을

하였으며 일념도 떠나지 않은 가운데 시간이 미진수의 겁을 지난 것이었다. 옛 해석(『화엄경수소연의초』)에 이른다.

선재동자가 事의 차별에 따라 모두 법계에 들어갔다. 후의388) 원융 문에서 비로소 一門을 들어 여러 門을 융회하였다. 그러나 理로써 事를 융회하여 事를 如理(理에 평등)하게 하고, 事로써 理를 드러내어389) 理를 如事(事에 평등)하게 하였다. 까닭에 이르길, 理에 그 分이 없지 아니하며, 理가 事에 즉하였다고 하였다. 事에 이미 그 分이 있으니 理에도 또한 그 分이 있다. 그렇지 않으면 眞理가 事에 즉하지 않는다는 것이 되는 까닭이다. 理가 이미 如事하니 一法을 게시(揭示)함에 따라 곧 一法界에 즉한다. 만약 많은 법을 들게(게시하게) 되면 많은 법계에 즉하게 된다. 이를테면 선재동자가 친증(親證)한 바와 같이 잠시 손을 잡으니 바로 다겁(多劫)이 지나갔다고 함은 一切의 시간이 원융함을 밝힌 것이다. 후에390) 누각에 들어가 두루 무변의 (佛世界를) 보았다 한 것은 일체처의 원융함을 밝힌 것이다.391)

이로써 선재동자는 일생에 능히 다겁의 행을 갖추게 된 것이다. 善友의 힘이 있어 순식간에 혹은 부처님 계신 곳에 이르고, 不可說 不可說의 佛世界 를 거쳐 가며 보고, 미진수겁의 수행을 거친 것이니 어찌 일생에 다겁을

요략하여 옮겼다.
388) 저본은 '若'인데 원문은 '後'이다. 원문에 따른다.
389) 저본은 '以理顯事'인데 원문은 '以事顯理'이고, 내용상 후자가 옳다.
390) 저본의 '後'는 원문에서 '纏'이다. 여기서는 뜻에 별 차이가 없다.
391) 징관의 『華嚴經隨疏演義鈔』권83 入法界品第三十九. 『대정장』권36, 654b~c. 원 경문을 요략하여 옮겼다.

거치지 못한다고 할 수 있겠는가! 仙人의 힘은 길고 짧음에 自在한 까닭이니
마치 세간의 (전설에) 왕질(王質)이 (나무하러 산에 올라갔다가 길을 잃고)
바둑을 두고 있는 신선을 만나 (구경하다가) 도끼자루 썩는 줄 모르고 3世가
지났는데 (집에 돌아와 증손자에게) 한식경 지났다고 말한 것과 같다.[392]
이미 긴 것을 짧게 하였으니 또한 짧은 것을 길게 할 수도 있다. 이를테면
周나라 목왕(穆王)이 幻人을 따라다니길 비록 여러 해였지만 실은 단지
순식간의 일이었던 것과 같다. 까닭에 결론하여 이른다. "길고 짧은 시간이나
넓고 좁은 곳에 의거해서 그 뜻을 결정해버려서는 안 된다."

〈150〉

童子登樓之日. 倏見前因.

　善財童子登彌勒樓閣. 見彌勒三生之事.

(선재)동자가 누각에 오른 날
홀연 지난 일들을 보았다.

　선재동자가 미륵보살이 계신 곳의 누각에 올랐다가
　미륵보살의 三生의 일들을 보았다.

---

392) 중국의 전설 가운데 하나로 '王質遇仙' 과 '令斧柯爛'은 四者成語가 되었다. 王
　　質이라는 나무꾼이 산에 나무하러 갔다가 길을 잃고 두 신선이 바둑 두고 있는
　　것을 구경하면서 동자가 주는 과일을 먹고 해질녘에 하산하여 귀가하였는데 그
　　집에는 증손자가 노인이 되어 살고 있었다고 한다.

〈151〉

成現而雖圓至道. 弘闡而全在當人.

人能弘道. 非道弘人. 十方三世諸佛. 皆是了心成佛. 心卽是法. 法卽是心. 所
以由人信故. 乃能弘之. 又人卽是法. 法卽是人. 離人無有法. 離法無有人. 故
云此法先佛已說. 後佛隨順不加一字. 故云佛以法爲師. 如燕公張悅問水南
善知識云. 法在前耶. 佛在前耶. 答云. 法在前. 諸佛所師所謂法故. 便被難
云. 若爾. 最初成佛. 前無佛說. 何由悟法. 答云. 自然而悟. 如月令中. 獺乃祭
天. 豈有人敎. 燕公大伏也.

성취하여 현전함이 비록 원만하고 至道라 할지라도
널리 천양함은 오로지 그 사람에게 있다.

　사람이 능히 도를 펴는 것이지 도가 사람을 펴는 것이 아니다. 十方
三世의 모든 부처님도 다 마음을 깨달아 성불하였다. 마음이 곧 법(교법,
진리)이고, 법이 곧 마음이다. 까닭에 사람의 믿음이 있어야 이를 펼 수
있는 것이다. 또한 사람이 곧 법이고, 법이 곧 사람이다. 사람을 떠나서
법이 없고, 법을 떠나서 사람이 없다. 까닭에 이른다. 「이 법은 先佛께서
이미 설하였고, 後佛이 이에 수순하고 一字도 더 붙이지 않는다.」 까닭에
이르길, 「佛은 법을 스승으로 삼는다.」고 하였다.
　이를테면 연공(燕公) 장열(張悅 : 667-730)이[393] 水南선지식에게[394] 물었다.

───────────────

393) 장열(張悅)은 字가 道濟이고 張說이라고도 한다. 당 현종 개원 연간의 名相으
　　로 燕國公에 봉해진 바가 있다. 여러 치적을 남겼고, 시문에 뛰어났다. 그의 문

"법이 먼저 있었습니까? 佛이 먼저 있었습니까?" 답하였다. "법이 먼저다. 諸佛이 스승으로 삼은 것이 이른바 법인 까닭이다." (장열이) 바로 따져서 말하였다.[395] "그러하다면 최초로 성불한 분은 앞에 부처님의 설법이 없었는데 무엇으로 인해서 법을 깨달은 것입니까?

답한다 :

"자연히 깨닫는다. 이를테면 『月令』에 '수달(水獺)이 물고기를 잡아 하늘에 제사 올린다.'고[396] 하였는데 (이것이) 어찌 사람이 가르쳐서 그렇게 하는 것이겠는가." 연공(燕公)이 크게 굴복하였다(『수소연의초』).[397]

〈152〉

殊功警世. 大用通神. 樂蘊奇音. 指妙而宮商應節. 心懷覺性. 智巧而動用冥真.

집으로 『張說之集』30권이 전한다. 현종이 '文貞'의 시호를 내렸다. 그는 특히 불교에도 정심하여 당대의 뛰어난 승려와 많은 교류를 하였고, 대통선사 神秀의 비문, 『대당서역기』의 서문 등을 지었다.

394) 水南善知識은 荷澤神會를 가리키는 것으로 보인다. 이에 대한 사항은, 박인석, 「종밀의 '知' 사상의 문헌적 기원과 사상적 전개 — 寂知의 體用觀을 중심으로」, 『한국선학』27, 2010.12 참조.

395) 저본의 '被難'에서 '被'는 잘못 첨가된 글자로 보아야 한다.

396) 『예기』月令제6에 "東風으로 얼음이 녹게 되면 겨울잠에 있던 벌레들이 활동하기 시작하고 물고기가 얼음물 위로 올라오는데 (이 때) 수달이 물고기를 잡아 제사 지내며, 기러기들이 찾아온다."라 하였다.

397) 이 인용 단락은 징관의 『수소연의초』권36. 『대정장』권36, 353b에 나온다.

首楞嚴經云. 譬如琴瑟箜篌琵琶. 雖有妙音. 若無妙指. 終不能發. 汝與衆生
亦復如是. 寶覺真心各各圓滿. 如我按指海印發光. 汝暫舉心塵勞先起. 是
知指不妙故. 五音不成. 智不巧故. 一心不現. 如藏教是拙度. 通教是巧度. 又
但了諸法實相. 不須勤苦而修. 是名巧度.

특별한 공훈은 세상을 놀라게 하고,
大用은 신령에 통하였다.
즐거움을 주는 기이한 音은
연주함이 묘함에 음률이 절도에 맞게 응한다.
마음에 覺性 품어
智가 교묘하게 동용(動用)하며
진실에 그윽이 합치한다.

『수능엄경』에 이른다. 「비유컨대 거문고·공후(箜篌)·비파가 비록 妙
音이 있으나 만약 기묘한 연주법이 없으면 끝내 나오지 못하는 것과 같이
너와 중생도 또한 이와 같다. 보각(寶覺) 眞心이 각각에 원만함이 나와
같지만 해인삼매의 광명이 발함을 보이면 너는 잠깐 마음이 흔들려 진로(塵勞
: 번뇌)가 먼저 일어나버린다.」398) 이로 알건대 연주법이 묘하지 못한 까닭에
五音이 이루어지지 못한 것이다. 智가 교묘하지 못한 까닭에 一心이 드러나
지 못한 것이다. 이를테면 장교(藏敎)는399) 졸렬(拙劣)한 제도법(濟度法)이고,

---

398) 『대불정수능엄경』권4. 『대정장』권19, 121a~b.
399) 天台의 敎判인 藏敎·通敎·別敎·圓敎의 '化法四敎' 가운데 첫 번째의 藏敎
이다. 化法四敎는 중생의 근기에 따라서 다른 수준으로 펼친 교법을 구분한 것
이다. 藏敎는 3乘人에게 소승의 아함경을 설한 것이다.

통교(通敎)는400) 교묘한 제도법이다. 또한 단지 諸法의 實相을 깨달으면 부지런히 힘들게 수행할 필요가 없는 것이다. 이를 이름 하여 '교묘한 제도(濟度)'라 한다.

〈153〉

十力功高.上賢能踐.日月潛光.山川迴轉.

龐居士偈云.劫火燃天天不熱.嵐風吹動不聞聲.百川競注海之溢.五嶽名山不見形.澄淸靜慮無蹤跡.千途盡總入無生.故知無有一法不入一心無生之旨.

十力의401) 功은 높고 높으며,
뛰어난 현인은 능히 따른다.
日月은 은연히 빛나고,
산천은 회전한다.

방거사(龐居士)의 게송에 이른다.

---

400) 通敎는 위의 化法四敎 가운데 두 번째이다. 성문·연각·보살의 세 乘의 人에게 공통으로 해당하는 교법이다. 대승의 初門이다.

401) 十力(daśa balāni) 오직 如來만이 갖추고 있는 10종의 능력으로 여래의 18不共法 가운데 10종이다.

겁화(劫火)가[402] 하늘에 타 올라도 하늘은 뜨겁지 않으며,

산바람이 휘몰아 쳐도 소리를 들음이 없다.

百川이 다투어 흘러 들어와도 바다는 넘치지 아니하고,

오악(五嶽) 명산은 모습을 보이지 않는다.

맑고 고요한 생각에는 자취가 없고,

천 갈래 길이 모두 다 無生에 들어오네.

까닭에 알지니 一法도 一心 無生의 뜻에 들어오지 않음이 없다.

〈154〉

摧慢峯兮涸愛河. 拆疑城兮截魔罥.

若了一心. 悟法空理. 則入平等際. 住實相門. 乃能倒慢山. 拔愛箭. 裂疑網. 突魔圍. 何者. 以達魔界卽佛界. 歸一實心故. 如論有喩云. 譬如蠅能緣一切物. 唯不能緣火燄. 緣火燄卽爲燒故. 魔亦如是. 能緣一切法. 唯不能緣諸法實相. 若入實相. 魔卽實相. 何所惑耶. 故論云. 魔界如佛界如. 一如無二如. 皆法界印. 豈以法界印. 更壞法界印. 又論云. 絕見解般若菩薩. 如捕魚人. 見一大魚入深大水. 鉤網所不及. 則絕望憂愁. 以離六十二見網故.

아만심의 봉우리를 꺾어버리고,

애착의 강을 고갈시키며,

---

402) 세계가 무너지는 괴겁(壞劫) 때 일어나는 火災를 말한다.

의심의 성곽을 부숴버리고
마(魔)의 그물을 잘라버리라!

　만약 一心을 깨닫고, 법이 空한 이치를 깨달으면 평등한 자리에 들어가
實相門에 머무른다. 이에 능히 아만심의 산을 무너뜨리고, 애착의 화살을
뽑아버리며, 의심의 망(網)을 찢어버리고, 마(魔)의 울타리를 돌파한다.
　왜 다르마(Dharma ; 法, 진리)界가 곧 佛界인가? 진실심에 귀일하는 까닭이
다. 이를테면『논』에서 비유로 이르길,「비유컨대 파리가 능히 모든 사물에
달라붙지만 오직 화염에는 붙지 못하는 것과 같으니 화염에 붙으면 바로
태워져버리는 까닭이다.」고 하였다. 마(魔)도 또한 이와 같아서 능히 일체법
에 달라붙지만 오직 모든 존재의 實相에는 붙지 못한다. 만약 (魔가) 實相에
들어가면 마(魔)가 곧 實相이 되어버리니 어떻게 미혹되겠는가! 까닭에
『論(修習止觀坐禪法要)』에서 이른다. "마계(魔界)가 如(평등, 變異하지 않음,
머무르지 않음, 無心)하고, 佛界가 如하다. 하나로 如하고, 無二로 如하다."[403]
모두 法界印(법계의 결정의 진리)인데 어찌 法界印으로써 다시 法界印을 부수
겠는가!" 또『論』에서 이른다.「견해를 끊은 반야보살은, 이를테면 어부가
하나의 대어(大魚)를 보고 큰 물 속에 깊이 들어가 잡으려 했으나 낚시와
어망이 미치지 못함에 절망하여 시름하는 것과 같으니, 62見의[404] 그물을
떠난 까닭이다.」

---

403) 천태지의가 저술한『修習止觀坐禪法要』覺知魔事八.『대정장』권46, 471a.
404) 고대 인도에 있었던 불교를 제외한 정통바라문과 일반 사상계의 갖가지 견해의
　　종류를 총칭한 것이다. 보통 '外道62見'으로 칭한다.

〈155〉

明之而法法在我.巨嶽可移.昧之而事事隨他.纖毫莫辨.

> 還源觀云.明者德隆於即日.昧者望絶於多生.又李長者論云.迷之者歷劫
> 浪修.悟之者當體凝寂.皆是一心迷悟.致玆得失.

흰하게 깨닫게 되면 모든 것이 나에게 있고,
큰 산도 옮길 수 있다.
미혹하여 어두우면 事事에 따라다니며,
터럭 끝의 일도 다스리지 못한다.

『(妄盡)환원관(還源觀)』에 이른다. 「흰하게 깨닫게 되면 그 덕이 태양보다
더 하고, 미혹하여 어두우면 다생의 윤회에서 벗어날 희망이 없다.」[405]
또 『李長者論(신화엄경론)』에 이른다. 「미혹한 자는 다겁을 거치며 파도를
헤쳐 나가는 힘든 수행을 하고, 깨달은 자는 (當念)當體에서 응적(凝寂 :
心不起, 不動, 열반)한다.」[406] 모두 一心에 미혹함과 깨달음의 차이로 이러한
득실이 있게 된 것이다.

〈156〉

法無難易.轉變由人.

---

405) 『대정장』권45.
406) 『신화엄경론』에 이 인용문이 보이지 않는다.

迷時人逐法.悟了法由人.迷時執心為境.被境所轉.悟時了境即心.一切由我.

법에 어렵고 쉬움이 없고,
(어렵게 되고 쉽게 되는) 전변은 사람에 따라 달린 것이다.

미혹한 때는 사람이 법을 쫓아 다니고, 깨달으면 법이 사람에 말미암는다.
미혹한 때는 마음을 집착하여 경계로 삼고, 경계 따라 전변한다. 깨달은
때는 경계가 곧 마음임을 깨달아 일체가 나에 말미암게 된다.

〈157〉

促多生於一念.化寒谷為芳春.

一念證真.功超累劫.如寒谷遇春.萌芽頓發.故華嚴論云.不如一念緣起無
生.超彼三乘權學等見.如華嚴策林問云.成功立德.三教修同.如何此經.讚
無功用.答.緣修積行.即說立功.造極體真.須忘功用.無功即功.流未來際.
無用之用.用周十方.無功之功.日真功矣.如乘舟入海.頓息篙橈.而擧帆隨
風.萬里非遠.功用行息.是止篙橈.無相智圓.即錦帆高擧.無依無住.既無
功用.則處法流.長遊智海.

多生을 끌어당겨 一念으로 하고,
추운 골짜기를 변화시켜 향기로운 봄날로 한다.

一念에 진여를 체증(體證)하면 그 功이 누겁을 뛰어 넘는다. 마치 추운
골짜기에 봄을 만난 듯 싹이 단박에 나온다. 까닭에 『화엄론(신화엄경론)』에

이른다. 「(수행에서 功力을 써서 얻어진 功은 그 功이 모두 無常하여 多劫 동안 수행이 쌓여도 끝내는 무너지고 말아) 一念에 緣起에서 無生의 진리를 깨달아 저 3승 권학(權學 : 임시 방편의 學) 등의 지견을 뛰어 넘는 것과는 같지 않다.」407) 이를테면 『화엄책림(華嚴策林)』에408) 이른다.

묻는다 :

'성공하여 덕을 세움에는 세 乘의 가르침과 닦음이 같은데 왜 이 경(화엄경)에서는 (수행에) 無功用(억지로 힘을 쓰는 행을 하지 않음. 생각을 짓지 않는 無作意의 행)의 행을 찬미하는 것입니까?'

답한다 :

'수행을 쌓음으로 인하여 바로 功을 세우게 된다고 한다. (그러나) 궁극에 이르러 진여를 체증(體證)하게 되면 반드시 功用(힘을 쓰는 행)을 잊어야 한다. 無功用이 곧 功이 된다. 미래 내내 無用의 用이 十方에 두루 쓰이니 無功用의 功을 진실한 功이라 한다. 마치 배를 타고 바다에 들어갔다가 단박에 노 젓는 것을 멈추고 돛을 올려 바람을 따르니 만리가 멀지 않은 것과 같다. 功用의 행을 멈추는 것이 곧 노 젓는 것을 멈추는 것이다. 無相의

---

407) 이통현 장자의 『신화엄경론』권1. 『대정장』권36. 인용문 앞의 문장인 「有功之功, 功皆無常, 多劫積修, 終歸敗壞.」가 함께 있어야 뜻이 제대로 드러난다. 그 래서 이 문장을 역하여 (   )에 넣었다. 이 문장은 無功用의 행이 되어야 함을 강조한 것이다. 왜냐하면 당념당처에 본래 갖추어져 있는 까닭이다. 眞如, 一心 과 그 공덕은 새로 힘을 써서 만들어지는 것이 아니다.

408) 현수법장이 저술한 『화엄책림』(『대정장』권45)일 것이나 아래 인용문이 본서에 보이지 않는다.

지혜가 원만함이 곧 비단의 닻을 높이 올림이다. 의지함이 없고, 머무름 없어 이미 功用을 씀이 없으니 당처(當處)에서 법이 현전(구현)되어 오래도록 지혜의 바다에 노닌다."

〈158〉

秉大矩而燭幽關.炳然見旨.駕迅航而渡深濟.倏爾登真.

> 若直了一心.菩提易辦.如登車立屆於遐方.似乘船坐至於千里.
> 生如來家之要.

큰 횃불을 잡고 어둡게 막힌 마음을 밝히니
밝게 뜻을 알게 되네!
빠른 배를 타고 깊은 바다 건너니
신속하게 진여에 오르네!

만약 곧바로 一心을 깨달으면 깨달음을 쉽게 이룬다. 마치 차에 오르니 먼 곳에 곧장 이르는 것과 같고, 배를 타고 앉아 있으니 천리의 먼 길에 (곧) 이르게 되는 것과 같다.

〈159〉

生如來家之要.

> 若心外行法.是生世俗家.若了心即佛.是生如來家.此一心法.諸佛本宗.語

默卷舒. 常順一眞之道. 治生產業. 不違實相之門. 運用施爲. 念念而未離法
界. 行住坐臥. 步步而常在其中. 若不信之人. 對面千里. 如寒山子詩云. 可貴
天然物. 獨一無伴侶. 促之在方寸. 延之一切處. 汝若不信受. 相逢不相遇. 如
明達之者. 寓目關懷. 悉能先覺. 若未遇之子. 可以事知. 擧動施爲. 未嘗間
斷. 如蔡順字君仲. 順少孤. 養母. 常出求薪. 有客卒至. 母望順不還. 乃囓其
指. 順即心動. 棄薪馳歸. 跪問其故. 母曰. 有急客來. 吾囓指以悟汝耳. 又唐
裴敬彝. 父爲陳王典所殺. 敬彝時在城. 忽自覺流涕不食. 謂人曰. 我大人凡
有痛處. 吾即不安. 今日心痛. 手足皆廢. 事在不測. 遂乃歸覲. 父果已死. 又
唐張志安. 居鄕閭稱孝. 差爲里尹. 在縣. 忽稱母疾急縣令問. 志安曰. 母有
疾. 志安亦病. 志安適患心痛. 是以知母有疾. 令因之差人覆之. 果如所說. 尋
奏高表門閭. 拜爲散騎常侍.

如來의 家에 태어나는 要門은

　만약 마음 밖에 행할 법이 있다면 이는 세속의 家에 태어난 것이다.
만약 마음이 곧 佛임을 깨달으면 이것이 곧 여래의 家에 태어남이다. 이
一心의 法이 모든 부처님의 本宗이다. 말하고 침묵하며 쥐고 펴는 것이
항상 하나의 진실한 도에 수순한다. 생업을 영위함이 實相의 문에 어긋나지
않는다. 운용하는 행위가 생각마다 법계를 떠나지 않는다. 행주좌와에 걸음
거리마다 항상 그 가운데 있다. 만약 믿지 못하는 사람이라면 바로 앞에
대면하고서도 천리나 떨어져 있다. 이를테면 『한산시(寒山詩)』에409) 이른다.

---

409) 寒山子는 출생 시기는 명확하지 않지만 대략 唐 중후기에 封干(豊刊), 拾得과
　　함께 어울려 다닌 奇僧이다. 이 3인은 주로 천태산 국청사 부근에서 무애행을
　　보이며 여러 詩를 남겼다. 당시 이들을 '三隱' '三聖', '國淸三隱'으로 칭하였다.

귀하도다! 천연의 물건이여!

짝 없이 홀로 있네!

가까이 당기면 방촌(方寸 : 마음, 가슴)에 있고,

늘리면 일체처에 있네.

네가 만약 믿지 못하면

만나고도 만나지 못한 것이네.

명달(明達)한 자라면 보이는 것과 관심사에 대해 모두 능히 먼저 안다. 아직 만나지 못한 아들을 事로써 알아본다. 거동과 행위가 일찍이 단절됨이 없다. 이를테면 채순(蔡順)은 字가 군중(君仲)인데 (蔡)順이 어려서 고아가 되었다. 양모가 항상 나가서 땔 나무를 해오게 하였다. 어떤 객이 갑자기 오게 되어 양모가 順이 (바로) 돌아오지 못할 것을 예상하고 바로 그녀의 손가락을 깨물었다. 順이 바로 심장이 뛰는지라 땔 나무를 버리고 급히 달려와 귀가하였다. 무릎 꿇고 그 까닭을 물었다. 그 양모가 말하길, "급히 객이 찾아와서 내가 손가락을 깨물어 네가 알도록 한 것이다."고 하였다.

또 당(唐)의 배경이(裴敬彝)의 부친이 陳王 典에게 살해되었다. 그 때 경이(敬彝)는 성읍에 있었는데 홀연 저절로 눈물을 흘리며 음식을 들지 못하고 말하길, "나의 대인(부친)께서 무릇 아픈 곳이 있어 내가 불안하다. 오늘 마음이 아프고 손발이 모두 마비되어 일이 어찌될지 모르겠다. 이에

僧 道翹가 산림에서 이들이 남긴 시 300여수를 찾아 집록하여 『寒山詩』라 題名하였다. 潙山靈祐와 조산본적, 조주종심 선사 등이 이들과 만나 대화를 나눈 일화 등이 전한다(『祖堂集』권16 潙山靈祐條, 同 『宋高僧傳』권11 唐大潙山靈祐傳, 『고존숙어록』권14 등). 특히 『송고승전』권19 唐天台山封干師傳 附 寒山子拾得傳은 그들 3인의 本傳으로 가장 자세한 내용을 전하고 있다. 『대정장』권50, 831b~832b.

귀가하여 뵈니 부친은 과연 이미 돌아가신 뒤였다. 또 당의 장지안(張志安)이 향리에서 효행으로 칭해져서 里尹(里長)에 임명되었는데 현청(縣廳)에 있다가 갑자기 모친이 질병으로 위급하다고 하였다. 현령이 물으니 (장)지안이 말하길, "모친께서 아프시니 지안도 아픕니다. 지안이 바로 그 때 심장이 아프게 되었는데 이로써 모친이 아프시다는 것을 알게 되었습니다. (현령이) 이로 인해 사람을 보내어 알아보게 하였는데 과연 말한 바와 같았다. (이에 현령이) 곧바로 상주하여 높이 문려(門閭)를 지어 표창하고, 산기상시(散騎常侍)의 관작을 내렸다.

⟨160⟩

行菩薩道之因.

法華經云. 若未聞法華經者. 當知是人未善行菩薩道. 若有得聞是經典者. 乃能善行菩薩之道. 又菩薩所修萬行. 皆是不空如來藏真心不變性起功德. 如起信論云. 復次真如依言說分別. 有二種義. 云何為二. 一者如實空. 以能究竟顯實故. 二者如實不空. 以有自體具足無漏性功德故. 華嚴記云. 自性清淨心. 不與妄合. 則名為空. 性具萬德. 即名不空. 若離妄心. 實無可空. 則顯空藏因妄而顯. 不空藏要由翻染. 方顯不空. 如本有檀德. 今為慳貪. 本有尸德. 今隨五欲. 本有寂定. 今為亂想. 本有大智. 今為愚癡. 是則慳藏於施. 乃至愚藏於慧. 故論云. 以知法性無慳貪故. 隨順修行檀波羅蜜等. 萬行例然. 故本有真實識知義. 云若心有動. 非真識知. 明妄心之動. 藏其真如. 是以即妄之空. 藏不空之萬德. 故經云. 知妄本自真. 見佛則清淨. 以能究竟顯實. 故名為空. 故知空藏. 能藏不空. 能藏既空. 則顯不空藏之本來具矣. 又普賢行. 遊入十方. 略有十門. 一入世界. 法界緣起於即入故. 二入眾生界. 生界佛

界無二體故. 三供養. 一一供具皆稱眞故. 四明請法. 窮法界智. 無時不請諸
佛無時不雨法故. 五大智攝生. 了生迷倒. 而無衆生. 不礙化故. 六明現通. 十
方塵刹互入重重. 震動現相而無息故. 七常寂定. 未曾一念有起動故. 八廣
出生. 念念毛孔出現諸境無窮盡故. 九者說法. 念念常雨無邊法雨. 雨一切
故. 十明總說. 上之九義. 擧一全收. 無前後故.

보살도의 因行을 행하는 것이네!

『법화경』에 이른다. 「만약 『법화경』을 듣지 못한 자라면 마땅히 알지니
이 사람은 보살도를 잘 행하지 못한다. 만약 이 경전을 들었다면 이제
능히 보살도를 잘 행할 수 있다.」[410] 또한 보살이 닦는 만행은 모두 不空如來
藏이며, 眞心이고, 不變인 性起의 공덕이다. 이를테면 『기신론』에 이른다.
「또한 진여는 언설에 의해 분별한다면 2종의 뜻이 있다. 어떻게 두 가지인가.
一은, 如實空이니 능히 구경으로 진실을 드러내는 까닭이다. 二는, 如實不空
이니 자체에 무루성(無漏性)의 공덕을 구족한 까닭이다.」[411] 『華嚴記(『大方
廣佛華嚴經隨疏演義鈔』)』에 이른다.

自性淸淨心은 망(妄)과 더불어 화합되지 않으니 이름 하여 空이라
한다. 性이 만덕을 갖추었으니 이름 하여 不空이라 한다. 만약 妄心을
떠나면 실은 空이라 할 것이 없다. 그래서 공장(空藏)이 드러남은
妄으로 인해서 드러난다. 不空藏은 물듦(染)을 뒤바꿔야 비로소 不空을
드러낸다. 이를테면 본래 보시의 덕이 있었는데 지금은 인색하고

---

410) 『법화경』권4 法師品第十. 『대정장』권9, 31c. 앞 부분에서 약간 줄여 인용하였다.
411) 『대정장』권32, 576a.

탐하며, 본래 지계(持戒)의 덕이 있었으나 지금은 오욕에 따르며, 본래 고요한 선정이 있었으나 지금은 어지럽게 생각하며, 본래 큰 지혜가 있었으나 지금은 우매하다. 이러하니 인색함이 보시의 덕을 숨기고, 내지 우매함이 지혜를 감춘다. 까닭에 『論(화엄경소)』에서[412] 이르길, 「법성이 (본래) 인색함과 탐함이 없음을 아는 까닭에 (법성에) 수순하여 단바라밀(보시바라밀) 등의 만행이 다 그렇게 행해진다.」라 하였다. 까닭에 (아래에서 『論』의 글을 해석하여)[413] '本有의 진실이 그 뜻을 안다'고 하였다. 까닭에[414] '마음이 動하면 진실로 아는 것이 아니다.'고 한다.

妄心의 動을 드러내고, 그 眞如를 감추면 이는 妄에 卽한 空이며, 不空의 만덕을 감춘다. 까닭에 경(『화엄경』)에서 이르길, 「妄이 본래 스스로 진실임을 안다면 佛을 본 것이니 (바로 이것이) 청정이다.」고[415] 하여 능히 구경으로 진실을 드러내었다. 까닭에 이름 하여 空이라고 한다. 까닭에 空藏이 능히 不空을 숨기는 것을 알 수 있다. 이미 드러난 空을 능히 감추면 본래 갖추고 있던 不空藏이 드러난다.」[416]

또 보현행에 노닐며 十方에 들어감에 요략하면 十門이 있다. 一은, 세계에 들어감이다. (서로) 卽入하여 법계연기 하는 까닭이다. 二는, 중생계에 들어감이니 중생계와 佛界가 二體가 아닌 까닭이다. 三은,

---

412) 징관의 『화엄경소』(『대정장』권35』를 말한다.
413) 원본에는 (   ) 부분이 있는데 저본에 생략되어 있다.
414) 저본에는 '故'가 없으나 원본에는 있다.
415) 『화엄경(80권본)』권10 須彌頂上偈讚品第十四. 『대정장』권10, 082b.
416) 『대방광불화엄경수소연의초』권21. 『대정장』권36, 160a.

공양이다. 하나하나의 공구(供具)가 모두 진실에 일치하는 까닭이다.
四는, 밝게 설법을 청함이니 법계를 궁극에까지 다 아는 지혜를 청법하
지 않는 때가 없고, 모든 부처님은 법의 우(雨)를 내리지 않는 때가
없는 까닭이다. 五는, 大智로 생류를 굳게 지켜주는 것이니 생류가
미혹하여 전도되어 있음을 알고 걸림 없이 교화하지 않음이 없는
까닭이다. 六은, 밝게 현상을 통달함이다. 十方의 미진수 세계가 서로
重重으로 들어와 있으며, 진동하는 현상이 멈추지 않는 까닭이다.
七은, 항상 고요한 선정에 있어 일찍이 한 생각도 일어난 바가 없는
까닭이다. 八은, 광대한 (현상의 경계가) 나옴이니 念念에 털구멍에서
모든 경계가 다 함 없이 출현하는 까닭이다. 九는, 법을 설함이니
念念에 항상 가없는 법문의 비를 내리며, 그 비가 일체인 까닭이다.
十은, 밝게 총설함이다. 위의 아홉 까지 뜻을 하나로 들어 모두를
포용함에 앞뒤가 없는 까닭이다.

〈161〉

萬別千差. 靡出虛空之性. 尊高卑下. 難逃平等之津.

一切法性. 即是衆生心性. 衆生心性. 即是虛空性. 問. 真妄相乖. 其猶水火.
云何此二得交徹耶. 答. 真妄二法同一心故而得交徹. 若演若達多. 狂故失
頭却復本心. 頭不曾失. 設爾狂時. 頭亦不失. 狂情纔歇. 歇即菩提. 性淨明心
不從人得. 如迷真執妄. 迷情纔悟. 即復真心. 設正迷時. 真亦不失.

천차만별의 모습이지만
허공의 性을 벗어나지 못한다.

높음을 존대하고 낮음을 비하 하나
평등의 나루(津)를 피하지 못한다.

모든 존재의 性이 곧 중생의 심성이다. 중생의 심성은 바로 허공의 性이다.

묻는다 :

"眞과 妄이 서로 어긋남이 마치 물과 불 같은데 어찌해서 이 둘이 서로
통철(通徹 : 두 몸이 相卽 相入함)할 수 있는 것입니까?"
답한다 :

"眞과 妄의 二法이 똑같이 一心인 까닭에 서로 통철할 수 있다. 마치
연야달다(演若達多)가 미쳐서 자신의 머리를 잃어버린 것으로 알았다가
본심을 회복하고 나니 머리를 잃은 적이 없었던 것과 같다.[417] 설령 미친
때였더라도 역시 머리를 잃어버린 것이 아니다. 미친 마음을 비로소 쉬고,
쉬게 되었으면 바로 보리(깨달음)이다. 청정한 性, 밝은 마음이 사람 따라
얻어지는 것이 아니다(본래 평등하게 갖추고 있기 때문임). 이를테면 진실에
미혹하여 妄을 집착하고 있다가 미혹한 마음에서 비로소 깨어나면 바로
眞心을 회복한다. 설령 正(眞實)에 미혹해 있는 때라도 진실은 역시 잃어지지
않는다.

---

417) 『대불정수능엄경』권4에 나오는 비유이다. 室羅城에 한 미친 사람 연야달다가
    있었는데 자신의 머리를 보지 못하고 거울 속에 있는 머리와 眉目을 보고는 자
    신의 머리가 없어진 것으로 알았다고 한다. 이 비유에서 '미두인영(迷頭認影)의
    成語가 나와 진실을 이해하지 못하고 환상을 추구함을 비유하는 말로 자주 쓰
    인다.

〈162〉

剪惑裁疑.標真顯正.使佛法之穹崇.致宗門之昌盛.類秋江萬影
而交羅.

經明十喻中.一如影喻.一喻體虛無實.二喻有用能廕覆義.故華嚴記云.如
明淨物.得日光曜.於屋壁上有光影現.如來應機現身亦爾.謂日喻如來.身
樹等質以喻衆生.日無異體.質有萬差.樹側影邪.形端影正.影不現於日內.
但有質邊弄影多端.隨心萬品.

미혹과 의심을 잘라버리고,

眞正을 드러내어

佛法을 크게 높이며,

宗門을 창성하게 함이

마치 가을 강에 온갖 영상이 함께 어울려

투영되며 펼쳐 있는 듯하다.

경에서 열 가지 비유로 설명한 가운데 하나는, '그림자와 같다'는 비유,
하나는, '體가 텅 비어 實이 없다'는 비유가 있다. 두 비유는 덮고 있는
것을 활짝 거두어버리는데 유용하다. 까닭에 『華嚴記(대방광불화엄경수소연
의초)』에 이른다. 「마치 밝고 깨끗한 물건이 日光을 받아 빛나고, 가옥의
벽에 빛이 비치면 그림자 나타나듯이 여래가 근기에 응하여 몸을 드러냄도
또한 그러하다.」[418] '해[日]'라 한 것은 여래를 비유하였다. 나무의 몸이

---

418) 『수소연의초』권20, 『대정장』권36, 154c.

(그림자 나타남과) 等質이라는 것으로 중생을 비유하였다. 해는 다른 체가 없는 것이지만 質에는 천차만별이 있다. 나무 옆의 그림자는 진실한 것이 아니지만 단정한 모습의 그림자는 바르다(나무의 형상이다). 그림자가 해 안에 나타지 않지만 사물의 옆에서 갖가지 모습의 그림자가 연출된다. 마음 따라 천차만별의 類가 나타난다.

〈163〉

狀寒室千燈而互暎.

一室千燈光光涉入. 一心萬境. 萬境一心. 如光無礙.

썰렁한 실내에 천개의 등불이 서로 비춘다.

하나의 실내에 천등의 불빛과 불빛이 서로 들어온다.
一心에 온갖 경계가, 온갖 경계에 一心이 (서로 들어옴이)
마치 빛이 (서로 들어오되) 걸림 없는 것과 같다.

〈164〉

若鳥憂以翶翔.似魚沈淵而游泳.

入楞伽經云. 若一切唯心. 世間何處住. 去來依何法. 云何見地中. 如鳥虛空
中. 依心風而去. 不住不觀察. 於地上而去. 如是諸衆生. 依分別心動. 自心中
來去. 如空中飛鳥. 見是資生器. 佛說心如是. 故知擧足下足. 不離自心. 如鳥

若離空,何以騫翥,魚若離水,豈得浮沈,故祖師彌遮迦,問祖師婆須蜜曰,何方而來,復往何許,答曰,從自心來,復往無處.

마치 새가 날개를 치면서[419] 나르고,
물고기가 깊은 물에서 헤엄치듯 하네!

『입능가경』에 이른다.

일체 모든 것이 오직 마음일 뿐이건대
세간이 어느 곳에 있을 것이며,
가고 옴이 어떠한 법에 의할 것이고,
어떻게 땅에 있는 사물들을 봄이 있겠는가!
마치 새가 허공에서
바람에 의지하여[420] 가면서
머무름도 없고 관찰함도 없이
땅 위에 날아가는 것과 같다.
이와 같이 모든 중생도
분별심에[421] 의지하여 움직이면서
자심에서 가고 오는 것이
마치 공중에 날아가는 새와 같다.
이러함을 보는(아는) 것이 살아가는데 필요한 자산이나니

419) 저본의 '漢'은 『대정장』본에는 없다. 잘못 들어간 것이겠다.
420) 저본은 '依心'이나 경전 원문은 '依止'이다. 여기서는 후자가 옳다.
421) 저본은 '分別心'이고, 경전 원문은 '分別風'인데 여기서는 양자가 모두 상통한다.

부처님께서는 마음이 이렇다고 설하시네.[422]

까닭에 알건대 발을 들고 내림이 自心을 떠나지 않는다. 이를테면 새가 허공을 떠나서 어떻게 이리저리 나를 수 있을 것이며, 물고기가 물을 떠나서 어찌 올라오고 내려가고 할 것인가! 까닭에 祖師 미차가(彌遮迦 : 西土 제6조)가 조사 바수밀(婆須蜜 : 서토 제7조)에게 묻길, "어느 곳에서 왔고, 다시 어느 곳으로 가는가?"라 하니 답하길, "自心에서 왔으니 다시 갈 곳이 없습니다."고 하였다.

〈165〉

啼笑而佛慧分明.行坐而覺源清淨.

長者論云.不乖當念.蘊功即佛.都無時分遷轉之相.應真自性.常轉法輪.又云.纖塵不隔於十方.毛孔詎妨於剎海.又云.三世一念.古今咸即.過去未來無盡之劫.同時無礙.一念成正覺時也.三賢菩薩.念念入法流水中.任運至佛.初水後水.一性水故.因佛果佛.一性佛故.於其中間無初中後.不隔念故.依本法故.無念可隔.因果便終.一念相應一念佛.不論相好及與神通.相好神通.從此正覺中得.若證正覺.即不著諸相.但以覺道相應故.神通相好不求自至.又云.明眾生世間即法界故.眾生性即不思議故.眾生分別即如來智故.又如來根本智.是眾生分別心.契同無二故.法界自在.

422) 『입능가경』권10 總品第十八之二. 『대정장』권16, 580b.

울고 웃되 佛의 지혜가 분명하고,
가고 앉음에 覺의 근원이 청정하다.

『長者論(신화엄경론)』에 이른다. 「當念을 어긋남(벗어남) 없이(바로 당념에
서) 온(蘊 : 색수상행식의 五蘊, 모든 존재)이 空하니[423) 바로 佛이다. 어느 때나
나뉘어 변천하는 상이 없다. 진실한 자성에 응하여 항상 법륜을 굴린다.」[424)
또 (同 論에서) 이른다. 「터럭 끝과 티끌 하나도 十方에 격리되어 있지 않은데
털구멍에 찰해(刹海)가 들어간들 어찌 줄어들겠는가(방해되겠는가)!」[425) 또
(同 論에서) 이른다. 「三世가 一念이며, 古今이 모두 (지금 이 시점에)[426)
즉해 있다. 과거 미래 다 함 없는 겁(劫)이 동시에 걸림 없다. 일념이 正覺을
이루는 때이다.」[427)

「三賢보살(十住, 十行, 十回向位의 보살)이 念念에 진리의 流水에 들어가
임운하여 佛에 이른다. 初水와 後水가 一性인 水인 까닭이다. 因佛과 果佛이
一性인 佛인 까닭이다. 그 중간에는 초·중·후가 없다. 念에서 격리되어
있지 않은 까닭이다. 本(불성, 진여, 심성)에 의지한 法인 까닭이다. 격리할
수 있는 念이 없고, 인과는 바로 끝난다.[428) 一念이 一念佛에 상응하는
것이니[429) (佛의) 상호와 신통을 따지지 않는다. 상호와 신통은 이 정각에서

---

423) 저본은 '蘊功'인데 『신화엄경론』 원문은 '蘊空'이다. 후자에 따른다.
424) 『신화엄경론』권6. 『대정장』권36, 757b.
425) 저본은 '毛孔詎妨於刹海'인데 『신화엄경론』 원문은 '毛孔詎虧於刹海'이다. 양자
    모두 뜻이 상통한다. 저본에 의하면 '털구멍에 刹海가 들어간들 어찌 방해 되겠
    는가'이다. 『신화엄경론』권7. 同 757c.
426) 『신화엄경론』의 본문에는 '今時之際'가 있는데 저본에는 결락되어 있다. 인용하
    면서 생략한 듯하다.
427) 위의 『신화엄경론』권7, 763b.
428) 일체 有爲法은 생하면서 바로 멸하는 까닭이다.

얻어진다. 정각을 얻으면 바로 모든 상에 집착하지 않는다. 단지 覺道가
(항상)[430] 상응하는 까닭이다. 신통과 상호는 구하지 않아도 스스로 이르게
된다.」[431]

또 (同 論에서) 이른다.「('기원정사에 있는 자'라 한 것은)[432] 중생세간이
곧 법계인 까닭이고, 중생의 性이 곧 불가사의한 까닭이며, 중생의 분별이
곧 如來智임을 밝힌 것이다.」[433]

또한 (同 論에서)「여래근본지가 중생분별심이다. 합치되어 있어 둘이
아닌 까닭이니 법계에 자재하는 까닭이다.」고[434] 하였다.

〈166〉

妙解而唯應我是. 列祖襟喉.

此心賦者. 但說真心. 不言妄識. 以真心妄心. 各有性相. 且真心以靈知寂照
爲心. 不空無住爲體. 實相爲相. 妄心以六塵緣影爲心. 無性爲體. 攀緣思慮
爲相. 此緣慮覺了能知之妄心. 而無自體. 但是前塵. 隨境有無. 境來卽生. 境
去卽滅. 因境而起. 全境是心. 又因心照境. 全心是境. 各無自性. 唯是因緣.
故法句經云. 燄光無水. 但陽氣耳. 陰中無色. 但緣氣耳. 以熱時炎氣. 因日光

---

429) 원문에는 문장 맨 끝에 '故'가 있는데 저본에서 결락되었다.

430) 원문에 '常'이 있는데 결락되었다.

431) 『신화엄경론』권7. 同 764a.

432) 인용문 앞에 '在祇園者'가 생략되었다.

433) 『신화엄경론』권8, 同 771a.

434) 『신화엄경론』권8. 同 770c. 원문은 '則法界自在'인데 저본은 '法界自在'로 인용
    하였다.

爍. 遠看似水. 但從想生. 唯陽氣耳. 此虛妄色心亦復如是. 以自業為因. 父母
外塵為緣. 和合似現色心. 唯緣氣耳. 故圓覺經云. 妄認六塵緣影為自心性.
故知此能推之心. 若無因緣. 即不生起. 但從緣生. 緣生之法. 皆是無常. 如鏡
裏之形. 無體而全因外境. 似水中之月. 不實而虛現空輪. 認此為真. 愚之甚
矣. 所以慶喜執而無據. 七處茫然. 二祖了而不生. 一言契道. 則二祖求此緣
慮不安之心不得. 即知真心遍一切處. 悟此為宗. 遂乃最初紹於祖位. 阿難
因如來推破妄心. 乃至於五陰六入十二處十八界七大性. 一一微細窮詰. 徹
底唯空. 皆無自性. 既非因緣自他和合而有. 又非自然無因而生. 悉是意言
識想分別. 因茲豁悟妙明真心. 廣大含容徧一切處. 即與大眾俱達此心. 同
聲讚佛云. 妙湛總持不動尊. 首楞嚴王世希有. 消我億劫顚倒想. 不歷僧祇
獲法身. 即同初祖直指人心見性成佛. 此一真心. 則列祖之襟喉也.

묘해(妙解)하고,
오직 내가 여기에 상응함이
열조(列祖)의 心要일세!

이 心賦는 단지 眞心을 설한 것이고, 망식(妄識)을 말하지 않는다. 眞心과
妄心에 각기 性과 相이 있다. 또한 진심은 영지적조(靈知寂照)로써[435] 心으로
하고, 不空 無住를 體로 하며, 實相을 相으로 한다. 망심은 6진(六塵 : 색성향미
촉법)의 인연화합으로 생긴 영상을 心으로 하고, 無性(自體實性이 없음)을

---

435) 靈知는 絕對知, 또는 眞知라 하며, 心體를 드러낸 말이다. 마음 일어남 없이 고
요한 가운데 비추고(寂照) 知함이니 마음 일어남이 있는 分別知와 구분하여 그
렇게 칭한다. 이 법문은 특히 牛頭法融과 荷澤神會, 圭峰宗密이 강조하였고,
본서의 저자인 永明延壽, 그리고 고려의 普照知訥도 자주 설하였다.

體로 하며, 반연(攀緣 : 대상으로 삼아 향하고 취착함)하여 사려(思慮)함을 相으로 한다. 이 연려(緣慮 : 반연하여 思慮함)하는 마음은 知覺하여 能知하는 망심이되 자체가 없다. 단지 현전의 6진(塵) 경계가 있고 없음에 따르니 경계가 나오면 생하고, 경계가 사라지면 바로 멸한다. 경계에 인하여 생기니 모든 경계가 마음이다. 또 마음에 인하여 경계를 비추니 전체 마음이 경계이다. 각각 자성(자체)이 없고 오직 인연일 뿐이다. 까닭에 『(佛說)법구경』에 이른다. 「아지랑이에는 물이 없고 단지 陽氣일 뿐이다. 오음(五陰 : 色聲香味觸)에는 色(물질)이 없고 단지 인연화합의 氣(氣의 雲, 그림자)일 뿐이다. 뜨거운 때의 염기(炎氣)가 햇빛으로 인해 반사되면서 멀리서 보면 물처럼 보이는 것이다. 단지 상념으로 생긴 것이고, 단지 陽氣일 뿐이다.436) 이 허망한 色心도 또한 이와 같아서 자신이 지은 업(業)을 因으로 하고, 부모와 바깥 오진(五塵)을 緣으로 하여 화합해서 사실인 듯한 色心이 나타나는 것이다. 그래서 오직 인연화합에 의해 생긴 氣(氣의 雲, 그림자)일 뿐이다.

까닭에 『원각경』에 이르길, 「6진(塵)의 인연화합으로 생긴 그림자를 自心相(自心性)으로437) 망령되이 인식한다.」고438) 하였다. 까닭에 이 능히 추지(推知)하는 마음은 인연이 없다면 나올 수 없는 것이다. 단지 인연으로 생기고, 인연으로 생긴 것은 모두 無常할 따름이다. 마치 거울 속의 모습이 체가 없이 온전히 바깥 경계에 인한 것과 같으며, 물속의 달과 같고, 實이 없는데 허공에 나타나는 허공꽃, 화륜(火輪)과439) 같다. 이를 진실한 것으로

---

436) 『佛說法句經』觀三處空得菩提品第四의 문단을 내용으로 줄여서 인용하였다. 『대정장』권85, 1433b.

437) 원 경문은 '自心相'인데 저본은 '自心性'이다. 같은 뜻이다.

438) 『대정장』권17, 913b.

439) 空華(空花)는 눈에 병이 들었거나 피곤할 때 눈앞의 허공에 하얀 꽃 같은 것이 꿈틀대는 모습을 말한다. 火輪이란, 불 깡통을 돌리면 멀리서 보기에 둥그런 불

인식하는 것은 매우 우매한 일이다. 까닭에 경희(慶喜 : 아난존자)가 집착하였으나 의거할 바를 얻지 못하였고, ('마음이 어디에 있느냐'라고 물은 佛의 질문에) 七處로 답하였으나440) 알지 못하여 아득하기만 하였다. 2조(혜가대사)는 無生의 진리를 깨달아 한 마디에 도에 계합하였다. 2조는 이 연려(緣慮)의 불안한 마음을 구하고자 하였으나 할 수 없다가 (달마대사의 一言에) 바로 眞心이 일체처에 두루 함을 알고 이를 깨달아 宗으로 삼았다. 마침내 조사의 位를 최초로 잇게 되었다. 아난은 여래께서 妄心을 논변으로 부수어 준 것으로 인해 5음(五陰)·6入·12처·18계·7大性441)을 하나하나 미세하게 끝까지 다 관찰해서 오직 공이며, 모두 자성이 없음을 철저히 깨달았다. 인연의 자타화합으로 있게 된 것도 아니며, 또한 자연히 因 없이 생한 것도 아니고, 모두 意言識想의 분별로 나온 것임을 알았다. 이로 인해 묘하고 밝은 진심을 활연히 깨달았다. (묘명진심은) 광대하여 두루 일체처를 함용(含容)하는지라 바로 대중과 더불어 함께 이 마음을 통달하고 함께 부처님을 찬탄하여 말하였다.

　　妙하고 맑으며, 총지(總持)하신 부동존(不動尊)이시여!
　　수능엄왕(佛은) 세간에 희유하시나니
　　저의 억겁 이래의 전도상(顚倒想)을 소멸시켜주셨으며,

바퀴가 있는 듯이 보이는 것을 말한다.

440) 이는 『수능엄경』에서 아직 집착을 떠나지 못한 아난을 일깨우기 위해 부처님이 "마음이 어디에 있느냐?" 하고 묻자 아난이 內, 外, 中間, 根에 잠복, 在闇內, 隨所合處, 집착하지 않는 곳 등 7處로 답하였으나 모두 부처님에 의해 논파된 것을 말한다. 그리하여 마음이 있다는 것에 의거할 바가 없음을 깨달아 본심의 자리를 알게 되었다. 이를 七處徵心이라 한다.

441) 地·水·火·風·空·識의 6大에 『수능엄경』에서 根大를 합하여 七大(性)라 칭한다.

아승기의 기나긴 세월을 거치지 아니하고 법신을 얻게 하셨네![442]

바로 초조께서 '바로 사람의 마음을 가리켜서 그 심성을 보게 하여 성불하게 한다(直指人心, 見性成佛)'고 한 것과 똑같다. 이 一眞心이 열조(列祖)의 心要이다.

〈167〉

通心而莫更餘思. 羣賢性命.

如不增不減經云. 甚深義者. 即第一義諦. 第一義諦者. 即眾生界. 眾生界者. 即如來藏. 如來藏者. 即法身. 釋曰. 夫心者. 為諸法總持之門. 作萬有真實之性. 故稱第一義諦. 雜雜心念. 故號眾生. 是心之界. 即眾生界. 從真如性起. 名曰如來. 無所缺減. 乃目為藏. 能積聚恒沙功德. 故名法身. 是以仁王經云. 最初一念. 具足八萬四千波羅蜜. 諸身分中. 命根為上. 諸法門中心. 為其上.

마음을 통달하되 다시 어떤 사념도 하지 말라!
이것이 뭇 현인의 성명(性命)이네!

이를테면 『부증불감경(不增不減經)』에 이른다.

깊고 깊은 뜻이란, 바로 제일의제(第一義諦)이다. 제일의제란 곧 중생계이다. 중생계란 바로 여래장이다. 여래장이란 곧 법신이다.[443]

해석하여 이른다.

    무릇 마음이란, 모든 법을 총지하는 문이며, 만유의 진실한 性이다. 까닭에 제일의제라고 한다. 갖가지로 혼잡한 心念인 까닭에 중생이라 하고, 이 心의 界가 곧 중생계이다. 진여의 성품이 생기한 면에서 이름 하여 여래라 하고, 감축된 바가 없는 까닭에 '장(藏)'이라 칭한다. 능히 항하사의 공덕을 모아 쌓은 까닭에 법신이라 한다. 이 까닭에 『인왕경』에서 이르길, 「최초의 일념에 8만4천의 바라밀을 구족하였다.」고[444] 하였다. 모든 몸의 부분 가운데 명근(命根 : 목숨)이 최상이고, 모든 법문 가운데 마음이 최상이다.」

---

443) 『佛說不增不減經』. 『대정장』권16, 467a.
444) 『仁王般若波羅蜜護國經』觀空品第二. 원 경문과 약간 다르다. 경문은 「是即初地一念心, 具足八萬四千般若波羅蜜.」 『대정장』권8, 835c.

註心賦

권2

〈168〉

逆順同歸. 行住不離. 雨寶而摩尼絕意. 演教而天鼓無私.

摩尼天鼓. 皆無功用. 無私成事. 並況真心寂用無滯也. 如還源觀云. 定光顯現無念觀者. 謂一乘教中. 白淨寶網. 萬字輪王之寶珠. 此珠體性明徹. 十方齊照. 無私成事. 念者皆從. 雖現奇功. 心無念慮. 若人入此大妙止觀門中. 無思念慮. 任運成事. 如彼寶珠. 遠近齊照. 分明顯現. 廓徹虛空. 如華嚴經云. 時天鼓中出聲告言. 諸天子. 菩薩摩訶薩. 非此命終而生彼間. 但]" class=corr〉但以神通. 隨諸眾生心之所宜. 令其得見. 諸天子. 如我今者非眼所見. 而能出聲. 如普賢行願序云. 圓音非扣而長演. 果海離念而心傳. 萬行忘照而齊修. 漸頓無礙而雙入.

거슬림(逆)과 수순함(順)이[445] 함께 돌아가고,

행주좌와에 떠남이 없다.

마니보주가 비처럼 내리되 마니보주는 생각 끊어졌고,

교법 연설하되 천고(天鼓)는[446] 無私(내가 설한다 함이 없음)하다.

---

445) 거스름(逆)은 현전하는 경계를 거부하여 제거, 조정, 제어함을 말하고, 수순함(順)은 경계에 그대로 따라감을 말한다.

446) 보통 도리천의 天鼓를 말하는데 중생을 교화하는 佛의 설법에 비유한다. 天台宗에서는 독고(毒鼓)를 '破惡'의 면으로, 天鼓를 '生善'의 면에 비유한다. 佛陀一代의 敎化는 天鼓를 두드려 사람들이 善을 생하게 하고, 毒鼓를 두드려 사람들이 악을 멸하도록 한다. 또 이 二鼓를 順逆의 二緣에 배치하여, 敎法이 나에 順緣함을 天鼓, 逆緣함을 毒鼓라 한다. 『화엄경(80권본)』賢首品第十二之二에

도리천(忉利天)에 天鼓가 있어　　　　天界의 업보에 따라 얻게 되나니

모든 天衆이 방일하는 때에　　　　　공중에서 자연히 이 소리가 나온다.

마니보주와 천고(天鼓)는 모두 억지의 힘을 씀이 없으며, 내가 설한다 함이 없이(無私) 일을 이룬다. 아울러 眞心이 고요한 가운데 걸림 없이 用함이야 말할 나위 있겠는가! 이를테면 『망진(妄盡) 환원관(還源觀)』에 이른다. 「선정의 광명이 나타나는 無念觀이란, 一乘敎 가운데 백정(白淨)의 보망(寶網), 萬字輪王의 보주(寶珠)를 말한다. 이 보주의 체성은 밝게 통철(通徹)되어 있고, 十方을 고루 비추며, 내가 한다고 함이 없이 이를 이룬다. 念하면 모두 그에 상응하고, 비록 기이한 功을 보이나 마음에 아무런 상념도 없다.447) 만약 사람이 이 크게 묘한 止觀門에 들어가면 사념함이 없이 임운하여 일을 이룬다. 마치 저 보주가 멀고 가까움에 고루 비추어 분명히 드러냄이 허공처럼 훤히 트인 것과 같다. 이를테면 『화엄경』에서 이른다. 「그 때 천고(天鼓)에서 소리가 나와 여러 天子들에게 고한다. 보살마하살은 여기에서 목숨을 마치지 아니하고 저 곳에 태어난다. 단지 신통으로 모든 중생심의 마땅한 바에 따라 볼 수 있도록 한다. 여러 천자는 마치 지금의 나와 같이 눈으로 볼 수 있는 것이 아니되 능히 소리를 낸다.448) 이를테면 『보현행원품소』의 序에 이른다. 「圓音은 두드리지 않아도 길게 울려 퍼지고, 果海(佛海)는 상념 떠나 마음으로 전한다. 비춤(觀行)을 잊은 萬行으로 항상 평등한 수행이 되며, 점법(漸法)과 돈법(頓法)에 걸림 없이449) 쌍입(雙入 : 돈·점에 함께 들어간다)한다.」450)

고 하였다. 『대정장』권15, 079a.

447) 『망진환원관』. 『대정장』권45. 원문과 약간의 異同이 있다. 원문은 「定光顯現無念止, 言定光者, 謂一乘敎中白淨寶網, 萬字輪王之寶珠. 謂此寶珠體性明徹, 十方齊照, 無思成事. 念者皆從, 雖現奇功, 心無念慮.」

448) 『화엄경(80권)』권48. 『대정장』권10, 256b.

449) 저본은 '無碍'인데 『卍續藏』의 원문은 '無得'이다. 뜻으로 보아 저본의 '無碍'가 옳다.

450) 징관의 『화엄경보현행원품소』의 序. 『卍續藏』제5책.

〈169〉

重重而理事相須. 恒體恒用. 一一而有空齊現. 常寂常知.

> 理因心成. 事從理顯. 體冥於理. 用興於事. 即體之用體不失. 即用之體用不
> 亡. 故云恒體恒用. 又有從心作. 空從心現. 空故常寂. 有故常知. 即寂而知.
> 知不失寂. 即知而寂. 寂不失知. 故云常寂常知. 所以云. 有爲法從心生. 無爲
> 法從心現.

重重하되 理와 事가 서로 대(待 : 서로 전제되어 동시에 존립)하고,
體와 用이 항상하다.
하나하나마다 有와 空이 함께 나타나고,
항상 고요하며 항상 知한다.

理는 心에 인하여 이루어지고, 事는 理에 따라 드러난다. 體는 理에 그윽하
여 있고, 用은 事에서 흥기한다. 體에 즉한 用이어서 體를 잃지 않고, 用에
즉한 體이기에 用이 없어지지 않는다. 까닭에 이르길, '體와 用이 항상하다'고
하였다. 또 有는 마음에서 지은 것이고, 空은 마음에서 나타난 것이다.
空인 까닭에 항상 고요하고, 有인 까닭에 항상 知한다. 고요함에 즉한 知이기
에 知가 고요함을 잃지 아니한다. 知에 즉한 고요함이기에 고요함이 知함을
잃지 않는다. 까닭에 이르길, '항상 고요하고, 항상 知한다'고 하였다. 까닭에
이른다. "有爲法은 마음에서 생기고, 無爲法은 마음에서 나타난다(現)."

〈170〉

迎之弗前.隨之不後.匿纖芥而非無.展十方而曷有.旋轉陀羅之
內.常當大士之心.

　　法華經云.爾時受持讀誦法華經者.得見我身.甚大歡喜.轉復精進.以見我
　　故.即得三昧.名為旋陀羅尼.百千萬億旋陀羅尼.此法華經.是為一大事因
　　緣.出現於世.直於眾生心中.開佛知見.佛知見者.即是一切眾生真心.若持
　　此經.即大心菩薩.故云常當大士之心.

맞이하되 앞에 처하지 아니하고,

뒤 따르되 뒤에 있지 아니하다.

섬개(纖芥)를 숨겨도 없지 아니하고,

十方에 펼쳐 있되 어찌 있다 하겠는가!

선전(旋轉)다라니 안에

항상 大士(보살)의 마음이 있네!

　『법화경』에 이른다. 「이 때 『법화경』을 받아 지니고 독송하는 자는
나의 몸을 볼 수 있을 것이며, 크게 환희하고 다시 나아가 정진하여 나를
보는 까닭에 바로 삼매를 얻을 것이니 이름 하여 선다라니(旋陀羅尼), 백천만
억 선다라니라 하느니라.」[451] 이 『법화경』은 一大事因緣이다. 세간에 출현
하여 바로 중생의 마음에 佛知見을 열어준다. 佛知見이란 바로 모든 중생의
眞心이다. 만약 이 경을 지니게 되면 바로 大心보살이다. 까닭에 '항상

---

451) 『법화경』권7 普賢菩薩勸發品第二十八. 『대정장』권9, 61b.

大士[보살]의 마음이 있네!'라 하였다.

〈171〉

嚬呻三昧之中. 不墮二乘之手.

師子嚬呻三昧者. 此明如來以即用之體. 無非法界. 即體之用. 緣起萬差. 其
理事皆無障礙. 名師子嚬呻. 如華嚴經云. 爾時世尊. 知諸菩薩心之所念. 大
悲為首. 入師子嚬呻三昧. 時逝多林菩薩大衆悉見一切盡法界虛空界一切
佛剎. 乃至或入佛所住三昧無差別大神變. 即頓證逝多林中. 而諸聲聞等.
不知不見. 如聾如盲.

빈신삼매(嚬呻三昧)[452] 가운데서
2승의 손에 떨어지지 않네!

사자빈신삼매(獅子嚬呻三昧)란, 이는 여래의 用에 즉한 體를 드러낸 것이니
법계 아님이 없다. 體에 즉한 用이니 연기로 천차만별의 법이 나온다. 그
理와 事가 모두 장애됨이 없으니 이름 하여 사자분신(獅子嚬呻)이라 한다.
이를테면 『화엄경』에 이른다. 「이 때 세존께서 모든 보살들이 마음에 생각한
바가 大悲를 으뜸으로 함을 아시고, 사자분신삼매에 드셨다.」[453] 그 때

---

452) 경에 따라 '師子(獅子)嚬呻三昧' 또는 '師子(獅子)奮迅三昧', '師子頻申三昧'로
    쓴다. 마음이 생각에 따라 去來 등을 신속히 자유자재 하듯 여러 삼매를 신속히
    자재하는 삼매이다. 따라서 이 삼매의 뜻으로 보면 '奮迅'이라 함이 타당하다.
    獅子라 함은 그 위력이 크고 신속함을 상징한 것이다.
453) 이 인용문은 경문을 다소 간략히 하여 옮겼다. 80권본 권44 입법계품은 「爾時

서다림(逝多林 : 기원정사)454)의 보살 대중이 모두 일체 모든 법계 허공계의
일체 불찰(佛刹 : 佛世界)을 다 보았다. 내지 혹은 佛이 머무르는 삼매에
들어가 차별 없이 대신변(大神變)을 곧바로 단박에 증득하였다. 서다림에
있던 여러 성문 등은 알지도 못하고 보지도 못함이 마치 귀머거리와 같고,
맹인과 같았다.

〈172〉

一理當鋒.萬境皆融.囊括智源之底.冠擎法海之宗.

諦了一心.無事不達.無理不通.該古括今.收無不盡.如寶藏論中.本際虛玄
品云.經云.佛性平等.廣大難量.凡聖不二.一切圓滿.咸備草木.周遍螻蟻.
乃至微塵毛髮.莫不含一而有.故云能了知一.萬事畢也.是以一切眾生.皆
乘一而生.故為一乘.若迷故則異.覺故則一.故云前念是凡.後念即聖.又云
一念知一切法也.是以一即一切.一切即一.故知以一知法.功成萬像.故經
云.一切若有心即迷.一切若無心即遍十方.故真一萬差.萬差真一.譬如海
涌千波.千波即海.一切皆無有異也.夫言一者.對彼異情.情既非異.一亦非
一.非一不一.假號真一.夫言一者.非名字所統也.是以一非見一.若有所

世尊, 知諸菩薩心之所念, 大悲爲身, 大悲爲門, 大悲爲首, 以大悲法.」이고(『대
정장』권10, 320a), 60권본 권60 입법계품은 「爾時世尊, 知諸大衆心之所念, 以
大悲身, 大悲(爲)門, 大悲爲首, 大悲隨順方便法. 入師子奮迅三昧, 令一切衆生
樂清淨法.」이다. 『대정장』권9, 677a.

454) 사위성의 장자 수닷타가 보시한 祇陀林을 말한다. 여기에 처음 精舍가 세워져
기원정사라 하였다. 祇園·祇樹·祇園精舍·祇洹精舍·祇陀林·逝多林 등으
로 쓴다.

見.則有二也.不得名為真一也.

一理의 기치를 치켜드니
모든 경계가 다 (하나로) 융회된다.
지혜의 원천 바닥까지 다 아우르며,
法海의 근본을 치켜 세우네!

　一心을 깨달으면 통달하지 못한 것이 없고, 통하지 않는 理가 없다. 古와 수을 함께 아울러서 거둠에 다 하지 않음이 없다. 이를테면 『보장론』본제허현품(本際虛玄品)에 이른다.

　　경에 이른다. 「佛性은 평등하고 광대하여 헤아리기 어렵다. 凡聖이 不二이며, 일체가 원만해서 초목에도 모두 갖추어져 있고, 땅강아지와 개미에게도 두루 하다. 내지 미진과 머리카락도 하나를 포함하고 있지 않음이 없다.」까닭에 이르길, 「능히 하나를 깨달아 알면 만사를 다 마친다.」고 하였다. 이 까닭에 모든 중생은 다 하나를 타고(乘) 살아간다. 까닭에 이를 '一乘'이라 한다.[455] 미혹하면 다르나 깨달으면 하나이다. 까닭에 이르길, 「앞 생각은 범부였는데 뒷 생각은 성인이 되었다」고 하였다. 또 이르길, 「일념에 일체법을 안다」고 하였다. 이 까닭에 一이 곧 일체이고, 일체가가 곧 一이다. 까닭에 알지니 一로써 법을 아는 功이 만상을 이룬다(까닭에 이르길, '일체는 일법의 功으로 만상을 이룬다').[456] 까닭에 경에서 이른다. 「일절가 만약

---

455) 저본의 '爲'는 『보장론』 원문에서 '謂之'이다.

있다고 한다면 마음이 바로 미혹하게 된다. 일체가 만약 없다고 한다면 마음이 바로 十方에 두루 하게 된다.」 까닭에 (경에 이르길)⁴⁵⁷⁾ 「진실한 하나가 천차만별의 현상이고, 천차만별의 현상이 진실한 하나이다. 비유컨대 바다에 수많은 파도가 솟구치는데 수많은 파도가 곧 바다이다. (까닭에) 일체가 모두 (하나로) 다름이 없다.」고 하였다. 무릇 一이라 함은 저 다르다는 생각에 대칭한 것이다. 다름이(異)⁴⁵⁸⁾ 이미 다르지 않으니 一 또한 非一이고, 一도 아니며 一이 아님도 아니다. 임시로 眞一이라 칭한다. 무릇 一이라 함은 名字로 설해질⁴⁵⁹⁾ 수 있는 것이 아니다. 이 까닭에 一로써(一이라는 하나의 법상으로써) 一을 보지 않는다.⁴⁶⁰⁾ 만약 봄이 있다면 二(보는 자인 能과 보이는 대상인 所)가 되어 버려 眞一이라 할 수 없게 된다.”⁴⁶¹⁾

〈173〉

如覩鏡中.現千重之影像.猶窺牖隙.見無際之虛.

此並況一心具斯大用.如見波譜海.見土知山.

---

456) 저본은 “故知, 以一知法, 功成萬像”이고, 『보장론』 원문은 “故言, 一切以一法之 功而成萬像”이다. 뜻에 차이는 없다.

457) 『보장론』 원문에는 ‘經云’이 있다.

458) 저본은 ‘情’인데 『보장론』 원문은 ‘異’이다. 저본은 ‘情’이 잘못 중복된 것으로 오자이다.

459) 저본은 ‘統’인데 『보장론』 원문은 ‘說’이다. 뜻으로는 상통한다.

460) 『보장론』 원문은 ‘以非一見一’인데 저본의 ‘以一非見一’이 옳다.

461) 승조의 『보장론』本際虛玄品第三. 『대정장』권45.

마치 거울 속을 보니 겹겹이 수많은 영상이 나타나듯
문틈으로 엿보니 가없는 허공이 보이듯 하네.

이들도 모두 이러하건대 하물며 一心에 이러한 大用이 갖추어져 있는
것이야 말할 나위 있겠는가! 마치 파도를 보고 바다임을 알고, 흙을 보고
산임을 아는 것과 같다.

〈174〉

萬彙雖分.還歸一總.

此一心法.舒遍法界.卷入一塵.則心賦指歸.至萬法源底.一切智慧之本.無
邊行願之宗.不達斯文.無路成佛.出必由戶.斯之謂歟.諸大乘詮.證明非
一.皆云.鏡一心之玄極.囊萬法之根由.如華嚴經云.菩薩知一切法皆是自
心.又云.解了世間皆如變化.明達眾生唯是一法.又頌云.有數無數一切劫.
菩薩了知即一念.於此善入菩提行.常勤修習不退轉.又頌云.諸佛隨宜所
作業.無量無邊等法界.智者能以一方便.一切了知無不盡.

만 가지 어휘로 나누어져 있으나
모두 하나로 돌아가 총괄된다.

이 一心의 법은 펼쳐지면 법계에 두루 하고, 말아 드리면 하나의 티끌에
들어가니 (이) '心賦(마음을 노래한 시)'의 지귀(指歸)이며, 지극한 만법의 바탕
이고, 모든 지혜의 근본이며, 가없는 행원의 근본이다. 이 글을 통달하지
아니하고는 성불의 길이 없다. 밖으로 나감에 반드시 문을 통과해야 한다는

것이 바로 이를 말함이리라! 여러 대승의 법문에서 이를 증명한 것이 하나가
아니니 모두 이르길, "一心의 현극(玄極)을 거울삼고, 만법의 근원을 지닌다"
고 하였다. 이를테면 『화엄경』에 이른다. 「보살이 모든 것은 다 自心임을
안다」462) 또 이른다. 「세간이 모두 幻化와 같음을 안다면 중생이 오직
一法임을 밝게 통달한다.」463) 또 게송에 이른다.

> 有數 無數의 일체겁(一切劫)을
> 보살은 곧 一念이라고 뚜렷이(깨달아) 아나니
> 이에 보리행에 잘 들어가
> 항상 부지런히 수습하여 퇴보함이 없다.464)

또 게송에 이른다.

> 諸佛이 사정 따라 알맞게 행하심은
> 한량없고, 가없어 법계와 等하나니
> 지혜로운 이는 능히 하나의 방편으로
> 일체를 了知함에 다 하지 않음이 없다네! 465)

---

462) 『화엄경(80권본)』권18 明法品第十八. 『대정장』권10, 096b.
463) 『화엄경(80권본)』권24 十迴向品第二十五之二. 『대정장』권24, 132a.
464) 『화엄경(80권본)』권31 十迴向品第二十五之九. 『대정장』권10, 170c.
465) 위와 같음. 170b.

〈175〉

渤澥之潤同濫觴. 十方之空齊芥孔.

淫性與空性. 俱無大小. 盡況平等真心. 無有勝劣.

발해의 물도 그 남상(濫觴 : 근원)을 함께 하며,
十方의 허공과 겨자의 구멍이 같은 허공이네!

습성(濕性)과 空性은 모두 大小가 없다. 모두 다 평등한 眞心이니 뛰어나고
열등함이 없다.

〈176〉

其猶今古之日. 照無異明. 仍佯過現之風. 鼓無二動.

日光無私. 動性不二. 皆表真心之德也.

마치 지금의 해와 옛날의 해가 비춤에 다른 광명이 아니듯
또한 마찬가지로 과거와 현재의 바람이 울려 동함도 둘이 아니다.

햇빛은 (비춤에) 사사로움이 없고. (바람의) 동하는 성품은 둘이 아니다.
모두 眞心의 덕을 나타내고 있다.

〈177〉

履實際地.沖涅槃天.掘眾生之乾土.涌善逝之智泉.

法華經云.譬如有人渴乏須水.於彼高原穿鑿求之.猶見乾土.知水尚遠.施
功不已.轉見溼土.逐漸至泥.其心決定知水必近.眾生如乾土.聲聞如溼土.
菩薩如泥.諸佛如水.

실제의 땅을 밟고,

열반의 하늘에 가득 넘친다.

중생의 메마른 땅을 파헤치고,

선서(善逝 : 佛)의 지혜의 샘이 용솟음친다.

『법화경』에 이른다. "비유컨대 어떤 사람이 갈증이 나 물을 마시려고
저 고원을 파서 물을 구하였는데 마른 땅만 보였다. 물이 아직 멀리 있다는
것을 알았으나 시공을 멈추지 않아 점차 습기 있는 땅이 보이고 마침내
진흙에 이르게 되어 물이 반드시 가까이에 있음을 분명히 알게 되는 것과
같다."[466] 중생은 마른 땅이고, 성문은 습토이며, 보살은 진흙과 같고, 諸佛은
물과 같다.

---

466) 『법화경』권4 法師品第十. 『대정장』권9, 31c.

〈178〉

聲聞之焦芽藥綻.

> 淨名經云. 二乘如焦芽敗種. 不能發無上道心. 後於法華會中. 深入一乘. 得
> 受眞記. 重發圓信之芽. 結菩提之果.

성문(聲聞)은 타버린 싹, 터져버린 꽃술과 같다.

『정명경(유마경)』에 이른다. 「2승은 타버린 싹, 부서진 씨앗과 같아 위없는
도심을 발하지 못한다.」[467] 후에 법화회(法華會)에서 깊이 1승에 들어와
진실의 수기(授記)를 받고, 다시 원만한 믿음의 싹을 발하여 보리의 열매를
맺을 수 있다.

〈179〉

華王之極果功圓.

> 衆生之心. 是諸佛果源. 故華嚴疏云. 十方諸佛. 證衆生之體. 用衆生之用. 又
> 經云. 十方諸佛. 於一小衆生心念中. 念念成正覺. 轉法輪. 而衆生不覺不知.

화왕(華王)의 극과(極果 : 佛果, 묘각)이며, 그 功이 원만하다.

---

467) 경문을 요략하여 뜻으로 인용하였다. 『유마경』권중 佛道品第八 『대정장』권14,
  549b.

중생심이 모든 佛果의 원천이다. 까닭에 『화엄경소』에 이른다. 「十方諸佛
은 중생의 體를 證하고, 중생의 用을 用한다.」[468] 또 경(『화엄경』)에 이른다.
「十方 諸佛은 하나의 조그마한 중생의 심념에서 念念에 정각을 이루고
법륜을 굴리나 중생은 지각하지 못한다.」[469]

〈180〉

如得返魂之香.枯荄再發.似服還丹之藥.寒燄重燃.

如返魂之香.力善起死屍.猶還丹之藥.功能換凡骨.況一心之功力.處凡身
而成聖體.即生死而入涅槃.亦如枯樹生華.寒灰發燄矣.如聲聞於法華會
上.見如來性.得受佛記.則如焦穀生芽.盲聾視聽.死屍再起.寒燄重燃.

마치 반혼(返魂 : 회생)의 향을 얻은 것 같고,
마른 풀뿌리가 다시 살아나는 것 같으며,
회생의 단약(丹藥)을 복용하는 듯 하고,
추위에 불길이 다시 타오르는 듯하다.

반혼(返魂)의 향과 같다 함은 힘이 뛰어나 시체를 소생시키는 환단(還丹)의
약과 같고, 공능이 모든 뼈를 바꾸는 것과 같다는 것이다. 하물며 一心의
功力은 모든 중생의 몸에 처하여 성체(聖體)를 이루고, 생사에 즉하여 열반에

---

468) 澄觀의 『화엄경소』권3. 『대정장』권35, 520a.
469) 경문을 뜻으로 요략하여 인용하였다. 『화엄경(80권본)』권49 普賢行品第三十六.
    『대정장』권10. 261b.

드는 것이야 말할 나위 있겠는가! 또한 마치 마른 나무에 꽃이 피는 것과 같고, 써늘한 잿더미에서 불길이 일어나는 것과 같다. 마치 성문이 법화회상에서 여래성을 깨닫고, 佛의 수기를 얻은 것과 같다. 그러하니 마치 타버린 곡물 씨앗에 싹이 나오고, 맹인과 벙어리가 보고 들으며, 시체가 다시 일어나고, 써늘한 잿더미에 불길이 다시 타오르는 것과 같다.

〈181〉

了達無疑.何勞科判.駕牛車而立至祇林.乘慈舟而坐昇彼岸.

但信自心.他疑頓斷.故信心銘云.狐疑淨盡.正信調直.又若信心.即不信一切法.如古德云.謂自心智信.還信自心.的非心外別有能信之者.又信若不信自心.不名正信.心即體也.此則體信不二.故起信論云.自信己心.知心妄動.修遠離法.是知所說一切理智等事.並不離心.是故我等悉皆有分.

깨달아 통달하여 의심할 바 없는데
어찌 과판(科判 : 교리를 분류 판별)하느라 힘쓸 것인가!
牛車(1乘)를470) 타고 곧바로 기림(祇林 ; 기원정사, 佛)에471) 이르며,
자비의 배를 타고 앉아서 피안에 오르네.

---

470) 『법화경』비유품의 3車 비유에서 羊車는 3승, 鹿車는 2승, 牛車는 一佛乘을 가리킨다.

471) 사위성의 장자 수닷타가 보시한 祇陀林을 말한다. 여기에 처음 精舍가 세워져 기원정사라 하였다. 祇園·祇樹·祇園精舍·祇陀林·逝多林 등으로 쓴다. 여기서는 佛 내지 佛이 계신 곳을 뜻한다.

단지 자심을 믿으면 다른 의심은 단박에 끊어진다. 까닭에『신심명(信心銘)』
에 이른다.

　　　요망한 의심 말끔히 씻어버리니
　　　올바른 믿음이 조화롭게 반듯해지네!

　또한 마음을 믿게 되면 바로 일체법을 믿지 않게 된다. 이를테면 古德이
이른다.「自心의 지혜로 믿는다 함은, 다시 自心을 믿는 것이다. 요컨대
마음 밖에 따로 믿는 자가 없다는 것이다.」또한 믿되 자심을 믿지 못하면
올바른 믿음이라 하지 못한다. 마음이 바로 體다. 이러하니 體와 믿음은
둘이 아니다. 까닭에『기신론』에 이른다.「스스로 자신의 마음을 믿는다.
마음이 망동함을 알아 멀리 떠나는 법을 닦는다.」[472] 이로 알건대 설한
바 一切의 理智 등의 것들이 모두 마음을 떠나지 않는다. 이 까닭에 我
등의 일체법은 다 마음의 한 分이다.

〈182〉

千年闇室而破在一燈.無始樊籠而唯憑妙觀.

　　千年闇室.一燈能破.無始結業.實觀能消.實觀者即是正觀.正觀者即是觀
　　心.故云.若自觀者.名為正觀.若他觀者.名為邪觀.

천년의 어두운 실내도 하나의 등불로 부수어진다.

---

472)『대정장』권32, 578b.

無始 이래의 얽매임이 (소멸되는 것은) 오직 妙觀에 달려 있다.

천년의 어두운 실내를 하나의 등불이 능히 부순다. 무시이래 묶여온 업을 實觀이 능히 소멸시킨다. 實觀이란 곧 正觀이다. 正觀이란 곧 觀心이다. 까닭에 이른다. 「자심을 관찰함을 正觀이라 한다. (자심 아닌) 다른 것을 관찰함을 삿된 觀(邪觀)이라 한다.」

〈183〉

臨法國土. 無小境而不降. 靜佛邊疆. 豈一塵而作亂.

> 華嚴經云. 三界唯心. 三世唯心. 則豈有一境一塵而相違背. 又如華嚴經頌
> 云. 覺悟法王真實法. 於中無著亦無縛. 如是自在心無礙. 未曾見有一法起.

법의 국토에 임해서는 자그마한 경계도 없고,
(경계에) 떨어짐도 없다.
고요한 佛의 나라에
어찌 하나의 티끌이 어지러움을 짓겠는가!

『화엄경』에 이르길, 「三界가 오직 마음일 뿐이고, 三世가 오직 마음일 뿐이다.」고[473] 하였거늘, 어찌 하나의 경계, 하나의 티끌이 서로 위배됨이 있겠는가! 또한 이를테면 『화엄경』 게송에 이른다.

---

473) 『화엄경(80권본)』권54 離世間品第三十八之二. 『대정장』권10, 288c.

법왕의 진실한 법 깨달으면

그 중에는 집착할 것도 없고 묶일 것도 없네.

이와 같아 자재하여 마음에 걸림 없으니

일찍이 한 법도 일어남을 보지 못하였네."⁴⁷⁴⁾

〈184〉

超情絕解.對此無言.旨冥真極.道契玄源.

夫直了一心.非真非妄.不即不離.何者.真妄無性.常契一源.豈有二心.而
互相即.以性源無染.妄不可得.如勾刀不能斫石.若霧不能染空.為不了一
心之人.所以說即.如台教問云.無明即法性.無復無明.與誰相即.答.為不
識冰人.指水是冰.指水是冰.但有名字.寧復有二物相即耶.是知時節有異.
融結隨緣.濕性常在.未曾變動.乃至即凡即聖.亦復如是.凡聖但名.一體無
異.故先德釋華嚴經云.一世界盡法界亦如是者.知一眼如.一切眼如皆然.
舉譬如一人身有手足.一切人皆有手足.是知不了此一心.皆成二見.若凡
夫執著此心.造輪迴業.二乘厭棄此心.求灰斷果.又凡夫無眼.將菩提智照.
成煩惱火燒.如大富盲兒.坐寶藏中.舉動罣礙.為寶所傷.二乘將如來四德
祕藏.為無常五陰.謂是賊虎龍蛇.怕怖馳走.縛脫雖殊.取捨俱失.若諦了通
達之者.不起不滅.無得無生.了此妄心念念無體.從何起執.念念自離.不須
斷滅.尚不得一.何況二乎.故知諸法順如證圓成.而情無理有.羣情違旨執
遍計.而情有理無.順常在違.一道而何曾失體.情不乖理.千途而未暫分岐.
洞之而情理絕名.了之而順違無地.是以法法盡合無言之道.念念皆歸無得

之宗. 天真自然. 非干造作.

정에 따른 분별을 뛰어넘어 끊으니
이에 대한 말도 사라졌네.
그 뜻이 그윽하여 진실하며 극치이니
도가 현원(玄源)에 합치하였네.

무릇 一心을 바로 깨달으면 眞도 아니고 妄도 아니며, 즉함도 아니고 떠나 있음도 아니다. 왜 그러한가. 眞과 妄의 자성이 없어 항상 一源에 합치되어 있거늘 어찌 二心이 있겠는가! 서로 즉해 있되 성품이 본래 물듦이 없어 妄을 얻을 수 없다. 마치 幻의 칼이 돌을 자를 수 없고, 안개가 허공을 오염시킬 수 없는 것과 같다. 一心을 깨닫지 못한 사람을 위하여 '卽'의 법문을 설한 것이다. 이를테면 천태교(『止觀輔行傳弘決』)에서475) 물어 이른다.

묻는다 :

"무명이 법성에 즉해 있으니 다시 어떤 무명이 없거늘 어떤 것과 더불어 서로 즉한다는 것입니까?"

답한다 :

---

475) 본서에서 '천태교'는 대부분 湛然이 스승 天台智顗의 설을 述한 『止觀輔行傳弘決』을 가리키는데 아래 인용문과 똑같은 구절은 보이지 않으나 같은 내용을 길 게 해설하고 있는 곳이 권제6의 4, 『대정장』권46, 352b에 나온다.

"얼음을 모르는 사람에게 물을 가리켜 얼음이라 하는데 물을 가리켜 얼음이라 함은 단지 名字일 뿐 어찌 따로 二物이 있어 서로 즉하겠는가."

이로 알건대 시절이 다름에 따라 녹고 응결함이 인연 따라 있게 되지만 습성(濕性)은 항상 그대로여서 일찍이 변동한 적이 없었다. 내지 凡에 즉하고 聖에 즉함도 또한 이와 같다. 凡과 聖은 단지 이름일 뿐 하나의 體로 다름이 없다. 까닭에 선덕이 『화엄경』을 해석하여 이른다.

하나의 세계에서 일체 법계가 모두 또한 이와 같다 함이니, 알건대 하나의 눈이 如함에 모든 눈이 如함도 모두 그러하다. 비유를 든다면 한 사람의 몸에 수족이 있으니 일체 모든 사람에게 수족이 있는 것과 같다.476)

이로 알건대 이 一心을 깨닫지 못하면 모두 二見을 이루게 된다. 만약 범부가 이 마음을 집착하면 윤회의 업을 짓는다. 2승이 이 마음을 싫어하여 버리면 타버린 재를 구하는 것이어서 果를 끊게 된다. 또한 범부는 (올바른 지혜의) 눈이 없어 보리(菩提 : 覺)의 지혜로 비추려다 번뇌의 불에 타버린다.477) 마치 대부호의 눈 먼 아이가 쌓여진 보물 위에 앉아 있으면서 거동에 지장을 받아 보물에 손상을 입는 것과 같다. 2승은 여래의 4덕(常樂我淨)을 비장(祕藏)하고 있는 몸을 無常한 오음(五陰)으로 보아 이를 도적·호랑이·용·뱀이라 하며 두려워 달아난다. 묶임과 벗어남이 비록 다르지만 취함과

---

476) 현전하는 여러 注疏에 보이지 않는다.

477) 法相을 벗어나지 못하고 법상에 빠지는 것을 말한다. 有에 대한 집착을 對治하고자 空을 설하였는데 空이라는 법상에 빠져 버리는 것 등이다. 그래서 뛰어난 근기는 空이라 하면 空의 참다운 뜻을 알아 그 空에도 집착하지 않는다.

버림은 모두 (正道를) 잃는다. 깨달아 통달한 자라면 (마음이) 일어남도 없고 멸함도 없으며, 얻음도 없고 생함도 없다. 이 망심이 念念에 體가 없음을 안다면 무엇으로부터 집착을 일으킬 것인가! 念念에 스스로 (相을) 떠나 있으니 단멸할 필요가 없다. 하나를 얻을 수 없는데 하물며 둘이야 말할 나위 있겠는가! 까닭에 알지니 諸法에 수순하여 如하게 證하고 圓成하면 情은 없고 理는 있다. 여러 情으로 인해 (理法의) 뜻에 어긋나게 두루 분별 집착하면 情은 있고 理는 없다. 順(경계에 수순함)이 항상 違(경계를 거역함)에 있어 하나의 도이거늘 어찌 일찍이 體를 잃은 적이 있었겠는가! 情이 理에 어긋남이 없어 千의 길이로되 잠시도 분기(分岐)된 적이 없었다. 통하게 되니 情과 理의 이름이 끊어지고, 깨달으니 順과 違의 자리가 없다. 이러하니 법과 법이 모두 남김없이 無言의 도에 합치되고, 念念에 모두 얻을 바 없다는 근본에 돌아간다.

〈185〉

二諦推而莫知. 理中第一. 三際求而罔得. 法內稱尊.

此一心法. 非俗不離俗. 非真不離真. 又雖非真非俗. 而能真能俗. 即不可以俗諦求. 真諦取. 故云二諦推而莫知. 又此一心. 非過去法. 不住前際. 非未來法. 不住後際. 非現在法. 不住中際. 故云三際求而罔得. 若不信心. 萬行虛設. 故大智度論云. 若不知諸法無差別相. 至於三歸五戒亦不成就. 為不了諸行根本故. 不知諸法體性故. 不明諸境真實故. 是以先德云. 菩薩初悟一切法自性平等. 云何平等. 入於諸法真實性故. 謂真實性中. 無差別相. 無種種相. 無無量相. 萬法一如. 何有不等. 此真實性依何立故. 復次明證無依法. 所謂不依於色. 不依於空. 若萬法依空. 空無所依. 今萬法依真. 真無所依. 即

無依印法門故.捨離世間.世間即有種種差別.斯則性常不立.何況於相.亦
不依空立色.亦不依色立空.亦無異無不異.無即無不即斯見即絕.強名內
證.所以華嚴頌云.設於念念中.供養無量佛.未知眞實法.不名爲供養.又頌
云.雖盡未來際.遍遊諸佛刹.不求此妙法.終不成菩提.又頌云.設於無數
劫.財寶施於佛.不知佛實相.此亦不名施.故知六度萬行.若不直了一心.無
一行門而得成就.

이제(二諦 : 俗諦와 眞諦)를 알려 해도 알 수 없다는 것이理 중에 第
一이고,
삼제(三際 : 과거·현재·미래)를 구하여도 얻을 수 없다고 함이
법 가운데 으뜸이라 칭하네.

이 一心의 법은 俗이 아니되 俗을 떠나지 않았다. 眞이 아니되 眞을
떠나지 않았다. 또한 비록 眞이 아니고 俗도 아니되 능히 眞이고 능히
俗이 된다. 즉 속제(俗諦)로써 구할 수 없고, 진제(眞諦 ; 第一義諦)로써 취할
수 없다. 까닭에 이르길, 「二諦를 알려 해도 알지 못한다」고 하였다.
또한 이 一心은 과거의 법이 아니어서 전제(前際 : 과거)에 머물지 아니하고,
미래의 법이 아니어서 후제(後際 : 미래)에 머물지도 아니하며, 현재의 법이
아니어서 중제(中際 : 현재)에 머물지도 않는다. 까닭에 이르길, 「三際를
구하여도 얻을 수 없다」고 하였다. 만약 신심이 없으면 만행이 헛된 것이
된다. 까닭에『대지도론』에 이른다.「만약 모든 것이 차별상이 없음을 모른다
면 심지어 삼귀(三歸) 오계(五戒)도 이루지 못한다. 諸行(모든 존재의 현행,
현상)의 근본을 모르는 까닭이다. 모든 것의 체성을 모르는 까닭이다.」[478]

478)『대지도론』에서 이 인용문이 보이지 않는다. 아마 잘못 기재된 것이거나 내용

이 때문에 선덕이 이른다. 「보살이 처음 모든 것의 자성이 평등함을 깨달았다. 왜 평등이라 하는가? 모든 것의 진실성에 들어간 까닭이다.」 '진실성에'라 함은 차별상이 없고, 갖가지 상이 없으며, 한량없이 많은 상이 없어 모든 것이 一如함이니 어찌 평등하지 않음이 있겠는가! (평등하지 않다면) 이 진실성을 무엇에 의거하여 세울 것인가! 또한 의지할 법이 없음을 明證한 때문이니 이른바 色에 의지함이 없고, 空에 의지하는 바 없다. 만약 모든 것이 空에 의지한다면 空하여 의지할 것이 없게 된다. 지금 만법이 眞에 의지하고, 眞은 의지하는 바가 없다. 즉 의지할 바가 없다는 인(印 ; 결정의 진리)의 법문이다. 까닭에 세간을 버리고 떠난다. 세간은 곧 갖가지 차별이 있다. 이러하니 항상의 性도 세워지지 않는데 하물며 相이야 말할 나위 있겠는가! 또한 空에 의지하지 아니하고 色을 세우며, 또한 色에 의지하지 아니하고 空을 세운다. 또한 다름이 없되 다르지 않음도 없다. 卽함이 없되 卽하지 않음도 없다. 이 見이 바로 끊어지면[479] 이를 억지로 이름 하여 內證(마음에서 證함)이라 한다. 까닭에 『화엄경』의 게송에서 이른다.

> 설령 念念 중에
> 한량없는 부처님께 공양하더라도
> 진실법을 모르면
> 공양이라 할 수 없다.[480]

을 뜻으로 요략한 것으로 보인다.

479) 앞의 법문은 실로 깊고 깊은 뜻이지만 문자어언으로 설해진 것이기에 각각의 見이 있게 된다. 그래서 궁극에는 그러한 법문의 법상도 見함이 없게 되어야 한다. 그러한 見에 의해 마음이 일어나게 되고 마음 일어나면 이미 삿된 망념인 까닭이다. 아무리 올바르고 훌륭한 법문이라도 그 법상의 見을 짓게 되면 모두 삿된 망념이고 망상이다. 그래서 그 법문의 뜻을 알았으면 바로 무심해져야 한다.

또 (『화엄경』) 게송에 이른다.

> 비록 미래 다하도록
> 모든 佛世界를 두루 다닌다 하더라도
> 이 묘법을 구하지 않으면
> 끝내 보리를 이루지 못한다.[481]

또 (『화엄경』) 게송에 이른다.

> 설령 무수겁(無數劫) 동안
> 재보를 부처님께 보시한다 하더라도
> 佛의 實相을 모른다면
> 이 또한 보리라 할 수 없다.[482]

까닭에 알건대 6도(度 : 바라밀)의 萬行을 하더라도 만약 一心을 올바로 깨닫지 못하면 하나의 行門도 성취함이 없게 된다.

〈186〉

覺樹根株. 教門頭首.

---

480) 『화엄경(80권본)』권23 兜率宮中偈讚品第二十四. 『대정장』권10, 124a.
481) 위와 같음.
482) 위와 같음. 同 122b.

320

此一心法.諸佛成道之本.菩薩悟入之初.如大集經云.佛告賢護.我念往昔
有佛世尊.號須波日.時有一人行值曠野.飢渴困苦.遂即睡眠.夢中具得諸
種上妙美食.食之既飽.無復飢虛.從是寤已.還復飢渴.是人因此即自思惟.
如是諸法.皆空無實.猶夢所見.本自非真.如是觀時.悟無生忍.得不退轉於
阿耨多羅三藐三菩提.又如人以寶倚瑠璃上.影現其中.亦如比丘觀骨.起
種種光.此無持來者.無有是骨.是意作耳.又大方等大集經云.復次賢護.譬
如比丘修不淨觀.見新死屍形色始變.或青或黃或黑或赤.乃至觀骨離散.
而彼骨散.無所從來.亦無所去.唯心所作.還見自心.又如鏡中像.不外來.
不中生.以鏡淨故.自見其形.行人色清淨.所見者清淨.欲見佛.即見佛.見
即問.問即報.聞經大歡喜.自念佛從何所來.我亦無所至.我所念即見.心作
佛.心自見.心見佛.心是佛.心是我.心不自知心.心不自見心.心有想為癡.
心無想是泥洹.是法無可示者.皆念所為.設有其念.亦了無所有空耳.是名
佛印.

覺은 나무의 뿌리와 그루터기이고,
敎는 門의 앞머리이다.

이 一心法은 모든 부처님 성도한 근본이며 보살이 깨달아 들어가게 되는
시초이다. 이를테면 『대집경(大集經) ; 대방등대집경현호보살분』에[483] 이른
다. 「부처님께서 현호(賢護)에게 말씀하셨다. "내가 생각하건대 예전에 佛世
尊이 계셨는데 이름을 수파일(須波日)이라 하였다. 그 때 한 사람이 길을

---

483) 『대집경(대방등대집경)』60권과 『대방등대집경현호분』5권은 본래 후자가 전자의
    한 부분이겠으나 전자에 후자의 내용이 없다. 전자는 北涼 때 天竺三藏 曇無讖
    이 역하였고, 후자는 隋 때 天竺三藏 闍那崛多가 역하였다.

가다 광야를 만나게 되었는데 기갈(飢渴)로 고통을 받고 있었다. 그러다가 잠이 들었는데 꿈속에서 갖가지 뛰어나고 묘한 美食을 얻게 되어 먹고 나니 배가 부르고 다시는 기갈이 없게 되었다. 다시 잠에서 깨어보니 다시 또 배가 고프고 갈증이 왔다. 이 사람이 이로 인해 바로 스스로 사유하여 이러한 여러 가지 일들은 모두 텅 비어 實이 없음이 마치 꿈에서 본 것과 같아 본래 스스로 진실한 것이 아님을 알게 되었다. 이와 같이 관찰한 때에 무생법인(無生法忍 : 모든 것은 본래 생함이 없다는 진리)을 깨닫고 아뇩다라 삼먁삼보리에서 퇴전(퇴보)하지 않게 되었다.」484) 사람이 보물을 유리 위에 가까이 대면 그 가운데 영상이 나타나는 것과 같다. 또한 마치 비구가 뼈를 관찰하면 갖가지 빛이 일어나는 것과 같다. 이것을 가지고 온 자가 없으며, 뼈에 있는 것도 아니고, 마음으로 지은 것이다. 또 『大方等大集經 ; 대방등대집경현호보살분』에 이른다. 「또한 현호여! 비유컨대 비구가 부정관(不淨觀)을 닦으면서 처음 시체의 형색이 변하기 시작하여 혹은 청색, 혹은 노란색, 혹은 검은 색, 혹은 붉은 색으로 변하고, 내지 뼈가 흩어져 감을 관찰하는 것과 같다. 그 뼈가 흩어지는데 온 곳이 없고, 또한 가는 곳이 없다. 오직 마음이 지은 것일 뿐인데 다시 自心에서 이를 보는 것이다.」485) 또 마치 거울에 나타난 영상과 같아 밖에서 오지도 않았고, 안에서 생기지도 않았다. 거울이 맑은 까닭에 스스로 그러한 형상이 보이는 것이다. 行人의 色(신체)이 청정하면 보이는 것도 청정하다. 佛을 보고자 하면 바로 佛을 본다. (佛을) 보면 바로 묻고, 물으면 바로 답한다. 경을 듣고 크게 환희하며, 스스로 생각하길 佛이 어디에서 왔는가 한다. 나 또한 온 바가 없다. 내가 생각한 것을 곧바로 본다.「마음이 佛을 짓고, 마음이 스스로 본다. 마음이

---

484) 『大方等大集經賢護分』卷第二. 思惟品第一之二. 『대정장』권13, 876c.
485) 같은 경, 같은 품, 同 877a. 경문을 일부분 줄여서 인용하였다.

佛을 본다. 마음이 佛이고, 마음이 我이다. 마음이 스스로 마음을 모른다. 마음이 스스로 마음을 보지 못한다.[486] 마음에 상념이 있으면 어리석게 되며, 마음에 상념이 없으면 니원(泥洹 ; 니르바나, 열반)이다.」[487] 이 법은 보일 수 없는 것이다. 모든 상념으로 된 것은 설령 그러한 상념이 있더라도 또한 있을 바가 없으며 空임을 뚜렷이 안다. 이를 佛印이라 한다.

〈187〉

安詳作象王之行. 決定成師之吼.

象王行威儀安詳. 表普賢之行. 師子吼者. 師子吼有四義. 一百獸腦裂. 喻菩
薩說法百法俱破. 二香象降伏. 喻菩薩說法天魔降伏. 三飛鳥墮落. 喻外道
邪見墮落. 四水族潛藏. 喻煩惱潛藏. 又涅槃經云. 師子吼者決定說. 一切衆
生有佛性. 又云. 但有心者. 皆得成佛. 又云. 有所得. 野干鳴. 無所得. 師子吼.
以心外無法. 即無所得.

---

486) 마음이란 대상이 될 수 없는 까닭이며, 마음은 본래 能(주관)과 所(객관, 대상)가 따로 없는 一心인 까닭이며, 심성이 본래 空寂(텅 비어 고요함)해서 무엇을 보거나 분별함이 없는 까닭이다. 그래서 마음은 봄이 없이 보고, 아는 바 없이 알며, 분별함 없이 분별한다.

487) 이 문단은 위의 『대방등대집경현호보살분』권1사유품제1의1 끝 부분에 나오는데 字句를 그대로 옮긴 것이 아니라 뜻으로 옮겼다. 원문은 「今此三界唯是心有. 何以故? 隨彼心念還自見心. 今我從心見佛, 我心作佛, 我心是佛, 我心是如來, 我心是我身, 我心見佛. 心不知心, 心不見心. 心有想念, 則成生死. 心無想念, 即是涅槃.」

평안하고 넉넉함으로 象王(佛)의 행을 짓고,
決定(결정 부동의 無生法忍)으로 사자후를 한다.

　　象王(佛)의 행은 위의(威儀)가 있고 평안하며 넉넉하다. (이는) 보현의
행을 드러낸 것이다. '사자후'란, 사자후에 네 가지 뜻이 있다. 一은, 백수(百獸)
의 뇌가 파열되니 이는 보살이 설법함에 百法이 모두 파괴되는 것을 비유한
것이다. 二는, 향상(香象)이 항복함이니 보살이 설법함에 천마(天魔)가 항복
함을 비유한 것이다. 三은, 나르는 새가 추락함이니 외도의 사견(邪見)이
추락함을 비유하였다. 四는 물에 사는 생류들이 몸을 숨김이니 번뇌가
잠복되는 것을 비유하였다.488) 또『열반경』에 이른다.「사자후란 '모든
중생에게 다 불성이 있다'고 결정으로 설함이다.」489) 또 이른다.「단지
마음이 있는 자는 모두 성불할 수 있다.」490) 또 이른다.「얻을 바가 있으면
야간(野干)이491) 짖는 것이고, 얻을 바 없으면 사자후이다.」492) 마음 밖에
아무 것도 없음이(心外無法) 바로 얻을 바 없음이다.

---

488) 이 문단은『열반경(40권본)』師子吼菩薩品第十一之一의 글을 개략하여 옮겼다.
　　　『대정장』권12. 522c.
489) 『열반경(40권본)』師子吼菩薩品第十一之一.『대정장』권12. 522c.
490) 위와 같음. 524c. 원문의 字句를 약간 바꾸어 인용하였다. 원문은「凡有心者,
　　　定當得成阿耨多羅三藐三菩提」이다.
491) 野干은 개와 비슷한데 무리를 지어 다니고 밤에 울면 그 소리가 이리와 같은
　　　동물이다.
492) 위의『열반경』同品, 522c에 野干鳴과 獅子吼를 비교한 법문이 있다. 여기서는
　　　경문을 뜻으로 설명하여 옮겼다.

324

〈188〉

欲薦默傳之法.合在言前.將陳祕密之.門寧思機後.

達磨西來.默傳心印.唯默知之一字.若機緣不逗.終不顯揚.直候親承.爾乃
印可.此是自證法門.如人飲水.冷暖自知.不可言說.又悟落第二頭.機前無
教.教後無實矣.

말없이 전한 (以心傳心) 법을 펴고자 하건대
語言 이전에 있어야 계합하는 것인데
비밀의 문을 펴려고 하면서 어찌 생각한 후에 할 수 있을 것인가!

달마가 서쪽(인도)에서 오시어 心印을 묵전(默傳)하였다. 오직 '知'의 一字
에 말이 끊어질 뿐이니 만약 기연(機緣)이 이르지 않으면 끝내 현양되지
않는다. 바로 (그러한 때를) 기다렸다가 친히 전해 받게 되면 이에 인가해준다.
이것이 자증(自證)법문이다. 마치 사람이 물을 마셔보아야 차가움과 따뜻함
을 스스로 아는 것과 같다. (몸으로 직접 체험해야 하는 것이니) 언설로 드러낼
수 없는 것이다.493) 또한 깨닫고 나서 第二頭에494) 향하는 것은 기연(機緣)이

---

493) 이를테면 수박을 먹어보지 않은 사람한테 아무리 말로 설명해주어도 언설로는
그대로 전해질 수 없다. 직접 몸으로 체험해보아야 하는 것이니 이를 自證이라
한다.

494) 第二頭는 第一義門에 대칭한 第二義門을 말한다. 제일의문(向上門)은 진실 절
대의 궁극에 향하는 문이고, 第二義門(第二頭)은 언어 등의 방편을 빌려 世情
에 수순하여 중생을 교화하는 보살행의 문이다. 즉 向上의 大機인 제일의문을
버리고 떠나 방편도로 向下하는 까닭에 이를 向下門이라고도 한다. 같은 뜻의
용어에 '門庭施設·落草·老婆心切' 등이 있다.

아직 이르지 않았으면 가르쳐주지 아니하기 때문이다. (아직 기연이 이르지 않았는데) 가르쳐 주는 것은 成果가 없다.

〈189〉

圓宗燄火. 手觸應難.

> 欲薦默傳之法. 合在言前. 將陳祕密之. 門寧思機後.
> 達磨西來. 默傳心印. 唯默知之一字. 若機緣不逗. 終不顯揚. 直候親承. 爾乃印可. 此是自證法門. 如人飮水. 冷暖自知. 不可言說. 又悟落第二頭. 機前無教. 敎後無實矣.

圓宗은 타는 불이어서
손으로 가까이 대기 어렵다.

『論』에 이르길 「반야바라밀은 마치 큰 불덩이와 같아서 四面에서 가까이 댈 수 없다.」고[495] 하였다. 가까이 대면 바로 손이 타버린다. 有라 설하건, 無라 설하건, 有이기도 하고 無이기도 하다고 설하건, 非有 非無라고 설하는 四句, 내지 겹친 四句, 四句를 동시에 모두 갖추었다고 하는 것, 및 말이 끊어졌다고 하는 것 등은 모두 반야를 비방하는 것이다. 마치 사변(四邊)에서

---

495) 『화엄경소』권28에서 『대지도론』을 인용하였다. 『대지도론』권6 大智度初品中十喩釋論第十一의 원문은 「是實知慧, 四邊叵捉, 如大火聚, 亦不可觸.」이다.
『화엄경소』의 원문은 “故智論云, 般若波羅蜜, 猶如大火聚, 四邊不可取.」이다.
『대정장』권35, 716a.

불에 손을 대면 댄 손을 모두 태우는 것과 같다. 까닭에 이르길,「四句를 떠나고, 百非(갖가지 否定의 논리, 법문)까지도 끊어졌다」고[496] 하였다. 만약 사실단(四悉檀)의[497] 뜻을 얻고, 이를 깨달음이 마치 청량한 연못과 같으면 四門으로 가히 들어올 수 있고, 모두 다 도를 얻는다.

〈190〉

驅四句於虛無之外. 殄百非於寂寞之間.

墮落四句. 皆成邊見. 若見一法. 盡處百非. 若能頓了心宗. 見網自然迴出. 隨處得道. 擧念皆宗. 故云一色一香. 無非中道. 華嚴經云. 遠離二邊. 契於中道. 古釋云. 二邊有四. 一染淨. 二約惑縛脫. 通惑業. 三有無. 通事理. 四一異. 約心境. 何以有此. 謂成菩提. 旣離細念. 妄惑盡已. 顯現法身. 智慧純淨. 若為是見. 未免是邊. 故經云. 若有見正覺. 解脫離諸漏. 不著一切世. 此非證道眼. 今了於惑體性本空. 後無所淨. 故離二邊. 又染淨交徹. 故無住著. 是曰離邊. 縛脫者. 謂昔常被惑業繫縛. 流轉無窮. 今得菩提. 釋然解脫. 若謂此見. 即是住邊. 菩薩智了本自無縛. 於何有解. 無縛無解則無著. 故得離耳. 有無

---

496) 『대승현론』권1에「眞諦之理乃離四句, 絶百非」. 『대정장』권45. 四句는 有, 無, 有而無, 非有而非無/ 一, 異(二), 一而二, 非一而非二 등의 見을 말한다. 百非는 '無'·'不'·'非'등 否定으로 드러내는 논리나 법문을 말한다. 그러한 부정의 논리도 궁극에는 끊어졌다(넘어섰다)는 뜻이다.

497) 실단(悉檀)은 산스크리트어 siddhānta의 음역이다. 成就·宗·理 등으로 의역한다. 불타가 중생을 교화하는 교법을 네 범주로 나눈다. (1) 세계실단 : 세간의 법에 수순하여 설함. (2) 人실단 : 중생 각각의 근기와 성향에 따라 설함. (3) 對治悉檀 : 중생의 탐진치 등 병세에 따라 치유해주는 설법, (4) 第一義悉檀 : 모든 언어 의론을 부수고 第一義의 실상을 곧바로 체현케 하는 가르침이다.

通事理者.若昔謂或有.今了或空.二謂以空.今知妙有.又眞樂本有.失而不
知.妄苦本空.得而不覺.今日始知.若如是知.並未離邊.又煩惱業苦.本有
今無.菩提佛身.本無今有等.皆三世有法.菩提之性.不屬三世故.三世有
無.皆是邊攝.眞智契理.絶於三世.故離有無之二邊等.一異有二.一者心境
不了則二.契合則一.亦成於邊.二者生佛有異.今了一性.亦名爲邊.今正覺
了此中有無無二.無二亦復無.大智善見者.如理安住.故離此邊.而言昔者.
謂斷常來去生滅依正.雖是二法.皆攝爲邊.又二與不二.亦名爲邊.今一契
菩提.一切都寂.故云遠離.

허무의 밖에서 四句를[498] 몰아내버리고,
적막한 가운데서 百非(갖가지 否定의 법문)까지도 멸해버린다.[499]

四句에 떨어지면 모두 변견(邊見)이 된다. 만약 一法이라도 보게 되면
모든 곳에 百非가 있게 된다. 만약 능히 마음의 근본을 단박에 깨달으면
見의 그물에서 자연히 멀리 벗어나게 된다. 곳곳 따라 도를 얻고, 생각
생각이 모두 마음의 근본이 된다. 까닭에 이르길, 「하나의 사물, 하나의
향(香)이 中道 아님이 없다」고 한다. 『화엄경』에 이른다.

---

498) 有, 無, 有而無, 非有而非無 또는 一, 二(異), 一而二, 不一而不二 등 4종의 知
見을 말하며, 모든 분별은 이 4종 지견을 벗어나지 아니한다. 모든 외도는 이
4견 가운데 하나에 집착한다. 불교는 이 4구의 어디에도 치우치거나 偏執하지
않는다.

499) 『대승현론』권1에 「眞諦之理乃離四句, 絶百非」. 『대정장』권45. 百非는 '無'·
'不'·'非'등 否定으로 드러내는 논리나 법문을 말한다. 그러한 부정의 논리도
궁극에는 끊어졌다(넘어섰다)는 뜻이다.

이변(二邊 : 有와 無, 一과 異 등 상대의 二邊見)을 멀리 떠나면 중도에
계합(합치)한다.[500]

고석(古釋)에 이른다. 「이변(二邊)에 넷이 있다. 一은, 염(染)과 정(淨),
二는, 미혹으로 묶임(縛)과 해탈(脫)을 따로 보는 견이니 미혹의 업에 통한다
(포함된다). 三은, 有와 無의 견이니 事와 理에 통한다. 四는, 一과 異의
見이니 心과 境(경계)에 의한다. 왜 이러한가. 이르건대 보리를 이루면 이미
미세한 상념들을 떠나고 망령된 미혹이 다하여 법신이 드러나 지혜가 순정(純
淨)하게 되는데 만약 이러한 지견을 지니게 되면 이러한 변견(邊見)을 아직
면하지 못한 것이다.」[501]
까닭에 경(『화엄경』)에 이른다.

만약 정각하고 해탈하여 모든 번뇌를 떠나 일체의 세간을 집착하지
않는다는 見이 있으면 이는 道眼을 證하지 못한 것이다.[502]

지금 미혹의 체성이 본래 空함을 깨달으니 나중에 청정할 바도 없다.
때문에 이변(二邊)을 떠남이 된다. 또한 염(染)과 정(淨)이 교철(交徹 : 서로
卽함)한 까닭에 머물러 집착함이 없다. 이를 '변견(邊見)을 떠났다'라고 한다.
'묶임과 해탈'에 대해 말하길, '예전에는 항상 미혹의 업에 묶이어 끝도
없이 윤회 전생(轉生) 하다가 이제 보리를 얻게 되어 훤하게 해탈하였다'고

---

500) 『화엄경(80권본)』권13 光明覺品第九의 원문은 '二邊皆捨離, 道成永不退"이다.
『대정장』권10, 063a.
501) 징관의 『화엄경수소연의초』권80, 『대정장』권36, 626a.
502) 『화엄경(80권본)』권13 光明覺品第九, 『대정장』권10, 『대정장』권10, 062c.

한다면 이 見은 변견(邊見)에 머무름이다. 보살의 지혜는 본래 스스로 묶임이 없음을 깨달았는데 어찌 해탈(벗어남)이 있겠는가! 묶임이 없고 해탈도 없으면 집착함이 없다. 까닭에 벗어남(떠남)을 얻은 것이다. '有와 無의 見은 事와 理에 통한다(들어간다)'고 한 것은, 예전에는 혹 有라고 하였다가 이제 깨닫게 되어 혹 空이라 함이다. 二見(邊見)에 있을 때는 空이라 하였다가 이제는 妙有임을 알게 된 것이다. 또한 진실한 樂이 본래 있었는데 잃어버리고, 망령된 苦가 본래 공임을 알지 못하여 얻고 있음에도 깨닫지 못하다가 今日에야 비로소 알게 되었다 하니 이렇게 안다면 모두 아직 변견을 떠나지 못한 것이다. 또한 '번뇌의 업고(業苦)가 본래는 있다가 지금에는 없게 되었다'라든가 보리(菩提) 佛身이 본래 없다가 이제는 있게 되었다는 등은 모두 三世(과거·현재·미래)가 있는 (세간)법인데 보리의 성품은 三世에 속하지 않는다. 三世의 有와 無는 모두 변견에 들어간다. 眞智는 理에 계합되어 三世를 끊었다. 때문에 有와 無의 이변(二邊) 등을 (본래) 떠나 있다. 一과 異의 견에 둘이 있다. 一은, 마음과 경계를 깨닫지 못하여 二였다가 계합하니 一이 되었다고 함도 또한 변견이 된다. 二는, 중생과 佛이 異인데 이제 一性임을 깨달았다고 함도 또한 변견이라 한다. 지금 이 가운데 有와 無가 無二이고, 無二 또한 없다. 大智로 뛰어나게 보는 자는 如理하게 안주한다. 까닭에 이 변견을 떠난다. '예전에'라 한 것은 斷과 常, 來와 去, 생과 멸, 依報(몸이 의지하는 器世間)와 正報(자신의 몸) 등의 見에 있을 때를 말한다. 이들 二法은 모두 변견에 들어간다. 또한 二와 不二도 또한 변견이라 한다. 이제 보리에 하나로 계합하였으니 일체가 모두 적멸(열반)이다. 까닭에 '멀리 떠났다'고 하였다.

330

〈191〉

如那羅箭之功.勢穿鐵皷.

那羅延箭.能穿鐵皷.

마치 나라연(제석천의 力士)이 쏘는 화살의 힘이
철로 만든 북을 뚫어버리듯이

나라연의 화살이 능히 철로 만든 북을 뚫는다.

〈192〉

似金剛鎚之力.擬碎邪山.

金剛之鎚.能碎金山.

금강으로 만든 망치의 힘이
삿된 산을 부수어버리듯이

금강으로 만든 망치가 능히 金山을 부순다.

〈193〉

成七辯才.

有七辯才者.一捷疾辯.卒答不思.二利辯.音聲清巧.三無盡辯.問答無窮.
四無斷辯.流注相續.五隨應辯.對機授藥.六第一義辯.善說實相.七世間最
上辯.超出羣類.已上七辯.皆從心慧而發.

칠변재(七辯才)를 이루고,

7변재(七辯才)란 1. 신속한 답변이니 생각함이 없이 곧장 답한다. 2. 매끄러
운 언설이니 음성이 맑고 교묘하다. 3. 다 함 없는 언설이니 문답이 무궁하다.
4. 끊임없는 언설이니 물이 이어 흐르듯 이어진다. 5. 근기에 응하여 연설함이
니 근기에 대하여 약을 준다. 6. 第一義의 진리로 연설하니 實相을 뛰어나게
설한다. 7. 세간에서 최상의 언변이니 뭇 류를 뛰어 넘는다. 이상의 일곱
가지 언변은 모두 마음의 지혜로부터 나온다.

〈194〉

具四無畏.

四無畏者.一一切智無畏.二漏盡無畏.三說障道無畏.四說盡苦道無畏.華
嚴經頌云.一中解無量.無量中解一.了彼互生起.當成無所畏.即是了心成
佛.心外無法對待.故一切處無畏.

사무외(四無畏 : 네 가지 두려움 없음)를 갖추니

사무외란 1. 一切智를 갖춘 두려움 없음(無畏) 2. 모든 번뇌에 두려움
없음 3. 도를 장애하는 것에 두려움 없음 4. 모든 고통의 修道의 길에 두려움

없음이다. 『화엄경』의 게송에 이른다.

> 하나 가운데서 무량한 것을 알고,
> 無量한 것들 가운데서 하나를 안다.
> 저 모든 것들이 서로 연기하여 생함을 깨달으면
> 응당 두려워 함 없게 되리.503)

바로 마음을 깨달아 성불한다. 마음 밖에 (경계로) 마주해 있는 것이 아무 것도 없는 것이다. 까닭에 일체 어디에서나 두려움이 없다.

〈195〉

人中日用之韜鈐.世上時機之經緯.

衆生日用而不知.如魚在水不見水.鳥處空不見空.人在道不識道.

사람이 일용하는 도검(韜鈐, 韜鈐 ; 정신 깨이게 가지고 다니는 방울)504)

---

503) 『화엄경(80권본)』권13 光明覺品第九. 『대정장』권10, 063a.

504) 韜鈐은 고대 대표적 兵書인 『六韜』와 『玉鈐篇』의 합칭한 것으로 兵書를 뜻하는데 轉義하여 용병술을 가리키기도 한다. 그런데 여기서는 이 뜻으로 통하지 않는다. 明 千松의 『金剛正眼』에 "까닭에 세존께서 眞體로써 중생에게 보여 日用으로 韜鈐 소리가 울리는 사이에 그 때 그 때 정신 차리게 하였다." 하였는데 編者는 韜鈐의 '鈐'은 '鈴'이 아닐까 하였다(故世尊先以眞體示於衆生, 要與日用韜鈐 (編者註 : 「鈐」疑是「鈴」)之間, 時時提惺(編者註 ; '惺' 疑是'醒')). 이에 따른다면 韜鈐은 방울집에 있는 방울을 가리키고 항상 이를 지니고 다니며 방울 소리에 정신 차리게 한 것이니 사찰의 전각 처마에 달린 풍경과 같은 역할을

이며,

세상 시간과 공간의 경위(經緯 : 근간)이네.

중생이 일용하되 알지 못함이 마치 물고기가 물에 있으면서 물을 보지 못함과 같고, 새가 허공에 처하되 허공을 보지 못함과 같다. 사람은 道에 있으면서 도를 모른다.

〈196〉

若森羅之吐孕.總攝地輪.

一切萬物.從大地而生.一切萬法.從心地而出.

마치 삼라만상이 어린 싹(아기)을 토해내듯(생기시키듯),

(마음은) 지륜(地輪 ; 心地에서 나온 모든 것)을 모두 다 아우른다.

모든 만물은 大地로부터 나오고, 일체 만법은 心地로부터 나온다.

하는 것이 된다. 따라서 여기서는 이러한 뜻의 韜鈴으로 해석한다.
이 『금강정안』의 글은 http://www.ucchusma.net/samanta/vajracche/chr/1/chr_19.htm에서 인용하였다. 千松은 명대의 승려 大韶이다. 그는 千松선원에 주석하여 『千松筆記』1권(『만속장』114책), 『金剛正眼』1편 등을 저술하였다. 『금강정안』은 아직 대장경에 수록되지 않았는데 위의 인터넷사이트에 원문이 수록되어 있다.

334

〈197〉

猶萬物之發生. 皆含一氣.

易鉤命訣云. 天地未分之前. 謂之一氣. 於中則有太易. 太初. 太始. 太素. 太
極. 為五運也. 運即是運數. 謂時改易. 初取易義也. 元氣始散. 謂之太初. 氣
形之端. 謂之太始. 形變有質. 謂之太素. 質形已具. 謂之轉變. 五氣故稱五
運. 皆是天道已分也.

마치 만물이 발생함에 모두 같은 하나의 氣를 품듯이.

『易』의 구명결(鉤命訣)에[505] 이른다. 「天地가 아직 나누어지기 이전을
一氣라 한다. 그 가운데 太易·太初·太始·太素·太極이 있게 되어 五運
이 되었다. 運은 곧 運數이니 時가 改易됨을 말한다. 처음 나온 '易' 義를
취하였다. 元氣가 흩어지기 시작함을 太初라 한다. 氣形의 단서를 太始라
한다. 形이 변함에 質이 있게 됨을 太素라 한다. 質과 形이 이미 갖추어진
것을 전변(轉變)이라 한다. 五氣인 까닭에 五運이라 한다. 모두 天道가 이미
나누어진 상태이다.

〈198〉

玄邈甚深. 力自堪任.

---

505) 干弼이 지었다는 주해서.

一切衆生. 皆自有眞心之力. 如起信論云. 從本來. 性自滿足一切功德. 所謂
自體有大智慧光明義故等也.

현묘하고 그윽함에 깊고 깊으며,

힘이 자재하여 일체를 모두 감당한다.

　모든 중생은 다 스스로 眞心의 힘이 있다. 이를테면 『기신론』에 이른다.
「본래 이래 성품이 스스로 모든 공덕을 만족하고 있다. 이른바 자체에
대지혜광명의 뜻이 있는 까닭이다.」고 한 법문 등이 있다.

〈199〉

月渚煙林而常談妙旨. 雲臺寶網而盡演圓音.

華嚴經云. 大光明網雲臺中. 而說頌言. 佛無等等如盡空. 十方無量勝功德.
人間最勝世中上. 釋師子法加於彼. 又云. 一切供養具雲中. 自然出音而說
頌曰. 神通力用不可量. 願隨衆生心樂說. 又云佛光明中. 於一切菩薩衆會
之前. 而說頌言. 神通自在無邊量. 一念皆令得解脫. 長者論. 問曰. 大衆何不
以言自問. 因何默念致疑. 何不自以言讚勸請. 云何供具雲出音請佛. 答曰.
明佛得法界心. 與一切衆生同心故. 以心不異故. 知彼心疑. 供具說頌者. 明
一切法. 總法界體也. 法界不思議. 一切法不思議故. 明聖衆心境無二故. 凡
夫迷法界. 自見心境有二. 故顚倒生也.

달 뜬 물가 모래섬과 연기 자욱한 숲이

항상 묘지(妙旨)를 설하고,

(빛의) 구름으로 된 누대와 보배 그물이
(佛의 위신력으로) 모두 원음(圓音)을 연주하네!

『화엄경』에 이른다.

　　대광명으로 된 (보배) 그물의 운대(雲臺)에서 (佛의 위신력으로)
　　게송이 나와 설하셨다.

　　　　佛은 無等等하니506) 마치 허공과 같아
　　　　十方의 한량없는 뛰어난 공덕일세.
　　　　인간 중에 가장 뛰어나고 세간에 으뜸인 것 있지만
　　　　석사자(釋師子 : 佛)의 법은 그 보다 더하다네.507)

또 (『화엄경』에) 이른다.

　　모든 공양이 구름 가운데 갖추어 있어 자연히 음성을 내어 게송으로
　　설하였다.

---

506) 無等等은 비할(견줄) 바 없이 최상이라는 뜻의 '無等'을 다시 한 번 강조한 말이
　　다. 無等과 無等等 모두 佛의 여러 이름 가운데 하나이다. (『화엄경』)
507) 『화엄경(80권본)』권34 十地品第二十六之一. 『대정장』권10, 180c.의 경문을 약
　　간 바꾸어 인용하였다. 원문은 「於上虛空中, 成大光明雲網臺. 時光臺中, 以諸
　　佛威神力故, 而說頌言.
　　佛無等等如虛空　十力無量勝功德　人間最勝世中上　釋師子法加於彼」

신통의 힘을 씀이 헤아릴 수 없으신 분이시어!

원하옵건대 중생심이 즐겨하는 바에 따라 설하여 주옵소서!508)

또 (『화엄경』에) 이른다.

부처님께서 광명 가운데서(경문은 '부처님의 神力으로 그 빛이') 모든
보살중이 모여 있는 앞에서 게송으로 설하셨다.

신통 自在함이 한량없고,

一念에 모두 해탈하게 한다.509)

『長者論(신화엄경론)』에 이른다.

묻는다 :

"대중이 어찌해서 스스로 묻지 아니하였고, 어찌해서 말없이 의문만
하고 있었으며, 어찌해서 스스로 찬탄과 권청(법문을 청함)하지 않았는
데 어떻게 공양을 갖춘 (광명의) 구름에서 음성이 나와 佛을 권청한
것입니까?"

---

508) 같은 『화엄경』권6 如來現相品第二. 앞부분 게송 몇 句를 생략하고 인용하였다.
『대정장』권10, 026b.

509) 같은 『화엄경』권6 如來現相品第二. 경문의 게송 인용 앞부분을 약간 바꾸고,
앞부분 몇 句의 게송을 생략하여 인용하였다. 원 경문은 다음과 같다.
「以佛神力, 其光於彼一切菩薩衆會之前, 而說頌言.
（ 몇 句의 게송 생략 ）
神通自在無邊量, 一念皆令得解脱」『대정장』권10, 026c.

답한다 :

"佛이 法界心을 증득하여 모든 중생과 한마음임을 드러낸 까닭이다. 마음이 다르지 않은 까닭에 그들의 의문하고 있음을 안 것이다. '공양을 갖추어 게송을 설하였다'란 일체 모든 것이 다 법계의 體임을 밝힌 것이다. 법계가 불가사의하고, 일체법이 불가사의한 까닭이다. 성중(聖衆)들은 마음과 경계가 無二임을 드러낸 까닭이다. 범부는 법계에 미혹하여 스스로 마음과 경계가 둘이라고 본다. 까닭에 전도(顚倒 : 거꾸로 잘못 봄)가 생긴다."510)

〈200〉

餐香積之廚.真堪入律.

淨名經云.香積世界.彼國菩薩聞香入律.即獲一切功德藏三昧.若從香入法界者.自身即是香眾世界.自心即是香積如來.無量功德.一心圓滿.悟入此者.何假外求.香界既然.十八界亦爾.盡是棲神之地.皆為得道之場.

향적(香積)세계의 주방에서 음식을 든다면(향을 맡을 수 있다면)511) 진실로 율행(律行 ; 正道의 행)에 들어갈 수 있다네.

『정명경(유마경)』에 이른다. 「향적세계에서는 그 나라의 보살이 향을

---

510) 이통현장자의 『신화엄경론』권12 여래현상품제2. 『대정장』권36, 798c.
511) 『유마경』에서 향적세계는 향을 맡고 성취한다.

맡고는 律行에 들어가 곧바로 모든 공덕장삼매를 얻는다.」512) 향으로부터
법계에 든 자는 자신이 바로 향중(香衆)세계이고, 自心이 바로 향적여래의
한량없는 공덕이다. 一心이 원만하거늘 이에 깨달아 들어간 자가 어찌
밖으로 구함을 요하겠는가! 香界가 이미 이러하니 18계 또한 그러하다.
어디나 모두 신이 지내는 땅이며, 모두 득도의 자리이다.

〈201〉

聽風柯之響. 密可傳心.

阿彌陀經云. 水鳥樹林. 皆悉念佛念法念僧. 是知境是即心之境. 心是即境
之心. 能所似分. 一體無異. 若能見境識心. 便是密傳之旨. 終無一法與人.

나뭇가지 흔드는 바람소리의 울림을 듣고
마음의 밀전(密傳)을 받을 수 있네.

『아미타경』에 이른다. 「물새와 수림(樹林)이 모두 다 佛을 念하고, 법을
念하며, 승(僧)을 念한다.」513) 이로 알건대 경계란 心에 즉한 경계이고,
心이란 경계에 즉한 心이다. 能(주관)과 所(객관, 대상)가 나누인 듯하나 一體이
며 다른 것이 아니다. 능히 경계가 마음임을 안다면 바로 이것이 밀전(密傳)의

---

512) 『유마경』권하 香積佛品第十. 『대정장』권14, 552c. 원 경문은 「爾時維摩詰問衆
香菩薩, '香積如來以何說法？' 彼菩薩曰, '我土如來無文字說, 但以衆香令諸天
人得入律行, 聞斯妙香, 即獲一切德藏三昧. 得是三昧者, 菩薩所有功德皆悉具
足.'」

513) 『佛說아미타경』(『대정장』권12). 원 경문을 줄여서 인용하였다.

뜻이다. 끝내 남에게 줄 어떠한 一法도 없다.

〈202〉

莫尚他宗. 須遵此令. 出世之大事功終. 入禪之本參學竟.

釋迦出世. 爲一大事因緣. 開眾生心中佛之知見. 達磨西來. 唯以心傳心. 今
但悟一心. 自覺覺他. 已諧本願. 如高僧釋曇邃. 每言三界虛妄. 但是一心. 追
求外境. 未悟難息. 又高僧解脫和尚. 依華嚴作佛光觀. 於淸宵月夜. 光中忽
見化佛說偈云. 諸佛祕密甚深法. 曠劫修行今乃得. 若人開明此法門. 一切
諸佛皆隨喜. 解脫和尚乃禮拜問云. 此法門如何開示於人. 化佛遂隱身不
現. 空中偈答云. 方便智爲燈. 照見心境界. 欲知眞實法. 一切無所見.

다른 宗을 숭상하지 말고
반드시 이 슈(법문)을 준수해야 한다.
(佛이) 出世한 大事의 功을 다 마치면,
入禪하여 본심에서 떠나지 않은 學이 마쳐짐이로다!

석가불이 出世하심은 一大事因緣을 위함이니 중생심 중의 佛知見을 열고
자 하심이다. 달마대사가 서쪽에서 오신 이래 오직 마음으로 마음을 전하였
다(以心傳心). 이제 단지 一心을 깨달아 자신이 깨닫고 남을 깨닫게 하니
이미 본원에 파일(和一)하게 되었다. 이를테면 『(속)고승(전)』 석담수전(釋曇
邃傳)에 이른다. 「늘 말하길, '삼계는 허망하고 단지 一心일 뿐이다, 밖의
경계를 추구하면 아직 깨닫지 못함을 종식시키기 어렵다.'」[514] 또 『(속)고승
(전)』 해탈화상전(解脫和尚傳)에 이른다. 「화엄에 의하여 佛光觀을 하고

있는데 맑은 밤 月夜의 빛 속에서 홀연 化佛을 보았는데 게송으로 이르셨다.

> 諸佛의 비밀한 깊고 깊은 법을
> 광겁(曠劫)을 수행하여 지금에야 얻게 되었네.
> 만약 사람이 이 법문에 훤히 열린다면
> 모든 부처님이 다 기뻐하시리!

해탈화상이 이에 예배하고 물었다. "이 법문을 사람들에게 어떻게 열어 보이나이까?" 化佛이 몸을 감추어 보이지 않고 공중에서 게송으로 답하였다.

> 方便智를 등불로 하여
> 마음의 경계를 비추어보라! (방편의 觀心 단계)
> 진실법을 알고자 하건대
> 일체 모든 것에 대해 보는 바 없어야 하리![515] (방편 떠난 絶觀,
> 無修의 단계)

〈203〉

直言不謬.指南之車轍非虛.

---

514) 『속고승전』권26 感通下. 『대정장』권50, 672b.
515) 『고승전』과 『속고승전』에 해탈화상전이 보이지 않는다. 이 인용문도 보이지 않는다.
    『경덕전등록』에도 보이지 않는다.

342

若以心示人.皆歸正法.不落邪見.如指南之車.皆歸正道.

直言(正言, 正法)은 어긋나지 않고,
指南의 車(正道, 正法)가 지나가는 궤적(軌跡)은 헛되지 않네.

마음으로 사람에게 드러내면 모두 정법에 돌아가고, 사견(邪見)에 떨어지지 않는다. 마치 지남(指南)의 車가 모두 正道에 돌아가는 것과 같다.

〈204〉

的示無疑.鷄犀之枕紋常正.

有駭鷄犀枕.四面觀之.其形常正.正法觀心之人.一切皆正.如云邪人觀正法.正法亦隨邪.正人觀邪法.邪法亦隨正.有學人問新豐价和尚.如何是佛法大意.答云.大似駭鷄犀.

정확하고 올바르게 펴 보이니 의심할 바 없고,
해계서(駭鷄犀 : 무소 뿔)의 베개무늬(枕紋)는
(어디서 보아도) 항상 바르다.

해계서(駭鷄犀)의516) 베개무늬는 사면에서 보아도 그 모습이 항상 바르다.

---

516) 해계서(駭鷄犀)는 무소 뿔(犀角)의 이름이다. 『抱朴子』登涉에 의하면 쌀 위에 무소 뿔을 놓아두면 닭이 놀라서 음식을 먹지 않는 까닭에 이를 '駭鷄犀'라고 하였다 한다. 『战国策』楚策一에 「이에 사신에게 車百乘과 鷄駭犀 및 夜光璧을 秦王에게 바쳤다.」고 하였다.

정법으로 마음을 관찰하는 사람은 일체가 모두 바르다. 삿된 사람이 정법을
관한다고 말하지만 정법 또한 삿됨에 따라가 버린다. 올바른 사람이 삿된
법을 관찰하면 삿된 법도 또한 올바름에 따라간다.

어떤 學人이 신풍개(新豐价)화상에게 물었다.

"어떤 것이 佛法의 大意입니까?"

답하여 말하였다. "해마서(駭鷄犀)와 거의 비슷하다."

〈205〉

絕待英靈.一念齊成.轉變天地.撼動神明.孰見不喜.誰聞弗驚.
普現心光.標人間之萬號.

萬法無體.因心得名.乃至觀於他心.微細可鑒.皆是以心知心.似分能所.四
祖云.一切神通作用.皆是自心.所以經云.諸佛於不二法中.現大神變.華嚴
記云.釋他心通者.攝境從心不壞境者.即示心境有無.護法云.若得本質.恐
壞唯心.既不壞境.得之何妨.壞有何失.以無心於萬物.萬物未嘗無.此得在
於神靜.失在於物虛.謂物實有故.若唯心壞境.則得在於境空.失在於心有.
故以境由心變.故說唯心所變不無.何必須壞.若以緣生無性.則心境兩亡.
故云借心以遣境而心亡.非獨存心矣.二云能所兩亡不獨存故者.上不壞
境.且遣懼質之病.今遣空有之理.故心境並許存亡.心境相籍故空.相依緣
生故有.有即存也.空即亡也.空有交徹存亡兩全.第一義唯心非一非異者.
正出具分唯心之理.雖有唯心之義.尚通生滅唯心.雖兩亡不羈.而未言心
境相攝.今分明具唯識故.故云第一義唯心.同第一義故非異.不壞能所故
非一.非一故有能所.緣他義成矣.非異故能所平等.唯心義成矣.云正緣他
時即是自故者.結成得於本質.無心外過.以即自故.不失唯識.是以即佛心

之衆生心下. 第二正示法性他心之相. 此有兩對語. 前對明所緣. 後對明能
緣. 今初言即佛心之衆生心者. 此明所緣衆生心即是佛心. 此明不異. 次云
非即衆生心之佛心者. 此句明衆生心與佛心非即. 非即於有所緣. 非異故不
壞唯心義. 言為所緣者. 結成所緣. 簡非能緣也. 次下辯能緣云. 以即衆生心
之佛心者. 此句明能緣佛心即是衆生心. 明非異次云非即佛心之衆生心者.
此明佛心與衆生心有非一義. 非一故為能緣. 非異故不壞唯識之義. 言為能
緣者. 結成能緣. 簡非所緣也. 更以喻況. 如水和乳. 乳為所和. 喻衆生心是所
緣. 水為能和. 喻佛心為能緣. 以此二和合. 如似一味. 鵝王唼之乳盡水存. 則
知非一. 然此水名即乳之水. 此乳名即水之乳. 二雖相似. 而有不一之義. 故
應喻之. 以即水之乳. 非即乳之水. 為所和. 以即乳之水. 非即水之乳. 為能
和. 義可知矣.

상대가 끊어진 영령한 자리를
일념에 모두 성취하니
천지가 전변하고, 신명이 감동한다.
이를 보고 누가 기뻐하지 않을 것이며,
이를 듣고 누가 놀라지 않겠는가!
마음의 빛이 두루 나타나니
인간의 만 가지 이름의 지표가 되네!

일체 모든 것은 體가 없는데 마음에 의해 이름을 얻는다. 내지 타인의
마음을 보는 것은 (마음 일어남이) 미세해져야 볼 수 있는 것이지만 모두
마음으로 마음을 아는 것이어서 能(주관)과 所(객관)로 나누인 것이다. 四祖
(道信)가 이르길, "모든 신통의 작용은 모두 自心의 일이다."고 하였다. 까닭에
『경』에서 설하길, 「모든 부처님께서 不二法 가운데서 대신변을 나타내신다.」

고 하였다. 『화엄기(華嚴記 ; 수소연의초)』에 이른다.

　　他心通을 해석한다.517) '경계를 포용하여 마음에서 경계를 멸하지
않는 것이라 함'은 바로 마음과 경계의 有無를 드러낸 것이다. 호법(護
法)이518) 이르길,519) '본질을 얻으면 唯心을 무너뜨리지 않을까 한다'고
하였는데 이미 경계를 무너뜨리지 않았으니 이를 얻음에 무슨 방해가
될 것이며, 무너뜨린다 한들 잃을 것이 무엇이겠는가! 만물이 無心하니
만물이 일찍이 없었다고 한 적이 없다. 이를 얻음은 마음이 고요함에
있고, 잃음은 사물이 공허하게 됨에 있다. 말하자면 사물이 實有한
까닭이다. 만약 唯心이 경계를 무너뜨린다면 (이를) 얻음은 경계가
공허함에 있고, 잃음은 마음이 있다 함에 있다. 까닭에 경계가 마음에
연유하여 변하는 것이며, 까닭에 설하길, '唯心이라 해도 변하는 바가
없지 않은 것인데 어찌 꼭 무너져야만 할 것인가? 만약 인연으로
생하여 자성이 없는 것이라 하면 마음과 경계가 모두 없다.'고 하였다.
까닭에 이르길, '마음을 빌려 경계를 버리면 마음도 없게 된다.'고

---

517) 이 문장은 『수소연의초』 이하의 문단을 이해할 수 있도록 본 저본의 저자 영명
　　연수가 추가한 것이다.
518) 호법(Dharmapāla)은 唯識十大論師의 1인으로 6세기에 활동하였다. 남인도 출
　　신으로 출가 후 나란타사원에서 교수하였는데 그 학생이 수천인에 이르렀다.
　　29세에 대보리사에 은거하며 저술에 전념하다 32세에 입적하였다. 주요 저서에
　　『大乘廣百論釋論』·『成唯識寶生論』·『觀所緣論釋』 등이 있다. 玄奘이 편역
　　한 『성유식론』10권은 호법의 석론을 중심으로 하고 기타 아홉 논사의 설을 가
　　려 보합한 것이다.
519) 『수소연의초』 원문은 '護法云'이 없고, '彼得本質恐壞唯心'으로 되어 있다. 『수
　　소연의초』 앞 부분의 내용에 의하면 이 단락은 '結彈第二護法所釋'이라 하였으
　　므로 호법의 해석을 비판하는 단락이다. 그래서 護法의 해석임을 알게 하기 위
　　해 영명연수가 '護法云'을 덧붙인 것이다.

하였다. 마음만 홀로 있지 않은 까닭이다.

(疏에서 셋으로 나눈 것 가운데) 二에서 이르길, '能과 所가 함께 없어지면 홀로 있지 못하게 되는 까닭이다'고 한 것은, 위에서 경계를 무너뜨리지 않고, 또한 두려워하는 성질의 병을 버리게 하였는데 지금 여기서는 空과 有의 理를 버리게 하였다. 까닭에 마음과 경계가 있고 없음을 모두 허용하였다. 마음과 경계가 서로 의지하는 까닭에 空이고, 서로 의지하여 인연으로 생하는 까닭에 有이다. 有이니 곧 존재하는 것이고, 空이니 곧 없는 것이다. 空과 有가 서로 교철(交徹 ; 交通)하면서 존재함과 없음이 모두 온전하다.

'第一義의 唯心은 非一이며, 非異라 함'은 바로 唯心의 理를 갖추어 나눈 것이다. 비록 唯心의 義가 있으나 아직 생멸의 唯心에 통한 것이어서 비록 (空과 有) 모두 없어 구속됨이 없으나 마음과 경계가 서로 포용함을 아직 말하지 않았다. 이제 분명히 唯識의 뜻을 갖춘 까닭에 第一義의 唯心을 설한다. 동일하게 第一義인 까닭에 다르지 않다(非異). 能과 所를 무너뜨리지 않는 까닭에 非一이다. 非一인 까닭에 能과 所가 있게 되며, 다른 것에 緣한다는 뜻이 이루어진다. 非異인 까닭에 能과 所가 평등하며 唯心의 뜻이 이루어진다.

이르길, '다른 것에 바로 緣할 때에 바로 자심에 즉한다고 함'은 본질을 얻은 것으로 성립되었다는 것이다. 마음 밖의 過失이 없으며, 자심에 즉한 까닭에 唯識을 잃지 않았다.

(疏에)520) '이 까닭에 佛心에 즉한 중생심' 이하의 글은, (앞의) 第二에서 法性과 他心의 相을 바로 보인 것이다. 이는(법성과 타심의 相) 兩 對語이니 앞의 對語는 所緣을 드러내었고, 후의 對語는 能緣을

---

520) 『화엄경수소연의초』 원문에는 '疏'가 있다.

드러내었다.

이제 먼저 '佛心에 즉한 중생심'이라 함은, 所緣의 중생심이 바로 佛心임을 드러낸 것이며, 이는 (불심과 중생심이) 不異임을 밝힌 것이다. 다음에 '중생심에 즉하지 않은 佛心'이라 한 것은, 이 句는 중생심과 佛心이 즉하지 않음과 所緣에 즉하지 않음을 드러내었다. 非異인 까닭에 唯心의 뜻을 무너뜨리지 않았다. 所緣이라 함은 所緣을 세워 能緣이 아님을 분간한 것이다. 다음으로 아래에 能緣을 분간하여 이르길, '중생심에 즉한 佛心'이라 한 것은, 이 句는 能緣인 佛心이 곧 중생심임을 드러낸 것이며 (불심과 중생심이) 非異임을 드러내었다. 다음에 이르길, '佛心에 즉하지 않은 중생심'이라 한 것은, 이는 佛心과 중생심에 一이 아닌 뜻이 있음을 드러내었다. 非一인 까닭에 能緣이 된다. 非異인 까닭에 唯識의 뜻을 잃지 않는다. 能緣이라 함은 能緣을 세워 所緣이 아님을 분간한 것이다. 다시 비유를 들어 설명하였다. 마치 물이 우유와 화합되면 우유는 所和(녹아지는 것)가 되니 중생심이 所緣이 됨에 비유되고, 물은 能和가 되니 佛心이 能緣임에 비유된다. 이 둘이 화합되면 마치 한 맛인 듯하다. 거위 왕이 이를 쪼아 먹으니 우유는 다 하고 물만 남은 것은 (물과 우유가) 非一임을 알게 한다. 그러나 이 물은 우유에 즉한 물이라 하고, 이 우유는 물에 즉한 우유라 하면 이 둘은 비록 비슷하나 不一의 뜻이 있다. 까닭에 이를 응당 비유한다면, 물에 즉한 우유와 우유에 즉하지 않은 물은 所和가 되고, 우유에 즉한 물과 물에 즉하지 않은 우유는 能和가 된다. 그 뜻을 이렇게 알 수 있다.521)

---

521) 『화엄경수소연의초』권74. 『대정장』권36, 584a~b.

〈206〉

遍該識性. 猶帝釋之千名.

天帝釋有千種名. 一名帝釋. 二名喬尸迦等. 如云菩提. 涅槃. 真如. 解脫. 玄
珠. 靈性等. 皆是心之別稱.

어디에나 識의 性이 두루 함이
마치 제석(帝釋)의 이름이 千이나 되는 것과 같다.

천상의 帝釋에 千 가지 이름이 있다. 一은 帝釋, 二는 교시가(喬尸迦)
등이다. 마치 보리라 하고 열반, 진여, 해탈, 현주(玄珠), 영성(靈性) 등이라
하는 것과 같다. 모두 마음의 별칭이다.

〈207〉

妙覺非遙. 當人不遠.

心證菩提. 即心而已. 離心無佛. 離佛無心. 了了識心. 惺惺見佛. 如大集經
云. 復次賢護. 如人盛壯. 容貌端嚴. 欲觀己形美惡好醜. 即便取器盛彼清油.
或時淨水. 或取水精. 或執明鏡. 用是四物觀己面像. 善惡妍醜顯現分明. 賢
護. 於意云何. 彼所見像. 於此油水水精明鏡四處現時. 是為先有耶. 賢護答
言. 不也. 曰. 是豈本無耶. 答言. 不也. 曰. 是為在內耶. 答言. 不也. 曰. 是豈在
外耶. 答言. 不也. 世尊. 唯彼油水水精鏡. 諸物清朗. 無濁無滓. 其形在前. 彼
像隨現. 而彼現像. 不從四物出. 亦非餘處來. 非自然有. 非人造作. 當知彼

像. 無所從來. 亦無所去. 無生無滅. 無有住所. 時彼賢護如是答已. 佛言. 賢護如是如是. 如汝所說. 諸物淸淨. 彼色明朗. 影像自現. 不用多功. 菩薩亦爾. 一心善思. 見諸如來. 見已卽住. 住已問義. 解釋歡喜. 卽復思惟. 今此佛者從何所來. 而我是身復從何出. 觀彼如來. 竟無來處. 及以去處. 我身亦爾. 本無出趣. 豈有轉還. 彼復應作如是思惟. 今此三界唯自心有. 何以故. 隨彼心念. 還自見心. 今我從心見佛. 我心作佛. 我心是佛. 我心是如來. 我心是我身. 我心見佛. 心不知心. 心不見心. 心有想念. 則成生死. 心無想念. 卽是涅槃. 諸法不眞. 思想緣起. 所思旣寂. 能想亦空. 賢護當知. 諸菩薩等. 因此三昧. 證大菩提.

묘각이 멀리 있지 아니하니
당처의 사람에게서 멀리 있지 않다.

마음에서 보리를 證하니 마음에 卽할 따름이다. 마음 떠나 佛이 없고, 佛 떠나 마음 없다. 명료하게 마음을 깨달아 아니 성성(惺惺)하게 佛을 본다.

이를테면 『大集經(大方等大集經賢護分)』에 이른다.

"또한 현호(賢護)여! 마치 사람이 청년이 되어 건장하고 용모가 단엄한데 자신의 모습이 아름답고 추함을 보고자 하면 바로 그릇에 저 맑은 기름이나 혹은 때로는 맑은 물을 채워 넣고, 혹은 수정(水精)을 취하고, 혹은 밝은 거울을 잡고 이 네 가지 것으로 자신의 얼굴을 보면 좋고 나쁨, 예쁘고 추함이 분명하게 나타나는 것과 같다. 현호여! 너의 생각에 어떠하느냐! 저 보이는 모습이 이 기름이나 물, 수정,

밝은 거울의 네 곳에 나타날 때에 이것이 먼저 있었던 것이냐?"

현호가 답하였다. "그렇지 않습니다."

(부처님께서) 말씀하셨다. "이것이 본래 없었던 것이겠느냐?"[522]

(현호가) 답하였다. "그렇지 않습니다."

(부처님께서) 말씀하셨다. "이것이 안에 있는 것이냐?"

답하였다. "그렇지 않습니다."

말씀하셨다. "이것이 밖에 있었던 것이냐?"[523]

답하였다. "그렇지 않습니다. 세존이시어! 오직 저 기름과 물, 수정, 거울의 여러 가지 것들이 맑고 밝으며 오탁된 것이 없고 앙금이 없으면 그 모습이 앞에 있을 때 그 모습이 따라 나타나는 것입니다. 그 모습이 나타남은 네 가지 것으로부터 나오는 것도 아니고, 또한 그 밖의 다른 곳에서 온 것도 아니며, 자연히 있게 된 것도 아니고, 사람이 조작한 것도 아닙니다. 마땅히 알건대 그 모습은 온 곳이 없으며, 또한 가는 곳도 없습니다. 생함도 없고 멸함도 없으며, 머무르는 곳도 없습니다." 그 때 저 현호가 이와 같이 답하였다.

부처님께서 말씀하셨다. "현호여! 그와 같고 그와 같다! 네가 설한 바와 같이 여러 가지 것들이 청정하고 그 色이 밝으면 영상이 스스로 나타나는지라 많은 힘을 쓸 필요가 없나니 보살도 또한 그러하다. 一心으로 잘 사유하여 모든 여래를 보고, 보고나서는 바로 머무르며, 머무르고 나서는 뜻을 묻고, 해석하면 환희한다. 바로 또 사유하길, 지금 이 부처님은 어느 곳에서 왔는가? 나의 이 몸은 어디로부터

---

522) 본문의 '쁠'는 잘못 덧붙여진 글자로 보아야 뜻이 제대로 통한다.
523) 위와 같다.

나왔는가? 저 여래를 보건대 끝내 온 곳이 없고, 가는 곳이 없다. 내 몸도 또한 이러하여 본래 나감이 없는데 어찌 돌아옴이 있겠는가! 그가 다시 또 마땅히 이와 같이 사유한다. 지금 이 三界는 오직 自心이 있을 뿐이다. 왜 그러한가? 저 心念 나타나면 그에 따라 그 마음을 스스로 보는 까닭이다. 지금 내가 마음에서 佛을 보니 내 마음이 佛을 지었고, 내 마음이 佛이며, 내 마음이 如來이고, 내 마음이 나의 몸이다. 내 마음이 佛을 보되 마음이 마음을 알지 못하고, 마음이 마음을 보지 못한다. 마음에 상념이 있으면 생사가 이루어진다. 마음에 상념이 없으면 바로 열반이다. 모든 것이 진실하지 않으며, 상념은 연기하나니 상념이 적멸하게 되면 能想(상념하는 주체)도 또한 空이다. 현호여! 마땅히 알지니 모든 보살들은 이 삼매로[524] 인하여 대보리를 증득하느니라!"[525]

〈208〉

隨法性而雲散晴空.任智用而華開媚苑.

長者論云.隨法性則萬法俱寂.隨智用則萬法俱生.不離一眞.化儀儀百變.

법성에 따르니 구름 흩어져 하늘이 맑게 게이듯 하고,
지혜에 맡겨 쓰니 꽃이 활짝 핀 아름다운 정원이로다!

---

524) '이 삼매'란 '卽心是佛의 뜻을 뚜렷이 알아 이루어지는 無功用의 삼매를 말한다.
525) 『大方等大集經賢護分』卷第二 思惟品第一之二. 『대정장』13.

『長者論(신화엄경론)』에 이른다. "법성에 따르니 모든 것이 다 함께 적멸하고, 지혜 따라 쓰니 모든 것이 함께 생긴다. 一眞을 떠나지 아니하고, 모습으로 화현하여 백가지로 변한다."526)

〈209〉

攀覺樹而不榮.陷鐵圍而非損.冒境而朝宗悟旨.諸佛果源.拶目而得意真真.羣生理本.

真俗之法.邪正之門.皆是一心以為根本.如安心法門云.迷時人逐法.解時法逐人.解則識攝色.迷則色攝識.但有心分別計校自心現量者.悉皆是夢.若識心寂滅無一動念處.是名正覺.問云.何自心現.答.見一切法有.有自不有.自心計作有.見一切法無.無自不無.自心計作無.又若人造一切罪.自見己之法王.即得解脫.若從事上得解者氣力壯.從事中見法者.即處處不失念.從文字解者氣力弱.即事即法者深.從汝種種運為.跳踉癲蹶.悉不出法界.亦不入法界.若以界入界.即是癡人.凡有所施為.終不出法界心.何以故.心體是法界故.又非獨羣生理本.亦是山河大地之本.人我眾生之本.如宗密禪師原人論.明窮人之本原.如儒宗命由於天.關於時運.道教生於元氣.小乘教我為其本.權教但說空為本.儒道二教原人之本.人畜等類皆是虛無天道生成養育.謂道法自然.生於元氣.元氣生天地.天地生萬物.故愚智皆稟於天.由於時命.故死後却歸天地.復其虛無.若佛權教說.如中觀論云.未曾

---

526) 『신화엄경론』권13 화장세계품제5. 원문과는 약간의 차이가 있다. 원문은 「順法身萬像俱寂. 隨智用萬像俱生. 隨大悲常居生死. 但隨理智生死恒眞. 以此三事. 隱顯萬端. 不離一眞之智. 化儀百變.」『대정장』권36.

有一法. 不從因緣生. 是故一切法. 無不是空者. 若約此原身. 心境皆空. 身原是空. 空即是本者. 若心境皆無. 知無者誰. 又若都無實法. 依何現諸虛妄. 且現見世間虛妄之物. 未有不依實法而能起者. 如無溼性不變之水. 何有假相虛妄之波. 若無淨明不變之鏡. 何有靑黃長短之影. 故知空教. 但破執情. 如法鼓經云. 一切空經. 是有餘說. 有餘者餘義未了也. 大品經云. 空是大乘之初門. 未是究竟之說. 今依性教佛了義經說. 直顯眞源. 一切有情. 皆有本覺眞心. 無始已來. 常住淸淨. 昭昭不昧. 了了能知. 亦名佛性. 亦名如來藏. 從無始際. 妄想翳之. 不自覺知. 但認凡質. 故耽著結業. 受生死苦. 大覺愍之. 說一切皆空. 又開示靈覺眞心淸淨. 全同諸佛. 故華嚴經云. 佛子. 無一衆生而不具有如來智慧. 但以妄想執著而不證得. 若離妄想. 一切智自然智無礙智即得現前. 便擧一塵含大千經卷之喩. 塵況衆生. 經況佛智. 次後又云. 爾時如來普觀法界一切衆生. 而作是言. 奇哉奇哉. 此諸衆生. 云何具有如來智慧. 迷惑不見. 我當教以聖道. 令其永離妄想. 自於身中得見如來廣大智慧. 與佛無異. 評曰. 我等多劫. 未遇眞宗. 不解反自原身. 但執虛妄之相. 甘認凡下. 或畜或人. 今約至教原之. 方覺本來是佛. 故須行依佛行. 心契佛心. 反本還源. 斷除凡習. 損之又損. 以至無爲. 自然應用恒沙. 名之曰佛. 當知迷悟同一眞心. 大哉妙門. 原人至此. 今會通本末者. 且眞心之性. 雖爲身本. 生起蓋有因由. 但緣前宗未了. 所以破之. 今將本末會通. 乃至儒道亦是. 何者. 總不出一心故. 謂初唯是一心眞靈之性. 不生不滅. 衆生迷睡. 不自覺知. 由隱覆故. 名如來藏. 依如來藏. 故有生滅心相. 所謂不生滅眞心. 與生滅妄想和合非一非異. 名爲阿賴耶識. 此識有覺不覺二義. 依不覺故. 最初動念. 名爲業相. 又不覺此念本無故. 轉成能見之識. 及所見境界相現. 又不覺此境從自心妄現. 執爲定有. 名爲法執. 執此等故. 遂見自他之殊. 便成我執. 執我相故. 違順情生. 憎愛業起. 隨善惡業. 運於中陰. 入母胎中. 稟氣受質. 此會儒道說以氣爲本. 氣則頓具四大. 漸成諸根. 心則頓具四蘊. 漸成諸識. 十月滿足. 生來名人. 即

我等身心是也. 然所稟之氣. 展轉推本. 即混一之元氣也. 所起之心. 展轉窮
源. 即真一之靈心也. 究實言之. 心外的無別法. 元氣亦從心之所變. 屬前轉
識所見之境. 是阿賴耶相分所攝. 從初一念業相. 分為心境之二. 心既從細至
麤. 展轉妄計. 乃至造業. 成六麤之相. 受苦無窮. 境亦從微至著. 展轉變起. 乃
至天地. 成住壞空. 周而復始. 又業既成熟. 即從父母稟受二氣. 與業識和合.
成就人身. 據此則心識所變之境. 乃成二分. 一分却與心識和合成人. 一分不
與心合. 即是天地山河國邑. 三才中唯人靈者. 由與心神合也. 佛說內四大與
外四大不同. 正是此也. 但能反照心源. 靈性顯現. 無法不達. 名法報身. 自然
應現無窮. 名化身佛. 是知若了一心. 三身頓現. 故般若吟云. 悟則三身佛. 迷
疑萬卷經. 即知三教皆一真心. 為原人之本.

깨달음의 나무를 붙잡았어도 영예롭지 아니하고,

쇠로 된 감옥에 빠졌어도 손상됨이 없다.

경계에 부딪치되 종지를 맞아 깨달으니

(경계가) 모든 佛果의 근원이다.

(경계가) 눈을 핍박하되 득의양양하니

모든 理를 생하는 근본이다.

진(眞)·속(俗)의 법, 사(邪)·정(正)의 문은 모두 一心을 근본으로 한다.
이를테면 『安心法門』에 이른다.

미혹한 때는 사람이 법을 쫓고, 깨달은 때에는 法이 사람을 쫓는다.

깨달으면 識이 色을 끌어당기고, 미혹하면 色이 識을 끌어당긴다.

단지 마음이 분별한 것일 뿐이니 自心의 現量(현전한 경계를 인식함)은 모두 다 꿈이다. 심식이 적멸하면 하나의 움직이는 생각하는 자리도 없게 되니 이것을 正覺이라 한다.

묻는다 :

　"어찌해서 自心의 現量[527]이라 합니까?"

답한다 :

　"일체 모든 것이 有라고 봄은 有가 스스로 有인 것이 아니라 自心이 분별하여 有를 지은 것이다. 일체 모든 것이 無라고 봄은 無가 스스로 無인 것이 아니라 自心이 분별하여 無를 지은 것이다.
　또한 만약 사람이 여러 죄를 지었다면 스스로 자신이 법왕임을 보고는 바로 해탈한다. 만약 事에서 깨달으면 기력이 굳세고, 事에서 법을 본 자는 곳곳에서 念을 잃지 않는다. 문자로부터 깨달은 자는 기력이 약하다. 事에 即하여 법에 즉한 자는 깊다. 너의 갖가지 행동거지들, 뛰어가고, 느리게 걸어가며, 미치고, 넘어지는 것이 모두 법계를 벗어나지 않으며, 또한 법계에 들어오지도 않는다. 법계로써 법계에 들어간다면 이 사람은 어리석은 자이다. 무릇 행하는 바가 있으면 끝내 법계심을 벗어나지 못한다. 왜 그러한가? 심체가 법계인 까닭이다."[528]

---

527) 저본은 '現'인데 『안심법문』 원문은 '現量'이다.
528) 『小室六門』에 수록된 『안심법문』 첫 문단에서 인용하였다. 『대정장』권48.

또한 理를 생하는 근본일 뿐 아니라 또한 산하대지의 근본이고, 나와 중생의 근본이다. 이를테면 종밀(宗密)선사의 『原人論』에서 사람의 본원을 밝게 궁구함이 마치 儒의 종명(宗命)이 天에 연유함과 같다. 시운(時運)에 관해서 도교는 원기의 이치를 내었다. 소승의 教는 我를 그 근본으로 하였고, 권교(權敎 : 방편의 敎)는 단지 空이라 설함을 근본으로 하였다.

(이하 『원인론』 원문 인용)

儒道二敎는 原人의 本에[529] 대해 이른다. '인간 축생 등의 생류는 모두 허무한데 天道가 생성하고 양육한다. 이를 道法自然(도란 자연을 본받음이다)이라 한다. 원기를 생하고, 원기는 천지를 생하며, 천지는 만물을 생한다. 까닭에 어리석음과 지혜로움이 모두 하늘에서 받은 것이다. 時의 명운에 연유하는 까닭에 죽은 후에는 다시 천지에 돌아가 다시 허무에 복귀한다.'

만약 부처님의 권교(權敎)로 설한다면, 이를테면 『중관론(중론)』에 이른다.

일찍이 단 하나의 법도 인연으로 생하지 않은 것이 없다.
까닭에 일체 모든 것은 空하지 않은 것이 없다.[530]

만약 이 근원의 身(本體)에 의거한다면 마음과 경계는 모두 空하다. 근원의 身(本體)이 空이니 空이 곧 本이다. 만약 마음과 경계가 모두 없다면 없다고 아는 자는 누구인가? 또한 만약 모두 사실이 없다면

---

529) 『원인론』 원문에는 '原人之本'이 없다.
530) 『중론』觀顚倒品第二十三. 『대정장』권30, 033b.

무엇에 의지하여 여러 허망한 현상이 나타날 것인가! 또한 세간의 허망한 것들이 나타나 보이는데 사실에 의지하지 아니하고 생길 수 있는 것이 없다. 습성(濕性)이 변하지 않는 물이 없다면 어찌 가상(假相)의 허망한 파도가 있겠는가! 맑고 밝음이, 변함없는 거울이 없다면 어찌 푸른색과 노란색, 길고 짧음의 그림자가 있겠는가! 까닭에 알건대 空이라고 하는 가르침은 단지 情에 집착함을 부수기 위해 설한 것이다.

이를테면 『(大)법고경(法鼓經)』에 이른다. 「空을 설한 모든 경은 나머지(有餘)의 설이다.」[531] '나머지인 것'에서 '나머지'의 뜻은 아직 了義(궁극의 第一義)가 아니라는 것이다. 『大品經(대반야경)』에 이른다. 「空을 설한 법문은 대승의 初門이다. 아직 구경의 설이 아니다.」 이제 性教인[532] 佛의 了義經에 의거하여 설한다면 진실한 근원을 바로 드러내어 모든 유정 중생이 다 本覺 眞心이며, 無始 이래로 항상 청정함에 머무른다고 한다. 밝고 밝아 뚜렷하게 능히 안다. 또한 불성이라 하고, 또한 여래장이라 한다. 無始로부터 망상이 가리어 스스로 지각하지 못한 것이다. 단지 (자신을) 범부의 소질로만 여기는 까닭에 탐착하여 업을 짓고, 생사의 고통을 받는다. 大覺(佛)께서 이를 연민하여 모든 것이 다 空이라고 설하였다.

또한 (본래) 영각(靈覺)이며, 眞心이고 청정함이 온전히 모든 부처님과 같다. 까닭에 『화엄경』에 이르길, 「佛子여! 여래의 지혜를 갖추지 않은 중생은 단 한 명도 없다. 단지 망상 집착으로 증득하지 못하는 것이다. 만약 망상을 떠나면 一切智・自然智・무애지(無礙智)가 곧바

---

531) 『대법고경』권하. 『대정장』권9.
532) 중도실상, 중관의 가르침을 性教라 칭하는데 이는 法相 唯識의 相教에 대칭한 것이다.

로 현전 된다」533) 하고, 바로 한 티끌에 大千의 경권(經卷)이 포함되어 있다는 비유를 들었는데 한 티끌이 그러하건대 하물며 중생이야 말할 나위 있겠는가! 經이 그러하건대 하물며 부처님의 지혜야 말할 나위 있겠는가! (위 『화엄경』문) 다음의 뒤에 또 이른다.

이 때 여래께서 법계의 모든 중생을 두루 살펴보시고 이렇게 말하였다. "기이하고 기이하도다! 이 모든 중생들이 어떻게 여래의 지혜를 다 갖추고 있는데 미혹으로 보지 못하는 것인가! 내가 마땅히 聖道로 가르쳐서 상에서 영원히 떠나도록 하여 스스로 몸에서 여래의 광대한 지혜를 볼 수 있게 하고, 佛과 다르지 않게 하리라!"534)

評한다 : 우리들이 다겁토록 眞宗을 만나지 못하여 돌이켜 자신의 근원의 몸을 알지 못하고, 단지 허망한 상을 집착하여 (자신은) 범부의 하열한 자, 혹은 축생, 혹은 사람이라고 달게 자인하여 왔다. 이제 至敎(최상의 교)에 의거하여 본원에 돌아가니 바야흐로 본래 佛임을 깨닫는다. 까닭에 반드시 行은 佛의 행에 의거해야 마음이 佛心에 계합한다. 다시 본래의 근원에 돌아가 범부의 습기를 끊어 제거하며 줄이고 또 줄이니 마침내 無爲에 이르고, 자연히 응용됨이 항하사와 같다. 이를 佛이라 한다. 마땅히 알지니 미혹함과 깨달음이 동일한 眞心이다. 위대하도다! 묘문(妙門)이여! 본래 사람이 이러한 경지에 있는 것이다.

---

533) 『화엄경(80권본)』권51 如來出現品第三十七之二. 『대정장』권10, 272c. 경의 원문을 줄여서 인용하였다.

534) 위와 같음.

이제 본말에 대해 회통한다. 또한 眞心의 性이란 비록 身本(本體)이
되는 것이지만 생기함에는 대저 말미암는 因이 있다. 단지 앞의 宗(근본,
본성)을 아직 깨닫지 못한 연유로 이를 (생기하는 경계의 법들을)
부수는 것이다. 이제 本末로 회통하건대 내지 유교와 도교도 또한
그러하다. 왜 그러한가? 모두 一心을 벗어나지 않는 까닭이다. 말하자
면 최초는 오직 一心 진령(眞靈)의 性으로 불생불멸한 것이나 중생이
미혹의 수면에 빠져 스스로 知覺하지 못하지만 은복(隱覆)되어 있는
까닭에 여래장(如來藏)이라 이름 한다. 여래장에 의하는 까닭에 생멸의
心相이 있게 된다. 이른바 생멸하지 않는 진심과 생멸하는 망상이
화합되어 있어 하나도 아니고 다른 것도 아니니 이를 이름 하여 아뢰야
식(제8식, 藏識)이라 한다. 이 識에 覺과 不覺의 二義가 있다. 不覺에
의하는 까닭에 최초의 動하는 念이 있게 되니 이를 이름 하여 업상(業相)
이라 한다. 또 不覺의 이 念이 본래 없었던 까닭에[535] 전변하여 能見(주
관으로서의 見)의 識이 되고 所見(보이는 것, 경계)이 된다. 또한 이 경계가
自心에서 망령되이 나타난 것임을 깨닫지 못하고 집착하여 결정코
있다고 하는 것을 이름 하여 법집(法執)이라 한다. 이들을 집착하는
까닭에 마침내 自他가 다르다고 보아 바로 아집(我執)이 있게 된다.
我相에 집착하는 까닭에 거슬리고 좋아하는 情이 생기며, 증오하고
애착하는 업이 일어난다. 선악의 업에 따라 중음(中陰)에 있다가 모태
(母胎) 중에 들어가 기질(氣質)을 물려받는다. 여기서 유교와 도교의
설을 회통한다면 氣를 근본으로 한다. 氣가 단박에 4大를 갖추고
점차 여러 根(감각기관)을 이룬다. 心은 단박에 사온(四蘊 : 受想行識)을

---

535) 어떠한 것이 본래 있었다면 변함이 없게 된다. 본래 없었던 것이라 전변되어 진다.

갖추고 점차 여러 識을 이루어 가길 십 개월이 차면 태어나 사람이라 하게 된다. 바로 우리들의 身心이 바로 이것이다. 그러나 물려받은 氣가 전개되어 전변하며 추본(推本 : 本을 받듦. 本에 향함)하니 바로 혼일(混一)의 元氣이다. 일어난 마음이 전개되어 전변하며 궁원(窮源 : 근원에 이름)하니 바로 眞一의 영묘한 마음이다. 실제를 궁구하는 면에서 말하건대 마음 밖에 다른 것이 없으며, 원기 또한 마음으로부터 변화된 것이다. 전전식(前轉識 : 現識, 現相)에536) 속하는 所見의 경계가 아뢰야식의 相分에 해당된다. 첫 一念인 業相에서 心(能見으로서의 心)과 경계의 둘로 나누어진다. 心이 이미 세(細)로부터 추(麤 : 거칠음. 三細에 이어 전변되어 나오는 6麤)에537) 이르면서 전전(展轉)하며 망령되

---

536) 轉識(轉相)은 제8식의 三細(業相, 轉相, 現相) 가운데 能見의 면을 가리킨다. 그런데 여기서 前轉識이라 함은 能見의 앞에 있다는 뜻으로 곧 所見의 現相을 가리킨다. 그래서 이를 '所見의 경계'라 하였다.

537) 근본무명의 바람으로 최초의 움직임이 이루어지면서 업상·轉相(能見相)·現相(경계상)의 三細가 나오고 이어 現相(경계상)에 緣하고 展轉하면서 6麤(粗)가 나온다. 6추는 다음과 같다. (1) 智相 : 現識에 나타난 경계가 바로 自識에 나타난 환영임을 모르고 망령되이 지혜를 내어 제법을 분별하는 것이니 俱生起(無始이래 생기하였던) 법집이다. (2) 相續相은 智相의 분별에 의하여 사랑스러운 경계에 대해서는 즐거운 생각을 내고, 싫은 경계에 대해서는 괴로운 생각을 내는 등 갖가지 미망이 상속되어 끊어지지 않는 것이니 分別起(此生의 분별로 일어나는) 法執이다. (3)執取相 : 고락 등의 경계가 허망하여 실다움이 없다는 것을 모르고 항상 그 경계를 생각하며 고락에 머물며 마음에 집착을 일으키니 俱生起의 번뇌이다. (4)計名字相 : 앞의 전도(顚倒)에 의해 집착된 相에 다시 名字를 세워 분별하는 것이니 分別起의 번뇌이다. (5)起業相 : 相에 집착하고 名字를 분별하여 마침내 몸과 입을 발동시켜 갖가지 선악의 업을 짓는 것이다. (6)업계고상(業繫苦相) : 선악의 업에 묶이어 생사의 苦果를 感得하여 자재하지 못하는 것이다. 6추 가운데 앞의 4相은 미혹의 因이고, 제5의 相은 業의 緣이며, 제6相은 苦果이다.

이 분별하며, 내지 업을 짓기에 이르러 육추(六麤)의 相을 이루고, 고통을 받음이 무궁하다. 경계 또한 미세한 것으로부터 집착에 이르기까지 전개되면서 전변이 일어난다. 내지 천지가 성주괴공(成住壞空)을 두루 거치고 다시 시작함을 반복한다. 또 업이 이미 성숙되었으면 바로 부모로부터 (음양) 二氣를 물려받아 業識과 화합해서 사람 몸을 이룬다. 이에 의거하여 心識의 所變인 (전변되어 나온) 경계가 바로 二分된다. 一分은 바로 心識과 화합하여 사람을 이루고, 一分은 마음과 화합하지 아니하고 바로 천지·산하·국읍이 된다. 三才(天地人) 가운데 오직 인령(人靈)이 心神과 합해지는 까닭에 佛이 內四大(身의 四大)와 外四大(器世間의 四大)가 不同하다고 설하신 것이 바로 이것이다. 단지 능히 심원(心源)을 반조한다면 영성(靈性)이 드러나 통달하지 못할 것이 없으니 이를 이름 하여 法報身이라 한다. 자연히 응현(應現)함이 무궁하니 이를 化身佛이라 한다.538)

이로 알건대 一心을 깨달으면 三身이 단박에 드러난다. 까닭에 『반야음(般若吟)』에서 이르길, "깨달으면 三身佛이요, 미혹하면 만권의 경전을 의심한다."고 하였다. 바로 알건대 三教가 모두 하나의 眞心이며 原人의 근본이다.

〈210〉

祖佛不道.父母非親.

이에 대해서는 원효의 『대승기신론소』에 상술되어 있다.
538) 『원인론』 전반의 원문을 여기저기서 띄엄띄엄 인용하였다. 『대정장』권48.

第八祖佛陀難提. 問佛馱密多曰. 父母非我親. 誰爲最親者. 諸佛非我道. 誰
爲最道者. 偈答云. 汝言與心親. 父母非可比. 汝行與道合. 諸佛心卽是. 外求
有相佛. 與汝不相似. 欲識汝本心. 非合亦非離.

조사와 佛도 (나의) 道가 아니며,
부모가 (나에게 가장) 가까운 존재가 아니다.

　제8조 불타난제(佛陀難提)가 불태밀다(佛馱密多 : 제9조)에게 물었다.

　　부모가 나에게 가까운 존재가 아니다. 누가 가장 가까운 자인가?
　　諸佛이 나의 道가 아니다. 어떤 것이 최상의 도인가?

　존자(불타난제)가 게송으로 답하였다(제자를 출가시키기 위해 자문자답한
것임).

　　　　너의 말이 마음에 가까움은
　　　　부모에 비할 바가 아니며,
　　　　너의 행이 도에 합치됨은
　　　　바로 諸佛의 마음이 되는 것이네!
　　　　밖으로 相이 있는 佛을 구함은
　　　　(바로) 너와 같지 못하나니(너의 自性佛 만하지 못하니)
　　　　너의 본심을 알고자 하건대
　　　　합해짐도 아니요, 떠남도 아니라네!539)

〈211〉

知三有異我而明佛性.

大涅槃經云. 迦葉菩薩問二十五有有我不. 答曰. 有我. 即佛性此是真我. 具
八大自在義. 即是常樂我淨四德涅槃. 非外道凡夫所執之我. 如華嚴記云.
佛性之體. 體非因果. 因中取之. 名為因性. 果中取之. 名為果性. 非是佛性分
成因果. 如瓶取空. 是瓶中空. 世界取空. 是世界中空. 空無有異. 故言眾生智
慧. 是佛性因. 菩提涅槃. 是佛性果. 非是佛性分成因果. 故結示云. 然則佛性
非因非果. 若以無障礙法界為宗. 則法性即佛性. 知一切法即心自性. 若以
心性為佛性者. 無法非心性. 則不隔內外. 而體非內外. 內外屬相. 性不同相.
何有內外. 然迷一性而變成外. 外既唯心. 何有非佛. 所變無實. 故說牆壁言
無佛性. 以性該相. 無非性矣. 如煙因火. 煙即是火. 而煙鬱火. 依性起相. 相
翳於性. 如即水成波. 波即是水. 境因心變. 境不異心. 心若有性. 境寧非有.
況心與境. 皆即真性. 真性不二. 心境豈乖. 若以性從相. 不妨內外境. 而例於
心今有覺知. 修行作佛. 即是邪見外道之法. 故須常照. 不即不離. 不一不異.
無所惑矣. 故云則非內非外. 隨物迷悟. 強說昇沈. 又華嚴策林問. 眾生與佛.
迷悟不同. 眾生則六道循環. 佛則萬德圓滿. 如何有即眾生即佛二互相收.
混亂因緣. 全乖法界. 答. 夫真元莫二. 妙旨常均. 特由迷悟不同. 遂有眾生與
佛. 迷真起妄. 假號眾生. 體妄即真. 故稱為佛. 妄則全迷真理. 雖真無迷. 悟
即迷本是真. 非是新有. 迷因橫起. 若執東為西. 悟解理生. 如東本不易. 就相
假稱生佛. 約體故得相收. 不見此源. 迷由未醒. 了斯玄妙. 成佛須臾. 經云.
法界眾生界. 究竟無差別. 一切悉了知. 此是如來境. 如來纔成正覺. 普見眾

---

539) 『경덕전등록』권1제8조 불타난제傳에 나온다. 『대정장』권51, 208c.

生已成正覺. 眾生向佛心中. 自受其苦. 冀希玄之士. 無捨妄以求真.

三有(욕·색·무색계)가 我와 다르되
(그 모든 자리가 동일한) 佛性임을 알라!

『대반열반경』에 이른다. 「가섭보살이 물었다. "25有에 我가 있습니까?"
(세존께서) 답하였다. "我가 있으니 바로 佛性이다."540) 여기서 말한 '我가
眞我이니 八大의 自在한 뜻(八大自在我)을541) 갖추고 있다. 즉 常·樂·我·
淨의 열반4덕이며 외도 범부가 집착하는 我가 아니다. 이를테면 『화엄기(수
소연의초)』에 이른다.

　　佛性의 體는 인과가 아니다. 因에서 취하면 因性이라 하고, 果에서
　　취하면 果性이라 한다. 이는 佛性이 因果로 나누어 졌다는 것이 아니다.
　　이를테면 병(甁)에서 空을 취하면 이는 병 중의 空이다. 세계에서
　　空을 취하면 이는 세계 중의 空이다. 空에는 다름이 없다. 까닭에

---

540) 『대반열반경』권7 如來性品第四之四 경문과 약간 다르다. 경문은 「迦葉菩薩問 ―
　　一. 世尊! 二十五有, 有我不耶?' 佛言, '善男子! 我者卽是如來藏義.'」 『대정장』
　　권12, 407b.

541) 八大自在我를 가리킨다. 열반에 함유된 常·樂·我·淨의 四德 가운데 '我'는
　　自在하여 걸림 없는 大我, 如來法身을 뜻한다. 8종의 大自在를 구족한 까닭에
　　'八大自在我'라 칭한다. 또는 八變化·八神變이라고도 한다. (1) 능히 一身을
　　多身으로 변화시킨다. (2) 하나의 몸을 대천세계에 가득하게 보인다. (3) 大身
　　을 가벼이 멀리 이르게 한다. (4)무량한 생류에 항상 있음을 드러낸다. (5) 여러
　　根을 互用한다. (6) 一切法을 얻을 수 없다는 뜻을 얻는다. (7) 하나의 게송의
　　뜻을 설하며 무량겁을 거친다. (8) 몸이 여러 곳에 두루함이 마치 허공과 같다.
　　단 경전에 따라서 이에 대한 설명이 약간 다르다.

중생의 지혜는 佛性의 因이고, 보리열반은 佛性의 果이다. 불성이 因果로 나누어져 있는 것이 아니다. 까닭에 결론하여 이른다.[542] 그러하니 佛性은 非因이고 非果이다. 만약 무장애법계(無障礙法界)를 근본으로 한다면 법성이 곧 佛性이며, 알건대 일체 모든 것이 바로 마음의 자성이다. 심성이 불성이니 어느 것이나 심성 아닌 것이 없다. 그래서 내외로 격리되어 있지 아니하고, 體는 內도 아니고 外도 아니다. 內外는 相에 속한 것이고, 性은 相과 다른데 어찌 (불성에) 내외가 있겠는가. 그러나 一性에 미혹하여(一性임을 몰라서) 바깥 경계로 변화 하여 나타난 것이니 바깥 경계는 이미 오직 마음이거늘 어찌 佛이 아니겠는가! 변화되어 나타난 것은 實이 없는 까닭에 설하길, (무생물 인) 장벽(障壁)에 佛性이 없다고 하였으나 性이 相에 當해 있는 까닭에 (相도) 性 아님이 없다. 이를테면 연기가 불로 인해 있는 것이니 연기가 곧 불이다. 연기가 자욱하게 불을 가리듯이 性에 의지하여 相을 일으키 고 相이 性을 기린다. 마치 물에 즉하여 파도가 있게 되고, 파도가 바로 물인 것과 같다. 경계가 마음으로 인하여 변하니 경계가 마음과 다르지 않다. 마음에 性이 있다면 경계에는 어찌 없겠는가. 하물며 마음과 경계가 모두 眞性이고, 眞性은 不二이거늘 마음과 경계가 어찌 어긋나겠는가! 만약 性이 相을 따르는 것으로 내외의 경계에 걸리지 않는다고 하면서 마음을 사례로(대상으로) 하여 지금 覺知함이 있다 하고, 수행하여 佛을 짓는 것은 바로 사견(邪見)이며 외도의 법이다. 까닭에 항상 반드시 비추어 보되 (相에, 경계에) 즉하지도 아니하고, 떠나지도 않으며(不卽不離), 不一이고 不異함에서 미혹됨이

---

542) 『대정장』의 원문은 '結正云'이나 저본의 '結示云'이 옳다.

없어야 한다. 까닭에 이르길, 內도 아니고 外도 아니라고 하였다.
사물 따라 미혹하고 깨닫는지라 억지로 설하길 (성품은 변화가 없지만
相에 따라 경계, 경지가) 상승하고 떨어진다고 하였다.543)

또 『화엄책림(華嚴策林) : 『大華嚴經略策』의 誤記)에544) 이른다.
묻는다 :

"중생과 佛이 미혹과 깨달음에서 같지 않고, 중생은 6도에 순환(윤회)
하지만 佛은 만덕이 원만한데 어찌해서 중생에 즉하고 佛에 즉해서
양자가 서로 거두어들이면서 인연을 혼란하게 하고, 온전히 법계에
어긋나는 것입니까?"

답한다 :

"무릇 眞元은 둘이 아니되 妙旨는 항상 균일하다. 단지 미혹과
깨달음이 같지 않은 이유로 마침내 중생과 佛이 있게 되었다. 眞에
미혹하여 망(妄)을 일으키니 이름을 빌려 중생이라 하였다. 망(妄)을
체로 하되 眞에 즉해 있는 까닭에 佛이라 칭한다. 망이면 온전히
진리에 미혹하다. 비록 眞에는 미혹이 없으나 깨달으면 바로 미혹이
본래 眞이어서 새로 있게 된 것이 아니다. 미혹이 종횡으로 일어남으로
말미암아 東을 西라고 집착한다. 깨달아 사리를 알게 되니 東이 본래
바꾸어지지 않은 것과 같다. 相에 대하여 이름을 빌려 佛이라 칭하는데

---

543) 澄觀의 『화엄경수소연의초』권37, 281c.
544) 『화엄약책』이 아니라 정관의 『대화엄경약책』이다. 잘못 기재되었다.

體에 의거하는 까닭에 相으로 거두어드릴 수 있다. 이 근원을 알지 못하는 것은 미혹이 아직 깨어 있지 못함으로 말미암는 까닭이다. 이 현묘한 뜻을 깨달으면 잠깐 동안에 성불한다."545)

경(『화엄경』)에 이른다.

법계와 중생계는   구경으로 차별 없다.

일체 모든 것을 깨달아 아나니   이것이 여래의 경지이다.546)

여래께서 정각을 이루신 후 곧바로 중생이 이미 정각을 이루었음을 두루 살펴보았다. 중생이 佛心 가운데 있으면서 스스로 그 고통을 받는다. 바라건대 희유하고 현묘한 수행인들이여! 망(妄)을 버리지 말고 진실을 구하라!

〈212〉

會萬物爲己而成聖人.

肇法師云. 會萬物爲自己者. 其唯聖人乎. 又云. 聖遠乎哉. 體之即神. 道遠乎哉. 觸事而眞. 夫云聖人者. 聖即正也. 了心悟道. 即是正人. 迷心背道. 即是邪人. 邪正由心. 淨穢在我.

만물을 통 털어 자기로 하는 분이
성인이다.

---

545) 징관의 『대화엄경약책』권1, 『대정장』권36, 0704c.

546) 『화엄경(80권본)』권13 光明覺品第九. 『대정장』권10, 069.a.

승조(僧肇)법사가 이른다. 「만물을 통 털어 자기로 하는 분은 오직 성인이로다!」[547] 또 이른다. 「성(聖)이 멀리 있겠는가! 體가 바로 神이거늘! 道가 아득히 멀리 있겠는가! 감촉하는 事마다 진실한 자리거늘!」[548] 무릇 성인이라 함은, 聖은 곧 正이다. 마음을 깨달아 오도하는 사람이 바로 正人이다. 미혹한 마음으로 도에 위배되는 사람이 바로 삿된 사람(邪人)이다. 삿됨(邪)과 올바름(正)이 마음에 연유하며, 청정하고 더러움도 나에게 달려 있다.

〈213〉

一兩真金.勝[疊*毛]花千斤之價值.

高僧釋道世云.勤勇懺悔者.雖知依理.須知心妄動.若真悟心遠離前境者. 如經云.譬如[疊*毛]花千斤.不如真金一兩.喻能觀心勝.即滅罪強.又華嚴 策.問.二障塵沙尚非所喩.阿僧祇劫未得斷名.十地聖人分分漸損.如何一 斷一切斷耶.既越常規.難以取信.答.惑本無從.迷真忽起.迷而不返.瀾漫 無涯.若纖雲布空.其來無所.須臾彌滿.六合黯然.長風忽來.倏爾雲盡.千 里無點.萬像歷然.方便風生.照惑無性.本空顯現.衆德本圓.八萬塵勞皆波 羅蜜.恒沙惑障並是真源.眼瞖未除.空華亂起.但淨法眼.何惑不除.滯執堅 牢.居然多劫.

1량의 眞金이
꽃문양으로 장식한 양탄자 1천근의 가치보다 더 높다.

---

547) 승조의 『열반무명론』通古第十七. 『대정장』권45, 161a.
548) 승조의 『不眞空論』맨 끝 구절임. 『대정장』권45, 153a.

고승 석도세(釋道世)가 이른다. "부지런히 용기를 내어 참회하는 자는 비록 理에 의지해서 알았다 하더라도 반드시 마음의 망동(妄動)함을 알아야 한다. 만약 진실로 마음을 깨달아 앞의 경계를 멀리 떠난 자는, 이를테면 경에 이르길, 「비유컨대 꽃문양으로 장식한 양탄자 천근이 眞金 1량만 하지 못하다고 한 것은 마음을 관찰함이 뛰어나 바로 죄를 멸하는 힘이 강하다는 것을 비유한 것이다」라 한 것과 같다.

『화엄책림』(『대화엄경약책』의 誤記)에 이른다.

묻는다 :

"티끌과 모래와 같이 많은 이장(二障 : 번뇌장과 所知障)도 하물며 비유할 수 없는데 하물며 아승기 겁 동안에도 名字相을 끊지 못하여 보살십지의 성인도 일부분 씩 점차로 덜어 가는데 어찌 하나를 끊음에 일체가 다 끊어진다는 것입니까? 상규(常規)를 넘어선 것이기에 믿기 어렵습니다."

답한다 :

"미혹은 본래 온 곳이 없다. 진실에 미혹함이 홀연 일어나 미혹에서 돌이키지 못하면 질펀하게 부패되어 고여 있는 것이 한없다. 터럭 같은 구름이 공중에 퍼져 있다가 그 온 곳이 없는데 잠깐 사이에 하늘에 가득 차서 천지 사방이 컴컴하다가 큰 바람이 홀연 불어오면 단박에 구름이 사라져 천리에 구름 한 점 없게 되고 만상이 뚜렷해진다. 방편의 바람이 불어와 미혹이 자성 없음을 비추어 보면 본래 空한 뜻이 드러나 모든 덕이 본래 원만하고, 팔만의 번뇌가 모두 (반야)바라밀이며, 항하사의 혹장(惑障 ; 번뇌장)이 모두 진실한 근원이다. (눈의

병으로) 눈을 가리는 현상이 해소되지 않으면 허공꽃이[549] 어지럽게 일어난다. 단지 청정한 법안을 갖추면 어떤 미혹이 소멸되지 않겠는가! 집착에 빠져 있으면 견고한 감옥이니 그렇게 다겁(多劫) 동안 빠져 있게 된다."[550]

〈214〉

半株檀樹.改伊蘭四十之由旬.

經云.一株檀樹.能改四十由旬之伊蘭林.況一眞心法.能破一切染法.如台
敎立無生一法.爲破一切法遍.

반 그루의 전단 나무가 40유순(由旬)에 걸쳐 있는
이란(伊蘭)[551] 나무(의 나쁜 냄새)를 바꾼다.

경(『佛說觀佛三昧海經』)에 이른다.「한 그루의 전단 나무가 능히 40유순에 퍼져 있는 이란(伊蘭) 나무의 숲에서 나오는 나쁜 냄새를 바꾸는데 하물며

---

549) 空華(허공꽃)란 눈에 병이 들었거나 몸이 피로할 경우 바로 앞의 허공에 하얗고 둥그런 것이 꾸물꾸물 움직이며 생멸하는 모습이 일어나는데 이를 가리킨다. 다른 사람한테는 전혀 그러한 것이 보이지 않는데 자신에게 만 보이는 것으로 착각현상으로 있는 듯 보이는 것이다. 실은 모든 중생에게 보이는 것은 다 이러한 空華와 같다.

550) 징관의 『화엄경약책』권1, 『대정장』권36, 0705a.

551) 이란수(伊蘭樹 eranḍa)는 뜻으로 번역하면 극취목(極臭木)으로 지독히 나쁜 냄새가 나는 나무이다. 향기가 좋은 전단 나무와 정반대이다. 여러 경론에서 이이란 나무를 번뇌에 비유하고, 전단의 묘한 향은 보리에 비유하고 있다.

하나의 眞心法이 능히 일체 모든 오염된 법을 부수는 것이야 말할 나위 있겠는가!」552) 마치 천태교에서 無生의 一法을 세워 일체법을 두루 다 부수는 것과 같다.

〈215〉

上上眞機.滔滔法海.墮無明而不可隳.縱神力而焉能改.

　　此一心法.是普眼門.唯對上機.方能信入.淪五趣而不墜.登一相而非昇.以 是不變易之法故.

上上의 진실한 근기에게 설한 법이나니
그 법의 바다가 넘쳐 나네!
무명에 떨어지되 부수어지지 아니하며,
神力을 종횡으로 부리더라도 바꾸어지지 않네!

　　이 一心法은 보안문(普眼門)이며, 오직 상근기에게 설한 것이며, 능히 믿을 수 있어야 들어간다. 오취(五趣 : 인간·아수라·축생·아귀·지옥)에 떨어져도 부수어지지 아니하고, 一相(眞如)에 올라도 오름이 없다. 변하지 않는 것인 까닭이다.

552) 『불설관불삼매해경』 六譬品第一에 나오는 내용을 줄여서 인용하였다. 『대정장』 권15.

〈216〉

設戴角披毛之者.本性非殊.任形消骨散之人.至靈常在.

> 如般若吟云.百骸雖潰散.一物鎮長靈.又首楞嚴經云.縱汝形銷命光遷謝.
> 此性云何為汝銷滅.

설령 뿔을 머리에 이고 털옷을 걸치고 있는 자라도
본성은 다르지 않으며,
모습이 소멸되고 뼈가 흩어짐에 임하게 된 사람도
지극한 영(靈)은 항상하다.

이를테면 『반야음(般若吟)』에 이른다.

백골이 부서지며 흩어진다 하더라도
一物의 장령(長靈)이 지킨다.

또 『수능엄경』에 이른다. 「너의 모습이 소멸되고 목숨의 빛이 사그라지더라도 이 性이 어찌 너를 소멸케 하겠느냐!」[553]

〈217〉

等覺不遷.隨物周旋.

---

553) 『대불정수능엄경』권4, 『대정장』권19, 124a.

經云.不動等覺而建立諸法.不壞假名而談實相.若等覺之心即不動.以染
淨之覺隨緣而作諸法.亦不壞諸法而談實相.以諸法無體不可壞.若壞即失
諸法本空故.

평등한 覺에서 흔들림 없되
사물 따라 주선해준다.

경에서 이른다. 「흔들림 없는 평등한 覺이되 모든 것을 건립한다. 가명(假
名)을 무너뜨리지 아니하고 實相을 설한다.」554) 만약 평등한 覺의 마음에서
바로 흔들림 없다면 오염과 청정함의 覺이 인연 따라 모든 것을 짓는다.
또한 모든 것을 무너뜨리지 아니하고 실상을 설한다. 모든 것은 체가 없어
무너뜨릴 수 없기 때문에 만약 이를 무너뜨린다고 하면 모든 것이 본래
공하다는 뜻을 잃게 되어버리는 까닭이다.

〈218〉

爲出世眞慈之父.作歸宗所敬之天.

如宗鏡錄中.立眞心爲宗.祖佛同證.即不立衆生緣慮妄心.此心無體.諸經
所破.然此妄心無體即眞.故不用破.以衆生執實.故須破之.宗鏡錄云.心有
二種.一隨染緣所起妄心.而無自體.但是前塵.逐境有無.隨塵生滅.唯破此

---

554) 이 인용문과 일부 字句가 다르지만 같은 뜻의 경문이 여러 『반야경』 계통의 경
전 여러 곳에 보인다. 이 두 문장은 따로 있는 것을 한 곳에 연이어 인용한 듯
하다.

心.雖法可破.而無所破.以無性故.百論破情品云.譬如愚人見熱時燄.妄生
水想.逐之疲勞.智者告言.此非水也.為斷彼想.不為破水.如是諸法自性
空.眾生取相故著.為破是顛倒故.言破.實無所破.二常住真心.無有變異.
即立此心以為宗鏡.識論云.心有二種.一相應心.謂無常妄識虛妄分別.與
煩惱結便相應.二不相應心.所謂常住第一義諦.古今一相.自性清淨心.今
言破者是相應心.不相應心立為宗本.

出世의 진실하고 자비로운 아버님이 되시어
근본에 돌아감이며 존경 받는 하늘을 지으셨네!

이를테면『종경록(宗鏡錄)』에서 眞心을 宗으로 세우고, 조사와 佛이 함께
증명하였다고 하였다.[555] 즉 중생의 연려(緣慮 : 경계를 대상으로 끌어 사념함)하
는 망령된 마음을 세우지 않은 것이니 이 (망심의) 마음의 體가 없어 여러
경에서 논파되었다. 그러나 이 망심의 體가 없음이 바로 眞이다. 까닭에
논파할 필요가 없는 것인데 중생이 이것을 실체로 집착하는 까닭에 반드시
이를 부수어야 하는 것이다.
『종경록』에 이른다.

心에 2종이 있다. 1은, 오염된 緣에 따라 일어나는 망심(妄心)이니
자체가 없고, 단지 앞에 현전한 6진(塵 : 색성향미촉법)에서 그 경계의
有無를 쫓고 6진 따라 생멸하는 것일 뿐이다. 오직 이 (망심의) 마음을
부수어야 할 것이나 비록 부술 수 있다 하더라도 부술 바가 없는

---

555) 『종경록』권3, 『대정장』권48, 430c 등 여러 곳에 이러한 뜻의 글이 있다.

것이다. (그 망심의) 체성이 없는 까닭이다(無性, 無自性). 『百論』파정
品(破情品)에 이른다. 「비유컨대 우매한 사람이 뜨거운 때의 아지랑이
를 보고 망령되이 물이라는 생각을 내어 이를 쫓느라 피로해지는데
지혜로운 이가 이것은 물이 아니라고 일러주면 그 생각을 끊게 되는
것과 같다. 이와 같이 모든 것의 自性(體性)이 공하다. 중생이 相을
취하는 까닭에 집착한다. 이 어긋난 생각을 부수도록 하고자 하여
'부순다(破)'라고 하였으나 실은 부술 것이 없는 것이다.」556) 2는,
상주하는 眞心은 변함이 없다. 그래서 바로 이 마음을 세워 종경(宗鏡)
으로 삼는다. 『識論(유식론)』에 이른다. 「心에 2종이 있다. 1은, 상응심
이니 無常한 망식(妄識)이 허망하게 분별하여 번뇌와 더불어 상응한다.
2는, 불상응심이니 이른바 상주하는 제일의제(第一義諦)이고, 古今에
一相이며 자성청정심이다.」557) 지금 말한 '부순다'란 이 상응심을
부순다는 말이다. 불상응심은 세워 근본으로 삼는다.558)

〈219〉

一雨無私.羣木而自分甘苦.太虛絶量.眾器而各現方圓.

法華經明三草二木.一雨而受潤不同.楞嚴經明方現方空.圓現圓空.若除
器方圓.則空無所在.

---

556) 『百論』破空品제10, 『대정장』권30.
557) 天親보살의 『유식론』. 『대정장』권31. 원문을 약간 줄여서 인용하였다.
558) 『종경록』권32, 『대정장』권48, 601b~c.

370

한 방울의 빗물도 무사(無私)하고,
뭇 나무들도 自分의 고통을 달게 받는다.
태허(太虛)는 헤아려 알 수 있는 것이 아니며,
여러 기물들은 각기 모나고 둥그런 모습을 드러낸다.

　『법화경』에서는 갖가지 초목이 한 방울의 빗물에 물기를 받는 것이 같지 않음을 설명하였고,[559] 『능엄경』에서는 네모난 그릇에 네모난 공간이 나타나고 둥그런 그릇에는 둥그런 공간이 나타나는데 만약 그릇에 네모난 모습과 둥그런 모습을 제거해버리면 (그릇이) 있을 곳이 없게 됨을 설명하였다.[560]

〈220〉

既在正觀.須當神聽.

　上士神聽.中士心聽.下士耳聽.神聽入玄.能契心性.

이미 正觀에 들었으면
반드시 응당 神이 듣게 되리!

---

559) 『법화경』권3 약초유품에 「其雲所出, 一味之水, 木叢林, 隨分受潤.」『대정장』권 9, 19c.
560) 『대불정수능엄경』권2, 『대정장』권19, 111c. 경문의 뜻으로 요약하여 옮겼다.

上士(上等의 수학인)는 神이 듣고, 中士는 마음으로 들으며, 下士는 귀로 듣는다. 神이 들으면 현묘함에 들어가 능히 심성에 계합한다.

〈221〉

扣寂寂之玄門.躡如如之道徑.若玻瓈隨物而現色.於自體而匪亡.

如玻瓈珠.雖現外色靑黃赤白.不失珠體.

적적(寂寂)한 玄門을 두드리고,
如如한 길을 밟는다.
유리구슬이 사물 따라 그 색을 나타내되
구슬 자체가 없어지지 않는다.

유리구슬과 같이 비록 바깥 사물의 색을 청(靑)·황(黃)·적(赤)·백(白)으로 나타내되 구슬의 체를 잃지 않는다.

〈222〉

猶金剛對日而分形.逐前塵而不定.

如金剛珠.於日中而色不定.此皆表心隨緣不變.不變隨緣.雖不守自性.亦不失自性.不守性是隨緣.不失性是不變.

마치 금강구슬이 해를 맞아 여러 모습으로 나뉘어 보이듯이

(마음이) 앞의 진(塵 : 6塵, 경계)에 따라 변한다.

마치 금강구슬이 햇빛 속에서 색이 일정하지 않는 것과 같다. 이러한 비유는 모두 마음이 (경계의) 緣에 따르되 변하지 아니하고, 변하지 아니하면서 緣에 따름을 나타낸 것이다. 비록 자성을 지키지 않으나(隨緣) 또한 자성을 잃지 않는다(不變).

〈223〉

菩提窟宅.解脫叢林.澹泊而慧眼何見.杳靄而大智難尋.五嶽峥嶸而不峻.四溟浩渺而非深.

> 一心高廣.橫豎難量.山未為高.海未為深.又遍界盈空.無法可現.山非是山.海非是海.以唯心故.如華嚴經頌云.了知非一二.非染亦非淨.亦復無雜亂.皆從自想起.

보리(覺)의 집과 해탈의 총림(叢林)은
담박(澹泊)하거늘 혜안(慧眼)으로 어찌 볼 수 있겠는가!
어둡고 자욱함에 큰 지혜로도 찾기 어렵네!
오악(五嶽)이 가파르되 (마음보다) 높지 않고,
사명(四溟 : 四海)이 광대하고 아득하되 (마음보다) 깊지 않네!

一心은 높고 광대함에 가로와 세로의 크기를 헤아리기 어렵다. 산은 (그 마음에 비해) 높지 않고, 바다는 깊지 않다. 또한 모든 법계의 허공에 가득하되 드러낼 수 없다. 산이 산이 아니며, 바다가 바다 아니다. 오직 마음일 뿐인 까닭이다. 이를테면 『화엄경』의 게송에 이른다.

> 깨달아 (뚜렷이) 알지니 하나도 아니고, 둘도(다르지도) 아니며,
> 더러움도 아니고 청정함도 아니다.
> 또한 어지럽게 혼잡된 것도 아니나니
> 모두 다 스스로 상념 따라 일어난 것일 뿐이다!561)

〈224〉

輪王坐妙寶牀時. 方能入定.

> 輪王坐妙寶牀時. 入四禪而心離五欲.

윤왕(輪王)이562) 묘한 보배의 자리에 앉게 된 때에
바야흐로 능히 선정에 들게 되었다.

윤왕(輪王)이 묘한 보배의 자리에 앉은 때에 四禪에 들어 마음이 5욕을
떠나게 되었다.

---

561) 『화엄경(80권본)』권49 普賢行品第三十六, 『대정장』권10, 261c.
562) 『釋迦方志』卷上(『대정장』권51, 950a)에 "凡人으로서 極位를 輪王이라 하고, 聖
人의 極位를 法王이라 한다."고 하였다.

〈225〉

菩薩戴法性冠處.始得明心.

菩薩著法性冠處.見一切法悉現在心.

보살이 법성의 관(冠)을 머리에 쓰게 된 자리에서(때에)
비로소 마음이 밝아지게(깨닫게, 열리게) 되었다.

보살(성도 전의 석가모니불)이 법성의 관(冠)을 머리에 쓰게 된 자리에서(때
에) 일체 모든 것이 다 마음에 나타났다.

〈226〉

滯念纔通.幽襟頓適.成現而可以坐參.周遍而徒煩遊歷.

此一心成現法門.不用一點身心之力.坦然明白.先德云.沙門探寶.不動神
情.其寶自現.又云.虛明自照.不勞心力.又云.不離當處常湛然.覓即知君
不可見.如瑜伽儀軌釋云.夫欲頓入三業.修習毗盧遮那法身觀.瑜伽儀軌
釋.如來法身觀者.先觀發起普賢菩薩微妙行願.復應以三密加持身心.則
能入文殊師利大智慧海.然修行最初.於空閑處.攝念安心.閉目端身.結跏
趺坐.運心普緣無邊刹海.諦觀三世一切如來.遍於一一佛菩薩前.殷勤恭
敬禮拜旋繞.又以種種供具雲海.奉獻如是等一切聖眾.廣大供養已.復應
觀自心.心本不生.自性成就.光明遍照.猶如虛空.復應深起悲念.哀愍眾生
不悟自心.輪迴諸趣.我當普化拔濟.令其開悟.盡無有餘.復應觀察自心.諸

眾生心. 及諸佛心. 本無有異. 平等一相. 成大菩提心. 瑩徹淸淨. 廓然周徧.
圓明皎潔. 成大月輪. 量等虛空. 無有邊際.

상념에 걸려 있던 것이 곧장 통하고,

막막한 마음이 단박에 트이며,

현전에서 이루어짐은

좌선으로 행하면 두루 갖추어지는 것이니

이리저리 떠돌아다니는 것은 헛되이 번거로울 뿐이네!

이 一心의 당처에서 성취하는(現成) 법문은 한 점의 身心의 힘도 쓰지
아니하고 훅 트여 명백해진다. 선덕(先德)이 이르길, 「사문(沙門)이 보배를
얻고자 하건대 마음의 情에 흔들림 없으면 그 보배가 스스로 나타난다.」고
하였다. 또 이르길, 「텅 비어 환하여 스스로 비추니 마음과 힘을 쓰느라
애쓸 필요가 없다.」고 하였다. 또 이르길, 「(당념) 당처를 떠나지 아니하고
항상 고요하다. 구하려 하면 볼 수 없음을 알아야 한다.」고 하였다. 이를테면
『유가의궤석(瑜伽儀軌釋)』에563) 이른다.

　　무릇 三業에 단박에 들고자 하건대 비로자나 法身觀을 수습한다.
　　유가의궤를 해석한다.564)「如來法身觀이란 먼저 보현보살의 미묘한

___

563) 본서의 소재를 찾기 어렵다. 그런데 아래의 인용문은 모두 1권으로 된『大方廣
　　佛花嚴經入法界品頓證毘盧遮那法身字輪瑜伽儀軌』(『대정장』권19)의 맨 앞 문
　　단에 그대로 나온다. 단지 아래 인용 문 가운데 ‘瑜伽儀軌釋’의 句만 첨가되어
　　있다. 아마 영명연수가『瑜伽儀軌釋』에서 위의 원 경문의 글을 해석하기 위해
　　원 경문을 인용한 부분 만 재인용한 것으로 보인다.

564) 이 문구 ‘유가의궤를 해석한다’를 제외하면 원 경문이 된다. 위의 각주 참조.

행원을 발기하고, 다시 응당 삼밀(三密 : 身密·口密·意密)로 身心을
가지(加持)하면 능히 문수사리의 대지혜 바다에 들어갈 수 있다. 그러나
처음 수행을 시작하는 때에는 공한처(空閑處)에서 마음을 지켜 편안히
하고, 눈을 감고[565] 몸을 단정히 하여 결가부좌한다. 마음을 가없는
세계의 바다에 두루 緣하고, 자세히 삼세의 모든 여래를 관찰한다.
두루 한 분 한 분의 불보살 앞에서 은근히 공경 예배하며 주위를
돈다. 또 갖가지 운해(雲海)와 같은 공양물을 갖추어 이러한 모든
성중에게 봉헌한다. 광대한 공양을 마치고 나서 다시 응당 自心이
본래 생하지 않았음을 관찰한다. (마음의) 自性이 (본래) 성취되어
있는 것이니 (이 자리가 드러나면) 광명이 두루 비춤이 마치 허공과
같다. 다시 응당 깊이 悲念을 일으켜 중생이 자심을 깨닫지 못하여
여러 생류에 윤회함을 애민하고, 내가 마땅히 두루 교화하여 구제해서
그들을 남김없이 다 깨닫도록 하겠다고 한다. 다시 자심과 모든 중생심
및 모든 佛心이 본래 다름없이 평등한 一相임을 관찰하여 대보리심을
성취한다. 밝게 통하고 청정해서 확 트여 두루 하다. 원명(圓明)하여
밝고 깨끗하여 대월륜(大月輪)을 이루니 허공과 같아 변제(邊際)가
없다.」[566]

---

565) 좌선 할 때 눈을 감으면 귀신 소굴이 된다고 하였다. 눈을 감으면 영상이 떠올
라 無心이 되기 어렵다. 단지 여기서는 좌선의 '最初'에서 그렇게 잠시 한다는
뜻이다. 좌선하기 전 마음이 너무 산란되어 있었기 때문에 잠시 차분히 가라앉
히기 위한 방편의 법이다.

566) 1권으로 된 『大方廣佛花嚴經入法界品頓證毘盧遮那法身字輪瑜伽儀軌』(『대정
장』권19) 첫 문단에 나온다.

〈227〉

達無不是. 統法界以為家.

心為法界之家. 亦為涅槃之宅. 如法集經云. 能知一切唯是一心. 名為心自在. 於其掌中出諸珍寶. 亦以虛空而為庫藏. 名為物自在. 一切身口意業以智為本. 名智自在. 又云. 觀世音白佛言. 菩薩若受持一法. 一切諸佛法自然如在掌中. 何者是一法. 所謂大悲. 釋曰. 此是同體大悲. 此悲性遍一切眾生界. 故能一雨普潤. 蘭艾齊榮. 一念咸收. 邪正俱濟. 寶雲經云. 一切諸法. 心為上首. 若知於心. 則能得知一切諸法. 大灌頂經云. 禪思比丘無他想念. 唯守一法. 然後見真. 釋曰. 一法為宗. 諸塵無寄. 他緣自絕. 妙性顯然. 志當歸一. 而何智不明. 尋流得源. 而何疑不釋. 撮要之旨. 斯莫大焉. 又如世尊最後垂示. 應盡還原品三告之文. 經云. 爾時世尊如是逆順入諸禪已. 普告大眾. 我以甚深般若. 遍觀三界一切六道. 諸山大海大地含生. 如是三界根本性離. 畢竟寂滅同虛空相. 無名無識. 永斷諸有. 本來平等. 無高下想. 無見無聞無覺無知. 不可繫縛. 不可解脫. 無眾生無壽命. 不生不起不盡不滅. 非世間非非世間. 涅槃生死皆不可得. 二際平等. 等諸法故. 閑居靜住. 無所施為. 究竟安置. 必不可得. 從無住法. 法性施為. 斷一切相. 一無所有. 法相如是. 其知是者. 名出世人. 是事不知. 名生死始. 汝等大眾. 應斷無明. 滅生死始. 又復告大眾. 我以摩訶般若. 遍觀三界有情無情. 一切人法悉皆究竟. 無繫縛者. 無解脫者. 無主無依. 不可攝持. 不出三界. 不入諸有. 本來清淨. 無垢無煩惱. 與虛空等不平等非不平等. 盡諸動念. 思想心息. 如是法相. 名大涅槃. 真見此法. 名為解脫. 凡夫不知. 名曰無明. 作是語已. 復入超禪. 從初禪出. 乃至入滅盡定. 從滅盡定出. 乃至入初禪. 如是逆順入超禪已. 復告大眾. 我以佛眼遍觀三界一切諸法. 無明本際性本解脫. 於十方求了不能得. 根本無

故,所因枝葉皆悉解脫,無明解脫故,乃至老死皆得解脫,以是因緣,我今安
住常寂滅光,名大涅槃,如上真實慈父廣大悲心不可思議三告之文,或有遇
斯教者,可以析骨為筆,剝皮為紙,刺血為墨,而書寫之,不可頃刻暫忘,刹
那失照.

통달하지 않음이 없고,
법계를 모두 다 집으로 삼는다.

心은 법계의 집이며, 또한 열반의 집이다. 이를테면『法集經』에 이른다.
「능히 일체가 오직 一心임을 아는 것을 이름 하여 心自在라 한다. 그 손바닥에
서 수많은 진보(珍寶)가 나오며, 또한 허공을 창고로 삼으니 이름 하여 물자재
(物自在)라 한다. 모든 身口意로 짓는 업은 智를 근본으로 하니 이름 하여
智自在라 한다.」567) 또 (같은 경에) 이른다.「관세음보살이 부처님께 말하였
다. "보살이 만약 一法을 받아 지니고(一法과 나머지 모든 佛法을 잘 알면)568)
일체 모든 佛法이 자연히 손바닥 위에 있는 것과 같게 됩니다. (세존이시여!)569)
어떤 것이 一法인가 하면 이른바 大悲입니다."」570)

해석한다.「이는 同體大悲이다. 이 大悲의 성품은 일체 중생계에 두루
하다. 까닭에 능히 한 방울의 빗물이 두루 적시니 난초와 쑥이 고루 잘
자란다. 일념에 모두를 거두어들이니 삿됨과 올바름이 함께 제도된다.『보운
경(寶雲經)』에 이른다. "일체 모든 것은 마음을 으뜸으로 한다. 만약 마음을

---

567) 『佛說법집경』권3. 『대정장』권17.
568) 경문에는 이 구절이 있다.
569) 위와 같다.
570) 위의 『불설법집경』권6.

알면 능히 일체 모든 것을 알 수 있다."」571)

『대관정경(大灌頂經)』에 이른다. 「선사(禪思) 비구여! 다른 생각을 말고, 오직 一法을 지키라! 그러한 후에 진실을 보게 될 것이다.」

해석한다. 「一法이 宗이 되니 모든 진(塵 ; 6塵, 6境)이 붙지 못하고 다른 緣이 스스로 끊어진다. 妙性이 드러나 뜻이 당연히 귀일된다. 그러하거늘 어떠한 지혜에 밝지 못할 것이며, 물길을 따라 그 근원을 찾으니 어떠한 의문이 풀리지 않겠는가! 그 요지를 말하건대 이 보다 더 중대한 것이 없다.

또 이를테면 세존께서 최후로 교시하시고 응진(應盡 : 入寂, 入滅)하여 근원에 돌아가시면서 세 품으로 설하신 글이 있다. 경(『불설심왕보살투타경』)에 이른다.

이 때 세존께서 이와 같이 역(逆)과 순(順)의 순서로 여러 선정에 드시고 난 후 대중에게 널리 설하셨다. "내가 깊고 깊은 반야로 모든 삼계 6道의 여러 산과 大海·大地·함생(含生 : 생류)을 두루 살펴보니 이와 같이 삼계의 근본 성품은, (일체법을) 떠나 있으며, 필경에 적멸하여 허공상과 같고, 名이 없고 識이 없으며, 영원히 諸有를 떠났고, 본래 평등하며 높고 낮은 상념이 없으며, 無見·無聞·無覺·無知이고, 묶을 수 없으니 해탈함도 없다. 중생이 없고 수명이 없으며, 생기함이 없고 멸함도 없다. 세간이 아니고 세간이 아님도 아니다. 열반과 생사를 모두 얻을 수 없다. 이제(二際 ; 생사와 열반)가 평등하며 모든 것이 평등한 까닭에 한가롭고 고요함에 머무르되 행하지 않는 것이 없다. 궁극에 안치(安置)함도 필경 얻을 수 없고, 머무르지 않는 법에

571) 『보운경』(『대정장』권16)에 이 인용문이 보이지 않는다.

따르되 법성이 행한다. 모든 상을 끊으니 하나도 있는 바가 없다. 법상이 이러하니 이러함을 아는 자를 이름 하여 '세간을 벗어난 사람(出世人)'이라 한다. 이러한 일을 모르면 이름 하여 '생사가 시작됨'이라 한다. 너희들 대중은 응당 무명을 끊어 생사가 시작됨을 멸해야 한다."

또 다시 대중에게 말씀하셨다. "내가 마하반야(대지혜)로 삼계의 유정 무정 중생들을 두루 관찰해보니 일체 모든 人과 法이 모두 다 구경으로 묶임이란 것이 없었고, 해탈이란 것도 없었으며, 주인도 없고, 의탁한 것도 없었으며, 섭지(攝持 ; 護持)할 수도 없었다. 삼계를 벗어나지 않았고, 諸有에 들어가지 않았으며, 본래 청정하여 더러움이 없고 번뇌가 없었다. 허공과 평등하되, 평등하지 아니하고, 평등하지 않음도 아니었다. 모든 움직이는 생각이 다 하여 상념하는 마음이 멸하면 이러한 法相을 이름 하여 대열반이라 한다. 진실로 이 법을 보면 이름 하여 해탈이라 한다. 범부는 알지 못하니 이름 하여 무명이라 한다." 이렇게 말씀하시고 나서 다시 초선(超禪)에572) 들어가 초선에서 나오고, 내지 멸진정에 들어갔다가 멸진정에서 나오고, 내지 초선에 들어갔다. 이와 같이 역(逆)과 순(順)의 순서로 초선(超禪)에 들어가고 나서 다시 대중에게 말씀하셨다. "내가 佛眼으로 삼계의 모든 것을 두루 관찰해보니 無明이 본제(本際)로 그 성품이 본래 해탈되어 있어 十方에서 깨달음을 구하려 해도 얻을 수 없다. 본래로 없는 까닭이다. (근본無明을) 因으로 하는 지엽무명(枝葉無明, 枝末무명)도 모두 다 해탈되어 있다. 무명이 해탈되어 있는 까닭에 내지 老死도 모두 해탈되어

---

572) 초월삼매를 말한다. 불보살이 능히 여러 上下의 地를 초월하여 자재롭게 출입하는 삼매이다. 自在定, 頂禪, 超等至라고도 한다.

있다. 이러한 인연으로 나는 지금 영원한 적멸의 광명(常寂滅光)에
안주하나니 이름 하여 대열반이라 한다."573)

위와 같이 진실한 자부(慈父)께서 광대한 悲心으로 불가사의한 세 번의
법문을 설하셨다. 혹 이 가르침을 만나게 되면 뼈를 꺾어 붓으로 하고,
가죽을 벗겨 종이로 하며, 피를 내어 먹물로 삼아 이를 기록해 두고, 경각의
잠시라도 잊어버리거나 찰나라도 비추어봄을 놓쳐서는 안 된다.

〈228〉

用而靡虛. 將大地爲標的.

如與大地爲的. 所射無不中者. 如觀心人. 所見無不是心. 終無一塵有隔. 如
入楞伽經偈云. 無地及諸諦. 無國土及化. 佛辟支聲聞. 唯是心分別. 人體及
五陰. 諸緣及微塵. 勝人自在作. 唯是心分別. 心遍一切處. 一切處皆心. 以心
不善觀. 心性無諸相.

用하되 빈자리(用되지 않는 자리)가 없고,
大地가 (모두) 표적이 된다.

마치 大地를 표적으로 삼으면 쏜 화살이 적중하지 않은 때가 없듯이
관찰하는 사람도 보이는 것이 마음 아닌 것이 없어 끝내 한 티끌의 간격도
없다. 이를테면 『입능가경』의 게송에 이른다.

---

573) 『佛說心王菩薩投陀經』권상. 『대정장』권85. 이 경은 卷上의 1권 뿐이다.

여러 보살지(菩薩地)와 여러 진리도 없고,

국토와 化現도 없는 것이며,

佛·벽지불·성문도 없나니

오직 마음의 분별일 뿐이네!

인체와 5음(陰)을

(외도는) 여러 緣으로 되었다거나 미진(微塵)으로 이루어졌다거나[574]

승인(勝人 ; 창조주)이나 自在天이[575] 만들었다고 하나

오직 마음의 분별일 뿐이네!

마음이 일체처에 두루 하니

일체처가 모두 마음이네!

마음으로 곧잘 관행하는 것을 하지 말지니[576]

심성은 아무런 상이 없는 까닭이네."[577]

⟨229⟩

至道無隔.唯理堪親.

---

574) 외도들이 주장하는 설들이다.

575) 勝人과 自在天 모두 외도들이 창조주로 주장하는 신들이다.

576) 경문 '以心不善觀'은 잘못된 漢譯이다. 여기서의 뜻은 심성이 無相이고, 오직 마음일 뿐이니 마음으로 무엇을 관찰할 대상이 없다는 것이므로 '마음으로 곧잘 관행하는 것을 하지 말라!'는 것이다. 경문은 자칫 잘못 해석하기 쉽게 되어 있다. 3종의 『능가경』 가운데 『입능가경』이 가장 뜻을 제대로 파악하기 어렵게 되어 있다고 고래로 정평이 나있다.

577) 『입능가경』권9 總品第十八之一. 『대정장』권16, 568b.

若洞達一心. 能通萬彙. 如牖隙之內. 觀無際之空. 似徑尺鏡中. 見千里之影.
抉目而金鎞快利.

지극한 도는 격리되어 있지 않아서 (대상으로 볼 수 없는데)
오직 理로 가까이 할 수 있다.

만약 一心을 통달하면 능히 만사에 통한다. 마치 문틈으로 한없는 허공을
보고, 1척(尺)의 거울 속에 천리의 영상이 보이는 것과 같다.

⟨230⟩

抉目而金鎞快利.

大涅槃經云. 初一說. 名一指示. 中間重說. 名二指示. 經末復說. 名三指示.
下合中末. 未見佛性. 並如於盲. 華嚴疏釋. 以三諦爲指. 指爲旨趣. 義甚分
明. 一時橫觀. 皆觀三諦. 竪亙十地. 亦證三諦. 第一指者卽示俗諦. 言凡是有
心. 定當作佛. 皆有佛性. 二者示眞諦爲第二指. 云佛性者. 名第一義空. 三示
中道爲三指. 經云佛性卽是無上菩提道種子故. 非有如虛空. 非無如兔角.
故知三諦. 喻於三指.

(훌륭한 의사가) 날카로운 금비녀로 (맹인의) 눈을 긁어 주듯이

『대열반경』에 이르길, 처음에 (良醫가 맹인을 금비녀로 眼膜을 긁어준
후 맹인에게) 손가락 하나를 보이며 ('보이는가?' 하고) 말한 것이 첫 번째
指示함이고(佛의 첫 번째 敎示에 비유), 중간에 다시 말한 것은 두 번째 指示이며

(佛의 두 번째 敎示에 비유), 경의 끝에 다시 말한 것은 세 번째 指示이다(佛의 세 번째 敎示에 비유).578) 下(세 번째)에서 중간과 끝의 指示를 결론하여 아직 佛性을 보지 못함이 모두 맹인과 같다고 하였다(보살이 아직 佛性을 온전히 보지 못함을 비유).

『華嚴疏釋(화엄경수소연의초)』에 이른다.

(『화엄경소』에서 내가) 삼제(三諦 : 여기서는 俗諦·眞諦·中道)로 삼지(三指 : 세 번의 指示)를579) 해석하였는데 지(指 ; 가리킴, 指示)란 지취(旨趣)이니 그 뜻이 매우 분명하다. 한 때는 아무렇게나 관행하다가 모두 三諦를 관하면 더벅머리로부터 보살십지에 이르기까지 또한 三諦를 證한다. 第一指는 바로 속제(俗諦)를 가리킨다. 마음이 있는 누구나 다 기필코 응당 佛이 된다. 모두 佛性이 있기 때문이다. 二(第二 指)는 진제(眞諦)를 第二指로 가리켰다. 佛性이란 이름 하여 第一義空이라 한다. 第三示는 中道를 第三指로 가리켰다. 경(『화엄경』)에 이르길, 「불성은 곧 위없는 보리(菩提; 覺) 中道의580) 종자이다」고 하였다. 까닭에 있지 않음이 마치 허공과 같고, 없지 않음이 마치 토끼뿔과 같다.581) 까닭에 알건대 三諦를 三指에 비유하였다.582)

---

578) 『대반열반경』권8 如來性品第四之五(『대정장』권12, 411c)의 원문은 다음과 같다. 「佛言, '善男子! 如百盲人爲治目故, 造詣良醫. 是時良醫卽以金錍決其眼膜, 以一指示, 問言, '見不?' 盲人答言, '我猶未見.' 復以二指, 三指示之, 乃言, '少見'. 善男子! 是大涅槃微妙經典, 如來未說, 亦復如是. 無量菩薩雖具足行諸波羅蜜, 乃至十住, 猶未能見所有佛性.」

579) 저본은 '指'인데 원문은 '三指'이다.

580) 저본은 '道'인데 원문은 '中道'이다.

581) 토끼뿔은 보통 이름만 있고 실재가 없는 것을 비유로 가리키는데 여기서는 실재는 없지만 그 이름(名字相)은 있음을 말하였다.

〈231〉

霑頂而甘露光新.

頓悟一心之時. 如醍醐入心. 甘露霑頂.

장마가 한창인 때 감로의 빛이 비추는 것과 같네!

一心을 돈오(頓悟)한 때는
마치 제호(醍醐)가 들어 온 듯 하고,
장마가 한창인 때 감로의 빛이 비추는 것과 같다.

〈232〉

寂默無言. 因居士而薦旨.

文殊問維摩居士. 如何是真入不二法門. 居士默然. 斯乃顯一心不二之妙旨.

(문수보살의 물음에 유마거사가) 묵언으로 답하였으니
유마거사로 인하여 그 (묘한) 뜻이 드러났다.

문수보살이 유마거사에게 물었다. "어떠한 것이 不二法門에 진실로 들어
가는 것입니까?" 거사가 아무 말이 없었다.[583] 이것이 곧 一心이어서 不二인

---

582) 澄觀의 『華嚴經隨疏演義鈔』권21. 『대정장』권36.

392

妙旨를 드러낸 것이다.

〈233〉

虛空絶相.化闍王而悟真.

文殊菩薩化阿闍世王.王以袈裟親自挂文殊身上.而不見文殊身.及挂大
衆.亦不見身.返挂自身.亦不見身及衣.但見虛空相.因茲悟道.

허공처럼 相이 끊어졌음을 보고,
(문수보살이) 교화함에 아사세왕이 진여를 깨달았다.

문수보살이 아사세왕을[584] 교화하면서 왕으로 하여금 가사를 친히 문수
보살의 몸에 걸치게 하였는데 문수의 몸을 볼 수 없었다. 그리고 대중에게
(가사를) 걸치게 하였는데 또한 (그들의) 몸을 보지 못하였다. 돌아와 자신의
몸에 걸쳐 보니 또한 몸과 옷을 보지 못하였다. 단지 허공상만 보일 뿐이었다.
이로 인해 깨달았다.

---

583) 『유마경』권중 佛道品第八.『대정장』권14, 551c.
584) 아사세왕(阿闍世王 Ajātaśatru)은 부처님 당시 마갈타국의 빈비사라왕(Bimbisāra)
　　의 아들인데 제바달다의 꼬임에 빠져 부왕을 살해하고 즉위하여 악행을 저질렀으
　　나 후에 부처님의 교화로 참회하고 佛道를 행하였다.

〈234〉

慧日晶明. 信心調直. 被大乘衣而坐正覺牀. 飮菩提漿而[(歹*又)/食]禪悅食.

大涅槃經云. 汝等雖染衣出家. 未披如來大乘法衣. 法華經云. 如來座者. 一切法空是. 夫出家人. 識心達本. 故號沙門. 擧足下足. 乃至著僧伽棃. 念念皆與摩訶衍相應. 飮正法味. [(歹*又)/食]涅槃食. 所以阿難爲不了心宗. 懺悔云. 我身雖出家. 心不入道. 如黃蘗和尚云. 達磨西來. 唯傳一心法. 直下指一切衆生心. 本來是佛. 不假修行. 但令識取自心. 見自本性. 莫別求法. 云何識自心. 卽如今言語者是汝心. 若不言語. 又不作用. 心體猶如虛空相似. 實無相貌. 亦無方所. 亦不一向是無. 祇是有而不見. 又云. 但悟一心. 更無少法可得. 此卽眞佛. 佛與衆生一心. 更無有異. 不如言下自認取本法. 此法卽心. 心外無法. 此心卽法. 法外無心. 又仰山和尚云. 頓悟自心無相. 猶若虛空. 寄根發明. 卽本心具恒沙妙用. 無別所持. 無別安立. 卽本地. 卽本土.

慧日이 훤하게 밝고,
신심이 반듯하다.
대승의 옷을 입고 正覺의 자리에 앉아
보리의 미음과 선열(禪悅)의 음식을 먹는다.

　『대열반경』에 이른다. 「너희들은 비록 물들인 옷(승복)을 입고 출가하였으나 아직 여래의 大乘法衣를 입지 못하였다.」[585] 『법화경』에 이른다.

_____

585) 『대반열반경』권2 壽命品第一之二. 『대정장』권12,376b. 경문을 약간 줄여서 인

「여래가 앉아 있는 곳은 일체 모든 것이 空인 자리이다.586) 무릇 출가인은 마음의 근본(心性)을 알아 통달하는 까닭에 사문이라고 칭한다. 다리를 들었다 놓을 때 내지 승가리를587) 입을 때 念念에 항상 마하연(대승)에 상응해야 한다. 正法의 맛을 마시고, 열반의 음식을 먹는다. 까닭에 아난이 心宗(心性)을 깨닫지 못하여 참회하며 이르길, "내가 비록 출가하였으나 마음은 도에 들지 못하였다."고 하였다. 이를테면 황벽(황벽희운 ; ? ~ 850)(화상)이 이른다. "달마가 인도에서 오신 이래 오직 一心의 법을 전하였다. 곧바로 모든 중생의 마음이 본래 佛임을 가리키셨다. (그래서) 수행을 빌릴 필요가 없다. 단지 自心에서 그 본성을 보도록 할 뿐 따로 별개의 법을 구하지 말라! 어떻게 自心을 아는가(깨닫는가)? 즉 지금 말하고 있는 것이 바로 너의 마음이다. 만약 말하지도 않고, 작용도 하지 않는다면 심체는 마치 허공과 비슷한 것이어서 사실 아무런 모습도 없고, 또한 있는 곳도 없다. 또한 항상 없지도 않다. 단지 있어도 見함이 없다."588) 또 이른다. "단지 一心을 깨달으면 그 밖에 더 얻을 법이 조금도 없다. 이것이 곧 眞佛이다. 佛과 중생이 一心이어서 다른 것이 없다. 言下에 스스로 本法(一心)을 인지하는 것만 한 것이 없다. 이 (모든) 법이 곧 마음이니 마음 밖에 아무 것도 없다(心外無法). 이 마음이 곧 법이며, 법 외에 마음이 없다.589)

용하였다.

586) 『법화경』권4 法師品第十. 『대정장』권9, 31c.

587) 승가리(僧伽梨 saṅghāṭī)는 승려가 갖추는 三衣 가운데 하나로 九條 이상의 승복이다. 외출이나 중요한 의식에 착용한다.

588) 『傳心法要』 전반의 내용을 뜻으로 요약하여 옮겼다. 앞 부분의 원문은 다음과 같다. 「心外更無別佛. 祖師西來, 直指一切人, 全體是佛, 汝今不識!. 執凡執聖, 向外馳騁, 還自迷心. 所以向汝道. '卽心是佛'」 『대정장』권48.

589) 『전심법요』 전반의 내용을 뜻으로 요약하여 옮겼다. 일부 인용 원문만 여기에 옮긴다.

또 앙산(仰山慧寂 ; 807~883)화상이 이른다. "자심이 無相이어서 마치 허공과 같은데 根(6근 : 감각기관)에 기대서 (의지해서) 發明하는 것임을 돈오(頓悟)하면 바로 본심에 항하사의 妙用이 갖추어지니 다른 것에 의지할 바가 없고, 별개의 것을 안립할 필요가 없다. 이리하여 바로 本地(本心, 一心)에 즉하고, 本土(本心, 一心)에 즉한다.

〈235〉

善財知見.擧目而皆入法門.華藏山河.立相而無非具德.

善財童子.登山入閣.皆證法門.以真心遍一切處故.隨處發明.咸得見道.所以還源觀云.華藏海內.其中莫問若山若河.皆具如來時智德.

선재동자가 깨달으니
보는 자리마다 모두 법문에 들어갔다.
화장세계의 산하가
세워진 모습 그대로 덕을 갖추지 않음이 없었다.

선재동자가 산에 올라 전각에 들어가서 법문을 모두 증득하였다. 眞心이 일체처에 두루 한 까닭에 어느 곳에서나 發明하여 모두 도를 깨달았다. 까닭에 『환원관(妄盡還源觀)』에 이른다. 「화장세계에서 그 가운데 산이든 강이든 막론하고 모두 여래의 智德을 갖추고 있다.」[590]

「但悟一心, 更無少法可得. 此即真佛, 佛與衆生, 一心無異.」『대정장』권48.
590) 현수법장의 『망진환원관』. 『대정장』권45. 원문을 약간 간략히 하여 인용하였다.

〈236〉

羣蒙盡正.一榘齊平.迹分塵界而不濁.性合眞空而靡淸.體凝一
味而匪縮.用周萬物而非盈.

此一心法.湛然不動.雖隨事開合.任物卷舒.其體未曾增減.設對機說法.廣
略開遮.不可執方便之言.迷於宗旨.如華嚴經頌云.言詞所說法.小智妄分
別.是故生障礙.不了於自心.不能了自心.云何知正道.彼由顚倒慧.增長一
切惡.

뭇 사물들이 온전한 올바름을 지녔으니
하나로 고루 평등하다.
자취가 티끌 세계로 나뉘어졌으되 혼탁하지 아니하고,
성품이 眞空에 합치되어 있되 청정하지 않다.
體가 一味에 응결되어 있되 응축되지 아니하고,
만물에 두루 하되 넘치지 않는다.

  이 一心의 법은 고요해서 움직이지 아니한다. 비록 事에 따라 열리고
닫히고, 사물 따라 말고(卷) 펴지만(舒) 그 體는 일찍이 증감한 바가 없다.
설령 근기 따라 법을 설하고, 넓게 설하거나 간략히 설하기도 하며, 열기도
하고(開) 닫기도 하더라도(遮) 방편의 언설에 집착하여 宗旨에 미혹되지 않는
다. 이를테면 『화엄경』의 게송에 이른다.

    언사(言詞)로 설한 법을
    조그만 지혜로 망령되이 분별하니

이 때문에 장애가 일어난다.
自心에서 깨닫지 못하면
自心을 깨달을 수 없는 것이나니
어떻게 正道를 알 것인가!
그러함은 전도(顚倒)된 지혜에 연유한 것이니
모든 악을 증장시킨다.591)

〈237〉

似天中意樹之林.常隨天轉.

天中有如意樹.常隨諸天意轉.

마치 하늘에 있는 여의수(如意樹) 숲이
항상 하늘 따라 도는 것과 같네!

하늘에 如意樹가 있어 항상 여러 하늘의 뜻에 따라 돈다.

〈238〉

若人間心想之處.還逐人成.

一切境界.因想而生.故經云.一切國土.唯想持之.華嚴經頌云.一切諸國土.

---

591) 『화엄경(80권본)』권16 昇須彌山頂品第十三. 『대정장』권10, 082a.

想網之所現. 幻網方便故. 一念悉能入. 又論云. 離人無有法. 離法無有人.

(모든 경계는) 인간이 마음으로 상념하는 자리에서
다시 사람 쫓아 이루어진다.

모든 경계는 상념으로 인하여 생긴다. 까닭에 경에서 이르길, 「모든
국토는 오직 상념으로 지탱된다.」고 하였다. 『화엄경』의 게송에 이른다.

일체의 모든 국토는
상념의 그물이 나타난 것이나니
환상의 그물은 방편의 법으로 인하여
모두 능히 일념에 들어갈 수 있다네.[592]

또 論에서 이른다. 「사람 떠나 법이 없고, 법을 떠나 사람 없다.」

〈239〉

貧濟驪珠. 幽冥玉燭. 如來寶眼而自絶纖毫.

佛眼無外. 豈立纖毫.

가난은 아름다운 보배구슬이 구해주고,
어두움은 옥촉(玉燭)이 밝혀주듯이

---

592) 『화엄경(80권본)』권49 普賢行品第三十六. 『대정장』권10, 261c.

여래의 보안(寶眼)에는 터럭 끝도 스스로 사라진다.

불안(佛眼)에는 밖에 다른 것이 없는데 어찌 터럭 끝이라도 있겠는가!

〈240〉

金沙大河而更無迴曲.

金沙大河. 直入大海. 以表正見直入心海.

금사대하(金沙大河)에 다시는 회감아 도는 곳이 없다.

金沙大河는 大海로 直入한다. 이로써 正見으로 心海에 直入함을 나타내었다.

〈241〉

金沙大河. 直入大海. 以表正見直入心海.

若海中之鹹味. 物物圓通. 猶色裏之膠青. 門門具足.

如傅大士心王銘云. 無形無相. 有大神力. 能滅千災. 成就萬德. 體性雖空. 能施法則. 觀之無形. 呼之有聲. 為大法將. 持戒傳經. 水中鹽味. 色裏膠青. 決定是有. 不見其形. 心王亦爾. 身內居停. 面門出入. 應物隨情. 自在無礙. 所作皆成. 色裏膠青者. 書云. 青出於藍. 而青於藍. 冰結於水. 而寒於水. 又一切法中. 皆有安樂性. 則是色總持門. 如大般若經云. 一切法趣色. 色尚不可得. 云何當有趣非趣. 如是其歷諸法皆然. 般若意似當諸法之性. 不異色性.

故皆趣色. 色不可得. 當法性空. 既無所趣. 安有能趣. 若智者意. 一切法趣
色. 假觀. 色尚不可得. 空觀. 云何當有趣非趣. 即中道觀. 今但要初句. 以取
色性. 爲諸法依. 以性普收. 故皆趣色. 則一色中具一切法. 是事事無礙之義.
故隨一法皆收法界故.

바닷물의 짠 맛과 같이
物物이 (똑같이) 원만히 통해져 있음이
마치 색채 속의 교청(膠靑) 물감이
색칠된 문마다 구족되어 있는 것과 같네!

이를테면 부대사(傅大士)의 『심왕명(心王銘)』에 이른다.

형상이 없되
大神力이 있어
능히 수천의 재앙을 멸하고
만덕을 성취하며,
체성이 비록 空하나
능히 법칙을 베푼다.
보건대 형상이 없고,
부르니 소리가 있다.
대법장(大法將)이 되어
心戒로[593] 경을 전한다.

---

593) 저본은 '持戒'이나 『심왕명』 원문은 '心戒'이다. 뜻으로 보아 '心戒'가 옳다.

물속에 소금 맛이 있고,

색채 속에 교청(膠靑) 물감이 있듯이

결정코 있으나

그 모습이 보이지 않는다.

心王도 또한 이와 같아

몸 안에 자리하고 있으면서

面門으로 출입하며,

사물에 응하고 情에 따름에

자재하여 걸림 없이

짓는 바를 모두 이룬다.594)

'색채 안에 교청(膠靑) 물감이 있다' 함은, 書(『荀子』권학편)에 이르길, 「푸른 물감이 쪽에서 나오지만 그 푸름이 쪽보다 더하다. 얼음이 물에서 응결되지만 물 보다 더 차다.」595) 또한 일체 모든 것에는 다 안락성(安樂性)이 있으니 이것이 색총지문(色總持門)이다. 이를테면 『대반야경』에 이른다. 「일체 모든 것이 色에 취(趣 : 趣向, 함께 어울림)하는 性이 있는데 色도 얻을 수 없거늘 어떻게 趣(취향 함이 있음)와 非趣(취향 함이 없음)가 있을 수 있겠는가!」596)

---

594) 『선혜대사록』「심왕명」. 『만속장』권69.

595) 『荀子』권학편에 "靑, 取之于藍, 而靑于藍. 冰, 水爲之, 而寒于水."

596) 이 구절은 『대반야경』권313에서 권316에 이르기까지 각 법에 대해 하나하나 설해진 내용 가운데 한 부분인데 뜻으로 요략하여 옮겼다. 권313 初分眞善友品第四十五之一의 원문은 다음과 같다. 「爲諸有情宣說開示, 色處非趣非不趣. 何以故? 以色處性空, 空中無趣無不趣故.」『대정장』권6, 608c. 또 일체 모든 것은 空을 所趣로 하기에 趣와 非趣를 얻을 수 없다는 구절이 같은 경에 반복되어 설해진다.

이와 같은 성품을 갖춘 것이 모든 것에 다 뚜렷하다. 반야의 뜻은 모든 것의 성품이 色의 성품과 다르지 않은 듯 하기에 모두 色에 趣(취향)한다는 것이다. (그런데) 色을 얻을 수 없기에 그 것의 성품이 空하다. 이미 趣할 바가 없는데 어찌 能趣(취향하는 자)가 있겠는가! 智者의 뜻으로는, '일체 모든 것이 色에 趣(취향)한다' 함은 가관(假觀)이다. '色도 얻을 수 없다'라 함은 空觀이다. '어떻게 趣와 非趣가 있겠는가'라 함은 바로 中道觀이다. 지금 단지 첫 句에 의한다면 色의 性을 取하여 모든 것의 의지처로 삼았다. 性으로 두루 거두어들인 까닭에 모두 色을 趣한다 하였으니 一色 가운데 일체 모든 것을 갖춘다. 이것이 사사무애(事事無礙)의 뜻이다. 까닭에 一法에 따라 모두 법계를 거두어들이는 것이다.

〈242〉

孤高獨步. 瑩徹攄情. 意根淨而寶坊淨.

淨名經云. 心淨即佛土淨. 又云. 心淨故衆生淨. 心垢故衆生垢. 如一切垢淨世界. 及台教四土. 祇是一自性清淨心. 此心若淨. 一切佛土皆悉淨也. 如鏡明則照遠. 鈴響則聲高. 是以華嚴經頌云. 佛刹無分別. 無憎無有愛. 但隨衆生心. 如是見有殊. 又攝論云. 一切淨土. 是諸佛及菩薩唯識智為體. 即金剛般若論云. 智習唯識通. 如是取淨土. 若佛地論. 以佛自在無漏心為體. 非離佛淨心外. 別有實等淨心色也. 又云. 色等即是佛淨心所感. 離佛自心之外. 別無能感. 如是假實之色. 皆不離佛淨心. 即此淨心. 能顯假實之色. 故經云. 青色青光. 黃色黃光等是也.

고고하게 독보하며,

환하게 트여 본성을597) 편다.

의근(意根)이 청정하니 보배 세계(佛國土)도 청정하다.

『정명경(유마경)』에 이른다. 「마음이 청정하니 佛土가 청정하다.」"598)
또 이른다. 「마음이 청정하니 중생이 청정하고, 마음이 더러우니 중생이
더럽다.」599) 마치 모든 더럽고 청정한 세계와 같다. 그리고 천태교에서
四土도600) 단지 하나의 자성청정심이다. 이 마음이 청정하면 일체 모든
불토가 다 청정하다. 마치 거울이 밝으니 멀리 비추고, 방울소리가 메아리치
니 소리가 높아지는 것과 같다. 이 까닭에 『화엄경』의 게송에 이른다.

불찰(佛刹 : 불국토)은 분별함이 없고,

증오함도 사랑함도 없다.

단지 중생심 따라

이와 같이 다르게 보이는 것일 뿐이네!601)

또 『섭대승론』에 이른다. 「일체 모든 淨土는 모든 부처님과 보살의 (일체
가) 오직 識일 뿐이라는 지혜를 體로 한다.」602) 즉 『금강반야론』에 이른다.

---

597) 여시서의 '情'은 本性을 뜻한다.

598) 『유마경』불국품第一. 원 경문은 "隨其心情, 則佛土淨."

599) 『유마경』제자품第三. 저본에는 두 문장의 순서가 바뀌어졌다.

600) 四土를 四佛土・四種淨土・四種國土라고도 한다. 보통 天台宗의 지의(智顗)
가 세운 四種佛土인 凡聖同居土・方便有餘土・實報無障礙土・常寂光土를 가
리킨다. 『법화현의』권6하.

601) 『화엄경(80권본)』권13 光明覺品第九. 『대정장』권10, 068c.

602) 『섭대승론』권상 應知勝相第二之一에 이러한 뜻의 법문이 널리 설해져 있다.

「오직 識일 뿐이라는 지혜로 수습하여 통달하나니 이와 같이 정토를 얻는다.」
이를테면『佛地論』에서「부처님은 자재하고 무루(無漏)한 마음을 體로 하는
까닭에 부처님의 청정한 마음을 떠나서 그 밖에 별다른 진실하고 평등하며
청정한 心色이[603] 없다.」고[604] 하였다. 또 이른다. 「色 등이 바로 佛의
청정심의 소감(所感 : 감득된 것)이니(佛의 청정심이 감득한 것이니) 佛의 自心을
떠나 그 밖에 다른 能感(감득하는 자)이 없다. 이와 같이 가유(假有)와 實
모두에 통하는 色이 모두 佛의 청정심을 떠나지 않았다. 그래서 이 청정심이
능히 假有와 實 모두에 통하는 色을 드러낸다. 까닭에 경에서 이르길, 「靑色靑
光과 黃色黃光 등이 그러하다.」고[605] 하였다.

〈243〉

心地平而世界平.

首楞嚴經云. 毗舍如來摩持地菩薩頂言. 當平心地. 則世界地一切皆平.

---

603) 마음을 하나의 물건으로 표현하여 心色이라 하였다. 그러나 텅 비어 고요한 것
　　이라 色이라 할 수도 없되 없지도 않아서 心色이라 한 것이다.
604) 『佛智經論』권1. 『대정장』권26. 원 경론을 약간 바꾸어 인용하였다. 원문은「佛
　　無漏心以為體相. 唯有識故, 非離識外別有實等.」
605) 같은 문장은 아니나 『불지경론』권3에 같은 뜻을 설명한 긴 단락이 있다.
　　「諸佛無有一切有漏種子法故. 雖復現化作生死身業煩惱等, 似苦集諦, 實是無
　　漏道諦所攝. 隨世俗相名五十二十八蘊等, 而實非是蘊處界攝. 離戲論故, 離諸
　　相故. 如是五法皆通假實. 不待名言, 此餘根境皆實有故. 若待名言, 此餘根境
　　皆假有故. 又淨法界, 真如為體, 是實有故. 依真建立擇滅等相, 是假有故. 諸心
　　智等青黃色等, 是實有故. 不放逸等長短色等, 是假有故.」

마음의 땅이 평평해지면 세계가(세계의 땅이 다) 평평해진다.

『수능엄경』에 이른다. 「비사여래가 지지(持地)보살의 정수리를 만지며 말씀하셨다. "마땅히 마음의 땅을 평평하게 하면 세계의 땅 모두가 다 평평해지느니라!"」[606]

〈244〉

若拂霧以披天.神襟頓爽.似撥雲而見日.法眼恒清.

悟心之時.頓消積滯.如彌勒成道偈云.久欲度眾生.欲拔無由脫.今日證菩提.豁然無所有.

안개가 거두어져 하늘이 열리니
신금(神襟 : 마음)이 단박에 상쾌해지는 것과 같고,
구름이 사라지니 해가 보이듯
法眼은 항상 청정하다.

마음을 깨닫는 때에 적체(積滯)된 것이 단박에 사라진다. 이를테면 「미륵(彌勒) 成道偈」에 이른다.

---

606) 『대불정수능엄경』권5. 원 경문은 「我於爾時平地待佛. 毘舍如來摩頂謂我, ‘當平心地, 則世界地一切皆平.’」『대정장』권19. 127b. 지지보살이 수많은 세월 동안 운송 등에 힘들어 하는 중생을 위해 땅을 평평하게 해 온 것을 말함에 비사여래가 위와 같이 설하였다.

오래도록 중생을 제도하고자 하였고,
고통을 제거해주고자 하였으나 벗어나게 해줄 수가 없었는데
오늘에야 보리를 증득하니
확 트여 있는 바가 없네![607]

〈245〉

一道逍遙.羣心仰慕.保證而猶玉璽之眞文.

一切萬法.皆為心之所印.如王寶印.無前後際.故法句經云.森羅及萬象.一
法之所印.云何一法中.而見有種種矣.

하나의 도에서 소요(逍遙)하니
뭇 사람의 마음이 앙모(仰慕)하네!
보증(保證)함이 마치 옥새가 찍힌 眞文과 같네!

일체 모든 것은 모두 마음이 인(印)한 바이다. 마치 임금의 보인(寶印)과
같아 前과 後의 시제(時際)가 없다. 까닭에 『법구경』에 이른다. 「삼라만상은
一法이 印한 바인데 어떻게 一法 중에 갖가지 것들이 있다고 보는 것인가?」[608]

---

607) 『佛說미륵대성불경』.『대정장』권14. 원 경문은 「久念衆生苦, 欲拔無由脫. 今者
　　 證菩提, 霍然無所礙.」
608) 『佛說법구경』普光問如來慈偈答品第十一.『대정장』권85, 1435a.

〈246〉

包藏而若瓊林之寶庫.

第八識包含. 猶如庫藏. 含藏十法界種子. 無法不足.

포함해서 저장함이 마치 경림(瓊林：玉林)의 보고(寶庫)와 같다.

제8식(아뢰야식, 장식)이 (모든 것, 모든 종자를) 포함함이 마치 창고에 저장함과 같다. 十法界의 종자를 함장하여 부족한 것이 없다.

〈247〉

久行方了. 具遍吉之明宗.

遍吉是普賢菩薩. 首楞嚴經頌云. 心聞洞十方. 生於大因力. 初心不能入. 云何獲圓通.

오랫동안 행하여 바야흐로 깨달으니
변길(遍吉：보현보살)의 밝은 종지를 갖추었네!

변길(遍吉)은 보현보살이다. 『수능엄경』의 게송에 이른다.

마음으로 깨달아 十方에 통달함은
大因力(大因行力, 대보살행)에서 나오나니

初心으로는 들어갈 수 없는데 (아직 마음이 있기 때문)

어떻게 원통(圓通)을 얻겠는가![609]

〈248〉

初學易親.成慈氏之入路.

首楞嚴經云.彌勒菩薩云.得成無上妙圓識心三昧.乃至盡如來國土淨穢有
無.皆是我心變化所現.我了如是唯心識故.識性流出無量如來.

初學도 (唯識의 요지로)

자씨(慈氏 : 미륵보살)에 들어가는 길에

쉽게 가까워진다.

『수능엄경』에 이른다. 「미륵보살이 이른다. '위없는 묘원식심삼매(妙圓
識心三昧) 내지 如來國土, 청정함과 더러움, 有와 無가 모두 나의 마음이
변화하여 나타난 것이다. 내가 이와 같이 오직 心識일 뿐임을 깨달은 까닭에
識性이 한량없는 如來를 流出한다.」[610]

〈249〉

正念纔發.狐疑自惺.匪五目之可鑒.豈二耳之能聽.

---

609) 『대불정수능엄경』권6 普光問如來慈偈答品第十一. 『대정장』권19, 130b.
610) 『대불정수능엄경』권5. 『대정장』권19, 128a.

五眼者.肉眼.天眼.慧眼.法眼.佛眼.佛言.我以五眼尚不見.云何無目凡夫
而稱見乎.二耳者.一凡耳.二天耳.道書云.上士神聽.中士心聽.下士耳聽.

正念이 비로소 나오니

요망스런 의심에서 저절로 깨어난다.

五目(五眼)으로도 볼 수 없거늘

어찌 二耳(凡耳와 天耳)로 들을 수 있겠는가!

五眼이란 육안(肉眼)·천안(天眼)·혜안(慧眼)·법안(法眼)·불안(佛眼)
이다. 부처님이 말씀하셨다. "내가 五眼으로도 보지 못하거늘 하물며 어찌
눈도 없는 범부가 본다고 하겠는가!" 二耳란 1은 凡耳(범부의 耳), 2는 天耳이
다. 道書에 이른다.「上士는 神으로 듣고, 中士는 마음으로 들으며, 下士는
귀로 듣는다.」

〈250〉

非有而非空.故稱卓絕.不出而不在.實謂通靈.

首楞嚴經云.汝之心靈.一切明了.是知性自神解.寂照泠然.如靈辯和尚云.
夫一心不思議.妙義無定相.應時而用.不可定執.經云.一切賢聖.皆以無為
法而有差別.用有差別.隨處得名.究竟不離自心.此心能壞一切.能成一切.
故云一切法皆是佛法.心作天.心作人.心作鬼神.畜生地獄.皆心所為.好惡
皆由心.要生亦得.要不生亦得.即是無礙義.祇今一切施為.行住坐臥.即是
心相.心相無相.故名實相.體無變動.亦名如來.如者不變不異也.無中現
有.有中現無.亦名神變.亦曰神通.總是一心之用.隨處差別即多義.一中解

無量. 無量中解一. 了彼互生起. 當成無所畏. 又東方入正定. 西方從定出. 若
了心外無法. 一切唯心. 即無一法當情. 無有好惡是非. 即不怖生死. 一分處
皆是. 故云當成無所畏. 無所畏即佛. 佛具四無畏也.

非有이되 非空이니 탁절(卓絶)이라 칭하고,
不出이되 不在하니 실로 통령(通靈)하였다 하네!

『수능엄경』에 이른다. 「너의 심령(心靈)이 일체 모든 것에 명료(明了)하다.」[611]
이로 알건대 성품이 스스로 神解하여 고요히 비추되 깨달아 안다. 이를테면
영변화상(靈辯和尚)이 이른다. 「무릇 一心은 불가사의하고, 그 妙義는 일정한
상이 없어 때에 응해 작용하니 단정하여 집착해서는 안 된다.」 경에 이른다.
「모든 현성(賢聖)이 다 무위법이되 차별이 있다. 작용함에 차별이 있어
곳에 따라 이름을 얻지만 구경에 自心을 떠나지 않는다. 이 마음이 능히
일체를 부수고 일체를 이룬다.」 까닭에 이르길, 「일체법이 다 佛法이다.」
고[612] 하였다. 마음이 하늘을 짓고, 마음이 사람을 지으며, 마음이 귀신을
짓는다. 축생과 지옥이 다 마음이 한 것이다. 좋아하고 싫어함도 다 마음에
말미암은 것이다. 生하여도 얻고, 생하지 않아도 또한 얻는다. 이것이 바로
걸림 없다는 뜻이다. 단지 지금의 모든 행위, 행주좌와가 바로 心相이다.
心相은 無相이다. 까닭에 이름 하길 實相이라 한다. 體에 변동함이 없으니
또한 이름 하길 如來라 한다. '如'란 변이(變異)하지 않음이다. 無 가운데
有가 드러나고, 有 가운데 無가 드러난다. (그래서) 또한 이름 하길 신변(神變)
이라 하고, 또한 신통이라 한다. 모두 一心의 작용이다. 곳에 따른 차별이

---

611) 『대불정수능엄경』권1. 『대정장』권19, 107b.
612) 『금강경』

있으니 이는 바로 多의 뜻이다. 하나 가운데서 한량없는 것을 안다. 한량없는 것 중에서 하나를 안다. 그것들(一과 多)이 서로 생기게 함을 깨달으면 응당 두려움 없음을 이룬다. 또한 東方에서 正定에 들었다가 西方에서 선정으로부터 나온다. 만약 마음 밖에는 아무 것도 없고, 일체가 오직 마음일 뿐임을 깨달으면 情을 둘 것이 한 가지도 없어 좋다 나쁘다 是非할 것도 없고, 그래서 생사에 두려워하지도 않는다. 일체 모든 곳이 다 이러하다. 그래서 이르길, '응당 두려움 없음을 성취한다'고 하였다. 두려움 없음이 곧 佛이다. 佛은 네 가지의 두려움 없음(四無所畏)을[613] 갖춘다.

〈251〉

塵思俱逃.煩機頓洗.

未悟道時.多與妄慮.纏了心日.想念不生.故經云.識停閑靜.想滅無爲.又
首楞嚴經云.想相爲塵.識情爲垢.二俱遠離.則汝法眼應時淸明.云何不成
無上知覺.又大乘理觀.不念諸佛.卽是念覺.故昔人云.眞如無念.非念法能
階.實相無生.豈生心能至.無念念者.則念眞如.無生生者.生乎實相.故起
信云.若知雖念無有能念所念.是名隨順.若離於念.名爲得入.淨名云.常求
無念實相智慧.故般若云.若念一切法.不念般若波羅蜜.不念一切法.則念

---

613) 四無所畏는 부처님의 18不共法에 들어간다.
   (1) 諸法現等覺無畏 : 正見에 머물러 굴복함이 없어 두려움 없는 자신을 갖춤.
   (2) 一切漏盡智無畏 : 모든 번뇌를 다 끊고, 바깥의 고난에 두려움이 없음.
   (3) 障法不虛決定授記無畏 : 수행에 장애됨이나 어떠한 비난에도 두려워함이
       없음.
   (4) 證一切具足出道如性無畏 : 出離의 道를 설하여도 두려워함이 없음.

412

般若波羅蜜.

(6塵) 경계와 상념이 다 사라지고,
번뇌의 기틀이 단박에 씻어진다.

아직 도를 깨닫지 못하였을 때는 망령된 상념이 많이 일어나다가 바로
心日을 깨달으면 상념이 생기지 않는다. 까닭에 경에서 이른다. 「識이 일어남이
멈추고, 한가롭고 고요해지면 상념이 멸하여 함이 없게 된다(無爲).」 또 『수능엄
경』에 이른다. 「상념의 相은 진(塵 ; 티끌, 먼지)이고, 識情은 때(垢 ; 더러움)이다.
두 가지를 모두 멀리 떠나면 너의 법안이 때에 응하여 청명해질 것인데
어찌 위없는 知覺이 이루어지지 않겠는가!」614) 또 대승의 理觀에서 諸佛을
念하지 아니함이 바로 覺을 念함이라고 한다.615) 까닭에 옛 분이 이른다.
「진여는 念함이 없다. (무엇을) 念하는 법으로는 능히 나아갈 수 없다. 實相은
생함이 없는데 어찌 생하는 마음으로 능히 이를 수 있겠는가! (본래 심성이)
念함이 없음을 念하면 眞如를 念함이 된다. 생함이 없음을 생함이 실상을
생함이다. 까닭에 『기신론』에 이른다. 「비록 念하더라도 能念(念하는 자)과
所念(念되는 相)이616) 없음을 안다면 이를 이름 하여 수순함이라 한다. 念을
떠나면 이름 하여 (無生의 자리에) 들어감(得入)이라 한다.」617) 『정명경(유마
경)』에 이른다. 「항상 無念을 구함이 實相 지혜행이다.」618) 까닭에 『반야경』

---

614) 『대불정수능엄경』권4. 『대정장』권19, 124b.
615) 佛을 念하면 念함이 있다. 그러나 본래 念함이 없는 자리가 心性(覺)이며 분별
떠남이 진여인 까닭에 念함 없으면 覺에 있는 것이 된다.
616) 원문은 「所念」이 「可念」인데 같은 뜻이다.
617) 『기신론』. 『대정장』권32.
618) 『유마경』권하보살행품第十一. 『대정장』권14, 554b. 저본의 '實相智慧'는 원 경

에서 이른다. 「일체법을 念하면 (이는) 반야바라밀을 念함이 아니다. 일체법
을 念하지 않으면 반야바라밀을 念함이 된다.」

〈252〉

迥超萬行之先. 深徹法源之底. 月光大士. 變清水於自心.

首楞嚴經云. 月光童子初習水定. 弟子窺牖觀室. 唯見清水. 取一瓦礫投於
水內. 出定之後頓覺心痛故知定果色. 皆是定中意識所變.

萬行의 시초를 멀리 뛰어넘고,
법원(法源)의 바탕을 깊이 통철(通徹)하니
月光동자가 自心에서 맑은 물로 변화시켰다.

『수능엄경』에 이른다. 「月光동자가 처음 水定을 닦고 있었다. 제자가
방 안을 엿보았는데 오직 맑은 물만 보이기에 하나의 자갈을 주어 물 안에
던졌다. (월광동자가) 선정에서 나오자 바로 가슴이 아팠다.」[619] 까닭에
알건대 선정에서 이루어진 色도 모두 선정 중에 의식이 변화된 것이다.

〈253〉

空藏高人. 現太虛於本體.

문에서 '實相智慧行'이다.
619) 『대불정수능엄경』권5. 『대정장』권19, 127c.

首楞嚴經云.虛空藏菩薩云.我得無邊身.爾時手執四大寶珠.照明十方微
塵佛刹.化成虛空.又於自心現大圓鏡.內放十種微妙寶光.流灌十方盡虛
空際.

공장고인(空藏高人 : 허공장보살)이
본체에서 태허(太虛)를 나타내었다.

　『수능엄경』에 이른다.「허공장보살이 이른다. "제가 (定光佛 계신 곳에서)
가 없는 몸을 얻었습니다. 이 때 손으로 사대보주(四大寶珠)를 쥐고, 十方의
미진수(微塵數)의 불찰(佛刹)을 밝게 비추고, 허공으로 변화시켰습니다. 또
자심에서 대원경(大圓鏡)을 드러내고, 안으로 10종의 미묘한 보광(寶光)을
발하여 十方의 모든 허공에 흘러 보냈습니다.」[620]

〈254〉

甄明暢志.悟入怡神.若旱天而遍霶甘澤.猶萎草而頓遇陽春.

　涅槃經云.純陀白佛言.世尊.唯願世尊.霶甘露雨.灑我心田.又如大地.得
遇春雨.草木[泳-永+費]發.故云.萬物得地而生.萬行得理而成.所以般若經
云.一心具足萬行.

밝게 분간하여 뜻을 펴고
깨달아 기쁨이 넘치니

---

620) 『대불정수능엄경』권5, 『대정장』권19, 128a.

마치 가뭄에 단비가 두루 적셔주는 것 같고,

시든 풀이 갑자기 양춘(陽春)을 만난 듯하다.

『열반경』에 이른다. 「순타가 부처님께 말하였다. "세존이시어! 오직 원하

옵건대 세존이시어! 단비를 내려주시어 저의 마음의 밭을 맑게 씻어주십시

오! 또한 마치 대지가 봄비를 만나 초목이 생기를 띠게 되는 것과 같게

해주옵소서!」621) 까닭에 이르길, 「만물이 땅을 얻어 생하고, 만행은 理를

얻어 이루어진다.」고 하였다. 까닭에 『반야경』에 이르길, 「일심에 만행을

구족한다."고 하였다.

〈255〉

翠羽紅鱗.普現色身之三昧.霞峯霧浉.同轉根本之法輪.

一切聲是佛聲.一切色是佛色.又山河大地.一一皆宗.

푸른 깃털과 붉은 비늘이 두루 색신삼매를 드러내고 있으며,

노을 어린 봉우리와 안개 낀 물가가

똑같이 근본의 법륜을 굴리고 있다.

일체 모든 소리가 佛의 소리이며, 모든 色이 佛의 色이다. 또한 산하대지

하나하나가 다 근본이다.

---

621) 『열반경(40권본)』에 이러한 문장은 보이지 않으나 상통하는 뜻을 설한 부분이
여러 곳에 있다. 권9 如來性品第四之六에 특히 비슷한 내용이 보인다.

⟨256⟩

智朗昏衢. 夢驚長夜.

　識論云. 一切衆生. 以第七識為長夜. 如夢時不知是夢. 覺時方悟. 如迷時不
　了自心是佛. 悟時方知. 故經云. 佛者覺也. 如睡夢覺. 如蓮華開.

（본심의） 지혜가 （본래） 밝건만 혼미함에 사거리에서 헤매고,
긴 밤 내내 꿈속에서 놀라워한다.

　『識論』에[622] 이른다. 「모든 중생은 제7식（마나식, 意)으로 긴 밤을 보내고
있다. 마치 꿈 꿀 때 이것이 꿈인 줄 모르다가 깨어나면 비로소 （꿈이었던
것을） 깨닫게 되는 것과 같다. 미혹한 때에는 自心이 佛인 줄 알지 못하다가
깨닫는 때에야 알게 되는 것과 같다.」 까닭에 경에서 이른다. 「佛이란 覺이다.
마치 수면 중에 꿈꾸다가 깨어나는 듯 하고, 연꽃이 피어나는 듯하다.」

⟨257⟩

貧室之金藏全開.

　大涅槃經云. 如貧女人. 舍內多真金之藏. 家人大小無有知者. 時有異人善
　知方便. 乃至即於其家. 掘出真金之藏. 女人見已. 心生歡喜. 生奇特想. 衆生

---

622) 유식에 관한 주요 논서인 『성유식론』, 『유가사지론』, 『유식삼십송론』, 『유식이
　　십송론』, 『섭대승론』, 『유식론』, 『현식론』 등에 이 인용문이 보이지 않는다.

佛性亦復如是.若遇善友開發.明見佛性.心開意解.生大歡喜.

가난한 (여인의) 집에 묻혀 있던
(眞)金이 모두 발굴된 것과 같네!

　『대열반경』에 이른다.「마치 가난한 여인의 집안에 많은 眞金이 있는
줄을 집안의 어른이나 어린이가 아무도 몰랐는데 그 때 異人이 방편을
잘 알아 그 집에 바로 이르러서 묻혀 있던 진금을 발굴해 내었더니 여인이
보고나서 마음에 환희심이 나오고 기특하다는 생각을 한 것과 같다. 중생의
불성도 또한 이와 같다. 선우를 만나 개발하면 불성을 밝게 보고 마음이
열려 알게 되며, 큰 환희심이 나온다.」[623]

〈258〉

燄宅之牛車盡駕.

　法華經明等賜一大車而出火宅.若了一切處唯是一心實相之旨.即是出宅義.

화택(火宅) 속의 중생을 위해 牛車(一佛乘)를 제시하여
모두 올라타게 하였다(一佛乘의 길을 가게 하였다).

---

623) 『대반열반경』권7 如來性品第四之四. 『대정장』권12, 407b. 경문을 요약하여 인
　　용하였다.

『법화경』에서 똑같이 하나의 大車(一佛乘)를 주어 화택(火宅 : 중생세간)에서 나오게 하였다. 일체 모든 곳이 오직 一心일 뿐임을 깨닫는다면 實相의 뜻은 바로 화택에서 나온다는 뜻이다.

〈259〉

紛然起作.冥冥而弗改眞如.豁爾虛凝.歷歷而常隨物化.

> 肇論云.旋嵐偃嶽而常靜.江河競注而不流.野馬飄鼓而不動.日月歷天而不周.此四不遷.卽萬物皆不遷矣.則離動而無靜.離靜而無動.以一心動靜.豈有離也.

어지럽게 (여러 일을) 일으키고 짓더라도
그윽하여 진여가 바꾸어지지 않으며,
환하게 트여 빈자리에 응연(凝然)하더라도
뚜렷하게 항상 사물 따라 응화(應化)한다.

『조론(肇論)』에 이른다. 「큰 회오리 산바람이 산악을 넘어뜨리더라도 항상 고요하다. 강물이 다투어 흐르더라도 흐름이 없다. 들판의 말들이 큰 소리 울리며 바람처럼 달리더라도 움직임이 없다. 日月이 하늘을 거치며 돌더라도 도는 일이 없다.」[624] 이 네 가지가 바꾸어짐(움직임)이 없으니 만물이 모두 바꾸어짐이 없다. 그러하니 움직임을 떠나서 고요함이 없고, 고요함을 떠나서 움직임이 없다. 一心에서 움직임과 고요함이 어찌 떨어져

---

624) 『조론』物不遷論第一. 『대정장』권45, 151.b.

있겠는가!

〈260〉

大象無形.洪音絶聲.三光匿曜.河嶽齊平.

肇論云.大象隱於無形.大音匿於希聲.此一心光橫呑萬象.更無纖毫於中
發現.故傅大士頌曰.須彌芥子父.芥子須彌爺.山海坦然平.敲冰來煮茶.故
知萬法盡入不二法門.一際平等.更不俟夷嶽盈壑.續鳧截鶴.然後方平.

큰 형상은 형상이 없고,
큰 소리는 소리가 끊어졌다.
三光(日月星)은 빛남을 감추고,
강과 산은 고루 균평하다.

『조론(肇論)』에 이른다.「큰 형상은 형상 없는 자리에 숨어 있고, 큰
소리는 소리 없는 가운데 숨어 있다.」[625] 이 一心의 빛이 만상을 단번에
삼키니 다시는 터럭 끝도 그 가운데서 드러나지 않는다. 까닭에 부대사(傅大
士)의 송(頌)에 이른다.

　　　　수미산은 겨자씨의 父이고,
　　　　겨자씨는 수미산의 父이다.

---

625) 『조론』열반무명론.『대정장』권45, 161b. 원문을 줄여서 인용하였다. 『조론』 원
　　 문은 「大象隱於無形, 故不見以見之. 大音匿於希聲, 故不聞以聞之.」

산과 바다가 편평하여 평지이고,[626]
얼음을 깨어[627] 와서 차를 끓인다.[628]

까닭에 알건대 모든 것이 다 남김없이 不二法門에 들어가 일제(一際)로
평등하니 다시는 산을 편평하게 하고 골짜기를 메꾸길 기다릴 필요가 없으며,
오리는 이어나가도록 하고 학(鶴)은 끊어지도록 한 후에야 바야흐로 (하천한
오리와 고상한 학이) 평등해질 것을 기다릴 필요가 없다.

〈261〉

向九居六合之中.隨作色空明闇之體.

六合者.四維上下.九居者.一欲界天.二初禪天.三二禪天.四三禪天.五四
禪天.六空處天.七識處天.八無所有處天.九非想非非想天.廣則二十五有
四十二居處.並是有情受生居住之處.此皆因情想結成生死之身.業繫二十
五有之處.悉從心出.所以楞伽經云.三界上下法.我說皆是心.又云.心遍一
切處.一切處遍心.法華經云.三方及四維.上下亦復爾.如首楞嚴經云.妙覺
明心.先非水火.乃至汝以空明.則有空現.地水火風各各發明.則各各現.若
俱發明.則有俱現.故知萬法但心為體.循業發現.所見不同.隨自想念而生
差別.故云如來藏.隨為色空.周遍法界.是以離自真心.更無一法.所有境

---

626) 저본은 '坦然平'인데 원문은 '坦平地'이다.
627) 저본은 '斸'인데 원문은 '燒'이다. 전자는 얼음을 깨어 온다는 것이 되고, 후자는
    얼음을 불로 데워 녹인다는 뜻이 되는데 모두 차를 끓이는 과정이라 별다른 차
    이가 없다.
628) 『선혜대사록』行路易十五首.『만속장』권69.

界.皆是心光.

구거(九居) 육합(六合)의 중생계에서
(상념) 따라 色과 空을 짓고,
밝음과 어두움의 체가 되네!

육합(六合)은 사유(四維 : 동서남북) 上下이고, 구거(九居)는 1. 욕계천(欲界天) 2. 초선천(初禪天) 3. 이선천(二禪天) 4. 삼선천(三禪天) 5. 사선천(四禪天) 6. 공처천(空處天) 7. 식처천(識處天) 8. 무소유처천(無所有處天) 9. 비상비비상천(非想非非想天)이다. 넓게 펼치면 25有, 42거처(居處)가 된다. 모두 유정중생이 태어나 거주하는 곳이다. 이는 모두 情의 상념으로 인하여 생사의 몸이 결성된 것이다. 업으로 묶인 25有의 處는 모두 마음에서 나왔다. 까닭에 『능가경』에서 이르길, 「三界 上下(地上과 天上)의 모든 것을 나는 다 마음이라고 설한다.」라[629] 하였다. 또 이르길, 「마음이 일체처에 두루 하고, 일체처가 마음에 두루 하다.」고 하였다. 『법화경』에 이른다. 「三方과 四維 上下도 또한 그러하다.」[630] 이를테면 『수능엄경』에 이른다. 「妙覺 明心은 이전에 물과 불이 아니었는데 허공이 밝아지니 너에게 (밝은) 허공이 나타나게 되면서 地水火風이 각각 發明되며 각각 드러나게 되었다. 모두 함께 발명되면 함께 드러난다.」[631] 까닭에 일건대 모든 것은 단지 마음을 체로 하고, 업에 따라 발현되는 것이다. 보는 바가 같지 않아서 상념 따라 차별이

---

629) 『입능가경』권7 무상품제8. 『대정장』권16 게송 끝 부분.
630) 『법화경』化城喩品第七. 『대정장』권9, 326b.
631) 『대불정수능엄경』권4. 『대정장』권19, 120c. 원문을 약간 줄여서 인용하였다. 원문은 「妙覺明心先非水火,云何復問不相容者. 眞妙覺明亦復如是. 汝以空明, 則有空現. 地水火風各各發明, 則各各現. 若俱發明, 則有俱現.」

나온다. 까닭에 이르길, 「여래장은 色이 되고 空이 되면서 법계에 두루하다.」고 하였다. 이 까닭에 자신의 진심을 떠나서는 그 밖에 하나의 존재도 없다. 모든 경계는 다 마음의 빛이다.

〈262〉

於七大四微之內.分為色香味觸之名.

七大者.一地大.二水大.三火大.四風大.五空大.六見大.七識大.如首楞嚴經云.汝元不知如來藏中.性色真空.性空真色.清淨本然.周遍法界.乃至推七大.皆無自性他性共性無因性.所以佛告阿難.若汝識性生於見中.如無明闇及與色空.四種必無.元無汝見.見性尚無.從何發識.若汝識性生於相中.不從見生.既不見明.亦不見闇.明闇一矚.即無色空.彼相尚無.識從何發.若生於空.非相非見.非見無辯.自不能知明闇色空.非相滅緣.見聞覺知無處安立.處此二非.空則同無.有非同物.縱發汝識.欲何分別.若無所因突然而出.何不日中別識明月.汝更細詳微細詳審.見託汝睛.相推前境.可狀成有.不相成無.如是識緣因何所出.識動見澄非和非合.聞聽覺知亦復如是.不應識緣無從自出.若此識心本無所從.當知了別見聞覺知.圓滿湛然.性非從所.兼彼虛空地水火風.均名七大.性真圓融.皆如來藏.本無生滅.阿難.汝心麤浮.不悟見聞發明了知.本如來藏.汝應觀此六處識心.為同為異.為空為有.為非異同.為非空有.汝元不知如來藏中.性識明知.覺明真識.妙覺湛然.周遍法界.含吐十虛.寧有方所.循業發現.世間無知.惑為因緣及自然性.皆是識心分別計度.但有言說.都無實義.又本是一真心.分成六和合.如眼見之為色.耳聞之為聲.鼻齅之為香.舌嘗之為味.身受之為觸.意知之為法.又祖師云.處胎曰身.出世為人.在眼曰見.在耳曰聞.在鼻曰齅香.在

舌曰談論. 在手曰執捉. 在脚曰運奔. 變現俱該法界. 收攝不出微塵. 識者喚作佛性. 不識者喚作精魄. 故云一色一香. 無非中道.

七大에서 안으로 사미(四微 : 색향미촉)를 나누어
색향미촉(色香味觸)이라 이름 한다.

七大란, 1. 地大 2. 水大 3. 火大 4. 風大 5. 空大 6. 見大 7. 識大이다. 이를테면 『수능엄경』에 이른다. 「네가 본래 여래장 가운데 色의 성품이 眞空이고, 空인 성품이 眞色이며, 본연히 청정하여 법계에 두루 함을 몰랐던 것이니라.[632] 내지 七大를 살피건대 모두 자성이 없고, 他性·共性·無因性이 없다.」[633] 까닭에 佛이 아난하게 고하였다.

너의 識性이 見하는 가운데 일어남이 마치 밝음과 어두움, 色과 空의 4종이 반드시 없는 것인데 본래 없는 것을 네가 보는 것과 같다. 보는 性이 없거늘 하물며 어디로부터 識이 나오겠는가! 너의 識性이 相에서 나오는 것이라면 見에서 생한 것이 아니게 된다. 이미 밝음을 보지 않았으니 어두움도 보지 않았다. 밝음과 어두움을 보지 않았으니 色과 空이 없다. 그 相이 없거늘 하물며 識이 어디에서 나오겠는가! 만약 空에서 나온 것이라면 相이 아니고, 見함도 없을 것이며, 見함이 없고 분별함도 없을 것이다. 스스로 밝음과 어두움, 色과 空을 알 수 없을 것이다. 相이 아니어서 緣함이 멸하게 되고, 見聞覺知도 安立될

---

632) 『대불정수능엄경』권3.
633) 『대불정수능엄경』권3의 위 인용문에 이어 설해진 내용을 간략히 요약하여 인용하였다.

곳이 없게 되어버린다. 이 두 가지 부정한 뜻에 의거한다면 空이니 함께 없게 되고, 有라면 같은 것이 아니게 된다. 어느 쪽이든 너의 識에서 나온 것이거늘 어떻게 분별하려 함이 있겠는가! 만약 아무런 因이 없이 돌연히 나온 것이라면 어찌 해가 떠 있을 때 따로 明月을 인식하지 못하는가! 너는 다시 세밀하고 상세하게 살펴보아라! 見함에는 너의 눈동자에게 의탁하고, 相은 앞의 경계를 추상(推想)한 것이며, 형상이 이루어지면 있다 하고, 형상이 없으면 없다고 한다. 이와 같은 識의 緣이 어디로 인하여 나오는 것인가? 識이 움직여서 밝게 보이는 것이지 화합된 것이 아니다. 견문각지도 이와 같아 識에 緣하지 아니하면 나올 데가 없다. 만약 이 識心이 본래 나온 곳이 없다면 마땅히 알건대 了別하는 견문각지는 원만하고 고요해서 그 性이 어디로부터 온 것이 아니다. 아울러 저 허공과 地水火風 등은 모두 七大라 하는데 그 性은 진실로 원융하여 모두 여래장이고, 본래 생멸함이 없다. 아난아! 너의 마음이 거칠고 산만하여 견문이 發明하고 了知함이 본래 여래장임을 깨닫지 못하는구나! 너는, 이 六處의 識心이 같은가 다른가, 空인가 有인가, 달라서 같음이 아닌가, 空과 有가 아닌가를 응당 관찰해보아야 한다. 너는 본래 여래장 가운데 性識이 밝게 알고, 覺明의 眞識과 妙覺이 고요하여 법계에 두루 함을 모르는구나. 십허(十虛)를 머금고 토하는데 어찌 方所가 있겠느냐! 업에 따라 발현됨을 세간인은 모르고 미혹하여 인연으로 된 것이라거나 자연히 된 것이라고 하나 모두 識心이 분별하고 헤아리는 것이니라. 단지 언설만 있을 뿐 모두 실재한다는 뜻이 없느니라!(634)

---

634) 『대불정수능엄경』권3. 『대정장』권19, 119a.

또한 본래 하나의 眞心인데 여섯으로 나뉘어 화합하니 이를테면 눈으로 보는 것을 色이라 하고, 귀로 듣는 것을 소리(聲)라 하며, 코로 맡는 것을 향이라 하고, 혀로 맛보는 것을 미(味)라 하며, 몸으로 감촉하는 것을 촉(觸)이라 하고, 마음으로 인식하는 것을 법이라 한다. 또 조사가 이른다. 「태(胎)에 있으면 身이라 하고, 세상에 나오면 사람이라 하며, 눈에 있으면 見, 귀에 있으면 聞, 코에 있으면 냄새를 맡음, 혀에 있으면 담론, 손에 있으면 잡아쥠, 발에 있으면 분주히 걸어감이 되어 (이와 같이) 변현하는데 모두 법계이다. 거두어들이면 미진(微塵)을 벗어나지 아니한다. 아는 자는 佛性이라 부르고, 모르는 자는 정백(精魄)이라 부른다.」 까닭에 이르길, 「一色 一香이 中道 아님이 없다.」고 하였다.

〈263〉

德禦神州. 威靈法宇. 通智海之宏津. 立吾宗之正主.

心為萬法之宗. 宗者尊也主也. 如楞伽經中. 佛語心為宗. 無門為法門. 不退轉法輪經云. 善知一切眾生無相. 悉同法界. 非見非不見. 何以故. 法界即是一切眾生心界. 是名信行. 南嶽思大和尚云. 若學者先須通心. 心若得通. 一切法一時盡通.

덕으로 신주(神州 ; 중국, 인간세계)를 지키고
위덕(威德)의 영(靈)이 진리의 세계를 지킨다.
지혜 바다의 웅장한 나루를 통하여
오종(吾宗 : 나의 근본)인 正主를 세운다.

마음은 모든 것의 宗(근본)이다. 宗이란 존(尊)이고, 主이다. 이를테면 『능가경』에서 「佛語는 마음을 宗으로 하고, 無門을 法門으로 한다」고[635] 한 것과 같다. 『불퇴전법륜경(不退轉法輪經)』에 이른다. 「모든 중생이 無相이니 모두 법계와 같아 見함이 없되 見함이 없는 것도 아님을 (보살마하살은) 잘 안다. 왜 그러한가! 법계가 곧 모든 중생의 心界인 까닭이다. 이를 (보살마하살의) 信行이라 한다.」[636] 남악혜사(南嶽慧思 ; 515–577)[637] 대화상이 이른다. 「수학자라면 먼저 반드시 마음을 통달해야 한다. 마음이 통달되면 모든 것이 일시에 다 통해진다.」

〈264〉

違情難信. 如藕絲懸須彌之山.

涅槃經云. 佛言. 若有人能以藕絲懸須彌山. 可思議不. 不也. 世尊. 佛言. 菩薩能以一念稱量生死. 有不可思議理. 而但仰信而已. 不能一念即如來藏. 故非圓意.

---

635) 『능가아발다라보경(능가경4권본)』의 첫 장의 이름인 '一切佛語心品'과 경의 요의를 함께 들어 말한 것으로 3종의 『능가경』에 이러한 경문은 없다.

636) 『불퇴전법륜경』신행품제2. 『대정장』권9, 230b.

637) 천태종의 제2조로서 천태지의의 스승이다. 법화삼매를 성취하고, 南朝 陳代에 남악(호남성 형산)에 주석하며 대승의 선풍을 크게 선양하였다. 주요 저서에 『法華經安樂行義』1권·『諸法無諍三昧法門』2권·『大乘止觀法門』4권·『四十二字門』2권·『受菩薩戒儀』1권 등이 있다.

뜻에 거슬려 믿기 어려움이
마치 연뿌리 실로 수미산을 매다는 것과 같다.

『열반경』에 이른다. 「부처님이 말씀하셨다. "만약 어떤 사람이 능히
연뿌리 실로 수미산을 매달 수 있다면 (이를) 思議할 수 있겠느냐?" "그렇지
않습니다. 세존이시여!" 부처님이 말씀하셨다. "(선남자여!) 보살은 능히
한 생각 사이에(638) 모든 생사를 다 헤아려 아나니 (여기에) 불가사의의
理가 있다(경문은, '이를 이름 하여 不可思議라 한다')."」(639) 그러나 (중생은)
단지 신앙할 뿐 일념에 여래장에 즉하지 못한다. 까닭에 생각이 원만하지
못하다.

〈265〉

入悟能談. 似一手接四天之雨.

如佛藏經云. 無名相中. 假名相說. 皆是如來不思議力. 譬如有人. 嚼須彌山.
飛行虛空. 石筏渡海. 負四天下及須彌山. 蚊脚為梯. 登至梵宮. 劫盡燒時. 一
唾劫火即滅. 一吹世界即成. 以藕絲懸須彌山. 手接四天下雨. 如來所說一
切諸法. 無相無為無生無滅. 令人信解. 甚為難有. 甚為希有. 又經云. 奇哉世
尊. 於無異法中. 而說諸法異. 故云說法是大神變. 無中說有. 有中說無. 豈非
神變耶.

---

638) 원 경문은 '一念頃'인데 저본에는 '頃'이 결락되었다.

639) 『열반경(40권본)』권18 梵行品第八之四. 『대정장』권12, 471b. 몇몇 글자가 결락
되어 있다. 뒷 부분의 원 경문은 「善男子! 菩薩摩訶薩於一念頃悉能稱量一切生
死. 是故復名不可思議.」

깨닫고 나서 능히 법을 설함은
마치 한 손으로 四天下에 내리는 빗방울을
(한 방울도 빠뜨림 없이) 받아 내는 것과 같다.

　이를테면 『불장경(佛藏經)』에 이른다.「名相이 없는데서 (임시방편으로)
名相을 빌려 설한다. 비유컨대 어떤 사람이 수미산을 입으로 남김없이
씹어 삼키고, 허공을 비행하며, 바위를 뗏목으로 삼아 바다를 건너고, 四天下
와 수미산을 등에 지고, 모기 다리를 사다리로 삼아 범천의 궁전에 이르며,
겁이 다 하여 불에 타 없어지는 때에 한 번 침을 뱉으니 겁화(劫火)가 곧바로
소멸하고, 한 번 입으로 부니 세계가 바로 이루어지며, 연뿌리 실로 수미산을
매달고, 손으로 四天下에 내리는 빗방울을 한 방울도 유실됨이 없이 다
받아 내는 것과 같아 여래가 설하는 바 일체 모든 것이 無相・無爲・無生・
無滅이라 함을 사람들에게 信解하게 하는 것은 매우 어려운 일이며, 매우
희유한 일이다.」[640] 또 경에서 이른다.「기이하나이다! 세존이시여! 다름이
없는 법(존재) 가운데서 모든 것이 다름을 설하십니다.」까닭에 경에서
이르길,「법을 설함은 대신변(大神變)이다. 없음 가운데서 있음을 설하고,
있음 가운데서 없음을 설하니 어찌 神變이 아니겠는가!」라 하였다.

〈266〉

居混沌之始.出恍惚之間.

---

640) 『불장경』권상 제법실상품제1. 『대정장』권15, 783b. 원 경문에서 비유한 내용을
　　크게 줄여 인용하였다.

混沌之始者.以不知無始無明.最初一念.不覺而起.第八藏識.一半不執受.
為無情世間山河大地等.一半有執受.為有情世間眾生五陰身等.皆從一心
所造.不達此理者.此間周禮.或稱混沌.西天外道.或說冥初.老十云.杳杳
冥冥.其中有精.恍恍惚惚.其中有物.

혼돈의 始에 居하고,
황홀한 사이에 나온다.

　'혼돈의 始'란 不知의 無始 無明으로 최초의 한 생각이 不覺하여 일어나는
것이니 (이것이) 제8식인 장식(藏識 : 아뢰야식)이다. 그 半은 집수(執受 :
경계로 삼아 感受)하지 않는 것이니 無情世間인 산하대지 등이고, 나머지
半은 執受하는 것이니 有情世間의 중생 오음(五陰 : 色受想行識)身 등이다.
모두 一心에서 만들어진 것이다. 이 理를 통달하지 못한 자는 이 곳의
『주례』에서는 혹 '혼돈'이라 칭하고, 西天(印度)의 외도는 혹 '명초(冥初 :
아득한 시초)'라 한다. 老子가 이른다. 「아득하고 아득하니 그 가운데 정묘(精
妙)한 것이 있다. 황홀하고 황홀하니 그 가운데 사물이 있다.」[641]

〈267〉

法雷震四生之幽蟄.慧日燭三界之重關.

　此一心宗.當悟之時.如迅雷震於長空.似千日照於曠野.能令墮業繫之人.

---

641) 『도덕경』21장. 원문은 「惟恍惟惚, 惚兮恍兮, 其中有象. 恍兮惚兮, 其中有物.
窈兮冥兮, 其中有精.」

出三界之牢獄.溺生死之者.脫六趣之樊籠.

法의 천둥벽력이 四生에 그윽이 깃들어 있고,
慧日이 삼계의 무거운 (감옥의) 관문을 비춘다.

이 一心의 宗은 깨닫는 때에 마치 신속하게 천둥벽력이 허공에서 치는 것과 같고, 千日이 허허벌판을 비추는 것과 같아 능히 업에 묶임에 떨어진 사람들로 하여금 삼계의 감옥에서 벗어나게 할 수 있다. 생사에 빠진 자를 육취(六趣 : 六道)의 울타리에서 벗어나게 할 수 있다.

〈268〉

不世之珍.抱玄門而寂寂.非常之道.任法性以閑閑.

不世之珍者.以此心寶.非世之珍.非常之道者.此一心大道.非常情之所解.

세간에 견줄 바 없는 진보(珍寶)이고,
현문(玄門)을 포용하되 고요하고 고요하다.
범상하지 않은 道이니
법성 따라 한가롭다.

세간에 견줄 바 없는 진보라 함은, 이 마음의 보배가 세간에 견줄 바 없는 진보인 까닭이다. 범상하지 않은 도란, 이 一心의 大道이다. 범상한 情으로 이해할 수 있는 것이 아니다.

〈269〉

發覺根苗. 胤靈筋骨.

因心悟道. 發心之初. 即坐道場. 便登祖位.

발심한 자리에서
신령의 근골(祖師의 位)을 잇는다

　마음으로 因하여 悟道하니, 발심의 시초에 곧바로 앉은 도량에서 바로
조사의 位에 오른다.

〈270〉

若谷神之安靜. 似幻雲之出沒.

肇論云. 法身無像. 應物以形. 般若無知. 對緣而照. 萬機煩赴而不撓其神. 千
難殊對而不干其慮. 動若行雲. 止猶谷神. 豈有心於彼此. 情繫於動靜者乎.
注云. 法身無形. 能現衆像. 聖智無知. 能照萬機. 無心應物. 雖慇而不撓其
神. 有難皆通. 雖通而不干其慮. 無心而動. 動若行雲. 心無定方. 猶谷神之不
死. 絕彼此動靜之心也. 老聃曰. 谷神不死. 是謂玄牝. 玄牝之門. 是謂天地之
根. 註云. 谷者養也. 人能養神則不死. 神即五藏之神也. 若五藏盡傷. 則五神
去矣. 是謂玄牝者. 註云. 玄者天也. 牝者地也. 主出入於鼻與天通. 故鼻為玄
也. 主出入於口與地通. 故口為牝也. 玄牝之門是謂天地之根者. 根者元也.
言鼻口之門. 是乃通天地之元氣.

곡신(谷神 ; 비어 있는 神, 만물의 근원, 生養의 신)이
안정히 있는 듯 하고,
환 같은 구름이 출몰하는 듯하다.

『조론(肇論)』에 이른다. 「법신은 형상이 없는데 사물에 응하여 형상을
드러낸다. 반야(般若 : 지혜)란 (심성이) 知함이 없다는 것이니(마음이 본래
知함이 없음을 아는 것이니) 경계에 대하여(緣하여) 비추며, 만기(萬機)가 번거롭
게 달려들어도 그 정신이 어지럽혀지지 않는다. 수천의 난관에 갖가지로
봉착하여도 그것으로 염려함이 없다. 움직이면 흐르는 구름과 같고, 멈추면
谷神과 같은데 어찌 마음에 이것저것이 있고, 情이 움직임과 고요함에
묶이겠는가!」[642]
　注(『肇論疏』)에 이른다.

　　법신은 형상이 없으나 능히 뭇 형상을 나타낸다. 성인의 지혜는
知함이 없으나 능히 만기(萬機)를 비춘다. 無心히 사물에 응하니 비록
총명하되 그 정신이 어그러지지 않는다. 난관이 있어도 모두 통하며,
비록 통하더라도 그것을 사려(思慮)함이 없다. 無心하되 動하는데
動함이 마치 지나가는 구름과 같다. 마음에 정해진 방향이 없음이
마치 谷神이 不死하는 것과 같아 저것과 이것, 움직임과 고요함으로
분별하는 마음을 끊었다. 노담(老聃 : 노자)이 이르길, 「谷神은 不死하니
이를 현빈(玄牝)이라 한다. 현빈의 문을 천지의 뿌리라 한다(『도덕경』
5). 註에 이른다. 「谷이란 養이다. 사람이 능히 양신할 수 있으면

---

642) 『조론』「열반무명론」位體第三. 『대정장』권45, 158c.

不死한다. 神이란 곧 오장(五藏)의 神이다. 만약 오장이 모두 상하면 五神이 사라진다. 이를 현빈이라 한다.」 註에 이른다. 「玄이란 天이다. 빈(牝)이란 地이다. 주인이 코에 출입하면서 하늘과 통한다. 까닭에 코가 玄이다. 주인이 입에 출입하면서 땅과 통한다. 까닭에 입이 빈(牝)이다. 현빈(玄牝)의 문을 천지의 뿌리라 한 것은, 뿌리란 근본이니 코와 입의 문을 말하며, 이것이 바로 천지의 원기와 통하기 때문이다.[643]

〈271〉

事因理顯. 猶金烏照萬里之程.

華嚴疏云. 理隨事變. 一多緣起之無邊. 事得理融. 千差涉入而無礙.

事가 理에 인하여 드러남이
마치 금오(金烏 : 태양)가 만리의 거리를 비추는 것과 같다.

『화엄경소』에 이른다. 「理가 事에 따라 변하니 一과 多가 연기함이 한이 없다. 事가 理에 융회하니 천차만별의 事가 섭입(涉入)하되 걸림이 없다.」[644]

---

643) 唐의 元康이 지은 『조론소』권下 涅槃無名論幷表上秦主姚興의 章에 기술된 내용을 많이 요략하여 인용하였다.

644) 『화엄경소』권1. 『대정장』권35, 503a.

〈272〉

用就體施.如玉兔攝千江之月.

　證道歌云.一月普現一切水.一切水月一月攝.一法遍含一切法.我性常與
　如來合.

體에 바탕하여 시용(施用)함이
마치 옥토끼가 千江의 月을 아우르는 것과 같다.

　『증도가(證道歌)』에 이른다.

　　一月이 두루 모든 물에 드러나고,
　　모든 물속의 달이 一月에 다 들어오네.
　　하나의 존재가 두루 모든 존재를 포함한다.(원문에서는 맨 앞에 위치함)
　　제불 법신이 나의 성품에 들어오고,(원문에는 이 구가 있는데 결락됨)
　　나의 성품은 항상 여래와 합치되어 있도다![645]

〈273〉

非相非名.孤寂幽清.一言無不略盡.殊說更非異盈.

---

645)　『영가증도가』.『대정장』권48. 원문은 「一法遍含一切法, 一月普現一切水, 一切
　　水月一月攝. 諸佛法身入我性, 我性同共如來合.」

一言者. 約略說. 約理說. 殊說者. 約廣說. 約事說. 故不動一心而演諸義. 不
壞諸義而顯一心. 即卷常舒. 如來於一言語中. 演說無邊契經海. 即舒常卷.
一切法門無盡海. 同會一法道場中. 如草木四微. 從地而生. 還歸地滅. 猶波
浪鼓動. 依水而起. 還復水源. 如法從心生. 還歸心滅. 故經云. 當處生. 當處
滅. 又華嚴經頌云. 佛智通達淨無礙. 一念普知三世法. 皆從心識因緣起. 生
滅無常無自性. 所以淸凉疏云. 華嚴經者. 統唯一眞法界. 謂總該萬有. 即是
一心也.

相이 아니고, 名이 아니되
홀로 고요하고, 아득히 맑다.
一言으로 다 드러내지 않음이 없으며,
다르게 설하여도, 다시 다르지 않은 것으로 가득하다.

一言이란 간략히 설함이고, 理로 설함이다. 다르게 설함이란, 널리 설함이
고, 事로 설함이다. 까닭에 一心 不動하되 여러 뜻을 편다. 여러 뜻을 무너뜨리
지 아니하되 一心을 드러낸다. 말아 거둠(卷)에 즉해서 항상 펴니(舒) 여래는
한마디 언어로 가 없는 경전의 바다를 연설한다. 폄에 즉하여 항상 말아
거두니 일체 모든 법문의 다 함 없는 바다가 一法의 도량에서 함께 회합한다.
마치 초목의 사미(四微 : 色香味觸)가 땅에서 나와 다시 멸하여 땅으로 돌아감
과 같고, 마치 파도가 일렁이며 울림이 물에 의해 일어났다가 다시 물의
근원으로 돌아감과 같다. 마치 법이 마음에서 생겼다가 다시 멸하여 마음으
로 돌아감과 같다. 까닭에 경에 이르길, 「당처(當處)에서 생하고, 당처에서
멸한다.」고[646] 하였다.

---

646) 『수능엄경』권2에 「當處出生, 隨處滅盡」. 『대정장』권19, 114a.

또 『화엄경』 게송에 이른다.

佛智에 통달하니 청정하여 걸림 없고,
일념에 두루 삼세의 법을 아나니
모두 심식의 인연으로 일어나
생멸이 무상하여 自性이 없네.[647]

까닭에 『청량소(淸涼疏 : 화엄경소)』에 이르길, 「『화엄경』이란 唯一의
眞法界를 모두 아우른다.」고[648] 하였으니 이는 만유를 모두 총괄하여 곧
일심임을 말한 것이다.

〈274〉

吞苦霧而浸邪峯. 須澄性海.

性海泓澄. 湛然明淨. 當悟心之時. 能盡苦源. 頓消邪見. 故般若心經云. 行深
般若之時. 照見五蘊皆空. 度一切苦厄.

苦의 안개를 삼키고
삿된 산봉우리를 침식하여
반드시 性海를 맑게 드러낸다.

---

647) 『화엄경(80권본)』권80 入法界品第三十九之二十一. 『대정장』권10, 443c.
648) 『화엄경소』권54. 入法界品第三十九. 『대정장』권35, 908a. "總唯一眞無礙法界."

性海는 깊고 맑으며, 고요하고 밝아 청정하다. 마음을 깨닫는 때에 능히 고의 근원을 멸진하고, 단박에 삿된 지견을 소멸한다. 까닭에 『반야심경』에 이른다.「깊은 반야를 행하는 때에 오온이 모두 공함을 비추어보고 능히 일체 고액을 건넜다.」

〈275〉

降四魔而夷六賊. 應固心城.

四魔者. 一天魔. 二陰魔. 三死魔. 四煩惱魔. 首楞嚴經云. 六為賊媒. 自劫家寶. 心城者. 華嚴經入法界品中. 寶眼主城神為善財言. 應守護心城. 謂畢竟斷除慳嫉諂誑. 應清涼心城. 謂思唯一切諸法實性. 應增長心城. 謂成辦一切助道之法. 應嚴飾心城. 謂造立諸禪解脫宮殿. 應照耀心城. 謂普入一切諸佛道場. 聽受般若波羅蜜法. 應增益心城. 謂普攝一切佛方便道. 應堅固心城. 謂恒勤修習普賢行願. 應防護心城. 謂常專禦扞惡友魔軍. 應廓徹心城. 謂開引一切諸佛智光明. 應善補心城. 謂聽受一切佛所說法. 應扶助心城. 謂深信一切佛功德海. 釋曰. 夫城者. 能防外寇. 護國安人. 堅密牢強即無眾患. 況心城須護. 密守關津. 無令外緣六塵魔賊所侵. 內結煩惱奸臣所亂. 防非禁惡. 常施瑩淨之功. 立德運慈. 廣備莊嚴之事. 遂得四門無滯. 一道常通. 力敵大千. 威臨法界. 可以撫提弱喪. 攝化無遺. 伏外降魔. 永固真基者矣.

사마(四魔)를 항복시키고,
육적(六賊 : 6塵, 6境)을 멸하며,
마음의 성(城)을 군건히 해야 하리!

사마(四魔)란, 1. 천마(天魔) 2. 음마(陰魔) 3. 사마(死魔) 4. 번뇌마이다.
『수능엄경』에 이르길, 「6境(색성향미촉법)은 도적을 매개하여 스스로 가보(家寶)를 빼앗아가게 한다.」고[649] 하였다.

'마음의 城'이란, 『화엄경』입법계품에 이른다.

보안주성신(寶眼主城神)이 선재동자에게 이르길, "응당 마음의 城을
수호하라!"고 하였다. 이는 필경에 인색함과 질투·아첨·기만함을
단멸하고, 응당 마음의 城을 맑게 해야 한다는 것이며, 일체 모든
것의 實性을 사유하여 응당 마음의 城을 증장시켜야 한다는 말이고,
모든 助道의 법을 닦아 응당 마음의 城을 장엄해야 한다는 것이며,
여러 선정과 해탈의 궁전을 조립하여 응당 마음의 城을 비추어 빛나게
해야 한다는 말이며, 모든 부처님의 도량에 두루 들어가 반야바라밀법
을 들어서 응당 마음의 城을 증익해야 한다는 것이고, 모든 부처님의
방편도를 두루 섭취하여 응당 마음의 城을 견고히 해야 한다는 말이며,
항상 부지런히 보현행원을 수습하여 응당 마음의 成을 방호해야 한다
는 것이고, 악우(惡友)와 마군을 항상 오로지 방어하여 응당 마음의
성을 요새로 둘러싸야 한다는 것이며, 모든 부처님의 지혜광명을
열고 끌어서 응당 마음의 성을 잘 보(補)해야 한다는 말이고, 모든
부처님께서 설한 법문을 듣고, 응당 마음의 성을 지탱하고 도와야
한다는 것이며, 모든 부처님의 공덕의 바다를 깊이 믿어야 한다는
말이다.[650]

---

649) 『대불정수능엄경』권4, 『대정장』권19, 122c.
650) 『화엄경(80권본)』권76 入法界品第三十九之十七. 경문을 일부 생략하고 인용하
였다. 『대정장』권10, 413c-414a.

해석하여 이른다.

　무릇 城이란 능히 외구(外寇)를 방어하여 나라를 지키고 사람을 안정시키는 것이니 견밀(堅密) 튼튼하고 강하면 뭇 재난이 없게 된다. 하물며 마음의 城을 반드시 수호하고, 관진(關津)을651) 엄밀히 지켜서 밖으로는 6진(塵)에 緣하여 마적(魔賊)이 침입하지 못하도록 하고, 안으로는 번뇌에 결박되어 간신이 어지럽히지 못하도록 잘못됨을 방어하며, 악을 금하여 항상 밝고 맑은 功力을 베풀고, 덕을 세우고 자비를 실천해서 널리 장엄한 일들을 갖추어 마침내 四門에 막힘이 없으며, 一道에 항상 통하고, 힘은 大千세계를 상대할 수 있고, 법계에 위엄 있게 임하며, 약한 이들을 어루만져 보살펴주고, 남김없이 이끌어 교화하며, 외도와 마(魔)를 굴복시켜서 진실한 기반을 영원히 굳게 지키는 것이야 말할 나위 있겠는가!

〈276〉

廣演玄風.長施法利.

沙門唯以弘教說法.能報佛恩.首楞嚴經頌云.將此深心奉塵刹.是則名為報佛恩.又證道歌云.默時說.說時默.大施門開無擁塞.

---

651) 關은 교통로상 요지에 세워 검문이나 關稅를 받는 곳, 津은 강을 건너는 나루를 가리키는데 여기에서 보통 關의 업무를 하기도 한다.

440

玄風(佛法)을 널리 펴서
법의 이익을 길이 베풀라!

　사문은 오직 교법을 홍포함으로써 佛恩을 갚을 수 있다. 『수능엄경』의
게송에 이른다.

　　　이 깊은 마음으로 미진수의 모든 세계를 받드나니
　　　이를 이름 하여 佛恩을 갚는 것이라 한다.(652)

　또 『증도가(證道歌)』에 이른다.

　　　말없이 있을 때가 설하고 있음이며,
　　　설할 때는 말없이 있음이다.
　　　크게 (법을) 베푸는 문이 열리니 막힘이 없네!(653)

〈277〉

諸聖不改其儀.

　此一心法,是古今千聖不易之道.

---

652) 『대불정수능엄경』권3. 『대정장』권19, 119b.
653) 『영가증도가』. 『대정장』권48. 저본의 '無擁塞'은 원문에서 '無壅塞'이고, 후자가
　　옳다.

모든 성인이 그 품행을 고치지 않는다.

이 一心法은 古今 千聖이 바꾸지 않는 도이다.

⟨278⟩

萬邪莫迴其致.

邪不干正. 天魔不能壞. 外道不能亂. 故云. 天魔外道皆法印. 魔界即佛界. 外道經書皆是佛說. 旣同輪並駕. 焉能壞乎.

만 가지 삿됨[邪]이 (정도를) 되돌리지 못한다.

삿됨이 正을 범하지 못한다. 천마(天魔)가 (正道)를 부술 수 없고, 외도가 (정도를) 어지럽힐 수 없다. 까닭에 이른다. 「천마와 외도가 모두 法印(眞理)이고, 마계(魔界)가 곧 佛界이다. 외도의 경서가 모두 佛說이다. 이미 같은 바퀴의 수레에 함께 올라탔는데 어찌 능히 부술 수 있겠는가!」

⟨279⟩

十軍三惑.消影響於幻場.

十軍者. 佛偈云. 欲是汝初軍. 憂愁爲第二. 飢渴第三軍. 渴愛爲第四. 第五睡眠軍怖. 畏爲第六. 疑爲第七軍. 含毒爲第八. 第九利養軍. 著虛狂名聞. 第十軍自高. 輕慢出家人. 諸天世間人. 無能破之者. 我以智慧力. 摧伏汝軍衆. 汝

雖不欲放.到汝不到處.是知戰魔軍者.即是自心魔.終無心外境.能與心為
緣.但是自心生.還以心為相.三惑者.一見思惑.二塵沙惑.三無明惑.若直
了心者.不唯十軍三惑.乃至八萬四千塵勞門.悉皆殞滅.故偈云到汝不到
處.消影響於幻場者.如寶積經云.爾時世尊告幻師言.一切眾生及諸資具
皆是幻化.謂由於業之所幻故.諸比丘眾亦是幻化.謂由於法之所幻故.我
身亦幻.智所幻故.三千大千一切世界亦皆是幻.一切眾生共所幻故.凡所
有法無非是幻.因緣和合之所幻故.但了一心.諸幻自息.故寶藏論云.一切
皆幻.其幻不實.知幻是幻.守真抱一.

十軍과 삼혹(三惑)이 환(幻)의 자리임을 알 때 그 영향이 소멸된다.

十軍이란, 佛의 게송에 이른다.

> 욕심이 너의 初軍이고, 우수(憂愁)가 제2이며,
> 기갈(飢渴)이 제3군, 갈애가 제4이고,
> 제5는 수면군(睡眠軍), 공포와 두려움이 제6,
> 의심이 제7군, 독심을 품는 것이 제8,
> 제9는, 利養軍(名利에 빠진 軍)이니 헛되고 미친 명예에 집착함이다.
> 제10은, 자신을 높이고,
> 출가인을 가벼이 보아 업신여기는 것이다.
> 천상과 세간인은 이를 능히 부수지 못하지만
> 나는 지혜력으로 너희 군대의 무리를 복멸한다.
> 너희가 비록 (나를) 풀어주지 않으려 하여도
> 너희[十軍]가 이르지 못하는 곳에 이른다.[654]

이로 알건대 싸우는 상대인 마군이란, 바로 내 마음의 마(魔)이다. 끝내 마음 밖에 경계가 없어 능히 (마음이) 마음과 더불어 緣할 따름이라 단지 自心이 생한 것일 뿐인데 다시 이 마음을 相으로 한다.

삼혹(三惑)이란, 1. 見惑과 思惑[655] 2. 진사혹(塵沙惑)[656] 3. 無明惑이다.[657] 만약 마음을 직통으로 깨달은 자는 十軍 三惑 만이 아니라 내지 8만4천의 진로문(塵勞門 : 번뇌문)까지도 다 멸한다. 까닭에 게송에 이르길, '너희(十軍)가 이르지 못하는 곳에 이른다'고 하였다. '幻의 자리임을 알 때 그 영향이 소멸한다'라 한 것은, 이를테면 『보적경(寶積經)』에 이른다. 「이 때 세존께서 환술사에게 말씀하셨다. "일체 모든 중생과 모든 주변의 환경이 다 幻化이니

---

654) 『대지도론』권5 초품중보살공덕석론, 『대정장』권25. 단지 끝의 4句는 『대지도론』
  의 원문과 약간 다르다.

655) 천태종에서 모든 미혹을 다시 三界內와 三界外로 나누어 구분하여 삼혹을 설한다.
  見惑은 意根이 법진(法塵 : 마음에 떠오른 모든 상념)에 대해 일으키는 모든 사
  견(邪見) 내지 전도망상의 미혹이다. 三世의 도리를 살핌에 미혹함이다. 思惑
  은 眼耳鼻舌身의 五根이 색성향미촉의 오진(五塵)을 탐애하여 일으키는 情執
  이다. 즉 현재의 事理에 미혹한 번뇌이다. 이 견혹과 사혹은 성문, 연각, 보살의
  3승이 함께 끊는 까닭에 通惑이라고도 칭한다. 이로 말미암아 삼계의 생사를
  招感하는 까닭에 界內의 惑이 된다. 반드시 空觀으로 이를 對治해야 한다.

656) 진사혹은 界內와 界外의 항하사 미진수의 법으로 일어난 惑障인 까닭에 진사혹
  이라 칭한다. 보살이 견혹과 사혹을 끊은 후 空觀에 집착하기 쉽고, 아직 진일
  보 하여 중생의 진사혹과 이를 對治하여 교화하는 방법을 뚜렷이는 알지 못하
  는 까닭에 이 미혹을 착공혹(著空惑)이라 칭한다. 능히 보살이 利生하고 중생
  을 교화함을 방해한다. 또한 이 미혹은 보살이 끊게 되는 까닭에 別惑이라고도
  칭하며, 界內와 界外에 모두 통한다. 반드시 假觀으로 이를 부수어야 한다.

657) 無明惑이란 일체법에 밝게 아는 바가 없는 까닭에 무명이라 칭한다. 즉 中道第
  一義諦에 미혹한 번뇌이다. 이 미혹은 곧 業識의 종자이고, 번뇌의 근본이다.
  성문과 연각은 그 이름을 모르며, 界外의 미혹에 속한다. 오직 대승보살 만이
  정혜쌍수와 만행 구족으로 이 미혹을 끊는다. 까닭에 別惑이라 칭한다. 반드시
  中觀으로 이를 부수어야 한다.

업으로 말미암아 환화된 까닭이다. 모든 비구중도 또한 환화이니 법으로
말미암아 환화된 까닭이다. 나의 몸도 또한 환이니 智(知)로 말미암아 환화된
까닭이다. 삼천대천의 모든 세계 또한 다 환이니 일체 모든 중생이 함께
연유하여 환화된 까닭이다. 무릇 모든 것이 幻 아님이 없으니 인연화합으로
말미암아 환화된 까닭이다.」[658]

　　단지 一心임을 깨달으면 모든 환이 스스로 멸한다. 까닭에『보장론』에
이른다.「일체가 모두 幻이나니 그 幻이란 實함이 없는 것이다. 환이 환임을
아는 것이 진실한 하나를 지켜 지니는 것이다.」[659]

〈280〉

智刃慧刀.利鋒芒於實地.

　以智慧劍.殺煩惱賊.

진실한 자리에서 지혜의 칼끝이 날카롭다.

　지혜의 검으로 번뇌적을 죽인다.

---

658) 『대보적경』권85 授幻師跋陀羅記會第二十一.『대정장』권11.
659) 승조의『보장론』廣照空有品第一.『대정장』권45. 원문은「然則一切皆幻, 虛妄
　　不實. 知幻是幻, 守真抱一.」

〈281〉

一言合理.天下同歸.

一言契理.天下知音.故云.名無翼而長飛.道無根而永固.

한마디 말로 理에 계합하니
천하와 함께 (일심에) 돌아간다.

한마디 말로 理에 계합하니 천하가 알아준다. 까닭에 이른다. "이름은
날개가 없되 길게 나르고, 도는 뿌리가 없되 영원하다."

〈282〉

體標奇而顯妙.用含虛而洞微.可謂鎭敵國之寶珠.千金罕易.挺
驚人之法將.萬古傳輝.

敵國之寶珠者.此心或為無價之寶.或在輪王頂上.或處貧子衣中.龍女親
獻而成佛刹那.善友求之而利濟無盡.驚人之法將者.說心地法門之時.天
魔膽落.外道魂驚.如舍利弗智慧第一.為釋迦右面弟子.稱為法將.

體는 기묘함을 드러내며,
用은 공허를 머금고 미세한데까지 통해 있으니
가히 온 나라를 막아주는 보배구슬이며,
천금으로 바꿀 수 없고,

특출하게 사람을 놀라게 하는 法의 장군이라
만고에 전해지며 빛난다.

'적국의(적국을 막아주는) 보배 구슬'이란, 이 마음이 혹은 無價의 보배이며, 혹은 전륜성왕의 정상에 있고, 혹 빈자의 옷에 있다가 용녀가 친히 바치니 찰나에 성불하는 것이다. 善友가 이를 구함에 이익을 주고 구제함이 다함 없다. '사람을 놀라게 하는 法의 장군'이란 心地法門을 설하는 때에는 천마의 간담이 떨어지고, 외도의 혼백이 놀란다. 이를테면 사리불이 지혜제일이며 석가모니불의 右面 제자인데 법의 장군으로 칭해지는 것과 같다.

〈283〉

動而無為.寂而常照.立佛道之垣墻.樹修行之大要.

大約修行.不出定慧一心.真如妙性寂然名止.寂而常照名觀.非能所觀而
分二法.

動하되 함이 없고,
고요하되 항상 비춘다.
佛道의 담장을 세우고,
수행의 大要를 수립한다.

크게 요략하건대 수행이란 定慧 一心을 벗어나지 않는다. 진여 妙性이 고요함을 이름 하여 止사마타, 定라 하고, 고요하되 항상 비춤을 이름 하여 觀위빠사나, 慧라 한다. 能(주관)과 所(객관)의 二法으로 나누어지는 觀이 아니다.

〈284〉

畫出山河國土. 意筆縱橫. 分開赤白靑黃. 心燈照耀.

華嚴經頌云. 心如工畵師. 能畵諸世間. 五陰悉從生. 無法而不造. 心光照耀
者. 大般若經云. 若幽冥世界. 及於一一世界中間. 日月等光所不照處. 爲作光
明. 應學般若. 般若者卽心智之光. 華嚴論云光明覺品者. 爲令信心. 自以自心
光明. 覺照一切世間. 無盡世界. 總佛境界. 自亦同等. 以心隨光一一照之.

그림에서 산하국토가 나오고,

생각의 필(筆)이 종횡으로

적백청황(赤白靑黃)을 그려내듯,

마음의 등(燈)이 밝게 비춘다.

『화엄경』의 게송에 이른다.

　　마음은 화가와 같아

　　능히 모든 세간을 그려낸다.

　　오음(五陰 : 색수상행식)이 다 그로부터 나오고,

　　짓지 못하는 것이 없다.660)

---

660) 『화엄경(80권본)』권19. 『대정장』권10, 102a.

'마음의 빛이 밝게 비춘다'란 『대반야경』에 이른다. 「마치 유명(幽冥)세계와 하나하나의 세계에 일월 등의 빛이 비추지 못하는 곳에 빛을 주기 위해서는 응당 반야를 배워야 한다.」[661] 반야란 곧 心智의 빛이다. 『화엄론(신화엄경론)』에 이른다. 「'光明覺品'이란 信心者로 하여금 스스로 자심의 빛으로 모든 세간, 다함없는 세계가 모두 불경계(佛境界)이며, 자신도 또한 동등하다고 깨우쳐 비추고, 마음의 빛 따라 하나하나를 비추게 하여 (마음과 경계가 합일되어 내외로 보는 見이 없어지도록 하는 법문이다).」[662]

〈285〉

性自神解.不同虛空.或垂本以顯迹.或居邊而即中.猶師子就人
之機理標徑直.

　　癡狗逐塊.師子就人.此喻上機聞法.直了心宗.不隨問答.逐語生解.

심성이 스스로 神解하니

허공과 같지 않다.[663]

혹은 本을 드리워서 자취를 드러내고

---

661) 『대반야경』권3 初分學觀品第二之一. 『대정장』권5, 0015b~c.

662) 『신화엄경론』권14 여래명호품제7. 『대정장』권36. 원문을 약간 줄여서 인용하였다. 원문은「光明覺品 ; 令信心者, 自以自心光明, 覺照一切無間無盡大千世界, 總佛境界, 自亦同等. 以心隨光, 一一照之. 心境合一內外見亡.」

663) 심성이 허공과 같다고 함은 심성의 空寂(텅 비어 고요함)한 면을 指示하고자 한 것이다. 그러나 심성은 神解하는 用이 있어 허공과 다르다. 사물을 든 여러 비유는 모두 그 일면이 상통한 것을 빗대어 든 것이다.

혹은 변(邊)에 자리하여 中에 즉한다.
마치 사자가 사람의 기미를 알아채듯
理가 드러남은 재빠르고 직통이다.[664]

어리석은 개는 흙덩이를 쫓아가나 사자는 (곧바로) 사람의 기미를 알아챈
다고 하였으니 이는 상근기인 자가 법문을 듣고 곧바로 心宗(心性)을 깨달음
을 비유한 것이다. (그래서) 문답에 따라 말을 쫓아 知解를 내서는 안 된다.

〈286〉

如王索一鎚之器. 言下全通.

王索寶器. 須是一鎚便成. 第二第三鎚成. 皆不中進. 此喩一言之下. 便契無
生. 不須再問. 落於陰界.

마치 왕이 구하는, 한 번의 망치질로 이루어지는 (보배) 그릇처럼
言下에 온전히 통달한다.

왕이 구하는 보배 그릇은 반드시 한 번의 망치질로 바로 이루어진다.
두 번째 세 번째의 망치질로 이루어지는 것은 모두 제대로 만들어지지
않는다. 이것은 一言之下에 곧바로 無生에 계합함을 비유한 것이다. 다시
반문하여 음계(陰界 : 색수상행식의 5陰 경계)에 떨어지지 않도록 해야 한다.

---

664) 달마대사의 법문에 먼저 理入이 되어야 한다고 하였다. 理入은 곧 心悟이다.
事로 證함은 단박에 이루어지기 어렵지만 理入은 단박에 이루어질 수 있다.

〈287〉

慧海關防.靈園苗裔.遍滋廣攝而不揀高低.豎徹橫該而混同麤細.

一心廣備.不擇上中下機.以是一際平等法門.故豎徹三際.橫亘十方.覽而
不遺.收無不盡.麤處麤現.細處細現.麤細隨緣.法體恒寂.唯心之旨.常無
變易.

지혜의 바다가 막아주는 관문이 되고,
영묘한 정원에서는 싹이 움튼다.
두루 번성하여 널리 포용하되
높고 낮음을 간별하지 아니한다.
시간으로 (三際에) 통해 있고,
공간으로는 어디든 다 미치되
거침과 미세함이 한 자리에서 각기 드러난다.

一心은 광대하여 上中下의 기틀을 간별하지 않으니 이것이 일제(一際)의
평등법문이다. 까닭에 시간으로는 삼제(三際 : 과거, 현재, 미래)에 통해 있고,
공간으로는 十方에 걸쳐 있다. (만물을) 봄에 빠뜨림이 없고, 거두어들임에
다 하지 않음이 없다. 거친 곳에서는 거침을 드러내고, 미세한 곳에서는
미세함을 드러낸다. 거침과 미세함이 인연에 따르되 법체는 항상 적정(寂靜)
하고, 유심(唯心)의 뜻은 항상 변함이 없다.

〈288〉

作一種之光輝.爲萬途之津濟.

大莊嚴經論.說求唯識人頌云.能取及所取.此二唯心光.貪光及信光.二光無二體.釋曰.求唯識人.應知能取所取.此之二種.唯是心光.如是貪等煩惱光.及信等善法光.如是二光.亦無染淨二法.何以故.不離心光別有貪等信等染淨法故.二光亦無相.偈曰.種種心光起.如是種種相.光體非體故.不得彼法實.釋曰.種種心光.即是種種事相.或異時起.或同時起.異時起者.謂貪光瞋光等.同時起者.謂信光進光等.光體非體等者.如是染位心數淨位心數.唯有光相.而無光體.是故或世尊不說彼爲眞實之法.

한 가지 빛을 지어

만 가지 길의 건너는 나루로 삼는다.

『대승장엄경론』에 설한다.

유식(唯識)을 구함에 대해[665] 게송으로 이른다.

能取(인식하는 주관)와 所取(인식되는 대상)

이 둘은 오직 마음의 빛일 뿐이며,

탐착의 빛과 믿음의 빛

이 두 빛은 二體가 아니네!

---

665) 저본은 '求唯識人'이나 원 경문은 '求唯識'이다.

해석한다 : 唯識을 구하는 사람은 응당 能取와 所取를 알아야 한다. 이 둘은 오직 마음의 빛일 뿐이다. 이와 같이 탐착 등은 번뇌의 빛이고, 믿음 등은 善法의 빛이다. 이러한 두 빛에는 또한 오염과 청정의 二法이 없다. 왜 그러한가? 마음의 빛을 떠나 따로 탐착이나 믿음 등의 오염과 청정의 법이 없다. 이 까닭에[666] 두 빛 또한 二相이[667] 없다. 게송에 이른다.

> 갖가지 마음의 빛이 일어나
> 이러한 갖가지 相을 나투었나니
> 빛의 體에 體가 없는 까닭에
> 그 것의 實을 얻을 수 없네!'

해석한다 : 갖가지 마음의 빛이 바로 갖가지 事相이다. 혹은 다른 때에 생기고, 혹은 같은 때에 생긴다. 다른 때에 일어나는 것은 탐착의 빛, 성내는 빛 등을 말한다. 같은 때에 일어나는 것은 믿음의 빛과 진전하는 빛 등이다. '빛의 체는 체가 없는 까닭에 그것의 實을 얻을 수 없다'고[668] 한 것은, 이러한 염위(染位)의 심수(心數 : 마음에 일어나는 상념의 법들)와 정위(淨位)의 심수(心數)가 오직 빛의 相일 뿐이고, (그) 빛의 체가 없다는 것이다. 이 까닭에[669] 세존께서 그것은 진실한 것이라고 설하지 않은 것이다.[670]

---

666) 저본은 '故'인데 원 경문은 '是故'이다.
667) 저본은 '無相'인데 원 경문은 '無二相'이다.
668) 저본은 '光體非體'에 이어지는 원 게송을 생략하고 '等者'로 대체하였으나 원 경문은 앞의 게송 원문「光體非體故, 不得彼法實者」를 모두 기술하고 해설하 였다.
669) 저본은 '是故' 다음에 '或'이 있으나 원본에는 없다.
670) 무착보살이 지은『대승장엄경론』권5 述求品之二.『대정장』권31, 613b.

〈289〉

闇鬼沒於明燈.

如人闇中疑鬼.以燭照之.豁然疑解.況心外見法.了心即無境.

어두움의 귀신이 밝은 등불에 사라지고,

마치 사람이 암흑 속에서 귀신이 있는 듯 여겨지다가 등불을 켜 비추면 활연히 의심이 사라지는 것과 같은데 하물며 마음 밖에 사물이 있다고 보다가 마음임을 깨달으면 바로 경계가 없게 되는 것이야 말할 나위 있겠는가!

〈290〉

毛輪消於厚翳.

如人目有翳.空中見毛輪.況不識心人.妄見心外之境.如密嚴經頌云.幻事毛輪等.在在諸物相.此.皆心變異.無體亦無名.

모륜(毛輪 : 여기서는 空華의 뜻)[671]이
두텁게 낀 눈의 태에서 사라진다. (문장이 잘못된 句임)[672]

---

671) 毛輪은 눈을 지긋이 감거나 누를 때 눈 윗 쪽에 있는 듯이 보이는 둥그런 모양의 환영을 말하는데 눈병으로 인해 눈 밖에 꿈틀거리며 생멸하는 꽃 같은 것을 말한다. 그런데 여기서는 空華의 뜻으로 毛輪을 쓰고 있다. 이 句는 문구에 착오가 있다. 아래 각주 참조.

454

마치 사람의 눈에 병이 있게 되면 허공에 모륜(毛輪 ; '空華가 되어야 함)이 보이는데 하물며 마음을 모르는 사람이 망령되게 마음 밖의 경계를 보는 것이야 말할 나위 있겠는가! 이를테면 『밀엄경』의 게송에 이른다.

> 幻과 모륜 등과
> 곳곳의 사물의 모습은
> 이 모두 다 마음이 변한 것이어서
> 체가 없고 또한 이름도 없다.[673]

〈291〉

確乎不拔. 高超變易之門.

萬法不遷. 一心常住. 但當見性. 自斷狐疑. 余曾親推. 似見斯旨. 如宗鏡中引
不遷論云. 旋嵐偃嶽而常靜. 江河競注而不流. 野馬飄鼓而不動. 日月歷天
而不周. 疏云. 前風非後風. 故偃嶽而常靜. 前水非後水. 故競注而不流. 前氣
非後氣. 故飄鼓而不動. 前日非後日. 故歷天而不周. 鈔云. 然自體念念不同.
則初一念起時. 非第二念時. 乃至最後吹著山時. 非初起時. 則無前念風體.
定從彼來. 吹其山也. 且山從初動時. 以至倒臥地時. 其山自體念念不同. 則
初一念動時. 非第二念動時. 乃至最後著地時. 非初動時. 則無初動山體. 定
從彼來. 至著地時. 斯皆風不至山. 嶽不著地. 雖旋嵐偃嶽. 未曾動也. 以此四

---

672) 이 句는 잘못되어 있다. 空華가 사라지려면 눈병으로 생긴 눈에 두텁게 낀 태가 제거되어야 한다. 그리고 윗 句의 對句이다. 그래서 이 句는 「空華消於去翳」가 되어야 한다.

673) 『대승밀엄경(지바하라역본)』아뢰야건립품제6. 『대정장』권16, 738b.

物.世為遷動.然雖則倒嶽歷天.皆不相知.各不相到.念念自住.各各不遷.
且如世間稱大.莫遇四大.四大中動.莫越風輪.以性推之.本實不動.如義海
云.鑒動寂者為塵.隨風飄颺是動.寂然不起是靜.而今靜時由動不滅.即全
以動成靜也.今動時由靜不滅.即全以靜成動也.由全體相成.是故動時正
靜.靜時正動.亦如風本不動.能動諸物.若先有動.則失自體.不復更動.今
觀此風周遍法界.湛然不動.寂爾無形.推此動由.皆從緣起.且如密室之中.
若云有風.風何不動.若云無風.遇緣即起.或遍法界拂.則滿法界生.故知風
大不動.動屬諸緣.若於外十方虛空中.設不因人拂.或自起時.亦是龍蜃鬼
神所作.以鬼神屬陰.至晚則風多故.乃至劫初劫末成壞之風.並因眾生業
感.世間無有一法不從緣生.緣會則生.緣散則滅.若執自然生者.祇合常生.
何得繁緩不定.動靜無恒.故知悉從緣起.又推諸緣和合成事.各各不有.和
合亦無.緣緣之中.俱無自性.但是心動.反推自心.心亦不動.以心無形故.
起處不可得.即知皆從真性起.真性即不起.方見心性.遍四大性.體合真空.
性無動靜.以因相彰動.因動對靜.動相既無.靜塵亦滅.故首楞嚴經云.性風
真空.性空真風.即斯旨矣.

확고하여 변괴 되지 않으니
변역하는 문을 높이 넘어섰네!

모든 것은 변천하지 않나니 (단지) 一心이 상주할 뿐이다. 단지 견성하게
되면 저절로 요망스런 의심이 끊어진다. 내가 일찍이 생각해보건대 이
뜻을 본 듯하다. 이를테면 『종경록』에서 인용한 『물불천론(物不遷論)』에
이른다.

휘감아 치는 산바람이 산악을 넘어뜨리되 항상 고요하고,

강물이 다투어 흐르되 흐르지 않는다.
아지랑이가 회오리 쳐 오르더라도 움직이지 아니하고,
日月이 하늘을 거치며 돌되 돌지 않는다.674)

『조론(肇論)소(疏)』에 이른다.

앞바람은 뒷바람이 아니다. 까닭에 산악을 넘어뜨리되 항상 고요하
다. 앞물은 뒷물이 아니다. 까닭에 다투어 흐르되 흐르지 않는다.
앞의 아지랑이는 뒤의 아지랑이가 아니다. 까닭에 회오리 쳐 오르되
움직이지 않는다. 앞의 해는 뒤의 해가 아니다. 까닭에 하늘을 거쳐
돌되 돌지 않는다.675)

『초(鈔)』에 이른다.

그러나 자체가 念念에 不同하니 첫 한 생각 일어난 때는 그 다음의
생각이 아닌 때이다. 내지 맨 늦게 산에 바람이 불었던 때는 처음
일어난 때가 아니니 앞의 생각이 없고, 바람의 체가 없는데 반드시
그것으로부터 와서 그 산에 (바람이) 불어 온 것이다. 또한 산이
처음 움직인 때로부터 (산이) 넘어져 땅에 눕기에 이르기까지 그
산 자체가 생각 생각에 不同하니 첫 한 생각이 움직인 때가 그 다음의
생각이 움직인 때가 아니다. 내지 맨 마지막 (바람으로 산이) 땅에

---

674) 『肇論』「물불천론」제1, 『대정장』권45, 151b.
675) 元康이 지은 『肇論疏』권상 「物不遷論」. 『대정장』권45, 168c.

누운 때는 처음 움직인 때가 아니니 처음 움직인 산의 체가 없는데
반드시 그로부터 와서 땅에 눕게 되기에 이른 것이니 이는 모두 바람이
산에 이른 바가 없어 산악이 땅에 눕지 않은 것이 된다. 비록 산바람이
휘몰아 쳐 산이 무너졌다 하더라도 일찍이 움직인 바가 없다. 이
사물(四物 : 念, 風, 山, 地)을 세간에서는 변동한다고 하나 비록 산악이
넘어지고 (해가) 하늘을 돌며 거치더라도 모두 서로 知함이 없고,
각기 서로 이름[至, 到]이 없다. 생각 생각이 스스로 머무르며, 각각
변천함이 없다. 또한 세간에서 '大'라고 칭하는 것이 四大에 맞설
것이 없고, 四大 중에서도 풍륜(風輪)을 넘어서는 것이 없다. 체성으로
보건대 본래 실체는 움직임이 없다. 이를테면 『義海(華嚴經義海百問)』
에 이른다. 「살펴보건대 움직이고 고요히 있는 것이 진(塵 : 6塵 ;
6境 ; 색수상행식)이니 바람 따라 떠다니면 동(動)이고, 고요하여 일어남
이 없으면 정(靜 ; 고요함)이다. 지금 정(靜)한 때는 동(動)이 멸하지
않고 있음에 연유하는 것이니 바로 온전히 動에 의해 靜이 이루어지는
것이다. 지금 動하는 때는 靜이 멸하지 않고 있음에 연유하는 것이니
바로 온전히 靜에 의해 動이 이루어지는 것이다. 전체가 서로 연유하여
이루어진다. 이 까닭에 動하는 때가 바로 靜이고, 靜한 때가 바로
動이다. 또한 마치 바람이 본래 動함이 없이 능히 모든 사물을 動하게
하는 것과 같다. 만약 먼저 動함이 있다면 자체를 잃게 되어 다시는
動하지 못하게 된다.」676)

---

676) 현수법장이 지은 『華嚴經義海百問』 緣生會寂門第一. 『대정장』권45, 628b.

지금 관찰하건대 이 바람이 법계에 두루 하며, 맑고 不動하고, 고요하여 모습이 없다. 이것이 動에 연유함을 미루어 생각하건대 모두 연기하여 나오게 된 것이다. 또한 이를테면 밀실에 만약 바람이 있다고 한다면 바람이 왜 부동하는가? 만약 바람이 없다고 한다면 緣을 만나 바로 일어나게 되고, 혹은 법계에 두루 불어 씻어내니 법계 가득히 생긴다는 것이 된다(생기는 것은 왜 그러한가?). 까닭에 알건대 風大는 부동한데 動은 모든 緣에 속한다. 바깥 十方의 허공에 혹 사람이 불어서 일어나게 된 것이 아니거나 혹 저절로 일어난 때라면 이 또한 용과 이무기 귀신이 지은 것일 것이다. 귀신은 음(陰)에 속하고 날이 저물면 바람이 많아지는 것과 같은 까닭이다. 내지 겁초(劫初)와 겁말(劫末)에 이루고 무너지게 하는 바람도 모두 중생의 업감(業感)으로 인한 것이다. 세간에는 어느 것도 인연으로 생하지 않는 것이 없다. 緣이 모아지면 생하고, 緣이 흩어지면 멸한다. 만약 자연히 생한다는 견해에 집착한다면 단지 緣이 어울리면 생길 것인데 어찌 (바람이) 긴박해지고 느슨해짐이 일정치 않을 수 있는가? 動과 靜이 항상하지 않다. 까닭에 알건대 모두 다 인연으로 생긴다. 또한 미루어 생각하건대 모든 緣이 화합하여 사물이 이루어지는 것이니 각각의 事가 있지 않으며, (따라서) (事의) 화합 또한 없다. 緣과 緣 가운데 모두 자성이 없다. 단지 마음이 動하는 것일 뿐이다. 다시 自心에 돌려 관찰하건대 마음 또한 動함이 없다. 마음은 형상이 없는 까닭에 일어나는 곳을 얻을 수 없다. 그래서 眞性으로부터 일어나되 眞性은 바로 일어남이 없음을 바로 알아야 바야흐로 심성을 보게 되는 것이다. (심성은) 四大의 性에 두루 하고, (四大의) 體가 眞空에 합해져 있고, 성품에는 동정(動靜)이 없다. 相에 인하여 동하는 모습이 드러나고, 動에 인하여 靜이 상대되는데 動하는 상이 이미 없어서 정진(靜塵 : 고요함이라는 客塵 경계) 또한 멸한다. 까닭에 『수능엄경』에 이르길 「性의 風이 眞空이고, 性의 空이 眞風이다.」고[677] 하였으니 바로 이 뜻이다.

〈292〉

湛爾唯堅. 永出輪迴之際.

此心前際不生. 中際不住. 後際不滅. 故法華經云. 是法住法位. 世間相常住.
世間相者. 即眾生五陰心. 離五陰無世間. 何者. 無情世間. 即眾生心變. 既從
心變. 一一隨心. 常住真如之法位.

고요하되 오직 굳세어서
영원히 윤회의 경계를 벗어난다.

이 마음은 과거에 생하지 않았고, 중간에는 머무름 없으며, 미래에는
멸함이 없다. 까닭에 『법화경』에 이르길, 「이 法이 (진여의) 法位에 머무르니
세간상이 상주하네!」라 678) 하였다. '세간상'이란 바로 중생의 오음(五陰)심이
다. 5음을 떠나 세간이 없다. 왜 그러한가? 無情世間은 곧 중생심이 변한
것이다. 이미 마음에서 변화하였으니 하나하나가 마음 따라 항상 진여의
法位에 머무는 것이다.

〈293〉

妙極眾象. 理統諸方. 如積海而含萬水. 猶聚日而放千光.

---

677) 『대불정수능엄경』권3. 『대정장』권19, 118b.
678) 『법화경』권1 방편품제2, 『대정장』권9, 09b.

此一點靈臺自性光明. 遍照法界. 無法不收. 故首楞嚴經云. 諸法所生. 唯心
所現. 現處即心. 更無別體. 如圓覺疏序云. 夫血氣之屬必有知. 凡有知者必
同體. 所謂真淨明妙. 虛徹靈通. 卓然而獨存者也. 眾生之本原. 故曰心地. 諸
佛之所得. 故曰菩提. 交徹融攝. 故曰法界. 寂靜常樂. 故曰涅槃. 不濁不漏.
故曰清淨. 不妄不變. 故曰真如. 離過絕非. 故曰佛性. 護善遮惡. 故曰總持.
隱覆含攝. 故曰如來藏. 超越玄祕. 故曰密嚴國. 統眾德而大備. 鑠羣昏而獨
照故曰圓覺. 其實皆一心也. 背之則凡. 順之則聖. 迷之則生死始. 悟之則輪
迴息. 親而求之. 則止觀定慧. 推而廣之. 則六度萬行. 引而為智. 然後為正
智. 依而為因. 然後為正因. 其實皆一法也. 終日圓覺而未嘗圓覺者凡夫也.
欲證圓覺而未極圓覺者菩薩也. 住持圓覺而具足圓覺者如來也. 離圓覺無
六道. 捨圓覺無三乘. 非圓覺無如來. 泯圓覺無真法. 其實皆一道也. 三世諸
佛之所證. 蓋證此也. 如來為大事出現. 蓋為此事也. 三藏十二部一切脩多
羅蓋詮此也. 釋曰. 心之一法. 名為普法. 欲照此心. 應須普眼虛鑒. 寂照靈
知. 非偏小而可窮. 以圓滿而能覺. 故曰圓覺. 此約能證也. 真如妙性. 寂滅無
為. 具足周遍. 無有缺減. 故曰圓覺. 此約所證也. 能所冥合. 唯是一心. 此一
心能為一切萬法之性. 又能現三乘六道之相. 攝相歸性. 曾無異轍. 則世間
出世間昇降雖殊. 凡有種種施為莫不皆為此也. 離此. 則上無三寶一乘. 下
無四生九有.

묘함이 극한 뭇 事象이라
그 理는 어디든 합치됨이
마치 (흘러) 쌓여진 바다가 수많은 물을 포함하고,
모여진 해가 千光을 발하는 것과 같다.

이 한 점 영대(靈臺 : 마음)의 자성 광명이 두루 법계를 비춤에 거두어들여지지 않는 것이 없다. 까닭에 『수능엄경』에 이르길, 「생긴 바 모든 것은 오직 마음이 나타난 것이다.」고 하였다.[679] 현처(現處 : 당처)가 곧 마음이고, 그 밖에 다른 체가 없다. 이를테면 『원각경소』序에 이른다.

무릇 혈기가 있는 속(屬 : 有情중생의 屬)은 반드시 知함이 있다. 무릇 知함이 있는 자는 반드시 同體이다. 이른바 진실하고 청정하며, 밝고 묘하고, 텅 비어 통해 있으며, 영통하여 뛰어나 독존하는 자이다. 중생의 본원이니 心地라 한다. 모든 부처님이 얻은 바인 까닭에 보리(菩提 ; 覺)라고 한다. 서로 통하여 융섭(融攝)하니 법계라고 한다. 고요하고 常樂하니 열반이라 한다. 혼탁하지 아니하고 번뇌가 없으니 청정이라 한다. 망령되지 아니하고 변이하지도 않으니 진여라 한다. 잘못을 떠나고 시비가 끊어졌으니 불성이라 한다. 선을 지키고 악을 막으니 총지(總持)라 한다. 숨겨 가리우며 거두어 아우르니 여래장이라 한다. 현비(玄祕)함을 뛰어넘었으니 밀엄국(密嚴國)이라 한다. 뭇 덕을 통괄하여 크게 갖추었고, 뭇 어두움을 밝게 하며 홀로 비추는 까닭에 원각(圓覺)이라 한다. 그 실은 모두 일심이다. 이에 위배되면 凡이고, 수순하면 聖이다. 이에 미혹하면 생사가 비롯되고, 이를 깨달으면 윤회가 그친다. 가까이 하며 이를 구하면 止觀 定慧가 이루어지고, 나아가 넓히면 六度(6바라밀)만행이 된다. 끌어당기면 智가 되고, 그러한 후에 正智가 된다. 의거하면 因이 되고, 그러한 후에 正因이 된다. 그 실은 모두 一法이다. 종일 내내 圓覺이되 일찍이 원각이지 못한 자가 범부이다. 원각을 證하고자 하건대 아직 원각의 지극함에 이르지

---

679) 『대불정수능엄경』권1. 『대정장』권19. 109a.

못한 자가 보살이다. 원각에 주지(住持)하되 원각을 구족한 자가 여래이다. 원각을 떠나 六道가 없고, 원각을 버리고 3승(1, 2, 3승)이 없다. 원각이 없으면 여래도 없다. 원각이 멸해지면 진실한 법도 없다. 그 실은 모두 一道이다. 삼세제불이 證한 바는 대저 이를 證한 것이다. 如來가 일대사 인연으로 출현하였다 함은 대저 이 일을 말함이다. 삼장 12부경의 모든 수다라(경전)가 대저 이를 설명한 것이다.[680]

해석한다 : 마음이라는 一法을 이름 하여 보법(普法)이라 한다. 이 마음을 비추고자 하건대 응당 반드시 보안(普眼)과 텅 빈 거울과 같은 마음이 되어야 한다. 고요히 비추는 가운데 靈知(眞知, 絶代知)[681]하니 치우쳐 작지 아니하되 궁극이 되고, 원만함으로 능히 깨달으니 까닭에 원각이라 한다. 이는 能證(證하는 주관)에 입각하여 말한 것이다. 진여 묘성은 적멸(寂滅) 無爲하고, 구족됨이 두루 하여 결손 됨이 없다. 까닭에 원각이라 한다. 이는 所證(證하는 객관)에 입각하여 말한 것이다. 能(주관)과 所(객관)가 그윽이 합치되어 오직 一心일 뿐이다. 이 一心이 능히 모든 것의 性이 되며, 또한 3승 6도의 상을 드러낸다. 相을 아울러서 性에 돌아가니 일찍이 다른 행적을 남긴 적이 없었다. 그러하니 세간과 출세간에 오르고 내림이 비록 다르나 모든 갖가지 用을 베품이 모두 이것이 아님이 없다. 이것을 떠나 그 위에 삼보와 1승이 없으며, 그 아래에 四生(卵生·胎生·濕生·化生)과 九有(欲界人天·梵衆天·極光淨天·遍淨天·無想天 및 四無色天)가 없다.

---

680) 규봉종밀이 지은 『원각경소』에 裵休가 序한 글 맨 앞부분. 『만속장』권9.

681) 중생의 分別知와 구별하여 空寂한 心性이 분별 떠나 知함 없이 知함을 靈知, 眞知, 絶代知라 한다. 지혜는 성인에게 많고, 범부에게는 적지만, 靈知는 범부나 성인이 평등하다.

〈294〉

文圃義圍.言將發而詞喪.淸神靜思.意欲緣而慮亡.

言將發而詞喪者.首楞嚴經云.用世語言.入佛知見.如將手掌捉摩虛空.徒
益自勞.虛空云何隨汝執捉.意欲緣而慮亡者.般若經云.如[虫*太][虫*末]蟲.
處處能泊.而不能泊火燄之上.如意根遍緣一切境.而不能緣般若.以心智
路絶故.

글의 밭과 뜻의 담장으로
말을 하려 하여도 말을 잊는다.
맑은 정신으로 고요히 사유하여
대상으로 삼아 생각하려 하나 생각이 사라진다.

　'말을 하려 하여도 말을 잊는다'란,『수능엄경』에 이르길,「세간의 언어로
佛知見에 들어가려 하는 것이다.」고[682] 하였으니 마치 손바닥으로 허공을
잡으려는 것과 같아 쓸데없이 스스로 수고만 한다는 것이다. 허공이 어떻게
네가 (손바닥으로) 쥐려 함에 따라가겠는가! '대상으로 삼아 생각하려 하나
생각이 사라진다'란,『반야경』에 이르길,「이를테면 파리가 곳곳에 앉을
수 있지만 화염 위에는 앉을 수 없는 것과 같고, 如意하는 감각기관이
두루 모든 경계에 緣하지만 반야에는 緣하지 못하는 것과 같다.」고[683]
하였다. 마음은 智(여기서는 知解의 뜻)의 길이 끊어진 까닭이다.

---

682)『대불정수능엄경』권4.『대정장』권19, 121a.
683)『대반야경』이나 여타『반야경』계통 경전에 이 인용문이 보이지 않는다.

〈295〉

處衆不羣.居尊匪獨.

志公和尚歌云.處衆不見諠譁.獨自亦無寂寞.

대중 가운데 처하여도 우뚝 뛰어나고,
존엄함에 있어도 홀로 드러내지 않는다.

지공(志公)화상이[684] 노래로 이른다.

대중 가운데 처하여도 떠들썩함을 보이지 아니하고,
홀로이되 적막해 하지 않는다네!

---

684) 志公(418-514)화상은 寶誌(寶志)·保志·保誌·寶公·誌公으로도 칭한다. 일
정한 거처가 없이 유행하며 시부를 짓곤 하였는데 그 말이 예언의 말인 듯하였
기에 사람들이 모여들어 화복을 물었다. 이에 齊의 武帝가 민중을 현혹시킨다
하여 감옥에 넣었는데 매일 시내에서 돌아다니는 것을 보았고, 감옥에 가서 보
면 감옥에 있었다. 황제가 이를 듣고 화림원에 모시고 공양하며 출입을 금하였
다. 그러나 그는 이에 구애받지 아니하고 여러 사찰을 돌아다녔다. 梁武帝가 건
국한 후에 그 禁이 풀렸다. 양무제와 긴 시간 동안 담론하였는데 모두 경론의
뜻에 대한 것이었다. 그는 천감13년 세수 96세로 입적하였다. 후대에 자주 여러
시호가 내려졌다. 저술에 『文字釋訓』30권·『十四科頌十四首』·『十二時頌十二
首』·『大乘讚十首』 등이 있다. 『고승전』권10에 그의 전기가 있다.

〈296〉

闡大道之基坰.布敎海之漩澓.了辯乳之眞機.

大涅槃經云.如盲問乳.不知乳之正色.如無己眼.隨他問答.不達自心.若上
上機人.一聞千悟.獲大總持.

대도의 기반을 천양하고,

敎海의 소용돌이를 퍼뜨리며,

우유(牛乳 ; 敎旨)의 진실한 기미(幾微)를 명료히 분간한다.

『대열반경』에 이르길, 「마치 맹인에게 우유에 대해 묻는 것과 같다.」라 [685]
한 바와 같이 우유의 올바른 색깔을 알지 못한다. 마치 자신의 눈이 없어서
다른 사람의 문답에 따르는 것과 같아서 自心을 통달하지 못한다. 만약
上上의 근기라면 하나를 듣고 천 가지를 깨달아 대총지(大總持)를 얻는다.

〈297〉

達觀象之明目.

大涅槃經.明衆盲摸象.各說異端.不見象之眞體.亦況錯會般若之人.依通
見解.說相似般若.九十六種外道.及三乘學者.禪宗不得旨人.並是不見象
之眞體.唯直下見心性之人.如晝見色.分明無惑.具己眼者.可相應矣.

---

685) 『대열반경』권34 迦葉菩薩品第十二之二. 『대정장』권12, 569a.

萬象을[686] 달관하는 밝은 눈이여!

　『대열반경』에서 여러 맹인들이 코끼리를 손으로 더듬어보고는 각기
다른 단면을 말하고 코끼리의 진체를 보지 못함을 설명하였다.[687] 또한
하물며 반야를 어긋나게 알고 있는 사람이 자신이 해통한 견해에 의해
비슷한(진실이 아닌) 반야를 설하는데 96종의 외도와 3승의 학자야 말할
나위 있겠는가! 선종에서도 그 禪旨를 얻지 못한 사람은 모두 코끼리[萬象]의
진체를 보지 못한다. 오직 곧바로 심성을 보는 사람만이 마치 낮에 사물을
보듯이 분명하여 미혹됨이 없다. 자신의 눈을 갖춘 자는 (이러한 경지에)
상응하리라!

〈298〉

躡薩雲路兮非近非遠. 詣清涼池兮不遲不速.

　薩雲路者. 即眾生心. 了之即是. 非論近遠. 清涼池者. 即一心圓明. 無塵垢熱
惱. 故云清涼. 智論云. 有目無足. 不到清涼池. 有足無目. 亦不到清涼池. 目
足更資. 方能得到. 頓悟自心為目. 如說修行為足. 故須理事齊運. 定慧雙修.
方入一心之智海也.

---

686) 본문의 '象'은 아래 해설에서 코끼리를 가리키지만 그 뜻으로 보면 萬象(萬像)
　　가운데 하나인 코끼리를 든 것이기 때문에 여기서는 '萬象'으로 해석하는 것이
　　적당하다.
687) 『대반열반경』권32 師子吼菩薩品第十一之六. 『대정장』권12, 556a. 경문의 긴
　　비유를 간략히 줄여서 인용하였다.

살운로(薩雲路 : 중생심)여!
가깝지도 아니하고 멀지도 아니하네!
청량한 연못(一心)에 다다름이여!
늦지도 아니하고 빠르지도 아니하네!

　살운로(薩雲路)란 곧 중생심이다. 깨달으면 바로 이 자리이니 가깝고
먼 것을 논할 바가 아니다. 청량한 연못이란 곧 一心의 圓明함이다. 육진(六塵)
의 더러움과 뜨거운 번뇌가 없는 까닭에 청량함이라 한다.『대지도론』에
이르길,「눈은 있지만 다리가 없으면 청량한 연못에 이르지 못한다. 다리는
있고 눈이 없어도 또한 청량한 연못에 이르지 못한다. 눈과 다리의 도움을
받아야 바야흐로 이를 수 있게 된다.」[688] 自心을 돈오(頓悟)함이 눈[目]이고,
설법에 일치하게 수행함이 다리[足]이다. 까닭에 반드시 理와 事가 함께
운용되고, 定과 慧가 함께 닦아져야 바야흐로 一心의 지혜의 바다에 들어가게
되는 것이다.

〈299〉

出一語兮海竭山崩.提妙旨兮天翻地覆.擧圓宗兮敷至理.法界
橫關.括衆義兮掩羣詮.禪門矗鏃.

---

688) 『대지도론』권83 釋大方便品第六十九之餘에 "譬如熱時, 清涼池, 有目有足皆可
　　入. 雖近, 不欲入者則不入."이라 하였는데 이 단락을 뜻으로 부연하여 옮긴 듯
　　하다.

宗門中有齧鏃句.不通問答.

한 마디 말을 발함이여!

바다가 마르고 산이 무너지네!

妙旨를 제시함이여!

하늘이 뒤집어지고 땅이 엎어지네!

圓宗을 제시함이여!

至理를 널리 펴 법계에 자재하네!

뭇 뜻을 담았음이여!

뭇 해석을 닫아버리네!

(이것이 바로) 禪門의 설촉법(齧鏃法 : 비밀로 하여 가르쳐주지 않는 법)
이네!

　宗門(禪門) 가운데 설촉구(齧鏃句)가689) 있어 문답이 통하지 않는다(답해주
지 않는다).

---

689) 설촉법(齧鏃法: 화살을 입으로 무는 법)은 '비밀로 하여 가르쳐주지 않는 법'을
　　뜻한다. 淨覺의 『능가사자기』序에 "涅槃齧鏃法 秘密不敎人"이라 하였다.
　　다음의 고사에 의한다. 수(隋) 말기에 활을 매우 잘 쏘는 구군모(咎君謨)라는
　　사람이 있었는데 왕영지(王靈智)가 찾아와 이를 완전히 배운 후에 구군모를 활
　　로 쏘아 죽이고자 하였다. 그 때 구군모는 지니고 있던 단도로 날아오는 화살을
　　쳐서 꺾었는데 마지막 날아오는 화살촉을 입으로 물고 웃으며 설하길, "활 쏘는
　　법을 가르치길 3년 동안 너에게 아직 날아오는 화살을 입으로 무는 법은 가르쳐
　　주지 않았다."고 하였다. 출전은 唐 段成式 『유양잡조(酉陽雜俎)』續集四에 인
　　용된 朝野僉載.

〈300〉

念念而靈山出世.步步而兜率下生.

華嚴論云.一念相應一念佛.大集經云.貪瞋癡出.即是佛出.又如來藏經云.我以佛眼觀一切眾生貪欲恚癡諸煩惱中.有如來智.如來眼.如來結加趺坐.儼然不動.善男子.一切眾生雖在諸趣.煩惱身中有如來藏.常無染污.德相備足.如我無異.及經頌云.我今解了如來性.如來今在我身中.我與如來無差別.如來即是我真如.又成佛之義.隨門不同.古釋有四.一約性.即一真法界.二約相.即無盡事法.三性相交徹.顯此二門不即不離.四以性融相.德用重重.初約體門者.問.體是佛不.答.是約無礙.應成四句.一是佛.法性身無所不至故.經云性空即是佛故.二非佛.絕能所覺為其性.平等真法界.非佛非眾生故.三亦佛亦非佛.以法性無自性故.四雙非.性與無性雙泯絕故.經云.無中無有二.無二亦復無.三世一切空.是則諸佛見.二就相門有二.一情.二非情.真心隨緣變能所故.然此二門.各皆染淨.謂無明熏真如.成染緣起.真如熏無明.成淨緣起.染成萬類.淨至成佛.以修淨緣斷彼染緣.方得成佛.依此二義.則生佛不同.於淨緣中.復有因有果有純有雜.若約純門.隨一菩薩盡未來際唯修一行.一一皆然.若約雜門.萬行齊修盡未來際.若約因門.盡未來際常是菩薩.若約果門.盡未來際常是如來.經云.為眾生故.念念新新成等正覺.若雙辯門.盡未來際修因得果.若約雙非.盡未來際非因非果.便同真性.今正約以性融相.一成一切成.成與不成.情與無情.無二性故.法界無限故.佛體普周故.色空無二故.法無定性故.十身圓融故.緣起相由故.生界無盡故.因果周遍故.遠離斷常故.萬法虛融故.故說一成一切成也.非謂無情亦有覺性.同情成佛.若許成佛.此成則能修因.無情變情.情變無情.便同邪見.又此眾生乃是像上之摸者.以見自成.即見他成.如云自心

念念常有佛成正覺. 此有三意. 一云同一無性故得現成者. 謂既無二性佛證
一性得成佛故. 生隨一性皆成佛矣. 二云妄性本虛生元是佛者. 生自有妄.
見生非佛. 佛了妄虛. 生何非佛. 三真性叵得非今始成者. 若有可得. 今得成
佛. 證性叵得. 佛非始成佛本是佛. 佛之本佛. 何異生佛. 是故一成一切皆成.
亦可說言. 若一不成一切不成. 同一性故. 今是成佛門故. 故一切皆成佛也.

생각마다 영산(靈山 : 석가불)이 出世하고,

걸음마다 도솔(미륵불)이 하생한다.

　『華嚴論(신화엄경론)』에 이른다. 「일념에 상응하면 일념에 성불한다.」[690]
『대집경』에 이른다. 「탐심, 화내는 마음, 어리석은 마음이 나옴은 바로
佛이 나옴이다.」[691] 또 『여래장경』에 이른다. 「나는 佛眼으로 모든 중생의
탐욕과 성냄, 어리석은 마음의 여러 번뇌 가운데 여래의 지혜, 여래의 눈,
여래의 결가부좌가 있어 엄연히 不動함을 관찰한다. 선남자여! 모든 중생이
비록 여러 생류 가운데 있으나 번뇌의 몸에 여래장이 있어 항상 오염되지
아니하고, 덕상이 갖추어져 있음이 나와 다름이 없느니라.」[692] 그리고 경의
게송에 이른다.

　　내가 이제 여래성(如來性)을 깨달았으니

　　여래가 지금 내 몸 안에 있네!

690) 『신화엄경론』권2. 『대정장』권36. 저본의 '佛'은 원문에서 '成佛'이다. 원문은 "故
　　一念相應, 一念成佛. 一日相應, 一日成佛."
691) 『대방등대집경』권10 海慧菩薩品第五之三. 『대정장』권13.
692) 『대방등여래장경』. 『대정장』권16.

나와 여래가 차별 없어
여래가 곧 나의 진여이네!

　또한 성불의 뜻에 대해서는 門에 따라 다르다. 고석(古釋)에 넷이 있다.
1. 性에 입각하면 바로 一眞법계이다. 2. 相에 입각하면 바로 다 함 없는
事法(현상의 세계)이다. 3. 性과 相이 교철(交徹, 相入)하여 이 두 문을 드러내되
즉해 있지도 아니하고, 떨어져 있지도 아니하다. 4. 性으로써 相을 융회하고,
덕용이 重重하다.
　1은 체에 입각한 門이다.

묻는다 :

"體가 佛인가?"

답한다 :

　"이는 무애(無碍 : 걸림없음, 자유자재함)에 입각한 것이니 응당 4句를 이룬다.
(1) 佛이니 法性身이 이르지 않은 곳이 없는 까닭이다. 경에서 이르길,
「성품이 공함이 바로 佛이다.」고 한 까닭이다. (2) 非佛이니 能과 所가
끊어진 覺이 그 性인 까닭이다. 평등한 眞法界는 非佛이며 非衆生인 까닭이
다. (3) 佛이며, 또한 非佛이다. 법성에 자성이 없는 까닭이다. (4) 양쪽
모두 아니다. 性과 無性이 모두 끊어져 멸한 까닭이다. 경에서 이르길,
「中도 없고 二(二邊)도 없다. 二가 없음도 또한 없다. 三世 모두가 다 공이다.」
고 하였다. 이것이 모든 부처의 지견이다. 2. 相에 따르는 門에 둘이 있다.
(1) 情이고, (2) 非情이다. 眞心이 인연 따라 能(주관)과 所(객관)로 변하는

까닭이다. 그러나 이 二門은 각각 모두 오염과 청정이 있다. 말하자면 무명이 진여를 훈습하여 오염의 연기를 이룬다. 진여가 무명을 훈습하여 청정의 연기를 이룬다. 오염이 온갖 생류를 이루고, 청정이 성불에 이르게 한다. 청정한 緣으로 저 오염의 緣을 끊으면 바야흐로 성불할 수 있다. 이 두 뜻에 의거하니 중생과 佛이 같지 않다. 청정한 緣 가운데 또 因이 있고, 果가 있고, 순(純)이 있고, 잡(雜)이 있다. 만약 순문(純門)에 입각한다면 한 분 보살에 따라 미래 다하도록 오직 一行을 닦는다. 하나하나가 모두 그러하다. 만약 잡문(雜門)에 입각한다면 만행을 함께 닦음을 미래 다하도록 한다. 만약 因門에 입각한다면 미래 다하도록 항상 보살이다. 만약 果門에 입각한다면 미래 다하도록 항상 여래이다. 경에 이르길,「중생을 위하는 까닭에 생각 생각에 새로 等正覺을 이룬다. 만약 쌍변문(雙辯門 : 보살과 여래를 함께 인정하는 문)에 입각한다면 미래 다하도록 因을 닦아 果를 얻는다. 만약 쌍비문(雙非門 : 보살과 여래를 함께 부정하는 문)에 입각한다면 미래 다하도록 因이 되지 못하고, 果도 되지 못한다. 바로 동일한 眞性이니 이제 바로 性으로써 相을 융회함에 입각하면 하나가 이루어짐에 일체가 이루어진다. 이룸과 이루지 못함, 情과 無情이 두 性이 아닌 까닭이며, 법계는 무한한 까닭이고, 佛體는 두루 한 까닭이며, 色과 空이 無二인 까닭이고, 법(존재)에 결정의 性이 없는 까닭이고, 十身이 원융한 까닭이며, 연기함에 서로에게 말미암는 까닭이고, 중생계가 다함없는 까닭이며, 斷과 常을 멀리 떠난 까닭이고, 모든 것이 텅 빈 가운데 융회되어 있는 까닭이다. 까닭에 '하나가 이루어짐에 일체가 이루어진다'고 하였다. 무정중생도 또한 覺性이 있다고 말한 것은 아니다. 같은 유정중생이 성불한다. 만약 (무정중생도) 성불한다고 하면 이를 이루는 데는 닦는 因의 주체가 있어야 하고, (그렇다면) 무정중생이 情을 바꿈이 있다는 것이 되며, 情이 변하는 無情중생이라는 것이 되어 바로 사견(邪見)과 같게 되어버린다. 또한 이 중생이 곧 사물을 (盲人이)

더듬듯 하는 자이다.

見(了見, 了知)하여 스스로 성취하고, 見에 즉하여 他者도 성취한다. 이를테면 自心 念念에 항상 佛이 정각을 이룬다고 하였다. 여기에 세 뜻이 있다. (1) 자성이 없음이 동일한 까닭에 現成(있는 그 자리에서 성취함, 본래 성취되어 있다는 뜻으로 證함)한다. 말하자면 이미 二性(다른 性)이니 佛이 一性을 證하여 성불하는 까닭이다. 중생이 一性에 따르니 모두 성불한다. (2) 망념의 性이 본래 텅 비어 있어 중생이 본래 佛이라는 것이다. 중생에게 스스로 망념이 있어 중생을 佛이 아니라고 본다. 佛은 망념이 텅 비어 있는 것임을 了知하였으니 중생이 어찌 佛이 아니겠는가! (3) 眞性은 얻을 수 없으며, 지금에야 비로소 이루어진 것이 아니다. 만약 얻을 수 있다면 지금 성불해야 할 것이나 性이란 證할 수 없는 것이다.[693] 佛은 이제야 비로소 성불한 것이 아니고 佛이 본래 佛이다. 佛이 본래 佛이거늘 어찌 중생과 佛이 다르겠는가! 이 까닭에 하나가 이루어지면 일체가 모두 이루어진다. 또한 말할 수 있나니 하나가 이루어지지 못하면 일체가 이루어지지 못한다. 동일한 性인 까닭이다. 지금 설하는 것은 成佛門인 까닭이다. 때문에 일체가 다 成佛한다.

〈301〉

娑婆現華藏之海.

還源觀云. 是以大智圓明. 覩纖塵而觀性海. 眞源朗現. 一塵之處現全身. 萬法顯必同時. 一際理無前後. 華嚴記云. 華藏淨緣熟. 娑婆爲華藏. 娑婆染緣

---

693) 眞性이란 본래 그러한 것이어서 그것 아닌 것과 상대하여 있는 것이 아니다. 따라서 대상이 될 수 없고, 대상이 될 수 없으니 얻을 수도 없고, 證할 수도 없다.

474

熟.華藏現娑婆.此皆轉名不轉體.但隨心現.如法華經三變淨土.祇變心耳.
又云.華藏世界海者.以無盡大願風輪.持大悲水.生無邊行華.以法性虛空.
能容萬境.重疊無礙.於其水上生一大蓮華.周法空界.名種種藥香幢.明根
本智.起差別智.行差別行.名藥.如經頌云.譬如心王寶.隨心現眾色.眾生
心淨故.得見清淨剎.又云.譬如眾繢像.畫師之所作.如是一切剎.心畫師所
成.又云.無量諸剎種.隨眾生心起.又云.一一心念中.出生無量剎.

사바세계가 연화장세계의 바다에 드러난다.

『(망진)환원관』에 이른다.「이 까닭에 大智가 圓明하여 섬미의 경계를
보고 성품의 바다를 관찰한다.694) 진원(眞源)이 밝게 드러나고, 한 티끌에
처하여 全身을 드러낸다. 모든 것이 드러남은 반드시 동시이다. 일제(一際)의
理에는 전후가 없다.」695)
『화엄기(화엄경수소연의초)』에 이른다.

　　화장세계는, 청정한 緣이 순숙하여 사바세계가 화장세계가 된 것이
　　고, 사바세계는 오염된 緣이 순숙하여 화장세계에 사바세계가 드러난
　　것이다. 이는 모두 이름 만 전변된 것이고 체는 전변되지 않았다.
　　단지 마음 따라 나타나는 것이다.」696) 이를테면『법화경』에서 세

694) 『신수대장경』본은 '周性海'인데 저본은 '觀性海'이다. 앞 구와 연결되는 후자가
　　옳을 것이다.
695) 현수법장의 『망진환원관』.『대정장』권45, 638a.
696) 본서에서『화엄기』는 澄觀의『화엄경수소연의초』(『대정장』권36)인데 이 인용문
　　과 똑같은 문단은 보이지 않는다. 단지 染淨의 緣에 대해서는 여러 곳에서 논급
　　하고 있다. 아마 여러 곳에서 설한 것을 요약하여 뜻으로 옮긴 것으로 보인다.

번 정토를 변화시킨 것도 단지 마음이 변한 것이다. 또 (『화엄경』에)
이른다. 「화장세계의 바다란 다 함 없는 큰 서원의 풍륜(風輪)이다.[697]
大悲水를 지니고 무변행(無邊行)의 연꽃을 피운다. 법성의 허공으로
능히 모든 경계를 포용하되 중첩되어도 걸림 없다.」[698] 그 (大悲의)
水 위에 하나의 큰 연화가 피어 법계의 空界에 두루 하니 이름 하여
갖가지 꽃술과 향당(香幢)이라 한다.[699] 根本智를 밝혀서 差別智를
일으키고, 차별행을 행함을 이름 하여 꽃술이라 한다.

이를테면 경(『화엄경』)의 게송에 이른다.

비유컨대 心王의 보배가
마음 따라 갖가지 색을 나타내나니
중생의 마음이 청정한 까닭에
청정한 세계를 보는 것이네![700]

또 이른다.

---

697) 이 단락은 『화엄경』의 여러 곳에서 요략하여 인용하였다. 『화엄경(80권본)』권8
    華藏世界品第五之一에 「一一佛所, 淨修世界海微塵數, 大願之所嚴淨. 諸佛子!
    此華藏莊嚴世界海, 有須彌山, 微塵數風輪所持, 其最下風輪.」 『대정장』권10,
    039a.
698) 『화엄경(80권본)』권1에 「一一毛端, 悉能容受一切世界, 而無障礙.」 『대정장』권
    10, 002a.
699) 같은 『화엄경』에 「此香水海, 有大蓮華, 名種種光明蕊香幢. 華藏莊嚴世界海,
    住在其中.」 同, 039b.
700) 『화엄경(80권본)』권10, 『대정장』권10, 051c.

비유컨대 뭇 수를 놓은 모습들이
화공이 만든 것이듯이
이와 같이 모든 세계는
마음의 화공이 이룬 것이네!"[701]

또 이른다.

한량없는 모든 세계가
중생심 따라 일어난 것이네![702]

또 이른다.

하나하나의 생각에서
한량없는 세계가 나온다![703]

〈302〉

園林爲王舍之城.見聞覺知.運普賢無盡之行.周旋俯仰.具文殊
本智之名.

---

701) 위와 같음.
702) 위와 같음. 052a.
703) 위와 같음.

先德云. 文殊卽是眾生現行分別心. 普賢卽是眾生塵勞業惑行. 又普賢身同
虛空性. 一切眾生以爲生死. 是以能對現色身. 以同是虛空性故. 又云. 六根
三業. 並是文殊實相. 體周萬象森羅. 無非般若. 何有一處非文殊普賢耶.

원림(園林)이 왕사성(王舍城)이 되고,
견문각지가 보현의 다 함 없는 행이다.
이리저리 위 아래로 보는 것이 문수의 本智의 이름을 갖추었다.

선덕이 이른다. 「문수가 바로 중생의 현행하는 분별심이다. 보현이 바로
중생의 번뇌업의 미혹한 행이다. 또한 보현신이 허공성과 같은데 모든
중생은 생사한다고 여기기 때문에 능히 중생에 대하여 색신을 나타낸다.
똑 같이 허공성인 까닭이다.」 또 이른다. 「6근 3업이 모두 문수의 實相이다.
體가 삼라만상에 두루 하여 반야가 아님이 없다. 어찌 어느 한 곳이 문수보현
아닌 곳이 있겠는가?」

〈303〉

從實分權.

從一乘實. 分出三乘權. 從三乘權. 會歸一乘實. 卽是從心而開三. 從心而合
一. 又卽一而三相不同. 卽三而一體無別.

(1승의) 實을 바탕으로 해서 (3승의) 權(방편)이 분출한다.

1승의 實에서 3승의 權이 분출한다. 3승의 權으로부터 1승의 實로 함께

귀일(歸一)한다. 바로 이는 마음으로부터 셋으로 펼쳐진 것이고, 마음에서 합일된다. 또한 一에 즉해 있되 三相(3승의 相)이 같지 않다. 셋이되 體가 하나여서 다를 것이 없다.

〈304〉

因別顯總.擲大千於方外.吸海水於毛孔.

因別顯總者.以用彰體.因境識心.非總無以出別.非別無以顯總.如淨名經云.擲娑婆於界外.移妙喜於此方者.是明即近即遠.即穢即淨.不出一心矣.又云海水入毛孔者.台教云.識得海水真性.即是毛孔真性.故云海水入毛孔.又云芥納須彌者.一切眾生無明心.即是佛心.是名須彌入芥.設有無邊不可思議神變之事.皆同此釋.華嚴記云.佛智平等如虛空.則眾生之界.皆是如來智中之物.二者智能包納.猶是智類.今毛孔頓現.則細巨頓收.良以色性融無礙故.以性融相.為本真心之力也.

因이 다름으로 해서 총(總 : 體)을 드러낸다.
대천세계를 方外에 던져버리고,
바닷물을 털구멍으로 빨아드린다.

'因이 다름으로 해서 총(總 : 體)을 드러낸다'는 것은 用으로서 體를 드러냄이다. 경계에 인하여 마음에서 인식한다. 總이 없이는 다르게 分出될 수 없다. 다름이 없이는 總이 드러날 수 없다. 이를테면 『정명경(유마경)』에 이르길 「사바세계를 세계 밖으로 던져버리고, 묘희(妙喜 : 四方佛 가운데 동방 묘희국의 아촉불)를 북방에 옮겨놓는다」고704) 한 것은 가까움에 즉해서 먼 곳이 즉해 있고, 더러움에 즉해서 청정함이 즉해 있어 일심을 벗어나지 않음을 드러낸 것이다. 또 이르길, '바닷물을 (하나의) 털구멍에 빨아들인다."고705) 한 뜻은, 천태교에 이르길, 「바닷물이 眞性임을 안다면 바로 털구멍이 眞性이다.」고 한 것이다. 까닭에 이르길, '바닷물이 털구멍에 들어간다'고706) 하였다. 또 이르길, "겨자씨가 수미산을 받아드린다"고 한 것은 모든 중생의 무명심이 곧 佛心인 까닭에 이를 '수미산이 겨자씨에 들어감'이라 한다. 설혹 무변의 불가사의 神變의 事가 있다 하더라도 모두 이와 똑같이 해석된다.

『화엄기(화엄경수소연의초)』에 이른다. 「佛智가 평등함이 마치 허공과 같아서 중생계도 모두 如來智 중에 있다.」707)

二者(佛과 중생)의 智가 능히 받아들여 포용함은 智의 類인 까닭이다. 지금 털구멍에 단박에 나타난다 함은 미세한 것이 단박에 큰 것을 거두어들임이다. 진실로 色性이 융회하여 걸림이 없는 까닭이다. 性으로써 相을 융회함이 본래의 眞心의 힘이다.

〈305〉

妙位初成之際.天雨四華.無明欲破之時.地搖六動.

天雨四華者.台教云.表菩薩四位.一十住位.二十行位.三十迴向位.四十地位.華是柔軟義.亦表於行.亦表於善根.菩薩以行入位.故天雨華.然皆是心

---

704) 『유마경』견아촉불품제12. 『대정장』권14. 원 경문은 「入於三昧, 現神通力, 以其右手斷取妙喜世界, 置於此土.」

705) 『유마경』부사의품제6. 원 경문은 「又以四大海水, 入一毛孔.」

706) 위의 부사의품에 「唯應度者乃見須彌入芥子中, 是名住不思議解脫法門.」

707) 『화엄경수소연의초』권22. 『대정장』권36. 170a.

華. 般若經云. 此非天華. 亦非意樹華. 乃是無生華. 地搖六動者. 是破無明.
動六根之堅執. 執從心生. 亦是動於心地.

妙位(妙覺)가 처음 이루어지는 때에
하늘에서 네 가지 연꽃이[708] 내리고,
무명이 부수어지려 할 때
땅이 여섯 가지로 흔들린다.

　하늘에서 내리는 네 가지 연꽃이란, 천태교에서 이르길, 「보살의 4位를
나타낸 것이니 1은 十住位, 2는 十行位, 3은 十廻向位, 4는 十地位이다.」고
하였다. 연꽃은 유연(柔軟)의 뜻이다. 또한 행을 나타낸다. 또한 선근을
나타낸다. 보살이 행으로써 (위의) 位에 들어가는 까닭에 하늘에서 연꽃의
비가 내린다. 그러나 모두 마음의 연꽃이다.
　『반야경』에 이른다. 「이는 하늘의 연꽃이 아니고, 또한 (천상의) 여의수(如
意樹)의 연꽃도 아니다. 바로 무생화(無生華)이다. 땅이 6종으로 진동한다
함은 무명을 부수어 6근의 굳은 집착이 흔들리기 때문이다. 집착은 마음에서
생하고, 또한 心地를 움직인다.

〈306〉

理事無礙.

---

708) 『무량수경』권상에 나오는 四華는 優鉢羅華・波頭摩華・俱勿頭華・分陀利華
이다.

理能成事. 事能顯理. 有理事無礙. 有事事無礙. 華嚴記云. 周遍含容觀中. 有
事事無礙者. 菩薩雖復看事. 即是觀理. 然說此事為不即理者. 以事虛無體.
而不壞相. 所以觀眾生. 見諸佛. 觀生死. 見涅槃. 以全理之事. 恒常顯現. 是
以事既全理. 故不即理. 若也即理. 是不全矣. 如金鑄十法界像. 一一像全體
是金. 不可更言即金也.

理와 事가 걸림 없다.

理가 능히 事를 이루고, 事가 능히 理를 드러낸다. 理와 事가 걸림 없고,
事와 事가 걸림 없다. 『화엄기(수소연의초)』에서 주변함용관(周遍含容觀)에
대해[709] 이른 가운데 사사무애(事事無礙)가 있다. 보살은 비록 다시 事를
보더라도 바로 理를 본다. 그러나 이 事가 理에 즉해 있지 않다고 함은,
事가 공허하여 體가 없는 까닭이되 相을 부수지 않는다는 것이다. 까닭에
중생을 관하고, 모든 부처님을 보며, 생사를 보고, 열반을 보아도 모두
온전히 理를 갖춘 事이다. 항상 현현하니 이는 事가 이미 온전한 理인
까닭이다. 理에 즉하지 않았다거나 또는 즉하였다고 하면 이는 온전한
것이 아니다. 마치 금으로 十法界의 모습을 주조하는데 하나하나의 像
전체가 금이다. 다시는 金에 즉하였다고 말할 수 없다.[710]

---

709) 『화엄경수소연의초』권10에 '周遍含容觀'에 대해 설명되어 있다. 이하의 글은 대
　　략 줄여 뜻으로 옮겼다.
710) 理에 即한다 함은 궁극의 성취로 가는 중요한 과정이다. 그러나 무엇에 즉할 바
　　도 없는 자리가 되어야 온전하다. 본래 둘이 아닌 까닭이다.

〈307〉

本末同歧.

因本示末, 末還歸本, 如心無自性, 因境而生, 境無自性, 因心而現, 能所互成, 一體無異, 如百門義海云, 若以塵唯心現, 則外塵都絶, 若以心全現塵, 則內心都泯, 泯者泯其體外之見, 存者存其全理之事, 即泯常存, 即存常泯.

本과 末이 같은 자리인 갈림이다.

本에 인하여 末을 드러내고, 末이 다시 本에 돌아간다. 마치 마음이 자성 없어 경계를 인하여 생하는데 경계는 자성이 없어 마음에 인하여 나타나는 것과 같다. 能(주관)과 所(객관)가 서로를 이루어주니 체가 하나여서 다르지 않다. 이를테면 『百門義海(華嚴經義海百門)』에 이른다.

만약 6진(塵)의 경계가 오직 마음에서 나타난 것이라면 바깥 경계는 모두 멸한다. 만약 마음이 온전히 6진 경계로 나타난 것이라면 內心이 모두 멸한다. 멸함이란 그 體 밖에 (어떤 것을) 見함이 멸함이다. 존재한다고 함은 그 理를 온전히 갖춘 事가 존재한다는 것이다. 멸에 즉하여 항상 존재하고, 존재에 즉하여 항상 멸한다.[711]

---

711) 현수법장의 『華嚴經義海百門』, 『대정장』권45, 629a.

〈308〉

橫吞五乘之粹.

五乘者. 一人乘. 二天乘. 三聲聞乘. 四緣覺乘. 五菩薩乘. 持五戒. 得人乘. 持
十善. 得天乘. 修四諦法. 得聲聞乘. 修十二因緣法. 得緣覺乘. 修六度行. 得
菩薩乘. 乃至三乘四乘一乘. 皆從一心而出. 所以楞伽經頌云. 諸天及人乘.
聲聞緣覺乘. 諸佛如來乘. 我說此諸乘. 乃至有心轉. 諸乘非究竟. 若彼心滅
盡. 無乘及乘者. 故知三乘五性. 皆自心生. 若無於心. 既無能乘之人. 亦無所
乘之法. 故云無乘及乘者也.

자유자재로 5승의 정수를 삼키고,

5乘이란, (1) 人乘, (2) 天乘, (3) 성문승, (4) 연각승, (5) 보살승이다. 5계를
지니어 人乘을 얻고, 십선(계)을 지니어 천승을 얻으며, 사제법(四諦法)을
닦아 성문승을 얻고, 12인연법을 닦아 연각승을 얻는다. 6도행(바라밀행)을
닦아 보살승을 얻는다. 내지 3승 4승 1승이 모두 일심으로부터 나온다.
까닭에 『능가경』의 게송에 이른다.

諸天과 人乘
성문승과 연각승
諸佛如來乘이 있으나
나는 이 여러 乘과
내지 모든 것이 마음이 전변한 것이어서
여러 승이 구경이 아니라고 설하네!

만약 저 마음이 멸진하면

乘이 없고, 乘할(법문의 乘을 타고 갈) 자도 없는 것이네!712)

까닭에 알건대 3승과 5性713)이 모두 자심에서 생한 것이다. 만약 마음이
없다면 乘할 사람이 없고, 또한 乘할(타고 갈) 법도 없다. 까닭에 이르길,
'乘과 乘할(타고 갈) 자가 없다'고 하였다.

〈309〉

圓舒八藏之奇.

八藏者. 一漸教. 二頓教. 三不定教. 四祕密教. 五藏教. 六通教. 七別教. 八圓
教. 如經云. 十二分教. 於真如法界流出. 以心為體. 演出無窮. 何者. 若心空.
演出聲聞藏. 若心假. 演出菩薩藏. 若心中. 演出佛藏.

팔장(八藏)의 기묘한 법을 원만히 펴네!

팔장(八藏)이란, (1) 점교(漸教), (2) 돈교(頓教), (3) 부정교(不定教), (4) 비밀
교, (5) 장교(藏教), (6) 통교(通教), (7) 별교(別教), (8) 원교(圓教)이다. 이를테면
경에 이른다. 「12분교는 진여의 법계로부터 流出되니 마음을 체로 하여

---

712) 『능가아발다라보경(능가경4권본)』권2 一切佛語心品之二. 『대정장』권16, 497b.
713) 5종성이라고도 한다. 중생의 자질을 기준으로 成佛의 가능성을 구별한 것이다.
경론이나 종파에 따라 용어나 기준이 약간 다르다. 『대승입능가경』권2에 의하
면, 聲聞乘種性, 緣覺乘種性, 如來乘種性, 不定種性, 無種性이다. 『대정장』권
16, 597a.

연출됨이 무궁하다.」714) 왜 그러한가? 만약 마음이 공해지면 성문장을 연출하고, 마음이 假(假有)이면 보살장을 연출하며, 마음이 中이면 佛藏을 연출한다.

〈310〉

從心而出心. 猶蘭生蘭葉. 因意而發意. 似檀孕檀枝.

境從心變. 變是自心. 從心現心. 更無異物. 如寶積經偈云. 如鑽木出火. 要假衆緣力. 若緣不和合. 火終不得生. 是不悅意聲. 畢竟無所有. 知聲性空故. 瞋亦不復生. 瞋不在於聲. 亦不身中住. 因緣和合起. 離緣緣不生. 如因乳等緣. 和合生酥酪. 瞋自性無起. 因於麤惡事. 愚者不能了. 熱惱自燒燃. 應當如是知. 究竟無所有. 瞋性本寂靜. 但有於假名. 瞋恚即實際. 以依眞如起. 了知如法界. 是名瞋三昧. 又偈云. 是大夜叉身. 從於自心起. 是中無有實. 妄生於恐怖. 亦無有怖心. 而生於怖畏. 觀法非實故. 無相無所得. 空無寂靜處. 現此夜叉身. 如是知虛妄. 是夜叉三昧. 且夜叉一身. 於外相分甚爲麤惡. 令人怖畏. 瞋之門. 是根本煩惱. 最能煩亂. 此內外二法. 尚成三昧. 舉一例諸. 可爲一心龜鏡. 則若境若心. 皆成正受. 如華嚴經偈云. 禪定持心常一緣. 智慧了境同三昧.

마음에서 마음이 나옴이
마치 난초에서 난의 잎이 나오는 것과 같다.

---

714) 인용문 그대로 기술된 경전은 찾기 어렵지만 같은 뜻의 법문이 『화엄경』, 『섭대승론』 등 여러 경전에 산재한다.

생각으로 인하여 생각이 나옴이
마치 단향목이 단향목의 가지를 잉태하고 있는 것과 같다.

　경계란 마음으로부터 변해진 것이고, 변한 것이 자심이다. 마음에서 마음
이 나타나니 다시 다른 것이 없다. 이를테면 『보적경』의 게송에 이른다.

　　　　마치 나무를 비벼 불을 일으키려면
　　　　뭇 緣의 힘을 빌림이 있어야 하는 것과 같다.
　　　　만약 緣이 화합되지 못하면
　　　　불은 끝내 일어나지 않는다.
　　　　기뻐하지 않는 (성내는) 마음에서 나온 소리도
　　　　필경에 있는 바가 없다.
　　　　소리의 성품이 공함을 아는 까닭에
　　　　성냄도 또한 다시 일어나지 않는다.
　　　　성냄이 소리에 있지 않고,
　　　　또한 몸에 머무르지도 않는다.
　　　　인연화합으로 생기는 것이라
　　　　인연 떠나면 생하지 않는다.
　　　　마치 우유를 因으로 하고 여러 緣이
　　　　화합하여 수락(酥酪)이 나오는 것과 같다.
　　　　성냄의 자성은 일어남이 없는데
　　　　거칠고 나쁜 일로 인해 일어나는 것임을
　　　　어리석은 자는 알지 못하고,
　　　　뜨거운 번뇌로 스스로를 태운다.

응당 이와 같이 알지니
구경에는 無所有(있다고 할 바가 없음)이다!
성냄의 성품은 본래 고요하고,
단지 임시로 붙인 이름만 있을 뿐이다.
성냄이 곧 실제이나니
진여가 일어난 것인 까닭이다.
(항상) 如한 법계임을 了知한다면
이것이 '성냄의 삼매'라 이름 하는 것이네!715)

또 게송에서 이른다.

이 대야차의 몸은
자심에서 일어난 것이어서
여기에 實이 없는데
망령되이 공포심을 낸다.
또한 공포심도 없는 것인데
두려움을 내는 것이니
實이 없는 것임을 관찰하면
無相이어서 얻을 바가 없다.
텅 빈 고요한 자리에서
이 야차신이 나타나는 것이니
이와 같이 허망하다고 아는 것,

---

715) 『대보적경』권29 문수사리보문회제10. 『대정장』권11, 161a.

이것이 야차삼매이다.716)

또한 야차의 몸은 바깥 모습이 매우 추악하여 사람들로 하여금 두렵게 한다. 성냄의 문은 근본번뇌이며 가장 힘 있는 번뇌이다. 이 내외의 二法으로도 삼매를 이룰 수 있거늘 하물며 하나하나 여러 예를 들 필요가 있겠는가! 一心의 거울로 삼을지니 바깥 경계에서든 마음에서든 모두 正受(三昧)를 이룬다. 이를테면 『화엄경』 게송에서 이른다.

선정은 마음을 항상 一緣으로717) 지님이고,
지혜는 경계가 삼매와 같음을 了知함이다.718)

〈311〉

不空之空. 非有之有.

心空. 則無性而空. 空而不空. 心有. 則無性而有. 有而不有. 不有之有. 有顯一如. 不空之空. 空成萬德. 可謂摧萬有於性空. 蕩一無於畢竟矣. 則張心無心外之境. 張境無境外之心. 若互奪兩亡. 心境俱泯. 若相資並立. 心境宛然. 又二而不二. 心境冥一. 不二而二. 心境歷然. 又心外無境故難入. 境外無心

---

716) 『대보적경』권29. 『대정장』권11, 160a.
717) '一緣으로 지님'이란 아무런 상념에도 緣하지 않음을 뜻한다. 어떠한 한 법상에 마음을 두는 것은 能과 所가 있게 되어 二法(二緣)이 있게 되어버린다. 즉 마음 일어남이 없는 그 자리를 항상 지니라는 뜻이다. 여기에는 당연히 느껴지는 마음도 없어야 한다. 어느 한 대상을 붙잡아 마음을 여기에 두라는 뜻이 아니다.
718) 『화엄경(80권본)』권33 十迴向品第二十五之十一. 『대정장』권10. 178b.

故甚深.

不空인 空이고,
非有인 有이다.

　心이 空하니 체성이 없어 空하다. 空하되 不空이다. 心이 有하니 체성이
없되 有하다. 有하되 不有이니, 不有인 有이다. 有가 一如함을 드러내고,
不空인 空이어서 空이 만덕을 이룬다. 가히 만유를 체성이 공함에서 멸해버
리니 필경에 모두 하나도 없이 다 멸진된다. 마음을 확장하면 마음 밖에
경계가 없고, 경계를 확장하면 경계 밖에 마음이 없다. 만약 서로 빼앗으면
양자가 없어지고, 마음과 경계가 모두 멸한다. 서로 도와주어 함께 존립하는
면에서는 마음과 경계가 완연하다. 또한 二이되 不二이고, 마음과 경계가
그윽이 하나이다. 不二이되 二여서 마음과 경계가 뚜렷하다. 또한 마음
밖에 경계가 없는 까닭에 들어가기 어렵다. 경계 밖에 마음이 없는 까닭에
깊고 깊다.

〈312〉

如外無智而可知.智外無如而可守.

　華嚴經云.智外無如為智所入.如外無智能證於如.智即是如.如即是智.法
界寂然曰如.寂而常照曰智.豈離寂外別有智耶.若智外有如.智則收法不
盡.若如外有智.真如則不遍智中.舉一全收.不容相並.如經云.無有少法與
法同住.則顯法性無容並真.二既不存.一亦奚立.如斯斷證.唯實教宗.又如
是所證.智是能證.能所冥合.心境一如.

如 밖에 智가 없되 가히 안다.

智 밖에 如가 없되 가히 지킨다.

『화엄경』에 이른다.「智 밖에 如가 없어 智에 들어간다. 如 밖에 智가 없어 능히 如함을 證한다. 智가 곧 如이고, 如가 곧 智이다. 법계가 고요함을 '如'라 한다. 고요하되 항상 비춤을 '智'라 한다.」[719] 어찌 고요함을 떠나 다른 곳에 따로 智가 있겠는가! 만약 智 밖에 如가 있다면 智는 법을 거둠에 다 하지 못함이 있게 된다. 만약 如 밖에 智가 있다면 진여는 智에 두루 하지 못함이 된다. 하나를 들어 전체를 아우르되 서로 합하여짐이 용납되지 않는다. 이를테면 경에 이른다.「아무리 약간의 법이라도 (여타의 법과) 함께 거처하지 않는다.」그래서 법성을 드러내되 함께 眞에 용납되는 것은 아니다. 둘이 이미 있지 않은데 하나 또한 어찌 존립되겠는가. 이와 같이 명확히 證함이 오직 진실한 教의 宗이다. 또한 如는 所證이고, 智는 能證이다. 能과 所가 그윽이 합치되고, 마음과 경계가 一如하다.

〈313〉

帝網而重重交暎.非一非多.

此是十玄門中.第七因陀羅網境界門.如天帝殿.珠網覆上.一明珠內.萬象俱現.諸珠盡然.又互相現影.影復現影.重重無盡.故千光萬色.雖重重交暎.而歷歷驅分.亦如兩鏡互照.重重涉入.傳輝相寫.遞出無窮.此況一心真

---

719) 징관의 『화엄경소』권27에 이 인용문이 나오는데 『화엄경』회향품에 나오는 것으로 되어 있으나 본 품에 이 구절이 보이지 않는다. 『대정장』권35, 709a.

如無盡之性. 流出萬法. 影現法界. 無盡無窮.

제망(帝網)의 유리구슬이 겹겹으로 교영(交暎)함과 같이
非一이며 非多이다.

　이것은 十玄門 가운데 제7 인다라망경계문(因陀羅網境界門)이다. 이를테
면 天帝(제석천왕)의 궁전에 구슬로 된 그물이 위에 덮여 있는데 하나의
밝은 구슬 안에 만상이 함께 나타난다. 모든 구슬이 다 그러하다. 또한
서로 영상을 나타내고, 그 영상이 또 영상을 나타내어 중중무진(重重無盡)하
다. 까닭에 千光萬色이 비록 重重으로 교영(交暎)하더라도 뚜렷이 구분된다.
또한 마치 두 거울이 서로 비추어 重重으로 들어옴과 같아 빛나는 모습으로
그대로 베껴서 전하며, 번갈아 나옴이 무궁하다. 이러하거늘 하물며 一心
진여의 다 함 없는 성품이 만법을 流出하고, 법계를 드러냄에 다 함 없고
무궁함이야 말할 나위 있겠는가!

〈314〉

芥瓶而歷歷分明. 不前不後.

　華嚴疏云. 炳然齊現. 猶彼芥瓶. 即十玄門中. 第三微細相容安立門. 一能含
多. 即日相容. 一多不雜. 故云安立. 炳者明也. 一者是所合微細. 如瑠璃瓶盛
多芥子. 炳然齊現. 不相妨礙. 非前非後. 此況一心能含萬法. 性相歷然.

겨자와 (유리)병이 뚜렷이 분명하며,
먼저와 나중이 없다.

『화엄경소』에 이른다. 「뚜렷이 함께 드러남이 마치 저 겨자와 병과 같다.」[720] 즉 십현문 가운데 제3 미세상용안립문(微細相容安立門)이다. 一이 多를 포함함을 곧 '相容'이라 한다. 一과 多가 (相容하되) 혼잡하지 않는 까닭에 '安立'이라 한다. '병(缾)'은 밝음이다. 一은 합해져 있는 미세한 것이니 마치 유리병에 가득 찬 많은 겨자씨가 뚜렷이 함께 나타나는 것과 같아 서로 방애함이 없고, 먼저와 나중이 없는 것과 같다. 이러하건대 하물며 일심이 능히 모든 것을 포함하되 性과 (여러) 相이 뚜렷함이야(구별됨이야) 말할 나위 있겠는가!

---

720) 『화엄경소』권1. 『대정장』권35, 503a.

註心賦

권3

〈315〉

忘心而照. 無念而知. 若瑞草生於嘉運. 如林華結於盛時.

忘心而照者. 寶藏論云. 唯道無根. 靈固常存. 唯道無體. 微妙恒真. 唯道無
事. 古今同貴. 唯道無心. 萬物圓備. 無念而知者. 眾生有念而知. 聲聞無念無
知. 菩薩無念而知. 如書云. 天何言哉. 四時行焉. 春生夏長. 應不失時.

마음을 잊었는데 비추고,

무념인데 안다.

마치 상서로운 풀이 좋은 절기에 나오고,

마치 숲 속의 꽃이 무성한 때에 맺어지듯!

　'마음을 잊었는데 비춘다'란, 『보장론』에 이른다. 「도란 뿌리가 없되
영묘하고 굳건하게[721] 상존한다. 도는 체가 없되 미묘하여 항상 진실하다.
도는 하는 일이 없되 고금에 똑같이[722] 귀하다. 도는 무심하되 만물을
원만히 갖춘다.」[723]

　'무념인데 안다'란 중생은 생각이 있어야 알게 되고, 성문은 생각이 없고,
知함도 없다. 보살은 생각이 없되 知한다. 이를테면 『書(논어)』에 이른다.
「하늘이 어찌 말을 하더냐! 四時가 (저절로) 운행되거늘.」[724] 봄에 생하고
여름에 성장하며 때를 잃지 않는다.

---

721) 저본은 '靈固'인데 『보장론』 원문은 '虛湛(텅 비어 맑음)'이다.

722) 저본은 '同貴'인데 원문은 '常貴'이다. 뜻에 차이는 없다.

723) 『보장론』. 『대정장』권45, 144C.

724) 『논어』양화에 나온다. 원문은 「子曰 : 天何言哉? 四時行焉, 百物生焉, 天何言哉?」

〈316〉

頓息疑情. 現額珠於明鏡.

大涅槃經云. 王家有力士. 眉間有金剛珠. 因鬪而沒. 後有良醫. 執鏡以照其
額. 珠陷入膚中. 分明顯現. 此況一切眾生身中佛性. 無智照之力. 隱而不現.
後遇善友. 得悟心鏡. 了了見性. 亦復如是. 余曾集心鏡錄一百卷. 以心為鏡.
洞徹十方. 一法相宗. 以第八識為鏡. 二法性宗. 以如來藏性為鏡. 如楞伽經
云. 譬如明鏡. 現眾色像. 現識處現. 亦復如是. 言如來藏為鏡者. 起信論云. 復
次覺體相者. 有四種大義. 與虛空等. 猶如淨鏡. 云何為四. 一者如實空鏡. 遠
離一切境界相. 無法可現. 非覺照義故. 二者因熏習鏡. 謂如實不空. 一切世
間境界. 悉於中現. 不出不入. 不失不壞. 常住一心. 以一切法即真實性故. 又
一切染法所不能染. 智體不動. 具足無漏熏眾生故. 三者法出離鏡. 謂不空
法. 出煩惱礙. 離和合相. 純淨明故. 四者緣熏習鏡. 謂依法出離故. 遍照眾生
之心. 令修善根. 隨念示現故. 釋曰. 四鏡之名者. 一空鏡. 謂離一切外物之體.
二不空鏡. 謂體不無. 能現萬像故. 三淨鏡. 謂已磨治. 離塵垢故. 四受用鏡. 謂
置之高堂. 須者受用. 四中. 前二自性淨. 後二離垢淨. 又初二就因隱時說. 後
二就果顯時說. 又前二約空不空為二. 後二約體用為二. 又前二體. 後二相.

단박에 의정(疑情)을 끊으니,
밝은 거울에 액주(額珠 ; 眉間의 금강주)가 드러난다.

『대열반경』에 이른다. 「왕가에 어떤 力士가 있었는데 미간에 있던 금강주
가 싸우다가 안으로 들어 가버렸다. 후에 훌륭한 의사가 거울로 그 이마를
비추어보니 금강주가 살 속에 함입되어 있는 것이 분명히 보였다. 이러하건

대 하물에 모든 중생신 중의 불성도 지혜로 비추어보는 힘이 없어 숨겨져 보이지 않다가 나중에 선우를 만나 마음의 거울을 깨닫고 명료하게 성품을 보는 것도 또한 이와 같거늘 말할 나위 있겠느냐」[725] 내가 일찍이 『心鏡錄(宗鏡錄)』1백권을 모아(저술하여) 마음을 거울로 삼아 十方을 훤히 통달하게 하였다. (1) 法相宗은 제8식(장식, 아뢰야식)을 거울로 삼는다. (2) 法性宗은 여래장성을 거울로 삼는다. 이를테면 『능가경』에서 이른다. 「비유컨대 밝은 거울이 여러 색상을 드러내듯이 現識의 자리에 드러남도 또한 이와 같다.」[726] '여래장을 거울로 삼는다'란 『기신론』에 이른다.

또한 覺體의 相에 4종의 大義가 있다. 허공과 같음이 마치 맑은 거울과 같다. 어떻게 네 가지인가. (1)은 여실공경(如實空鏡 : 여실하게 텅 빈 거울)이니 모든 경계상을 멀리 떠나 드러날 수 있는 것이 없다. 覺照의 뜻이 아닌 까닭이다. (2)는 인훈습경(因熏習鏡 : 훈습으로 인한 거울)이니 如實不空을 말한다. 모든 세간경계가 다 그 가운데 나타나되 나감도 없고 들어옴도 없으며 잃게 됨도 없고, 무너짐도 없다. 항상 일심에 머무르니 모든 것이 바로 진실성인 까닭이다. 또한 모든 오염이 오염시킬 수 없다. 智體가 부동하여 무루(無漏)를 구족하고, 중생을 훈화하는 까닭이다. (3)은 법출리경(法出離鏡 : 모든 경계로부터 벗어난 거울)이니 不空法을 말한다. 번뇌의 장애(번뇌장)와 智의 장애(所知障)를[727] 벗어나고 화합상을 떠난다. 순일한 청정이고 밝음인 까닭이다.

---

725) 『대반열반경(40권본)』권7 如來性品第四之四. 『대정장』권12, 408a~b.
726) 『능가아발다라보경』권1 一切佛語心品第一之一. 『대정장』권16, 484a. 경문을 줄여서 인용하였다.
727) 『기신론』(『대정장』본) 원문은 「煩惱礙智礙」인데 저본에는 「智礙」가 결락되어

(4)는 연훈습경(緣熏習鏡 : 중생의 훈습 따라 법문이 드러나는 거울)이니 법에 의거하여 벗어나 떠나는 까닭이다. 중생심을 두루 비추어 선근을 닦게 하고 중생 생각 따라 시현하는 까닭이다.728)

해설한다(『대승기신론의기』).

사경(四鏡 : 네 가지 거울)의 이름은, (1) 공경(空鏡 : 텅 빈 거울)은, 모든 바깥 사물의 체를 떠남이다. (2) 불공경(不空鏡 : 비지 않은 거울)은 체가 없지 않음을 말하니 능히 만상을 드러내는 까닭이다. (3) 정경(淨鏡 : 청정한 거울)은 이미 연마하고 닦아서 번뇌의 더러움을 떠난 까닭이다. (4) 수용경(受用鏡 : 지니고 사용하는 거울)은 높은 당우(堂宇)에 놓아두고 필요로 하는 자가 수지하여 쓰도록 함이다. 네 가지 가운데 앞의 둘은 自性淨이고, 뒤의 둘은 이구정(離垢淨 : 더러운 번뇌를 떠난 청정)이다. 또한 앞의 둘은 因이 숨어 있는 때에 입각한 설이고, 나중의 둘은 果로 드러난 때에 입각한 설이다. 또한 앞의 둘은 空과 不空을 둘로 보아 설한 것이고, 나중의 둘은 체와 용을 둘로 보아 설한 것이다. 또한 앞의 둘은 體이고 뒤의 둘은 相이다.729)

〈317〉

全澄亂想.獲眞寶於春池.

있다.

728) 『기신론』. 『대정장』권32, 576c.
729) 현수법장의 『大乘起信論義記』卷中末. 『대정장』권44. 261a.

大涅槃經云.如人遊春池.失瑠璃寶.諍競入水.取瓦礫而歸.有一智人.安徐
入水.乃獲眞寶.故云.探珠宜靜浪.動水取應難.定水澄淸.心珠自現.又莊
嚴經論說.有人見雹謂是瑠璃.收之瓶內皆悉成水.後見眞瑠璃.亦謂為雹.
棄而不取.世人皆是不應取而取.應取而不取也.不應取而取者.如但隨外
境.不向內觀.應取而不取者.如不信自心.反求他學.

어지러운 상념을 말끔히 씻어버리고,
봄 연못에서 진실한 보배를 얻는다.

　『대열반경』에 이른다. 「마치 사람이 봄 연못에서 놀다가 유리보배를
(연못에) 빠뜨리고는 다투어 물에 들어가서 자갈을 쥐고 돌아왔다. 어떤
한 지혜로운 이가 천천히 차분하게 들어가서 진짜 보배를 찾아온 것과
같다.」[730]
　까닭에 이른다. 「(보배)구슬 찾으려면 응당 파도가 고요해져야 한다.
파동치는 물에서는 찾기 어렵다. 선정의 물이 맑으면 마음에서 (보배) 구슬이
저절로 나타난다.」 또 『장엄경론』에 설한다. 「어떤 사람이 우박을 보고는
이를 유리라고 하였다. 가져다가 병에 넣어보니 모두 물이 되었다. 후에
진짜 유리를 보고는 또 이를 우박이라고 말하고는 버리고 취하지 않았다.」
세간인은 모두 취하지 안해야 할 것은 취하고, 응당 취해야 할 것은 취하지
않는다. '응당 취하지 않을 것을 취한다 함'은 단지 바깥 경계만 따르고
안으로 관찰하지 않는 것과 같다. '응당 취해야 할 것을 취하지 않는다
함'은 자심을 믿지 못하고 오히려 다른 것을 구하여 수학하는 것과 같다.

---

730) 『대반열반경』권2. 『대정장』권12, 378a. 경문을 뜻으로 줄여서 인용하였다.

〈318〉

體廣用深.

如龍以一滴水. 可浸陵谷. 人以一燼火. 可夷阿房. 皆是現前唯心所變. 日用
而不知者. 自稱眇劣. 不逮聖人. 一何悲哉. 志公和尚偈云. 法性量同太虛. 眾
生發心自小.

體는 광대하고, 用은 깊다.

마치 용이 한 방울의 물로 능곡(陵谷)을 침식시킬 수 있고, 사람이 타다
남은 한 떨기 불로 아방궁을 태워 없앨 수 있는 것과 같이 현전하는 모든
것은 오직 마음이 변화된 것이다. 매일 쓰면서도 모르며, 자신을 형편없는
사람이라 성인에 이를 수 없다고 하니 이 얼마나 슬픈 일인가! 志公和尚의
게송에 이른다.

법성의 量은 태허와 같은데
중생의 발심은 스스로 적게 하네!

〈319〉

文豐理詣. 攀覺樹以分枝. 受輪王之解髻.

法華經云. 譬如強力轉輪聖王. 兵戰有功. 賞賜諸物. 如有勇健能為難事. 王
解髻中明珠賜之. 能戰心魔. 心珠自現. 故融大師云. 若能強戰有功勳. 髻中

500

明珠終不惜.

文理가 풍부하고, 깊은 경지에 이르렀으며,
깨달음의 나무 붙잡고, 가지로 나누어 펴며,
전륜성왕이 상투(髻)에서 꺼내 준 명주를 받는다.

『법화경』에 이른다.「비유컨대 강력한 전륜성왕이 전투에 공을 세우면
여러 가지 재물로 상을 내리는데 용맹하게 능히 어려운 일을 해 내었으면
왕이 상투 중의 명주를 꺼내서 그에게 상으로 주는 것과 같다.[731] 능히
심마(心魔)와 싸울 수 있으면 심주(心珠)가 저절로 나타난다. 까닭에 (牛頭)법
융(法融)대사가 이른다.「만약 능히 용맹하게 싸워 공훈을 세웠다면 상투
속의 명주가 끝내 아깝지 않다.」

〈320〉

初終交徹.即凡心而見佛心.理事該羅.當世諦而明眞諦.

即凡心而見佛心者.如華嚴經頌云.若以威德色種族.而見人中調御師.是
爲病眼顚倒見.彼不能知最勝法.又頌云.假使百千劫.常見於如來.不依眞
實義.而觀救世者.是人取諸相.增長癡惑網.繫縛生死獄.盲冥不見佛.云何
不見佛.一爲不識自心.二爲不明隱顯.何者.衆生之因隱於本覺.諸佛之果
顯於法身.因隱之本覺.是果顯之法身.果能成因.則佛之衆生.果顯之法身.
是因隱之本覺.因能辦果.則衆生之佛.故云凡聖交徹.理事相含矣.又華嚴

---

731) 『법화경』권5 安樂行品第十四. 『대정장』권9, 38c-39c.

演義云. 謂眞該妄末. 妄徹眞源. 如波與溼. 無有不溼之波. 無有不波之溼. 其
眞妄所以交徹者. 不離一心故. 妄攬眞成. 無別妄故. 眞隨事顯. 無別眞故. 眞
妄名異. 無二體故. 眞外有妄. 理不遍故. 妄外有眞. 事無依故. 若約涅槃生死
說者. 生死卽涅槃. 妄徹眞也. 如波徹水源. 涅槃卽生死. 眞徹妄也. 如水窮波
末. 故中論云. 生死實際. 卽涅槃際. 涅槃實際. 卽生死際. 如是二際者. 無毫
釐差別. 卽是交徹也. 生死涅槃際既爾. 乃至心境. 能所. 染淨. 自他. 一切萬
法. 皆同一際. 一際者. 卽無際也. 實際也. 一切諸法. 皆與實際爲定量. 今古
凡聖不可易也. 所以云. 道俗之不夷. 二際之不泯. 菩薩之憂也. 又一切法皆
如. 豈妄外有眞. 又眞如遍一切處. 豈眞外有妄. 是知眞妄常交徹. 亦不壞眞
妄之相. 則該妄之眞. 眞非眞而湛寂. 徹眞之妄. 妄非妄而雲興. 故云當世諦
而明眞諦也.

처음과 끝이 서로 통해져 있어서
바로 범부의 마음에서 불심을 본다.
理와 事가 함께 펼쳐 있어
세속제에서 진제(眞諦 : 第一義諦)가 뚜렷하다.

'바로 범부의 마음에서 불심을 본다'란 이를테면『화엄경』의 게송에 이른다.

　　　만약 위덕(威德)이나 모습, 종족으로
　　　人中의 조어사(佛)를 본다면
　　　이는 병든 눈으로 거꾸로 보는 것이니
　　　그는 가장 뛰어난 법을 알 수 없네!732)

또 (『화엄경』의) 게송에 이른다.

> 가령 백 천 겁 동안
> 항상 여래를 본다 하더라도
> 眞實義에 의하지 아니하고
> 救世者를 보는 자는
> 여러 상을 취하고
> 어리석은 미혹의 그물을 증장시키며,
> 생사의 감옥에 묶이고,
> 눈이 멀고 어두워 佛을 보지 못하게 되리![733]

왜 佛을 보지 못하게 된다는 것인가? (1)은 자심임을 모르는 까닭이고, (2)는 감춤과 드러냄을 모르는 까닭이다. 무슨 뜻인가? 중생의 因은 本覺에 감추어져 있다. 諸佛의 果는 법신에 드러나 있다. 因이 감추어진 본각이 果가 드러난 법신이다. 果가 능히 因을 이루니 佛의 중생이 果가 드러난 법신이고, 因이 감추어진 본각이다. 因이 능히 果를 이루어내니 중생의 佛이다. 까닭에 이르길, 「凡聖이 서로 통철(通徹)되어 있고, 理事가 서로 포용한다.」고 하였다.

또 『화엄연의(화엄경수소연의초)』에 이른다.

말하자면 眞이 妄의 끄트머리까지 처해 있고, 妄이 眞源에 통해 있다. 마치 파도와 습윤(濕潤)에서 습윤이 없는 파도가 없고, 파도치지

---

732) 『화엄경(80권본)』권13 光明覺品第九. 『대정장』권10, 064b.

733) 『화엄경(80권본)』권16 昇須彌山頂品第十三. 『대정장』권10, 081c.

않는 습윤이 없는 것과 같다. 저 眞과 妄이 서로 통철하는 까닭은 一心을 떠나지 않은 까닭이다. 妄이 眞을 잡아 이루어졌으니 그 밖에 따로 妄이 없는 까닭이다. 眞이 事에 따라 나타나니 그 밖에 따로 眞이 없는 까닭이다. 眞과 妄이 이름은 다르나 二體가 없는 까닭이다. 眞 밖에 妄이 있다면 理가 두루 하지 않다는 것이 되어버리는 까닭이다. 妄 밖에 따로 眞이 있다면 事(현실의 사물)는 의지할 바가 없게 되어버리는 까닭이다. 열반 생사에 입각하여 설한다면 생사가 곧 열반이다. 妄이 眞에 통철되어 있음이 마치 파도가 물의 근원에 통해 있는 것과 같다. 열반이 곧 생사이다. 眞이 妄에 통철되어 있음이 마치 물이 파도 끄트머리까지 처해 있는 것과 같다.[734]

까닭에 『중론』에서 이른다.

生死의 실제가 곧 열반의 실제이다.
열반의 실제가 곧 생사의 실제이다.
이와 같이 이제(二際)는
터럭 끝의 차별도 없다.[735]

바로 서로 통철되어 있다. 생사의 실제와 열반의 실제가 이미 이러하니 내지 마음과 경계. 能과 所, 오염과 청정, 自와 他, 일체 모든 것이 다 동일한

---

734) 『화엄경수소연의초』권1. 『대정장』권36, 008a~b. 원문 중간 중간을 생략하고 인용하였다.

735) 『중론』관전도품. 『대정장』권30, 036a. 원문은 「涅槃之實際 及與世間際, 如是二際者 無毫釐差別.」

際이다. 一際란 곧 無際이고 實際이다. 일체 모든 것은 다 實際와 定量이다. 今과 古, 凡과 聖은 바꾸질 수 없다. 까닭에 이른다.「道와 俗이 평등하지 못하고, 二際(의 구별이)가 멸하지 않음이 보살의 근심이다.」또한 모든 것은 다 如(평등)하거늘 어찌 妄 밖에 따로 眞이 있을 것인가? 또한 진여가 일체처에 두루 하거늘 어찌 眞 밖에 妄이 있을 것인가? 이로 알건대 眞과 妄은 항상 서로 통철하되 또한 眞과 妄의 相을 부수지 않는다. 그러니 妄에 처한 眞이어서 眞과 非眞이 맑고 고요하다. 眞에 통철된 妄이어서 妄과 非妄이 구름처럼 흥기한다. 까닭에 이르길,「世諦에 처해서 眞諦를 밝힌다.」고 하였다.

〈321〉

龍宮詮奧.海藏抽奇.空裏披文之際.

寶性論云.有一智人.恐如來教法將滅.遂仰書一藏經文於空中.莫有知者. 況心中具一切法門.此約空門顯心.

용궁에 있는 경전 심오하니
바다 깊이 간직된 뛰어난 경전 꺼내어,
공중에서 한 경전 잡아 펼쳐 보는 때에,

『보성론』에 이른다.「어떤 한 智人이 여래의 교법이 장차 멸하게 될까 두려워 마침내 한 장경의 글을 공중에 쳐다 보며 썼는데 아는 사람이 없었다」하물며 마음에 모든 법문이 갖추어져 있는 것이야 말할 나위 있겠는가! 이는 空門에 입각하여 마음을 드러낸 것이다.

〈322〉

塵中剖卷之時.

華嚴經云. 一微塵中有大千經卷. 有一明眼人. 破塵出經卷. 亦況眾生情塵中. 具無量教法. 此約有門顯心. 如台教云. 破塵出卷者. 恒沙法門. 一心中曉.

한 티끌에서 (수많은) 경권(經卷)을 끌어내는 때에,

『화엄경』에 이른다. 「한 티끌 가운데 大千의 경권이 있다. 어떤 한 눈이 밝은 사람이 티끌을 부수어 경권을 꺼냈다.」[736) 하물며 중생의 정진(情塵) 가운데 무량한 교법이 갖추어져 있는 것이야 말할 나위 있겠는가! 이는 有門에 입각하여 마음을 드러낸 것이다. 이를테면 천태교에서 이른다. 「티끌을 부수어 경권을 꺼냈다」란 항하사의 법문이 一心 가운데서 통효된 것을 말함이다.」

〈323〉

覺華枝秀. 忍草苗垂. 臨太華之猶低. 機前鵬鷟.

大鵬翼鷟九萬九千里. 豈黃雀能及乎. 此況直了自心圓信成就. 豈小機劣解而能逮乎. 機前者. 本心成現. 意在言前. 不涉迷悟. 不待問答. 經云. 圓明了知. 不因心念. 又祖師云. 虛明自照. 不勞心力.

---

736) 『화엄경(80권본)』권51. 『대정장』권10, 272c-273b. 경문을 줄여서 인용하였다.

覺의 꽃과 가지가 뛰어나고,
인욕의 풀에 새 싹이 들어섰네!
태화(太華 : 대성취)에 임하여 오히려 낮추고,
기전(機前 : 마음 일어나기 전)에 붕새처럼 (온 세계) 날라 다니네!

큰 붕새는 날아서 9만9천리를 가는데 어찌 참새가 여기에 이를 수 있겠는
가! 이러하건대 하물며 바로 자심에서 깨달아 원만한 믿음을 성취함을
어찌 조그마한 근기의 열등한 이해로 이를 수 있을 것인가! '기전(機前)'이란,
本心에 현실로 이루어져 있는 것이다. 마음은 언어의 앞에 있다. 미혹한
자와 깨달은 자를 불문하고, 문답을 기다리지 않는다. 경에서 이른다. 「圓明
하게 了知하니 念에 인하지 않는다.」 또 조사가 이른다. 「허명(虛明)함에서
스스로 비추니 心力을 힘들게 씀이 없다.」

〈324〉

比毗嵐之未速.言外鷹馳.

目擊道存.不待言說.如法華經云.其疾如風.又云疾走往捉.又云乘此寶乘
直至道場等.皆喩識心見道疾矣.祖師云.即心是者疾.發心行者遲也.

산바람이 빠르지 못한 것에 비해
言外의 경지는 매의 신속함과 같다.

목격하는 자리에 도가 있다. 언설을 기다리지 않는다. 이를테면 『법화경』
에 이른다. 「그 빠름이 바람과 같다.」[737] 또 이르길, 「신속히 달려가 붙잡는

다.」738) 또 이른다. 「이 보배의 수레를 타고 곧바로 도량에 이른다.」739)
등. 모두 마음에서 도를 보는 것의 빠름을 비유한 것이다. 조사가 이른다.
「마음에 즉하는 자는 빠르다. 발심하여 행하는 자는 느리다.」

〈325〉

身泛禪河. 手開玄鑰. 執石為珍.

阿那律執瓦礫皆變珠珍. 又如福德人捉石成金. 如了妄心無體. 即是真心.
達煩惱性空. 成菩提大道. 如執毒成藥. 變石為金矣.

몸으로 禪의 강을 건너서
손으로 현묘의 빗장을 열고,
돌을 잡으니 진주가 되었으며,

아나율(십대제자 가운데 持戒第一)이 자갈을 잡자 모두 진주로 변하였다.
또한 복덕인이 돌을 잡으니 금이 된 것과 같다. 망령된 마음에 體가 없음을
깨달으면 바로 그 자리가 眞心이다. 번뇌의 체성이 공함을 통달하면 도리의
대도를 이룬다. 마치 독을 잡으니 약이 되고, 돌이 변하여 금이 된 것과
같다.

---

737) 『묘법연화경』권2 비유품. 『대정장』권9, 12c.
738) 위와 같음. 16c.
739) 위와 같음. 15a.

〈326〉

攬草成藥.

耆婆攬草無非是藥.達士見境無非是心.

풀을 잡으면 약이 되었다.

기파(Jīvaka : 부처님 당시의 명의)가 풀을 잡으면 약이 아닌 것이 없었다. 통달한 자가 경계를 보면 마음 아닌 것이 없다.

〈327〉

傳智燄兮胡假世燈.

經云.有光能照法界.豈須冥處燃燈.以智慧光破愚癡暗.此心燈者.亦云無盡燈.有何盡耶.

전해지는 지혜의 불이 스스로 타오르거늘
어찌 세간의 등불을 빌릴 필요가 있겠는가!

경에 이른다. 「빛이 있으면 능히 법계를 비추는데 어찌 어두운 곳에 등불을 피울 필요가 있겠는가」 지혜의 빛으로 우매함과 어리석음의 어둠을 부수어 버린다. 이 마음의 등불을 또한 다 함 없는 등불이라고도 하는데 어찌 다 함이 있겠는가!

〈328〉

受佛職兮寧齊天爵.

十地菩薩示受佛職位. 如來十號是佛職. 不讀華嚴經. 焉知佛富貴. 此一真
心. 可謂富貴. 可謂尊極. 故云無等等. 天爵者. 即仁義也.

佛의 職을 받았네!
어찌 천작(天爵 : 仁義)과 비교 하리!

十地보살이 佛의 직위를 받음을 시현한다. 如來의 열 가지 칭호가 佛의
職이다. 『화엄경』을 읽지 아니하고 어떻게 佛의 부귀함을 알리오! 이 一眞心
은 가히 부귀하다 할 것이며, 가히 존귀함의 궁극이라 할 것이다. 까닭에
이르길 '無等等'이라 하였다. 천작(天爵)이란 곧 仁義이다.

〈329〉

貿內珠而自省. 不探驪龍.

法華經云. 譬如有人至親友家. 醉酒而臥. 是時親友官事當行. 以無價寶珠繫
其衣裏. 其人醉臥都不覺知. 乃至親友會遇見之. 示以寶珠. 汝今可以此寶貿
易所須. 常可如意. 故劍南和尚歌云. 自從識得此明珠. 釋梵輪王俱不要.

지니고 있던 보배 구슬을 팔아
자립할 수 있게 되니

여기 저기 화려한 곳을 찾아다닐 필요가 없게 되었다.

『법화경』에 이른다. 「비유컨대 어떤 사람이 친우 집에 갔다가 술에 취해 쓰러졌다. 이 때 친우가 관청의 일로 나가면서 무가(無價)의 보주(寶珠)를 그의 옷 안쪽에 묶어 두었다. 그 사람은 술에 취해 누워 있어서 (이 일을) 아무 것도 알지 못하였다. (그 후 여러 곳을 떠돌아다니며 곤궁하게 지내다가) 친우와 만나게 되었다. (친우가 그의 옷에서) 보배구슬을 보여주면서 너는 지금 이 보배로 필요한 것을 구입하여 항상 如意롭게 지낼 수 있을 것이라고 하였다.」740) 까닭에 검남(劍南 : 關南의 誤字) 화상의 가송에 이른다.

　　　마음에서 이 명주를 얻고 나서는
　　　제석·범천왕·전륜성왕이 모두 필요치 않게 되었네!741)

〈330〉

受密印而明知.靡求乾鵲.

佛佛授手.祖祖相傳.皆默傳心印.又華嚴經說海印三昧印.即是喻香海澄停.湛然不動.四天下中色身形像.皆於其中而有印文.如印印物.亦猶澄波萬頃.晴天無雲.列宿星月.朗然齊現.無來無去.非有非無.不一不異.當知

---

740) 『법화경』권4 五百弟子受記品第八. 『대정장』권9, 29a. 원 경문을 줄여서 인용하였다.

741) 『경덕전등록』권30에 수록된 '關南長老獲珠吟'에서 인용하였다. 『대정장』권51, 463c.

如來智海亦復如是. 識浪不生. 至明至靜. 無心頓現. 一切衆生心念根本. 並
在智中. 如海含像. 如經頌云. 如海普現衆生身. 以此說名爲大海. 菩提普印
諸心行. 是故正覺名無量. 靡求乾鵲者. 書云. 張顥因覩墮鵲. 視衆人爭取之.
乃化爲石. 鎚破. 其文有印云. 張顥忠孝侯印. 後顥乃仕晉封侯. 此是世間行
忠孝獲斯符印. 豈同祖佛所傳心印耶.

밀인(密印)을 받았으니 밝게 알았음이요,
구하지 않았는데 하늘에서 까치가 떨어졌네!

　부처님에서 부처님으로 전해지고, 조사에서 조사로 전해진 것이 모두
心印을 말없이 전한 것이다. 또 『화엄경』에서 해인삼매인(海印三昧印)을
설하면서 바로 비유하길 향기로운 바다가 맑고 흔들림 없어 담연부동(湛然不
動)하니 四天下의 色身 형상이 모두 그 가운데 인문(印文)으로 있는 것이
마치 연이어 인쇄된 것들과 같았다고 하였다. 또한 파도가 멸한 드넓은
바다와 구름 한 점 없는 맑은 하늘에 열수(列宿)의 별들과 달이 밝게 함께
보이는 것과 같았다. (드러난 모든 것은) 無來 無去이며, 非有 非無이고,
不一 不異이다. 마땅히 알지니 如來의 향기로운 바다 또한 이와 같아 識의
파랑이 일어나지 아니하며, 지극히 밝고 지극히 고요하여 無心한 가운데
단박에 나타난다. 모든 중생의 心念의 근본도 모두 (그) 智 가운데 있다.
마치 바다가 (모든) 형상을 품고 있는 것과 같다.
　이를테면 경(『화엄경』)의 게송에 이른다.

　　　마치 바다가 두루 중생신을 드러내는 것과 같아
　　　이 법문을 이름하여 大海라 하였네.
　　　보리(菩提)가 두루 모든 心行을 印하나니

이 까닭에 正覺을 無量이라 이름 한다네.[742]

'구하지 않았는데 하늘에서 까치가 떨어졌다'란, 서책에 이르길, 「장호(張顥)가 (하늘에서) 떨어진 까치를 보게 되어 이를 본 여러 사람과 다투어 이를 취하게 되었는데 곧 변하여 돌이 되었다. 망치로 부수고 보니 찍혀진 글에 이르길, '장호충효후인(張顥忠孝侯印)'이라 하였다. 후에 장호가 벼슬길에 나아가 진후(晉侯)에 봉해졌다.」 이는 세간에서 충효를 행하여 이러한 부인(符印 : 미래 예정의 信印)을 얻은 것이니 어찌 祖佛이 전한 心印과 같을 것인가!

〈331〉

迷時徒昧.諦處非難.念想而如山不動.襟懷而似海常安.

迷時心外見境.寓目生情.取捨萬端.無時暫暇.若知心是境.見無心外法.逢緣自寂.身心坦然.

미혹한 때는 헛되이 우매함에 빠져 있다.
진리의 자리는 어렵지 않아서
상념하되 산과 같이 흔들림 없고,
흉금을 품되 바다와 같이 항상 안온하다.

---

742) 『화엄경』권52 如來出現品第三十七之三. 『대정장』권10, 275c. 원 경문은 「如海印現象生身, 以此說其爲大海. 菩提普印諸心行, 是故說名爲正覺.」

미혹한 때에는 마음 밖에 경계가 있는 것으로 보고, 눈에 마주치는 것마다 정을 일으키며, 취하고 버림이 만단(萬端)이어서 잠시 쉴 겨를이 없다. 만약 마음이 경계임을 알면 마음 밖에 어떤 것도 없음을 알아 경계를 만나도 스스로 고요하여 몸과 마음이 탄연(坦然 : 평온, 如如不動)하다.

〈332〉

實際無差. 與三世佛而一時成道. 真空平等. 共十類生而同日涅槃.

如台教云. 如過去有佛. 號住無住. 發願使己國眾生同日同時成佛. 即日涅槃. 又賢劫前. 有佛號平等. 亦願己國及十方眾生亦同日成佛. 即日滅度. 故淨名經云. 觀一切眾生即菩提相. 不復更得. 一切眾生即涅槃相. 不復更滅. 華嚴經云. 如來初成正覺時. 於自身中見一切眾生已成佛竟. 已涅槃竟. 皆同一性. 所謂無性. 以無性故. 悉皆平等. 隨染緣時成眾生亦無性. 隨淨緣時成佛亦無性. 以皆從緣生故. 無性理同. 故云實際無差. 真空平等者. 經中頌云. 未達境唯心. 起種種分別. 達境唯心已. 分別則不生. 既達境唯心. 便捨外塵相. 從此息分別. 悟平等真空. 問. 如上所說. 一切眾生已成佛竟. 已涅槃竟. 則何用諸佛出世. 答. 為劣解眾生. 母胎出現. 上上根人. 諸佛不出不沒. 又為一切眾生不知如是事故. 諸佛出世說此實法. 如淨名云. 說眾生空. 是真實慈. 又約化門. 說成佛度眾生之義. 即化辯真. 亦非二見. 如有難云. 諸佛有誓願. 度盡一切眾生. 方成正覺. 如今眾生未度. 何得先成. 有違本願. 如古師云. 如實義者. 諸佛皆有悲智二門. 以大悲故. 窮未來際無成佛時. 故菩薩闡提不成佛也. 以大智故. 念念速成. 又欲化盡諸眾生界. 自須速成. 方能廣化. 不懼違昔度盡誠言. 又了眾生之本如故. 化而無化. 是則常成亦常不成. 亦常化生而無化. 悲智自在. 何局執耶.

실제에는 차별이 없어
삼세제불과 함께 일시에 성도한다.
眞空임이 평등하니
십류(十類)의 중생과 함께 같은 날 열반한다.

　　이를테면 천태교에서 이른다. 「이를테면 과거에 부처님이 계셨으니 이름
이 '無住에 머무름'이었다. 발원하길, "자신의 나라 중생들이 같은 날 같은
시각에 동시에 성불하여 그 날에 열반하여 지이다!"고 하였다. 또 현겁 전에
부처님이 계셨으니 이름이 '평등'이었다. 또한 발원하길, "자신의 나라와
시방의 중생이 또한 같은 날 성불하고, 그 날에 멸도(열반)하여 지이다!"고
하였다.」 까닭에 『정명경(유마경)』에 이른다. 「보건대 모든 중생이 곧 보리상이
니 다시 새로 얻음이 없다. 모든 중생이 곧 열반상이니 다시 새로 멸할 바가
없다.」743) 『화엄경』에 이른다. 「여래가 처음 정각을 이룬 때에 자신 중에서
모든 중생이 이미 성불하여 마쳤고, 이미 열반하여 마쳤으며, 모두 동일한
성품인 이른바 無性임을 보았다. 無性인 까닭에 모두 다 평등하였다.」744)
오염의 緣 따라 중생이 됨도 또한 無性이고, 청정한 연 따라 성불함도
또한 無性이다. 모두 인연 따라 생하는 까닭이니 無性의 理는 똑 같다.

---

743) 『유마경』보살품제4. 『대정장』권14, 542b. 경문을 줄여서 인용하였다. 원문은
　　「一切衆生卽菩提相. 若彌勒得滅度者, 一切衆生亦應滅度. 所以者何. 諸佛知一
　　切衆生畢竟寂滅, 卽涅槃相, 不復更滅.」

744) 『화엄경(80권본)』권52如來出現品第三十七之三. 『대정장』권10, 275a. 경문 여
　　러 곳을 생략하고 간략히 하여 인용하였다. 원 경문은 「如來成正覺時, 於其身
　　中, 普見一切衆生成正覺, 乃至普見一切衆生入涅槃, 皆同一性. 所謂無性, 無
　　何等性. 所謂無相性, 無盡性, 無生性, 無滅性, 無我性, 無非我性, 無衆生性,
　　無非衆生性, 無菩提性, 無法界性, 無虛空性. 亦復無有成正覺性. 知一切法, 皆
　　無性故, 得一切智.」

까닭에 이르길, 「실제에는 차별이 없다」고 하였다. '眞空임이 평등하다'라고
한 것은, 경의 게송에 이른다.

> 경계가 오직 마음일 뿐임을 아직 통달하지 못하여
> 갖가지 분별 일으킨다.
> 경계가 오직 마음일 뿐임을 통달하면
> 분별이 생기지 않는다.
> 이미 경계가 오직 마음일 뿐임을 통달하였으니
> 바로 바깥 경계의 상을 버리게 된다.
> 이로부터 분별이 그치고,
> 평등하게 眞空임을 깨닫는다.

묻는다 :

"위에 설한 바와 같이 모든 중생이 이미 성불하였고, 열반하여 마쳤다면
어찌 諸佛이 세간에 나올 필요가 있겠습니까?"

답한다 :

"이해하는데 열등한 중생을 위해 모태를 통해 출현한다. 上上根人에게는
諸佛이 세간에 나옴도 입적함도 없다. 모든 중생이 이러한 일을 모르는
까닭에 제불이 세간에 나와 이 진실법을 설한다. 이를테면 『정명경(유마경)』
에 이른다. 「중생이 空이다」고 설하는 이것이 진실한 자비이다.」[745]

---

745) 『유마경』권중 관중생품. 『대정장』권14, 547b. 원 경문은 「我當爲衆生說如斯法,

또한 중생제도에 입각한 문(化門)으로 보면 성불하여 중생을 제도하는 뜻을 설한 것이다. 제도 교화함에 즉하여 眞을 드러내니 또한 二見이 아니다. 이를테면 어떤 이가 비판하여 이른다. 「諸佛이 모든 중생을 다 제도하겠다는 서원이 있었기 때문에 바야흐로 정각을 이룰 수 있었다. 지금 중생이 아직 해탈하지 못하고 있다면 어떻게 먼저 (정각을) 이룰 수 있었을까? (먼저 성불하였다면) 본원에 위배된다.」

이를테면 古師가 이른다. 「如實義란 諸佛에게 모두 悲와 智의 二門이 있음이니, (2門 가운데) 大悲로 말미암아 미래제 다하도록 성불하는 때가 없다. 까닭에 보살 일천제는 성불하지 않는다.746) (2門 가운데) 大智로 말미암아 念念에 신속히 성취된다. 또한 모든 중생을 다 교화하고자 하건대 자신이 신속히 성취되어야 바야흐로 광대하게 교화할 수 있다. 옛 길에 위배됨을 두려워하지 아니하고 진실한 말로 다 제도한다. 또한 중생이 본래 如(평등, 분별을 떠나 있음)함을 깨달은 까닭에 교화하되 교화함이 없다. 이러하니 항상 성취하되 항상 성취함이 없다. 또한 항상 중생을 교화하되 교화함이 없다. 悲와 智에 자재하거늘 어찌 한 편에 치우치게 집착하겠는가!

是卽眞實慈也.」

746) 보살은 중생구제를 위해 성불하지 아니하고, 일천제는 5중금의 중죄로 인해 성불하지 못한다. 양자 모두 성불하지 않는 것은 같으나 보살은 성불할 수 있으나 중생구제의 원력으로 하지 아니하고, 중죄자의 일천제는 하지 못하는 것이다. 이에 대해서는 『능가경』, 『열반경』 등 여러 대승경론에 자세히 설명되어 있다. 한편 『능가경』, 『열반경』 등에서는 중죄자의 일천제도 성불할 수 있는 뜻과 길을 설하고 있다. 그래서 『능가경』에서는 오직 보살만이 성불하지 않는다고 하였다. 이를 '보살일천제'라고 한다.

〈333〉

心若不分.法終無咎.是之而六蔭七情.非之而二頭三手.

於一心真境之上.說是說非.皆是情生意解.無有實義.故信心銘云.纔有是
非.紛然失心.如大集經云.如第五大.如第七情.如十九界.無出無入.無生
無滅.無有造作.無心意識.乃名無過.

마음으로 분별하지 않는다면
法(존재)에 끝내 아무런 허물이 없다.
이러하건대 제6음(蔭), 제7情과
('토끼뿔'과 같이 이름 만 있고, 실재하지 않는 것)

머리가 두 개, 손이 세 개가 있는 것이 아니다.

一心의 진실한 경계에서 옳다 그르다 하는 것은 모두 情에서 나온 생각과
알음알이 이기에 진실한 뜻이 없다. 까닭에 『신심명(信心銘)』에 이른다.
「잠깐이라도 시비하게 되면 어지러워져 마음을 잃게 된다.」 이를테면 『대집
경』에 이른다. 「마치 제5大와 같고, 제7情과 같으며, 제19界와 같아,[747]
출입함이 없고, 생멸이 없으며, 조작함이 없고, 심의식이 없다. 이를 '잘못됨
이 없음'이라 한다.[748]

---

747) 제5大, 제7情, 제19界는 모두 토끼뿔이나 거북이털과 같이 언어로만 있고 실재
하지 않는 것을 비유한 말로 쓰인다. 밀교 등에서는 지수화풍의 4대 외에 5대
내지 6대를 설하나 근본의 顯敎에서는 4대만 설하였다.

518

〈334〉

從因緣而生起.

三教所宗. 儒則宗於五常. 道宗自然. 佛宗因緣. 然老子雖云. 道生一. 一生
二. 二生三. 三生萬物. 似有因緣. 而非正因緣. 言道生一者. 道即虛無自然.
故彼又云. 人法地. 地法天. 天法道. 道法自然. 謂虛通曰道. 即自然而然. 是
雖有因緣. 亦成自然之義耳. 佛法雖有無師智. 自然智. 而是常住眞理. 要假
緣顯. 則亦因緣矣. 故教說三世修因契果. 非無善因惡因. 故楞伽經. 大慧白
佛. 佛說常不思議. 彼諸外道亦有常不思議. 以無因故. 我說常不思議有因.
因於內證. 豈得同耶. 是則眞常. 亦因緣顯. 淨名云. 說法不有亦不無. 以因緣
故諸法生. 法華云. 諸佛兩足尊. 知法常無性. 佛種從緣起. 是故說一乘. 經
云. 一切諸法. 因緣爲本. 中論云. 未曾有一法. 不從因緣生. 是故一切法. 無
不是空者. 則眞空中道. 亦因緣矣. 若爾. 涅槃十六云. 我觀諸行悉皆無常. 云
何知耶. 以因緣故. 若一切法從緣生者. 則知無常. 是諸外道. 無有一法不從
緣生. 是故無常. 則外道有因緣矣. 釋曰. 此明外道在因緣內. 執於緣相. 以爲
常住. 是故破之言無常耳. 今明教詮因緣妙理. 具常無常. 豈得同耶. 況復宗
者從多分說. 所以因緣是所宗尚. 不應致疑.

인연으로 생기하나니

三教가 宗(근본)으로 하는 것은, 유교는 五常을 宗으로 하고, 도교는 자연을
宗으로 하며, 불교는 인연을 宗으로 한다. 그런데 노자가 이르길, 「道가

748) 『대집경』권12 무언보살품제6. 『대정장』권13.

一을 생하고, 一이 二를 생하며, 二가 三을 생하고, 三이 만물을 생한다.」고
한 것이 인연과 비슷하나 올바른 인연이 아니다. '道가 一을 생한다'라 하였으
니 도란 곧 허무자연인 것이 된다. 까닭에 거기에서 또 이르길, 「人이 地에
법하고, 地가 天에 법하며, 天이 道에 법하고, 道가 자연에 법한다.」고 하였다.
말하자면 허통함을 도라고 한다. 즉 스스로 그러하여 그렇다는 것이다.
여기에 비록 인연의 면이 있으나 또한 자연의 뜻이 되어 있다. 佛法에
비록 無師智와 自然智가 있으나 이는 常住의 진리이며, 인연을 빌려 드러나니
또한 인연이다. 까닭에 교설에서 삼세에 因行을 닦아 果에 계합(합치)하니
善因과 惡因이 없지 않다고 하였다. 까닭에 『능가경』에서 이른다. 「대혜가
부처님께 말하였다. "부처님께서 常不思議(불가사의한 영원성)를 설하시는데,
저 여러 외도들도 또한 常不思議를 설하나 (그들은) 無因이라고 설하는
까닭입니다(그래서 因이 있는 불교의 常不思議와는 다릅니다)." (佛이 설하였다)
"내가 설하는 常不思議는 因이 있어 그 因으로 內證하나니 어찌 (외도의
그것과) 같을 수가 있겠느냐!"749) 이러하니 진여의 常(영원)함도 또한 인연으
로 드러난다. 『정명경(유마경)』에 이른다. 「法(모든 것)이 있지 않다거나 없지
않다고 설함은 인연으로 모든 것이 생하는 까닭이다.」750) 『법화경』에 이른다.

---

749) 『대승입능가경』권2 集一切法品第二之二. 『대정장』권16, 596c~597a. 길게 설해진
   경문을 간략히 줄여서 인용하였다. 그 일부분 원문 만 해석하여 여기에 싣는다.
   「대혜여! 내가 설하는 第一義常不思議는 第一義의 因相으로 이루어졌고, 有와
   無를 멀리 떠난 自證聖智의 所行相인 까닭에 相이 있다. 第一義智를 그 因으
   로 하는 까닭에 因이 있다. 有와 無를 떠난 까닭에 作者가 없다. 마치 허공과
   열반이 적멸한 까닭에 常不思議인 것과 같다. 이 까닭에 내가 설하는 常不思議
   는 외도가 쟁론하는 것과 같지 않다.」
750) 『유마경』권상 불국품. 『대정장』권14, 537c.

諸佛 양족존(兩足尊)께서는
모든 것이 항상 無性이며,
佛種이 인연으로 생김을 아나니
이 까닭에 1승을 설하는 것이네!"751)

경에 이른다. 「일체 모든 것은 인연을 근본으로 한다.」
『중론』에 이른다.

일찍이 이제까지 단 하나의 존재도
인연으로 생기지 않은 것이 없었나니
이 까닭에 모든 것은
空하지 않은 것이 없다.
또한 眞空 중도이며,
또한 인연이다.752)

이러하건대 『열반경』 권16(권14)에753) 이른다. 「내가 보건대 諸行이 모두
다 무상하다. 어떻게 아는가? 인연으로 생긴 까닭이다. 일체 모든 것이
인연으로 생하였다면 (그로부터) 무상임을 안다. 이 여러 외도들은 어느
하나도 인연으로 생한 것이 없다고 한다.」754) 이 까닭에 (모든 것은) 무상하

---

751) 『법화경』권1 서품1. 『대정장』권9, 09b.
752) 『중론』觀四諦品第二十四. 『대정장』권30, 33b.
753) 저본의 원문은 '涅槃十六'인데 이 인용문은 『열반경』권14이다. 따라서 '十六'은
'十四'의 오자일 것이다.
754) 『열반경(40권본)』권14 聖行品第七之四. 『대정장』권12, 445b.

다. 그래서 외도도 인연 내에 있다. 해석한다. 「이는 외도도 인연 내에 있음을 밝힌 것이다. 인연의 상에 집착하여 이를 상주하는 것으로 인식한다. 이 까닭에 이를 부수고자 무상하다고 설한다. 지금 교법에서 설명한 인연의 묘리에 常과 無常을 갖추었음을 드러내었는데 어찌 (외도와) 같을 수가 있겠는가! 하물며 또한 宗이란 여러 방면으로 나누어 설해지는 것이다. 까닭에 인연은 宗으로 존숭된다. 의심하지 않아야 한다.

〈335〉

不同兔角之無. 向正法而施為. 豈類乾城之有.

真空是不空之空. 空該有表. 妙有是不有之有. 有徹真源. 一切正法從因緣而生. 是依他起性. 不同兔角斷滅之無. 乾闥婆城日光暫現. 是眾生遍計性所執之有. 夫有無難解. 多落斷常. 如華嚴記云. 一者或說妄空真有. 如涅槃經云. 空者所謂生死. 不空者所謂大般涅槃. 二者妄有真空. 真空即是性. 俗有即是相. 三者俱空. 相待無性故. 四者俱有. 性相不壞故. 於諦常自二. 於解常自一故.

'토끼뿔'이 없다고 하는 것과 같지 아니하고,
正法이 나와 펴지게 하거늘
어찌 '건달바성(신기루)'을[755] 보고
실재한다고 보는 것과 같을 것인가!

---

755) 건달바성(gandharva-nagara) : 실재하지 않는데 햇빛, 사막 등 여러 여건에서 있는 것처럼 보이는 누각, 산천, 임야 등과 같은 모습. 신기루.

眞空은 不空의 空이니 空이 有를 드러낸다. 妙有는 不有의 有이니 有가 眞源에 통철되어 있다. 모든 정법은 인연으로부터 나온다. 이것이 의타기성 (依他起性 : 모든 존재는 다른 것에 의지하여 생긴다는 성품을 지닌다. 따라서 無性인 性이다)이다. '토끼뿔'(이름만 있고 실재하지 않는 것)의 단멸의 無와는 같지 않다. 건달바성이 햇빛에 잠깐 보이는 것은 중생의 변계소집(遍計所執 : 두루 착각 분별하여 있는 것으로 집착함)으로 있다고 보는 것이다. 무릇 有無는 난해하여 대부분 단견(斷見)과 상견(常見)에 떨어진다. 이를테면 『화엄기(화엄경수소연의초)』에 이른다.

(1) 혹은 설하길 妄은 空하고, 眞은 有라고 함이니 이를테면 『열반경』에 이르길 「空이란 이른바 생사이고, 不空이란 이른바 대반열반이다」고 함과 같다. (2) 妄은 有이고, 眞은 空이라 함이다. 眞空이 곧 性이다. 俗의 有는 곧 相이다. (3) 모두 空이라 함이니 서로 待(相對)하여 無性인 까닭이다. (4) 모두 有라 함이니 性과 相이 무너지지 않는 까닭이다. 진리의 자리에서는 항상 스스로 二이고, 解하는 자리에서는 항상 스스로 一인 까닭이다.[756)]

〈336〉

德業無盡.至理難論.恒一恒異.常泯常存.

此一心法.是無盡之藏.大法之源.若悟入之人.功齊妙覺.不可以一異斷常

---

756) 『화엄경수소연의초』권47. 『대정장』권36, 370a一. 길게 설명된 부분을 요약하여 인용하였다.

情見之解矣.

덕업은 다 함 없고,
지극한 이치는 논하기 어렵다.
항상 一이되, 항상 다르다.
항상 멸하되, 항상 존재한다.

이 一心의 법에 다 함 없는 뜻이 갖추어져 있으며, 大法의 근원이다.
만약 깨달아 들어간 사람은 그 功이 妙覺과 같다. 이는 一과 異·斷과
常의 情見의 解로 깨달을 수 있는 자리가 아니다.

〈337〉

說證說知.背天真而永沈有海.無照無悟.失圓修而常鎖空門.

若於真心執有修有證.違背天真之佛故.若執無修無照.又失圓修.李長者
論云.策修而至無修.方知萬法無修.又云.忻寂不當.放逸還非.以有作者
故.所以若執有滯空.皆不達自心一色一香中道之旨.如華嚴疏云.事理雙
修.依本智而求佛智者.若執禪者.則依本智性.無作無修.鏡常自明.不拂不
瑩.若執法者.須起事行.當求如來依他勝緣.以成己德.並為偏執.故辯雙
行.若言依本智者.約理無偏.智性本具足故.若言而求佛智者.約事無所求
中.吾故求之.所以心鏡本自久翳塵勞.恒沙性德並埋煩惱.是故須隨順法
性.修證波羅蜜.以助顯故.諸佛已證.我未證故.又理不礙事不妙理故.事不
礙理.求即無求故.若此之修.修即無修.為真修矣.

證을 설하고, 知를 설함은
天眞에 위배되고,
영원히 有의 바다에 침몰한다.
비춤도 없고, 깨달음도 없으면
원만한 수행을 잃고
항상 空門에 갇힌다.

　만약 眞心에서 닦음과 證함에 집착하면 天眞의 佛에 위배된다. 만약
닦음도 없고, 비춤도 없으면 또한 원만한 수행을 잃는다. 『李長者論(신화엄경
론)』에 이른다. 「발심하여757) 닦기 시작하여 無修(마음을 일으켜 닦으려 함이
없이 이루어지는 닦음 : 無修之修)에 이르러야 비로소 모든 것은 닦을 바가
없음을 안다.」758) 또 이른다. 「적멸을 좋아함도 不當하고, 방일함도 또한
잘못이다. (양자 모두) 作者(행을 짓는 자)가 있는 까닭이다.」759) 까닭에
有에 집착하거나 空에 걸리면 모두 自心과 一色 一香에 갖추어진 中道의
요지를 통달하지 못한다. 이를테면 『화엄경소』에 이르길, 「事와 理를 함께
닦음은, 本智에 의거해서 佛智를 구함이다」라760) 한 것은, 만약 禪을 집착한
자라면 本智의 性에 의거해서 無作(마음을 일으켜 짓지 않는 행 : 無作意) 無修함
이니 거울이 항상 스스로 밝게 비추듯 (일부로 티끌번뇌를) 털어냄도 없고,
밝게 함도 없다. 만약 법을 집착하는 자라면 반드시 事(현실)의 行을 일으켜서
응당 여래를 구하는 것이니 依他(불보살의 加被, 加持)의 뛰어난 인연으로

757) 저본은 '策修'이나 원문은 '發心修'이다.

758) 『신화엄경론』권6. 『대정장』권36. 원문은 「發心修至不修, 方知萬法無修也.」

759) 『신화엄경론』권5. 원문은 「修之者及以放逸者, 皆有作者故, 欣寂不當, 放逸還
　　　非.」

760) 『화엄경소』권1. 『대정장』권35, 503a.

자신의 덕을 성취한다. (그러나 양자) 모두 치우친 집착인 까닭에 함께 닦는 행(雙行)을 설명한 것이다. 만약 本智에 의거하는 것으로 말한다면, 理에 입각하니 치우침이 없다. 智性이 본래 구족된 까닭이다. 만약 佛智를 구하는 것으로 말한다면, 事에 입각하니 구할 바 없는 가운데 내가 일부러 구한다. 까닭에 마음의 거울이 본래 스스로 오랫동안 번뇌에 덮여 있고, 항하사의 性德이 모두 번뇌에 매몰되어 있다. 이 때문에 (일부러 구함을 떠나) 반드시 법성에 수순하여 바라밀을 수증해야 한다. (바라밀 수증이) 드러남을 도와주는 까닭이다. 諸佛은 이미 證하였으나 나는 아직 증득하지 못한 까닭이다. 또한 理가 (본래) 걸림 없고, 事가 본래 묘리인 까닭이다. 事가 理에 걸림 없어 구함이 곧 구하지 않음인 까닭이다. 만약 이러한 수행이 되면 修가 곧 無修여서 眞修가 된다.

〈338〉

大體焉分.隨機自別.萬派而豈有殊源.千車而終無異轍.

> 心爲萬法根源.如六妙門云.此爲大根人善識法要.不由次第.懸照諸法之
> 原.所謂衆生心也.一切法由心而起.若能反觀心性.不得心原.即知萬法皆
> 無根本.

大體가 어찌 나누어질 것인가!
기연(機緣) 따라 스스로 나누어지는 것일 뿐.
만 가지로 나누어지나 어찌 근원이 다르리오!
車가 천 대이되 끝내 다른 바퀴 자국이 아니듯이.

마음은 모든 것의 근원이다. 이를테면 『六妙法門』에 이르길, 「이는 大根人이 法要를 잘 알아 단계를 거치지 아니하고, 모든 것의 근원을 현전에서 비추어 본다. (어떤 것이 모든 것의 근본인가?)[761] 이른바 중생심이다. 일체 모든 것은 마음에서 일어난다. 만약 능히 마음을 돌이켜 심성을 관찰하면 心原을 얻을 수 없다. 즉 모든 것이 다 근본이 없음을 안다.」[762]

〈339〉

不隱不顯. 四聰而莫認眞歸.

四聰而莫認眞歸者. 絶觀論云. 夫道者. 若言一人得之. 道卽不遍. 若言衆人得之. 道卽有窮. 若言各各有之. 道卽有數. 若言總共有之. 方便卽空. 若言修行得之. 造作非眞. 若言本來有之. 萬行虛設. 何以故. 非限量之所分別故.

숨지도 아니하고 드러나지도 않는다.
네 가지 (知見)의[763] 경우 모두 진실의 자리에 돌아간 것이 아니다.

'네 가지 모두 진실의 자리에 돌아간 것이 아니다'란 『절관론(絶觀論)』에 이른다.

---

761) 원문에는 (   ) 안의 문장이 들어 있다.
762) 天台智顗의 『六妙法門』. 『대정장』권46. 553c.
763) 아래 해설에 의하면 총 6가지의 경우가 제시되어 있다. 보통 여러 법문에서 부정되는 네 가지의 知見이 4句로 제시되기 때문에 여기서도 이를 따른 것으로 보인다.

무릇 도란, (1) 만약 한 사람이 이를 얻을 수 있다면 도는 곧 두루 하지 못한 것이 된다. (2) 만약 여러 사람이 이를 얻을 수 있다고 한다면 도는 곧 다 함이 있게 된다. (3) 만약 각각에게 있다고 한다면 도는 곧 다수로 있다는 것이 된다. (4) 만약 모두가 다 함께 공유하고 있다면 방편은 곧 空이 되어버린다(방편의 지혜행이 필요 없게 되기 때문). (5) 만약 수행하여 얻어지는 것이라면 조작된 것이 되어 眞이 아니게 된다. (6) 만약 본래 있는 것이라면 萬行은 헛되이 시설한 것이 되어버린다. 왜 그러한가?(돈황본 : 구경으로는 어떠한가?) 한량의 분별을 떠난 까닭이다(돈황본 : 모든 한량의 분별을 떠났다).764)

〈340〉

無性無形.

無性無形者. 華嚴經云. 一切空無性. 妄心分別有. 又云. 以佛眼觀見一切衆生. 已成佛竟. 已涅槃竟. 皆同一性. 所謂無性. 乃至大悲之體. 故得起悲. 二由衆生不知無性. 佛證無性. 故化令得知. 如淨名云. 說衆生空. 是眞實慈.

無性이고 無形이다.

---

764) 『종경록』권9. 『대정장』권48, 463b에서 재인용하였다. 『절관론』은 실전되고 그 일부 내용만 『종경록』 등에 인용되어 전하여 왔으나 1900년 돈황에서 『절관론』 사본 6종이 새로 발견되었다. 모두 완본은 아니다. 박건주가 5종의 돈황사본을 합하여 대조 보완해서 역주 해설하였다(『절관론역주』, 운주사, 2012). 위의 본문에서 (돈황본 :)은 이 『절관론역주』에 수록된 돈황본 원문을 가리킨다.

'無性이고 無形이다'란, 『화엄경』에 이른다. 「일체는 空하여 無性인데 망심(妄心)으로 분별하여 있다고 한다.」765) 또 이른다. 「佛眼으로 일체 모든 중생을 보니 이미 성불하여 마쳤고, 이미 열반하여 마쳤다. 모두 동일한 성품이니 이른바 無性이고, 내지 大悲의 體다. 까닭에 悲를 일으킬 수 있다. 중생이 無性임을 모르는 까닭에 佛이 無性을 증득하여 교화를 통해 알도록 하는 것이다.」 이를테면 『정명경(유마경)』에 이른다. 「중생에게 空임을 설해주는 것, 이것이 진실한 자비이다.」766)

〈341〉

妙辯而難窮實說.

肇論云. 釋迦掩室於摩竭. 淨名杜口於毗耶. 須菩提唱無說而顯道. 釋梵絕聽而雨華. 此則理爲神禦. 口以之默. 豈曰無辯. 辯而不能言也.

묘한 해설로도 진실을 궁극으로 설하기 어렵다.

『조론(肇論)』에 이른다.

석가모니부처님이 (대각을 이루신 후) 마갈타국에서 문을 닫고 (57일간 법을 설하지 않고) 계셨으며, 淨名(유마거사)이 비야리성에서

---

765) 『화엄경(80권본)』권14 보살문명품. 『대정장』권10, 066b.
766) 『유마경』권중 관중생품제7. 『대정장』권14, 547b. 원문은 「我當爲衆生說如斯法, 是卽眞實慈也.」

입을 닫았고,767) 수보리는 설하지 않음으로서 도를 드러내었으며, 제석천왕(교시가)과 범천이 (법문을 듣고) 듣는 것이 끊어지니 꽃비가 내렸다.768) 이는 모두769) 理가 신어(神禦)한 까닭에770) 입을 닫아 말하지 않게 된 것이다. 어찌 설명함이 없다 하겠는가! 설명하되 말할 수 없는 것이다.771)

〈342〉

冥心合道. 意解難明. 了達而尚非於智. 參詳而豈在於情.

此一心法門. 是諸佛祕藏. 不可以智知. 不可以識識. 唯應親省. 莫能知之. 故祖師傳法偈云. 認得心性時. 可說不思議. 了了無所得. 得時不說知. 如般若無知論云. 直言以真諦之所徵求般若之智. 即般若之智非是有知. 何者. 為真諦之緣. 唯是中道第一義空無相之理. 所知之緣. 既是無相. 能知之智. 安得有知耶. 故不然也. 惑人皆緣色生識者. 當對色時. 率爾眼識同時意識剎那起時見色. 此色即是第八識中相分依他似有境之色. 此色當現時. 未有一切相. 由此色境為緣. 引生第二念尋求心. 此尋求心. 即是第六意識. 故云緣色生識. 是名見色者. 由有尋求心生故. 即此尋求心. 緣本色境不著. 便即變影而緣. 即變出一切森羅萬像之相. 遂於此影像相上. 起其現量之心. 不了

---

767) 『유마경』입불이법문품에 「衆聖菩薩問維摩, 維摩默然不答也.」

768) 『대반야경』권84初分散花品第二十五에 길게 설해진 내용을 뜻으로 크게 줄여서 인용하였다.

769) 저본 '此則'은 『조론』 본문에서 '斯皆'이다.

770) 저본은 「口以之默」인데, 『조론』 원문은 「故口以之而默」이다.

771) 『조론』열반무명론. 『만속장』권54, 157c.

本空. 執為實有. 取色分劑. 計從外來. 故云是識見色. 此即惑境有相. 惑智有知也. 反此真智即不緣者. 此明悟人. 不緣色生識也. 何者. 由其悟之人. 達其諸法本體皆空. 猶如幻夢. 無有真實. 但從自識所變. 畢竟無前境界可得. 故起信云. 一切諸法. 唯依妄念而有差別. 若離心念. 即無一切境界之相. 是故一切諸法. 從本已來. 離言說相. 離名字相. 離心緣相. 畢竟平等. 無有變異. 不可破壞. 唯是一心. 故名為真如. 以一切言說假名無實. 但隨妄念. 不可得故. 當知萬法. 唯是自心現量見. 妄計為有. 若能心無妄念. 了法本空. 即無一切境界之相. 何有於色可緣. 既無有色可緣. 即不緣色生識. 故即無取相. 無色可緣. 故即無有相. 既無有相之惑境. 即是無相之真境. 既無取相之惑智. 即是無知之真智. 此乃真境無相. 真智無知. 為斯義故. 以緣求智. 智即非知也.

그윽하게 마음에서 도에 계합하니
생각으로 이해하기 어렵다.
了達함이 智에 있지 않거늘
하물며 사량함이 어찌 情에 있겠는가!

이 一心법문은 모든 부처님의 비장(祕藏)이어서 智로써 알 수 없고, 識으로써 알 수 없다. 오직 친히 살펴야 하는 것이로되 이를 알 수 없다. 까닭에 조사(23조 학륵나)의 전법게에 이른다.

> 심성을 알게 된 때에
> 가히 불가사의하다고 설하게 된다.
> 뚜렷이 얻을 바 없음을 깨달으니
> 깨달은 때에 안다고 설하지 않는다.[772]

이를테면 (『조론』의) 『반야무지론(般若無知論)』에 이른다. 「바로 말하건대 진제(眞諦)를 증득하기 위해 요청된 반야지(般若智)인 까닭에 반야지는知하는 것이 아니다. 왜 그러한가? 眞諦의 緣은 오직 中道第一義의 空・無相의 理이다. 所知의 緣이 이미 無相인데 能知의 智가 어찌 知함이 있을 수가 있겠는가! 까닭에 그렇지 않은 것이다.」773) 미혹한 사람은 모두 色에 緣하여 識이 생기는데 色을 대면한 때에 바로 안식과 동시에 의식이 찰나에 일어나 色을 본다. 이 色은 곧 제8식 중의 依他性의 相分인데 그와 비슷한 경계의 色이 있는 것으로 착각한다. 이 色이 드러난 때에 아직 모든 상이 없는데 이 사물의 경계를 緣함으로 말미암아 第二念인 '찾아 구하는 마음(尋求心)'을 끌어낸다. 이 '찾아 구하는 마음'이 바로 제6식인 의식이다. 까닭에 이르길, '色에 緣하여 識을 낸다'고 하였다. 이를 '色을 見함'이라 하는 것은 '찾아 구하는 마음'으로 말미암아 생긴 것인 까닭이다. 즉 이 '찾아 구하는 마음'이 本色境에 緣하여 집착하는 것이 아니어서 바로 영상이 변하여 나타나고, 이에 緣하게 되니 즉시에 일체 삼라만상의 상을 변출(變出)한다. 마침내 이 영상의 相에서 現量의 마음을 일으키는데 본래 空함을 깨닫지 못하고, 實有하는 것으로 생각하여 집착한다. 色의 분제(分劑)를 취하여 밖에서 온 것으로 분별한다. 까닭에 識이 色을 보는데 이는 곧 경계에 미혹하니 相이 있고, 智에 미혹하니 知함이 있게 된다. 이에 반하여 眞智에 즉하여 緣하지 않은 자는 밝게 깨달은 사람이며, 色에 緣하여 識을 내지 아니한다. 왜 그러한가? 그 깨달은 사람은 모든 것의 본체가 다 공이어서 마치 幻과 같고 꿈과 같아 진실함이 없으며, 단지 자신의 識이 변한 것일 뿐 필경에

---

772) 『경덕전등록』권2 第二十三祖鶴勒那의 條, 『대정장』권51, 214b.

773) 『조론』의 『반야무지론』에 이 인용문이 보이지 않는다. 뜻으로 요약하여 인용한 것으로 보인다.

앞의 경계를 얻을 수 없는 것이라고 통달한다. 까닭에 『기신론』에 이른다.

> 일체 모든 것은 오직 망념에 의지하여 차별이 있게 된다. 만약 심념을774) 떠나면 바로 일체 모든 경계상이 없다. 이 까닭에 일체 모든 것은 본래 이래로 언설상을 떠났고, 문자상을 떠났으며, 心緣相을 떠나 필경에 평등하며, 변이함이 없고, 파괴할 수 없다. 오직 一心인 까닭에 진여라고 이름 한다. 모든 언설로 임시의 이름을 붙인 것이니 實이 없다. 단지 망념에 따라 드러난 것일 뿐이라 얻을 수 없다.775)

마땅히 알지니 모든 것은 오직 自心의 現量에서 보는 것이고, 망령되이 분별하여 있다고 여기는 것이다. 만약 능히 마음에 망념이 없게 하여 법(존재)이 본래 공함을 깨달으면 바로 일체의 경계상이 없게 되는데 어찌 緣할 色이 있겠는가. 이미 緣할 色이 없으니 바로 色에 緣하지 아니하고 識을 낸다. 까닭에 相을 취함이 없다. 緣할 色이 없는 까닭에 바로 相이 없다. 이미 相에 미혹되는 경계가 없으니 바로 이것이 相이 없는 진실한 경계이다. 이미 相을 취하는 미혹한 智가 없으니 바로 이것이 知함 없는 진실한 智이다. 이것이 바로 진실한 경계는 無相이며, 진실한 智는 知함 없다는 것이다. 이러한 뜻이 있는 까닭에 (경계에) 緣하여 智를 구하지만 智는 곧 知함이 아니다.

---

774) 저본은 '心念'인데 『대정장』본의 원문은 '妄念'이다. 뜻으로는 모두 상통한다.
775) 『기신론』. 『대정장』권32, 576a.

〈343〉

化人舞而幻士歌.誰當斷送.木馬奔而泥牛鬪.孰定輸贏.

有學人問新豐价和尚.得何道理.便住此山.答曰.見兩泥牛鬪入海.直至如
今無消息.木馬泥牛.此非心識思量之境界.

幻化로 나온 사람이 춤추고, 幻士가 노래 부른들

누가 그치게 할 것이며,

木馬가 달리기 경주를 하고,

진흙소[泥牛] 다투는데

누가 승자를 결정하여 일러주리오!

(『조당집』에 이른다.)776)

　어떤 학인이 신풍개(新豐价 : 洞山良价)화상에게 물었다.

　"어떠한 도리를 얻어 바로 이 산에 머무르고 계십니까?"

　답하였다.

　"두 진흙소가 다투며 바다에 들어갔는데 지금에 이르기까지 아무런

　소식이 없다."

(여기서 말한) 목마와 진흙소 이것은 심식의 사량으로 알 수 있는 경계가

아니다.

---

776) 『조당집』권6, 洞山和尙 條, 앞의 中華書局刊, 『조당집』, p.302.

〈344〉

故知唯識唯心. 無二無別.

般若經云. 一切智智清淨. 乃至一切法清淨. 無二無二分. 無別無斷故. 是知
諸法與心. 全同非分同. 體用無別. 相連不斷. 似分能所. 徹底無差.

까닭에 오직 識일 뿐이며 오직 마음일 뿐이어서
둘이 아니고, 별개의 것이 없음을 안다.

『반야경』에 이른다. 「一切智智가 청정하고, 내지 일체 모든 것이 청정하여
無二이고 둘로 나누어지지 않는다. 별개의 것이 아니어서 끊어질 수 없는
까닭이다.」 이로 알건대 모든 것과 마음은 온전히 같아 나누어지지 않는
동일한 자이다. 體와 用이 별개가 아니고 서로 연결되어 있어 끊어지지
않는다. 能과 所로 나누인 듯 하나 철저하게 차별이 없다.

〈345〉

一旨而已絕詮量.

萬法浩然. 皆宗無相. 舉一例諸. 言思頓絕.

一旨이니 이미 말로 설명함과 헤아림이 끊어졌다.

일체 모든 것이 훅 트여 광대하니 모두 無相을 宗(근본)으로 한다. 하나의

사례를 들면 모든 말과 사량이 단박에 끊어진다.

〈346〉

萬法而但空施設.

> 諸法無體. 但空生空滅. 設標名立體. 皆是衆生想成. 故經云. 若知一切國土
> 皆想持之. 如是得名初發心菩薩. 何者. 悟心為入道之始. 又融大師云. 擾擾
> 萬物空生死. 如先德云. 安立水月道場. 修習空華萬行. 降伏鏡像魔軍. 成就
> 夢中佛事.

일체 모든 것은 단지 空으로 시설되어 있다.

모든 것은 體가 없고 단지 空이 생하고 공이 멸하는 것일 뿐이다. 설령
이름을 세우고 體를 세울지라도 모두 중생의 상념으로 이루어진 것이다.
까닭에 경에서 이르길, 「일체 모든 국토가 다 상념으로 지탱되는 것임을
안다면 이러한 자는 초발심보살이라 이름 할 수 있다」고 하였다. 왜 그러한가!
마음을 깨달음이 도에 들어가는 시원인 까닭이다. 또 (牛頭) 법융(法融)대사
가 이른다. 「어지럽게 소란스러운 만물의 생사도 空이 그러할 뿐이다」[777]
이를테면 先德이 이른다. 「물속의 달(水中月)인 도량에서 공화(空華 : 눈병이나
피로로 인해 눈앞에 아물거리며 생멸하는 하얀 꽃 같은 영상)의 萬行을 수습하

---

777) 우두법융의 저술로 전하는 『心銘』과 『절관론』에 이 인용문이 보이지 않는다.
아마 지금은 실전된 우두법융의 여타 저술이 영명연수의 북송 때에는 전해지고
있었을 가능성이 있다.

며,778) 거울 속의 마군을 항복받아 꿈속의 佛事를 성취한다.」

〈347〉

虗生虗滅.唯情想而成持.

> 首楞嚴經云.想相爲塵.識情爲垢.二俱遠離.則汝法眼應時清明.云何不成
> 無上知覺.是知一切生死.皆從情想而生.情想若無.心道自現.故經云.識停
> 閑靜.想滅無爲.

허망하게 생하고 허망하게 멸하는 것인데
오직 情의 상념으로 이루어지고 지탱되는 것일 뿐이네.

『수능엄경』에 이른다.「상념의 相이 티끌(경계)이 되고, 識情이 더러운
때[垢]가 되니 이 둘을 멀리 떠나면 너의 법안이 바로 맑게 밝아질 것인데
어찌 無上의 깨달음이 이루어지지 않겠는가!」779) 이로 알건대 모든 생사는
다 정의 상념으로 생한다. 정의 상념의 없게 되면 心道가 스스로 드러난다.
까닭에 경에 이른다.「識이 멈추어 한가롭고 고요해지면 상념이 멸하여
無爲가 된다.」

---

778) 일체가 幻과 같고, 만행도 마찬가지로 幻과 같지만 그래서 또한 不空이고, 모든
    행이 있게 된다.
779) 『대불정수능엄경』권4. 『대정장』권19, 124b.

〈348〉

似義似名.但意言而分別.

如金剛三昧經云.佛言.善不善法.從心化生.一切境界.意言分別.制之一
處.眾緣斷滅.何以故.一本不起.三用無施.住於如理.六道門杜.又攝論云.
從願樂位.乃至究竟位.若欲入唯識觀修如行.緣何境界.緣意言分別為境.
離此無別外境.何以故.此意言分別.似文字言說及義顯現.唯有意言分別.
無別有名言.菩薩能通達名無所有.則離外塵邪執.又此義依名言.唯意言
分別.前以遣名.此下依名遣義.義者即六識所緣境.離名無別此境.名言既
唯意分別.故義亦無別體.菩薩通達無所有.亦離外塵邪執.又此名義自性
差別.唯假說為量.前已遣名義.名義既無.自性及差別云何可立.若離假說.
無別名義自性及名義差別.由證見此二法不可得故.名為通達.又六行集引
識論云.凡夫從本來意言分別有二種.一似名.二似義.名義攝一切法皆盡.
此名義俱是意言分別所作.離此無別餘法.以此文證.故知凡夫妄見境界.
或名或義.皆是當時意言分別.如食浪蕩.妄見針火.據彼妄情.意謂是實.不
知妄見.謂有外火.據實唯是意作火解.火則唯是意言分別.謂有火名.名是
意言.謂有火事.事是意言.眾生妄見自身他身地水火風等.皆亦似彼.雖復
就實唯識無外.據凡妄情.謂有能所.如古德云.謂色等五塵界.是現量境.五
識親證.都無塵相.如來藏中頓現身器無塵相.六七妄想謂有我法.想所現
相.是分別變.分別變相.但可為境.而無實用.如日發燄.帶微塵而共紅.非
實紅也.如水澄清.含輕雲而俱綠.非實綠也.如觀知畫像而非真.若了藏性.
了塵境而為妄.故經云.非不證真如.而能了諸行.皆如幻事等.似有而非真.

似義이고, 似名인780) 것을
단지 생각과 말로 분별하는 것일 뿐이다.

이를테면 『금강삼매경』에 이른다.

부처님이 말씀하셨다. "善·不善의 법은 마음에서 변화하여 생긴
것이다. 모든 경계는 생각과 말의 분별일 뿐이니 한 곳에 制止하면
뭇 緣이 단멸된다. 왜 그러한가? 一인 本(一心 本覺)은 일어남이 없되,
(이에 의지하여 나온) 三(三戒)의781) 用은 시작(施作)함이 없어서 如理
함에 머무니 (욕계의)六道가 나오는 문이 닫혀 지기 때문이다."782)

---

780) 依他起性의 名과 相에서 그 義를 대상의 실제로 착각하여 두루 분별하는 성품
    이 변계소집성(遍計所執性)이다. 그렇게 분별하는 義가 실제와 비슷한 까닭에
    似義라 한다. 비슷한 까닭에 실제로 착각한 것이고, 그러하니 그렇게 있다고 보
    는 것은 허망한 것이라는 성품이어서 얻을 바 없고, 환과 같으며, 꿈과 같다는
    법문이다. 이에 대해서는 특히 『섭대승론』과 『능가경』에 잘 설명되어 있다.
781) 三戒는 여러 가지가 있으나 원효에 의하면 身口意의 三業에서 오직 그 善을 취
    하도록 制止함이다. 『금강삼매경론』권중, 『대정장』권34 0976b에 「言三戒者, 身
    口意止唯取其善.」
782) 『금강삼매경』眞性空品第六. 『대정장』권9, 370c.
    원효의 『금강삼매경론』권하에 이른다.
    「一本不起'라 함은 三戒의 本인 하나의 本覺이 본래 적정한 까닭에 '일어남이
    없다'라 한 것이다. 이미 본각에 의지하여 三戒의 用을 이루었고, 用은 威儀의
    施作相을 떠나 施作함이 없는 까닭이며, 一本에 따라 머무는 까닭에 '如理함에
    머문다'고 하였다. 이미 如理에 머물러 因을 소멸한 까닭에 '六道의 門이 닫혀진
    다'고 하였다. 하나인 如理가 四緣의 힘을 갖추어 능히 一如를 따르나 바로 三
    戒가 갖추어진다. 까닭에 '四緣이 如理에 따르니 三戒가 구족된다'고 하였다.」
    『대정장』권34, 990c~991a.

또 『섭대승론』에 이른다.

  원락위(願樂位)로부터 구경위에 이르기까지 唯識觀에 들어와 如理하게 수행하고자 하건대 어떠한 경계에 緣하여야 하는가? 意言分別을 緣하여 경계로 삼나니 이를 떠나 그 밖의 다른 경계가 없다. 왜 그러한가? 이 意言分別은 문자언설과 그 義에 비슷하게 나타난 것이라 오직 意言分別만 있고, 그 밖에 다른 名言이 없기 때문이다. 보살이 능히 名이 無所有임을 통달하면 바깥 경계에 대한 삿된 집착을 떠나게 된다. 또한 이 義는 名言에 의한 것이니 오직 意言分別일 뿐이다. 앞에서는 名을 버렸고, 이 아래에서는 名에 의하여 義를 버렸다. 義란 곧 6식이 緣하는 경계이다. 名을 떠나 그 밖에 다른 경계가 없다. 名言이 이미 오직 意分別일 뿐인 까닭에 義 또한 별개의 體가 없다. 보살은 無所有를 통달하였고, 또한 바깥 경계에 삿되게 집착함을 떠났다. 또한 이 名과 義의 自性과 차별은 오직 가설(假說)로 헤아린(인식한) 것이어서 앞에서 이미 名과 義를 끊었다. 名과 義가 이미 없는데 자성과 차별을 어떻게 세울 수 있겠는가. 만약 가설을 떠난다면 그 밖에 다른 名과 義의 自性과 名과 義의 차별이 없다. 이 二法이 얻을 바 없음을 證見한 것에 연유하는 까닭에 이름 하여 통달이라 한다.783)

  또한 『六行集』에서 『識論』을784) 인용하여 이른다.

---

783) 『섭대승론』권중 應知勝相第二之二. 『대정장』권31, 122c~123a에서 뜻으로 요략하여 옮겼다.

784) 본서에서 『識論』은 위의 몇 사례에 의하면 천친보살이 지은 『유식론』1권을 가리키는데 여기서는 이 인용문이 보이지 않고, 같은 뜻의 내용이 『섭대승론』에

본래 意言分別에 2종이 있으니 (1) 似名, (2) 似義이다. 名과 義는
일체 모든 것을 다 포괄한다. 이 名과 義는 모두 意言分別로 지어진
것이다. 이를 떠나 그 밖에 다른 것이 없다.[785)]

이 글로 증명되는 까닭에 범부가 망령되게 경계를 보는 것임을 안다.
혹은 名이라 하고, 혹은 義라고 하지만 모두 당시의 意言分別이다. 마치
부글부글 끓는 탕(湯)을 먹다가 보면 망령되게 침화(針火 : 뜸불)를 보게
되는데 저 망령된 정으로 이를 실재하는 것이라 한다. 망령된 지견인지
모르고는 밖에 그러한 火가 있다고 한다. 사실에 의하면 오직 생각으로
火라는 인식을 지은 것일 뿐이다. 火는 오직 意言분별일 뿐이다. 말하자면
火의 名이 있는데 名은 意言이다. 말하자면 火의 事가 있는데 事는 意言이다.
중생이 자신과 他身, 지수화풍 등을 망령되이 보는 것도 또한 그와 비슷하여
비록 또한 사실인 것으로 쫓으나 오직 識일 뿐 그 밖의 아무 것도 아니다.
범부의 망령된 情으로 能과 所가 있다고 한다.

이를테면 古德이 이른다.

말하건대 色 등의 오진(五塵, 오온 : 색수상행식)과 (18)界는 現量의
경계인데 (前)5識이 직접 경험하는 것일 뿐 아무런 진상(塵想 : 경계의

자세히 기술되어 있기 때문에 『섭대승론』을 가리킨 것으로 보인다. 下記의 각
주 참조.

785) 『유식론』(『대정장』권31)에 위의 인용문은 보이지 않는다. 『섭대승론』에는 이러
한 법문이 있다. 그 일례를 든다. 卷中 應知入勝相第三에 「於意言分別, 顯現似
名及義, 得入唯識觀. 於唯識觀中入何法? 如何法得入? 但入唯量相見二法. 種
種相貌名義, 自性差別假說, 自性差別義. 六種相無義故, 由此能∥取所取非有
爲義故. 一時顯現似種種相貌及生故.」(『대정장』권31, 123a)

상)이 (어디에 따로) 없는 것이다. 여래장 중에서 身과 기세간(器世間 : 현전의 세계)이 단박에 나타나지만 (거기에) 경계의 상이 없다. 제6식과 제7식이 망상으로 我와 法이 있다고 하나 망상으로 나타난 相은 분별로 변화된 상이다. 분별로 변화된 상은 단지 경계가 될 수 있을 뿐 實로서의 用이 없다. 마치 햇빛이 비추면 빛과 미진이 어울려져 함께 무지개를 이루지만 무지개의 實이 없는 것과 같다. 마치 맑은 물에 가벼운 구름이 어울려지면 녹색을 띄게 되는데 녹색의 實이 없는 것과 같다. 마치 그림에서 모습을 보고 인지하지만 實이 아닌 것과 같다. 만약 여래장성을 깨달으면 경계가 망령된 것임을 깨닫게 된다.

까닭에 경에서 이른다. 「진여를 證하지 않음이 없으니 능히 諸行(모든 현상)이 모두 幻과 같은 것 등이어서 있는 것 같지만 진실이 아니라는 것을 뚜렷이 안다.」

〈349〉

於一圓湛.折出根塵.外搏地水而成境.內聚風火而為身.

首楞嚴經云.元於一精明.分成六和合.內外四大.合成其身.眾生第八藏識相分之中.半為外器.不執受故.半為內身.執為自性生覺受故.如來藏識何緣如此.法如是故.行業引故.如云想澄成國土.知覺乃眾生.楞嚴經鈔云.且妄見心動故外感風輪.由愛心發故外感水輪.由堅執心故外感地輪.由研求憬心故外感火輪.由四大故起六根.起六根故見六塵.故知三界離有情心更無別體.若了無明根本一念妄心無體.則知從心所生三界畢竟無有.

一圓의 맑은 자리에서
굴절되어 (6)根과 (6)진(塵, 境)이 나오고,
밖으로 地水가 뭉쳐서 (바깥) 경계가 되며,
안으로 風火가 모여 몸이 된다.

　『수능엄경』에 이른다.「근원의 一精明이 여섯으로 나누어져 화합된다.」[786]
내외의 四大가 합하여져 그 몸을 이룬다. 중생의 제8식 장식의 相分 가운데
반은 바깥 器世間이 되니 집수(執受)하지 않는 까닭이고, 반은 內身이 되니
自性으로 집착하여 覺受(認知)를 내는 까닭이다. 여래장식(如來藏識)이 어떠
한 연유로 이러한가? 법이 그러한 까닭이다. 行業이 끌어 인도하는 까닭이다.
이를테면 상념이 맑아지면 국토가 되고, 知覺하면 중생이 된다.『능엄경초
(楞嚴經鈔 : 楞嚴經義疏釋要鈔)』에 이른다.

　　또한 망령되이 보는 마음이 움직이는 까닭에 밖으로 風輪을 감득하
고, 애착심이 발동함으로 말미암아 밖으로 水輪을 감득하며, 굳게
집착하는 마음으로 말미암아 밖으로 地輪을 감득하고, 조바심으로
구하고 근심하는 마음으로 말미암아 밖으로 火輪을 감득한다. 四大로
말미암아 6근이 생기고, 6근이 생김으로 말미암아 6진(六塵 : 6境)을
보게 된다. 까닭에 알건대 삼계가 有情의 마음을 떠나 따로 별개의
體가 있는 것이 아니다. 만약 무명의 근본을 깨달으면 一念에 妄心의
體가 없게 되어 마음에서 생긴 삼계가 필경에 없음을 알게 된다.[787]

---

786) 『대불정수능엄경』권6, 『대정장』권19, 131b.
787) 『능엄경의소석요초』는 『만속장』권11에 수록되어 있고, 宋의 懷遠이 錄하였다.

〈350〉

持種之門.

第八識. 亦名本識. 一切有為法種子所依止. 亦名宅識. 一切種子之所棲處.
亦名藏識. 一切種子隱伏之處.

(제8식은) 종자를 지니는 門이며,

제8식은 또 本識이라고도 하니 모든 유위법의 종자가 의지하는 바가
된다. 또한 택식(宅識)이라고도 하니 모든 종자가 거처하는 곳이다. 또한
장식(藏識)이라고도 하니 모든 종자가 은복(隱伏)되어 있는 곳이다.

〈351〉

作生死之元始.

顯揚論云. 阿賴耶識者. 謂先世所作增上業煩惱為緣. 無始時來戲論熏習為
因. 所生一切種子異熟為體. 此識能執受了別色根. 根所依處及戲論熏習.
於一切時. 一類生死不可了知.

생사를 짓는 元始이고,

『현양론(顯揚論)』에 이른다.

아뢰야식이란 先世에 지은 증상업번뇌(增上業煩惱)를[788] 緣으로 하고, 無始 이래의 희론 훈습을 因으로 한다. 생한 바 모든 종자의 이숙식(異熟識)을[789] 體로 한다. 이 識은 능히 色(여기서는 6境을 대표하여 色과 근(根 ; 6근, 감각기관)을 집수(執受 ; 잡아들여 인지)하고 요별(了別 : 인지하여 구별)한다. 일체시에 根(6근)의 의지처가 되고 희론(戲論 ; 사량분별의 의론)이 훈습되니 단 하나의 생사하는 생류라도 그것을 알 수 없다.[790]

〈352〉

總報之主.

第八識爲一切衆生總報之主. 此識相及境不可分報. 一體無異. 此識能生一切煩惱業果報事. 又總報業者. 如受戒招得人身. 是總報業. 由於因中有瞋有忍等. 於人總報中而有姸醜. 名別報業.

총보(總報)의[791] 주인이며,

---

788) 번뇌의 업을 지으면 마치 눈덩이가 구르면서 더욱 커지듯이 增上시키는 성질이 있어 이를 증상업번뇌라 한다.

789) 行業이 모두 장식에 저장되어 종자가 되는데 저장되어 있으면서 다르게 익으며 변해간다. 그렇다고 해서 善의 종자가 惡의 종자로 변해지지는 않는다. 마치 감자를 수확하여 창고에 저장해두면 점차 푸르게 변하고 싹이 나는 등 모습이 변해지는 것과 같다.

790) 『현양성교론』권1섭사품1. 『대정장』권31.

791) 이를테면 인간의 몸을 공통으로 받게 한 업이 총보라면, 인간이면서 각기 다른 면을 지니게 된 것을 別報業이라 한다.

제8식은 모든 중생의 총보(總報)의 주인이다. 이 識의 相과 경계는 그 과보를 나눌 수 없어 一體 無異하다. 이 識은 능히 모든 번뇌업의 과보를 생한다. 또한 총보업(總報業)이란, 이를테면 계율을 받으면 사람 몸을 얻게 되는데 이것이 총보업이다. 因 가운데 성냄이 있고, 인내함 등이 있어 사람이라는 총보(總報) 가운데 예쁨과 추함이 있으니 이를 별보업(別報業)이라 한다.

〈353〉

爲涅槃之正因.

阿毗達經頌云. 無始時來界. 一切法等依. 由此有諸趣. 及涅槃證傳.

열반의 正因이고,

『아비달경(『아비달마대승경』)의[792] 게송에 이른다.

---

792) 『아비달마대승경』을 약칭한 것인데 현재 산스크리트본, 한역본, 티베트본 어디에도 수록되어 있지 않아 실전되었다. 그런데 몇몇 대승경전에 본 경의 일부분이 인용되어 있는데 특히 『섭대승론』에 본 경의 이름으로 8곳이 인용되어 가장 많다. 『섭대승론』이 본래 본 경의 섭대승품을 略釋한 것이라고 한다. 인용된 게송은 『섭대승론』권상, 『대정장』권31, 113c-114a에 일부 字句가 다르지만 뜻은 같은 형태로 기술되어 있다. 『섭대승론』의 원문은 다음과 같다.

如佛世尊, 阿毘達磨略本偈中說,

此界無始時　一切法依止

若有諸道有　及有得涅槃

546

무시이래 삼계의
모든 것이 다 똑같이 (아뢰야식에) 의지하며,
이로 말미암아 모든 생류가 있게 되고,
열반의 증득과 傳함이 있게 되네.

〈354〉

標實慧宗.

法華經云. 於眾生心中開佛知見. 古釋云. 佛知見者. 即眾生真心. 此心亦名
實慧. 亦名佛慧.

진실한 지혜의 근본을 나타낸다.

『법화경』에 이른다. 「중생심에서 佛知見을 열어준다.」[793] 古釋에 이른
다. 「佛知見이란 바로 중생의 眞心이다. 이 心은 또한 진실한 지혜라고도
하고, 또한 佛의 지혜라고도 한다.」

〈355〉

成真性軌.

---

793) 『법화경』권1 방편품에 "諸佛世尊, 欲令眾生開佛知見, 使得淸淨故, 出現於世."
『대정장』권9, 07a.

台教於一心說三軌. 一眞性軌. 二觀照軌. 三資成軌. 即是一心三德. 以眞性
軌為一乘體. 即是法身. 觀照軌為般若. 祇點眞性寂而常照. 名為報身. 以資
成軌為解脫. 祇點眞性法界含藏無量眾善. 名為應身.

(一心은) 眞性의 궤도(軌道)이고,

천태교(『止觀輔行傳弘決』)에서794) 一心에 삼궤(三軌)를 설한다. (1) 진성궤
(眞性軌), (2) 관조궤(觀照軌), (3) 자성궤(資成軌)이다. 즉 일심의 3덕이다.
眞性軌는 일승의 체다. 곧 법신이다. 觀照軌는 반야이다. 단지 眞性이 고요하
되 항상 비출 뿐이니 이를 보신(報身)이라 한다. 자성궤(資成軌)가 해탈이다.
단지 眞性의 법계가 한량없는 모든 善을 함장(含藏)함을 이름 하여 응신(應身)
이라 한다.

〈356〉

具體而有法皆宗.

眞心為湛然常住不空之體. 與萬法為宗. 故首楞嚴經云. 諸法所生. 唯心所現.

(일체를 갖춘) 體이며, 모든 것의 근본이다.

진심은 맑고 상주하는 不空의 체이며, 만법과 어울려 근본이 된다. 까닭에
『수능엄경』에 이른다. 「모든 것이 생하는 것은 오직 마음이 나타난 것일

---

794) 『止觀輔行傳弘決』卷第五之二, 『대정장』권46, 289a.

548

뿐이다.」795)

〈357〉

絶待而無塵可比.

神性獨立. 絶待無比.

상대가 끊어져서 어떠한 경계도 이에 비할 바 없다.

神性으로 독립해 있어 상대가 끊어졌고 (어떤 것에도) 비할 바 없다.

〈358〉

高高法座. 非聲聞矬短之能昇.

淨名經云. 須彌燈王師子座. 高八萬四千由旬. 入居士室. 諸新發意菩薩. 及
大弟子. 皆不能昇. 況悟一乘圓教. 非淺根所解.

높고 높은 법좌여서
성문의 단신(短身)으로는 오를 수 없다.

---

795) 『대불정수능엄경』권1. 『대정장』권19, 109a.

『정명경(유마경)』에 이르길, 「수미등왕(須彌燈王)의 사자좌는 높이가 8만4천유순인데도 (유마)거사의 방에 들어갔으나 여러 신발의보살(新發意菩薩)과 대제자는 모두 오를 수 없었다」고[796] 하였는데 하물며 一乘의 圓敎를 깨달음은 얕은 근기가 알 수 있는 바가 아닌 것이야 말할 나위 있겠는가!

〈359〉

赫赫日輪.豈外道嬰兒之所視.

經云.如朝日初生.七日嬰兒若視.即失眼光.況外道無目.不能見如來智日.失正見之光.

밝게 빛나는 일륜(日輪)을
어찌 외도나 어린애가 볼 수 있는 것이겠는가!

경에 이른다. 「마치 아침 해가 막 나왔을 때 태어난 지 7일 된 어린애가 보게 되면 바로 眼光을 잃게 되는 것과 같은데 하물며 외도는 눈이 없어 여래의 지혜의 햇빛을 볼 수 없고, 正見의 빛을 잃게 되는 것이야 말할 나위 있겠는가!」

〈360〉

無偏無黨.至極至尊.總千岐而得旨.搜一切而歸根.

---

796) 『유마경』부사의품에서 간략히 줄여서 인용하였다.

絶觀論云. 云何爲宗. 答. 心爲宗. 云何爲本. 答. 心爲本. 云何爲體. 云何爲用.
答. 虛空爲法體. 森羅爲法用. 如頓敎五位門云. 第一識心者. 語是心. 見是
心. 聞是心. 覺是心. 知是心. 此是第一悟. 一一能知. 如許多心皆是一心. 一
心能遍一切處. 第二知身同無情身. 不知痛痒好惡. 一切皆是心. 不干身事.
心能作人. 心能作畜. 心能作魚. 心能作鳥. 第三破四大身. 身卽是空. 空卽是
無生. 空無內外中間. 離一切相. 第四破五陰. 色陰若有. 四陰不虛. 色陰若
無. 四陰何有. 第五見性成佛. 湛然常住.

불편부당(不偏不黨)하고,

지극지존(至極至尊)하며,

천 가지 갈래를 아울러서 요지를 얻고,

일체를 모조리 찾아내어 뿌리에 돌아간다.

『절관론』에 이른다.

묻는다 :

  "무엇을 宗이라 합니까?"

답한다 :

  "마음이 宗이다."

묻는다 :

"무엇이 근본입니까?"

답한다. "마음이 근본이다."

묻는다 :

"무엇이 體이고, 무엇이 用입니까?"

답한다 :

"허공이 모든 것의 체(法體)이고, 삼라만상이 모든 것의 用(法用)이
다."797)

이를테면 「돈교오위문(頓教五位門)」에 이른다.

제1, 心을 안다는 것은, 語가 心이고, 見이 이 心이며, 聞이 心이고,
覺이 心이며, 知가 心이라는 것이다. 이것이 제일의 깨달음이다. 하나
하나를 능히 知하니 허다한 마음이 모두 一心이다. 一心이 능히 일체처
에 두루 하다. 제2는, 身이 無情身과 같아서 통증, 가려움, 좋고 싫음을
지각하지 못한다는 것을 知함이다. 일체가 모두 마음이어서 身의
일이 아니다. 마음이 능히 사람을 짓고, 마음이 능히 축생을 지으며,

---

797) 돈황에서 1세기 전 발견된 6종의 『절관론』 사본에 이 인용문은 보이지 않는다.
5종 사본을 총괄 대조하여 역주 해설한 박건주, 『절관론역주』(운주사, 2012) 참
조. 돈황사본은 완본이 아니다. 그러나 영명연수의 시대인 북송 초기에는 완본
이 있었을 가능성이 있다. 영명연수는 『종경록』의 여러 곳에서 『절관론』을 인
용하고 있다.

마음이 능히 물고기를 짓고, 마음이 능히 새를 짓는다. 제3은, 四大身을 부숨이니 몸이 곧 空이고, 空이 곧 無生이다. 공에는 내외 중간이 없고, 모든 상을 떠나 있다. 제4는, 오음(五陰)을 부숨이다. 색음(色陰)이 있다면 4음(受想行識)이 공허하지 않을 것이나 색음이 없다면 4음이 어찌 있겠는가? 제5는, 견성하여 성불함이다. 맑게 상주한다.

〈361〉

眼底放光.照破十方之刹土.

法華經云.放一淨光.照無量國.心光普照.寧有邊耶.

눈에서 빛을 발하여
비추어서 十方의 모든 세계를 부순다.

『법화경』에 이른다. 「하나의 밝은 빛을 발하여 한량없는 국토를 비춘다.」[798] 마음의 빛이 두루 널리 비추는데 어찌 변두리가 있겠는가?"

〈362〉

意根演教.碾開一代之法門.

如來一代時教.並按眾生心說.離心更無一字可說.故金剛經云.無法可說.

---

798) 『법화경』권1서품. 『대정장』권9, 03c.

是名說法.

의근(意根)이799) 가르침을 설하여
一代의 법문을 전개한다.

如來 一代의 時教는 모두 중생의 마음을 안배하여 설한 것이다. 마음을
떠나서는 一字도 설할 수 없다. 까닭에 『금강경』에 이른다. 「어떠한 것도
설할 수 없다는 것, 이것을 설법이라 한다.」

〈363〉

觸目相應. 盈懷周匝. 清白混同. 水乳無雜. 理從事變. 存泯而盡逐
緣分. 事得理融. 一多而常隨性合. 意網彌布. 心輪遍生.

意網彌布者. 一切諸法從意生形. 則知意如密網. 一切眾生不能出故. 如經
頌云. 諸法不牢固. 但立在於念. 善解見空者. 一切無想念. 若了法空. 意地亦
寂. 則妄心幻境既虛. 一道真心自現. 心輪遍生者. 上塵部師立九心輪. 一有
分. 二能引發. 三見. 四等尋求. 五等觀徹. 六安立. 七勢用. 八返緣. 九有分. 然
實但有八心. 以周匝而言. 總說有九. 故成九心輪. 一且如初受生時. 未能分
別. 心但任運緣於境轉. 名有分. 二心若有境至. 心欲緣時. 便生警覺. 名能引

---

799) 유식 교의에서 意根은 法塵을 대상으로 인지하는 감각기관이다. 여기서는 보통
칭하는 마음의 뜻으로 쓰였다. 眼 등의 五識도 또한 無間滅의 이 意根에 공통
으로 의지한다. 意根은 찰나 생멸하는 6識을 연이어 引起하게 하는 等無間緣이
된다. 때문에 6識의 작용에는 반드시 항상 意根에 의지하지 않으면 안 된다.

發.三其心覺已.於此境上轉.見照屬彼.四旣見彼已.便等尋求其善惡.五旣
察彼已.遂等觀徹.六識其善惡.而安立心.起語分別.語其善惡.七隨其善
惡.便有動作.勢用心生.八動作旣興.善惡而廢.遂更返緣前所作事.九旣返
緣已.退歸有分.任運緣故.名為九心.方成輪義.

눈에 접하는 대로 상응하여
생각이 가득히 둘러싸고,
淸白이 혼동하되
물과 우유가 혼잡 되지 않는다.
理가 事의 변함에 따르고,
존재하고 멸함이 다 인연의 分을 따른다.
事가 理를 얻어 융회되고,
一과 多가 항상 성품 따라 합치된다.
생각의 그물을 가득(두루) 펴니
心輪이 두루 생한다.

'생각의 그물을 가득(두루) 편다'란 일체 모든 것이 생각으로부터 모습을
나툰 것이니 생각이 조밀한 그물과 같음을 안다. 모든 중생이 (그 그물에서)
나오지 못하는 까닭에 경(『반주삼매경』)의 게송에 이른다.

모든 것은 굳건하지 못하니
단지 생각에 세워져 있을 뿐이다.
空을 잘 알아보는 자는
일체 어디에나 아무런 상념이 없다[800]

만약 모든 것이 공임을 깨달으면 상념의 地(의지처)도 또한 고요해진다(멸해진다) 그러하면 망심의 幻과 같은 경계가 이미 텅 비게 되니 一道의 眞心이 저절로 나타난다.

'心輪이 두루 생한다'란, 상좌부의 師가 아홉 가지 心輪을 세웠는데, (1) 有分, (2) 능히 인발(引發)함, (3) 見함, (4) 等持하여 찾아 구함, (5) 等持하여 꿰뚫어 봄, (6) 安立, (7) 세용(勢用), (8) 반연(返緣), (9) 有分이다. 그러나 실은 단지 8心이 있을 뿐인데 두루 포괄해서 말하여 총설하면 아홉이다. 까닭에 9심륜이 된다. (1)은 처음 생을 받은 때에 아직 분별하지 못하고, 마음이 단지 任運하며 경계에 緣하여 구르게 된다. 이를 이름 하여 '有分'이라 한다. (2)는 마음에 만약 경계가 이르면 마음이 緣하고자 하는 때에 바로 경각(警覺)이 일어나니 이를 '능히 인발함'이라 한다. (3)은 그 마음이 경각되고 나면 이 경계 위에서 구르는데 그 자리에서 見하고 비춤이 있게 되는 것이다. (4)는 그것을 見하고 나면 바로 等持(대상에 緣함이 이어짐)로 그 선악을 찾아 구하게 되는 것이다. (5)는 이미 그것을 관찰하고 나서는 마침내 等持하여 꿰뚫어 보는 것이다. (6)은 그 선악을 알고 마음이 安立되어 언어의 분별을 일으키고 그 선악을 말하는 것이다. (7)은 그 선악에 따라 바로 동작함이 있게 되어 그 세력으로 마음이 생하게 되는 것이다. (8)은 동작이 이미 일어나면 선악이 폐기 되고 마침내 다시 방금 행해진 일을 돌이켜 緣함이다. (9)는 이미 돌이켜 緣하고 나면 '有分'으로 물러나 돌아감이다. 任運하여 緣하는 까닭에 이름 하여 9心이라 하며, 바야흐로 (心)輪의 뜻이 이루어진다.

---

800) 『반주삼매경』권상 行品第二. 『대정장』권13, 899c. 경문을 약간 바꾸어 인용하였다.

〈364〉

與羣徒而作體. 向萬物以安名. 初居圓成現量之中. 浮塵未起.

前五轉識. 及第八識. 俱在現量. 現量者. 得法自性. 不帶名言. 無籌度心. 是
圓成語. 不作外解. 不落比非之量. 媚慈又論云. 五識現量. 總無二種顛倒. 猶
如明鏡現衆色相. 第七染識. 有想倒見倒. 第六意識. 具有三倒. 取我法相. 名
為想倒. 於想愛樂. 復名心倒. 於想計著建立. 名見倒.

뭇 무리와 어울려 體를 짓고,

만물을 향하여 名을 안립한다.

처음 圓成(實性)의 現量 가운데 있을 때는

떠도는 객진(客塵 : 6塵 경계)이 아직 일어나지 않았다.

전오전식(前五轉識 : 眼識, 耳識, 鼻識 舌識, 身識, 意識)과 제8식(아뢰야식)은
모두 現量에 있다. 現量이란 존재의 自性을 얻음이니 名言을 대(帶)하지
아니하며, 계산하는 마음이 없으니 이것이 圓成(實性)의 語이다. 밖으로
知解를 짓지 아니하고, 比量과 非量에[801] 떨어지지 아니하면서 아름답게

---

801) 現量은 현장에서 인지하는 것이다. 比量은 추론으로 인지하는 것으로 이를테면
산 넘어 연기를 보고 산불이 난 것으로 아는 것 등이다. 非量은 似非量과 似現
量을 가리킨다. 似比量은 比量의 오류를 말한다. 이를테면 운무가 낀 것을 연
기로 보고 불난 것으로 인지하는 것 등이다. 似現量은 現量의 오류를 말한다.
여기에 2종이 있다. (1)은 幻覺이나 착각으로 잘못 인지하는 것이다. (2)는 유리
병이나 옷을 보고 유리병과 옷으로 인지하는 것이다. 그러나 유리병이나 옷은
수많은 다른 것들이 임시 화합된 것일 뿐 그 自相이 없는 것이다. 그래서 잘못
된 認知(量)인 까닭에 非量에 들어간다.

자애(慈愛)한다. 또 논에서 이른다. 「(前)5識의 現量에는 모두 2종의 전도(顚倒 : 잘못된 認知)가[802] 없다. 마치 밝은 거울에 뭇 색상이 나타나는 것과 같다. 제7염식(染識 : 마나식)에는 想의 전도(顚倒)와 見의 전도가 있고, 제6 意識에는 세 전도(顚倒)가 있다. 我相과 法相을 취함이 想의 전도(顚倒)이고, 상념에서 애락함을 또한 心의 전도(顚倒)라 하며, 상념에서 분별 집착하고 건립함을 이름 하여 見의 전도(顚倒)라 한다."

〈365〉

後落明了意根之地. 外狀潛呈.

眼識與同時明了意識緣時. 起分別心. 作外量解. 便成比量. 則心外見法.

후에 意根의 자리에서 밝게 인지함에 떨어지니
바깥 모습이 은현하게 드러난다.

眼識과 동시에 의식이 緣하면서 밝게 인지하게 됨에 분별심이 일어나 바깥 경계를 知解하니 바로 비량(比量)이 이루어진다. 그래서 마음 밖에 존재가 있는 것으로 본다.

---

802) 『대불정수능엄경』권7에 나오는 二顚倒는, (1) 중생전도 : 중생이 진리를 모르고 번뇌에 미혹되는 것, (2) 세계전도 : 중생이 眞性에 미혹하여 놓치고 망령된 경계에 머물러 여러 전도된 지견을 일으키는 것이다.

〈366〉

原夫業識之宗.何成教訓.能所不分.是非焉運.

三細識中.第一業識.未分能所.智解不生.如起信論云.第一業識.以最微細
作諸識本故.如是業識.見相未分.然諸菩薩知心妄動無前境界.了一切法
唯是識量.捨前外執.順業識義.說名業識.心不見心無相可得者.是明諸法
非有之義.又楞伽經偈云.身資生住持.若如夢中生.應有二種心.而心無二
相.如刀不自割.如指不自觸.如心不自見.其事亦如是.若如夢中所見諸事
是實有者.即有能見所見二相.而其夢中實無二法.三界諸心皆如此夢.離
心之外無可分別.故言一切分別.即分別自心.而就自心不能自見.如刀指
等.故言心不見心.既無他可見.亦不能自見.所見無故.能見不成.能所二相
皆無所得.故言無相可得.

원래 무릇 업식의 근본이거늘
어떻게 교훈이 되겠는가!
能과 所가 나누어지지 않았는데
시비함이 어찌 있겠는가!

(아뢰야식의) 三細識(業識·轉識·現識) 가운데 第一, 業識은 아직 能과
所로 나누어지지 않아 智解(知解)가 생기지 않는다. 이를테면『기신론』에
이른다.「第一, 業識은 가장 미세하여 모든 識의 근본이 된다. 이러한 업식은
見分과 相分이 아직 나누어지지 않았다. 그러나 모든 보살은 마음이 망동(妄
動)한 것일 뿐 앞의 경계가 없음을 알고, 모든 것이 오직 識의 분별임을
깨달아 바깥 경계에 대한 집착을 버리고 업식의 義에 따른다. 이를 이름

하여 업식이라 한다.]803) (『기신론』에) [마음이 마음을 보지 못하고 얻을 수 있는 相이 없다고804) 한 것은 모든 것이 非有인 뜻을 밝힌 것이다. 또 『능가경』의 계송에 이른다.

몸과 資生(器世間)과 住持(識이 몸과 資生에 緣하는 힘으로 세간이 지탱됨)가
마치 꿈속에서 생긴 것 같아
응당 두 가지 마음이 있는 듯하나
마음에는 二相이 없다.
마치 칼이 스스로를 자르지 못하고,
손가락이 스스로를 만지지 못하는 것과 같다.
마음이 스스로를 보지 못함도
그 일이 또한 이와 같다.805)

만약 꿈속에서 보는 여러 일들이 실재하는 것이었다면 바로 能見과 所見의 二相이 있다는 것이 되나 그 꿈속에 실은 두 가지 일이 없었다. 三界와 모든 마음은 다 이러한 꿈과 같다. 마음 떠나 그 밖에 분별할 것이 없다. 까닭에 모든 분별은 곧 自心을 분별함이라 한다. 自心을 향해 보려 해도 스스로 볼 수 없는 것이 마치 칼과 손가락(칼이 스스로를 베지 못하고, 손가락이 스스로를 만지지 못하는 것)과 같다. 까닭에 '마음이 마음을 보지 못한다'고 하였다. 이미 볼 수 있는 다른 것이 없고(唯心이기 때문), 또한 스스로를

---

803) 『기신론』의 여러 곳에 나오는 법문을 뜻으로 요략하여 인용하기도 하고, 원문을 그대로 인용하기도 하였다.
804) 『기신론』, 『대정장』권32, 577b.
805) 『입능가경』권10, 『대정장』권16, 578c.

볼 수도 없다. 보이는 것이 없기 때문에 보는 자도 성립될 수 없다. 能과 所의 二相을 모두 얻을 바 없다. 까닭에 '얻을 수 있는 相이 없다'고 하였다.

〈367〉

因依轉相之內. 倏起見心.

於此第二轉識中. 初起見分.

전상(轉相 : 三細識 중 제2 轉識)하는 자리에 의지함으로 인해
갑자기 보는 마음[見分 ; 보는 자리의 마음, 주관]이 일어난다.

이 제2 전식(轉識)에서 첫 見分이 일어난다.

〈368〉

俄關現識之間. 忽陳相分.

至第三現識. 便立相分. 如境現像. 諸師所明一心法中. 總有四分義. 一相分.
二見分. 三自證分. 四證自證分. 相分有四. 一實相名相. 體即眞如. 是眞實相
故. 二境相名相. 爲能與根心而爲境故. 三相狀名相. 此唯有爲法有相狀故.
通影及質. 唯是識之所變. 四義相名相. 即能詮下所詮義相分是. 於上四種
相中. 唯取後三相而爲相分相. 又相分有二. 一識所頓變. 即是本質. 二識等
緣境. 唯變影緣. 不得本質. 二見分者. 唯識論云. 於自所緣有了別用. 此見分
有五類. 一證見名見. 即三根本智見分是. 二照燭名見. 此通根心俱有照燭義

故. 三能緣名見. 即通內三分俱能緣故. 四念解名見. 以念解所詮義故. 五推
度名見. 即比量心推度一切境故. 於此五種見中. 除五色根及內二分. 餘皆見
分所攝. 三自證分. 為能親證自見分緣相分不謬. 能作證故. 四證自證分. 謂
能親證第三自證分緣見分不謬故. 從所證處得名. 此四分義. 總以鏡喻. 鏡如
自證分. 鏡明如見分. 鏡像如相分. 鏡後弝如證自證分. 故云四分成心.

언뜻 現識이 일어나는 그 사이에
홀연 相分(보이는 대상으로서의 면)이 펼쳐진다.

　제3, 現識에 이르러 바로 相分이 세워진다. 마치 거울에 모습이 나타나는
것과 같다. 諸師가 밝힌 바 一心法 가운데 총괄해서 四分의 뜻이 있다.
(1)은 相分이고, (2)는 見分, (3)은 自證分, (4)는 證自證이다. 相分에 넷이
있다. ①은 實相名相이다. 體가 곧 진여이니 진실상인 까닭이다. ②는
境相名相이다. 능히 감각기관(6根)과 마음과 어울려 경계가 되는 까닭이다.
③은 相狀名相이다. 이는 오직 유위법으로 형상이 있는 까닭이다. 그림자와
質(사물) 모두 오직 識이 변한 것이다. ④는 義相名相이다. 즉 能詮(설명함,
설명하는 자)에 따른 所詮(설명되는)의 義인 相分이다. 이상의 4종 相 가운데
오직 뒤의 三相을 취하여 相分의 相이라 한다. 또 相分에 2종이 있다. [1]
단박에 識으로 변해진 것이니 즉 本質이다. [2] 識이 等持하며 경계에 緣함이
니 오직 변하는 그림자에 緣하기에 본질을 얻지 못한다.
　(2) 見分이란, 『(成)唯識論』에 이르길, 「자심의 所緣을 了別하는 用이
있다」고806) 하였다. 이 見分에 다섯 종류가 있다. (ⅰ) 證見名見이니 즉

---

806) 『성유식론』권2. 『대정장』권31, 10a. 원문은 「此中了者, 謂異熟識, 於自所緣, 有
　　了別用. 此了別用, 見分所攝.」

562

三根本智(加行智・근본지・후득지)의807) 見分이다. (ii) 조촉명견(照燭名見)이다. 이는 감각기관(6근)과 마음(6식)에 모두 비추는 뜻이 있는 까닭이다. (iii) 能緣名見이니 즉 內의 三分(自證分・證自證分・能緣自證分)에 모두 能緣이 갖추어진 까닭이다. (iv) 念解名見이다. 所詮의 義理를 念解하는 까닭이다. (v) 추탁명견(推度名見)이니 즉 比量心으로 모든 경계를 추탁(推度 : 미루어 인식)하는 까닭이다. 이 다섯 가지 見 가운데 五色根(眼耳鼻舌身)과 內의 二分(自證分・證自證分)을808) 제외하고 그 나머지는 모두 見分에 들어간다.

(3) 自證分이란, 자심의 見分이 相分을 緣함을 능히 親證함에 어긋남(잘못됨)이 없이 능히 證하는 까닭이다.

(4) 證自證分이란, 능히 제3 자증분이 見分을 緣함을 능히 親證함에 어긋남이 없는 까닭이다.

證하는 바의 자리에 따라서 이름을 붙였다. 이 4分의 뜻은 모두 거울에 비유된다. 거울은 自證分과 같고, 거울의 밝음은 見分과 같으며, 거울 속의 모습은 相分과 같고, 거울 뒤의 집 틀은 證自證分과 같다. 까닭에 이르길,

---

807) 근본지는 곧 해탈중과의 근본이 되는 無分別智(nir-vikalpa-jñāna) 또는 無分別心이라고도 한다. 能(주관)과 所(객관)의 상을 떠나니 경계와 智(心)이 계합되어 평등 무분별의 진여가 현현되고 佛智가 상응되는데 이 智에 加行智・根本智・後得智의 3종 구별이 있다.
(1) 세밀히 사유관찰하는 慧로서 加行無分別智, 또는 加行智라 한다. 즉 점차로 근본지에 나아가는 因이 되는 지혜행이다. 그래서 道의 「因」이 된다. (2) 正證의 慧로서 根本無分別智, 또는 근본지라 칭한다. 이는 道의 「體」가 된다. (3) 出觀起用의 慧로서 後得無分別智, 또는 後得智라 칭한다. 성불 후 세간의 인연사를 모두 알아 중생구제에 用하니 곧 道의 「果」가 된다.
808) 見分과 相分을 外二分이라 하는데 이에 대비하여 自證分과 證自證分을 內二分이라 한다.

'4分으로 마음이 이루어진다'고 하였다.

〈369〉

光消積曀.影射重昏.

今所悟者頓豁自心.方省其所知境各從心現者.如翳目見明珠有纇.今淨眼
觀瑩淨無瑕.美惡唯自見殊.珠體本末如一.當悟之時.如開藏取寶.剖蚌得
珠.光發襟懷.影含法界.

빛이 사라지고 구름 끼었는데
그림자 사이로 한 줄기 밝은 빛이 어두운 허공을 가르네!

지금 깨달은 자가 단박에 자심이 훤히 트여 바야흐로 인지하는 바 경계가
각각 마음에서 나타난 것임을 알았다. 마치 병든 눈으로 밝은 구슬을 보면
흠이 있는 듯이 보이지만 이제 맑은 눈으로 관찰하니 밝고 깨끗하여 아무런
흠이 없는 것과 같다. 아름답고 추함은 오직 자심으로 구슬을 (그렇게)
보는 것일 뿐, 구슬의 體는 본말이 如一하다. 깨닫는 때에 마치 상자를
열어 보배를 취하고, 조개를 쪼개어 진주를 얻듯이 빛이 가슴(마음)에서
발하여 그 그림자가 법계를 삼킨다.

〈370〉

徹古而真源不散.該今而妙用常存.八萬四千之教乘.苗抽性地.
三十七品之道樹.果秀靈根.

三十七品法者.四念處.四正勤.四神足.五根.五力.七覺支.八正道.此是一
切菩薩助道之法.一一修習並從心起.何者.夫身受心法.俱無自性.了不可
得.即四念處.觀善不善法.從心化生.即四正勤.心性靈通.隱顯自在.即四
神足.信心堅固.湛若虛空.即五根五力.覺心不起.即七覺支.直了心性.邪
正不干.即八正道.不唯三十七品助道之法.塵沙佛法悉從心起.如入楞伽
經偈云.爾時佛神力.復化作山城.所有諸眾等.皆悉見自身.入化楞伽中.如
來神力作.亦同彼楞伽.諸山及園林.寶莊嚴亦爾.一一山中佛.皆有大慧問.
如來悉為說.內身所證法.出百千妙聲.說此經法已.佛及諸佛子.一切隱不
現.羅婆那夜叉.忽然見自身.在己本宮殿.更不見餘物.而作是思惟.向見者
誰作.說法者為誰.是誰而聽聞.我所見何法.而有此等事.彼諸佛國土.及諸
如來身.如此諸妙事.今皆何處去.為是夢所憶.為是幻所作.為是實城邑.為
乾闥婆城.為是翳妄見.為是陽燄起.為夢石女生.為我見火輪.為見火輪烟.
我所見云何.復自深思惟.諸法體如是.唯自心境界.內心能證知.而諸凡夫
等.無明所覆障.虛妄心分別.而不能覺知.能見及所見.一切不可得.說者及
所說.如是等亦無.佛法真實體.非有亦非無.法相恒如是.唯自心分別.

과거를 꿰뚫되 眞源이 흩어지지 아니하고,
현재를 포괄해도 묘용이 항상 있다.
8만4천의 교법에
싹이 성품의 땅에서 솟아 나오고,
37조도품의 나무와
영묘한 뿌리에서 뛰어난 열매가 열리네!

37조도품이란, 사념처(四念處)·사정근(四正勤)·사신족(四神足)·오근
(五根)·오력(五力)·칠각지(七覺支)·팔정도(八正道)이다. 이는 모든 보살

의 助道法이다. 하나하나의 수습이 모두 마음으로부터 일어난다. 왜 그러한
가? 무릇 (사념처의 대상인) 身・受・心・法에 모두 자성이 없어 얻을
수 없음을 깨달음이 바로 사념처이다. 善과 不善法이 마음이 변화하여
생하는 것임을 관찰함이 곧 사정근이다. 심성이 영통하여 숨고 드러남에
자재함이 곧 사신족이다. 信心이 견고하고 맑음이 마치 허공과 같음이
곧 五根과 五力이다. 지각하는 마음이 일어나지 않음이 곧 칠각지이다.
심성을 바로 깨달아 삿에됨과 올바름 영향 받지 않음이 바로 팔정도이다.
37조도법 만이 아니라 수많은 불법이 다 마음으로부터 일어난 것이다.
이를테면 『입능가경』의 게송에 이른다.

이 때 佛의 위신력으로
다시 山城을 化作하니
모든 대중 등이
다 자신의 몸이
化作된 능가성에 들어가 있음을 보았다.
如來의 神力으로 화작됨이
또한 저 능가성과 마찬가지로
모든 산과 원림도
보배로 장엄됨이 또한 그러하였고,
하나하나의 산중에 부처님이 계시며,
모두 어디에서나 대혜가 (부처님께) 질문하고 있었고,
여래께서 모두 어디에서나
內身에서 증득하신 법을 설법하시며,
백천의 묘성(妙聲)을 내고 계셨다.

이 경을 설법하고 나니

佛과 모든 佛子들이

모두 숨겨져 보이지 않았다.

라바나야차왕이

홀연 자신을 보니

이미 궁전에 있었고,

다시는 그 밖의 것들이 보이지 않았다.

그리하여 이렇게 사유하였다.

이제까지 본 것은 누가 지은 것이며,

법을 설한 자는 누구인가?

(설법을) 들은 자는 누구이며,

내가 본 것은 어떠한 것이었는가?

그리고 있었던 이러한 여러 사물들,

저 모든 불국토와

모든 여래신,

이러한 여러 묘한 일들이

지금 모두 어디로 갔는가?

꿈속에서 생각한 것들이었는가?

幻으로 지어진 것들이었는가?

실제의 성읍이었는가?

건달바성과 같은 것이었는가?

병든 눈으로 망령되게 본 것이었는가?

아지랑이가 일어난 것이었는가?

꿈에 석녀가 (아이를) 낳은 것이었는가?

내가 화륜(火輪 : 불깡통을 돌리면 둥그런 바퀴처럼 보이는 환영)을 본
것이었는가?
화륜의 연기를 본 것이었는가?
내가 본 것은 어찌 된 것인가?
다시 스스로 깊이 사유해보니
모든 것의 體는 이와 같았다.
오직 自心의 경계일 뿐이며,
內心으로 證知할 수 있는 것일 뿐인데
모든 범부 등은
무명으로 가리어져
허망하게 마음으로 분별하며
깨달아 알지 못한다.
能見(보는 주체)과 所見(보이는 것)은
모두 얻을 수 없는 것이며,
설하는 자와 설해지는 것,
이러한 것들도 모두 없는 것이다.
佛法의 진실한 체는
非有이며 또한 非無이나니
법상이 항상 이와 같아
오직 자심의 분별일 따름이네!809)

---

809) 『입능가경』권1 請佛品第一. 『대정장』권16, 516a-b. 앞부분 일부 句를 생략하고
인용하였다.

〈371〉

出迷之津.履玄之始.

因心而迷.因心而悟.因心而生.因心而滅.如因地而倒.因地而起.不唯迷悟之始.自行化他.須明此旨.如古德云.求大乘者.所疑有二.夫大乘法體.為一為多.如其是一.即無異法.無異法故.無諸眾生.菩薩為誰發弘誓願.若是多法.即非一體.非一體故.物我各別.如何得起同體大悲.由是疑惑.不能發心.今為遣此二疑.立一心法者.遣彼初疑.明大乘法唯有一心.一心之外更無別法.但有無明迷自一心.起諸波浪流轉六道.雖起六道之浪.不出一心之海.良由一心動作六道.故得發弘誓之願.六道不出一心.故能起同體大悲.如是依於一心.能遣二疑.得發大心.具足佛道.

미혹에서 벗어나는 나루이며,
현묘한 자리를 밟는 시초가 되네!

마음으로 인하여 미혹하게 되었고, 마음으로 인하여 깨닫는다. 마음으로 인하여 생하였고, 마음으로 인하여 멸한다. 마치 땅으로 인하여 넘어졌다가 땅으로 인하여 일어나는 것과 같다. 미혹과 깨달음의 시원이 될 뿐 아니라 스스로 수행하며 남을 교화하는 것도 반드시 이 뜻을 밝혀야 한다. 이를테면 古德이 이른다. 「대승을 구하는 자는 의심해야 할 것에 둘이 있다. 무릇 대승의 법체가 '一인가?' '多인가?' 만약 그것이 一이라면 異法은 없어야 할 것이다. 異法이 없다면 여러 중생도 없어야 한다. (그렇다면) 보살은 누구를 위해 큰 서원을 발심할 것인가? 만약 그것이 多라면 곧 一體가 아니게 된다. 一體가 아니면 物과 我가 각기 별개의 것이 되는데 어떻게

同體大悲가 나오겠는가? 이러한 의혹이 있게 됨으로 말미암아 발심을 못하게 될 것이다. 지금 이 두 의문을 버리게 하기 위해 一心法을 세우는 것이다. 저 처음 의문을 버리게 하기 위해 대승법은 오직 一心일 뿐임을 분명히 한다. 一心 밖에 다른 별개의 법이 없다. 단지 무명으로 인해 스스로 一心에 미혹하여 여러 파랑을 일으키고 6도에 윤회한다. 비록 6道의 파랑을 일으키더라도 一心의 바다를 벗어나지 않는다. 진실로 一心으로 말미암아 6도를 움직이고 짓는 것이어서 크나큰 서원을 발할 수 있는 것이다. 6도가 一心을 벗어나지 않는 까닭에 同體大悲를 일으킬 수 있다. 이와 같이 一心에 의거하는 까닭에 능히 두 의문을 버리고 크나큰 (서원의) 마음을 발하여 佛道를 구족한다.

〈372〉

義似華開. 行同雲起.

一心無盡之義. 如華開錦上. 一心眞如之行. 猶雲起長空. 如華嚴錦冠云. 法界功德大悲雲者. 法喻雙擧也. 然大悲十義. 故同於雲. 一從法性起. 如雲起於空. 二感應而生. 如龍吟雲起. 三性相體離. 如雲無心. 四充法界. 如雲滿空. 五用無盡. 如雲不竭. 六能密祐. 如雲高覆. 七動地警物. 如雲震雷. 八放光明. 如雲發電. 若以三昧爲雷. 智慧爲電亦得. 九普宣大法. 如雲注雨. 十用罷卽寂. 如雲無依. 具此十義. 故喻於雲.

뜻으로는 꽃이 피어난 듯 하고,
행으로는 구름이 일어남과 같네!

一心의 다 함 없는 뜻은 마치 꽃이 비단 위에서 피는 듯하다. 一心 진여의
행은 마치 구름이 광활한 허공에서 일어나는 듯 하다. 이를테면『화엄금관(華
嚴錦冠)』에서[810] 이른다.「법계의 공덕, 구름과 같은 大悲란, 법을 비유하는
데 둘을 든 것이다. 그러나 十義가 있다. 까닭에 구름과 같다고 하였다.
⑴ 법성으로부터 일어남이 마치 구름이 허공에서 일어남과 같다. ⑵ 감응하
여 생함이 마치 용이 우니 구름이 일어남과 같다. ⑶ 性相의 체를 떠나
있음이 마치 구름이 무심한 것과 같다. ⑷ 법계에 가득함이 마치 구름이
허공에 가득함과 같다. ⑸ 쓰되 다 함 없음이 마치 구름이 소진됨이 없는
것과 같다. ⑹ 능히 은밀히 돕는 것이 마치 구름이 높이 덥고 있는 것과
같다. ⑺ 땅을 진동시켜 사물을 경계함이 마치 구름이 벽력을 일으키는
것과 같다. ⑻ 광명을 발하는 것이 마치 구름이 번개를 발하는 것과 같다.
만약 삼매가 번개라면 지혜가 번개로 되는 것도 또한 얻어진다. ⑼ 두루
大法을 펴는 것이 마치 구름이 비를 내리는 것과 같다. ⑽ 用이 마쳐지면
곧 고요해짐이 마치 구름이 의지할 바 없이 되는 것(사라지는 것)과 같다.
이 十義를 갖추는 까닭에 (一心을) 구름에 비유하였다.

〈373〉

當覆一簣之日.山聳千尋.元行初步之時.程通萬里.

百尺之山.起於累土.千里之程.起於初步.合抱之樹.生於毫末.滔滔之水.

---

810) 이『錦冠』은 아마 唐末五代의 승려 石壁傳奧가 지은『華嚴經錦冠鈔』4권(혹 2
권)이 아닌가 한다. 이 책은 실전되었다. 이하의 내용은 앞의 각주에서 언급하
였기에 생략한다.

起於濫觴. 如一念心生. 若善若惡. 善則遠期佛果. 惡則永劫沈淪. 應須護於
初念.

하나의 삼태기로 해를 덮고,
산은 천 길을 솟구친다.
처음 초보의 행 때에
이미 만리의 노정(路程)에 통달해 있다.

백 척의 산이 누층의 땅에서 일어나고, 천리의 거리가 첫 걸음에서 시작된
다. 아름드리 나무가 터럭 끝에서 나오고, 넘쳐흐르는 물이 넘치는 술잔에서
시작된다. 이를테면 한 생각의 마음이 생하면 선하기도 하고 악하기도
하는데 선하면 멀리 佛果가 기약되고, 악하면 영겁토록 침몰되어 간다.
응당 반드시 첫 생각을 잘 지켜야 한다.

〈374〉

眞俗無礙. 其道在中. 非即非離. 常泯常通. 應用恒沙. 求之而奚
窮祕跡. 含容百巧. 窺之而靡衒殊功.

維摩經云. 夫求法者. 應無所求. 以足跡不可尋. 又一心具足. 若向外求. 即內
不足也. 此一心妙道. 是無功之功. 非有爲所作. 故不可誇衒其功矣.

眞俗에 걸림 없어
그 도가 中에 있다.
즉하지도 아니하고, 떨어지지도 아니하며

항상 단절되어 있되 항상 통하니
응용함이 항상 묘하다.
이를 구하되 어찌 비밀스러운 자취를 다 알 수 있겠는가!
지니고 있는 갖가지 기교로
이를 살펴보더라도 특별한 공으로 과시할 수 없는 것이네!

　『유마경』에 이르길, 「무릇 법을 구함에는 응당 구하는 바가 없어야 한다.」
고811) 하였다. (이는) 족적(足跡 : 일어났다 바로 멸한 자취)을 찾을 수 없는
까닭이며, 또한 一心에 구족되어 있는데 만약 밖으로 향하여 구한다면
곧 內에 부족함이 있다는 것이 되어버리기 때문이다. 이 일심의 妙道는
無功의 功이며, 有爲로 만들어진 것이 아니다. 까닭에 그 공을 과시할 수
없는 것이다.

〈375〉

易辯邪途.難探正穴.聽之者無得無聞.演之者非示非說.

諸佛無有色聲功德.唯有如如及如如智獨存.凡有見聞.皆是眾生自心影
像.則說唯心說.聽唯心聽.離心之外.何處有法.古德云.如來演出八辦洪
音.聞者託起自心所現.如依狀貌變起毫端.本質已無.影像如在.羣賢結集
自隨見聞.依所聞見結集自語.良以離自心原無有外境.離境亦無內心可
得.諸傳法者非授與他.但為勝緣.令自得法.自解未起.無以悟他.自解不從

---

811) 『유마경』권중, 부사의품제6. 『대정장』권14, 546.a. 원문은 "若求法者, 於一切法,
　　應無所求."

他來.他解寧非自起.是故結集及傳授者.皆得影像.不得本質.無有自心得
他境故.是知結集.乃是自心所變之經.至傳授者.傳授自心所變之法.得影
非質.思而可知.若能常善分別自心所現.能知一切外性非性.此人知見可
與佛同.所說之法與佛無異.悟入自覺信智樂故.

삿된 길은 쉽게 말해지지만
올바른 혈(穴)은 찾기 어렵다.
듣는 자는 들을 수 없고,
연설하는 자는 드러내어 설함이 없다.

　모든 부처님은 色聲(색성향미촉법의 6경)의 공덕이 없다. 오직 如如와 如如
智가 독존하고 있을 뿐이다. 무릇 견문이 있는 것은 모두 다 중생 자심의
영상이다. 그러하니 설하되 오직 마음이 설함이며, 듣되 오직 마음이 듣는
것이다. 마음 떠나서 그 밖의 어디에 법이 있겠는가. 古德이 이른다. 「여래께
서 여덟 가지의 광대한 소리를 연출하시는데 (이를) 듣는 것은 自心이 나타난
것에 의탁한 것임이 마치 모습의 변화가 터럭 끝에서 일어나는 것에 의탁하는
것과 같다.」 본질은 이미 없는데 영상으로 있는 것 같이 보이는 것이다.
뭇 현인들이 스스로 견문한 것에 따라 (경전을) 결집(結集)하고, 견문한
바에 의지해서 자신들의 말을 (경전으로) 결집하지만 진실로 자심을 떠나서
는 본래 바깥 경계가 없으며, 경계를 떠나서는 또한 內心에서 얻을 것이
없다. 모든 傳法者는 남에게 주는 것이 아니고, 단지 뛰어난 인연이 있는
자들을 위해 스스로 법을 얻도록 하는 것이다. 스스로 이해함이 아직 일어나
지 않았다면 그를 깨닫게 하지 못한다. 스스로 이해하는 것은 타인으로부터
오는 것이 아니다. 타인의 이해가 어찌 (타인의) 자심에서 일어난 것이
아니겠는가! 이 까닭에 결집하고 전수한 것으로부터는 모두 영상을 얻을

수 있을 뿐 본질을 얻을 수 없다. 自心에서 타인의 경계를 얻을 수 없는 까닭이다. 이로 알건대 결집은 곧 (결집한 자의) 自心에서 변경된 경전이다. (법을) 전수하는 자도 (전수하는 자의) 자심에서 변경된 법이다. (그래서) 영상(그림자)을 얻어도 본질은 얻지 못한다. 사유해보면 알 수 있는 일이다. 만약 능히 자심이 나타난 것임을 항상 잘 분별하면(알면) 능히 모든 바깥 존재들의 性이 그 性이 아님을 알게 된다. 이 사람의 지견은 가히 佛과 같다. 설하는 법도 佛과 다름이 없다. 깨달아 들어가 믿음과 지혜와 樂을 自覺하는 까닭이다.

〈376〉

妙峰聳於性地.仰之彌高.

華嚴經云.善財南行.向勝樂國.登妙峯山.參德雲比丘.妙峰者.心爲絕待之妙.高顯如山.故稱妙峰.德雲語善財言.我住自在心念佛門.知隨自心所有欲樂.一切諸佛現其像故.

묘한 봉우리가 성품의 땅에서 솟아 있는데
우러러 보니 온 하늘 가득히 높네!

　『화엄경』에 이른다. 「선재동자가 남행하여 향락국으로 가서 묘봉산에 올라가 덕운비구를 방문하였다.」 '묘봉'이란, 마음이 상대가 끊어져 묘함이니 그 높은 것이 마치 산과 같다. 까닭에 '묘봉'이라 칭하였다. 「덕운이 선재동자에게 말하였다. "나는 自在心念佛門에 머무르나니 自心의 모든 욕락에 따라 모든 부처님이 그 상을 나타냄을 아는 까닭이다."」812)

〈377〉

法水涌於眞源.酌而何竭.

　此一心常住之法.用而無盡.體不可窮.一得永得.盡未來際.

法水가 眞源에서 샘솟는데
(아무리) 퍼 마신들 어찌 다 마르겠는가!

　이 一心 常住의 법은 써도 다 함이 없고, 체가 다 소진될 수 없으며,
하나를 얻으면 영원하여 미래제(未來際) 다하도록 영원하다.

〈378〉

包空而遍.匝界而周.是以大忘天下.方能萬事無求.火災欲壞之
時.一吹頓滅.

　般若經云.三千大千世界劫火洞然時.菩薩能與一氣.欲令頓滅.應學般若

空을 포용하여 두루 하고,
법계에 두루 하니
이로써 크게 천하를 잊어야
비로써 능히 만사에 구함이 없게 된다.

---

812) 『화엄경(80권본)』권63 入法界品第三十九之三. 『대정장』권10, 334c.

576

화재(火災, 劫火)가 (세계를) 괴멸하려는 때에
(보살이) 한 번 바람 불어 단박에 (겁화를) 멸하나니!

　『반야경』에 이른다. 「삼천대천세계가 겁화(劫火)로 텅 비게 되려는 때에
보살이 능히 한 번의 바람을 불어서 (겁화를) 단박에 소멸시키고자 하건대
응당 반야(바라밀)를 배워야 한다.」813)

〈379〉

世界將成之際. 擧念全收.

　問. 三界初因. 四生元始. 莫窮本末. 罔辯根由. 莊老指之為自然. 周孔諉之為
渾沌. 最初起處. 如何指南. 答. 欲知有情身土真實. 端由無先我心. 更無餘
法. 謂心法刹那自類相續. 無始時界. 展轉流來. 不斷不常. 憑緣憑對. 非氣非
稟. 唯識唯心. 肇論鈔云. 老子云. 無名天地始. 有名萬物母. 若佛教意. 則以
如來藏性. 轉變為識藏. 從識藏變出根身器世間一切種子. 推其化本. 即以
如來藏性. 為物始也. 無生無始. 物之性也. 生始不能動於性. 即法性也. 南齊
沈約均聖論云. 然則有此天地以來. 猶一念也. 融大師問云. 三界四生. 以何
為道本. 以何為法用. 答. 虛空為道本. 森羅為法用. 問. 於中誰為造作者. 答.
此中實無造作者. 法界性自然生. 可謂總持之門. 萬法之都矣. 光未發處. 尚
無其名. 念欲生時. 似分其影. 初因強覺. 漸起了知. 見相纏分. 心境頓現. 首

---

813) 『대반야경』권3 初分學觀品第二之一. 『대정장』권5, 13c. 원문을 약간 바꾸어 인
　　용하였다. 원문은 "若菩薩摩訶薩, 見有劫火, 遍燒三千大千世界, 天地洞然, 欲
　　以一氣吹令頓滅, 應學般若波羅蜜多."

楞嚴經云, 皆是覺明明了知性. 因了發相. 從妄見生. 山河大地. 諸有為相. 次第遷流. 因此虛妄. 終而復始. 釋曰. 此皆最初因迷一法界故. 不覺念起. 念起即是動相. 動相即是第一業識. 未分能所. 乃覺明之咎也. 從此變作能緣. 流成了相. 即明了知性. 為第二見分轉識. 後因見分而生相分. 即因了發相. 為第三相分現識. 能所纔分. 盡成虛妄. 何者. 見分生於翳眼. 相分現於幻形. 於是密對根塵. 堅生情執. 從此隔開真性. 分出湛圓. 於內執受知覺. 作有識之身. 於外離執想澄. 成無情之土. 遂使鏡中之形影. 滅而又生. 夢裏之山河. 終而復始. 但以本源性海. 不從能所而生. 湛爾圓明. 照而常寂. 祇為眾生違性不了. 背本圓明. 執有所明. 成於妄見. 因明立所觀之境. 因所起能觀之心. 能所相生. 心境對待. 隨緣失性. 莫反初原. 不覺不知. 以歷塵劫. 所以首楞嚴經云. 佛言. 富樓那. 如汝所言. 清淨本然. 云何忽生山河大地. 汝常不聞如來宣說. 性覺妙明. 本覺明妙. 富樓那言. 唯然. 世尊. 我常聞佛宣說斯義. 佛言. 汝稱覺明. 為復性明. 稱名為覺. 為覺不明. 稱為明覺. 富樓那言. 若此不明. 名為覺者. 則無所明. 佛言. 若無所明. 則無明覺. 有所非覺. 無所非明. 無明又非覺湛明性. 性覺必明. 妄為明覺. 覺非所明. 因明立所. 所既妄立. 生汝妄能. 無同異中. 熾然成異. 異彼所異. 因異立同. 同異發明. 因此復立無同無異. 如是擾亂相待生勞. 勞久發塵. 自相渾濁. 由是引起塵勞煩惱. 起為世界. 靜成虛空. 虛空為同. 世界為異. 彼無同異. 真有為法. 覺明空昧. 相待成搖. 故有風輪執持世界. 因空生搖. 堅明立礙. 彼金寶者明覺立堅. 故有金輪保持國土. 堅覺寶成. 搖明風出. 風金相摩. 故有火光為變化性. 寶明生潤. 火光上蒸. 故有水輪含十方界. 火騰水降. 交發立堅. 濕為巨海. 乾為洲潬. 以是義故. 彼大海中. 火光常起. 彼洲潬中. 江河常注. 水勢劣火. 結為高山. 是故山石. 擊則成燄. 融則成水. 土勢劣水. 抽為草木. 是故林藪. 遇燒成土. 因絞成水. 交妄發生. 遞相為種. 以是因緣. 世界相續. 釋曰. 此二覺義. 幽旨難明. 若欲指陳. 須分皁白. 大約經論. 有二種覺. 一性覺. 二本覺. 有二種般若. 一本

覺般若.二始覺般若.有二種心.一自性清淨心.二離垢清淨心.有二種真如.
一在纏真如.二出纏真如.此八種名.隨義分異.體即常同.今一切眾生.祇具
性覺.本覺般若.自性清淨心.在纏真如等.於清淨本然中.妄忽生於山河大
地.以在纏未離障故.未得出纏真如等.若十方諸佛.二覺俱圓.已具出纏真
如等.無有妄想塵勞.永合清淨本然.則不更生山河大地諸有為相.如金出
礦.終不更染塵泥.似木成灰.豈有再生枝葉.將此二覺.已豁疑情.如疏釋
云.世界相續文中有三.一先辯二真.二明其三相.三明其四輪.且第一先辯
二真者.經曰.佛言.富樓那.如汝所言.清淨本然.云何忽生山河大地.汝常
不聞如來宣說.性覺妙明.本覺明妙.富樓那言.唯然.世尊.我常聞佛宣說斯
義.釋曰.言二真者.一性覺妙明.二本覺明妙也.性覺妙明者.是自性清淨
心.即如來藏性.在纏真如等.本性清淨.不為煩惱所染.名為性覺.本覺明妙
者.出纏真如也.從無分別智.覺盡無始妄念.名究竟覺.始覺即本覺.悟本之
覺.名為本覺.故起信論.於真如門.名為性覺.於生滅門.名為本覺.由迷此
性覺.而有妄念.妄念若盡.而立本覺.以性覺.不從能所而生.非假修證而
得.本自妙而常明.以真如之性.性自了故.故云性覺妙明.以始覺般若.明性
覺之妙.故云本覺明妙.又以始覺之智.了本性故.則本覺明妙.故經中常說
真如.為迷悟依.故言我常聞佛宣說斯義.以本性清淨.是性覺義.但以性中
說覺.如木中火性.非是悟己而更起迷.故悟時始立本覺之號.悟本覺己.更
不復迷.故將二覺之名.以答富樓那難訖.上來雖於迷悟二門.說二覺相.而
未廣辯起妄因由.先真後妄.故次下明.即當第二明三相門.文分為二.初立
因相.次立果相.即起信論三細義.初立因相.文又分三.第一總問覺明之號.
第二別答能所斯分.第三同異發明.結成三相.且初總問覺明之號者.經曰.
佛言.汝稱覺明.為復性明.稱名為覺.為覺不明.稱為明覺.釋曰.何故作此
問耶.謂前標二覺之號.性體即是覺明.妄起必託於真.故使依真起問.且佛
問意.汝稱覺明.為復覺性自明.名為覺明.為復覺體不明.能覺於明.故稱覺

明是明之覺. 第二別答能所斯分者. 經曰, 富樓那言, 若此不明, 名為覺者, 則無所明. 釋曰, 準富樓那答意, 必有所明當情, 為其所覺. 若無覺之明, 則無覺明之號. 但可稱覺. 而無所明, 故云則無所明. 據佛本意, 性覺體性自明, 不因能覺所明, 方稱覺明. 以真如自體, 有大智慧光明義故. 祇緣迷一法界, 強分能所, 故成於妄. 第三同異發明, 結成三相者. 經曰, 佛言, 若無所明, 則無明覺. 有所非覺, 無所非明. 無明又非覺湛明性. 性覺必明, 妄為明覺覺非所明. 因明立所, 所既妄立, 生汝妄能. 無同異中, 熾然成異. 異彼所異, 因異立同. 同異發明, 因此復立無同無異. 釋曰, 此文正釋迷真起妄之相也. 若無所明, 則無明覺者, 牒富樓那語也. 有所非覺, 無所非明者, 正破也. 若要因所明, 方稱覺明者, 此乃因他而立, 非自性覺, 故言有所非覺. 如緣塵分別, 而有妄心. 離塵則無有體, 豈成真覺. 又釋若以不明, 名為覺者, 則無所明者, 故知覺體, 本無明相. 佛證真際, 實不見明. 若見於明, 即是所明. 既立所明, 便有能覺. 但除能所之明, 方稱妙明. 此妙之明, 是不明之明, 不同所明故. 華嚴經云, 無見即是見, 能見一切法. 肇論云, 般若無知, 無所不知矣. 若因明起照, 則隨照失宗. 此則元因覺明起照生所. 所立照性遂亡, 則是識精元明, 能生諸緣, 緣所遺者, 乃是但隨能緣之相, 覆真唯識性. 一向能所相生, 如風鼓水, 波浪相續, 澄湛之性, 隱而不現. 後此迷妄生虛空之相, 復因虛空成立世界之形, 於真空一心, 畢竟無同異中, 熾然建立. 成諸法究竟之異, 皆因情想擾亂, 勞發世界之塵. 迷妄昏沈, 引起虛空之界. 分世界差別為異, 立虛空清淨為同. 於分別識中, 又立無同無異. 皆是有為之法, 盡成生滅之緣. 未洞本心, 終成戲論. 無所非明者, 若能覺之體, 要因所明, 方稱覺明者, 若無所覺之明, 則能覺之體, 便非是明, 故云無所非明. 故知覺之與明, 互相假立, 本無自體, 豈成自性覺. 故云有所非覺. 無所非明, 此文雖簡約, 道理昭然. 無明又非覺湛明性者, 縱破也. 顯妄覺之體, 無湛明之用. 若言但覺於明, 何須覺體自明者, 則自性非明, 便無覺湛之用. 故云無明又非覺湛明性. 性覺必明, 妄為明覺者, 釋

妄覺託真之相也. 何以得知妄覺初起. 有覺明之相耶. 祇緣性覺必有真明. 所以妄覺託此性明. 而起影明之覺. 執影像之明. 起攀緣之覺. 迷真認影. 見相二分. 自此而生. 覺明之號. 因茲而立. 問曰. 此之妄覺. 為見性明而起. 為不見明而起. 若見真明. 不合成妄. 若不見真. 則不名為覺明. 答曰. 本性真明. 非妄所見. 妄心想像. 變影而緣. 不了從自影生. 妄謂見明之覺. 以初無別相. 唯有真明. 妄心想像此明. 故有覺明之號. 覺非所明. 因明立所者. 次下正明三相. 相因而起也. 夫一真之覺. 體性雖明. 不分能所. 故云覺非所明. 由影明起覺. 能所即分. 故云因明立所. 所既妄立. 生汝妄能. 無同異中. 熾然成異者. 最初立異相也. 即如起信云. 由不如實知真如法一故. 不覺心起. 而有其念. 名為動相. 即是業相. 既云不了一法界相. 不覺而起. 即是無同異中. 熾然成異. 異彼所異. 因異立同者. 即轉相也. 異彼動相. 故云異彼所異. 初之動相. 異一真故. 此之同相. 異動相故. 因異立同者. 前之初起. 名之為動. 動必有靜. 相形而立. 故云因異立同. 靜相似真. 故名同相. 同異發明. 因此復立無同無異者. 即現相也. 形前二相而立. 故云同異發明. 非前二相. 故云因此復立無同無異. 起信即云. 業相. 轉相. 現相. 此經即云. 異相. 同相. 無同異相. 此為無明強覺. 能所初分. 展轉相形. 立此三相. 以剎那生住異滅. 體雖總是賴耶. 約生滅相熏. 有其因種. 因必有果. 約當現行. 所感位別. 至果相中. 當廣料簡. 第二果相者. 經曰. 如是擾亂. 相待成勞. 勞久發塵. 自相渾濁. 由是引起塵勞煩惱. 起為世界. 靜成虛空. 虛空為同. 世界為異. 彼無同異. 真有為法. 釋曰. 彼前三相. 互相形待. 剎那剎那. 生住異滅. 動息不住. 相待成勞. 勞久發塵. 自相渾濁者. 勞是勞累. 塵是塵垢. 既迷清淨之體. 亂成塵想. 塵想相渾. 能覆真性. 故名為濁. 由是引起塵勞煩惱者. 覺明熏習. 積妄成塵. 擾惱相熏. 故名煩惱. 起為世界. 靜成虛空者. 果相現前也. 起是動相. 動即是風. 四風動搖. 積成世界. 故云起為世界. 動息之處. 即名為靜. 是前同相. 結成虛空. 故云虛空為同. 世界為異. 彼無同異. 真有為法者. 彼前無同異相. 結成有

情含藏識也. 此之識體. 無分別性. 故云無同無異. 而能變起一切之相. 故云真有為法. 自後一切諸塵境界. 能熏所熏. 隨所發現. 皆從此識而生. 故起信論名為現識. 能現六塵境界故. 問曰. 起信三相. 總是賴耶. 何故此中. 別配現識. 答曰. 此之三相. 總是無明. 前後相熏. 分能立所. 起信攬前因種. 總是賴耶. 此經以果相現行. 分能變所變. 即世界為所變. 現識為能變. 能變既是賴耶. 故配現識. 又起信論云. 不生滅與生滅和合. 非一非異. 名阿棃耶識. 即此經無同無異相. 名阿賴耶識. 起信舉初攝後. 此經舉後攝初. 因門果門. 體亦不別. 第三明四輪成世界. 即承前三相. 起為世界. 靜為虛空. 彼無同異真有為法. 既言世界虛空. 及有情相. 世界即地水火風四輪. 次第從何妄想變此. 不同有情. 即內根外塵. 四生業果. 受報輪迴. 此之分位. 即有眾生相續. 業果相續. 自此已下. 一一廣明. 今此且辯四輪成世界. 文又分二. 初明四輪成界. 後辯草木山川. 且四輪成界者. 經曰. 覺明空昧. 相待成搖. 故有風輪執持世界. 因空生搖. 堅明立礙. 彼金寶者明覺立堅. 故有金輪保持國土. 堅覺寶成. 搖明風出. 風金相摩. 故有火光為變化性. 寶明生潤. 火光上蒸. 故有水輪含十方界. 釋曰. 覺明空昧. 相待成搖者. 釋風輪及空界相也. 由初妄覺. 影明不了. 遂成空昧. 如障明生暗. 二相相形. 覺明即是動相. 空昧即是靜相. 一明一昧. 一動一靜. 剎那相生. 如風激浪. 相待不息. 於內初起. 即名為搖. 於外即成風輪世界. 是故世界之初. 風輪為始. 空昧即是虛空. 既無形相. 不名世界. 因空生搖. 堅明立礙者. 釋地相也. 因空異明. 相待成搖. 搖能堅明. 以成於礙. 如胎遇風. 即成堅礙. 亦是執明生礙我. 於內即是覺明堅執. 於外即成金寶. 故云彼金寶者明覺立堅. 故知寶性因覺明有. 是故眾寶皆有光明. 小乘但知業感. 而不知是何因種. 堅覺寶成. 搖明風出. 風金相摩. 故有火光為變化性者. 釋火性也. 堅執覺性. 即成於寶. 搖動所明. 即出於風. 動靜不息. 即是風金相摩. 於外即成火光. 能成熟萬物. 故言為變化性. 寶明生潤. 火光上蒸. 故有水輪含十方界者. 釋水輪也. 寶明之體. 性有光潤. 為火熱蒸. 水便流

582

出,又覺明生愛,愛即是潤,於內即是愛明,於外即成寶潤,火性上蒸,融愛成
水,一切業種,非愛不生,一切世間,非水不攝,故四大性,互相因籍,體不相
離,同一妄心所變起故,如虛空華不離心故,愚人不了,心外執法,顛倒見故,
次下辯草木山川之異者,經曰,火騰水降,交發立堅,淫為巨海,乾為洲潬,以
是義故,大海之中,火光常起,彼洲潬中,江河常注,水勢劣火,結為高山,是
故山石,擊則成炎,融則成水,土勢劣水,抽為草木,是故林藪,遇燒成土,因
絞成水,交妄發生,遞相為種,以是因緣,世界相續,釋曰,妄性不恒,前後變
異,所感外相,優劣不同,愛心多者,即成巨海,執心多者,即成洲潬,風性生
慢,火性生瞋,於色起愛,潬中流水,違愛生瞋,海中火起,水邊平地曰潬,慢
增愛劣,結為高山,愛增慢輕,抽為草木,或瞋愛慢三,互相滋蔓,異類成形,
草木山川,千差萬品,先從妄想,結成四大,從四大性,愛慢滋生,離有情心,
更無別體,故云交妄發生,遞相為種,以是因緣,世界相續,是以賦云,世界欲
成之際,舉念全收,非唯世界但有成壞,萬法悉從心生,故經云,成劫之風,壞
劫之風,皆是眾生共業所感,業由心造,豈非心耶.

세계가 장차 이루어지려는 때에
마음으로 모두 거두어들인다.

묻는다 :

「三界의 시초 원인과 四生의 元始에 대해서는 그 본말을 궁구할 수 없고,
그 연원을 설명하지 못합니다. 장자와 노자는 이를 가리켜 자연이라 하였고,
주공(周公)과 공자는 이를 이름 하여 혼돈이라 하였습니다. 시초에 일어난
자리를 어떻게 찾을 수 있습니까?」

답한다 :

"유정(중생)의 몸과 국토의 진실을 알고자 하건대 그 단서가 내 마음
보다 더 앞서는 것이 없고, 이 밖에 다른 것이 없다. 말하자면 心法이 찰나에
그 심법의 類를 상속하며 無始의 시간과 세계(공간)가 전전(展轉)하며 흘러가
니 단절되지도 아니하고, 항상 하지도 않다. 대상에 緣함에 의지하고, 상대에
의지하며, 氣도 아니고, (어디로부터) 받은 것도 아니며, 오직 識이고 오직
마음일 뿐이다.

『조론초(肇論鈔)』에 이른다.

老子가 이른다. 「無名이 천지의 시원이고, 有名이 만물의 어머니이
다.」[814] 불교의 뜻에 의한다면 여래장성(如來藏性)이 전변하여 장식(藏
識, 제8식, 아뢰야식)이 되고, 장식이 변하여 감각기관과 몸, 기세간(器世
間)의 모든 종자가 나온다. 그 변화의 근본을 추론하건대 바로 여래장성
이 만물의 시원이 되는 것이니 생함이 없고, 시초도 없는 것이 만물의
성품이다. 생함과 시초가 性을 움직일 수 없다는 것이 곧 법성이다.
남제(南齊 ; 479~502) 때 심약(沈約 ; 441~513)의[815] 『균성론(均聖論)』에
이르길, 「그러하니 이 천지가 있게 된 이래 지금도 역시 一念일 뿐이다.」
고 하였다.

---

814) 『도덕경』제1장.
815) 沈約(441~513)은 南朝 梁代의 무주(婺州) 東陽人으로 字는 休文이다. 佛理에
    정심하였고, 文才가 있었다. 尙書令에 이르렀고, 양무제의 총애를 받았다. 당시
    范縝이 『神滅論』을 지어 인과론 등 불교를 불신하자 『難范縝神滅義』를 지어
    그를 논박하였다. 문집 일백 여권을 지었다. 佛學에 대한 저서 다수가 『광홍명
    집』에 수록되어 있다.

법융(法融) 대사가 묻는다 :

"三界 四生이 무엇으로 도의 근본을 삼고, 무엇으로 法의 用을 삼는가?"

답한다 :

"허공을 도의 근본으로 삼고, 삼라만상을 법의 用으로 삼습니다."
묻는다 :

"이 가운데 누가 조작하는 자인가?"

답한다 :

"이 가운데 실은 조작하는 자가 없습니다. 법계의 성품이 자연히 생하는 것입니다."

가히 총지문이라 할 것이며, 만법의 도읍이라 할 것이다. 빛이 아직 발하지 않은 자리에는 아직 그 이름이 없다가 생각이 일어나려고 하는 때에 그 영상으로 나누어지는 듯 하더니 첫 (動)因이 강하게 각성되면서 점차 了知함이 일어나 見分과 相分으로 비로소 나누어지고, 心과 경계가 단박에 나타난다. 『수능엄경』에 이른다.

> (부루나여! 이와 같은 3종(殺·盜·婬)의 전도된 상속이) 모두 覺明 (相이 현시되게 하는 覺과 明)으로 인식됨이니 밝게 인지하는 知性이니라. 인지함이 발함에 인하여 相이 망령된 見에서 생하고, 산하대지의 모든 유위상(有爲相)이 차례로 변천하여 간다. 이 허망으로 인하여 종말에서 다시 시작되는 것이니라.816)

해석한다 : 이는 모두 최초의 因이 一法界에 미혹하여(一法界임을 모르고) 不覺의 念이 일어난 것이다. 念이 일어남은 곧 動相이고, 動相은 곧 第一(첫 번째)인 業識이다. (업식은) 아직 能(주관)과 所(객관)로 나누어지지 않았으나 覺明(相이 顯示 되게 하는 覺과 明)의 허물(咎)이 있다. 이로부터 能緣(대상으로 인지하는 주관)을 變作하여 知覺(了)하는 相을 이루어가니 바로 (이것이) '明了(밝게 認知)하는 知性'이며, 第二인 見分이고 전식(轉識)이다. 이어서 見分에 인하여 相分이 생하니 곧 '認知함에 인하여 相이 발생함(因了發相)'이고, (이것이) 第三인 相分이며 現識이다. 能과 所가 이제 이루어졌으니 남김없이 모두 다 허망하다. 왜 그러한가? 見分이 병든 눈에서 생겼고, 相分이 환형(幻形)에서 나타났기 때문이다. 이에 긴밀하게 根(감각기관)과 진(塵 : 6境)에 대해 견고한 정집(情執)이 생기고 이로부터 眞性과 격리된다. 맑고 원만함(眞性)에서 분출하여 안으로 지각함을 집수(執受)하여 識身을 만든다. 밖의 경계에 집착하는 상념을 떠나 맑아지면 無情의 토양을 이루고 마침내 거울 속의 그림자 형상을 멸하나 다시 생하게 된다. 꿈속의 산하가 사라졌다가 다시 나오는 것과 같다. 단지 본원의 性海는 能과 所에 따라 생하는 것이 아니며, 맑고 圓明하며 비추되 항상 고요하다. 단지 중생의 眞性에 위배하여 깨닫지 못할 뿐이다. 본원의 圓明에 위배하여 覺明(대상을 知覺하게 하는 조건이 되는 覺과 明)된 것에 집착하고 망령된 見을 이룬다. 覺明으로 인하여 관찰되는 경계를 세우고, 일어난 能觀의 心으로 인하여 能과 所의 相이 생긴다. (能觀의) 心과 (所觀의) 경계가 상대되어 緣에 따라가며 眞性을 잃으니 처음의 근원을 돌아보지 못하고 不覺 不知하며 미진수 겁을 거친다.

까닭에 『수능엄경』에 이른다.

---

816) 『대불정수능엄경』권4, 『대정장』권19, 120b.

부처님께서 말씀하셨다. "부루나여! 네가 말한 바와 같이 본연 청정한데서 어떻게 홀연히 산하대지가 나왔는가? 너는 여래가 설하길, '性인 覺이 妙明하고, 本覺이 明妙하다'고[817] 한 것을 항상 듣지 못하였느냐?"

부루나가 말하였다. "그렇습니다. 세존이시어! 저는 부처님께서 이 뜻을 설하심을 항상 들었습니다."

부처님께서 말씀하셨다. "네가 칭한 覺明은, 性明(妙明)에 돌아감을 覺이라 하고, 知覺하는 不明을 칭하여 明覺(知覺하는 覺)이라 한다."

부루나가 말하였다. "이 不明을 이름 하여 覺함이라 한다면 明할 것이 없겠습니다."

부처님께서 말씀하셨다. "明(知覺, 認知)할 것이 없다면 明覺이 없게 된다. 覺이 아닌 바가 있으면 明이 아닌 것도 없다. 無明 또한 知覺이 아닌 맑고 밝은(明) 性이다. 性覺은 반드시 明한데 망령되이 (일체법을 대상으로 緣하여) 明覺(知覺)한다. (性)覺은 明되는 대상이 아닌데 明으로 인하여 所(대상)를 세웠다. 所가 이미 망령되이 세워져서 너의 망령된 能(주관)을 生하였다. 같고 다름이 없는 가운데서 치성(熾盛)하게 다름(異)을 이루어가니 저 다른 것을 달리 하고 다름으로 인하여 같음을 세운다. 같음과 다름이 發明(인식, 인지, 知覺)되니 이로 인해 다시 '같음이 없고 다름이 없음'을 세우게 되었다. 이와 같이 요란스럽게 相待하니 피로(疲勞)가 생기고, 피로가 오래 쌓여 발진(發塵 : 6塵의 경계가 나옴)하고, 自相이 혼탁(渾濁)되었다. 이로 말미암아 진로번뇌

---

817) 일체법을 대상으로 緣하여 知覺 내지 認知하는 明覺과 구분하여 본원의 性覺을 明妙 내지 妙明이라 하였다. 『대불정수능엄경』에서 '覺'은 어떤 자리에서는 性覺을 가리키고, 어떤 자리에서는 知覺의 뜻으로 쓰였다.

(塵勞煩惱)를 끌어 생기게 하고, 세계를 生起하였다. 고요함은 허공이 되었으며, 허공은 같음이 되고, 세계는 다름이 되었다. 저것(본원)은 (본래) 같음과 다름이 없는데 眞性과 有爲法, 覺明과 공매(空昧 : 空에 미혹함)가 相待(相對)하여 혼란되는 까닭에 風輪이 世界를 집지(執持 : 잡아 유지되게 함)하게 되었다. 空으로 인하여 요동(搖動, 진동)이 생기고, 견고한 明으로 인하여 걸림(礙 : 色, 器世界)이 세워졌다. 저 金寶가 明覺(知覺, 認知)하고 견고함을 세운 까닭에 金輪이 국토를 保持하게 되었다. 견고한 知覺의 (金)寶가 이루어지니 明(認知, 知覺)을 흔들어 바람이 일어나고, 바람과 金이 서로 마찰하는 까닭에 火光이 있게 되고 변화하는 성품이 되었다. (金)寶의 明(認知)이 윤기(潤氣)를 생하고, 火光이 위로 나아가는 까닭에 水輪이 十方界를 포함하게 되었다. 火는 올라가고 水는 내려가 서로 교차하며 굳음(堅)을 세우니 습기는 巨海가 되고 건조함은 섬과 모래사장이 되었다. 이러한 뜻으로 저 큰 바다에 火光이 항상 일어나고, 저 섬과 모래사장에서는 江河가 항상 흐르게 되었다. 水의 세력이 火보다 약하면 응결되어 높은 산이 된다. 이 까닭에 山石이 부딪치면 불이 당겨지고, 녹아지면 水가 되었다. 土의 세력이 水 보다 약하면 잡아당겨져 초목이 된다. 이 까닭에 숲이 불태워지면 土가 된다. 서로 交合하여 물이 되고, 交合된 망령됨이 발생하면서 나아가 서로 種이 된다. 이러한 인연으로 세계가 상속된다."818)

---

818) 『대불정수능엄경』권4, 『대정장』권19, 120a.

해석한다 : 이 二覺(性覺과 本覺)의 뜻은 깊고 깊은 요지여서 설명하기
어렵다. 가리켜 설명하고자 하건대 반드시 흑백을 가릴 수 있어야 한다.
경론의 뜻을 크게 요략하면 다음과 같다. ; 2종의 覺이 있으니 (1) 性覺이고,
(2) 本覺(始覺으로서의 本覺임)이다. 2종의 반야가 있으니 (1) 本覺반야이고,
(2) 始覺반야이다. 2종의 心이 있으니 (1) 自性淸淨心이고, (2) 이구청정심(離
垢淸淨心 : 더러움을 떠난 청정심)이다. 2종의 진여가 있으니 (1) 재전진여(在纏眞
如 : 얽매임에 있는 진여)이고, (2) 출전진여(出纏眞如 : 얽매임에서 벗어난 진여)이
다. 이 8종의 이름은 뜻에 따라 다름을 나눈 것이다. 체로 보면 항상 같다.
지금 모든 중생은 단지 性覺과 本覺반야, 自性淸淨心, 재전진여(在纏眞如)
등만 갖추고 있다. 본연 청정한 가운데 망령됨이 홀연 산하대지를 생한다.
얽매임에 있어(在纏) 아직 장애를 떠나지 못한 까닭에 아직 출전진여(出纏眞
如) 등을 얻지 못하였다. 十方諸佛은 二覺을 모두 원만히 갖추고, 이미
출전진여(出纏眞如)등을 갖추어서 망상과 진로(塵勞)가 없으며, 영원히 청정
본연에 합치되어 있다. 그래서 다시는 산하대지의 모든 有爲相을 생하지
않는다. 마치 광석에서 나온 金이 다시는 끝내 먼지나 진흙에 오염되지
않는 것과 같다. 나무가 잿더미로 된 것과 비슷한데 어찌 다시 가지와
잎을 내겠는가. 이 二覺으로 이미 의심이 활연히 풀어졌다.

이를테면 『소석(疏釋)』에 이른다.

'세계가 상속하게 되었다'는 글 가운데 세 뜻이 있다. (1) 먼저
二眞을 설명함이고, (2) 그 三相을 설명한 것이며, (3) 그 四輪(地水火風의
輪)을 설명한 것이다. 이제 첫 번째로 二眞을 설명한다. 경에서 이른다.
「부처님께서 말씀하셨다. "부루나여! 네가 말한 바와 같이 청정 본연한
데서 어떻게 홀연히 산하대지가 나왔느냐? 너는 여래가 설하길, 性覺
(性인 覺)이 妙明(性으로 스스로 깨달음이 妙함)하고,[819] 本覺이 明妙(性覺

의 妙를 밝힘)하다고 한 것을 항상 듣지 못하였느냐?" 부루나가 말하였
다. "그렇습니다! 세존이시여! 저는 부처님께서 이 뜻을 설하심을
항상 들었습니다."

해석한다 : 二眞이란, (1) 性覺이 妙明함이고, (2) 本覺이 明妙함이다.
性覺이 妙明함이란 自性淸淨心이니 바로 여래장성(如來藏性), 재전진여(在纏
眞如) 등이다. 본성이 청정하여 번뇌에 물들여지지 않으니 이름 하여 性覺이
라 하였다. 本覺이 明妙함이란, 출전진여(出纏眞如)이다. 無分別智로부터
覺하여 無始의 망념이 다 소멸됨을820) 이름 하여 구경각(究竟覺)이라 한다.
始覺이 곧 本覺이고, 본원의 覺을 깨달음을 이름 하여 本覺이라 한다. 까닭에
『기신론』에 '眞如門에서 칭하면 性覺이고, 생멸문에서 칭하면 本覺이라'
하였다.821) 이 性覺에 미혹함으로 말미암아 망념이 있게 되었고, 망념이
다 소멸하게 되면 本覺을 세운다. 性覺은 能과 所로부터 생하는 것이 아니고,
修證을 통하여 얻어지는 것이 아니라 본래 스스로 묘하고 항상 밝아서
眞如의 性이고, 性으로 스스로 깨닫는 까닭에 性覺이 妙明하다고 하였다.

---

819) 일체법을 대상으로 緣하여 知覺 내지 認知하는 明覺과 구분하여 본원의 性覺
을 妙明이라 하였다. 『대불정수능엄경』에서 '覺'은 어떤 자리에서는 性覺을 가
리키고, 어떤 자리에서는 知覺의 뜻으로 쓰였다.

820) 無分別智를 바탕으로 보살초지에서 보살십지까지 隨分覺이 증진되고 等覺을
거쳐 구경각인 妙覺이 이루어진다.

821) 『기신론』에서 '性覺'은 나오지 않고, 단지 本覺과 始覺으로 구분하고 있을 뿐이
다. 그래서 이 문장은 "따라서 『기신론』에서 眞如門이라 함은 性覺을 칭한 것
이고, 생멸문이라 한 것은 本覺을 칭한 것이다."로 되어야 한다. 그런데 『기신
론』에서는 진여문에서 칭하면 본각이고, 생멸문에서 칭하면 始覺이다. 그런데
본서에서는 性覺을 『기신론』에서의 本覺의 뜻으로, 本覺을 『기신론』에서의 始
覺의 뜻으로 사용하였다.

始覺의 반야이며, 性覺의 妙를 밝힌 까닭에 本覺이 明妙함이라 하였다. 또 始覺의 智로써 본성을 깨닫는 까닭에 本覺이 明妙하다. 때문에 경에서 항상 설하길,「진여는, 미혹과 깨달음의 의지하는 바가 된다」고 하였다. 까닭에 말하길, "제가 항상 부처님께서 이 뜻을 설하심을 들었습니다"고 하였다. 본성이 청정함, 이것이 性覺의 뜻이다. 단지 性 가운데서 覺을 설함은 마치 나무에서 火性을 설함과 같아 깨달은 것이 아니고 더욱 미혹을 일으킨 것이다.[822] 까닭에 깨달은 때에 本覺의 칭호를 세운 것이다. 本覺을 깨달았으면 다시는 미혹에 돌아가지 않는다. 까닭에 二覺의 이름을 가지고 부루나의 질문에 답함을 마쳤다.

위에서 비록 미혹과 깨달음의 二門으로 二覺의 相을 설하였지만 아직 망념이 일어나는 연유에 대해서는 널리 설명하지 못하였다. 먼저 眞을 설하고 나중에 妄을 설함이라 다음으로 아래에서 설명하였으니 바로 第二로 三相門을 설명함이다. 글을 나누어 둘로 하고, 먼저 因相을 세운 후 다음에 果相을 세웠다. 즉『기신론』에서 설한 三細의 뜻이다. 처음에 因相을 세운 글에서 또 셋으로 나누었다. 第一은, 총괄한 질문으로서 覺明의 칭호에 대해 물었고, 第二는, 別答으로서 能과 所로 나누인 것을 설명하였으며, 第三은, 同과 異가 發明되어 三相이 결성됨을 설명하였다.

第一에서 '총괄한 질문으로서 覺明의 칭호를 질문한 것'은, 경에 이르길, 「부처님이 말씀하셨다. "네가 칭한 覺明은, 性明(妙明)에 돌아감을 覺이라 하고, 知覺하는 不明을 칭하여 明覺(知覺하는 覺)이라 한다."고 한 것이다.

해석한다 : 무슨 까닭에 이 질문을 하였는가 하면 앞에서 二覺의 명칭을

---

822) 본연의 性覺에서는 '覺'이라는 법을 세울 바도 없다. 본연에서 무슨 법이든 세우면 도리어 妄이다.

제시하니 性體가 곧 覺明(知覺, 認知)이 되어 망령되이 眞에 의탁함이 반드시 일어나기 때문이다. 까닭에 眞에 의거하여 질문하도록 한 것이다. 또 佛이 물은 뜻은, 네가 覺明이라 칭하였는데 (이는) 다시 覺性이 自明함을 이름하여 覺明이라 한 것이며, 또한 覺體가 不明하여 明을 能覺한 것인 까닭에 覺明을 칭하여 明(認知)의 覺이라 한 것이다.

第二에서 '別答으로서 能과 所로 나누인 것을 설명하였다'란, 경에서 이른다. 「부루나가 말하였다. "이 不明을 이름 하여 覺이라 한다면 明할 바가 없겠습니다."

해석한다 : 부루나가 답한 뜻에 준하면 반드시 明한 바가 있어야 그 所覺이 된다는 것이 합당한 것으로 생각된다는 것이다. 만약 覺의 明이 없으면 覺明의 명칭도 없게 된다. 단지 覺이라 칭할 수 있을 뿐이고 明한 바가 없다. 까닭에 이르길, '明한 바가 없다'고 하였다. 佛의 본뜻에 의하면 性覺의 체성이 自明하니 能인 覺과 所인 明에 인하지 아니하여야 비로소 覺明이라 칭할 수 있다는 것이다. 진여 자체는 대지혜광명이 있다는 뜻인 까닭이다. 단지 一法界에 미혹함에 연유하여 강제로 能과 所로 나누인 까닭에 망(妄)을 이루게 된 것이다.

第三에서 '同과 異가 發明되어 三相을 결성하였다'란, 경에서 이른다. 「佛이 말씀하였다. "만약 明한 바가 없으면 明覺이 없게 된다. 非覺인 바는 있고, 非明인 바는 없게 된다. 無明 또한 覺의 맑고 밝은 性이 아닌데 性覺은 반드시 明하다. 망령되이 明覺(覺을 대상으로 認知함)하나 覺은 所明(認知의 대상)으로 되는 것이 아니다. 明으로 인하여 所를 세운 것인데 所가 이미 망령되이 세워진 것이어서 너의 망령된 能(주관)을 나오게 하였다. 同(같음)과 異(다름)가 없는 가운데서 치성하게(거세게) 異(다름)을 이루고, 異에 인하여 同을 세운다. 同과 異가 發明되니 이로 인해 다시 無同과 無異를 세우게 된다.」

해석한다 : 이 문단은 미혹과 眞이 妄을 일으키는 相을 바로 해석하였다(正釋). '만약 明할 바가 없으면 明覺도 없게 됩니다' 함은, 부루나의 말을 기술한 것이다. '覺이 아닌 바가 있으면(온전한 본래의 覺이 되지 못한 것) 明이 아닌 바가 없다(그 覺은 모두 認知 知覺의 明覺일 뿐이다)고 함은 바로 논파한 것이다(正破). 만약 明한 바를 요인으로 해야 만이 비로소 覺明이라 칭할 수 있는 것이라면 이는 곧 다른 것에 인하여 세워진 것이니 자성각이 아니다. 까닭에 '覺이 아닌 바가 있다' 함은 마치 진(塵 : 6塵 경계)에 연하여 분별하고 망심이 있게 되었다가 진(塵)을 떠나면 체가 없게 되는 것과 같은데 어찌 眞覺을 이루겠는가!

또 해석한다 : 만약 不明을 이름 하여 覺이라 한다면 '明할 바가 없게 된다' 한 것이니 까닭에 覺體에 본래 明의 相이 없음을 안다. 佛이 眞際를 證하되 실은 明을 보지 않는다. 만약 明을 본다면 이는 곧 所明(대상이 되는 明)이고, 이미 所明을 세웠으니 곧 能覺(認知하는 주관)이 있다는 것이 된다. 단지 能과 所의 明을 멸하여야 비로소 妙明이라 칭한다. 이 妙한 明은 不明의 明이다. 所明과 같지 않은 까닭이다. 까닭에『화엄경』에 이른다. 「見함 없음이 바로 見함이며, 능히 일체법을 見한다.」823)『조론(肇論)』에 이른다. 「반야는 知함 없어서 知하지 못함이 없음이다.」824) 만약 明에 인하여 照함이 일어난다면 照함에 따라서 근본을 잃게 된다. 이러하면 근본이 覺明으로 인하여 생한 所(인지되는 대상)를 照함이 일어나고, 所가 照함을 세우면 性이 마침내 사라지게 되어 버린다. 그리하여 識精이 元明하

---

823) 『화엄경(80권본)』권16 昇須彌山頂品第十三.『대정장』권10, 082b.
824) 『조론』「반야무지론」.『대정장』권45, 153a. 원문을 대략 줄여서 인용하였다. 원문은 「般若無所知, 無所見. 此辨智照之用, 而曰無相無知者何耶? 果有無相之知, 不知之照明矣. 何者? 夫有所知, 則有所不知, 以聖心無知, 故無所不知. 不知之知, 乃曰一切知.」

니 능히 모든 緣을 생하고, 현전한 것(所遺)을 緣하는 자는 단지 能緣의 相을 따를 뿐이라 眞唯識性(모든 것은 오직 識일 뿐이어서 얻을 바 없다는 진실한 性)을 덮어버려 항상 能과 所의 相이 생함이 마치 바람이 물을 고동치게 하여 파랑이 이어지게 하는 것과 같다. 맑은 性이 숨겨져 드러나지 않게 되어 버린다. 이 후 미망(迷妄)이 허공의 相을 생하고, 다시 허공으로 인하여 세계의 형상이 성립된다. 眞空 一心에 필경 同과 異가 없는 가운데서 거세게 건립하니 모든 것이 구경에 다르다는(異) 것을 성립케 한다. (이러한) 모든 것이 情의 상념으로 인하여 요란하게 되니 피로함이 세계의 진(塵 ; 경계)을 발생시킨다. 미망에 혼침함이 허공의 세계를 끌어 일으키고, 세계를 나누어 차별시켜서 다름으로(異) 삼고, 허공에서 청정을 세워 같음(同)으로 삼는다. 분별하는 識 가운데서 또 無同과 無異를 세우니 모두 有爲의 법이며, 모두 다 생멸의 緣을 이루어 本心에 통하지 못하고 끝내 희론을 이룬다.

'明하지 않은 것이 없다'란 能覺의 體라면 所明(대상으로서의 明)을 인으로 함이 필요하다는 것이다. '비로소 覺明이라 칭할 수 있다'란, 覺되는 明이 없다면 能覺의 체가 바로 明이 아닌 까닭에 '明하지 않은 것이 없다'고 하였다. 까닭에 知覺과 明이 서로 가립(假立)된 것이어서 본래 자체가 없는 것인데 어찌 自性覺이 될 수 있겠는가? 까닭에 이르길, '覺이 아닌 바가 있으면, 明이 아닌 것이 없다'고 하였다. 이 문단은 비록 간략하지만 도리가 분명하다.

'無明 또한 覺의 맑고 밝은 性이 아니다'고 한 것은, 종(縱)으로 논파한 것이다(橫으로 明을 논파한 것에 대비한 것임). 妄인 覺(知覺)의 體에는 맑고 밝은 用이 없음을 드러내었다. 만약 단지 明을 (知)覺하는 것이라면 覺體가 自明할 필요가 어찌 있겠는가! 그러니 (無明의) 自性이 非明이어서 바로 覺의 맑은 用이 없다는 것이다. 까닭에 이르길, '無明 또한 覺의 맑고 밝은 性이 아니다(없다)'고 하였다. '性覺은 반드시(본연으로) 明하거늘 망령되이

明覺으로 한다(明으로 知覺한다)'란, 해석하길, 眞相에 의탁(依託)한 망각(妄覺)이라고 하였으니 어찌 망각이 첫 일어난 때에 覺明의 相이 있음을 알 수 있겠는가! 단지 性覺에 緣하면 반드시 眞明이 있게 되는 것이다. 까닭에 妄覺이 이 性明에 의탁하여 影明의 覺을 일으키고, 영상(影像)의 明을 집착한다. 반연(攀緣)하는 (知)覺을 일으키고, 眞에 미혹하여(眞을 통달하지 못하여) 영상(影像)을 (사실로) 인지하니 見分과 相分으로 二分됨이 이로부터 생겼다. '覺明'(認知의 대상이 된 覺)의 명칭이 이로 인하여 세워졌다.

묻는다 :

"(그렇다면) 이 妄覺은 性明을 見함에서 일어나고, 明을 見하지 못하여서 일어난다는 것인데 만약 眞明을 見하였다면 妄이 되지 않을 것이고, 만약 眞(明)을 見하지 못하였다면 覺明이라 이름 하지 못할 것입니다."

답한다 :

"본성인 眞明은 妄으로 見되는 것이 아니다. 망심이 상상하여, 변화된 영상에 緣하니 (지각되는 현상이) 영상으로부터 생긴 것임을 알지 못한다. (그리고는) 망령되게 말하길, '明의 覺을 見하였다'고 한다. 처음에 別相이 없었고 오직 眞明만 있었는데 망심이 이 明을 상상하는 까닭에 覺明의 명칭이 있게 되었다." '覺은 所明(明의 대상)이 아닌데 明으로 인하여 所(대상)로 세워졌다'고 한 것에 대해서는 다음 아래에서 三相을 바로 설명하여 相에 인하여 생긴 것이라고 하였다. 무릇 一眞의 覺은 체성이 비록 明하지만 能과 所로 나누어지지 않았다. 까닭에 이르길, '覺은 所明(明의 대상)이 아니다.'고 하였다. 영상의 明으로 말미암아 覺이 일어나게 되면 能과 所로

바로 나누어져버린다. 까닭에 이르길, '明에 인하여 所를 세우게 된다'고
하였다.

'所가 이미 망령되게 세워지니 너의 망령된 能을 생기게 하였다. 同과
異가 없는 가운데 치성하게 異를 이룬다'라 한 것은, 최초에 異相을 세우게
된 것을 말하였다. 즉 이를테면『기신론』에 이른다.「眞如法이 하나임을
여실하게 알지 못하는 까닭에 不覺心이 일어나 그 상념이 있게 되었다.」825)
(그 첫 일어남을) 이름 하여 動相이라 하니 즉 業相이다. 이미 하나인 법계상을
깨닫지(알지) 못하여 不覺(心)이 일어났으니 바로 이것이 '同과 異가 없는
가운데서 치성하게 異를 이룸이다.' 저 所異(異로 세워진 것 ; 動相)와 달리
異로 인하여 同을 세우게 되니 곧 轉相(能見相)이다. (이는) 저 動相과 다른
까닭에 '저 所異와 다른'이라 하였다. 최초의 動相은 一眞과 다른 까닭이다.
이 同相은 動相과 다른 까닭이다. '異에 인하여 同을 세운다'란, 앞의 최초
일어남을 이름 하여 動이라 하고, 動에는 반드시 고요함(靜)이 있게 되는데
형상이 세워진 까닭에 이르길, '異에 인하여 同을 세우게 된다'라 하였다.
고요한 상(靜相)은 眞과 비슷한 까닭에 이름 하여 同相이라 하였다.

'同과 異가 發明되니 이로 인하여 다시 無同과 無異가 세워진다.'라 한
것은 즉 現相(경계상)이다. 모습 이전의 二相(業相과 轉相)이 세워진 까닭에
이르길, '同과 異가 發明되니'라 하였다. 앞의 二相이 아닌 까닭에 이르길,
'이로 인하여 다시 無同과 無異가 세워진다'라 하였다. 바로『기신론』에서
설한 '業相·轉相·現相'이며, 바로 이 경(『수능엄경』)에서 설한 '異相·同相
·無同異相'이다. 이것이 無明이 覺(知覺)을 강요하여 能과 所로 처음 나누어
져서 형상으로 전전(展轉)하는지라 이 三相을 세웠다. 찰나에 생주이멸(生住
異滅)하지만 體는 항상 아뢰야식이다. 생멸이 서로 스미는(薰) 것에 의하면

---

825)『대승기신론』.『대정장』권32, 577a.

그 因이 되는 종자가 있고, 因에 반드시 果가 있게 된다. 현행하는 자리에 의거하면 감득한 바의 자리에 구별이 있게 되어 果相에 이르기까지 널리 분간해보아야 한다.

第二, 果相이란, 경(『수능엄경』)에서 이른다. 「이와 같이 요란하게 되니 相待하며 피로함이 이루어지고, 피로함이 오래되면 진(塵 ; 경계)이 발생되고, 自相이 혼탁된다. 이로 말미암아 진로(塵勞) 번뇌를 일으킨다. 일어나서 세계가 되고, 고요함은 허공이 된다. 허공이 같음(同)이 되고 세계는 다름(異) 이 된다. (본래는) 저 同異가 없었던 것인데 (변화하여 생긴 것이니) 진실로 有爲法이다.」826)

해석한다. : 저 앞의 三相은 서로 모습을 待(相卽)하며 찰나 찰나에 生住異滅 하고, 움직였다 쉬는 것이 머무르지 않는다. 相待함에 피곤해지고, 피곤함이 오래되면 육진(六塵 : 경계, 대상)이 발생된다. '自相이 어지럽게 혼탁된다'라고 한 것은, '勞'는 피로가 쌓이는 것이고, 진(塵)은 진구(塵垢 : 경계의 때, 더럽게 오염된 경계)인데 이미 청정한 체에 미혹하여(알지 못하여) 어지러움은 진(塵 : 경계)의 상념을 이루고, 진(塵)의 상념이 서로 어지러워지면서 능히 眞性을 덮어버림을 뜻한다. 까닭에 이름 하여 '혼탁됨'이라 하였다. '이로 말미암아 진로(塵勞)와 번뇌를 끌어 일어나게 한다'란, 覺明(知覺)이 훈습(熏習)되어 망령됨을 쌓아가 진(塵 : 경계)을 이루고, 요란함과 번뇌가 서로 훈습되는 까닭에 이름 하여 '번뇌'라고 한다. '일어남은 세계가 되고, 고요함은 허공을 이룬다'란, 果相이 현전된 것이다. 일어남은 動相이고, 動함은 곧 風이다. 四風이 동요하며 쌓여져서 세계를 이룬다. 까닭에 이르길, '일어남이 세계가 된다'고 하였다. 動함이 멈추는 자리가 곧 정(靜 : 고요함)이다. 앞의 同相은 허공을 결성한다. 까닭에 이르길, '허공이 同이 되고, 세계는 異가 된다'고

---

826) 『대불정수능엄경』권4, 『대정장』권19, 120a.

하였다. '(본래는) 저 同‧異가 없었던 것인데 (변화하여 생긴 것이니) 진실로
有爲法이다'고 한 것은, 저 앞의 同과 異가 없는 相이 有情 중생의 함장식(含藏
識 : 아뢰야식, 장식, 제8식)을 결성한다. 이는 識의 體이고, 無分別性이다.
까닭에 이르길, '無同이며 無異이다'고 하였다. 능히 모든 相을 변화시켜
일어나게 하는 까닭에 이르길, '진실로 유위법이다'고 하였다. 그로부터 일체
의 모든 경계가 능훈(能熏 : 훈습하는 자)이 되고 소훈(所熏 : 훈습되는 것)이
되어 곳에 따라 발현된다. 모두 이 識으로부터 생하는 까닭에『기신론』에서
이름 하여 '現識'이라 하였다. 능히 육진(六塵) 경계를 드러내는 까닭이다.

묻는다 :

　"『기신론』의 三相은 모두 아뢰야식인데, 무슨 까닭에 여기에서는 따로
現識을 두는 것인가?"

답한다 :

　"이 三相은 모두 無明이어서 전후에 서로 훈습하며 能‧所로 분립된다.
『기신론』은 앞의 種因을 취하여 모두 아뢰야식이라 한 것이다. 이 경(『수능엄
경』)에서는 果相의 현행이라는 면에서 能變와 所變으로 나누었다. 즉 세계는
所變이고, 現識은 能變이다. 能變이 이미 아뢰야식인 까닭에 現識에 배치하
였다. 또『기신론』에 이른다.「不生滅과 생멸이 화합되어 있어 非一이며
非異임을 이름 하여 아뢰야식이라 한다.」즉 이 경에서 '同과 異의 相이
없다'고 한 것을 이름 하여 아뢰야식이라 한다.『기신론』에서는 初(種因)를
들어 後(果相)을 아울렀고, 이 경에서는 後(果相)를 들어 初(種因)를 아울렀다.
因門과 果門은 그 體 또한 별개가 아니다.

第三, 四輪(지수화풍의 輪)이 세계를 이룸을 설명함은 곧 앞의 三相에 이어 일어남이 세계가 되고, 고요함은 허공이 된다는 것이다. 저 同・異가 없는 것인데 (변화하여 생긴 것이니) 진실로 유위법이다. 이미 세계와 허공 및 有情相에 대해 언급하였다. 세계는 즉 지수화풍의 四輪이 次第로 어떤 망상으로부터 이렇게 변하게 된 것인가? 같지 않은 유정 중생이 內根(六根)과 바깥 진(塵: 경계)에 즉하며, 四生의 業果로 윤회의 과보를 받는다. 이 分位에 따라 바로 중생의 상속함이 있게 되고 業果가 상속된다.

이 이하의 글은 하나하나 널리 설명한 것이다. 이제 여기에서 또 四輪이 세계를 이룸에 대해 설명하였다. 글은 또 둘로 나누어진다. 처음은 四輪이 세계를 이룸에 대해 설명하였고, 뒤에서는 초목 산천에 대해 설명하였다.

또 '四輪이 세계를 이룬다' 함은, (그 뜻이 다음과 같다). 경(『수능엄경』)에서 이른다. 「覺明(知覺)과 空에 어두움(空임을 모르는 것)이 相待함에 요동함이 이루어진다. 까닭에 輪이 세계를 집지(執持)한다. 空에 인하여 요동함이 생기고, 굳음(堅)과 明이 장애(障碍)를 세운다. 저 金寶란 明覺이 견고함에서 세워진 까닭에 金輪이 국토를 保持하고 굳건함(堅)을 세운다. 까닭에 金輪이 국토를 保持한다. 굳건함과 覺의 보배가 이루어지니 요동하는 明(知覺)의 風이 나온다. 風과 金이 서로 마찰하는 까닭에 火光이 변화하는 성품을 갖게 된다. 보배의 明이 윤기(潤氣)를 생하니 火光이 증발하여 위로 올라가며, 까닭에 水輪이 十方界를 포용하게 된다.」[827]

해석한다 : '覺明과 空에 어두움이 相待함에 요동함이 이루어진다'라 함은, 風輪과 空界가 相待함을 해설한 것이다. 처음 망령된 覺(知覺)으로 말미암아 영상인 明임을 모르고, 마침내 空에 어둡게 되었다. 마치 밝음을 막으면 어두움이 생기는 것과 같다. 二相이 모습을 相待하니 覺明이 곧 動相이고,

---

827) 『대불정수능엄경』권4, 『대정장』권19, 120a.

空에 어두움이 고요한 상이다. 일면에서 明하고(一明), 일면에서 어두우며(一昧), 일면에서 動하고(一動), 일면에서 고요하다(一靜). 찰나에 서로 생함이 마치 바람과 격랑과 같아 相待함이 그치지 않는다. 안에서 처음 일어남을 이름 하여 요동(搖)이라 하고, 밖에서는 곧 風輪의 세계를 이룬다. 이 까닭에 세계의 첫 시작은 풍륜을 始發로 한다. 空에 어두움(空昧)이 곧 허공이다. 이미 형상이 없어서 세계라 이름 하지 않는다. 空에 인하여 요동함이 생긴다.

'굳음(堅)과 明이 장애(障碍)를 세운다' 함은 地相을 설명한 것이다. 空에 인하여 明과 달라져서 相待하며 요동하게 된다. 요동함이 능히 明을 굳건하게(堅) 하니 이로써 장애를 이룬다. 마치 바람을 만남으로 인해 바로 견고한 장애가 이루어지는 것과 같다. 또한 明에 집착하여 我를 장애함이 생한다. 안으로는 바로 覺明을 굳게 집착하고, 밖으로는 곧 金寶를 이룬다. 까닭에 이르길, '저 金寶란 明覺이 세운 굳건함이다'고 하였다. 까닭에 寶性이 覺明으로 인하여 있게 된 것임을 안다. 이 까닭에 뭇 寶에 모두 광명이 있게 되었다. 소승은 단지 업감(業感 : 지은 업에 따라 뒤에 감득함) 만을 알고, 이것이 어떠한 種因으로 된 것인가를 모른다. 견각(堅覺)의 寶가 이루어지며, 요동하는 明의 바람이 나온다.

'風과 金이 서로 마찰하는 까닭에 火光이 변화하는 성품이 된다'란, 火性을 설명한 것이다. 굳게 覺性에 집착하니 바로 寶를 이룬다. 요동하는 明에서 바로 風을 낸다. 움직임(動)과 고요함(靜)이 그치지 않음이 곧 風과 金이 서로 마찰함이다. 밖으로는 곧 火光이 이루어져서 능히 만물을 성숙시킨다. 까닭에 이르길, '변화하는 성품이 된다'고 하였다.

'寶明이 윤기를 생하니 火光이 증발(蒸發)하여 위로 오르며, 까닭에 水輪이 十方界를 포용하게 된다'라 한 것은, 水輪을 해석한 것이다. 寶明의 體는 성품에 光의 윤기가 있어 火의 열에 증발하면 水가 곧 유출된다. 또한 覺明이 愛를 생하는데 愛가 곧 윤기(潤氣)이다. 안으로는 바로 愛明이 되고,

밖으로는 곧 보윤(寶潤)이 된다. 火性이 위로 증발하면 愛를 융(融)하여 水를 이룬다. 모든 업의 종자는 愛 없이는 생기지 않는다. 세간의 모든 것은 水가 아니면 지탱되지 않는다. 까닭에 四大의 성품이 서로 인하며 의지한다. 體가 서로 떨어져 있지 아니하니, 동일한 망심(妄心)에서 변화하여 일어나게 된 것인 까닭이다. 마치 허공화(虛空華)가 마음을 떠나 있는 것이 아닌 것과 같다. 우매한 이는 깨닫지 못하여 마음 밖으로 대상을 집착하니 전도된(거꾸로 된) 지견 때문이다."

다음 아래에서는 초목 산천이 다른 것에 대해 설명하였다.

경(『수능엄경』)에 이른다.

> 火는 올라가고 水는 내려가 서로 교차하며 굳음(堅)을 세우니 습기는 巨海가 되고 건조함은 섬과 모래사장이 되었다. 이러한 뜻으로 大海 가운데서 火光이 항상 일어나고, 저 섬과 모래사장에서 강이 항상 흐른다. 수세(水勢)가 火보다 약하면 응결되어 높은 산이 된다. 이 까닭에 山石이 부딪치면 불이 당겨지고, 녹아지면 水가 되었다. 土의 세력이 水 보다 약하면 잡아당겨져 초목이 된다. 이 까닭에 숲이 불태워지면 土가 된다. 서로 交合하여 물이 되고, 交合된 망령됨이 발생하면서 나아가 서로 種이 된다. 이러한 인연으로 세계가 상속된다.[828]

해석한다 : 망령된 성품이라 항상한 것이 아니어서 전후로 변화하기에 바깥 모습에 느껴지는 바의 우열(優劣)이 같지 않다. 愛心이 많은 것은

---

828) 앞에 든 『대불정수능엄경』 원문 : 권4. 『대장경』권19, 120a.

곧바로 큰 바다를 이루고, 집착하는 마음이 많은 것은 곧바로 섬과 모래사장을 이룬다. 風性은 교만심을 생기게 하고, 火性은 화내는 마음을 생기게 한다. 色에서 愛心을 일으키고, 모래 삼각주에 물이 흐른다. 愛心에 거슬리면 성을 내니 바다 가운데서 火가 일어난다. 수변(水邊)의 평지를 단(渾 : 삼각주의 모래사장)이라 한다. 교만심이 증대하고 愛心은 적어지면 응결하여 높은 산이 된다. 愛心이 증대되고 교만심은 가벼워지면 뽑아 당겨져 초목이 된다. 혹은 성냄, 愛, 교만의 셋이 서로 왕성해지며 異類가 모습을 이루게 되니 초목 산천이 천차만별로 있게 된다.

처음에는 망상 따라 四大를 결성하고, 그 四大의 성품 따라 愛와 교만이 생하여 번져간다. 유정중생의 마음 떠나 그 밖에 다른 체가 없다. 까닭에 '交合된 망령됨이 발생하면서 나아가 서로 種이 되며 이러한 인연으로 세계가 상속한다.'고 하였다.

이에 부(賦)를 지어 이른다.

　　세계가 이루어지려는 때에
　　마음으로 모두 거두어들이니
　　오직 세계가 아니라
　　단지 이루어지고 무너짐 만 있을 뿐이며,
　　모든 것은 다 마음에서 생하는 것이네!

까닭에 경에서 이르길, 「성겁(成劫 : 세계가 이루어지는 기간)의 風과 괴겁(壞劫 : 세계가 무너져가는 기간)의 風이 모두 중생의 지은 共業으로 감득(感得)하는 것이다. 업이 마음으로 말미암아 지어진 것인데 어찌 마음이 아니겠는가」라 하였다.

〈380〉

乘急戒圓.

乘急者. 於一心大乘種性. 志力淳熟. 解心明利. 戒圓者. 於大乘戒法. 堅持無
犯. 故瓔珞經云. 一切戒. 以心爲體. 心無盡故. 戒亦無盡.

빨리 가는 乘(乘急 : 大乘)에 탄 자가
계율을 지님도 원만하네.

승급(乘急 : 빨리 가는 乘)이란 一心 大乘의 種性이다. 志力이 순숙(淳熟)하고,
이해하는 마음이 밝고 날카롭다. 계율을 지님이 원만함이란, 대승의 계법(戒
法)을 굳게 지녀 범하지 않는 것이다. 까닭에 『영락경(菩薩瓔珞本業經)』에
이른다. 「모든 戒는 마음을 체로 한다. 마음이 다 함 없는 까닭에 계율
또한 다 함 없다.」[829]

〈381〉

因成果滿.

初發菩提心爲因. 後究竟心爲果. 故云. 初與實相爲因. 後以實相爲果.
該括有空.

因이 이루어지니 果가 (궁극에) 원만해진다.

처음 보리심을 발한 것이 因이 되고, 나중에 (이르게 되는) 구경(궁극)의 心이 果이다. 까닭에 이른다. 「처음에 實相이 因이 되고, 나중에는 實相이 果가 된다.」

〈382〉

該括有空.

有徹空源. 空居有表. 如波徹水源. 水窮波末皆是一心. 體用交徹. 如色空章十門止觀. 第一會相歸性門. 於中有二種. 一於所緣境會事歸理. 二於能緣心攝散歸止也. 第二依理起事門者. 亦有二種. 一者所歸之理非斷空故. 不礙事相宛然現前. 二由所入之止不滯寂故. 復有隨事起於妙觀也. 第三理事無礙門者. 亦有二種. 一由習前理事. 融通交徹令無. 二雙現前故. 遂使止觀同於一念頓照也. 第四理事雙絕門者. 由理事雙現. 互相形奪故. 遂使兩相俱盡. 非理非事. 寂然而絕. 是故令止觀雙泯. 迥然無寄也. 第五心境融通門者. 即彼絕理事之無礙境. 與彼泯止觀之無礙心. 二而不二. 故不礙心境而冥然一味. 不二而二. 故不壞一味而心境兩分也. 第六事事相在門者. 由理帶諸事全遍一事. 是故以即止之觀. 於一事中見一切法. 而心無散動. 如一事. 一切亦爾. 第七彼此相是門者. 由諸事悉不異於理. 復不異於一事. 是故以不異止之觀. 見於一事即是一切. 而念不亂. 如一事. 一切亦爾. 第八即入無礙門者. 由交參非一. 與相含非異. 體無二故. 是故以止觀無二之智頓見. 即入三門同一法界. 而心無散動也. 第九帝網重現門者. 如於一事中具一切故. 此一切內復各具一切. 如是重重不可窮盡. 如一事既爾. 餘一切事亦然.

以止觀心境不異之智.頓見一切.各各重重悉無窮盡.普眼所矚.朗然現前.
而無分別.亦無散動.第十主伴圓備門者.菩薩以普門之智.頓照於此普門
法界.然舉一門爲主.必攝一切爲伴.一切亦爾.是故主伴伴主.皆悉無盡.不
可稱說.菩薩三昧海門.皆此安立.自在無礙.然無異念也.

有와 空을 모두 포용한다.

有가 空의 근원에 통해져 있고, 空이 有의 드러난 자리에 있다. 마치
파도가 물의 근원에 통해져 있고, 물이 파도의 끝자락에까지 다 통해져
있는 것과 같다. 모두 一心인데 體와 用이 서로 어울리며 통해져 있는
것이다.

이를테면 (『화엄발보리심장』의) 色空章에 十門止觀 법문이 있다.

제1은, 회상귀성문(會相歸性門 ; 相을 합하여 性에 돌아가는 문)이다.
이 가운데 2종이 있다. (1) 所緣의 경계에서 事를 회합하여 理에 돌아감
이다. (2) 能緣의 心이 산란함을 거두어 止에 돌아감이다.

제2는, 의리기사문(依理起事門 ; 理에 의거하여 事를 일으키는 문)이다.
또한 2종이 있다. (1) 歸一한 理가 斷空이 아닌 까닭에 事相이 완연하게
현전한 것에 걸림 없음이고, (2) 들어간 止가 고요함에 빠지지 않는
까닭에 또한 事에 따라 妙觀을 일으킴이다.

제3은, 이사무애문(理事無礙門 ; 理와 事에 걸림 없는 문)이다. 또한
2종이 있다. (1) 앞의 理와 事를 익힘으로 말미암아 융통하고 서로
꿰뚫어 없어지게 함이며, (2) 양자(理와 事)가 함께 현전하는 까닭에
마침내 止와 觀이 똑 같이 일념에 단박에 비추는 까닭이다.

제4는, 이사쌍절문(理事雙絶門 ; 理와 事를 함께 끊는 문)이다. 理와 事가 함께 드러나며 서로 모습을 빼앗는 까닭에 드디어 두 相이 함께 다 멸하여 非理이고 非事이며, 적연(寂然)히 끊어짐이다. 이 까닭에 止觀이 함께 끊어지게 하니 완연히 의지함이 없다.

제5는, 심경융통문(心境融通門 ; 마음과 경계가 융통하는 문)이다. 즉 저 理事가 끊어진 걸림 없는 경계와 저 止觀이 끊어진 걸림 없는 마음이 二이면서 不二이다. 까닭에 마음과 경계에 걸림 없어 완연히 一味이며, 不二이되 二이다. 까닭에 一味를 부수지 아니하되 마음과 경계가 兩分된다.

제6은, 사사상재문(事事相在門 ; 事와 事가 서로 있는 문)이다. 理가 모든 事를 帶하되 하나의 事에 온전히 두루 하다. 이 까닭에 止에 즉한 觀으로써 一事에서 모든 것을 보되 마음에 산동(散動)함이 없다. 하나의 事에서와 같이 모든 事에도 또한 그러하다.

제7은, 피차상시문(彼此相是門 ; 彼此가 서로 다름없다는 문)이다. 모든 事가 다 理에서 다름없는 까닭에 또한 一事에서도 다름없다. 이 까닭에 다를 바 없는 止의 觀으로써 一事가 곧 一切임을 보되 마음에 산란함이 없다. 一事에서와 같이 일체에서도 또한 이러하다.

제8은, 즉입무애문(卽入無礙門 ; 바로 걸림 없음에 들어가는 문)이다. 셋(理事, 止觀, 彼此)이 교착되어 非一이되 相을 포함하며 함께 하니 非異이다. 體가 無二인 까닭이다. 이 까닭에 止觀으로 無二의 智가 단박에 나타난다. 곧바로 三門이 同一法界임에 들어가되 마음에 散動함이 없다.

제9는, 제망중현문(帝網重現門 ; 帝網에 거듭하여 나타나는 문)이다. 마치 一事 중에 일체를 갖춘 것과 같아서 이 一切 안에 또한 각각

일체를 갖추고 있다. 이와 같이 重重함에 다 함 없다. 一事가 이미
이러함과 같이 나머지 一切事도 또한 그러하다. 止觀으로 마음과
경계가 다름없다는 智가 일체에서 단박에 드러난다. 各各에 重重하여
모두 다 함 없다. 보안(普眼)으로 보는 바와 같아 뚜렷이 현전하되
분별함이 없고, 또한 산동함이 없다.

　　제10은, 주반원비문(主伴圓備門 ; 主와 伴이 두루 갖추어지는 문)이다.
보살이 普門의 지혜로써 이 普門의 법계를 단박에 비춘다. 그러하니
一門을 主로 하여 들면 반드시 일체가 반(伴)이 되어 아울러진다.
일체 또한 그러하다. 이 까닭에 主가 반(伴)이 되고, 伴이 主가 됨이
모두 다 함 없고, 설할 수 없다. 보살의 三昧海門이 모두 여기에 안립된
다. 自在하여 걸림 없고, 그래서 다른 생각이 없다.[830]

〈383〉

交參主伴.

以一心爲主.萬法爲伴.或萬法爲主.一心爲伴.互爲主伴.性相該通.如云此
土文殊說.則十方國土文殊一時同說.

서로 섞이어 主가 되고 반(伴)이 된다.

　一心이 主가 되면 萬法(모든 것)은 반(伴)이 된다. 혹 萬法이 主가 되면

---

830) 현수법장이 지은 『화엄발보리심장』. 『대정장』권45, 654b.

一心이 伴이 된다. 서로 主가 되고 伴이 된다. 性과 相이 서로 통해 있다. 이를테면 이 국토에서 문수가 설하면 十方 국토의 문수가 일시에 똑같이 설한다.

〈384〉

十玄門之資攝. 無盡無窮.

十玄門者. 一同時具足相應門. 此約諸法相應無前後說. 如海一滴. 含百川味. 二一多相容不同門. 此門約理說. 如一室千燈. 光光涉入. 三諸法相即自在門. 此門約用說. 就三世間圓融即入. 而成無盡. 如金金色. 二不相離. 四隱顯祕密俱成門. 此門約緣說. 如片月澄空. 晦明相並. 五微細相容安立門. 此門約相說. 即一時齊現. 似束箭齊頭. 如瑠璃瓶. 盛多芥子. 六因陀羅網境界門. 此門約譬喩說. 約法相即互照重現無盡門. 如兩鏡互照. 傳輝相寫. 遞出無窮. 七諸藏純雜具德門. 此門約諸行說. 亦名廣狹門. 亦名主伴門. 如北辰所居. 眾星拱之. 八十世隔法異成門. 此門約三世說. 如一夕之夢. 翶翔百年. 九唯心迴轉善成門. 此門約心說. 如徑尺之鏡. 見千里之像. 十託事顯法生解門. 此門約智說. 如立像豎臂. 觸目皆道. 此十玄門. 法法皆具. 悉入一心無盡之旨. 如海涌羣波. 羣波即海. 金成眾器. 眾器皆金. 若以平等心是一義. 差別心是多義. 以一心即一切心. 是相即義. 是同時相應義. 以一切心入一心. 是相入義. 以一心攝一切心. 是隱義. 以一切心資一心. 是顯義. 以不壞差別心而現平等心. 是多中一義. 以不隱平等心而現差別心. 是一中多義. 又微細心不礙廣大心. 廣大心不礙微細心. 是一多不同義. 亦是相容義. 以一心為主. 一切心為伴. 是主伴義. 以一實心是純義. 差別心是雜義. 差別心即一實心雜恒純. 一實心即差別心純恒雜. 即諸藏純雜義. 以一心帶一切心還入

一心, 是帝網義. 因心現境. 見境識心. 是託事顯法義. 長劫短劫延促時量. 皆
從積念而成. 一心所現. 是十世義. 因一心正義. 演難思法門. 究竟指歸. 言亡
慮絶. 即唯心迴轉義. 自心既爾. 彼心亦然. 涉入交羅. 重重無盡矣.

十玄門의 법문이 포용함이 무진무궁하다.

十玄門이란,

(1) 동시구족상응문(同時具足相應門 ; 동시에 구족하여 상응하는 문) : 이는
모든 것이 상응하며 전후가 없다는 뜻에 의거하여 설한 것이다. 이를테면
바닷물의 한 방울에 百川의 맛이 포함되어 있음이다.

(2) 일다상용부동문(一多相容不同門 ; 一과 多가 서로 포용되어 있되 같지
않은 문) : 이 문은 理에 의거해서 설한 것이다. 이를테면 하나의 방 안에
천 개의 등불이 있으면 빛과 빛이 서로 어울려 들어가 있는 것과 같다.

(3) 제법상즉자재문(諸法相即自在門 ; 모든 것이 서로 即해 있으면서 自在한
문) : 이 문은 用의 면에서 설한 것이다. 三世間이 원융하게 즉입(即入)되어
있으면서 무진(無盡)함을 이룸이 마치 金과 金色이 둘이지만 서로 떠나
있지 않은 것과 같다.

(4) 은현비밀구성문(隱顯祕密俱成門 ; 숨음과 드러남이 비밀하게 함께 갖추어져
이루어지는 문) : 이 문은 緣의 면에서 설하였다. 마치 편월(片月)이 맑은
하늘에 떠 있는데 어둠과 밝음이 서로 어울려 있는 것과 같다.

(5) 미세상용안립문(微細相容安立門 ; 미세하게 서로 포용하여 안립되어 있는
문) : 이 문은 相의 면에서 설하였다. 일시에 즉하여 함께 드러남이 마치
다발로 묶인 화살이 함께 머리를 드러내는 것과 같고, 마치 유리병에 많은
겨자씨가 차 있는 것과 같다.

(6) 인다라망경계문(因陀羅網境界門 ; 인다라망에 비유되는 경계인 문) : 이

문은 비유의 면에서 설하였다. 法相의 면에 의하면 서로 즉하여 비추며 중복하여 나타남이 다 함 없는 문이다. 마치 두 거울이 서로 비추며 빛남이 전해지고 서로 옮겨지고 번갈아 일어남이 무궁한 것과 같다.

(7) 제장순잡구덕문(諸藏純雜具德門 ; 모든 藏된 純雜의 법에 덕을 갖추고 있는 문) : 이 문은 모든 행에 의거하여 설하였다. 또한 넓고 좁은 문이라 하고, 또한 主가 되고 伴이 되는 문이라 한다. 이를테면 북극성이 있는 자리에 뭇 별들이 둘러싸며 받들고 있는 것과 같다.

(8) 십세격법이성문(十世隔法異成門 ; 十世가 떨어져서 법이 달리 이루어지는 문) : 이 문은 三世에 의거해서 설하였다. 마치 한 밤의 꿈속에서 백년을 날아오르는 것과 같다.

(9) 유심회전선성문(唯心迴轉善成門 ; 오직 마음이 회전하며 훌륭하게 이루는 문) : 이 문은 마음에 의거하여 설하였다. 마치 직경 1尺의 거울에서 千里의 모습을 보는 것과 같다.

(10) 탁사현법생해문(託事顯法生解門 ; 事에 의거해서 법을 드러내어 이해가 이루어지는 문) : 이 문은 智에 의거해서 설하였다. 마치 像을 세우고 어깨를 들면 눈에 감촉되면서 모두 말하게 되는 것과 같다. 이 十玄門이 존재마다 모두 갖추어져 있고, 모두 一心의 다 함 없는 뜻에 들어간다. 마치 바다에 솟구치는 뭇 파도가 바다에 즉해 있는 것과 같고, 금으로 뭇 그릇을 만드니 뭇 그릇이 모두 금인 것과 같다. 만약 평등심이 一義라면 차별심은 多義이다. 一心이 一切心에 즉하였으니 이것이 相即의 뜻이며, 동시에 상응하는 뜻이다. 一切心이 一心에 들어가니 이것이 相入의 뜻이다. 一心으로 一切心을 아우르니 이것이 (一切心에 一心이) 은장(隱藏)되어 있다는 뜻이다. 一切心이 一心에 바탕하니 (一心에 一切心이) 드러나 있다(顯)는 義이다. 무너짐 없는 차별심에서 평등심을 드러내니 이것이 多中一의 뜻이다. 은장(隱藏)되지 않는 평등심에서 차별심이 드러나니 이것이 一中多의 뜻이다. 또 미세한

마음이 광대한 마음에 걸림 없고, 광대한 마음이 미세한 마음에 걸림 없으니 이것이 一多不同의 뜻이며, 또한 相容의 뜻이다. 一心이 主가 되고, 一切心이 반(伴)이 되니 이것이 주반(主伴)의 義이다. 一實心은 순(純)의 뜻이고, 차별심은 잡(雜)의 뜻이다. 차별심이 곧 一實心이고, 잡(雜)이 항상 순(純)하다. 一實心이 곧 차별심이고, 순(純)이 항상 잡(雜)하다. 이것이 바로 모든 경장(經藏)에서 설하는 순(純)과 잡(雜)의 뜻이다. 一心이 一切心을 거느리고 다시 一心에 돌아오니 이것이 제망(帝網)의[831] 뜻이다. 心에 인하여 경계가 나타나고, 경계에서 마음을 아는 것은 事에 의탁하여 法을 드러내는 뜻이다. 기나긴 겁(劫)과 짧은 겁, 느려짐과 빨라짐의 시량(時量)이 모두 생각이 쌓여짐으로부터 이루어진다. 一心에 나타나는 것은 十世의 뜻을 지닌다. 一心의 正義로 인하여 난사(難思)의 법문을 연출한다. 궁극의 지귀(指歸)이다. 말이 사라지고 생각이 끊어졌으니 바로 이것이 唯心이 회전(迴轉)하는 뜻이다. 自心이 이미 이러하니 저 마음도 또한 그러하다. 서로 들어와 교차하며 전개됨이 重重으로 다 함 없다.

〈385〉

六相義之融通. 不常不斷.

夫一切字一切法. 皆有此六相. 若善見者. 得智無礙總持門. 於諸法不滯有無斷常等見. 此六字義闕一. 即理智不圓. 此是初地位中. 觀通世間一切法

---

831) 一卽一切, 一切卽一. 一中一切, 一切中一의 華嚴事事無碍 重重無盡緣起(法界緣起)를 제석천황의 冠에 드리운 網의 유리구슬 하나에 점을 찍으면 그 점 하나 찍힌 구슬의 모습이 모든 구슬에 중중무진으로 비치는(들어 있는) 현상에 비유하여 말한 것.

門故. 不可廢一取一. 雙立雙亡. 雖總同時繁興不有. 縱各具別冥寂非無. 不可以有心知. 不可以無心會. 此六相義. 於一一法上皆具. 今於一心上具者. 心是總相. 能生世間出世間一切法故. 於一心中起善惡心. 是別相. 心王心所皆同眞性. 同一聚法. 是同相. 念念互起. 各各差別. 是異相. 諸法由心迴轉. 心生則種種法生. 則是成相. 心心不可得. 是壞相.

六相(總相 · 別相 · 同相 · 異相 · 成相 · 壞相)의 뜻이 융통되어
不常하고(영원하지도 아니하고) 不斷하다(단멸되지도 아니한다).

무릇 모든 문자와 모든 것이 다 이 六相이다. 만약 이를 잘 보는 자는 지혜에 걸림 없는 총지문(總持門)을 얻는다. 모든 것에서 有 · 無, 斷 · 常 등의 지견에 걸리지 않는다. 이 六字의 뜻에 하나라도 결락되면 理와 智가 원만하지 못하게 된다. 이는 (보살)初地位에서 세간의 일체법을 통관하는 까닭에 하나라도 폐(廢)하거나 취할 수 없다. 쌍립(雙立) 쌍망(雙亡)하는지라 비록 동시에 다 아우르지만 번흥(繁興)해지는 것은 아니다. 종횡으로 각기 다르게 갖추지만 고요함이 없지 않다. 마음으로 알지 못하고, 無心으로도 알지 못한다. 이 六相의 義는 하나하나의 법에 모두 갖추어져 있다. 지금 一心에 갖추어졌다 함은 마음이 總相이어서 능히 세간과 출세간의 일체법을 생하는 까닭이다. 一心에서 선악의 마음이 일어남은 別相이다. 心王과 心所가 모두 동일한 眞性이고, 동일하게 모아져서 된 것이니 同相이다. 念念에 서로 일어나 각각 차별이 있음은 異相이다. 모든 것이 마음에 연유하여 회전(迴轉)하니 마음 생기면 갖가지 법이 생긴다. 이것이 成相이다. 이 마음 저 마음 모두 얻을 수 없음이 괴상(壞相)이다.

⟨386⟩

鷲山正脈.鹿苑鴻基.眞風長扇.慧範恒施.

此一心法.是十方三世諸佛得道之場.說法之本.原始要終.不離此法.該今
括古.豈越斯門.如百門義海云.遠近世界.佛及眾生.一切事物.莫不於一念
中現.何以故.一切事法.依心而現.念既無礙.法亦隨融.是故一念即見三世
一切事物顯現.故知萬法不出一心矣.夫心法者大約有三.一者四分成心.
二者心法四緣生.三者三量明心.四分成心者.一自證分.是心體.二見分.是
心用.三相分.是心相.四證自證分.是心後邊為量果.八識心王各各具四分
義.心法四緣生者.一是因緣.從種子而生.二是所緣緣.境牽生心用.三是等
無間緣.念念相續.四是增上緣.不相障礙.若闕一緣.心法即不生.三量明心
者.一是現量.得法自性.不帶名言.二是比量.比度而知.三是非量.境不現
前.且山河大地.是第八阿賴耶識相分.眼識於第八識相分上.又變起一重
相分.同與明了意識初念中率爾心緣時.是現量.後落第二念意識作解之
時.便成比量.若境不現前.緣過去獨影境中.是非量.凡一代時教.說心地法
門.不出四分三量料簡.廣說在宗鏡錄中.又約妄心.有五種心.一率爾心.謂
聞法創初.遇境便起.二尋求心.於境未達.方有尋求.三決定心.審知法體.
而起決定.四染淨心.法詮欣厭.而起染淨.五等流心.念念緣境.前後等故.
又約境有三.一性境.是現量心得.二帶質境.是比量心現.三獨影境.是非量
心緣.

영취산(대승)의[832] 정맥이

---

832) 영취산은 대승의 핵심 교전인 『법화경』 등이 설해진 곳이다. 따라서 여기서는

녹원(소승)의[833] 큰 기반에서

진리의 바람 길게 일으켜

지혜의 규범을 항상 베푸네!

이 一心法은 十方三世 諸佛이 득도한 자리이며, 설법의 근본이고, 원시의 궁극이다. 이 법을 떠나지 아니하고 현금과 과거를 다 포괄하니 어찌 이 문을 벗어나겠는가? 이를테면 『백문의해(百門義海 : 화엄경의해백문)』에 이른다.

원근의 세계, 佛과 중생, 모든 사물이 일념에 나타나지 않음이 없다. 왜 그러한가? 모든 현상의 존재가 마음에 의지하여 나타나며, 念이 이미 걸림 없으니 법 또한 그에 따라 융회된다. 이 까닭에 일념에서 삼세의 모든 사물이 드러남을 바로 본다.[834]

까닭에 모든 것이 일심에서 벗어나지 않음을 안다. 무릇 心法에 대략 셋이 있다. 1. 四分成心 2. 心法이 四緣으로 생함 3. 三量으로 心을 밝힘이다. 四分成心이란, (1) 自證分이니 이는 心體이다. (2) 見分이니 이는 心用이다. (3) 相分이니 이는 心相이다. (4) 證自證分이니 이는 心의 후변(後邊)에서 (일어난 : 證한) 果를 認知함이다. 八識(전5식에서 제8식까지)의 心王에 각각 四分의 뜻을 갖추고 있다. '心法이 四緣으로 생함'은 (1) 因緣이니 종자로부터 생함이고, (2) 所緣緣이니 생긴 마음을 경계로 끌어당기는 用이며, (3) 등무간연(等無間緣)이니 念念에 이어짐이고, (4) 증상연(增上緣)이니 서로 장애됨이

___

대승을 뜻한다.

833) 녹원은 부처님이 성도 후 처음 법을 설한 곳이다. 여기서는 소승을 뜻한다.

834) 현수법장의 『화엄경의해백문』, 『대정장』권45, 630c.

없음이다. 만약 하나의 緣이라도 결락되면 心法은 생하지 않는다. '三量으로 心을 밝힘'이란, (1) 現量이니 法의 自性을 얻어(통달하여) 名言을 대(帶)하지 않음이다. (2) 比量이니 유추하여 아는 것이다. (3) 非量이니 경계가 현전되지 않음이다. 또한 산하대지는 제8식 아뢰야식의 相分이다. 안식(眼識)이 제8식의 相分에서 또 一重의 相分을 변화시켜 일으킨다. 동시에 의식의 첫 생각에서 돌연히 일어나는 마음(率爾心)에 緣되는 것을 명료하게 知覺하는 때가 現量이다. 나중에 제2念의 의식에 떨어져 知解하는 때에 곧바로 比量이 된다. 만약 경계가 현전되지 않으면 과거의 실물 없는 영상의 경계를 緣하니 이것이 非量이다.

무릇 一代의 時教는 心地法門을 설한 것이고, (위에 설명한) 四分 三量의 간략한 要義를 벗어나지 않는다. 넓게 설한다면 『종경록』에서 妄心에 의거해서 5종심을 설하였다. (1) 솔이심(率爾心 : 경계를 만나 돌연히 일어나는 마음)이니 법을 듣는 즉시나 경계를 만나 곧바로 일어나는 마음이고, (2) 심구심(尋求心 : 찾아 구하는 마음)이니 경계가 아직 이르지 않았는데 바야흐로 찾아 구하는 마음이며, (3) 결정심(決定心)이니 法體(진리의 당체)를 살펴 알아 決定(분명히 그렇다고 확증 不動)의 마음을 일으킴이다. (4) 염정심(染淨心)이니 존재를 언어로 말하며 좋아하고 싫증을 내면서 물들고 청정한 마음을 일으킴이다. (5) 등류심(等流心)이니 생각 생각에 경계를 緣함이 앞뒤로 같은 까닭이다.

또 경계에 의거하면 셋이 있다. (1) 성경(性境 : 존재의 자성이 證知됨)이니 이는 現量의 마음에서 얻어진다. (2) 대질경(帶質境 : 사물을 帶한 경계)이니 比量心에서 나타난다. (3) 독영경(獨影境)이니 이는 非量心에서 緣한다.

〈387〉

隱顯無際而晦明相並.

百門義海云. 若心攝一切法. 即彼隱而此顯. 若一切法攝心. 即彼顯而此隱.
由顯時全隱而成顯. 亦全顯而成隱. 相由成立. 是故隱時正顯. 顯時正隱. 如
合日月. 晦明相並. 又十玄門中. 祕密隱顯俱成門者. 謂諸法相攝之時. 能攝
則現. 名之爲顯. 所攝不顯. 名之爲隱. 即隱常顯. 即顯常隱. 名曰俱成. 常情
不知. 名爲祕密. 次辯相者. 且約一多相攝. 以明隱顯. 有其六句. 一一顯多
隱. 一攝多故. 二多顯一隱. 多攝一故. 三俱上二句. 同時無障礙故. 四泯約相
形. 奪俱不立故. 五具上四. 是解境故. 六絶上五. 是行境故. 然一顯與多顯不
俱. 一隱與多隱不並. 隱顯顯隱. 同時無礙. 三昧章云. 又事相.

숨고 드러남이 무한하며,
어둡고 밝음이 서로 아우른다.

『백문의해(百門義海 : 화엄경의해백문)』에 이른다.

　　만약 마음이 모든 것을 아우른다면 그것이 숨는 것에 즉하여 이것이
드러난다. 만약 모든 것이 마음을 아우른다면 저것이 드러남에 즉하여
이것이 숨는다. 드러나는 때에 연유하여 온전히 숨되 드러남이 이루어
진다. 또한 온전히 드러나되 숨는 것이 이루어진다. 서로에 연유하여
이루어진다. 이 까닭에 숨는 때가 바로 드러나는 때이고, 드러나는
때가 바로 숨는 때이다.[835]

---

835) 『화엄경의해백문』, 『대정장』권45, 627c에서 인용하면서 앞부분에 한 두 문장을
　　추가하였다.

마치 해와 달과 어둠과 밝음에 서로 어울러져 있는 것과 같다.

또 十玄門 가운데 '비밀은현구성문(祕密隱顯俱成門 : 비밀하게 숨음과 드러남이 함께 이루어지는 문)'은 모든 것이 서로 포용하는 때에 아우르는(포용하는) 것이 나타나니 이를 이름 하여 '드러남(顯)'이라 하고, 아울러지는(포용되는) 것은 드러나지 않으니 이를 이름 하여 숨음(隱)이라 한다. 숨음에 즉하여 항상 드러나고, 드러남에 즉하여 항상 숨는다. (이를) 이름 하여 '함께 이루어짐(俱成)'이라 한다. 일반의 情으로는 알지 못하니 이름 하여 '비밀'이라 하였다.

다음으로 '서로(相)'에 대해 설명하건대 또한 一과 多가 서로 아우름에 의거하여 숨음과 드러남을 설명한다. 여기에 6句가 있다. (1) 一이 드러나고 多가 드러남이니 一이 多를 아우르는 까닭이다. (2) 多가 드러나고 一이 숨음이니 多가 一을 아우르는 까닭이다. (3) 위의 두 句를 함께 말함이니 모두 동시에 장애함이 없는 까닭이다. (4) 서로의 형상에 의거함이 멸함이니 (서로의 형상을) 빼앗아 모두 성립되지 않는 까닭이다. (5) 위의 네 句를 함께 말함이니 知解의 경계인 까닭이다. (6) 위의 다섯 句를 끊음이니 行의 경계인 까닭이다. 그러나 一이 드러남과 多가 드러남이 함께 하지 아니하며, 一이 숨음과 多가 숨음이 함께 하지 않는다. 숨음에 드러나고, 드러남에 숨음이 동시이며 걸림 없다. 「삼매장(三昧章)」에 이른다. 「또한 事相이 理에 따라 存亡이 자재하며, 역시 十義를 원융하게 이룬다. (1) 事로써 事를 온전히 하니(온전히 事 뿐이게 되어 事의 分相이 없게 됨) 까닭에 事가 멸한다. (2) 理로써 事를 온전히 하니 까닭에 事가 존립한다. (3) 앞의 두 句가 서로 떨어지지 않는 까닭에 또한 존립하고 또한 멸한다. (4)

둘(事와 理)이 서로 빼앗는 까닭에 존립하지도 아니하고 멸하지도
않는다. (5) 온 體를 들어 온전히 理로 함이니 事相이 바야흐로 이루어지
는 까닭이다. 멸에 즉하여 존립함이다. (6) 事로써 體를 들어 온전히
이룸이니 남김없이 다 탕멸(蕩滅)하지 않음이 없는 까닭이다. 존립함에
즉하여 멸함이다. (7) (앞의) 二義가 서로 순응하는 까닭에 존립에
즉함과 멸함에 즉함이 함께 있다. (8) 서로 빼앗는 까닭에 존립에
즉함과 멸에 즉함이 서로 멸함이다. (9) 앞의 여덟 가지 義가 同一한
事法으로서 存亡 自在하고 걸림 없이 함께 나타남이다. (10) 동시에
서로 빼앗는 義이다. 까닭에 다 하지 않음이 없이 원융 초절(超絶)하여
情表에서 멀리 벗어난다.

　　또한 깊이 사유해보면 알 수 있는 일이다.

〈388〉

念劫融通而延促同時.

百門義海云. 融念劫者. 如見塵之時. 是一念心所現. 此一念之時. 全是百千
大劫. 何以故. 以百千大劫. 由本一念. 方成大劫. 既相成立. 俱無體性. 由一念
無體. 即通大劫. 大劫無體. 即該一念. 由念劫無體. 長短之相自融. 然亦不壞
長短之相. 故云. 塵含法界. 無虧大小. 念包九世. 延促同時. 九世者. 過去世
中. 有現在未來. 未來世中. 有過去現在. 現在世中. 有過去未來. 三三成九世.

한 생각 일어나는 사이와 겁(劫)의 세월이 서로 융통되어 있고,
지연되고 촉박함이 동시이다.

618

『백문의해(百門義海 : 화엄경의해백문)』에 이른다.

　　한 생각 일어나는 사이와 겁의 세월이 융통되어 있다 함은, 마치
한 진(塵 : 6塵 경계, 客塵)을 보는 때는 한 생각의 마음이 나타난 것이다.
이 한 생각 일어난 때가 모두 다 백 천 대겁이다. 왜 그러한가? 백
천 대겁이 본래 한 생각에 말미암는 까닭에 비로소 대겁이 되기 때문이
다. 이미 서로를 성립케 하였으니 모두 체성이 없다. 한 생각에 體가
없는 까닭에 바로 대겁에 통해 있다. 대겁에 體가 없으니 바로 一念에
즉해 있다. 한 생각과 겁이 體가 없는 까닭에 길고 짧은 상이 스스로
융통되어 있다. 그러나 또한 길고 짧은 상을 부수지 않는다. 까닭에
이른다. 하나의 진(塵 : 6塵 경계)이 법계를 포함하되 크고 작음을
빠뜨리지 않으며, 한 생각이 9世를 포함하되 지연되고 촉박함을 동시
로 한다. 9世란 과거세 중에 현재, 미래가 있고, 미래세에 과거와
현재가 있으며, 현재세에 과거와 미래가 있어 3이 셋이어서 9世가
된다.[836)]

〈389〉

微妙之境幽深.非從像設.太玄之鄕縣邈.莫可心知.卓爾不羣.
湛然純一.天成神授而挺生.萬德千珍而共出.

　一切衆生心.本具無漏功德.念念內熏.及至成佛時.便爲性起功德.如懶瓚

---

836) 『화엄경의해백문』, 『대정장』권45, 630c.

和尙偈云. 我有一語. 無過直與. 細於毫末. 大無方所. 本自圓成. 不勞機杼.
又古德云. 至妙靈通. 目之曰道. 若不鏡方寸. 則虛負性靈矣.

미묘한 경계 아득하고 깊어
모습으로 시설된 것이 아니다.
太玄의 고향은 멀고 아득하여
마음으로 알 수 있는 것이 아니다.

탁월함에 빗댈 자가 없고,
맑고 순일하다.
천연으로 된 것이며, 神授하여 빼어나게 생겼고,
만덕과 수천의 진기함이 함께 나왔다.

　모든 중생심에 본래 무루(無漏)의 공덕을 갖추고 있어 念念에 안에서
훈습되고, 성불하는 때에 이르게 되면 바로 性에서 공덕이 일어난다. 이를테
면 라찬(懶瓚)화상의[837] 게송에 이른다.

---

837) 懶璨(明瓚)선사에 대해서는『송고승전』권19에 그의 전기가 있다(唐南嶽山明瓚
　　傳). 그에 대한 자세한 출신 내력은 전하지 않는다. 8세기 중엽에 활동하였다.
　　그는 숭산 普寂에게 참학하여 空寂心性을 默證하고 형산에 閑居하였다. 여러
　　승려들이 일을 하고 있어도 편안히 혼자 있기에 비방하였으나 부끄러워하지도
　　않았다. 그래서 그를 懶瓚(게으름뱅이 瓚)이라고 불렀다. 혹은 그를 미타불의
　　응신이라고도 하였다. 승려들이 남긴 음식을 먹기 좋아하여 殘이라고도 불렀다
　　고 한다. 그런데 때때로 말을 하면 모두 佛理에 계합하였다고 한다. 재상을 지
　　낸 李泌에게 懸記를 내려준 인연으로 숙종으로부터 大明선사의 호를 받았다.
　　「南嶽懶瓚和尙歌」가 行世하였다고 하니 인용된 게송도 여기에 실린 것이 아닌
　　가 한다.

나에게 하나의 말이 있으니

과정을 거치지 아니하고 바로 준다.

미세하기가 터럭 끝 보다 더 하고,

方所가 없다.

본래 스스로 원만히 이루어져 있어

베틀로 짜는 노고를 요하지 않는다.

또 古德이 이른다.

지극히 묘하고, 영통(靈通)함에

이를 가리켜 道라고 한다.

만약 방촌(方寸, 마음)을 비추어보지 않으면

헛되이 성령(性靈)만 지고 있는 것이 된다.

〈390〉

眾義咸歸於此宗. 百華同成於一蜜. 獨超紫微之表. 教海宏樞. 細開虛寂之閒. 禪扃正律.

問. 眾義咸同成一蜜者. 即成佛本理但是一心. 云何更立文殊普賢行位之因. 釋迦彌勒名號之果. 乃至十方諸佛國土神通變現種種法門等. 答. 此是無名位之名位. 無因果之因果. 是心作因. 是心成果. 是心標名. 是心立位. 釋論云. 初觀實相名因. 觀成名果. 故知初後皆心. 因果同證. 祇為根機莫等. 所見不同. 若以一法逗機. 終不齊成解脫. 須各各示現. 引物歸心. 雖開種種之

名. 皆是一心之義. 若違自心. 取外佛相勝妙之境. 則是顚倒. 所以華嚴頌云. 若以威德色種族. 而見人中調御師. 是爲病眼顚倒見. 彼不能知最勝法. 又頌云. 假使百千劫. 常見於如來. 不依眞實義. 而觀救世者. 是人取諸相. 增長癡惑網. 繫縛生死獄. 盲冥不見佛. 云何不見佛. 一者爲不識自心. 二者爲不明隱顯. 何者. 衆生之因隱於本覺. 諸佛之果顯於法身. 因隱之本覺. 是果顯之法身. 故云凡聖交徹. 理事相含矣. 所云釋迦牟尼者. 釋迦. 此云能仁. 牟尼. 此云寂默. 能仁者. 卽心性無邊. 含容一切. 寂默者. 卽心體本寂. 動靜不干. 故號釋迦牟尼. 覺此名佛. 彌勒者. 此云慈氏. 卽是一心眞實之慈. 以心不守自性. 任物卷舒. 應現無方. 成無緣化. 故稱慈氏. 阿彌陀者. 此云無量壽. 卽如理爲命. 以一心眞如性無盡故. 乃曰無量壽. 阿閦者. 此云不動. 卽一心妙性. 湛然不動. 妙覺位不能增. 無明地不能滅. 文殊卽是自心無性之本理. 普賢卽是自心無盡之妙行. 觀音是自心之大悲. 勢至是自心之大智. 乃至神通變化. 皆卽一心矣. 故般若經云. 一心具足萬行. 卽斯旨也.

뭇 義가 모두 이 근본에 돌아가고,

백 가지 꽃이 하나의 꿀을 이룬다.

홀로 자미(紫微)의 온 세계와

敎海의 굉대(宏大)한 틀을 초월하였다.

텅 비어 고요한 자리의 한 틈을 세밀히 여니

禪의 正律에 드는 문이네.

묻는다 :

"뭇 義가 모두 하나의 꿀을 이룬다'라 함은, 곧 成佛의 本理가 단지 一心이라는 뜻인데 어찌해서 다시 문수 보현의 行位의 因과 석가모니불과 미륵불의

名號의 果 내지 十方의 모든 불국토가 신통 변현함과 갖가지 법문 등을
세우는 것입니까?"

답한다 :

  "이는 名位가 없는 名位이며, 인과가 없는 인과이다. 이 마음이 因을
짓고, 이 마음이 果를 이룬다. 이 마음이 名을 표하였고, 이 마음이 位를
세웠다. 『석론(釋論)』에838) 이른다. 「처음 실상을 관하게 됨을 因이라 하고,
관이 성취됨을 果라고 한다.」839) 까닭에 처음과 나중이 모두 마음임을
안다. 인과가 함께 증득되는 것인데 단지 근기가 같지 않고 소견이 같지
않을 뿐이다. 만약 一法(한 가지 이름의 법문)으로 (여러) 근기를 머물러 두면
끝내 해탈을 이루지 못한다. 반드시 각각에게 (따로) 시현(示現)해주어서
경계를 끌어 마음에 귀일토록 해야 한다. 비록 갖가지 이름을 들었으나
모두 一心의 義이다. 만약 자심을 거슬러 바깥 경계를 취한다면 佛相의
뛰어나고 묘한 경계가 전도(顚倒 : 거꾸로 됨)되어 버린다. 까닭에 『화엄경』의
게송에 이른다.

      만약 위덕(威德)의 모습과 종족으로
      사람 가운데 조어사(調御師 : 佛)를 본다면
      이는 병든 눈으로 거꾸로 보는 것이니

---

838) 「釋論」은 일반의 論疏를 총칭하는 용어로 쓰이는데 그 중에서도 특히 『석마하
    연론』을 약칭으로 통용되기도 한다. 여기서는 天台智顗가 지은 『維摩經玄疏』
    를 약칭하였다.
839) 天台智顗가 지은 『유마경현소』권6, 『대정장』권38, 560b의 원문은 「初觀名因,
    觀成名果」로 「初觀」 다음에 「實相」이 없다.

그는 가장 뛰어난 법을 알 수 없다.840)

또 (『화엄경』) 게송에 이른다.

가령 백 천 겁 동안
항상 여래를 본다 하더라도
진실한 뜻에 의거하지 아니하고,
세상을 구원하시는 분을 본다면
이 사람은 여러 상을 취하여,
미혹의 그물을 증장하고,
생사의 감옥에 묶여서
맹인처럼 어두워 佛을 보지 못하리라.841)

왜 佛을 보지 못한다는 것인가. (1) 자심을 모르기 때문이다. (2) 감추고 드러냄을 모르는 까닭이다. 왜 그러한가. 중생의 因이 본각에 감추어져 있고, 諸佛의 果가 법신에 드러나 있다. 因이 감추어진 본각이 果가 드러난 법신이다. 까닭에 이르길, 「범부와 성인이 서로 꿰뚫어 통해 있고, 理와 事가 서로 함용하고 있다.」고 하였다. 이른바 '석가모니'란 이를 '能仁'이라 하고, 이를 '적묵(寂默)'이라 한다. 能仁이란 곧 심성이 무변(無邊)하여 일체를 함용함이고, '적묵'이란 곧 심체가 본래 고요함에 움직임과 고요함이 간여되지 않는다. 까닭에 '석가모니'라 칭한다. '覺은 이를 '佛'이라 칭하고, 미륵이란, 이를 자씨(慈氏 : 자비로운 분)라 한다. 즉 일심의 진실한 자(慈)이다. 마음이

---

840) 『화엄경(80권본)』권13광명각품제9. 『대정장』권10, 064b.
841) 『화엄경(80권본)』권16昇須彌山頂品제13. 『대정장』권10, 081c.

자성을 지키지 아니하고, 사물에 수순하여 말고(卷) 펴면서(舒) 어디에나 응현하며 無緣의 교화를 펴는 까닭에 자씨(慈氏)라고 칭한다. 아미타불은 이를 무량수(無量壽)라고 칭하니 곧 如理를 생명으로 함이다. 일심 진여의 性이 다 함 없는 까닭에 '무량수'라고 한다. 아촉(阿閦)이란 이를 不動이라 하며, 곧 일심의 묘성(妙性)이 고요하여 부동함이다. 묘각의 位라 하여 증대되지 아니하고, 무명의 자리라 하여 멸하지 않는다. 문수(文殊)는 곧 自心 無性의 本理이고, 보현(普賢)은 곧 自心의 다 함 없는 妙行이며, 관음(觀音)은 自心의 大悲이고, 대세지는 自心의 大智이다. 내지 신통변화가 곧 一心이다. 까닭에 『반야경』에842) 이르길, 「일심에 만행이 구족되어 있다.」고 함은 곧 이 뜻이다.

〈391〉

唯自不動. 於彼云云.

肇論云. 旣無心於動靜. 亦無像於去來. 去來不以像. 故無器而不形. 動靜不以心. 故無感而不應. 然則心生於有心. 像出於有像. 註云. 月若入器則一器有. 而衆器無. 良由月體不入器中故. 則能千器萬器一時遍應. 聖人不以像應物. 則塵刹普現其身. 動靜不慮其心. 故有感皆通. 周易云. 寂然不動. 感而遂通. 心生於有心. 像出於有像者. 一切聖心及佛像. 皆是衆生有心中而現. 聖且無心無像. 但本願力故為增上緣. 各令機熟衆生自見如是事.

---

842) 여러 반야경 계통의 경전에 이 구절은 보이지 않는다. 그러나 대승의 여러 경전에 이와 같은 법문이 많이 설해져 있다.

오직 스스로 흔들리지 않을 뿐이라고
저기(여러 법문)에서 설하였네!

『조론(肇論)』에 이른다.

이미 흔들리고 고요함에 무심하고, 또한 가고 옴에 모습이 없다. 가고
옴에 모습이 없으니 형체가 없고 모습이 없다. 흔들리고 고요함이 마음에
말미암지 않으니 느낌도 없고 감응도 없다. 그러하기에 마음은 마음이
있다는데서 나오고, 모습은 모습이 있다는데서 나온다.[843]

『註』에 이른다.

月이 만약 그릇에 들어가는 것이라면 하나의 그릇에 있게 되지만
(여타의) 여러 그릇에는 없게 된다. 月의 體가 그릇에 들어가는 것이
아닌 까닭에 능히 천만의 그릇에 일시에 두루 응하여 나타난다. 성인(聖
人)은 모습으로 사물에 응하지 않으니 모든 세계가 두루 그 몸에
나타난다. 흔들림과 고요함이 그 마음에서 사려 됨이 없는 까닭에
모든 느낌에 다 통한다. 『주역』에 이른다. 「고요하여 흔들림 없으니
느낌이 통하게 된다.」[844] '마음은 마음이 있다는데서 나오고, 모습은
모습이 있다는데서 나온다'란, 모든 성인의 마음과 부처의 모습이
다 중생이 마음 있다는데서 나타나는데 성인은 또한 무심이어서 모습

---

843) 『조론』 「열반무명론」 位體3. 『대정장』권45, 158c.
      마음이든 경계의 형상이든 있다, 없다고 분별하는데서 나온다.
844) 『주역』繫辭上.

도 없다는 것이다. 단지 본원력이 증상연(增上緣)이 됨으로 인해 각기 근기가 익은 중생이 스스로 이러한 일을 보게 하는 것이다.

〈392〉

道在心而不在事.法由我而不由君.

萬法唯識者.總有四種意識.一者明了意識.境現在前.二者獨散意識境不在前.獨頭而起.如緣過去境等.又不在定.但是散心所緣.故云獨散意識.三夢中意識.此三種意識.皆是衆生自心業之影像色.四定中意識.所現境界.即是坐禪人定中所現.名定果色.如攝論云.如觀行人.定中所見色相境界.識所顯現.定無境界.此於九想中.所變青黃等色相.是定境.非所憶持識.憶持識有染汙.此境現前所見分明清淨.則唯識之旨.於此彌彰.如依鏡面.但有自面.無有別影.何以故.諸法和合道理難可思議.不可見法.而令得見.定心亦爾.定心有二分.一分似識.一分似塵.此二種實唯是識.若憶持識是過去色.此定中色.若在散心五識.可言緣現在外塵起.若散意識.緣過去塵起.若在觀中.必不得緣外色為境.色在現前.又非緣過去境.當知定心所緣色.即見自心.不見別境.以定中色.此定外色.應知亦無別境.是知一心即萬法.萬法即一心.何者.以一心不動.舉體為萬法故.如起信鈔云.舉體者.謂真如舉體成生滅.生滅無性即是真如.不曾有真如處不生滅.未曾有生滅處不真如.唯我不動.於彼云云者.如長者論云.以一切衆生根器為明鏡.佛於一切衆生心海.任物自見.各得自法.皆令向善及得菩提.

도가 마음에 있지 事에 있지 않다.
법이 나에 말미암지 그대에 말미암지 않는다.

'萬法(모든 것)이 오직 식(識)일 뿐이다' 라 한 데는 모두 4종의 의식이 있다. (1) 명료한 의식이니 경계가 바로 앞에 나타나 있음이다. (2) 홀로 흩어 진 의식이니 경계가 앞에 있지 않음이다. 이를테면 과거의 경계에 緣하는 것과 같은 경우 등이다. 또한 선정에 있지 아니하고 단지 산란한 마음이 緣하는 까닭에 '홀로 흩어 진 의식'이라 하였다. (3) 꿈속의 의식이다. 이 3종 의식은 모두 중생 자심의 업의 영상이다. (4) 선정 중의 의식이다. 나타난 경계가 곧 좌선하는 사람의 선정 가운데 나타난 것이어서 '정과색(定果色 : 선정의 果로 나타난 色)'이라 한다. 이를테면 『섭대승론』에 이르길, 이를테면 觀行人의 선정 가운데서 나타난 「色相 경계는 識이 나타난 것이다」고845) 한 바와 같이 선정에서 경계가 없다. 이는 9想846) 중에 (識이) 변화된 청색 황색 등의 색상은 선정의 경계이고, 상념으로 지녀진 識이 아니라는 것이다. 상념으로 지니는 식은 더러움에 물듦이 있으나 이 (선정에서) 경계가 현전함은 보이는 바가 분명하고 청정하다. 그러니 오직 식일 뿐이다(唯識)는 뜻이 여기에서 온전히 드러난다. 이를테면 거울의 면에 의거하건대 단지 자체의 면만 있을 뿐 다른 영상이 없는 것과 같다. 왜 그러한가? 모든 것이 화합하는 도리는 思議하기 어렵고 볼 수 없는 것이로되 볼 수 있게 한다. 선정심 또한 그러하다. 선정심에 二分이 있다. 一分은 사식(似識 : 識에 비슷함)이고, 一分은 사진(似塵 : 6境에 비슷함)이다. 이 2종은 실은 오직 識일 뿐이다. 만약 생각으로 지니는 식(憶持識)이라면 이는 과거색(過去色)이 다. 이 선정 중의 色이 만약 산심(散心)인 五識에 있다면 현재의 바깥 경계에 緣하여 일어나는 것이라 말할 수 있겠고, 만약 산의식(散意識)에 있다면847)

---

845) 『섭대승론』권상 應知勝相第二之一.

846) 九想(九相)은 『대승기신론』에 설해진 三細六麤를 말한다. 三細는 無明業相・能見相・境界相, 六麤는 智相・相續相・執取相・計名字相・起業相・業繫苦相이다.

과거의 경계에 연하여 일어난 것이라 할 수 있다. 만약 관하는 가운데 바깥 색을 경계로 얻을 수 없다면 色은 현전하여 있고, 또한 과거 경계를 緣하지도 않으니 마땅히 선정심에서 緣 되는 색은 곧 자심을 보는 것이지 그 밖의 다른 경계를 보는 것이 아님을 안다. 선정 중의 색인 까닭이다. 이 선정 밖의 경계도 또한 그 밖의 다른 경계가 아님을 응당 알아야 한다. 이로 알지니 一心이 곧 만법이고 만법이 곧 일심이다. 왜 그러한가? 一心이 不動하니 體를 통 털어 다 만법이 되는 까닭이다. 이를테면『대승기신론초(大乘起信論鈔)』에 이르길, 「體를 통 털어'란 진여가 體를 통 털어 생멸을 이루고, 생멸이 자성 없어 바로 진여임을 말한다」고[848] 하였다. 일찍이 진여의 자리에 생멸이 없었고, 일찍이 생멸의 자리가 진여 아님이 없었다. 오직 내가 부동할 뿐이다.

'저기에서 설하였네!' (앞의 〈390〉)라 한 것은, 이를테면 (이통현)장자의 『논(신화엄경론)』에 이른 바와 같다. 「모든 중생의 근기를 밝은 거울로 하고, 佛은 모든 중생심의 바다에서 사물에 순응하여 스스로 드러나게 하며, 각기 스스로의 법을 얻게 함으로써 모두 禪을 향하게 하고 보리를 얻게 한다.」[849]

〈393〉

真性與緣起同壽.不思議而可思議.有量共無量平運.居見聞而非見聞.

---

847) 원문「若算意識」은「若在散意識」이 되어야 한다. 「在」가 생략되거나 탈락되었다.
848) 원효의 『기신론소』상에 「如一法界, 擧體作生滅門, 如是擧體爲眞如門」 『대정장』권44, 207a.
849) 『신화엄경론』권8. 『대정장』권36, 0772c.

一切染淨諸法. 是真性中緣起. 一心. 是緣起中真性. 真性則不思議無量. 緣起則可思議有量. 以皆是一心同時故. 不思議即可思議. 無量即有量. 究竟論之. 二俱寂滅. 如華嚴經頌云. 菩薩入是不思議. 於中思議不可盡. 入是不可思議處. 思與非思俱寂滅. 又云. 所思不可思. 是名為難思.

物外祥雲. 法中閒氣. 奇絶而異代殊珍. 廣大而宗徒富貴.

眞性과 연기가 항상 함께 하고
불가사의하되 思議할 수 있다.
사량함과 사량하지 않음이 함께 운용되고,
견문함에 있되 견문함이 아니다.

염정(染淨)의 모든 것은 眞性 중에서 연기한 것이다. 一心은 연기하는 중의 진성이다. 진성은 불가사의 하고 사량할 수 없다. 緣起는 思議할 수 있고 사량할 수 있다. 모두 一心과 동시에 함께 하는 까닭에 思議할 수 없음이 사의할 수 있음에 즉해 있다. 사량할 수 없음이 곧 사량할 수 있음에 즉해 있다. 구경으로 논하건대 양자는 모두 적멸되어 있다. 이를테면 『화엄경』의 게송에 이른다.

　　보살이 이 부사의 함에 들어가니
　　그 가운데 思議함이 다 함 없네.
　　이 불가사의 한 자리에 들어가니
　　사량함과 사량하지 않음이 모두 적멸이네.850)

---

850) 『화엄경(80권본)』권30 十迴向品第二十五之八. 『대정장』권10, 165a.

또 이른다.

사량을 사량할 수 없는 것이니
이를 이름 하여 사량하기 어려움이라 하네.[851]

〈394〉

物外祥雲.法中閒氣.奇絶而異代殊珍.廣大而宗徒富貴.

古云.不讀華嚴經.焉知佛富貴者.以華嚴以心爲宗.故稱無盡宗趣.如經云.
知一切法在一念.又如大莊嚴法門經云.復次長者子.菩薩不應覺於餘事.
但覺自心.何以故.覺自心者.卽覺一切衆生心故.若自心淸淨.卽是一切衆
生心淸淨故.如自心體性.卽是一切衆生心體性.如自心離垢.卽是一切衆
生心離垢.如自心離貪.卽是一切衆生心離貪.如自心離瞋.卽是一切衆生
心離瞋.如自心離癡.卽是一切衆生心離癡.如自心離煩惱.卽是一切衆生
心離煩惱.作此覺者.名一切智知覺.又華嚴經頌云.心集無邊業.莊嚴諸世
間.了世皆是心.現身等衆生.

物外(현상의 세계 밖)에 상서로운 구름 펼쳐져 있고,
법 가운데는 한가로운 기운 넘치네!
기절(奇絶)의 특별하고 진기한 법이 누대에 걸쳐 항상하고,

---

851) 『화엄경(80권본)』에 이와 똑 같은 문구는 없지만 거의 같은 문구가 권59 離世
間品第三十八之七에 나온다. 「此思難思議 思之不可得, 菩提不可說 超過語言
路, 諸佛從此生 是法難思議」 『대정장』권60, 326a.

광대함에 종도(宗徒)가 부귀하네!

옛 적에 이르길,「『화엄경』을 읽지 않고 어찌 佛(法)의 부귀함을 알겠는가」
라 하였다. 화엄은 마음을 근본으로 하는 까닭에 다 함 없는 종취(宗趣)라
칭한다. 이를테면 (화엄)경에 이르길,「(보살은) 일체 모든 것이 일념에
있음을 안다.」고 852) 하였다. 또 이를테면『대장엄법문경』에 이른다.「또한
장자의 아들이여! 보살은 여타의 일을 깨달을 것이 아니라 단지 자심을
깨달아야 하느니라. 왜 그러한가? 자심을 깨달음은 바로 모든 중생심을
깨닫는 것이기 때문이며, 만약 자심이 청정하면 바로 모든 중생심이 청정한
까닭이고, 自心의 체성이면 바로 모든 중생심의 체성이며, 자심이 분별망상
을 떠나면 바로 모든 중생심이 분별망상을 떠남이고, 자심이 탐착을 떠나면
곧 모든 중생심이 탐착을 떠남이며, 자심이 성냄을 떠나면 곧 모든 중생심이
성냄을 떠남이고, 자심이 어리석음을 떠나면 바로 모든 중생심이 어리석음을
떠남이며, 자심이 번뇌를 떠나면 바로 모든 중생심이 번뇌를 떠남이다.
이렇게 깨닫는 것을 이름 하여 '一切智知覺'이라 한다.」853) 또『화엄경』의
게송에 이른다.

> 마음에 가없는 업을 모아
> 모든 세간 장엄하네!

---

852) 『화엄경(80권본)』離世間品第三十八之一에 나온다. 보살이 지니는 10종의 證
　　知 가운데 들어 있다.「佛子! 菩薩摩訶薩, 有十種證知. 何等爲十. 所謂知一切
　　法一相, 知一切法無量相, 知一切法在一念, 知一切衆生心行無礙, 知一切衆生
　　諸根平等, 知一切衆生煩惱習氣行, 知一切衆生心使行, 知一切衆生善不善行,
　　知一切菩薩願行自在.」『대정장』권10, 282c.
853) 『대장엄법문경』권하.『대정장』권17, 832c.

세간이 모두 마음임을 깨달으니
중생과 평등하게 몸을 나투네!854)

〈395〉

得初而即得後.猶圓珠無間隔之方.了一而便了餘.似海滴總江
河之味.

一是多.一能遍於多.多是一.多能遍於一.亦如毛孔是小.刹土是大.毛因悟
顯.刹逐迷生.迷則有分限.悟則無邊際.又若具諸刹毛孔皆有稱性及不壞
相義.今毛上取稱性義.故如法性之無外.刹上取不壞相.故不遍稱性之毛.
又內外緣起非即離故者.亦有二義.一約內外共為緣起.由不即故.有能所
入.由不離故.故得相入.二約內外緣起與真法性不即不離.此復二義.一由
內外不即法性.有能所入.不離法性.故毛能包刹遍入.二者毛約不離法性.
如理而包.刹約不即法性.不遍毛孔.思之成觀.

처음 얻는 것이 나중을 얻는 것에 즉해 있다.
마치 둥그런 구슬에 간격이 없듯이
하나를 깨달으면 나머지를 깨닫는다.
한 방울의 바닷물에 모든 강의 맛이 다 포함되어 있듯이.

一이 多이니 一이 능히 多에 두루 하다. 多가 一이니 多가 능히 一에
두루 하다. 또한 털구멍은 작고 찰토(세계)는 큰데 털구멍은 깨달음에 인하여

---

854) 『화엄경(80권본)』권71 入法界品第三十九之十二. 『대정장』권10, 387c.

드러나고, 찰토는 미혹 따라 생하는 것과 같다. 미혹하면 分限이 있으나 깨달으면 변제(邊際, 分限)가 없다. 또한 만약 모든 찰토와 털구멍에 다 性에 합치함(稱性)과 무너짐이 없는 相(不壞相)의 뜻을 갖추고 있다면 지금 털구멍에서 性에 합치하는 뜻을 취할 수 있을 것이다. 까닭에 법성 밖에는 다른 것이 없다는 것과 같다. 찰토에서 무너짐이 없는 상을 취하는 까닭에 성에 합치한 털구멍에는 두루 하지 못하게 된다. 또한 내외의 緣起가 즉해 있지도 아니하고 떨어져 있지도 않다는 것에도 또한 두 뜻이 있다. (1) 내외가 함께 연기한다는 것에 의하면 서로 즉하지 않는 까닭에 能과 所의 入(能入과 所入)이 있게 되고, 떨어져 있지 않는 까닭에 相入할 수 있다는 것이다. (2) 내외의 연기와 진법성이 즉하지도 아니하고 떨어져 있지도 않다는 것이니 여기에 또 두 뜻이 있다. 첫째는, 내외가 법성에 즉하지 않는 것으로 말미암아 能入과 所入이 있고, 법성에 떨어져 있지 않는 까닭에 털구멍이 능히 찰토를 두루 포용하여 들인다는 것이다. 둘째는, 털구멍이 법성을 떠나 있지 않음에 의거하면 如理하게 포용하고, 찰토가 법성에 즉하지 않음에 의거하면 털구멍에 두루 하지 않는다는 것이다.

　이를 사유해보면 관행이 이루어질 것이다.

〈396〉

一法纔徹.萬彙皆通.直論入道之處.靡離淨意之中.

　經頌云.迷時三界有.悟即十方空.欲知成道處.祇在淨心中.

一法에서 바로 통하니
만 가지 어휘에 모두 통한다.

入道의 자리를 바로 논하건대
청정한 마음을 떠나지 않았다.

　경의 게송에 이른다.

　　미혹한 때에는 삼계가 있었으나
　　깨달으니 十方이 공이네.
　　성도하는 자리를 알고자 하건대
　　단지 청정심 가운데 있을 뿐이라네!

〈397〉

諸佛不證真門. 悟時無得. 異生弗沈. 死海. 迷處全空.

以凡聖一如. 本無迷悟. 但了佛是心. 萬法如鏡. 是以思益經云. 思益菩薩放
右掌寶光. 一切四衆皆如佛相. 各坐寶蓮華座. 下方四菩薩踊出. 欲禮世尊.
乃發願言. 今此衆會. 其色無異. 當知一切諸法亦復如是. 此語不虛. 願釋迦
如來現異相. 令我禮敬. 即時釋迦如來. 踊起七多羅樹坐師子座.

諸佛께서는 진실한 문을 증득하지 않으셨고,
깨달은 때에 증득함이 없었다.[855]

---

855) 이에 대해서는 『(보리)달마론(二入四行論長卷子)』에도 설해지고 있다. 本來無
　　一物이었고, 본연의 자리이며, 증득한 자리에서는 無所有인 까닭에 무엇을 증
　　득한 바가 없다. 本來無一物의 뜻이 항상한 까닭이다. "만약 증득함이 있다고

異生(凡夫)이 생사의 바다에 빠지지 않았고,

미혹의 자리가 온전히 다 없다(공이다).856)

범부와 성인이 一如하여 본래 미혹과 깨달음이 없다. 단지 佛이 마음임을 깨달으면 모든 것이 거울과 같다. 이 까닭에 『사익경(思益經 : 사익범천소문경)』에 이른다. 「사익보살이 오른 손바닥으로 보배광명을 발하니 모든 사부대중이 다 佛相과 같았다. 각기 보배연화좌에 앉았고, 아래로는 네 보살이 용출하여 세존께 예를 올리려 하면서 바로 발원하여 말하였다. "지금 이 대중의 모임에서 그 모습이 다르지 않사오니 마땅히 알건대 일체 모든 것도 또한 이와 같습니다. 이 말은 허망하지 않사오니 원하옵건대 석가여래께서 신이한 상을 보이시어 저희로 하여금 예경하도록 해주십시오!" 즉시에 석가여래가 7다라수를 솟구쳐 올라 사자좌에 앉으셨다.」857)

〈398〉

幽旨罕窮.淺根難信.情見不到而理深.智解莫明而機峻.業果隳於淨地.苦海收波.罪華籍於慈風.刀山落刃.

業由心造.罪是心生.若了自他唯心.即無逆順對治.無復結業.如阿闍世王.及央掘魔羅比丘等.遇佛悟罪性空.得入聖位.故云得道業亡.又云心生即

하면 이는 망상이다"(『보리달마론』). 『보리달마론(보리달마사행론, 사행론, 이입사행론장권자)』의 여러 異本에 대해서는 후술하는 각주) 해설 참조.

856) 저본은 「全亡」이고 대장경본은 「全空」이다.

857) 『사익범천소문경』권2 難問品제5(『대정장』권15)에 나오는 긴 단락을 많이 줄이면서 일부 의역하여 인용하였다.

是罪生時. 今若悟境是心. 心即不起. 心滅即是罪消時. 自然罪山摧而業海
枯. 鑊湯息而銅柱冷矣.

유현한 뜻 다 통달하기 어렵고,

얕은 근기는 믿기 어렵다.

情見으로는 이르지 못하나니 그 理는 깊고 깊도다!

智解로는 밝히지 못하나니 그 기틀 높고 높도다!

업의 과보로 청정한 땅에 떨어지고,

고통의 바다가 파도를 거두어들인다.858)

죄의 꽃이 자비의 바람에 의지하고,

도산(刀山)에 칼날이 떨어진다.

　업은 마음에 연유하여 짓는다. 죄는 마음에서 생한다. 만약 자타가 오직
마음일 뿐임을 깨닫는다면 바로 역순(逆順)과859) 대치(對治)가 없게 된다.
다시는 업을 짓지 않음이 마치 아사세왕과 앙굴마라 비구 등이 부처님을
만나 죄의 성품이 공함을 깨우쳐 성위(聖位)에 들어갔던 것과 같다. 까닭에
이르길, 「도를 얻으니 업이 사라진다」고 하였다. 또 이르길, 「마음이 생기는
때가 바로 죄가 생하는 때다」고 하였다. 지금 만약 경계가 마음임을 깨달으면
마음이 일어나지 않는다. 마음이 멸하면 바로 죄가 사라지는 때다. 자연히

---

858) "業의 과보로 청정한 땅에 떨어지고, 고통의 바다가 파도를 거두어들인다."고
　　한 것은 그러한 죄업과 고통으로 인해 죄업과 고통도 모두 마음임을 깨닫게 되
　　면 죄업과 고통이 사라지고 큰 깨달음을 열게 되기 때문이다.

859) 逆(거슬림)은 경계에 거슬림(거부함)이고, 順은 경계에 따라감이다. 경계가 그
　　대로 마음일 뿐 얻을 바 없는 것임을 알면 이러한 두 행에서 벗어나게 된다.

죄의 산이 무너지고, 업의 바다가 고갈된다. 솥에서 끓는 탕 물이 멈추니 동주(銅柱)가 차갑게 식는다.

〈399〉

旨不可見. 義不可尋. 理短而甘鞭屍吼石.

鞭屍者. 佛滅後八百年. 有如意論師出世. 善能談論. 王禮為師. 遂召外道. 令如意論師立義. 論師立先因後果. 集苦道滅. 集是有漏因. 苦是有漏果. 道是無漏因. 滅是無漏果. 外道遂來出過. 外道云. 汝師出世. 說苦集滅道四諦. 何以弟子說集苦道滅. 有違師教過. 如意救云. 我不違師教. 佛在世日說先果後因者. 為對不信因果有情. 先說苦果. 後說集因. 我今順因果說. 亦不相違. 此時外道朋黨熾盛. 眾中無證義人. 王賜外道金七十兩. 封外道論為金七十論. 如意此時墮負. 嚼舌而終. 至佛滅後九百年. 世親出世. 披尋外道邪論. 果見如意屈負. 遂造論軌論式等上王. 救如意論師. 王加敬仰. 賜世親金七十兩. 封為勝金七十論. 王令縛草鞭屍. 表外道邪宗. 鞭草屍血出. 所以云世親有鞭屍之德. 故知說須逗機. 無證便墮. 古人嚼舌. 可謂為法忘軀矣. 鞭草出血者. 是知理為神禦. 邪法難扶. 無情出血. 表心境一如矣. 吼石者. 昔劫初之時. 有外道名伽毗羅. 修道得五通. 造略數論. 知世無常. 身不久住. 恐後有人破我所造之論. 遂欲駐身拒來破者. 便往自在天所. 求延壽法. 天云. 我今變汝為一物. 最為長壽. 其仙人遍報門徒. 我今化為石. 若有異宗來難我法者. 但教書於石上. 我自答通. 天遂變仙人為一方石. 可長一丈餘. 在頻陀餘柑林中. 後陳那造因明論成. 以宗因喻三支比量. 破其數論. 弟子莫能通答. 將陳那比量. 往餘柑林. 書於石上. 尋書出答. 後又書比量於石. 與弟子同封記之. 至明旦往看. 石上書答訖. 如是陳那又書比量於石上. 難彼外道. 至二三

日方答得. 陳那復書. 至七日後方答. 如是又書其石. 並不書出答詞. 被陳那
難詰. 其石汗出. 大吼振破. 昇在空中. 所以世云陳那有吼石之能也. 變身爲
石. 而能形文對答者. 可謂心境同原. 自他一際. 有情無情. 同一體性. 如漩澓
頌云. 若人欲識真空理. 心內真如還遍外. 情與無情同一體. 處處名爲真法
界. 又首楞嚴經云. 根塵同原. 縛脫無二. 識性虛妄. 猶若空華. 知見立知. 即
無明本. 知見無見. 斯即涅槃無漏真淨. 云何是中更容他物. 石吼振破者. 是
知妙理難虧. 真心莫易. 可以摧邪轉正. 去僞存真. 且如金石至堅. 尚能隳壞.
豈況浮言汎解. 而能移易乎.

뜻은 볼 수 없고,

뜻은 찾을 수 없다.

理는 간단하되

(풀로 만든) 시체를 회초리로 때리고(때리니 피가 흘렀고),

바위가 (부서지며) 부르짖었다.

'시체를 회초리로 때렸다'란, (다음과 같다). 부처님 입적 후 8백년이
지나 如意論師가 出世하여 담론에 뛰어났다. 왕이 예로 모시며 스승으로
삼았다. 마침내 외도를 불러 여의론사와 義理를 세우게(의론하게) 하였다.
논사가 先因後果로 集·苦·道·滅을 세우고, 集은 유루인(有漏因), 苦는
유루과(有漏果), 道는 무루인(無漏因), 멸(滅)은 무루과(是漏果)로 하였다. 외도
가 와서는 그 과실(잘못)을 지적하였다. 외도가 말하였다. "당신의 스승은
출세하여 苦·集·滅·道의 사제(四諦)를 설하였는데 어찌 제자가 集·苦
·道·滅이라 설하는 것인가? 스승의 가르침에 어긋나는 과실(잘못)이 있
다." 如意논사가 변설하여 말하였다. "나는 스승의 가르침에 위배하지 않았
다. 부처님 재세시에 先果後因으로 설한 것은 인과를 믿지 않는 유정중생들

에 대하여 먼저 苦果를 설하고 나중에 集因을 설하신 것이다. 내가 지금 因果에 따라 설한 것이니 또한 위배되지 않는다." 이 때 외도는 붕당(朋黨)이 치성(熾盛)하였는데 그 무리 가운데 (진실로) 證義해 줄 사람이 없어 왕이 (외도가 승리한 것으로 판단하고) 외도에게 金 70兩을 사여하고, 外道의 論을 '金七十論'에 봉하였다. 如意논사는 이 때 (승부에서) 패하였다 하여 혀를 깨물고 입적하였다. 부처님 입적 후 9백년이 지나 세친(世親 : 바수반두)이 출세하였는데 외도의 사론(邪論)을 펼쳐 보다가 여의논사가 승부에서 패한 일을 보게 되었다. 마침내 『논궤(論軌)』·『論式』 등을 지어 왕에게 올리고 여의논사를 변설하고자 하였다. 왕이 더욱 우러러 공경하며 세친에게 金 70兩을 사여하고, '勝金七十論'에 봉하였다. 왕이 풀을 엮어서 만든 시체를 회초리로 때리게 하여 외도가 삿된 종임을 표시하였는데 풀로 만든 시체를 회초리로 때리니 피가 나왔다. 까닭에 이르길, '세친에게 시체를 회초리로 때린 덕이 있다'고 하였다. 까닭에 알지니 법을 설함에는 반드시 때를 기다려야 하고, 證함이 없으면 곧 실추하게 되는 것이다. 古人이 혀를 깨문 것은 가히 佛法을 위해 몸(생명, 생사)을 잊은 것이라 할 수 있다. 풀로 만든 시체를 회초리로 때리니 피가 나왔다는 것은, 理가 감응된 것임을 안다. 삿된 법이란 지탱되기 어려운 것이라 無情이 出血하였으니 이는 마음과 경계가 一如임을 드러낸 것이다.

'바위가 (부서지며) 고함을 질렀다'란, 옛적 겁초(劫初) 때에 외도가 있었으니 이름이 가비라였다. 수도하여 5신통을 얻고 간략히 『수론(數論)』을 지었다. 세상이 무상하여 몸이 오래 머물지 못할 것을 알고 후에 누가 자신이 지은 논을 논파해버릴까 두려워하여 마침내 몸을 머무르게 하여 와서 논파할 자를 막으려고 하였다. 그래서 곧장 자재천왕이 있는 곳에 가서 연수법(延壽法 : 수명을 연장하는 법)을 구하였다. 자재천왕이 말하였다. "내가 지금 하나의 물건을 변화시켜 너에게 줄 것이니 가장 오래 장수할 것이다." 그 선인(仙人)이 두루 문도에게 알리길, "내가 지금 바위로 변할 것이다. 만약 이교도가 와서 나의 법을 공격하면 단지 바위에 글을 쓰게 하라. 내가 스스로 답하여 통하게 할 것이다."고 하였다. 자재천이 마침내 선인을 하나의 네모난 바위로 변화시켰는데 길이가 一丈 남짓 하였고, 빈타여감 숲에 있었다. 후에 진나(陳那 Dignāg, 大域龍, 方象. 6세기)가 因明論을 지어 宗因喩의 三支 比量으로[860] 그 數論을 논파하였다. (그 선인의) 제자들이 답을 할 수 없게 되자 진나의 比量을[861] 가지고 여감 숲에 가서 바위 위에 글자를 쓰니 바로 글씨로 답이 나왔다. 나중에 또 (진나의) 比量을 바위에 써서 제자와 함께 봉해가지고 기입하여 놓고 다음 날 아침 가서 보니 바위 위에 답이 쓰여 있었다. 이와 같이 진나가 또 비량을 바위 위에 써 놓으며 그 외도를 비판하였는데 이삼일이 되어서야 비로소 답을 내놓게 되었다. 진나가 다시 써 놓으니 7일 후에야 비로소 답하였다. 이와 같이 또 그 바위에 써 놓으니 이제는 전혀 답한

---

860) 진나가 古因明의 五支作法을 宗·因·유(喩)의 三支作法으로 간략화 하였는데 이를 전자와 구별하여 新因明이라 한다.

〈五分作法〉

宗 : 소리는 非常住의 것이다.

因 : 그것은 행위에 의해 만들어진 것이기 때문이다.

喩 : 병(瓶)등과 같이

合 : 병(瓶)은 만들어진 것이기 때문에 無常하다. 소리도 만들어진 것이기 때문에 소리도 역시 無常하다.

結 : 까닭에 소리는 無常하다.

〈三支作法〉

宗 : 소리는 無常하다.

因 : 만들어진 것이기 때문에

喩 : 만들어진 것이면 無常하다(同喩體). 병(瓶)등과 같이(同喩依) ; 변하지 않는 것이라면 만들어진 것이 아니다(異喩體). 허공 등과 같이 (異喩依)

861) 여기에서의 比量은 三量 가운데 하나인 유추에 의거한 인식을 말하는 것이 아니고, 數論을 비판 공격하는데 썼던 논리를 가리킨다.

글을 내어 놓지 못하였다. 진나에게 비판 공격을 당함에 그 바위가 땀을 흘리고 크게 부르짖으며 부수어져버렸고, (그 선인은) 공중에 올라갔다. 까닭에 세상에서 이르길, "진나에게는 바위를 부르짖게 만드는 능력이 있다"고 하였다. 몸이 변하여 바위가 되고 능히 글씨를 나타내어 대답을 하였으니 가히 마음과 경계가 동원(同源)이라 할 것이다. 自他가 한 자리이고, 유정 무정 중생이 동일 체성이다. 이를테면 선복송(漩澓頌)에 이른다.

> 사람이 진공의 理를 알고자 하건대
> 마음 안의 진여가 또한 밖에 두루 하네.
> 유정과 무정 중생이 동일한 體이나니
> 곳곳을 진실한 법계라 하네.

또 『수능엄경』에 이른다. 「(6)근(根)과 (6)진(塵, 境)이 同原이고, 묶임과 해탈이 無二이다. 識의 性이 허망함이 마치 공화(허공꽃)와 같다. 知見에서 知를 세움이 바로 무명의 근본이다. 知見에서 見이 없음, 이것이 바로 열반이며, 무루(無漏)의 진실한 청정이다. 어찌 이 가운데서 다시 다른 것을 받아들이겠는가!"[862]

'바위가 울부짖으며 부수어졌다'라 하였으니 이로 알건대 妙理는 줄어들기 어렵고, 진심은 바꾸어지지 않는다. 가히 삿됨을 꺾어 올바르게 돌리고, 거짓을 제거하고 진실을 지킴이라 할 것이다. 또한 마치 금석이 지극히

---

862) 『대불정수능엄경』권5에 나온다. 원문 일부가 생략되어 있다. 원문은 「佛告阿難, 根塵同源, 縛脫無二, 識性虛妄, 猶如空花. 阿難! 由塵發知, 因根有相. 相見無性, 同於交蘆. 是故汝今知見立. 知卽無明本, 知見無見, 斯卽涅槃, 無漏眞淨. 云何是中更容他物.」 『대정장』권19, 124c.

굳건하나 또한 능히 부술 수 있는데 어찌 하물며 부언(浮言)이나 범해(汎解
: 진실한 바탕 없는 떠다니는 解)로 능히 바꾸어지게 할 수 있겠는가!

〈400〉

請說而願捧足傾心.

西天有陳那菩薩.世稱命世.賢劫千佛之一也.山神捧菩薩足.高數百尺.唱
言.佛說因明.玄妙難究.如來滅後.大義淪絕.今幸福智攸邈.深達聖旨.因
明論道.願請重弘.因許所請.遂造因明正理門論.又如釋迦如來初得道時.
梵王請轉法輪.亦如舍利弗請佛說法華經等.皆是傾心瀝懇.三請方說.

설하여 주시길 청하옵나니
원하옵건대 발을 받들고 경청하겠나이다.

서천(西天 : 인도)에 진나(陳那 : 6세기)보살이 계셨는데 세상에서 '명세(命世)'
라 칭하였다. 현겁(賢劫)千佛[863] 가운데 한 분이다. 산신이 (진나)보살의
발을 받들었는데 높이가 백 척이었다. (산신이) 이르길, "부처님께서 因明(논
리학)을 설하셨는데 현묘하여 궁구하기 어렵습니다. 여래 입적 후 大義가
단절되었는데 지금 다행히 (진나보살께서) 복덕과 지혜를 아득히 원대하게
닦으시고, 깊이 성지(聖旨)를 통달하시어 因明으로 도를 논하시옵니다. 원하

---

863) 賢劫(bhadrakalpa)은 '現世住劫'이다. '과거장엄겁', '미래성수겁'과 함께 3겁이라
   한다. 이 住劫 동안에 千佛賢聖이 出世하여 중생을 제도하는 까닭에 賢劫이라
   한다. 善劫, 現劫이라고도 한다.

옵건대 거듭 법을 널리 펴주시길 청하옵니다." 청함을 받아들여 마침내
『인명정리문론(因明正理門論)』을[864] 저술하였다.

또한 이를테면 석가여래가 처음 득도한 때에 범왕(梵王)이 법륜을 굴려주
실 것을 청하였고, 또 사리불이 부처님께 『법화경』 등을 설해주실 것을
청한 사례 등이 모두 정성을 기울여 간절히 세 번 청하여서야 비로소 설하신
것과 같다.

〈401〉

廣長舌之敷揚.

> 佛說法華經. 出舌至梵天. 說阿彌陀佛經時. 舌覆大千世界. 以凡夫人舌過
> 鼻尖. 表三生不妄語. 聖人出舌至髮際. 以佛說法華一乘等心地法門時. 舌
> 出過凡聖之上. 以表所說心法真實. 起眾生信故.

광장설(廣長舌)로 널리 가르침을 펴셨네!

부처님께서 『법화경』을 설하심에 혀가 나와 범천에 이르렀고, 『아미타불
경』을 설할 때에는 혀가 대천세계를 덮었다. 범부의 혀가 코끝을 지나칠
정도인 것은 三生에 망어(妄語)하지 말도록 하는 뜻을 보인 것이다. 성인이

---

864) 진나보살이 지었다. 全1권이다. 唐代 義淨이 경운2년(711년)에 낙양 대천복사
에서 역출하였다. 『대정장』32책에 수록되어 있다. 인명의 근본이론서로서 이를
통해 외도를 논파하고자 하였다. 이밖에 현장이 번역한 『인명정리문론본(因明
正理門論本)1권이 있는데 同本異譯이다.

혀를 내면 머리카락에까지 이르게 되는 것은 부처님께서 법화 1승 등의 심지법문을 설할 때에 혀가 범성(凡聖)을 넘어 나오는데 이는 설하시는 심법이 진실함을 보인 것이며, 중생의 신심을 일으키고자 함인 까닭이다.

〈402〉

暫披而即能熏種.

法華經云. 須臾聞之. 即得阿耨菩提. 又云. 一句染神. 歷劫不忘. 如華嚴策林. 問. 罪有淺深. 位有階降. 阿鼻地獄極惡罪人. 如何頓超便階十地. 若言經力. 或推佛光. 何不獄中談經. 何借光明常照. 仰申所以. 用顯大違. 答. 圓頓教海. 德用難思. 諸佛威神. 利樂叵測. 然其化物. 要在有緣. 地獄罪人. 昔聞圓法. 具金剛種. 得遇佛光. 光流成道之時. 則是根機已熟. 冥機叩聖. 感應道交. 亦似萠芽. 久含陽氣. 東風一拂. 頓示抽條位雖頓圓. 久因積善. 若非其器. 亦不遇斯光. 諸地久修. 果無頓得. 其由影隨質妙. 響逐聲倫. 理數而然. 亦何致惑. 善惡之法. 皆是熏成矣.

잠깐 (경전을) 펼쳐보기만 하여도
곧바로 능히 종자를 심게 되네!

『법화경』에 이른다. 「잠깐 듣기만 하여도 곧바로 (究竟의) 아뇩다라삼먁삼보리를 증득한다.」[865] 또 이른다. 「(경전의) 一句에라도 마음으로 생각하면 수많은 겁이 지나도록 잊지 않는다.」 이를테면 『화엄책림(華嚴策林)』에

---

865) 『법화경』권4. 『대정장』권9, 31a. 원 경문에는 '究竟'이 있다.

이른다.

묻는다 :

"죄에 얕고 깊음이 있고, 位에는 높고 낮음이 있으며, 아비지옥의 극악죄인
이 있는데 어찌해서 단박에 곧바로 (보살)십지에 오른다는 것입니까? 만약
경전의 힘이라거나 부처님의 광명을 말씀하신다면 왜 지옥에서 경을 설하지
않으시며, 왜 (부처님의) 광명을 빌려 항상 비추지 않으시는 것입니까?
바라옵건대 그 까닭을 일러주시어 큰 잘못을 지적해주십시오!"
답한다 :

"원돈(圓頓)의 교해(敎海)는 그 덕용을 생각하기 어렵다. 모든 부처님의
위신과 이락(利樂)은 이를 측량할 수 없다. 그러나 중생을 교화함은 인연이
있어야 하는 것이니 지옥죄인이라도 금강의 종자를 갖추고 있으면 부처님의
광명을 만날 수 있는 것이다. 그 광명이 이어져 성도하는 때가 되면 근기가
이미 순숙되어 은연중에 기틀이 聖에 이르고 도에 감응하여 교류된다.
또한 맹아(싹)와 같아서 오랫동안 양기를 품고 있다가 동풍이 한 번 불면
단박에 한 조각 싹을 내민다. 位가 단박에 원만한 자리가 되었지만 오랫동안
선을 쌓은 것에 인한 것이다. 만약 그렇게 될 만한 그릇이 아니라면 또한
이 (부처님의) 광명을 만나지 못하며, 여러 보살지를 오랫동안 닦아도 果를
단박에 얻지 못한다. 그것은 그림자가 실물에 따름이 묘하고, 메아리가
소리 따라 (크기 등이) 비등하게 되는 것과 같이 원리가 그러하기 때문이거늘
또 어찌 미혹하게 되었는가! 선악의 법이 모두 훈성(熏成)된 것이다."

〈403〉

五實語之剖析.

五語者. 金剛經云. 一眞語. 二實語. 三如語. 四不誑語. 五不異語. 此表所說
一心金剛般若之法不虛. 以金剛是不可壞義. 般若即無二之旨.

다섯 가지 實語에 대해 분석한다.

五語란, 『금강경』에 이르길, 「(수보리여! 여래는) (1) 진리를 말하는 자,
(2) 진실을 말하는 자, (3) 여실하고 평등함을 말하는 자, (4) 속이는 말을
하지 않는 자 (5) 다르게 말하지 않는 자이니라!」고 하였다. 이것은 설한
바 一心 금강반야의 법은 허망하지 않음을 드러낸 것이다. '금강'은 부서어질
수 없는 것을 뜻하는 까닭이다. 반야는 곧 無二의 뜻이다.

〈404〉

一覽而須納千金.

因明鈔云. 玄鑒居士. 是護法菩薩門徒. 護法造得唯識稟本一百卷. 臨入滅
時. 將付玄鑒居士云. 支那菩薩到. 為將分付. 此土如有人借看. 但覓取金一
百兩. 可借與看一遍. 三藏於居士處. 得此稟本歸. 翻為十卷. 即成唯識論是
也. 又天親菩薩造唯識三十頌. 付一居士. 亦囑云. 若有要看者. 索金一兩. 邇
後門庭來求觀者. 輸金如市. 是知古人. 重教輕珍. 敬人愛法. 況聞之入道. 便
為出世之人. 豈世間珍寶而為酬比耶. 故法華經偈云. 若有聞法者. 無一不

成佛.

한 번 (경전을) 열람하였으면 반드시 천금을 납부해야 하네.

　『인명초(因明鈔)』에 이른다. 「현감(玄鑒)거사는 호법보살의866) 문도이다. 호법이 유식에 대한 논서 초본(草本) 1백권을 짓고 입멸 때에 임하여 현감거사에게 부촉하고자 하여 이르길, "지나(支那 : 중국)보살(삼장법사 현장)이 오면 이를 주도록 하라! 이 땅(인도)에서 어떤 사람이 빌려 보고자 하거든 단지 금1백량을 받고 빌려 주어 한 번 보도록 하라."고 하였다. 삼장(현장)이 거사의 거처에서 이 초본을 얻어 돌아와서 번역하여 10권으로 하였다. 곧 『성유식론』이 이것이다. 또 천친(세친, 바수반두)보살이 『유식삼십송』을 지어 한 거사에게 주면서 또 부촉하여 이르길, "만약 보고자 하는 사람이 있으면 금1량을 받도록 하라!"고 하였다. 이후 문정(門庭)에 들어 와 볼 것을 구하는 이들이 금을 가져와 붐비는 것이 시장과 같았다. 이로 알건대 古人은 가르침을 중요시 하고 진물(珍物, 재화)을 가벼이 여겼으며, 사람을 공경하며 법을 사랑하였는데 하물며 법문을 듣고는 入道하고, 바로 세간을 넘어서는 이들이야 말할 나위 있겠는가. 어찌 세간의 진보가 이에 비견될 수 있겠는가! 까닭에 『법화경』의 게송에 이른다.

---

866) 호법보살(Dharmapāla, 약 6세기)은 唯識十大論師의 한 분으로 남인도 드라미다국의 대신의 아들 출신이다. 결혼식 날에 출가하여 대소승 교학에 정통하고, 나란다사에서 교화를 펼쳤는데 학도가 수천인에 이르렀다. 29세에 은퇴하여 대보리사에서 저술에 전념하고 32세에 입적하였다. 『大乘廣百論釋論』・『成唯識寶生論』・『觀所緣論釋』 등이 있다. 현장(玄奘)이 편역한 『성유식론』10권은 주로 호법의 석론을 중심으로 하였다.

만약에 법을 듣는 이가 있다면
성불하지 못하는 이가 없다.867)

〈405〉

舉止施爲.現大神變.

證道歌云.三身四智體中圓.八解六通心地印.如今衆生身中三身者.寂是
法身.智是報身.用是化身.四智者.前眼等五識.是成所作智.第六意識.是
妙觀察智.第七末那識.是平等性智.第八阿賴耶識.是大圓鏡智.在衆生時.
智劣識強.但名爲識.當佛地時.智強識劣.但名爲智.祇轉其名.不轉其體.
又歌云.六般神用空不空.一顆圓.光色非色.又志公和尚歌云.運用元來聲
色中.凡夫不了爭爲計.

(일상의) 행동거지에서 대신변(大神變)을 보이네!

『증도가』868)에 이른다.
　　三身·四智의 체(體) 원만하고,
　　八解·六通이 心地의 인(印 : 결정성)이네.

이를테면 지금 중생 몸 가운데 三身이란, 적(寂 : 고요함)은 법신이고,
智는 보신(報身), 用은 화신(化身)이다. 四智란 (의식) 앞에 있는 眼識 등의

5식이니(전5식이 멸한 자리에서 나오는) 成所作智이다. 제6 意識은(제6식 의식이 멸한 자리에서 나오는) 묘관찰지(妙觀察智)이다. 제7 마나식(末那識)은(제7식 마나식이 멸한 자리에서 나오는) 平等性智이다. 제8 아뢰야식(阿賴耶識)은(제8식 아뢰야식이 멸한 자리에서 나오는) 대원경지(大圓鏡智)이다. 중생인 때에는 지혜가 저열하고 識이 강해서 단지 識이라고 한다. 佛地에 이른 때에는 지혜가 강하고 識이 저열해서 단지 智라고 이름 한다. 단지 그 이름이 바꾸어진 것일 뿐 그 체는 바꾸어지지 않는다. 또 『증도가』에 이른다.

> (6바라밀 가운데) 제6 반야바라밀에서 空과 不空을 신묘하게 운용하고,
> 한 알의 둥그런 빛이 色이되 色이 아니네!"

또 지공(志公)화상의 가송에 이른다.

> 원래 성색(聲色 : 색성향미촉법의 6境)이 운용되는 것인데
> 범부는 알지 못하고 다투어 분별하네!

〈406〉

理不偏而事不孤.行常順而道常遍.即多用之一體.同時頓具而非分.於一體之多門.前後交羅而齊現.

出世之道.理由心成.處世之門.事由心造.若以唯心之事.一法即一切法.舒之無邊.以唯心之理.一切法即一法.卷之無跡.因卷而說一.此法未曾一.因舒而說多.此法未曾多.則非一非多.有而不有.而多而一.無而不無.華嚴記云.一多十門分別者.一孤標獨立者.即頌云.多中無一性.一亦無有多.二法

互奪故. 故得獨立. 亦一即多而唯多. 多即一而唯一. 廢己同他. 故云獨立. 二雙現同時. 即頌云. 知以一故眾. 知以眾故一. 無一即無多. 無多即無一. 故二雙現. 更無前後. 如牛二角. 三兩相俱亡. 即前二俱捨也. 四自在無礙者. 欲一即一. 不壞相故. 欲多即多. 一即多故. 一既如此. 多亦準之. 常一常多常即. 故云自在. 五去來不動者. 一入多而一在. 多入一而多存. 若兩鏡相入. 而不動本相. 相即亦然. 六無力相持者. 因一有多. 多無力而持一. 因多有一. 一無力持多. 七彼此無知者. 二互相依. 皆無體性. 故不相知. 覺首云. 諸法無作用. 亦無有體性. 是故彼一切. 各各不相知. 八力用交徹者. 即頌云. 一中解無量. 無量中解一義. 九自性非有者. 互為因起. 舉體性空. 十究竟離言者. 不可言一. 不可言非一. 不可言亦一亦非一. 不可言非一非非一. 不可言相即. 以相入故. 不可言相入. 以相即故. 不可言即入. 不壞相故. 不可言不即入. 互交徹故. 口欲言而辭喪. 心將緣而慮亡. 唯證智知. 同果海故. 一多既爾. 染淨等無不皆然. 又如善財遍求遍事. 此一乃即多之一. 故至普賢一時頓圓. 則是即一之多. 一多無礙. 故曰難思. 又三昧章云. 一諸門融合. 圓明頓現. 具足一切也. 二隨舉一門. 亦具一切. 三隨舉一義. 亦具一切. 四隨舉一句. 亦具一切. 五以此圓分. 俱是總相. 是故融攝一切. 六俱是別相. 莫不皆是所攝一切. 七俱是同相. 能所攝義齊均同故. 八俱是異相. 義各別不相離故. 九俱是成相. 緣起義門正立俱現故. 十俱是壞相. 緣起無作同一味故.

理는 치우지지 아니하고, 事는 홀로가 아니다.
行은 항상 수순하고, 도는 항상 두루 하다.
多에 즉(即)하여 하나의 체를 쓰고(用),
동시에 단박에 다 갖추어 나누어짐이 없다.
하나의 체에 多門이
전후하여 서로 통하면서 펼쳐져 함께 드러난다.

　세속을 벗어나는 도리는 마음으로 인해 이루어진다. 처세의 문과 일상의 事도 마음으로 인해 이루어진다. 만약 唯心인 事로(모든 事가 오직 마음일 뿐이라는 뜻으로)로 보건대 一法이 곧 一切法이다. 펴면 무변(無邊)하다. 唯心의 理로 보건대 一切法이 곧 一法이다. 말아 들이면 아무런 자취도 없게 된다. 말아 들임으로 인하여 '하나'라고 하였으나 이 법에 일찍이 '하나'도 없었다. 펴는 것으로 인해 '多'라고 하였으나 이 법에 일찍이 '多'가 없었다. 그러니 非一이고 非多이며, 有이되 不有이고, 多이되 一이며, 無이되 不無이다. 『화엄기(華嚴記)(화엄경수소연의초)』에 이른다.

　　'一多十門으로 분별함'이란, 1은, 홀로 독립되어 있음을 드러낸 것이다 (孤標獨立). 즉 (경의) 게송에 이르길, "多 가운데 一인 性이 없고, 一에서 또한 多가 없다"고 하였다. 2는, 법이 서로 빼앗는 것이니[869) 까닭에 독립할 수 있다. 또한 一이 곧 多이되 오직 多이다. 多가 곧 一이되 오직 一이다. 자신을 폐(廢)하고 他와 같게 된다. 까닭에 '독립'이라 하였다. 이쌍(二雙)이 동시에 나타난다. 바로 게송에 이른다. "一을 아는 까닭에 衆이고, 衆을 아는 까닭에 一이다. 一이 없으면 多도 없다. 多가 없으면 一도 없다." 까닭에 이쌍(二雙)이 나타나는데 전후가 없음이 마치 소의 두 뿔과 같다. 3은, 두 相이 함께 없음이다.('兩相俱亡')[870) 즉 앞의 양자가 함께 버려짐이다. 4는, 자재무애 함이다('自在無礙'). 一을 얻고자 하면 곧 一이니 相을 부수지 않는 까닭이다. 多를 얻고자 하면 곧 多이니 一이 곧 多인 까닭이다. 一이 이미 이와 같으니 多도 또한 이에 준한다. 항상 一이고, 항상 多이며, 항상 즉해 있다. 까닭에

---

869) '互奪'이 『대장경』 『연의초』 원문은 '互無'인데 저본이 더 정확하다.

870) '俱亡'이 『대장경』 『연의초』 원문은 '俱忘'이다. 저본이 옳다.

‘自在’라고 하였다. 5는, 거래에 부동함이다(‘去來不動’). 一이 多에 들어가되 一이 있다. 多가 一에 들어가되 多가 있다. 두 경계가 함께 들어가되 本相은 부동하다. 서로 즉함 또한 그러하다. 6은, 서로를 지탱해줌에 있어서 無力함이다(‘無力相持’). 一로 인해 多가 있는데 多가 無力해지되 一을 지탱한다. 多로 인해 一이 있는데 一이 無力해지되 多를 지탱한다. 7은, 피차가 서로 알지 못함이다(‘彼此無知’). 양자가 서로 의지하니 모두 체성이 없다. 까닭에 서로 知함도 없다. 覺首보살이[871] 이른다. “모든 것은 작용함이 없으며, 또한 체성이 없다. 이 까닭에 저 일체 모든 것은 각각 서로 知함이 없다.” 8은 力用이 서로 교철(交徹 : 通徹)함이다(‘力用交徹’). 즉 게송에 이른다. ‘一에서 무량한 뜻을 알고, 무량한 것들에서 하나의 뜻을 안다.’ 9는 자성이 있지 않음이다(‘自性非有’). 서로가 인이 되어 생기하니 모두 다 체성이 공하다. 10은, 구경(궁극)으로 말을 떠남(‘究竟離言’)이다. 一이라 할 수 없고, 非一이라 할 수도 없다. 또한 一이기도 하고 또한 非一이기도 하다고 말 할 수도 없다. 非一이고 非一이 아니라고도 할 수 없다. 서로 즉해 있다고도 할 수 없으니 서로 入하는 까닭이다. 서로 入한다고도 할 수 없으니 서로 즉하는 까닭이다. 서로 入한다고 할 수 없으니 相을 부수지 않는 까닭이다. 서로 즉하고 서로 入하지 않는다고도 할 수 없으니 서로 교철(交徹)된 까닭이다. 입으로 말하고자 하되[872] 말을 잃는다. 마음으로 생각하고자 하되 생각이 없다. 오직 증득해야 비로소[873]

---

871) 『화엄경(80권본)』권13 광명각품에서 여래의 연화장사자좌에 모인 十方의 대보살 가운데 한 분이다.

872) 저본은 ‘欲言’이고, 『대장경』의 『연의초』원문은 ‘欲辯’이다. 뜻은 같다.

873) 저본본은 ‘唯證智知’이고, 『대장경』의 『연의초』원문은 ‘唯證方知’이다. 뜻으로

안다. 果海가 같은 까닭이다. 一과 多가 이미 이러하니 염(染) 정(淨)
등이 모두 그러하지 않음이 없다.[874]

또 이를테면 선재동자가 두루 가르침을 구하였는데 이 一(가르침을 구한
하나의 事로서의 一)도 바로 多에 즉한 一이다. 까닭에 보현보살이 있는
곳에 이르러 일시에 돈원(頓圓 : 단박에 원만 성취함)하였으니 이것이 一에
즉한 多이다. 一과 多가 걸림없다. 까닭에 '생각하기 어렵다'고 하였다.
또 『三昧章(화엄발보리심장)』에[875] 이른다.

보아 후자가 더 타당하다.

874) 『화엄경수소연의초』권30. 원문에서 인용한 전거 이름을 경의 '頌' 등으로 바꾸
어 인용하였고, 약간 줄인 부분이 있다. 저본과 『대장경』본에 상호 오자들이 있
다. 원문은 다음과 같다. 「十住經文疏, 一孤標獨立者, 卽前多中無一性, 一亦無
有多, 二法互無, 故得獨立. 亦一卽多, 而唯多, 多卽一, 而唯一. 廢己同他, 故
云獨立. 二雙現同時, 卽下經云, 知以一故衆, 知以衆故一. 無一卽無多, 無多卽
無一故. 故二雙現更無前後, 如牛二角. 三兩相俱忘者, 卽前二俱捨也. 四自在
無礙者, 欲一卽一不壞相故. 欲多卽多一卽多故. 一旣如此多亦準之. 常一常多,
常卽常離, 故云自在. 五去來不動者, 一入多, 而一在多. 入一而多存. 若兩鏡相
入, 而不動本相. 相卽亦然. 六無力相持者, 因一有多, 多無力而持一. 因多有
一, 一無力而持多. 七彼此無知者, 二互相依, 皆無體用故. 不相知故. 覺首云,
諸法無作用. 亦無有體性. 是故彼一切, 各各不相知. 八力用交徹者, 卽前一中
解無量, 無量中解一. 九自性非有者, 互爲因起, 擧體性空. 十究竟離言者, 不可
言一, 不可言非一, 不可言亦一亦非一, 不可言非一非非一, 不可言相卽, 以相入
故.不可言相入. 以相卽故, 不可言卽入. 不壞相故, 不可言不卽不入. 互交徹故,
口欲辯而辭喪. 心將緣而慮亡. 唯證方知同果海故. 一多旣爾, 染淨等法, 無不
皆然.」『대정장』권36, 231b~c.

875) 또는 『華嚴三昧章』이라고도 한다. 현수법장의 저서로 전하는데 그 스승인 智嚴
의 저술이라는 견해도 있다. 인용문은 『만속장』권45, 655c에 나온다.

1. 모든 문이 융합되어 있으면서 圓明하게 단박에 나타나고, 일체를 갖춘다. 2. 一門을 드는데 따라 또 일체를 갖춘다. 3. 一의 뜻을 드는데 따라 또한 일체를 갖춘다. 4. 一句를 드는데 따라 또한 일체를 갖춘다. 5. 이 원만한 부분들이 다 총상(總相)이다. 이 때문에 일체를 다 포용하여 아우른다. 6. 모두 別相이 됨이니 모두 일체로 아울러지지 않음이 없다. 7. 모두 同相이 됨이니 능섭(能攝 : 능히 아우름)과 소섭(所攝 : 아울러짐)의 뜻이 모두 같은 까닭이다. 8. 모두 異相이니 뜻이 각기 다르되 서로 떠나 있지 않은 까닭이다. 9. 모두 相을 이룸이니 緣起와 義門이 바로 세워져 모두 함께 나타나는 까닭이다. 10. 함께 무너지는 상(壞相)이니 緣起와 無作(無爲)이 동일한 맛인 까닭이다.

〈407〉

美惡無體.唯想任持.聲響冥合.形影相隨.

夫十惡業.因從心生.果還心受.於生報.後報.現報.總三報之中.生後二報.事在隔生.於現報之中.見聞親驗.此是增上業果.於總別報中.現身便變.如自鏡錄云.新羅國大興輪寺.第一老僧.厥名道安.自小出家.即住茲寺.又薄解經論.爲少長所宗.然於飮食.偏好簡擇.一味乖心.杖楚交至.朝夕汲汲.略無暇日.衆雖患之.莫能救止.後因抱疾.更劇由來.罵詈瞋打.揮擲器物.內外親隣.不敢瞻視.經數日.遂生變作蛇.身長百餘尺.號吼出房.徑赴林野.道俗見聞.莫不傷心而誡矣.此卽瞋火從自心而發.還燒自身.瞋之一法既然.八萬四千煩惱亦爾.

아름다움과 악(惡)이 체가 없다.

오직 생각이 그렇게 지녀지는 것일 뿐이다.

소리와 메아리가 은연히 합치되고,

형상과 그림자가 서로 따른다.

무릇 십악업(十惡業)은 마음으로 인하여 생긴다. 果를 다시 마음에서 감수한다. 生報와 後報, 現報의 총 三報 가운데 生報와 後報의 二報는 (과보를 받는) 일이 생을 격하여(다른 생으로) 있게 된다. 現報에서는 (현생에서) 견문으로 직접 경험한다. 이것이 증상업과(增上業果)이다.[876] 총보(總報)와 별보(別報)[877] 가운데서 現身하고 바로 변한다. 이를테면 『(석문)자경록(釋門自鏡錄)』에서 이른다. 「신라국 대흥륜사에 가장 나이 많은 노승이 있었는데 이름이 道安이었다. 어려서 출가하여 이 사찰에 머물렀다. 또 경론에 대한 약간의 이해로 少長들에게 존숭 받았다. 그러나 음식에 치우치게 좋은 것만 가려서 한 맛이라도 마음에 거슬리면 지팡이와 회초리를 교대로 휘둘렀다. 조석으로 다그쳐서 편한 날이 없었다. 대중이 비록 이를 고달파 하였지만 멈추게 할 수 없었다. 나중에는 질병이 생겨 더욱 더 심해져서 욕을 하며 화내고 때리며 기물을 집어 던졌다. 내외 가까운 이웃들이 감히 쳐다보지도 못하였다. 수일이 지나 마침내 뱀으로 바꾸어졌다. 몸의 길이가 백 여척이나 되었다. 소리를 지르며 방을 나가 빠르게 임야로 갔다. 도속이 보고 듣고는 상심하며 교훈으로 삼지 않는 이가 없었다.[878]

---

876) 적극, 강맹한 행업을 증상업이라 하고, 그 果가 증상업과이다.

877) 총보는 제8식의 果, 별보는 제6식의 果이다. 또한 제8식의 引業力으로 인하여 중생 또는 인간 공통으로 받는 과보가 총보이고, 중생 각자 개인별로 받는 것이 별보이다.

878) 『석문자경록』권상. 『대정장』권51, 809a. 본서는 唐代 悔信의 저술로 2권이다. 남북조에서 唐代에 이르는 여러 불교사적을 수록하였다.

656

이는 바로 성냄의 불길이 자심에서 나와 다시 자신을 태운 것이다. 성냄의 한 법이 이미 이러하니 팔만사천의 번뇌 또한 이러하다.

〈408〉

胎獄華池.受報而自分優劣.瓊林棘樹.稟生而各具榮衰.

淨名經云.心淨故眾生淨.心垢故眾生垢.起信論云.染淨諸法.皆相待而成. 故知垢淨由心.更無別體.莊嚴論云.諸行剎那增上者.如佛說.心將世間去. 心牽世間來.由心自在.世間隨轉.識緣名色.此說亦爾.故知諸行是心果.又 隨淨者.淨是禪定人心.彼人諸行.隨淨心轉.修禪比丘.具足神通.心得自在. 若欲令木為金.則得隨意.故知諸行皆是心果.如作罪眾生.可得外物.一切 下劣.作福眾生.可得外物.一切妙好.故知諸行皆是心果.當知一切萬法.既 以心為因.亦以心為果.雖然淨穢顯現不同.於心鏡中.如光如影.了不可得.

지옥과 극락세계의 연못에 태어나 과보를 받되
自分의 우열이 있다.
옥의 숲과 가시밭에서 생을 받되
각기 영쇠(榮衰)가 있다.

『정명경(유마경)』에 이른다. 「마음이 청정한 까닭에 중생이 청정하다. 마음이 더러운 까닭에 중생이 더럽다.」879)『기신론』에 이른다. 「오염과 청정의 모든 법은 다 相待하여 이루어졌다. 까닭에 오염과 청정이 마음에

879)『유마경』제자품제3.『대정장』권14, 541b. 원 경문은 두 문장의 순서가 반대이다.

연유하는 것이며 그 밖에 별개의 체가 없음을 안다.」. 『장엄론(대승장엄경론)』에 이른다. 「諸行이 찰나로 멸하면서[880] (제13은) 증상(增上)함이다. 이를테면 부처님께서 설하시길, "마음이 세간을 가지고 가고, 마음이 세간을 끌어온다. 마음이 자재함으로 말미암아 세간이 그에 따라 전변한다. 識이 名과 色을 緣함도 또한 그러하다. 까닭에 알지니 諸行(현행하는 모든 존재)은 마음의 果이다. 또 (제14는) 따라 청정함(隨淨)이다. 청정은 선정에 든 사람의 마음이다. 그 사람의 諸行은 청정에 따라 마음이 전변한다. 修禪하는 비구는 신통을 구족하고 마음을 자재한다. 만약 나무를 금덩이로 바꾸고자 하면 그 뜻대로 된다. 까닭에 諸行이 모두 마음의 果임을 안다. (제15는 隨生이다) 이를테면 죄를 지은 중생이 바깥 사물을 얻을 수 있고, 모든 하열한 중생과 복을 짓는 중생이 바깥 사물을 얻을 수 있는 것과 같아 일체가 모두 묘하다. 까닭에 諸行이 모두 마음의 果임을 안다."[881] 마땅히 알지니 일체 모든 것은 이미 마음을 因으로 한 것이며, 또한 마음이 果로 된 것이다. 비록 청정과 더러움이 마음의 거울에 드러남에 같지 않지만, 빛과 그림자와 같아 얻을 수 없는 것임을 안다.

〈409〉

明斷由人. 斯言可聽. 運意而須契正宗. 舉步而莫行他徑.

---

880) 본 단락은 논에서 刹那滅義를 15개 방면에서 설명한 곳이다. 앞의 12개 사항을 생략하였기 때문에 원 논의 글에는 없지만 '諸行刹那'를 새로 넣었다.

881) 『대승장엄경론』권11각분품. 일부 자구를 생략하고 인용하였다. 생략된 부분을 괄호 안에 넣고 번역한다.

心鏡錄中. 問. 眞心靡易. 妙性無生. 凡聖同倫. 云何說妄. 答. 本心湛寂. 絶相
離言. 性雖自爾. 以不守性故. 隨緣染淨. 且如一水. 若珠入則淸. 塵雜則濁.
又如一空. 若雲遮則昏. 月現則淨. 故大智度論云. 譬如淸淨池水. 狂象入中.
令其渾濁. 若淸水珠入. 水卽淸淨. 不得言水外無象無珠. 心亦如是. 煩惱入
故. 能令心濁. 諸慈悲等善法入心. 令心淸淨. 然垢淨不定. 眞妄從緣. 若昧
之. 則念念輪迴. 遺失眞性. 若照之. 則心心寂滅. 圓證涅槃. 故知眞妄無因.
空有言說. 約眞無說. 約說無眞. 皆是狂迷情想建立. 千途竟起. 空迷演若之
頭. 一法纔生. 唯現闍婆之影.

밝게 결단(판단, 결택)함은 사람에 말미암는다 하였으니
이 말을 경청해야 한다.
생각을 운용하되 반드시 正宗에 계합하여
걸음 옮기되 다른 길로 빠지지 않도록 해야 한다.

『심경록(心鏡錄：宗鏡錄)』에서 묻는다 :

"眞心은 바꾸어지지 않고, 妙性은 無生이며, 凡聖이 동등하건대
어찌하여 망(妄)을 설하는 것입니까?"

답한다 :

"본심은 맑고 고요하며 相이 끊어졌으며 말을 떠났다. 性이 비록
스스로 그러하나 性을 지키지 않는 까닭에 緣에 따라 오염과 청정이
있게 된다. 또한 하나의 물에 구슬을 넣으면 맑아지고, 먼지로 혼잡되
면 탁해지는 것과 같다. 또 하나의 허공에 구름이 가려지면 어둡게

되고, 달이 나타나면 맑게 되는 것과 같다. 까닭에『대지도론』에
이른다.「비유컨대 청정한 연못의 물에 미친 코끼리가 들어가면 그
물을 혼탁하게 한다. 만약 맑은 물에 구슬을 넣으면 물이 곧 청정해지는
것과 같아 물 밖에 코끼리와 구슬이 없었다고 할 수 없다. 마음 또한
이와 같아 번뇌가 들어간 까닭에 능히 마음을 탁하게 하고, 여러
자비 등 선법이 마음에 들어온 까닭에 마음을 청정하게 한다.」[882]
그러나 더러움과 청정함이 일정치 아니하고, 진실과 망(妄)이 인연에
따른 것인데 만약 이에 어두우면 생각 생각마다 윤회하며 진성을
유실(遺失)하게 된다. 만약 마음을 비추어보면 마음 마음마다 적멸이어
서 열반이 원증(圓證)되어 있다. 까닭에 알지니 진실과 망(妄)에 因이
없는데 헛되이 언설만 있는 것이다. 眞에 입각하면 언설이 없고,
언설에 입각하면 眞이 없다. 모두 미치고 미혹한 情想으로 건립하니
천 가지 길이 다투어[883] 일어나면서 헛되고 미혹함이 머리에 불붙은
듯 연출된다. 一法(하나의 현상, 사물)이 생함은 오직 건달바와 같은
그림자가 나타난 것일 뿐이다.[884]

〈410〉

如急湍之水. 逐南北而分流.

人性如急湍水. 決東即東. 決西即西. 方圓任器. 曲直隨形. 心之性柔. 亦復如是.

---

882)『대지도론』권36 석습상응품 第三之餘.『대정장』권25, 0325c.
883) 원문 '竟'은 '競'의 오자일 것이다.
884)『심경록(종경록)』권5.『대정장』권48, 439.a.

마치 급히 흐르는 물이
남북으로 좇아 나뉘어 흐르듯이 (人性도 그와 같다)

　人性은 마치 급히 흐르는 물이 동쪽으로 정해지면 바로 동편으로 흐르고,
서쪽으로 정해지면 바로 서편으로 흐르는 것과 같고, 네모나고 둥그렇게
되는 것이 그릇 모양에 따르며, 구부러지고 반듯함이 모습 따르는 것과
같이 마음의 성품이 유연함도 또한 이와 같다.

〈411〉

似蚇蠖之身.食青黃而不定.

　如蚇蠖蟲.食蒼而身蒼.食黃而身黃.如云.心大般若大.心小般若小.則轉變
　由心矣.

자벌레의 몸이 청색과 황색의 음식을 먹는데 따라
(몸의 색이) 변해지듯이 (인성도 그와 같다)

　마치 자벌레가 푸른 것을 먹으면 몸이 푸르게 되고, 노란 것을 먹으면
몸이 노랗게 되는 것과 같다. 이를테면 이르길, "마음이 커지면 크게 보이고,
마음이 작으면 작게 보인다."고 하였으니 전변함은 마음에 인한 것이다.

〈412〉

如來之藏.萬德之林.湛然無際.曷用推尋.木母變色之時.生於
孝意.

如丁蘭至孝.剋木為母.晨昏敬養.形喜慍之色.土木不變.唯心感耳.亦如世
間致生祠堂.有政德及民.往往有遺愛去思.為立祠宇.中塑像.以四時饗之.
其人當饗祭日.則酒氣腹飽.

여래장은 만덕의 숲이며,

맑고 한이 없는데

어찌 추구하여 찾아보는 일을 할 것인가!

木母(나무를 깎아 만든 어머니상)가 색을 바꾼 때는

효심을 낸 때문이었네!

이를테면 정란(丁蘭)의[885] 지극한 효성과 같다. 나무를 깎아 모친의 상을
만들고 아침저녁으로 공경하고 봉양하니 목상의 모습이 기뻐하는 기색을
띄었다. 土木은 변치 않았으나 오직 마음으로 감동한 것이다. 또한 이를테면
살아 계신 분을 사당에 모시는 것(生祠)과 같으니 (그분의) 치적의 덕이
있거나, 民이 종종 (그 분이 사거하면) 사모함을 잃게 되기에 사우(祠宇)를
세워 그 가운데 소상(塑像)을 모시고 四時로 배향하면 그 분의 제일(祭日)에
제사 모실 때 술기운이 배에 가득하게 되는 것과 같다.

---

885) 후한시기 하내인으로 효성이 지극한 인물로 유명하다. 그의 사적이 『二十四孝』
에 '刻木事親'의 제목으로 전한다. 양친의 상을 나무를 깎아 만들어 모시고 조석
으로 봉양하였으며, 집을 출입할 때 문안을 드렸다. 그 부인이 나중에 不敬하고
그 목상의 손가락을 바늘로 찔렀더니 피가 나왔다. 정란이 집에 돌아와 보니 목
상이 눈물을 흘리고 있었다. 그 내막을 알게 된 그가 부인을 쫓아버렸다고 한다.

〈413〉

金像舒光之日.起自誠心.

> 或志心供養尊像.而放光明者.皆是志誠所感.如經云.一切化佛.從敬心起.
> 又書云.河嶽不靈.唯人所感.

금상(金像 : 佛像)에 빛이 발하는 날에
지성(至誠)의 마음으로 (공양하여 빛이 발함이) 일어난 것이네!

혹은 지성의 마음으로 존상에 공양하면 빛이 발하는 것은 모두 지성이
감응한 것이다. 이를테면 경에 이른다. 「모든 화신불은 공경하는 마음에서
나온다.」 또 『書』에886) 이른다. 「강하(江河)와 산악이 영활하지 못하나
오직 사람이 감응된다.」

〈414〉

引喻何窮. 證明非一.理理而悉具圓常.事事而皆談真實.

> 如法華經云.唯此一事實.餘二即非真.以一心是萬法之實性故.又頌云.雖
> 說種種.道其實為一乘.是以釋摩訶衍論云.一切諸法一心量.無心外法.以
> 無心外法故.豈一心法與一心法作障礙事.亦一心法與一心法作解脫事.無
> 有障礙.無有解脫.一心之法.一即是心.心即是一.無一別心.無心別一.一

---

886) 보통 『서경(상서)』를 약칭하는데 이 인용문이 보이지 않는다.

切諸法. 平等一味. 一相無相. 作一種光明心地之海.

비유를 들기에 어찌 궁핍할 것인가!
증명할 것이 한 두 가지가 아니다.
理마다 다 원만하고 항상함을 갖추었으며,
事마다 다 진실을 말하고 있다.

이를테면 『법화경』에 이른다. 「오직 이것만이 하나의 사실이고, 나머지 둘은 바로 진실이 아니다. 一心이 모든 것의 실성인 까닭이다.」[887] 또 게송에 이른다.

비록 갖가지 도를 설하였으나
실은 (모두) 1승이네.[888]

이 까닭에 『석마하연론(釋摩訶衍論)』에 이른다.

일체 모든 것은 一心量(하나인 마음)이다. 마음 밖에 다른 것이 없다. 어찌 一心인 것과 一心인 것이 장애될 일을 짓겠는가! 또한 一心인 것과 一心인 것이 해탈하는 일을 짓겠는가! 장애도 없고, 해탈도 없다. 一心의 법은, 一이 곧 마음이고, 마음이 곧 一이다. 一 밖에 다른 마음이 없다. 마음 외에 따로 一이 없다. 일체 모든 것은 평등한

---

887) 『법화경』권1방편품제2. 『대정장』권9, 08a.
888) 위와 같음. 09b. 원문을 약간 바꾸어 인용하였다. 원문은 「雖示種種道, 其實爲佛乘". "無數諸法門, 其實爲一乘」

한 맛(一味)이다. 一相이니 無相이다.[889] 1종의 광명을 지음도 心地의
바다이다.[890]

〈415〉

似幻師觀技而無著.了是心生.如調馬見影而弗驚.知從身出.

幻師幻出男女之形.而心不著.知是自幻術心生.如調馬見影不驚.知影從
我形出.則心不見心.無相可得.

환사(幻師)가 기예(技藝)를 보되 집착하지 아니하나니
이는 마음이 생한 것임을 알기 때문이다.
마치 조련 받는 말이 그림자를 보고 놀라지 않음은
그것이 몸에서 나온 것임을 아는 것과 같다.

환사(幻師)가 남녀의 모습을 환으로 나오게 하나 마음에 집착함이 없다.
이것이 자신의 환술로 마음에서 생한 것임을 아는 까닭이다. 마치 조련
받는 말이 그림자를 보고 놀라지 않음은 그림자가 자신의 모습으로부터
나온 것임을 아는 것과 같다. 그러하니 마음이 마음을 보지 못하고 相을
얻을 수 없다.

---

889) 오직 하나의 相인 까닭에 그 하나의 相이 하나의 相으로서 드러날 수 없다. 따
라서 無相이 된다.
890) 용수보살의 『석마하연론』권9. 『대정장』권32. 일부 문장을 생략하고 인용하였다.

〈416〉

諸塵不隔. 此旨堪遵. 變化莫測. 緜密難論. 如善財不出道場. 遍
歷百城之法.

李長者論云. 善財遍巡諸友. 歷一百十城之法. 不出娑羅之林. 慈氏受一生
成佛之功. 不出一念無生性海.

모든 진(塵 : 6塵, 경계)이 격리되어 있지 않으니
이 뜻을 잘 준수해야 한다.
(경계는) 변화 막측이라
면밀히 논하기 어렵다.
이를테면 선재동자가 도량을 나가지 아니하고,
두루 유력하며 百城에서 법문을 들은 것과 같다.

『이장자론(李長者論 : 신화엄경론)』에 이른다. 「선재동자가 여러 선지식을
두루 순방하며 110성읍의 법문을 거치는 동안 사라 숲을 나가지 않았다.
자씨(慈氏 : 미륵보살)가 (다음에) 한 번 태어나 성불의 공(功)을 이룬다는
수기를 받았으나 일념 무생의 性海를 벗어나지 않았다.」[891]

---

891) 『신화엄경론』권24 제2離咎地. 『대정장』권36. 원문 일부분 자구를 넣거나 생략,
또는 고쳐서 인용하였다.

〈417〉

猶海幢常冥寂定.廣開佛事之門.

華嚴經云.海幢比丘.結跏趺坐.入於三昧.離出入息.無別思覺.身安不動.
從其足下.出無數百千億長者居士婆羅門眾.皆以種種諸莊嚴具.莊嚴其
身.悉著寶冠.頂繫明珠.普往十方一切世界.雨一切寶.一切纓絡.一切衣
服.一切飲食如法上味.一切華.一切鬘.一切香.一切塗香.一切欲樂資生之
具.於一切處.救攝一切貧窮眾生.安慰一切苦惱眾生.皆令歡喜心意清淨.
成就無上菩提之道.如金剛三昧經云.空心不動.足具六波羅蜜.

마치 해당비구가 항상 고요히 선정에 든 채로
널리 佛事의 문을 편 것과 같다.

『화엄경』에 이른다. 「해당비구가 결가부좌 하고 삼매에 들어 호흡을
떠났으며 다른 생각이 없었다. 몸은 안온하여 흔들리지 않았다. 그 발바닥
아래로부터 무수한 백 천 억 장자와 거사 바라문중이 나왔는데 모두 갖가지
여러 장엄구로 그 몸을 장엄하고 있었다. 모두 보관을 쓰고 정수리에 명주가
있었다. 두루 十方의 모든 세계에 다녔는데 일체의 보배, 일체의 영락,
일체의 의복, 일체의 여법한 최상의 맛인 음식, 일체의 꽃, 일체의 만(鬘),
일체의 향, 일체의 바르는 향, 일체의 욕락과 생활에 필요한 것들이 비처럼
내렸다. 일체의 장소에서 모든 빈궁한 중생을 구제해주었으며, 고뇌에 빠진
모든 중생들을 안위하여 모두 환희하며 마음을 청정케 하고 위없는 보리(깨달
음)의 도를 성취하도록 하였다.」892) 이를테면 『금강삼매경』에서 이른다.
「텅 빈 마음 不動함에 6바라밀 구족하였네!」893)

〈418〉

最上之宗. 第一之說. 大悟而豈假他求. 內證而應須自決. 似冰含
水. 融通而豈有等倫.

> 冬則結水成冰. 春則釋冰成水. 時節有異. 濕性不動. 衆生佛性亦爾. 在凡身
> 如結冰. 居聖 體如釋水. 但隔迷悟之時. 一心不動.

최상의 宗이고, 第一의 설이며,
대오(大悟)하면 되거늘
어찌 다른데서 구하리요!

내증(內證 : 자심에서 증득함)하여
응당 반드시 스스로 결정해야 하리!
얼음이 물을 함축하고 있듯이
(자심에서) 융통하면 되는 길이나니
어찌 이에 견줄 것이 있겠는가!

　겨울이 되면 물이 얼어 얼음이 된다. 봄이 되면 얼음이 풀어져 물이
된다. 시절에 따라 달라지는 것이지만 습기의 성은 변함이 없다. 중생의
불성도 또한 이와 같다. 범부의 몸에 있을 때는 결빙(結氷)된 것과 같고,
성인의 몸에 있을 때는 풀어진 물과 같다. 단지 미혹한 때와 깨달은 때의

---

892) 『화엄경(80권본)』권63. 『대정장』권10, 340b.
893) 『금강삼매경』. 『대정장』9, 367a.

격차가 있으나 (어느 때나) 一心임은 변치 않는다.

〈419〉

如金與鐶. 展轉而更無差別.

密嚴經頌云. 如來淸淨藏. 世間阿賴耶. 如金與指鐶. 展轉無差別. 以如來藏
不守自性. 隨緣六道. 如金逐工匠之緣. 造作甁盤衆器. 雖隨緣轉. 而不失金
體. 如來藏亦復如是. 雖隨染緣作衆生. 是隨緣義. 而不失自體. 是不變義.

마치 금과 가락지가
이리저리 다른 모습으로 전변되어도
조금도 차별이 없는 것과 같다.

『밀엄경(密嚴經)』의 게송에 이른다.

　　여래의 청정장(淸淨藏)과
　　세간 (범부의) 아뢰야식은
　　마치 금과 금가락지와 같아서
　　이러 저리 다른 모습으로 전변되어도 차별 없네![894]

여래장이 자성을 지키지 아니하고 인연 따라 육도에 윤회함이 마치 금덩이

---

894) 지파하라 역본 『대승밀엄경』권하 아뢰야미밀품제8. 『대정장』권16.

가 기능공의 緣 따라 병과 쟁반 등 갖가지 기물로 만들어지는 것과 같아 비록 인연 따라 전변되나 금의 체를 잃지 않는다. 여래장도 또한 이와 같아 비록 오염된 緣 따라 중생 몸을 짓지만 이는 인연에 따르는 뜻(隨緣義)이 고 자체를 잃지는 않는다. (그래서) 불변(不變)의 뜻(不變義)이다.

註心賦
권4

〈420〉

若空孕色.猶藍出青.馬鳴因茲而製論.

馬鳴菩薩.是西天第十二祖師.造一千部論.數內有一心遍滿論.乃至諸論.
皆研心起.離眾生心.無一字可說.故云.無法可說.是名說法.又如天親菩
薩.造頌及論.成立佛經.令諸學者.了知萬法.皆不離心.故云.自心起信.還
信自心.

空이 色을 잉태함이
마치 쪽에서 나온 푸른 물감과 같다.
마명보살이 이로 인해 논을 지었다.

마명보살은[895] 서천(인도) 제12대 조사이며, 1천부의 논을 지었다. 그
안에 『일심변만론(一心遍滿論)』이[896] 있고 내지 여러 논이 있다. 모두 마음
일어남에 대해 연찬한 것이다. 중생심을 떠나서는 一字도 설할 수 없다.
까닭에 이르길, 「설할 수 없다는 것, 이를 설법이라 한다.」고 하였다. 또

---

895) 마명(100~160년경 ; Aśvaghoṣa)은 중인도 사위국 바라문 출신이다. 처음 외도
   를 수학하다가 나중에 협존자를 만나 대론하다가 불교에 귀의하였다. 그는 삼
   장에 정통하였고, 詩作 등 문학에 뛰어나 고전기 범어문학의 선구자로 칭해진
   다. 특히 불타의 생애를 범어로 쓴 서사시 「佛所行讚(Buddhacarita)는 불교문학
   의 백미이다. 그는 서북 인도의 쿠샨왕조 제3대 왕 카니시카왕과 유대가 깊었
   고, 이 때 이 지역에서 대승불교가 크게 흥기하였다. 그의 대표 저술에 『金剛針
   論』・『犍稚梵讚』 等이 있다. 後秦 때 鳩摩羅什이 『馬鳴菩薩傳』1권을 번역하
   였다.

896) 여러 대장경목록에 보이지 않는다. 실전된 듯하다.

이를테면 천친(세친)보살이 게송과 논을 짓고 불경(의 논변)을 성립시켜서 여러 학자들로 하여금 만법이 모두 마음을 떠나 있지 않음을 뚜렷이 알게 하였다. 까닭에 이른다. 「自心에서 믿음을 일으키고, 다시 자심을 믿는다.」

〈421〉

釋迦由此而弘經.

> 諸佛證心成佛. 從心演教. 因心度人. 若離於心. 亦無三寶四諦. 世出世間等
> 法. 如肇論云. 為莫之大故. 乃反於小成. 施莫之廣故. 乃歸於無名. 何謂小
> 成. 通百千恒沙之法門. 在毛頭之心地. 何謂無名. 形教遍於三千. 無名相之
> 可得故. 以唯是一心故. 如傳大士行路難云. 君不見心相微細最奇精. 非因
> 非緣非色名. 雖復恬然非有相. 若凡若聖己之靈. 此靈無形而常應. 雖復常
> 應實無形. 心性無來亦無去. 流轉六趣實無停. 正覺覺此真常覺. 方便鹿苑
> 制尊經.

석가모니부처님이 이로 말미암아 경전을 홍포하셨다.

　모든 부처님께서 마음을 증(證)하여 성불하셨고, 마음으로부터 가르침을 펴며, 마음에 인하여 사람을 제도한다. 만약 마음을 떠나서는 또한 삼보와 사제(四諦 : 苦集滅道), 세간과 출세간 등의 법도 없다. 이를테면 『조론(肇論)』에 이른다. 「막대(莫大)한 까닭에 도리어 작게 이루어진다. 막광(莫廣 : 더 이상 넓은 것이 없게)하게 베풀어지는 까닭에 無名에 돌아간다.」[897] 왜 '작게

---

897) 『조론』 「열반무명론」 位體제3.

이루어진다'고 하였는가? 백천 항하사의 법문이 모두 바로 현전의 心地에 있는 까닭이다. 왜 無名이라고 하였는가. 모습으로 펼쳐진 가르침이 삼천대천세계에 두루 하나도 얻을 수 있는 名相이 없는 까닭이다. 오직 일심인 까닭이다. 이를테면 부대사(傅大士)의 『행로난(行路難)』에 이른다.

> 그대여! 보지 못하였는가! 心相이 미세함이 가장 기이하고 정묘하나니
> 因이 아니고, 緣이 아니며, 色과 名도 아니다.
> 비록 또한 평안하지만 그 相이 있지 않다.
> 범부든 성인이든 자기의[898] 영(靈)이건대
> 이 靈은 형상이 없되 항상 응한다.
> 비록 또한 응하되 실은 형상이 없다.
> 心性은 오는 바도 없고, 또한 가는 바도 없다.
> 육취(六趣 : 6도)에 윤회하되 실은 머무름이 없다.
> 正覺의 覺, 이것이 진실하고 영원한 覺이며,
> 방편으로 녹원에서 존귀한 경을 제정하셨네(설하셨네)![899]

<h2 align="center">〈422〉</h2>

外道打髑髏之時. 察吉凶之往事.

增一阿含經云. 佛與鹿頭梵志俱行. 至大畏林. 取人髑髏. 授與鹿頭. 此外道

---

898) 저본은 '已'이지만 『卍續藏』본의 『선혜대사록』과 여타 본의 『주심부』는 '己'(자신, 自己)이고 뜻으로 보아 후자가 옳다.
899) 『선혜대사록』권3 「행로난」제3장. 『卍續藏』권69.

善解諸聲. 問云. 此是何人髑髏. 鹿頭打作一聲. 答云. 此是男子. 因百節酸疼
故命終. 今生三惡道. 又打一髑髏云. 被人害死. 此人持十善. 今得生天. 佛一
一問之. 皆答不謬. 是以聲中本具諸法. 眾生日用不知. 故知聲處全耳. 法法
皆心故.

외도가 해골을 두드려 보고
길흉의 지난 일을 살펴 알았다.

『증일아함경』에 이른다. 「부처님과 녹두범지(외도)가 함께 걸어가다가
대외림에 이르렀는데 (부처님께서) 사람의 해골을 주어들고 녹두에게 주었
다. 이 외도는 여러 소리를 잘 알았다. (부처님께서) 물었다. "이것은 누구의
해골인가?" 녹두가 (해골을) 한 번 두드려 그 소리를 들어보고 답하여 말하였
다. "이 사람은 남자입니다. 백절(百節)의 산통(酸疼)으로 인해 죽었습니다.
금생에는 삼악도에 태어났습니다." 또 한 해골을 두드려보고 말하였다.
"저 사람은 해침을 받아 죽었습니다. 이 사람은 十善을 지켜서 금생에 천상에
태어났습니다." 부처님이 하나하나 물으면 모두 답하였는데 어긋남이 없었
다.900) 이로 알건대 소리 가운데는 본래 모든 법이 갖추어져 있다. 중생이
매일 쓰면서 알지 못하는 것이다. 까닭에 소리의 자리에 귀를 기울이면
모든 것이 다 마음임을 알게 되는 것이다.

---

900) 『증일아함경』권20성문품. 『대정장』권2. 원 경문을 줄여서 인용하였다. 원 경문
에는 부처님이 하나하나 묻고 범지의 답변에 각각 '如是'로 긍정해 주고 있다.

〈423〉

相者占人面之際辯.貴賤之殊形.

定慧論云.如人面色.具諸休否.若言有相.問者不知.若言無相.占者淵解.
當隨善相者.信人面上具一切相也.心亦如是.具一切相.眾生相隱.彌勒相
顯.如來善知.故遠近皆記.不善觀者.不信心具一切相.當隨如實觀者.信心
具一切相也.又如彌勒相骨經云.一念見色.有三百億五陰生滅.一一五陰.
即是眾生.

관상을 보는 자는 사람 얼굴의 윤곽으로 점쳐서
귀천의 특별한 모습을 판별한다.

『정혜론(定慧論)』에 이른다. 「마치 사람의 얼굴색에 운의 좋고 나쁨이
갖추어져 있는 것과 같다. (운의 좋고 나쁨의) 相이 있다고 하여도 묻는
자는 알지 못하고, (그) 相이 없다고 하여도 점치는 자는 깊이 안다. 응당
善相에 따르고 믿는 자는 얼굴에 일체상을 갖춘다. 마음도 또한 이와 같아
일체상을 갖추고 있다. 중생상은 숨고, 미륵상은 나타난다. 여래는 잘 아는
까닭에 원근의 모든 불자들에게 다 수기(授記)하셨다. 잘 관찰하지 못하는
자는 信心에 일체상을 갖추지 못한다. 마땅히 여실히 관찰함에 따르는
자는 信心에 일체상을 갖춘다. 또한 『미륵상골경(彌勒相骨經)』에 이른다.
「색을 보는 일념에 3백억의 5음(陰)이 생멸한다. 하나하나의 5음이 바로
중생이다.」

〈424〉

大體平分. 玄基高峙. 十心九識之宗.

十心者. 華嚴疏云. 此一心. 約性相體用本末即入等義. 有十心門. 一假說一
心. 則二乘人. 謂實有外法. 但由心變動. 故說一心. 二相見俱存故說一心. 此
通八識及諸心所. 并所變相分. 本影具足. 由有支等熏習力故. 變現三界依
正等報. 三攝相歸見故說一心. 亦通王數. 但所變相分. 無別種生. 能見識生.
帶彼影起. 四攝數歸王故說一心. 唯通八識. 以彼心所依王無體. 亦心變故.
五以末歸本說一心. 謂七轉識. 皆是本識差別功能. 無別體故. 經偈云. 譬如
巨海浪. 無有若干相. 諸識心如是. 異亦不可得. 六攝相歸性說一心. 謂此八
識皆無自體. 唯如來藏平等顯現. 餘相皆盡. 一切眾生即涅槃相. 經云. 不壞
相有八. 無相亦無相. 七性相俱融說一心. 謂如來藏舉體隨緣. 成辦諸事. 而
其自性本不生滅. 即此理事混融無礙. 是故一心二諦. 皆無障礙. 八融事相
入說一心. 謂由心性圓融無礙. 以性成事. 事亦鎔融不相障礙. 一入一切. 一
一塵內. 各見法界. 天人脩羅等. 不離一塵. 九令事相即說一心. 謂依性之事.
事無別事. 心性既無彼此之異. 事亦一切即一. 如經偈云. 一即是多. 多即一
等. 十帝網無礙說一心. 謂一中有一切. 彼一切中復有一切. 重重無盡. 皆以
心識如來藏性圓融無盡. 以真如性畢竟無盡故. 觀一切法即真如故. 一切時
處皆帝網故. 九識者. 一眼識. 二耳識. 三鼻識. 四舌識. 五身識. 六意識. 七末
那識. 八阿賴耶識. 九真識. 九識者. 以第八染淨別開為二. 以有漏為染. 無漏
為淨. 前七識不分染淨. 以俱是轉識攝故. 第八既非轉識. 獨開為二. 謂染與
淨. 合前七種. 故成九識. 又第九識. 亦名阿陀那識. 密嚴經說九識為純淨無
染識. 如瀑流水. 生多波浪. 諸波浪等以水為依. 五六七八等. 皆以阿陀那識
為依故.

大體는 균평하게 나뉘어 있고,
현묘한 바탕에서 높이 솟아 있나니
(바로) 十心 九識의 宗이다.

十心이란, 『화엄경소』에 이른다.

　이 一心을 性·相·體·用·本·末·卽入 등의 뜻에 입각하면
十心門이 있다.
　1은, 一心이라 가설(假說)함이니 2승인이 바깥 사물이 실유한다고
함에 대해 (이는) 단지 마음이 변동한 것에 연유한 것이라고 하는
까닭에 一心이라 설함이다.
　2는, 相見이 함께 있는 까닭에 一心이라고 함이다. 이는 8식과 모든
心所에 통한다. 아울러 소변(所變)의 相分에 본영(本影 : 大體의 分)이
구족되어 있다. 지(支 : 12인연) 등의 훈습력으로 인해 三界와 依報
正報 등으로 변현되는 까닭이다.
　3은, 相을 아울러서 見에 돌아가는 까닭에 一心을 설함이다. 또한
心王과 心數(心所)에 통한다. 단지 소변(所變)의 相分이 다른 종자에서
생한 것이 아니고, 能見識에서 생한 것이다. 그 영상(능견식)을 대(帶)하
고 생긴다.
　4는, 心數(心所)를 아울러서 심왕에 돌아가는 까닭에 一心이라 함이
다. 오직 제8식에만 통한다. 저 心所는 심왕에 의지하니 체가 없으며,
또한 마음이 변한 것인 까닭이다.
　5는, 末로써 本에 돌아가는 까닭에 一心이라 함이다. 말하자면 7전식
(七轉識 : 제7식에서 前五識)이 모두 本識(제8식, 아뢰야식)의 차별 공능(功

能)이어서 다른 체가 아닌 까닭이다. 경의 게송에 이른다.

> 비유컨대 큰 바다의 파도에
> 약간의 相도 없나니
> 모든 識心도 이와 같아
> 또한 다름을 얻을 수 없네.

6은, 相을 아울러서 性에 돌아가는 까닭에 一心을 설함이다. 말하자면 이 8식은 모두 자체가 없다. 오직 여래장이 평등하게 나타나는 것일 뿐이다. (여래장 외의) 여타 相은 모두 없어진다. 모든 중생이 곧 열반상이다. 경에서 이른다. 「相을 부수지 아니하고 8식이 있다. 無相 또한 無相이다.」

7은, 性과 相이 함께 융섭되는 까닭에 一心을 설함이다. 말하건대 여래장은 온 몸으로 緣에 따르며, 모든 事(현실, 현상)를 주관하여 이룬다. 그러나 그 자성은 본래 생멸이 없다. 즉 이 理와 事가 혼융하며 걸림이 없다. 이 까닭에 一心에 이제(二諦 : 世俗諦와 眞諦)가 모두 장애됨이 없다.

8은, 事가 서로 융입(融入)되는 까닭에 一心을 설함이다. 말하자면 심성이 원융하여 걸림 없기 때문에 性이 事를 이룬다. 事 또한 (서로) 용융(鎔融)하여 서로 장애됨이 없다. 一이 一切에 들어가고, 하나하나의 티끌(경계, 6진)에서 각각 법계를 본다. 천상, 인간, 아수라 등이 하나의 티끌을 떠나 있지 않다.

9는, 事를 서로 즉(卽)하게 하니 一心을 설함이다. 말하자면 性에 의지한 事이니 事에 별개의 事가 없다. 심성에 이미 피차(彼此)의 다름이 없다. 事 또한 一切가 곧 一이다(一切가 一에 즉해 있다). 이를테면 (화엄)경의 게송에 이르길, 「一이 곧 多이고, 多가 곧 一이다」고[901] 한 것 등이다.

10은, 제망(帝網 : 法界重重無盡緣起)이[902] 걸림 없는 까닭에 一心을 설함이다. 一 가운데 一切가 있고, 그 일체 가운데 또한 일체가 있음이 重重으로 다 함 없음(重重無盡)을 말함이다. 모두 心識의 여래장성이 원융하여 다 함 없는 까닭이며, 진여성이 필경에 다 함 없는 까닭이고, 일체 모든 것이 곧 진여임을 관찰하는 까닭이며, 一切의 시간과 장소가 모두 帝網(重重의 無盡緣起)인 까닭이다.

九識이란, (1) 안식(眼識), (2) 이식(耳識), (3) 비식(鼻識), (4) 설식(舌識), (5) 신식(身識), (6) 의식(意識), (7) 마나식(末那識), (8) 아뢰야식(阿賴耶識), (9) 진식(眞識)이다. 제9식은 제8식을 오염된 면과 본연의 청정한 면으로 따로 펼쳐 둘로 한 것이다(둘로 나눈 것의 본연 청정한 면이다). 유루(有漏)가 오염(汚染)이고, 무루(無漏)가 청정이다. 앞의 7식(제1식~제7식)은 오염된 면과 청정한 면으로 나누이지 않는다. 이는 전식(轉識)에 포함되는 까닭이다. (本識인) 제8식은 이미 전식(轉識)이 아니어서 홀로 나누어 둘로 하고 염(染)과 정(淨)이라 하였다. (여기에) 앞의 7종을 합한 까닭에 9식(9종의 식)이 된다. 또한 제9식은 아타나식(阿陀那識)이라고도 한다. 『밀엄경(密嚴經)』에[903] 설한다.

---

901) 『화엄경(80권본)』권16 十住品第十五, 『대정장』권10, 087c.

902) 帝網重重無盡緣起, 事事無碍緣起, 法界緣起를 줄여 말하였다. 이에 대해서는 앞의 각주에서 해설하였다.

903) 2종의 『대승밀엄경』(지바하라 역본과 不空 역본)에 이 인용문이 보이지 않는다.

제9식이라 하는 것은 순정무염식(純淨無染識 : 순정하여 오염됨이 없는 식)이다. 마치 폭류수가 많은 파도를 일으키고, 모든 파도들은 물에 의지하는 것과 같다. (第)5・6・7・8(識) 등은 모두 아타나식에 의지하는 까닭이다.904)

〈425〉

三細六麤之旨.

三細者.一者業相.即無明業相.以依不覺故心動.說名為業.覺則不動.動則有苦.果不離因故.二者轉相.即能見相.以依動故能見.不動則無見.三者現相.即境界相.以依能見故境界妄現.離見則無境界.第一業相.未分能所.第二轉相.漸立見分.第三現相.頓現相分.論云.不覺故心動者.動為業識.理極微細.謂本覺心因無明風.舉體微動.微動之相.未能外緣.即不覺故.為精動隱流之義.精者細也.隱者密也.即是細動密流難覺故.所以云不覺.謂從本覺有不覺生.即為業相.喻如海微波.從靜微動.而未從此轉移本處.轉相者.假無明力.資助業相.轉成能緣.有能見用.向外回起.即名轉相.雖有轉相.而未能現五塵.所緣境相.喻如海波浪.假於風力.兼資微動.從此擊波轉移而起.現相者.從轉相而成現相.方有色塵山河大地器世間等.如仁王經云.初剎那識異於木石者.有說初識.隨於何趣續生位中.最初剎那第八識也.識有緣慮.異於木石.有說初識.如楞伽經云.諸識有三種相.謂轉相.業相.真相.言真相者.本覺真心.不籍妄緣.名自真相.業相者.根本無明.起靜

---

904) 『화엄경소』권40. 『대정장』권35, 806b~c. 원문을 약간 바꾸고, 여러 곳 생략하며 인용하였다.

令動. 動為業識. 極微細故. 轉相者. 是能見相. 依前業相轉成能緣. 雖有能緣. 而未能顯所緣境故. 現相者. 即境界相. 依前轉相. 能現境故. 又云. 頓分別知自心及身. 安立受用境界如次. 即是根身外器色等五境. 以一切時任運現故. 此是三細. 即本識故. 最初業識. 即為初依生起門為次第故. 又遠劫來. 時無初始. 過未無體. 熏習唯心. 妄念為初. 違真起故. 又從靜起動. 名之為業. 從內趣外. 名之為轉. 真如之性不可增減. 名為真相. 亦名真識. 此真識. 即業轉現等三性. 即神解性. 不同虛空. 通名識. 亦名自相. 不籍他成故. 亦名智相. 覺照性故. 所以云. 本覺真心. 不籍妄緣. 以真心之體. 即是本覺. 非動轉相. 是覺性故. 又釋云. 初剎那識異於木石者. 謂一念識有覺受故. 異於木石. 即顯前念中有末心所見赤白二穢. 即同外器木石種類. 此識生時. 攬彼為身. 故異木石. 問. 遠劫無始. 名初識耶. 答. 過去未來無體. 剎那熏習. 唯屬現在. 現在正起妄念之時. 妄念違真. 名為初識. 非是過去有識創起. 名為初識也. 應知橫該一切處. 竪通無量時. 皆是即今現在一心. 決無別法. 所以法華經云. 我觀久遠猶若今日. 則三世情消. 契無時之正軌. 一真道現. 證唯識之圓宗. 已上釋三細相訖. 次解六麤相者. 論云. 後以有境界緣故. 復生六種相. 故名麤. 六麤者. 一起計. 一者智相. 依於境界. 心起分別. 愛與不愛故. 二生愛. 二者相續相. 依於智故. 生其苦樂. 覺心起念. 相應不斷故. 三取著. 三者執取相. 依於相續. 緣念境界. 住持苦樂. 心起著故. 四立名. 四者計名字相. 依於妄執. 分別假名言相故. 五造業. 五者起業相. 依於名字. 尋名取著. 造種種業故. 六受報. 六者業繫苦相. 以住業受報. 果不自在故. 上三細六麤. 總攝一切染法. 皆因根本無明. 不了真如一心而起.

삼세육추(三細六麤)의 뜻

삼세(三細)란, 1. 업상(業相)이니 바로 무명업상(無明業相)이다. 不覺으로 인해 마음이 動함을 이름 하여 업이라 한다. 覺하면 動하지 않는다. 動하면 苦가 있게 된다. 果가 因을 떠나지 않는 까닭이다. 2. 전상(轉相)이니 바로 능견상(能見相 : 주관의 면, 보는 자의 면)이다. 動함에 의하는 까닭에 能見이라 한다. 不動하면 見함이 없다. 3. 現相이니 바로 경계상이다. 能見에 의지하는 까닭에 경계가 망령되게 나타난다. 見함을 떠나면 경계가 없다. 첫 번째의 業相은 能(주관)과 所(객관)가 나누어지지 않았으나, 두 번째 전상(轉相)은 점차 見分이 세워지고, 세 번째 現相은 相分이 단박에 나타난다.

논(『기신론』)에 이르길, '不覺으로 인해 마음이 動함'이라 한데서 動은 업식(業識)이다. (그 업식의) 理가 극히 미세하다. 말하건대 本覺心이 無明의 바람으로 인해 온 體가 미동하게 되고, 미동하는 相이 아직 밖으로 緣되지 않으니 바로 不覺인 까닭이다. 정미(精微)한 움직임이 은밀하게(드러나지 않게) 흐른다는 뜻이다. '정(精)'이란 미세함을 말한다. '은(隱)'이란 밀(密)이다. 즉 이렇게 세밀한 움직임의 흐름을 지각하기 어렵기 때문이다. 그래서 '不覺'이라 하였다. 말하자면 本覺으로부터 不覺이 생기게 되었으니 바로 (이것이) 業相이다. 비유하자면 바다의 미세한 파도가 고요함에서 미동하되 아직 이 전(轉 : 굴러감)함에서 본처를 옮기지 않은 상태이다. 전상(轉相)이란 것은 無明力을 빌려 업상을 돕고, 구르면서 [轉] (대상을) 緣한다[能緣]. 能見의 用이 있어 밖으로 향하면서 돌이켜 (마음을) 일으키니 전상(轉相)이라 이름 한다. 비록 전상(轉相)이 있어도 아직 오진(五塵 : 색성향미촉)을 드러내지 못한다. 所緣의 경계상은, 비유컨대 바다의 파도가 바람의 힘을 빌려 그 도움으로 미동하고, 이로부터 파도가 파도를 치면서 전이(轉移)하며 일어나는 것과 같다. 現相이란, 轉相으로부터 現相이 이루어지면서 바야흐로 색진(色塵), 산하대지, 기세간(器世間) 등이 있게 된다. 이를테면 『인왕경』에 이르길, 「첫 찰나식(刹那識)이 목석과 다르다」고[905] 하였다. 初識이라고도 하는 것은 어디에 따른 것인가? 다음 생으로 이어지는 단계에서 최초의 찰나가 제8식이다. 識에는 연려(緣慮)함이 있어 목석과 다르다. 初識이라고 도 설하는 것은, 이를테면『능가경』에 이른다.「諸識에 3종상이 있으니 전상(轉相), 업상(業相), 진상(眞相)을 말한다.」[906] 眞相이란 本覺의 眞心이다. 망령된 緣에 의지하지 않으니 이름 하길 自眞相이라 한다. 業相이란 근본무 명이다. 고요한데서 동함을 일으키고, 동함이 業識이 된다. 극히 미세하다. 전상(轉相)이란 능견상(能見相)이다. 앞의 업상에 의지하여 能緣(대상을 緣함) 을 전성(轉成)한다. 비록 能緣이 있으나 아직 所緣의 경계가 나타나지 않았다. 現相이란 곧 경계상이다. 앞의 轉相에 의지하여 능히 경계를 나타내는 까닭이 다. 또 이른다.「단박에 자심과 몸을 분별하여 알고, 경계를 그러한 차서(次序) 로 안립하여 受用하니 곧 根(6根), 身, 바깥 기세간, 色 등의 5境이다.」어느 때나 任運하여 나타난다. 이것이 三細이니 바로 本識이다. 최초의 업식이라 함은 바로 처음의 生起門이라는 점에 의거하여 차서를 세운 것이다. 또한 원겁(遠劫) 이래 時에 첫 시작이 없었고, 과거와 미래는 體가 없다. 훈습함도 오직 마음일 뿐이어서 망념이 시초가 된다. 진실에 위배되어 일어나는 까닭이다. 또한 고요함에서 기동(起動)함을 이름 하여 업이라 한다. 안으로부 터 밖으로 향하여 나아감을 이름 하여 전(轉)이라 한다. 진여의 성품은 증감(增減)이 없음을 이름 하여 眞相이라 하고, 또 眞識이라 한다. 이 眞識이 곧 業相・轉相・現相 등의 三性이다. 바로 神解하는 性이어서 허공과 동일 하지 않다. 通名하여 識이라고도 한다. 또 自相이라고도 하는 것은 다른 것에 의지하지 않고 이루어지는 까닭이다. 또한 智相이라고도 하는데 覺照하 는 性인 까닭이다. 까닭에 이르길, '本覺 眞心은 망령된 緣에 의지하지 아니한다'고 하였다. 진심의 체가 곧 본각이며, 동하여 轉하는 상이 아니고

---

905)『인왕경』권상 보살행품제3.『대정장』권8.
906)『대승입능가경』권1 羅婆那王勸請品第一.『대정장』권16, 593b.

覺性인 까닭이다.

또 해석하여 이른다. '처음 찰나식은 목석과 다르다'고 함은 一念의 識에 覺受(知覺)함이 있는 까닭에 목석과 다르다는 것이다. 즉 前念이 드러난 가운데 末心(前念의 끝자리)이 본 바의 적백이예(赤白二穢 : 相對의 二法에 대한 분별과 오염)가 있다. 즉 바깥 기세간의 목석 종류와는 동일하지 않다.[907] 이것이 생하는 때에 저것을 취하여 몸으로 하니 목석과 다르다.

묻는다 :

"원겁에 시초가 없음을 初識이라 이름 한다고 하였습니다만 (왜 그러합니까)?" 답한다 :

"과거 미래는 체가 없다. 찰나의 훈습은 오직 현재에 속한다. 현재에 바로 망념이 일어나는 때에 망념이 진실에 위배됨을 이름 하여 初識이라 한다. 과거에 식이 첫 일어난 일이 있었던 것이 아님을 이름 하여 初識이라 한다. 마땅히 알지니 (당념 당처가) 횡으로는 일체 처 어디에나 해당하고, 종으로는(시간으로는) 무량한 시간에 다 통한다. 모두 지금 현재의 일심에 즉해 있어 결정코 별개의 다른 것이 없다. 까닭에 『법화경』에 이른다. 「내가 저 구원(久遠)을 보니 마치 今日인 듯 하다.」[908] 그러니 三世의 情이 소멸되어 無時의 정궤(正軌)에 계합(합치)하면 하나의 眞道가 드러나고, 유식

---

907) 저본과 『대장경』본 등이 모두 「同外器木石」인데 「不同——」이 되어야 옳다. 이 자리에서는 첫 찰나식이 목석과 다름을 해설하고 있기 때문이다. 그래서 '不'이 잘못하여 탈락된 것이 분명하다.

908) 『법화경』권3 수기품. 『대정장』권9, 22b. 『대장경』본 『법화경』은 「彼久遠」인데 저본에는 '彼'가 탈락되어 있다.

(唯識)의 원종(圓宗)을 증명한다.

이상으로 三細의 相을 해설하여 마쳤다.

다음은 육추(六麤)의 相에 대해 해설한다.

『論(기신론)』에 이른다. 「후에 경계를 緣함이 있게 되는 까닭에 다시 6종의 상이 생긴다. 까닭에 이름 하여 추(麤 : 거칠다. 三細에 빗대어 말한 것) 라고 한다. 육추(六麤)란, (1. 분별이 일어남이니)[909] 1. 智相이다. 경계에 의지하여 마음이 분별을 일으킨다. 애착함과 애착하지 않음이 있는 까닭이다. (2. 애착을 냄이니) 2. 相續相이다. 智에 의지하는 까닭에 그 고락을 낸다. 지각하는 마음이 念을 일으켜 상응함이 끊이지 않는 까닭이다. (3. 취착이니) 3. 집취상(執取相)이다. 상속함에 의지해서 경계를 緣하여 생각하고 고락에 머문다. 마음이 일어나 집착하기 때문이다. (4. 立名이니), 4. 名字相을 분별함이니 망령된 집착에 의지해서 假名의 언설상을 분별하는 까닭이다. (5. 업을 지음이니) 5. 업을 일으키는 상이다. 名字에 의지해서 이름을 찾아 취착하고 갖가지 업을 짓는 까닭이다. (6. 과보를 받음이니) 6. 업계고상(業繫苦相 : 업에 묶여 고통을 받는 상)이니 업의 과보를 받는데 머물러 과보에 자재하지 못하는 까닭이다.[910] 위의 삼세(三細)와 육체(六麤)는 모든 오염된 법을 다 아우른다. 모두 근본무명에 인하여 진여 일심이 일어나는 것임을 알지 못한다.[911]

---

909) 『기신론』 원문에 없는 부분이다. 이어 이 부분들을 괄호 하여 구분한다.

910) 『기신론』. 『대정장』권32, 577a. 『기신론』 원문의 6추 명칭 앞에 그 근본 성질을 '起計', '生愛'등으로 칭하여 새로 붙였다.

911) 바다에 파도가 일어나는데 이는 파도가 일어나는 것이 아니라 바다가 그렇게 출렁이는 것이다. 識의 파랑, 생노병사도 마찬가지로 진여(일심, 여래장)가 그렇게 생멸함이 없이 생멸하며, 윤회함이 없이 윤회하는 것이다. 범부는 무명으로 인해 생멸하는 相만 보고 그 相이 생멸하는 것으로 착각한다.

〈426〉

根身國土.因本識而先生.

根身器世間.從第八識而建立.如唯識論云.一切三界.但唯有識.識有二種.
一顯識.即是本識.此本識.轉作五塵四大等.二分別識.即是意識.於顯識
中.分別作人天長短大小男女諸佛等.分別一切法.譬如依鏡影色得起.如
是緣顯識.分別識得起.又轉識.能迴轉造作無量識法.或轉作根.或轉作塵.
轉作我.轉作識.如此種種不同.唯識所作.或於自於他.互相隨逐.於自則轉
為五陰.於他則轉為怨親中人.一一識中.皆具能所.能分別是識.所分別是
境.能即依他性.所即分別性.由如此義.離識之外.更無別境.但唯有識.又
轉識論.明所緣識.轉有二種.一轉為眾生.二轉為法.一切所緣.不出此二.
此二實無但是識轉作二相貌也.又論云.雖非無色.而是識變.謂識生時.內
因緣力.變似眼等.色等相現.即以此相.為所依緣.然眼等根.非現量得.以
能發識.比知是有.此但功能.非外所造.外有對色.理既不成.故應但是內識
變現.釋云.眼等雖有所依所緣之色.而是識所變現.非是心外別有極微以
成根境.但八識生時.內因緣種子力等.第八識變似五根五塵.眼等五識.依
彼所變根.緣彼本質塵境.雖親不得.要託彼生.實於本識色塵之上.變作五
塵相現.即以彼五根為所依.以彼及此二種五塵為所緣緣.五識若不託第八
所變.便無所緣緣.所緣緣中.有親疏故.然眼等根非現量者.色等五塵.世間
共見.現量所得.眼等五根.非現量得.除第八識緣及如來等緣.是現量得.世
不共信餘散心中無現量得.此但能有發識之用.比知是有.此但有功能.非
是心外別有大種所造之色.此功能言.即是發生五識作用.觀用知體.如觀
生芽.比知種體是有.所以密嚴經偈云.眼色等為緣.而得生於識.猶火因薪
熾.識起亦復然.境轉隨妄心.猶鐵逐磁石.如乾城陽燄.愚渴之所取.中無能

造物. 但隨心變異. 復如乾城人. 往來皆不實. 衆生身亦爾. 進止悉非眞. 亦如
夢中見. 寤後即非有. 妄見蘊等法. 覺已本寂然. 四大微塵聚. 離心無所得.

根(6根, 안이비설신의)과 몸과 국토가
本識(제8식, 아뢰야식)으로 인하여 먼저 생한다.

　根과 몸과 기세간은 제8식으로부터 건립된다. 이를테면 『유식론唯識論』
에 이른다. 「모든 세계는 단지 오직 식만 있을 뿐이다.」912) 識에 2종이
있다. 1. 현식(顯識)이니 곧 本識이다. 이 본식이 5진(五塵 : 색성향미촉),
四大 등을 구르며 짓는다. 2. 분별식이니 곧 의식이다. 현식(顯識 : 현행의
드러난 식) 중에서 人天·長短·大小·男女·諸佛 등을 분별하여 짓고,
일체법을 분별한다. 비유컨대 거울에 의지해서 영상과 색이 일어날 수
있는 것과 같다. 이와 같이 현식(顯識)에 의지해서 분별식이 일어날 수
있다. 또 전식(轉識)은 능히 무량한 識의 법을 회전하며 조작한다. 혹은
구르며 根을 짓고, 혹은 구르며 진(塵 ; 6진 경계)을 지으며, 구르며 我를
짓고, 굴러서 識을 짓는다. 이와 같이 갖가지로 같지 않은 것이 오직 식이
지은 것일 뿐이다. 혹은 자타를 서로 따라 좇아 간다. 자신을 좇아 가면
굴러서 오음(五陰)이 되고, 他를 좇아 가면 굴러서 원망하는 사람이나 친한
사람이 된다. 하나하나의 식 가운데 모두 能(주관)과 所(객관, 대상)가 갖추어져
있다. 能分別(분별하는 주관)이 識이고, 所分別(분별되는 대상)이 경계이다.
能은 곧 依他性이고, 所는 곧 分別性(遍計所執性)이다. 이러한 뜻으로 인해
식을 떠나서 그 밖에 다른 경계가 없다. 단지 오직 식이 있을 뿐이다. 또한

---

912) 천친(세친)의 『유식론』에 이 문장은 보이지 않으나 여러 유식경론에 이러한 뜻
　　의 문구가 많다.

『전식론(轉識論)』에서 所緣의 識을 설명하고 있다. 「굴러감에(轉함에) 2종이 있다. 1. 굴러서 중생이 됨이고, 2. 굴러서 사물이 됨이다. 일체의 所緣이 이 둘을 벗어나지 않는다. 이 둘은 실은 없는 것이다. 단지 이 식이 굴러서 두 모습을 지은 것이다.」913)

또 『논(성유식론)』에 이른다.

비록 無色이라 하더라도 식이 변한 것이다. 말하자면 식이 생하는 때에 內因緣力으로 眼 등과 비슷하게 변하여 색 등의 상이 나타난다. 바로 이 相이 所依의 緣이 된다. 그러나 眼 등의 根은 현량(現量)으로 감득되는 것이 아니다. (根이) 識을 능발(能發)하는 것에 의해 比知(유추로 知함)로 그러함을 안다. 이는 단지 (식 자체의) 공능이어서 밖에서 만들어진 것이 아니다. (識) 외에 상대되는 색이 있다는 것은 이치로 이미 성립되지 않는다. 까닭에 응당 단지 內識이 변현된 것이다.914)

『釋(성유식론술기)』에 이른다.

안(眼) 등에 비록 의지하고 (대상으로) 緣하는 色이 있으나 이는 識이 변하여 나타난 것이며, 마음 밖에 따로 극미(極微)가 있어 根과 경계를 이룬 것이 아니다. 단지 8식이 생기는 때에 內因緣의 종자의 힘 등에 의해 제8식이 5根(안이비설신)과 5진(塵 : 색성향미촉)에 비슷하게 변한 것일 뿐이다. 안(眼) 등의 5식이 저 所變의(제8식에서 전변하여 생긴) 根에 의하고, 저 본질의 진경(塵境)에 緣한다. 비록 직접 얻을

---

913) 『전식론』 맨 첫 문장. 『대정장』권31.
914) 『성유식론』권1. 『대정장』권31, 04a.

수는 없으나 그것이 생함에 의탁해야 한다. 실은 本識의 색진(色塵)에서 5진(塵)의 相이 나타나는 것이다. 즉 저 5근이 所依(의지함이 되는 것)가 되고, 그것과 이 2종(비슷하게 변한 경계상 및 본질의 塵境)의 5진(塵)이 所緣緣(所緣을 緣함. 緣하여 나온 것을 緣하는 것)이 된다. 5식이 만약 제8식의 所變에 의탁한다면 바로 所緣緣이 없게 된다. 所緣緣 중에 친소(親疏 : 친근한 것과 멀리 떨어져 있음)가 있는 까닭이다.915)

그러나 안(眼) 등이 現量이 아니라 한 것은(根을 현전에서 직접 볼 수 없다), 色 등의 5진(塵)은 세간인이 함께 보는 것이라 現量으로 감득되나 안(眼) 등의 5根은 現量으로 감득되지 않기 때문이다. 제8식을 緣하거나 여래 등을 緣함에 現量으로 감득할 수 있음을 제외하고, 세간에서 함께 믿지 못하는 경우와 그 밖에 산란심 중에서는 현량으로 감득하지 못한다. 이러한 경우는 단지 능히 識을 발하는 用이 있는 것일 뿐이며, 比知(유추하려 知함)로 있다고 함이다. 이는 단지 (그러한) 공능이 있는 것일 뿐이며, 마음 밖에 따로 대종(大種 : 지수화품)으로 만들어진 색이 있는 것이 아니다. 이 공능으로 말하자면 바로 5식의 작용을 발생시키는 것이며, 보는 用이고 知의 體이다. 마치 싹이 나온 것을 보고 유추하여 종자의 체가 있다고 아는 것과 같다.916)

---

915) 5식이 所變의 根에 의지하여 나온다. 제8식의 所變이 根이고, 그 根에 의지하여 나오는 까닭에 所緣緣이 된다. 그래서 제8식의 所變이라면 所緣緣이 없게 된다고 하였다. 그리고 여기에서 根에 의지하여 나온 까닭에 根의 所變은 가깝고, 제8식의 所變은 멀다. 모두 제8식의 자리이지만 여기에 가깝고 먼 구분이 있게 된다.

916) 『성유식론술기』권2本. 『대정장』권43, 268b.

까닭에 『밀엄경』의 게송에 이른다.

眼色 등이 緣되면서
識에서 생함이
마치 불이 장작으로 인하여 타오르는 것과 같아
식에서 생기는 것도 또한 그러하네!
경계가 妄心 따라 전변함이
마치 쇠가 자석 따라 좇아 가는 것과 같고,
건달바성과 아지랑이와 같은데
우매한 자가 갈증에 이를 취하려 하네!
그 가운데는 그것들을 만든 자가 없고,
단지 마음 따라 (심식이) 변이(變異)되어 나타난 것일 뿐이네!
또한 마치 건달바성의 사람들이
왕래함이 다 實이 아님과 같이
중생의 몸도 또한 이와 같아
나아가고 멈춤이 다 진실이 아니네.
또한 꿈속에서 보는 것과 같아
깨어난 후에는 있는 것이 아니다.
망령되이 온(5蘊 : 색수상행식) 등의 법을 보지만
깨닫고 나면 본래 고요하였네!
四大와 미진(微塵)의 모임도
마음 떠나서는 얻을 수 없네!917)

---

917) 不空 譯本 『대승밀엄경』권중 자작경계품제4. 『대정장』권16, 734b.

〈427〉

妍醜高低. 從分別而潛起.

凡分別. 屬第六意識. 分別有三. 一自性分別. 二隨念分別. 三計度分別. 如祖
師偈曰. 境緣無好醜. 好醜起於心. 心若不強名. 妄心從何起. 妄心既不起. 真
心任遍知.

예쁘고 추함과 높고 낮음이
분별로부터 은연중에 일어난다.

무릇 분별은 제6의식에 속한다. 분별에 셋이 있다. 一은 自性分別, 二는
수념분별(隨念分別 : 念에 따라 일어나는 분별), 三은 계탁분별(計度分別 : 이리저
리 헤아리는 분별)이다. 이를테면 조사의 게송에 이른다.

　　　緣되는 경계에 좋고 추함이 없으나
　　　좋고 추함이 마음에서 일어난다.
　　　마음이라 억지로 이름 할 수 없건대918)
　　　망심이 어디로부터 일어나겠는가?
　　　망심이 이미 일어나지 않았고,
　　　眞心이 자재하게 두루 아는 것이네!

---

918) 마음이 空寂(텅 비어 고요함)하니 형상이 없으며, 모두 마음이기에 달리 이름
　　할 수 없다.

〈428〉

矗然端直.靡歷光陰.德用之道恢廓.善巧之門甚深.

若不先了真如一心.為自行化他之本.曷能酬本願.起化輪.垂善巧權門.備無邊德用.如十住經序云.以靈照故.統名一心.以所緣故.總號一法.若夫名隨數變.則浩然無際.統以心法.則未始非一.又十二門論序云.論之者.欲以窮其心源.盡其至理也.若一理之不盡.則眾異紛然.有惑趣之乖.一源之不窮.則眾途扶疎.有殊致之迹.殊致之不夷.乖趣之不泯.大士之憂也.

가지런하고 곧으며

광음(光陰 : 시간)을 거침도 없다.

덕용의 道에 성곽이 갖추어지고,

뛰어나고 교묘한 문은 깊고 깊다.

만약 먼저 진여 일심을 깨닫지 못하고, 自利와 化他(남을 제도함)의 本을 행한다면 어떻게 본원에 보답하고, 교화의 수레바퀴를 굴리며, 뛰어나고 교묘한 권문(權門 : 방편문)을 내리고, 가없는 덕용을 갖출 것인가! 이를테면 『십주경』序에 이른다. 「영조(靈照)하는 까닭에 통괄하여 一心이라 한다. 所緣인 까닭에 총괄하여 一法이라 한다. 무릇 心數(心所)따라 변함으로 말한다면 활짝 트여 끝이 없다. 심법으로 통괄하면 아직 시작되지 않은 것이 하나도 없다.」[919] 또 『十二門論』序에 이른다. 「이를 논함은 그 심원(心源)을 다 파악하고, 그 至理를 다 밝히고자 함이다. 만약 一理라도 다 밝히지

---

919) 마음은 無始로 생함 없이 생한 까닭이다.

못하면 뭇 다른 견해들이 분연히 일어나고, 미혹함에 어긋난 뜻이 있게 된다. 하나의 심원(心源)이라도 다 파악하지 못하면 뭇 길이 옆으로 트여지고, 각기 다른 길로 나아가게 된다. 각기 달리 나아감이 없어지지 아니하고, 어긋난 뜻이 멸하지 않는 것이 보살의 근심이다.」[920)]

〈429〉

金地酥河. 匪出化源之意.

> 百法鈔云. 十地菩薩. 所變大地為黃金. 攪長河為酥酪. 化肉山魚米等事. 令
> 眾生得實用. 此皆不離大菩薩之心. 然地種不動. 但令所度眾生自心感見.
> 乃是菩薩本願力為增上緣. 令眾生見如是事.

(보살이 화현한) 황금의 땅과 수(酥 : 연유)의 강이
(보살이 중생을) 교화하려는 뜻을 벗어나지 않는다.

『백법초(百法鈔 : 대승백법명문론초)』에 이른다. 「十地보살이 대지를 변화시켜 황금으로 하고, 긴 강을 휘저어 연유(煉乳)로 하며, 肉山을 물고기와 쌀로 변화시키는 등의 일은 중생으로 하여금 실용할 수 있도록 함이다. 이는 모두 대보살의 마음을 떠나 있지 않다. 그러나 땅의 종자는 不動이다. 제도 받는 중생이 자심에서 감득하여 보는 것일 뿐이다. 즉 이는 보살의 본원력이 증상연(增上緣)이 되어 중생으로 하여금 이러한 일을 보게 한 것이다.」

---

920) 『십이문론』序. 『대정장』권30, 159b.

〈430〉

人波鬼火. 寧離業識之心.

唯識論云. 且如一水. 四見成差. 天見是寶嚴地. 人見是水. 餓鬼見是火. 魚見
是窟宅. 故知前塵無定相. 轉變由人. 如云. 境隨業識轉. 是故說唯心. 識論
云. 身不定如鬼者. 或見猛火. 或見膿河等. 實是清河. 無外異境. 然諸餓鬼.
悉皆同見膿滿河而流. 乃至慳悋業熟同見此. 若由昔同業各熏自體. 此時異
熟皆並現前. 彼多有情同見斯事. 實無外境. 為思憶故. 準其道理. 世間亦然.
共同造作所有熏習成熟之時更無別相. 色等相分從識而生. 是故定知不由
外境. 識方得起. 現見有良家賤室貧富等異. 如是便成見其色等應有差別.
同彼餓鬼見成非等. 然諸餓鬼雖同一趣. 見亦差別. 由業異故. 所見亦然. 彼
或有見大熱鐵圍. 融煮迸澍. 或時見有屎尿橫流. 非相似故. 或有雖同人趣.
薄福之人. 金帶現時. 見為鐵鎖. 或見是蛇. 吐其毒火. 是故定知. 雖在人趣.
亦非同見. 但唯識變. 法無差別. 如先德云. 人水鬼火. 豈在異方. 毛海芥山.
誰論巨細. 一塵一識. 萬境萬心矣. 又襄邑縣有賴鄉. 鄉中有廟. 廟有九井. 若
齋潔入祠者. 汲水則溫清. 若濫濁入祠者. 汲水則混濁. 又漢時鄭弘. 夜宿郊
外一川澤. 忽逢故友. 四顧荒榛. 沽酒無處. 因投錢水中. 各飲水而醉. 故知境
隨業識而轉. 物逐情感而生. 若離於心. 萬法何有.

사람이 보면 파도인데 귀신이 보면 불이나니
어찌 업식의 마음을 떠나 있겠는가.

『유식론』에 이른다. 「또 마치 하나의 물과 같이 네 방향에서 보면 차이가
있으나 하늘에서 보면 보배로 장엄된 땅이다. 사람이 보면 물이되 아귀가

보면 불이다. 물고기가 보면 굴속의 집이다.」 까닭에 알건대 현전의 경계에 고정된 상이 없고, 전변됨은 사람에 연유한다. 이를테면 이른다.「경계가 업식에 따라 전변한다. 이 까닭에 唯心이라고 설한다.」『유식론』에 이른다. 「몸이 일정치 않음이 마치 귀신이 혹은 (물을) 맹화로 보고, 혹은 농혈이 흐르는 강으로 보는 것과 같다.」(실은) 그 밖의 다른 경계가 없는데 여러 아귀들은 모두 다 똑같이 농혈이 가득 찬 강물이 흐르는 것으로 본다. 내지 인색한 업이 무르익은 자도 마찬가지로 이렇게 본다. 만약 과거에 같은 업을 지어 각기 자체에 훈습되었다면 그로 말미암아 이 때 이숙(異熟 : 아뢰야식 ; 아뢰야식에 저장된 종자가 각기 달리 익은 것)이 모두 함께 현전된다. 저 많은 유정중생들이 똑 같이 이것을 보지만 실은 바깥 경계가 없는 것인데 억념(憶念)으로 그렇게 보이는 것이다. 그 도리에 준하건대 세간도 또한 그러하다. 공동으로 지은 모든 훈습이 성숙되었을 때 다른 별개의 상이 없는데 色 등의 相分이 식으로부터 생긴다. 이 까닭에 분명히 알건대 바깥 경계에 연유하지 아니하고, 식이 바야흐로 일어날 수 있는 것이다. 현재 양가와 천한 집, 빈부의 차이 등 다르게 보이는데 이와 같이 바로 그러한 색 등을 보게 되는 것에 응당 차별이 있게 되는 것이 저 아귀가 (그렇게) 보게 되거나 그렇게 되지 않거나 하는 등과 같다. 그러나 모든 아귀가 비록 동일한 생류이지만 보는데 또한 차별이 있다. 업이 다른 까닭이다. 보이는 것도 또한 그러하다. 그들이 혹은 뜨거운 쇠로 크게 둘러 쳐진 곳에서 열에 삶아지며 진땀을 흘리는 모습을 보기도 하고, 어느 때는 분뇨가 흐르는 모습을 보기도 한다. (지은 업이) 비슷하지 않은 까닭이다. 혹은 비록 같은 인류라 하더라도 박복한 사람은 황금의 띠가 보이는 때에 이를 쇠사슬로 본다. 혹은 이를 뱀이 독화(毒火)를 내뿜는 것으로 본다. 이 까닭에 분명히 알건대 비록 (같은) 인류이더라도 또한 똑같이 보게 되는 것은 아니다. 단지 오직 식이 변한 것일 뿐이고 法(존재)에 차별이 없다. 이를테면 선덕이

이른다. 「사람에게는 물로 보이는데 귀신은 불로 본다. 어찌 다른 곳에
터럭과 바다, 겨자씨와 산이 있을 것이며, 누가 크고 미세함을 논할 것인가!
하나의 티끌 경계가 하나의 식이고, 만경(萬境)이 만심(萬心)이다.」 또한
양읍현(襄邑縣)에 뢰향(賴鄕)이 있었는데 향리에 묘(廟)가 있었다. 묘에 九井
이 있어 몸을 청결히 하고 사묘에 들어가는 자가 물을 뜨면 따뜻하고 맑았다.
만약 함부로 하고 탁한 자가 사묘에 들어가다 물을 뜨면 혼탁하였다. 또
漢나라 때 정홍(鄭弘)이 밤에 교외의 한 냇가에서 숙박하다 홀연히 옛 친우를
만났다. 사방을 둘러보아도 거친 덤불 외에 보이지 않고 술파는 곳이 없었다.
그래서 동전을 물속에 넣고 각자 물을 마시고는 취하였다. 까닭에 알지니
경계는 업식 따라 전변한다. 사물이 정감을 좇아 생긴다. 마음 떠나서 어찌
만법(모든 것)이 있겠는가!

〈431〉

跡現多門. 光韜實地. 不用天眼而十方洞明.

華嚴疏云. 菩薩悟普法故. 名為普眼. 眼外無法. 故名普眼. 既心眼之外. 無纖
毫之法. 即知心遍一切處. 故楞嚴經云. 十方虛空生汝心中. 猶如片雲點太
清裏. 豈空中十方國土. 而不明見乎. 所以志公和尚偈云. 大士肉眼圓通. 二
乘天眼有翳. 又淨名經云. 不以二相見. 名真天眼. 以了一心. 無相可得. 由無
相即無有二. 是名真天眼.

자취가 多門에 드러나고,
빛이 實地에 은장되어 있나니
天眼을 쓰지 않고도

十方이 통명(洞明)하네!

『화엄경소』에 이른다. 「보살이 보법(普法)을 깨달은 까닭에 이름 하여
보안(普眼)이라 한다. 안(眼) 외에 다른 것이 없는 까닭에 이름 하여 보안(普眼)
이라 한다. 이미 心眼 외에 터럭 끝의 존재도 없는 까닭에 바로 알건대
마음이 일체 어디에나 두루 하다.」921) 까닭에 『능엄경』에 이른다. 「十方
허공에 너의 마음 생하는 것은 마치 한조각 구름이 푸른 하늘에 점(點)친
것과 같거늘 어찌 허공중에 있는 十方 국토를 분명히 보지 못하겠는가!」922)
까닭에 志公화성의 게송에 이른다.

　　　大士(보살)의 육안(肉眼)은 원통(圓通)한데
　　　2승의 천안(天眼)에는 눈병이 있네(백태가 끼어 있네).

　또 『정명경(유마경)』에 이른다. 「二相으로 보지 아니함을 이름 하여 진정
한 천안이라 한다.」923) 일심을 깨달은 까닭에 얻을 수 있는 상이 없다.
無相인 까닭에 바로 二相이 없다. 이를 이름 하여 진정한 천안이라 한다.

---

921) 『화엄경소』와 『탐현기』 『신화엄경론』 등에 이 문단이 보이지 않는다.
922) 『대불정수능엄경』권9. 『대정장』권19. 147b. 원 경문을 약간 바꾸어 인용하였으
　　　나 뜻은 마찬가지이다.
923) 『유마경』제자품제3. 『대정장』권14. 541b. 경문을 줄여서 인용하였다. 원문은
　　　"世孰有眞天眼者? 維摩詰言, 有佛世尊得眞天眼, 常在三昧, 悉見諸佛國, 不以
　　　二相."

〈432〉

豈運神通而千界飛至.

不動一心. 恒遍十方剎海. 無來去之相. 是神足通. 故經云. 諸佛菩薩. 於無二
法中. 現大神變矣.

어찌 신통을 운용하여 일천의 세계에 날라서 이르겠는가!

不動의 一心이 항상 十方 찰해(剎海)에 두루 하다. 오고 가는 상이 없음이
신족통이다. 까닭에 경에 이른다. 「제불보살이 無二法 가운데서 대신변을
나타낸다.」

〈433〉

未離兜率. 雙林而已般涅槃.

華嚴論明如來八相成道. 釋天猶未下. 母胎猶未出. 雙林而已般涅槃. 不出
一剎那際三昧. 當知降生時. 即是說法時. 即是涅槃時. 以不出一心故爾. 肇
論涅槃論云. 至人空洞無像. 而物無非我. 會萬物以為己者. 其唯聖人乎. 何
則. 非理不聖. 非聖不理. 理而為聖者. 聖不異理也. 故天帝曰. 般若當於何
求. 善吉曰. 般若不可於色中求. 亦不可離色中求. 又曰. 見因緣起為見法. 見
法為見佛. 斯則物我不異之教. 所以至人戢玄機於未兆. 藏冥運於即化. 總
六合以鏡心. 一去來以成體. 古今通. 始終同. 窮本極末. 莫之與二. 浩然大
均. 乃曰涅槃.

도솔천을 떠나지 아니하고,
쌍림(雙林 : 사라쌍수 숲 ; 부처님 열반처)에서
이미 반열반하셨네!

『화엄론(신화엄경론)』에 설명하길, 「여래의 八相 성도 가운데 제석천이
아직 내려오지 않았고, 모태에서 아직 나오지 않았는데 쌍림(雙林)에서
이미 반열반에 드셨으며, 한 찰나의 삼매에서 나오지도 않았다. 마땅히
알지니 강생(降生)한 때가 곧 설법한 때이고, 곧 열반한 때이다.」고924) 하였
다. 일심을 벗어나지 않은 까닭에 그렇다.
『조론(肇論)』의 「열반무명론」에 이른다.

　　至人은 텅 비어 형상이 없되 사물은 내가 만들지925) 않은 것이
없다. 만물을 모두 합하여 자신으로 하는 이는 오직 성인뿐이로다!
왜 그러한가. 理에 합당하지 못하면 성인이 아니고, 성인이 아니면
理에 합당하지 못하다. 理에 합당하여 성인이 되니 성인이 理에 다르지
않다. 까닭에 천제(天帝)가 말한다. "반야를 마땅히 어디에서 구해야
합니까?" 선길이 말한다. "반야는 색 가운데서 구할 수 없으며, 또한
색을 떠나서도 구할 수 없다." 또 말한다. "연기함을926) 봄이 법을
봄이고, 법을 봄이 佛을 봄이다. 이러하니 物我가 다르지 않다는 증거
가927) 된다. 까닭에 至人은 아직 징조로 드러나지 않았을 때 현기(玄機)

---

924) 『신화엄경론』권6. 『대정장』권36. 원문을 일부는 문장의 순서를 바꾸고, 일부는
　　　뜻으로 수정하여 옮겼다.
925) 저본의 인용문에는 '造'가 탈락되어 있다. 원문은 「無非我造」이다.
926) 저본의 인용문은 「見因緣起——」이다. 원문은 「見緣起爲見法」이다.

를 감추어 두었다가 은연중에 운용하여 바로 교화하는데 쓴다. 온 육합(六合 : 천하, 6方)으로 마음을 비추어보고, 하나의 去來로 체를 이룬다. 古今에 통하니 시작과 끝이 같다. 本에 다 하고, 末에 다 한다. 둘로 봄이 없어 호연(浩然)하고 크게 균등하다. 그래서 열반이라 한다.928)

〈434〉

不起樹王. 六欲而早昇忉利.

華嚴經云. 不離覺樹而昇釋天. 古釋云. 若約處相入門. 以一處中有一切處 故. 是此天宮等本在樹下. 故不須起. 然是彼用. 故說昇也. 若約相入門. 以一 處入一切處故. 樹遍天中. 亦不須起. 欲用天宮表法昇進. 故云昇也. 然佛體 無不遍周. 但隨衆生心想見. 如不思議經云. 以一切佛一切諸法. 平等平等 皆同一理. 如陽燄等. 一切衆生及諸如來一切佛土. 皆不離想. 乃至若我分 別. 佛即現前. 若無分別. 都無所見. 想能作佛. 離想無有. 如是三界一切諸 法. 皆不離心.

보리수 자리에서929) 일어나지 않은 채로
6욕(六欲)을 지닌 채 일찍이 도리천에 올랐다.

---

927) 저본의 인용문은 '敎'인데 원문은 '效'이다. 후자가 옳다.
928) 『조론』 「열반무명론」 通古제17. 『대정장』권45. 161a.
929) 樹王은 성도한 자리에 있었던 보리수를 가리킨다. 성도한 자리를 뜻하기도 한다.

『화엄경』에 이르길, 「보리수(菩提樹 : 성도한 자리)를 떠나지 아니하고 제석천에 올랐다.」고[930] 하였다. 고석(古釋 : 화엄경소)에 이른다. 「만약 처(處 : 자리, 장소)가 相入하는 문에 입각하면 一處 중에 일체처가 있는 까닭이다. 보리수가 여러 천중에 두루 하니 또한 일어날 필요가 없었다. 천궁의 일을 써서 승진(昇進)한 뜻을 드러내고자 '승(昇 : 오르다)'이라고 하였다.」[931] 그러나 佛體는 두루 하지 않음이 없지만 단지 중생의 심상 따라 (그렇게) 보이는 것이다. 이를테면 『부사의경(大方廣佛華嚴經不思議佛境界分)』에 이른다. 「모든 佛과 일체 모든 것이 평등하고 평등하여 모두 동일한 理임이 마치 아지랑이 등과 같다. 모든 중생과 모든 여래와 모든 불토가 다 상념을 떠나 있지 않다. 내지 내가 분별하면 佛이 바로 현전한다. 만약 분별하지 않으면 도무지 볼 것이 없다. 상념이 능히 佛을 짓고, 상념 떠나서는 (佛이) 없다. 이와 같이 三界의 일체 모든 것은 다 마음을 떠나 있지 않다.」[932]

〈435〉

堅貞難並.泡沫非同.立絕相之相.

金剛經云.若見諸相非相.則見如來.以心無形相.故號無相法門.亦名無相
道場.若於一切相.見無相之理.即見唯心如來.

---

930) 『화엄경』에 이와 똑 같은 문장은 보이지 않는다. 뜻으로 요략하여 옮긴 것으로 보인다.

931) 『화엄경소』권17, 『대정장』권35, 627c.

932) 『대방광불화엄경부사의불경계분』. 『대정장』권10. 중간에 몇 개 문장을 생략하고 인용하였다.

굳고 곧음에 견줄 바가 없고,

물거품과 같지 않으며,

相을 단절한 相을 세웠네!

　『금강경』에 이른다. 「만약 모든 相이 (그) 相이 아님을 보면(알면) 여래를 본다.」 마음이 형상 없는 까닭에 無相法門이라 한다. 또한 無相도량이라 한다. 만약 일체의 상에서 相이 없는 理를 보면 바로 唯心如來를 보는 것이다.

〈436〉

運無功之功.

　向心外有作.皆是有功.若諦了一心本來具足無漏性起功德.則是無功之功.故云.有功之功.功歸敗壞.無功之功.功不虛棄.

無功의 功을933) 운용한다.

　마음 밖으로 향하여 짓는 것이 있으면 모두 功(有爲로 쓰는 힘)이 있음이다. 만약 일심에 본래 구족된 무루성(無漏性)에서 일어난 공덕을 깨달으면 無功의

---

933) 수행함에 억지로 힘을 쓰지 않는 행을 無功用의 행이라 한다. 또는 無修之修라 한다. 不作意의 행이라 한다. 이러한 행이 되려면 먼저 심성을 깨달아 자심의 당념당처에 모든 것이 다 갖추어져 있음을 알고, 마음으로 마음을 어떻게 하려 함을 떠나야 한다.

功이 된다. 까닭에 이른다. 「有功의 功은 功이 무너지게 되지만, 無功의 功은 功이 헛되이 버려지지 않는다.」

〈437〉

慈勅分明. 始因四念之處.

大涅槃經最後垂示. 總前教迹同此指歸以四念處. 即是心賦所明一切眾生身受心法. 如經云. 佛告阿難. 如汝所問佛涅槃後依何住者. 阿難. 依四念處嚴心而住. 觀身性相同於虛空. 名身念處. 觀受不在內外. 不住中間. 名受念處. 觀心但有名字. 名字性離. 名心念處. 觀法不得善法. 不得不善法. 名法念處. 阿難. 一切行者應當依此四念處住. 又云. 譬如國王. 安住己界. 身心安樂. 若在他界. 則得眾苦. 一切眾生亦復如是. 若能自住於己境界. 則得安樂. 若至他界. 則遇惡魔. 受諸苦想. 自境界者. 謂心四念處. 他境界者. 謂五欲也. 華手經云. 佛告跋陀婆羅. 於爾時世. 一切善人應作是念. 我等當自依四念處者. 於聖法中. 一切諸法皆名念處. 何以故. 一切諸法常住自性. 無能壞故. 一切諸法皆名念處者. 故知即法是心. 即心是法. 皆同一性. 豈能壞乎. 若有二法. 則有相壞. 大寶積經偈云. 得無動處者. 常住於無處. 無動處者. 則自心境界. 此境界即無處所. 如金剛三昧經云. 心無邊際. 不見處所. 論釋云. 心無邊際者. 歸一心原. 心體周遍. 遍十方故無邊. 周三世故無際. 雖周三世. 而無古今之殊. 雖遍十方. 而無此彼之處. 故言不見處所. 大法炬陀羅尼經云. 夫念處者. 云何念義. 當知是念. 無有違諍. 隨順如法. 趣向平等. 離諸邪念. 無有移轉及諸別異. 唯是一心.

자애로운 당부의 말씀 분명하나니

처음 사념처(四念處) 법문에서 비롯되었네!

『대열반경』의 최후로 내리신 당부 말씀에서 앞의 모든 가르침은 다 똑같이 사념처로 돌아간다고 하셨으니 곧 이『注心賦』에서 설명한 바 일체중생의 身・受・心・法이다. 이를테면 경에 이른다.

> 부처님께서 아난에게 말씀하셨다. "네가 물은 바와 같이 佛이 열반후 무엇에 의지하여 머무르는가 하는 것은, 아난이여! 사념처에 의지하여 마음을 장엄해서 머무르느니라. 身의 性相이 허공과 같음을 이름하여 신념처(身念處)라 한다. 受(感受)가 내외에 있지 아니하고, 중간에도 있지 아니함을 이름 하여 수념처(受念處)라 한다. 마음이란 단지 名字일 뿐이니 名字의 성을 떠남을 이름 하여 심념처(心念處)라 한다. 法이란 善法을 얻을 수 없고, 不善法도 얻을 수 없음을 이름 하여 법념처(法念處)라 한다. 아난이여! 모든 수행자는 응당 이 사념처에 의지하여 머물러야 하느니라!"

또 이른다. 「비유컨대 국왕이 자신의 영역에 안주할 때는 몸과 마음이 안락한대 다른 영역에 있게 되면 여러 고통이 있게 되는 것과 같다. 모든 중생도 또한 이와 같다. 만약 능히 자신의 경계에 스스로 머물러 있으면 안락하나 다른 경계에 이르면 악마를 만나게 되어 여러 고통을 받게 된다. '자신의 경계'란 心四念處를 말한다. '다른 경계'란 5욕을 말한다. 『화수경(華手經)』에 이른다. 「부처님께서 발타파라에게 말씀하셨다. "이 시대 세간의 모든 선인은 응당 이렇게 생각해야 한다. 우리들이 응당 스스로 사념처에 의지해야 한다는 것은, 성법(聖法) 중에서는 일체 모든 것이 다 염처(念處)이기

때문이다. 왜 그러한가. 일체 모든 常住하는 自性(모두 다 마음일 뿐이라는
성)은 부술 수 없는 까닭이다.」934) 일체 모든 것이 다 念處라 이름 한다고
하였으니 까닭에 알건대 (모든) 존재가 곧 마음이다. 바로 마음이 法(존재)이
다. 까닭에 동일한 性이거늘 어찌 부술 수 있겠는가. 만약 두 법이 있다면
서로 부숨이 있게 된다. 『대보적경』의 게송에 이른다.

> 動함이 없는 자리를 얻은 자는
> 아무 것도 없는 자리에 상주한다.935)

'動함이 없는 자리'란 곧 자심 경계이다. 이 경계가 곧 아무 것도 없는
자리이다. 이를테면 『금강삼매경』에 이른다. 「마음은 변제(邊際)가 없고,
처소(處所)가 보이지 않는다.」936) 『논(금강삼매경론)』에 해석하여 이른다.
「'마음은 변제(邊際)가 없다'고 함은 심원(心源)에 귀일(歸一)하고, 心體가
두루 하여 十方에 두루 한 까닭에 무변(無邊)이며, 三世에 두루 한 까닭에
무제(無際)이다. 비록 삼세에 두루 하나 고금의 다름이 없다. 비록 十方에
두루 하나 이 곳과 저 곳이 없다. 까닭에 '처소가 보이지 않는다'고 하였다.」937)
『대법거다라니경』에 이른다. 「무릇 念處란 어떻게 念한다는 뜻인가? 마땅히
알지니 이 念에는 어긋남이나 다툼이 없고, 여법하게 수순하며, 평등함에
향하고, 모든 삿된 念을 떠나며, 바꾸어짐과 모든 다름(차별)이 없는 것이다.
(그래서) 오직 一心일 뿐이다.」938)

---

934) 『불설화수경』권2 염처품제6. 『대정장』권16, 134a.
935) 『대보적경』권24 피갑장엄회第7의4. 『대정장』권11, 136a.
936) 『금강삼매경』. 『대정장』권9. 371b.
937) 원효의 『금강삼매경론』권4. 『대정장』권34, 0994a.
938) 『대법거다라니경』권4 사념처품제8. 『대정장』권21, 679a.

〈438〉

教文審的. 終歸三點之中.

三點者. 如世∴字三點. 不縱不橫. 不並不別. 所謂解脫. 法身. 般若. 夫法身即是人人須有. 靈智故名般若. 若得般若. 則一切處無著. 不為境縛. 即是解脫. 又若顯法身而得解脫. 則功全由般若. 非唯此二法. 一切萬行皆因般若成立. 故五度如盲. 般若如導. 若布施無般若. 唯得一世榮. 後受餘殃債. 若持戒無般若. 暫生上欲界. 還墮泥犁中. 若忍辱無般若. 報得端正形. 不證寂滅忍. 若精進無般若. 徒興生滅功. 不趣真常海. 若禪定無般若. 但行色界禪. 不入金剛定. 若萬善無般若. 空成有漏因. 不契無為果. 故知般若. 是險惡徑中之導師. 迷闇室中之明炬. 生死海中之智檝. 煩惱病中之良醫. 碎邪山之大風. 破魔軍之猛將. 照幽途之赫日. 警昏識之迅雷. 抉愚盲之金鎞. 沃渴愛之甘露. 截癡網之慧刀. 給貧乏之寶珠. 若般若不明. 萬行虛設. 祖師云. 不識玄旨. 徒勞念淨. 不可剎那忘照. 率爾相違. 以此三法. 不縱不橫. 非一非異. 能成涅槃祕藏. 如大涅槃經云. 佛言. 我今當令一切眾生. 及以我子四部之眾. 悉皆安住祕密藏中. 我亦復當安住是中. 入於涅槃. 何等名為祕密之藏. 猶如∴字. 三點若並. 則不成∴. 縱不成∴. 如魔醯首羅面上三目. 乃得成∴. 三點若別. 亦不得成. 我亦如是. 解脫之法亦非涅槃. 如來之身亦非涅槃. 摩訶般若亦非涅槃. 三法各異亦非涅槃. 我今安住如是三法. 為眾生故名入涅槃. 所以云. 法身常. 種智圓. 解脫具一切. 皆是佛法. 無有優劣. 故不縱. 三德相冥. 同一法界. 出法界外. 何處別有法. 故不橫. 能種種建立. 故不一. 同歸第一義. 故不異. 雖三而一. 雖一而三. 一則壞於三諦. 異則迷於一實. 在境則三諦圓融. 在心則三觀俱運. 在因則三道相續. 在果則三德周圓. 如是本末相收. 方入大涅槃祕密之藏. 古德云. 此之三德. 不離一如. 德用分異. 即寂之

708

照為般. 若. 即照之寂為解脫. 寂照之體為法身. 如一明淨圓珠. 明即般若. 淨
即解脫. 圓體即法身. 約用不同. 體不相離. 故此三法. 不縱不橫. 不並不別.
如天之目. 似世之∴. 名祕密藏. 為大涅槃. 又台教類通三軌法. 一眞性軌. 二
觀照軌. 三資成軌. 即是三德. 以眞性軌為一乘體. 此為法身. 一切眾生悉一
乘故. 以觀照軌為般若. 祇點眞性寂而常照. 便是觀照第一義空. 以資成軌
為解脫. 祇點眞性法界含藏諸行. 無量眾善即如來藏. 三法不一不異如點.
如意珠中論光論寶. 光寶不與珠一. 不與珠異. 不縱不橫. 三法如是.

敎文을 살피건대
결국 삼점(三點, ∴) 가운데 돌아간다.

삼점(三點)이란, 세간의 ∴ 字(伊字)의 三點과 같다. 세로도 아니고 가로도
아니며, 나란하지도 아니하고 별개로 있는 것도 아니다. 이른바 해탈・법신
・반야이다. 무릇 법신이란 곧 사람마다 반드시 지니고 있는 것이다. 영지(靈
智)인 까닭에 이름 하여 반야라 한다. 만약 반야를 얻으면 일체처에 집착하지
않게 되어 경계에 묶이지 않는다. 곧 해탈이다. 또한 만약 법신을 드러내면
해탈을 얻는다. 그래서 그 공(功)이 모두 반야에 연유한다. 이 두 법 뿐
아니라 일체 만행이 다 반야로 인해 성립한다. 까닭에 (6度 가운데) 5도(度
: 보시, 지계, 인욕, 정진, 선정바라밀)는 마치 맹인(盲人)과 같고,939) 반야는
(눈이 밝아) 이끌어 주는 사람과 같다. 보시바라밀을 행하되 반야바라밀이
없으면 오직 한 세상의 영화만 얻을 수 있을 뿐이다. 나중에는 나머지
재앙의 빚을 받는다. 만약 지계바라밀은 행하였지만 반야바라밀이 없으면
잠시 천상의 욕계에 태어나지만 다시 니리(泥犁 naraka 또는 niraya : 지옥)에

---

939) 아직 지혜(반야)바라밀이 갖추어지지 못한 까닭이다.

떨어진다. 만약 인욕바라밀은 행하였는데 반야바라밀이 없으면 그 과보로 단정한 모습은 얻지만 결정의 적멸(열반)을 증득하지 못한다. 만약 정진바라밀은 행하였는데 반야바라밀이 없으면 헛되이 생멸의 공(功)을 흥기시킨 것이 된다. 진실하고 영원한 바다에 나아가지 못한다. 만약 선정바라밀은 행하였는데 반야바라밀이 없으면 단지 色界禪만 행한 것이 되어 금강정(金剛定)에 들지 못한다. 만약 만선(萬善)을 행하였는데 반야바라밀이 없으면 헛되이 유루(有漏)의 인(因)만 이룬 것이 되어 無爲의 과(果)에 계합(합치)되지 못한다. 까닭에 알건대 반야는 험악한 길을 가는데 이끌어 주는 도사(導師)이며, 어두운 실내를 밝혀주는 밝은 횃불이고, 생사의 바다를 건네주는 지혜의 (배 젓는) 노이며, 번뇌의 병을 치유해주는 훌륭한 의사이고, 삿됨의 산을 부수어버리는 태풍이며, 마군을 부수는 맹장이고, 어둠의 길을 비추는 빛나는 해이며, 혼미한 심식을 경각시켜 주는 신속한 천둥이고, 우매함을 도려내 버리는 금비녀이며, 갈애를 적셔주는 감로이고, 어리석음의 그물을 절단해 버리는 지혜의 칼이며, 빈핍한 자를 급양해주는 보배 구슬이다. 만약 반야에 밝지 못하면 만행이 헛되이 갖추어진 것이 된다. 조사가 이른다. "현묘한 뜻을 알지 못하고, 헛되이 청정함을 念하길 한 찰나도 잊지 않고 비추어도 그에 따라 서로 어긋남이 있게 된다. 이 三法이 세로도 아니고 가로도 아니며, 非一이고 非異이면서 능히 열반의 비장(祕藏)을 이룬다." 이를테면 『대열반경』에 이른다. 「부처님께서 말씀하셨다. "내가 지금 응당 모든 중생과 나의 아들들인 사부대중이 모두 다 비밀장 가운데서 안주하도록 하고, 나 또한 응당 이 가운데서 안주하여 열반에 들 것이니라. 어떠한 것들을 이름 하여 비밀장이라 하는가. 마치 ∴字와 같아서 三點이 나란하게 되면 ∴(伊字)940)이 성립되지 않고, 세로가 되어도 ∴가 이루어지지 않으며, 마치

---

940) 『대정장』본은 ∴ 를 '伊字'로 표기하였다.

마혜수라(제석천왕) 면상의 세 눈과 같아야 ∴가 이루어진다. 三點이 별개로 있어도 또한 이루어질 수 없다. 나 또한 이와 같다. 해탈의 법도 또한 열반이 아니고, 여래의 몸도 또한 열반이 아니며, 마하반야도 또한 열반이 아니고, 三法이 각기 다르니 또한 열반이 아니다. 나는 지금 이와 같이 三法에 안주하며 중생을 위하는 까닭에 이름 하여 열반에 든다고 한다.」[941] 까닭에 이른다. "(三法에서) 법신은 항상 하고, 종자인 지혜(반야)는 원만하며, 해탈은 일체를 갖추고 있다. 모두 佛法이어서 우열이 없다. 까닭에 三點이 세로가 아니다. 三德이 서로 은연(隱然) 중에 동일한 법계이거늘 어느 곳에 따로 어떤 것이 있겠는가. 까닭에 (삼점이) 가로로 되어 있지 않다. 능히 갖가지로 건립하는 까닭에 하나도 아니다. 똑 같이 第一義에 돌아가는 까닭에 다르지도 않다. 비록 三이되 一이고, 비록 一이되 三이다. 一이면 三諦를 부수고, 異이면 一實임에 미혹하다. 경계에 있으면 三諦(空·假·中)가 원융하고, 마음에 있으면 三觀(空觀·假觀·中觀)이 함께 운용된다. 因에 있으면 三道가 상속되고, 果에 있으면 덕이 두루 원만하다. 이와 같이 본말이 서로 거두어 드려야 비로소 대열반의 비밀장에 들어간다."

古德이 이른다.「이 三德(법신, 해탈, 반야)은 一如를 떠나지 않았으되 德用은 分異하다. 적(寂 : 고요함)에 즉한 조(照 : 비춤)는 반야이고, 照에 즉한 寂은 해탈이며, 寂照의 體는 법신이다. 이를테면 하나의 明淨한 圓珠에서 明은 곧 반야이고, 淨은 곧 해탈이며, 둥근 체는 곧 법신이다. 用에 입각하면 不同이고, 體에 입각하면 서로 떨어져 있지 않다. 까닭에 이 三法은 세로도 아니고 가로로 되어 있지도 않으며, 나란하지도 않고 별개로 있지도 않다. 마치 天(제석천왕)의 눈과 같고, 세간의 ∴字와 같아. 이름 하여 비밀장 이라 하고, 대열반이라 한다.」

---

941) 『대반열반경(40권본)』권2 수명품제1의2. 『대정장』권12. 376c.

또 天台의 교법 類에서는 삼궤법(三軌法)에 통해 있는데 1. 진성궤(眞性軌), 2. 관조궤(觀照軌), 3. 자성궤(資成軌)이다. 이것이 곧 三德이다. 眞性軌가 一乘의 體가 되니 이것이 법신이다. 일체 중생이 다 일승인 까닭이다. 관조궤(觀照軌)가 반야가 되니 단지 眞性이 적(寂)하되 항상 조(照)한다. 바로 이것이 第一義空을 관조함이다. 이를 통해 궤(軌)를 이루어 해탈한다. 단지 眞性의 法界가 諸行을 함장(含藏)하며, 한량없는 뭇 善이 곧 여래장이다. 三法이 不一이되 不異함이 마치 (三)點과 같다. 여의주 중에서 光과 寶를 논함에 光과 寶가 여의주와 하나가 아니되, 여의주와 다르지도 않다. 세로도 아니고 가로도 아니다. 三法도 이와 같다.

〈439〉

性非造作.

性地圓成. 非干意造. 故圓教立無作四諦.

性은 조작된 것이 아니다.

性地은 圓成(實性)이라 생각으로 만들어진 것이 아니다. 까닭에 圓教에서 無作四諦를[942] 세운다.

---

942) 천태종의 지의(智顗)대사가 세운 4종의 四諦 가운데 하나이다. 迷悟의 당체가 곧 실상이라고 한다. 대승의 보살이 제법을 圓觀함은 事事卽理하여 조작함이 없다. (1)苦諦 : 五陰・十二入 등이 모두 진여에 즉해 있어 실로 버려야 할 苦相이 없음을 관한다. (2)集諦 : 모든 번뇌와 혹업의 성품이 본래 청정하여 실로 끊어야 할 생사의 상을 招集함이 없음을 관한다. (3)滅諦 : 생사와 열반의 체가

〈440〉

理實鎔融.

鎔者銷也. 融者和也. 理能銷萬事. 和百法. 終歸一道.

理와 事가 용융(鎔融)되어 있다.

용(鎔)이란 녹는 것이다. 융(融)이란 和이다. 理가 능히 만사를 녹이고, 백법을 和하여 궁극에 一道에 돌아간다.

〈441〉

明之而心何曾動. 昧之而路自迷東.

起信論云. 復次顯示從生滅門即入真如門. 所謂推求五陰. 色之與心. 六塵境界. 畢竟無念. 以心無形相. 十方求之終不可得. 如人迷故謂東為西. 方實不轉. 眾生亦爾. 無明迷故謂心為念. 心實不動. 若能觀察知心無念. 即得隨順入真如門故.

본래 不二여서 실은 끊어야 할 생사의 苦가 없음을 관한다. 또한 증득해야 할 열반도 없음을 관한다. (4)道諦 : 제법이 모두 중도여서 邊見과 邪見을 떠나 있고, 끊어야 할 번뇌의 미혹이 없음을 관한다. 또한 닦아야 할 보리도가 없음을 관한다.

깨달았으되 마음이 언제 일찍이 動한 적이 있었는가!
미혹하였으되 길이 스스로 동쪽을 몰랐었는가!

『기신론』에 이른다. 「또한 생멸문에서 바로 진여문에 들어감을 드러내
보이나니, 이른바 오음(五陰)을 추구하건대 色과 마음, 육진(六塵)경계가
필경에 무념이다. 마음이 형상 없는 까닭에 十方으로 구해도 종내 얻을
수 없다. 이를테면 사람이 미혹해서 동쪽을 서쪽이라 하는 것이지 실은
방향이 바꾸어진 것이 아닌 것과 같다. 중생도 또한 이와 같아 무명으로
미혹해서 마음이 念하는 것으로 생각하나 마음은 실은 동하지 않는다.
만약 마음이 무념(念함이 없음)임을 관찰해서 안다면 곧 진여문에 수순하여
들어 올 수 있다.」[943]

〈442〉

任竭海移山. 未是無為之力. 縱躡虛履水. 皆為有漏之通.

法華經頌云. 若接須彌. 擲置他方無數佛土. 亦未為難. 若以足指動大千界.
遠擲他國. 亦未為難. 乃至若佛滅後. 於惡世中能說此經. 是則為難. 又西天
外道. 以持呪力. 能移山塞海. 及得五神通. 皆不免生死. 但能覺了即心是佛.
復能開示自覺覺他. 紹隆佛種. 此難信之法. 淺機難解. 故云能說此經是則
為難. 是以寶藏論云. 通有五種. 一曰道通. 二曰神通. 三曰依通. 四曰報通.
五曰妖通. 妖通者. 狐狸老變. 木石精化. 附傍人神. 聰慧奇異. 此謂妖通. 何
謂報通. 鬼神逆知. 諸天變化. 中陰了生. 神龍隱變. 此謂報通. 何謂依通. 約

---

943) 『기신론』. 『대장경』권32, 579C.

法而知.緣身而用.乘符往來.藥餌靈變.此謂依通.何謂神通.靜心照物.宿
命記持.種種分別.皆隨定力.此謂神通.何謂道通.無心應物.緣化萬有.水
月空華.影像無主.此謂道通矣.

마음대로 바다를 마르게 하고 산을 옮기는 것이
無爲의 힘이 아니고,
자유롭게 허공을 밟고 물 위를 걷는 것이
모두 유루(有漏)의 신통이다.

『법화경』의 게송에 이른다.

> 수미산을 잡아서
> 타방 무수 불토에 던져 놓는 것도
> 또한 어렵지 않다.
> 발가락으로 대천세계를 움직여서
> 멀리 타국으로 던져버리는 것도
> 또한 어렵지 않다.
> 내지 佛 입적 후
> 악세에 이 경을 능히 설할 수 있다면
> 이것이 어려운 일이다.[944]

또한 西天(印度)의 외도가 주력(呪力)을 지니고 능히 산을 옮기며 바다를

---

944) 『법화경』권4. 『대정장』권9. 34a.

막고, 5신통을 얻는다 해도 모두 생사를 면하지 못한다. 단지 '바로 마음이 佛임을 깨닫고, 또한 이를 능히 開示하여 자각하고 타인을 깨닫게 하여 불종(佛種)을 잇고 융성하게 할 수 있다면 이것이 믿기 어려운 것이다. 얕은 근기는 이해하기 어렵다. 까닭에 이른다. 「능히 이 경을 설함이 어려운 일이다.」

이 까닭에 『보장론』에서 이른다.

> (무릇 神 중에 智가 있고, 智 中에 通이 있다) 通에 5종이 있다. 1은 道通, 2는 신통, 3은 依通, 4는 報通, 5는 요통(妖通)이다. 요통이란, 여우나 이리가 늙어 변해서 목석을 정령화(精靈化)하고, 人神 옆에 붙어 총명하고 지혜로우며 기이한 일을 보이는데 이를 요통이라 한다. 무엇을 報通이라 하는가. 귀신이 미리 아는 것, 諸天의 신통변화, 중음(中陰)의 了生(생사를 깨달음), 神龍의 은변(隱變), 이를 報通이라 한다. 무엇을 依通이라 하는가. 法에 의거하여 아는 것, 몸을 緣하여 用하는 것, 뗏목을 타고 왕래함, 약이(藥餌)로 영변(靈變)하는 것, 이를 依通이라 한다. 무엇을 신통이라 하는가. 고요한 마음으로 사물을 비추어보아 숙명(宿命)의 일을 기억하고, 갖가지 분별함이 모두 선정력에 따르는 것, 이를 신통이라 한다. 무엇을 도통이라 하는가. 無心하게 사물에 응하고, 만유를 緣하여 교화하며, (만유가) 물속의 달, 공화(空華; 허공꽃)와945) 같아 영상이어서 無主임을 깨달으니 이를 도통이라 한다.946)

---

945) 눈에 병증이 있거나 피로할 때 눈앞에 있는 듯이 보이는 아롱거리고 꾸물거리는 조그만 여러 환영들.

946) 『보장론』·『대정장』권45. 147a.

〈443〉

辯玉須眞.探珠宜靜.但向境外而求心.焉知圓光而在眚.

眚者目病.首楞嚴經云.如世間人目有赤眚.夜見燈光別有圓影五色重疊.
此況迷心爲境之人.不知境是自心.如燈上圓光.認爲他境.

玉을 분간하건대 반드시 진짜여야 하고,
구슬을 찾되 응당 고요해야 한다.
단지 경계 밖을 향하여 마음을 구한다면
(등불 주위의) 둥그런 (영상의) 빛이
병든 눈에 기인한 것임을 어찌 알겠는가!

생(眚)이란 눈에 병든 것을 말한다. 『수능엄경』에 이른다. 「마치 세간인이
눈이 빨개지는 병이 들어 밤에 등불을 보는데 따로 둥그런 영상이 5색으로
중첩되어 있는 것을 보는 것과 같다.」[947] 이러하건대 하물며 마음이 경계임
을 모르고, 경계가 자심임을 모르는 사람이야 말할 나위 있겠는가! 마치
등불 위의 둥그런 빛을 그러한 (실재의) 경계가 있는 것으로 여기는 것과
같다.

〈444〉

揑目之處.飛三有之虛華.

---

947) 『대불정수능엄경』권2. 『대정장』권19, 113b.

首楞嚴經云. 三界有法. 揑所成故. 於欲界色界無色界中所有之法. 皆是揑
出. 本無來處. 徹底唯空. 又如揑目生華. 有何眞實. 唯有眞心遍一切處. 有佛
無佛. 性相常住. 故經云. 眼病見空華. 除瞖不除華. 妄心執有法. 遺執不遺
法. 又一切國土. 皆想持之. 取像曰想. 若無想則無境. 如盛熱時. 地蒸炎氣.
日光爍之. 遠望似水. 但是心想. 世間所見. 皆如燄水. 無有眞實. 如華嚴經頌
云. 勇猛諸佛子. 隨順入妙法. 善觀一切想. 心想方世間. 眾想如陽燄. 令眾生
倒解. 菩薩善知想. 捨離一切倒. 眾生各別異. 形類非一種. 了達皆是想. 一切
無眞實. 十方諸眾生. 皆為想所覆. 若捨顚倒見. 則滅世間想. 世間如陽燄. 以
想有差別. 知世住於想. 遠離三顚倒. 譬如熱時燄. 世見謂為水. 水實無所有.
智者不應求. 眾生亦復然. 世趣皆無有. 如燄住於想. 無礙心境界.

눈을 누른 자리에
三有(三界)의 허공 꽃이 날라 다닌다.

『수능엄경』에 이른다. 「三界에 존재가 있는 것은, 눈을 눌러 보면 보이는
허공 꽃과 같이 이루어진 것이나니, 욕계 색계 무색계 중의 모든 것은
다 그렇게 이루어진 것이다. 본래 온 곳이 없고 철저히 오직 공일 뿐이다.」[948]
또 눈을 누르면 허공 꽃이 생기는 것과 같은데 어찌 진실함이 있겠는가!
오직 진심만이 일체 처에 두루 할 뿐이다. 佛이 있든 佛이 없든 性相은
상주한다. 까닭에 경에서 이른다. 「눈에 병이 들면 허공 꽃이 보인다. (그래
서) 눈병을 제거하고 허공 꽃을 제거하지 않는다. 망심(妄心)으로 존재(法)를
집착하니 집착을 버리고 존재를 버리지 않는다. 또 모든 국토가 다 상념으로
지탱된다. 모습을 취함을 想이라 한다. 만약 想이 없으면 경계가 없다.

---

948) 위와 같음. 단 경문을 간략히 줄여서 뜻으로 인용하였다.

마치 뜨거운 열로 가득한 때에 땅에서 일어나는 증기의 타오르는 氣가 햇빛에 덥혀지면 멀리서 바라볼 때 물인 듯 보인다. 이는 단지 마음의 想일 뿐이다. 세간에서 보이는 것은 다 아지랑이와 같아 진실함이 없다.

　이를테면『화엄경』의 게송에 이른다.

> 용맹한 모든 불자여!
> 묘법에 수순하여 들어와
> 모든 상념을 잘 관찰해보라!
> 心想은 세간과 같고,
> 뭇 상념은 아지랑이와 같아
> 중생을 거꾸로 알게 한다.
> 보살은 상념에 대해 잘 알아
> 모든 거꾸로 아는 것을 떠난다.
> 중생은 각기 달라서
> 형상의 類가 한 가지가 아니나
> 깨닫고 나면 모든 상념은
> 일체가 다 진실 됨이 없다.
> 十方의 모든 중생은
> 다 상념으로 덮이어 있다.
> 거꾸로 된 지견을 버리면
> 세간의 상념이 멸하게 된다.
> 세간은 아지랑이와 같아
> 상념으로 차별 있는 것이니
> 세간이 상념에 머무름을 안다면

세 가지 거꾸로 아는 것[삼전도(三顚倒)]을[949] 멀리 떠난다.

비유컨대 뜨거운 때 아지랑이가

세간인들이 보고 물이라고 하나

실은 물이 있지 않은 것과 같다.

지혜로운 이는 응당 구함이 없나니

중생 세간도 또한 이와 같아

세간의 중생이 모두 있지 않다.

마치 아지랑이가 상념에 머무나

걸림 없는 마음의 경계인 것과 같다.[950]

〈445〉

迷頭之時. 認六塵之幻影.

首楞嚴經云. 佛言. 富樓那. 汝豈不聞室羅城中演若達多. 忽於晨朝以鏡照面. 愛鏡中頭眉目可見. 瞋責己頭不見面目. 以爲魑魅. 無狀狂走. 此人何因無故狂走. 富樓那言. 是人心狂. 更無他故. 是以三界之中. 見有見無. 盡是心狂. 終無外境.

미혹한 때에는

육진(六塵 ; 六境)의 환영을 (사실로) 인지한다.

---

949) 삼전도(三顚倒)는 想顚倒, 見顚倒, 心顚倒를 말한다.

950) 『화엄경(80권본)』권44. 『대정장』권10, 235c.

『수능엄경』에 이른다. 「부처님께서 말씀하셨다. "부루나여! 너는 어찌 듣지 못하였느냐! 실라성중의 연야달다가 새벽에 홀연 거울로 얼굴을 비추어 보고, 거울 속의 머리와 눈썹, 눈이 잘 생긴 것에 애착하였는데 자신의 머리가 얼굴을 보지 못하는 것에 화를 내며 책망하고는 이를 도깨비의 일로 생각하여 정신없이 미쳐 뛰어다녔다. 이 사람이 무슨 이유로 아무런 까닭 없이 미쳐 뛰어다녔겠느냐?"

부루나가 말하였다. "이 사람은 마음이 미친 것이고 그 밖에 다른 이유가 없습니다."」951)

이 까닭에 三界 중에서 有라고 보고, 無라고 보는 것이 모두 다 마음이 미친 것이며, 끝내 바깥 경계는 없는 것이다.

〈446〉

順法界性.合眞如心.智必資理而成照.理不待發而自深.意絕思惟.鑒徹十方之際.佛不說法.聞通無盡之音.

意絕思惟者.寶雨經云.如理思惟.是名供養一切如來.如理思惟者.即是絕一切思惟.如六祖云.善惡都莫思量.自然得入心體.佛不說法者.大涅槃經云.若知如來常不說法.是名具足多聞.所以法華玄義云.手不執卷.常讀是經.口無言音.遍誦衆典.佛不說法.恒聞梵音.心不思惟.普照法界.故知不動眞心.獲如是功德.

---

951) 『대불정수능엄경』권4. 『대정장』권19. 121b.

법계성에 수순하고, 진여심에 합치하면
지혜는 반드시 理에 바탕 하여 비춤이 있고,
理는 저절로 발해져 스스로 깊어진다.
意는 사유함이 끊어지고,
十方이 두루 거울처럼 훤하게 비추어진다.
佛은 법을 설함이 없되
다 함 없는 소리를 듣고 통한다.

　'意는 사유함을 끊었다'란, 『보우경(寶雨經)』에 이른다. 「如理하게 사유함을 이름 하여 일체 여래에게 공양함이라 한다.」952) '如理하게 사유함'이란, 곧 일체의 사유를 끊음이다. 이를테면 六祖가 이른다. 「선악을 모두 사량하지 말라! 자연히 심체에 들어가는 것이다.」953) '佛이 법을 설함이 없다'란, 『대열반경』에 이른다. 「만약 여래가 항상 법을 설함이 없음을 안다면 이를 이름 하여 (보살이)954) 다문(多聞)을 구족함이라 한다.」955) 까닭에 『법화현의』에 이른다. 「손에 경권(經卷)을 잡지 아니하고 항상 이 경전을 읽는다. 입으로 말함이 없되 뭇 경전을 두루 독송한다. 佛이 법을 설하지 아니하되 항상 범음(梵音)을 듣는다. 마음에 사유함이 없되 법계를 두루 비춘다.」956) 까닭에 알건대 眞心을 움직이지 아니하고 이러한 공덕을 획득한다.

---

952) 『불설보우경』권9. 『대정장』권16.
953) 『법보단경』선조제9. 『대정장』권48. 360a.
954) 원 경문에는 '菩薩'이 들어 있다.
955) 『열반경』권26. 『대정장』권12, 520b.
956) 『법화현의』권8상. 『대정장』권33.

〈447〉

莫摘枝苗.須搜祖禰.豁爾而無明頓開.湛然而情塵自洗.惡從心
起.如鐵孕垢而自毀鐵形.善逐情生.猶珠現光而還照珠體.

猶珠現光而還照珠體者.如古釋云.止觀無所現有三義者.一無心現約止.
二所現空約觀.三無別體約止觀契合.又一約心.二約境.三心境兩冥.又一
約智.二約理.三理智冥契.就第三義中疏先正釋.後自體顯照故名為覺者.
通妨謂有難言.若無別體.何能普現眾生心行.故答云.自體顯現.如珠有光.
自照珠體.珠體喻於心.光喻於智.心之體性.即諸法性.照諸法時.是自照故.
引起信文甚分明.然論問曰.虛空無邊故世界無邊.世界無邊故眾生無邊.
眾生無邊故心行差別亦復無邊.如是境界不可分劑難知難解.若無明斷無
有心想.云何能了名一切種智.答曰.一切境界本來一心.離於想念.以眾生
妄見境界.故心有分劑.以妄起想念不稱法性.故不能決了.諸佛如來離於
見想無所不遍.心真實故.即是諸法之性.自體顯照一切妄法.有大智用無
量方便.隨諸眾生所觀得解.皆能開示種種法義.是故得名一切種智.

가지 끝의 싹을 따려 하지 말고,
반드시 祖上(根幹)을 찾으라!
활연히 무명이 단박에 열리면
맑게 情의 티끌이 저절로 씻어진다.
악이 마음으로부터 일어남이
마치 쇠가 녹을 품고 있는데
스스로 쇠의 형체를 훼손하는 것과 같다.
情을 물리침에 善이 생함이

마치 구슬에 빛이 나타나고,
다시 구슬의 체를 비추는 것과 같다.

'마치 구슬에 빛이 나타나고, 다시 구슬의 체를 비추는 것과 같다'란, 이를테면 古釋에 이른다.

止觀에 나타나지 않는 것에 三義가 있다. 1. 마음이 나타남이 없는 것이니 止에 의거함(의거한 뜻)이다. 2. 나타난 空이니 觀에 의거함(의거한 뜻)이다. 3. 별체가 없음이니 지관이 계합(契合)됨이다. 또 1. 마음에 입각한 것이고, 2. 경계에 입각한 것이며, 3. 마음과 경계의 양자가 그윽하여 둘이 아님이다. 또 1. 智에 입각한 것이고, 2. 理에 입각한 것이며, 3. 理와 智가 그윽하게 합치됨이다. 第三義에 대한 소(疏)에서 먼저 正釋하였고, 후에 자체가 드러나 비추는 까닭에 이름 하여 覺이라 한다고 하였다. 방애되는 것을 통하게 하고자 질문이 있게 된다. "별체가 없다면 어찌 능히 중생의 심행을 두루 나타낼 수 있겠습니까?" 까닭에 답한다. "자체가 나타나는 것이니 마치 구슬에 빛이 있어 스스로 구슬의 체를 비추는 것과 같다. 구슬의 체는 마음을 비유하였다. 빛은 智를 비유하였다. 마음의 체성이 바로 모든 것의 性이다. 모든 것을 비출 때 이는 스스로 비추는 것인 까닭이다."

『기신론』의 글을 인용하면 매우 분명해진다. 그래서 『論(기신론)』에 (이른다.)

질문하여 말한다. "허공이 무변한 까닭에 세계가 무변합니다. 세계가 무변한 까닭에 중생이 무변합니다. 중생이 무변한 까닭에 심행의 차별 또한 무변합니다. 이와 같이 경계가 나누어질 수 없으며, 알기 어렵고 이해하기 어렵습니다. 만약 무명이 단멸되면 마음의 상념이 없게 됩니다. 어떻게 해서 능히 깨달아 일체종지(一切種智)라 하겠습니까?' 답하여 말한다. "모든 경계가 본래 일심이며, 상념을 떠나 있는데 중생이 망령되게 경계를 보는 것이다. 까닭에 마음에 (見分과 相分)의 분제(分劑)가 있어 망령되게 상념을 일으켜 법성에 합치하지 못하는 것이며, 때문에 결정으로(뚜렷이) 깨닫지 못하는 것이다. 諸佛如來는 見함에 상념을 떠나 두루 하지 않은 바가 없다. 마음이 진실하니 이것이 바로 모든 것의 性이다. 자체가 일체의 망령된 법을 드러내어 비춘다. 大智가 있어 한량없는 방편을 써서 모든 중생이 보는 바에 따라 이해할 수 있도록 한다. 모두 능히 갖가지 법의 뜻을 開示하니 이 까닭에 一切種智라 이름 할 수 있는 것이다."[957]

〈448〉

鵠林大意.須歸準憑.

　法華經頌云.世尊法久後.要當說眞實.

곡림(鵠林 ; 열반경)의[958] 큰 뜻에
반드시 돌아가 지침으로 삼아야 하리!

---

957) 『기신론』. 『대정장』권32, 581b.
958) 석가모니불이 입멸한 곳인 쿠시나가라성 사라쌍수의 숲을 가리킨다. 또는 학림, 백학림, 백림이라고도 한다. 보통 입멸처에서 마지막 설법한 『열반경』을 가리키기도 한다.

『법화경』의 게송에 이른다.

세존의 법이 오래 지난 후에는
응당 진실을 설해야 하리![959)

〈449〉

形端影直. 風靜波澄. 辯僞識眞. 如試金之美石. 除昏鑒物. 猶照
世之明燈.

密嚴經頌云. 照耀如明燈. 又如試金石. 正道之標相. 遠離於斷滅. 夫世間出
世間一切萬法. 但以一心驗之. 自無差別. 似燈破闇. 如石試金. 悉皆去僞辯
眞. 破邪歸正. 故頌云正道之標相. 自然不落斷常有無之見. 故頌云遠離於
斷滅.

모습이 단정하니 그림자도 곧고,
바람이 고요하니 파도가 잠잠하다.
거짓을 판별하고 진실을 아는 것이
마치 시금(試金)의 美石과 같다.
혼미함을 제거하고 사물을 비추어봄이
마치 세상을 비추는 밝은 등불과 같다.

---

959) 『법화경』권1 방편품제2. 이 게송의 뜻은 부처님이 처음 주로 입문용 내지 기초
의 방편설을 위주로 하셨고, 나중에 궁극의 법문을 편 것이기 때문에 후세에는
이에 의거해야 한다는 것이다.

『밀엄경』의 게송에 이른다.

> 환하게 비춤이 밝은 등과 같고,
> 또한 시금석(試金石)과 같아
> 正道의 표상(標相)이며,
> 단멸을 멀리 떠났네![960]

무릇 세간 출세간의 일체 모든 것은 단지 일심으로 체험한다. 스스로 차별이 없으니 등불이 어두움을 부수는 것과 같고, 시금석과 같다. 모두 다 거짓됨을 제거하고 진실을 분간한다. 삿됨을 부수고 올바름으로 돌아간다. 까닭에 게송에 이르길, '정도의 표상'이라 하였다. 자연히 斷·常, 有·無의 見에 떨어지지 않는다. 까닭에 게송에 이르길, 「단멸을 멀리 떠났다.」고 하였다.

〈450〉

事絶纖毫. 本無稱謂. 因用之而不窮. 從讚之而成貴.

心本無名. 體亦寂滅. 因用則無窮. 因讚則成德. 此皆爲傳布故. 隨順於世間矣.

---

960) 『대승밀엄경』 不空 譯本과 자바하라 譯本이 함께 섞이어 있다. 이를테면 '조요여명등'은 불공 역본에는 있고, 자바하라 역본에는 없다. 또 '원리어단멸'은 불공 역본에는 없고, 자바하라 역본에는 있다. 不空 역본 卷中 취입아뢰야품제6 및 자바하라 역본 卷中 아뢰야건립품제6. 『대정장』권16.

事에 터럭 끝의 분별도 닿지 아니하고,

본래 칭호가 없었다.

因(根因 바탕, 본유의 공덕)을 씀에 다 함이 없나니

이를 찬탄함으로부터 귀함이 이루어진다.

　　마음은 본래 이름이 없다. 體 또한 적멸하다. '因을 씀에 다 함이 없다'라든가 '찬찬함으로 인해 덕을 이룬다'는 것은 모두 (법을) 전하여 펴는 까닭이며, 세간에 수순하는 까닭이다.

〈451〉

義天行布.重重之星象璨然.法海圓融.浩浩之波瀾一味.

　　華嚴有二門.一行布門.二圓融門.若行布.則一中無量.若圓融.則無量中一.如經云.一中解無量.無量中解一.了彼互生起.當成無所畏.又約事行布.約理圓融.皆不出心.了之成佛.故云當成無所畏.

(법의) 義가 하늘 가득히 움직이며 펴지고,

重重의 성상(星象)이 찬연하다.

법의 바다가 원융하며,

넓고 넓은 파도가 한 맛이다.

　　화엄에 二門이 있다. 1. 行布門, 2. 원융문이다. 行布門이라면 一 가운데 無量하다. 원융문이라면 無量한 가운데 一이다. 이를테면 경(『화엄경』)에

이른다.「一 가운데 解가 無量하고, 無量한 가운데 解가 一이다. 그것들이
서로 생기는 것임을 깨달으니 응당 무소외(無所畏 : 두려워 할 바가 없음)를
이른다.」961) 또 事에 입각하면 行布이고, 理에 입각하면 원융하다. 모두
마음을 벗어나지 않으니 이를 깨달으면 성불한다. 까닭에 이르길, '응당
무소외(無所畏)를 이른다'고 하였다.

〈452〉

根塵泯合. 能所雙銷. 了了而如同眼見. 一一而盡是心標.

若決定信入此唯識正理. 速至菩提. 如登車而立至遠方. 猶乘舟而坐昇彼
岸. 如經所說. 言大乘者. 謂是菩提薩埵所行之路. 及佛勝果. 為得此故. 修唯
識觀. 是無邊失方便正路. 為此類故. 顯彼方便. 於諸經中種種行相而廣宣
說. 如地水火風并所持物. 品類難悉. 方處無邊. 由此審知自心相現. 遂於諸
處捨其外相. 遠離欣慼. 復觀有海喧靜無差. 棄彼小途. 絕大乘望. 及於諸有
耽著之類. 觀若險崖. 深生怖畏. 五趣中道. 若知但是自心所作. 無邊資糧. 易
為積集. 不待多時. 如少用功. 能成大事. 善遊行處. 猶若掌中. 由斯理故. 所
有願求. 當能圓滿. 隨意而轉. 以了此界一法是心. 則此知無邊法界皆是我
心. 故云善遊行處猶若掌中. 又入楞伽經偈云. 不生現於生. 不退常現退. 同
時如水月. 萬億國土見. 一身及無量. 身火及霍雨. 心心體不異. 故說但是心.
心中但是心. 心無心而生. 種種色形相. 所見唯是心. 佛及聲聞身. 辟支佛身
等. 復種種色身. 但說是內心. 又肇論云. 淨名曰. 不離煩惱而得涅槃. 天女
曰. 不出魔界而入佛界. 然則玄道在於妙悟. 妙悟在於即真. 即真則有無齊

---

961) 『화엄경』권13, 『대정장』권10, 063a.

觀.有無齊觀則彼己莫二.所以天地與我同根.萬物與我一體.澄觀和尚云.
實相心界者.依此心所生諸刹.譬如大海所生諸物.皆無不海.一切諸法皆
從實相心所生.皆無不心.是故當知眼中所見色.耳中所聞聲.皆真法也.以
一切法唯一法故.如經云.一切法唯一相故.於諸法中.若了觀心.如同眼見.

근(根 : 6근, 감각기관)과 진(塵 : 6경, 대상) 멸하며 화합되고,

能(주관, 見分)과 所(객관, 相分)가 함께 녹아진다.

뚜렷하고 뚜렷함이 마치 같은 눈으로 보는 것과 같고,

하나하나가 모두 다 마음의 표상이다.

만약 결정의 믿음으로 이唯識의 正理에 든다면 신속히 보리(깨달음)에
이른다. 마치 차에 타고 곧바로 먼 곳에 즉각 이르는 것과 같고, 배에 타고
앉아서 피안(저 언덕)에 이르는 것과 같다. 이를테면 경에서 설한 바와 같이
대승이란, 보리살타가 행하는 길이며, 佛의 수승한 果이다. 이를 얻고자
하여 유식관(唯識觀)을 닦는다. 이는 무변(無邊)의 방편을 넘어선 正路이다.
이러한 류(類 ; 궁극의 법)를 (통달하게 하기) 위해 저 방편을 드러내었다.
여러 경에서 갖가지 行相을 넓게 설하였다. 마치 지수화풍이 모든 사물에
갖추어져 있지만 (사물의) 품류(品類)를 다 헤아리기 어렵고, 그 처소가
무변(無邊)한 것과 같다. 이렇게 살펴서 자심의 상이 나타나는 것을 알게
됨으로 말미암아 마침내 모든 자리에서 그 바깥 相을 버리고, 기쁨과 슬픔을
멀리 떠난다. 또한 바다에 시끄러움과 고요함이 있음에 차별이 없음을
관찰하고, 저 작은 길(소승)을 버리고 대승을 향하면서 모든 존재에 대한
탐착의 類를 끊는다. (모든 존재) 보기를 험한 절벽과 같이 하여 깊이 두려움을
낸다. 오취(五趣 : 인간, 아수라, 축생, 아귀, 지옥)와 中道가 단지 내 마음이
지은 것임을 알면 무변(無邊)의 자량(資糧)을 쉽게 쌓을 수 있고, 많은 시간을

기다리지 않아도 되며, 힘을 적께 써도 능히 大事를 이룰 수 있고, 뛰어난
행처에 노님이 마치 손바닥 안에서 펼치듯 하게 된다. 이러한 이치로 인해
모든 願과 구함이 응당 원만히 이루어지며, 뜻에 따라 굴러진다. 이 세계가
一法인 마음임을 깨달으면 이로 알건대 무변의 법계가 모두 나의 마음이다.
까닭에 이르길, '뛰어난 행처에 노님이 마치 손바닥 안에서 펼치듯 하게
된다'고 하였다. 또 『입능가경』의 게송에 이른다.

> 생하지 않았는데 생함을 나타내고
> 사라지지 않았는데 항상 사라짐을 나타낸다.
> 동시임이 마치 물속의 달과 같이[962]
> 만억의 국토가 (동시에) 나타난다.
> 한 몸과 무량한 몸,
> 불과 장마비,
> 마음과 마음의 체가 다르지 않다.
> 까닭에 단지 마음일 뿐이라고 설하나니
> 마음에 있는 것은 단지 마음일 뿐이다.
> 마음이 무심인데
> 갖가지 색의 형상을 생하니
> 보이는 것은 오직 마음일 뿐이다.
> 佛과 성문신(聲聞身),
> 벽지불신 등,
> 또 갖가지 色身은

---

962) 모든 강물에 달이 동시에 보인다.

단지 內의 마음일 뿐이라고 설하느니라!963)

또 『조론(肇論)』에 이른다. 「(『유마경』에서) 정명(유마힐)은 '번뇌를 떠나지 아니하고 열반을 얻는다.' 하였고, 천녀는 '마계(魔界)를 벗어나지 아니하고 佛界에 들어간다.'고 하였다.964) 그러하니 현묘한 도가 妙悟에 있고, 妙悟는 眞에 즉함에 있다. 眞에 즉하면 有와 無가 평등한 觀에 이른다. 有와 無가 평등한 觀이 되면 저것과 자신이 둘이 아니다. 까닭에 천지가 나와 더불어 동일한 뿌리이며, 만물과 내가 일체이다.」965) 징관(澄觀)화상이 이른다. 「實相心界란 이 마음에 의지해서 생긴 모든 세계이다. 비유컨대 큰 바다에서 생한 모든 것이 다 바다 아닌 것이 없는 것과 같다. 일체 모든 것은 다 實相心으로부터 생긴 것이어서 모두 마음 아닌 것이 없다. 이 까닭에 마땅히 알지니 눈에 보이는 색, 귀에 들리는 소리가 다 진실한 법이다. 일체법이 오직 하나의 법인 까닭이다. 이를테면 경(『화엄경』)에서 이르길, 「일체 모든 것은 오직 一相인 까닭」고966) 하였으니 모든 것에서 마음임을 명료하게 보면 마치 눈으로 보는 것과 같다.」967)

〈453〉

照燭森羅.隨念而未曾暫歇.飛穿石壁.擧意而頃剋非遙.

---

963) 『입능가경』권9 총품제18의1. 『대정장』권16, 574a.

964) 『유마경』에 이와 똑같은 문장은 없으나 卷中의 관중생품 등에 상통하는 내용이 있다.

965) 『조론』「열반무명론」. 『대정장』권45, 159b.

966) 『화엄경(80권본)』권71 入法界品第三十九之十二, 『대정장』권10, 385b.

967) 징관의 『연의초』와 『화엄경소』에는 이 구절이 보이지 않는다.

此真心體, 寂而常照, 猶如鏡光, 無有斷絕, 如高成和尚歌云, 應眼時, 若千日, 萬象不能逃影質, 凡夫祇是未曾觀, 何得退輕而自屈, 應耳時, 若幽谷, 大小音聲無不足, 十方鐘鼓一時鳴, 靈光運運常相續, 應意時, 絕分別, 照燭森羅終不歇, 透過山河石壁間, 要且照時常寂滅.

삼라만상을 생각 따라 비춤에
일찍이 잠시도 쉰 적 없고,
생각이 들면 날아가 석벽을 뚫음이
경각이라 한참 걸리는 것이 아니다.

이 眞心의 체는 고요하되 항상 비춤이 마치 거울의 빛과 같아 단절됨이 없다. 이를테면 高成화상의[968] 송에 이른다.

눈이 보는 대로 응하길
천일 지내 듯 하면 (無心히 봄이 없이 보고 있으면)
만상은 영상이라는 본질에서 도피하지 못하나니 (만상의 영향을 받지 않나니)
범부는 단지 일찍이 (영상이라는 본질을) 본 적이 없는 것일 뿐이거늘 어찌 가벼이 물러나 스스로 굴복할 것인가!

귀가 듣는 대로 그에 응함에 (무심히 듣는 바 없이 듣고 있음에)
깊은 골짜기에 크고 작은 음성이 부족함 없어

---

968) 高城화상은 馬祖화상의 제자이며, 諱는 法藏이다. 생졸년은 미상이다. 『전등록』 권14에 그의 어록이 전한다.

十方의 종과 북이 일시에 울리며
영묘한 빛이 퍼지고 퍼져 항상 이어지네!

(당념 당처의) 마음 그대로에 (무심히) 응하니
분별 끊어지고,
오래도록 삼라만상 비추려 하지 않게 되어[969)
(무심한 가운데) 산하 석벽 사이를 투과하나니
또한 비추는 때에 항상 적멸함을 알아야 하네.[970)

〈454〉

絶觀通人. 破塵上將. 作智海之健舟. 爲法筵之極唱.

絶觀通人者. 若云菩提涅槃眞如解脫. 皆是住觀之語. 若親證一心. 諸觀並
息. 又說此唯心法門時. 法華經云. 是第一之說. 金剛經云. 爲最上乘者說. 華
嚴經云. 不思議說. 故云法筵之極唱.

관행을 끊어 통달한 사람은
경계 부수는 상장(上將)이며,

---

969) 『조당집』은 「長不歇」(오래도록 쉬지 않음)이고, 『경덕전등록』, 『종문통요』 등
    은 「長不惲」(오래도록 구하지 않음, 오래도록 도모하지 않음)으로 다르다. 마음
    으로 무엇을 비추어보는 행은 달마선에서 버려야 할 행법인 까닭에 『경덕전등
    록』 등의 「長不惲」이 옳다.
970) 『조당집』권14 高城화상 條. 앞의 中華書局刊, 『조당집』상권, pp.651-2.

지혜의 바다에 굳건한 배를 만들어

법을 펴는 자리에서 지극한 법문 설한다.

'관행을 끊어 통달한 사람'이란, 이를테면 보리·열반·진여·해탈이 모두 관에 머무르는 말이니 일심을 친증(親證)하고자 하건대 모든 관행을 다 쉬어야 한다는 것이다. 또 이에 대해서는 유심(唯心)법문을 한 자리에서 설하였다. 『법화경』에 이르길, 「이것이 제일의 설이다」971) 하였고, 『금강경』에 이르길, 「최상승자의 설이다」고972) 하였으며, 『화엄경』에 이르길, 「不思議說」이라고 하였다. 까닭에 이르길, 「법을 펴는 자리에서 지극한 법문 설한다」고 하였다.

〈455〉

如虹附翔鸞之尾. 迥登丹漢之程. 猶聲入畫角之中. 出透重霄之上.

如法性論云. 問. 本際可得聞乎. 答. 理妙難觀. 故有不知之說. 旨微罕見. 故發幢英之問. 有天名曰幢英. 問文殊師利. 所言本際. 為何謂乎. 文殊答曰. 眾生之原. 名曰本際. 又問. 眾生之原. 為何謂乎. 答曰. 生死之本. 為眾生原. 又問. 於彼何謂為生死本. 答曰. 虛空之本. 為生死原. 幢英於是抱玄旨而輚問. 如悟不住之本. 若然. 則因緣之始. 可聞而不可明. 可存而不可論. 問. 虛空有本乎. 答無. 問. 若無有本. 何故云虛空之本為生死原. 答. 此猶本際之本耳. 則於虛空無本. 為眾本之宗. 化表無化. 為萬化之府矣. 故知人心為凡聖之

---

971) 『법화경』권1서품에 「願得是乘, 三界第一, 諸佛所歎.」 『대정장』권9, 03a.

972) 『금강경』지경공덕분에 "為發最上乘者說"

本.則凡亦是心.聖亦是心.以所習處下.不能自弘.諸佛將眾生心登妙覺.眾
生將佛心溺塵勞.若以心託事則狹劣.若以事從心則廣大.凡世人多外重其
事.而內不曉其心.是以所作皆非究竟.以所附處卑故耳.如搏牛之虻.飛極
百步.若附鸞尾.則一翥萬里.非其翼正.所託迅也.亦如牆頭之草.角裏之
聲.皆能致其高遠者.所託之勝也.如入心法中.一一附於自心.則能毛吞巨
海.塵含十方.豈非深廣乎.

마치 등에[虻]가 비상하는 난새의 꼬리에 붙어 있는 것과 같고,
저 멀리 丹水와 漢水에 가는 노정에 오르는 것과 같다.
마치 소리가 그림 속의 뿔 속에 들어가
겹겹의 창공 위로 투과하여 나오는 것과 같다.

이를테면 『法性論』에973) 이른다.

묻는다 :

"本際를 들을 수 있습니까"

답한다 :

"理는 현묘하여 관찰하기 어렵다. 까닭에 不知의 설이 있게 되는
것이며, 그 뜻은 미세하여 알기 어렵다. 까닭에 당영(幢英)이 질문을

---

973) 南朝 劉宋의 慧通 저술인데 『대정장』과 『만속장』에 수록되지 않은 것에 의하
면 실전된 듯하다.

하게 되었다. 어떤 天이 있어 이름 하여 당영(幢英)이라 하는데 문수사
리에게 이른 바 '本際가 무엇을 말하는 것인가?' 하고 물었다. 문수가
답하길 '중생의 근원을 이름 하여 本際라 한다'고 하였다. 또 묻기를,
'중생의 근원이란 무엇을 말하는 것입니까?' 하였다. 답하길, '생사의
근본이 중생의 근원이다'고 하였다. 또 묻기를 '거기에서 무엇을 생사의
근본이라 합니까?' 하니 답하길, '허공의 근본이 생사의 근원이다'"고
하였다. 당영이 이에 현묘한 뜻을 알게 되어 질문을 멈추었다. 이를테
면 머무름 없는 근본을 깨달은 것이니 바로 그러하였다. 그래서 인연의
시초는 들을 수는 있되 밝힐 수 없는 것이다. 있을 수는 있되 논할
수 없다.

묻는다 :

　"허공에 근본이 있습니까?"

답한다 :

　"없다!"

묻는다 :

　"만약 근본이 없다면 왜 허공의 근본이 생사의 근원이라고 합니까?"

답한다 :

"이는 마치 本際의 근본과 같아서 허공에는 근본이 없는 것이다. 뭇 근본의 宗이 되며, 현상을 화현하되 화현함이 없다. 萬化(모든 것의 化現)의 중심이다. 까닭에 알건대 人心이 범부와 성인의 근본이다. 그래서 범부도 또한 이 마음이고 성인도 또한 이 마음이다. 경험하는 자리에서 스스로 홍포하지는 못한다. 諸佛이 중생심으로 묘각에 오르고, 중생은 佛心으로 진로(塵勞)에 빠진다. 만약 마음으로 事에 맡기면 좁고 열등하다. 만약 事로써 마음을 따르면 광대하다. 무릇 세간인은 대부분 밖으로 事를 중시하되 그 마음에 밝지 못하다. 이 때문에 짓는 바가 모두 구경이 아니다. 의지한 자리가 비천한 까닭이다. 이를테면 소를 붙잡고 가는 등에(虻)는 날라서 멀리 가야 백보이지만 난새 꼬리에 붙어 나르면 한 번 날아오름에 만리를 간다. 그 날개가 바른 것(자신의 것)이 아니지만 의탁하여 신속히 가는 것이다. 또한 담장 끝머리의 풀과 같고, 뿔 속의 소리와 같아 모두 능히 높고 멀리에까지 이를 수 있는 것은 의탁한 바가 뛰어난 까닭이다. 마치 心法에 들어가 하나하나 자심에 붙으면 능히 하나의 털이 큰 바다를 삼키고, 하나의 티끌이 十方을 삼키는데 어찌 깊고 광대하지 않겠는가!"

〈456〉

言言合道. 法法隨根. 對大心之高士. 談普眼之法門.

心本無法. 名爲普眼. 華嚴經云. 海雲比丘語善財言. 如來爲我演說普眼法門. 假使有人. 以大海量墨. 須彌聚筆. 書寫於此普眼法門. 一品中一門. 一門中一法. 一法中一義. 一義中一句. 不得少分. 何況能盡.

말마다 도에 합치하고,
존재마다 근(6根)에 따른다.
큰 마음의 高士[보살]에게
보안(普眼)의 법문 설한다.

　마음에 본래 아무 것도 없으니 이름 하여 보안(普眼)이라 한다. 『화엄경』에
이른다. 「해운비구가 선재(동자)에게 말하였다. "여래께서 나를 위해 보안법문을
설하셨다. 가사 어떤 사람이 큰 바다를 필묵으로 하고, 수미산을 붓으로 하여
이 보안법문을 기록한다고 하더라도 一品 가운데 一門이 있고, 一門 가운데
一法이 있으며, 一法 가운데 一義가 있고, 一義 가운데 一句가 있어 조그만
부분도 다 기록할 수 없는데 하물며 어떻게 다 기록할 수 있겠는가!」974)

〈457〉

厚地金剛. 穿之而始終不壞.

　大涅槃經云. 譬如有人. 善知伏藏. 即取利鑊. 斸地直下. 盤石沙礫. 直過無
難. 唯有金剛. 不能穿徹. 此況心性堅牢. 不從前際生. 不於中際住. 不隨後際
滅. 不變不異. 性相常存.

두터운 땅이며 금강이라
뚫어도 시종 부수어지지 않는다.

---

974) 『화엄경(80권본)』권62 입법계품39의2. 『대정장』권10, 335-336. 경문의 중간
　　부분을 크게 생략하고 인용하였다.

『대열반경』에 이른다.「비유컨대 어떤 사람이 잘 숨길 줄을 알아 날카로운 괭이를 가지고 땅을 파 들어갔는데 반석(盤石)이나 자갈이 있어도 바로 통과하기에 어렵지 않았다. (그러나) 오직 금강이 있으면 뚫고 통과할 수 없었다.」975) 이러하거늘 하물며 심성이 견고하여 전제(前際 ; 과거)로부터 생하지도 아니하고, 중제(中際 ; 현재)에 머무르지도 아니하며, 후제(後際 ; 미래)에 따라 멸하지도 아니하고, 不變 不異하며, 性相이 상존함이야 말할 나위 있겠는가!

〈458〉

雪山正味. 流之而今古恒存.

大涅槃經云. 雪山[竺-二+角]中. 藥味常正. 此況一切眾生一真之心. 隨染緣時流轉五道. 其性不減. 乃至隨淨緣時成就佛身. 性亦不增. 隨緣而不失自性. 故云. 一切眾生一時成佛. 佛界不增. 眾生界不減. 佛界即眾生故. 又同一性故.

설산의 正味(正法)가
흐르고 흐르며 今古에 항상 있다.

『대열반경』에 이른다.「설산의 대나무 숲 가운데 (약초가 있어 그) 약미(藥味)가 항상 똑같이 훌륭하였다.」976) 이러하거늘 하물며 모든 중생의 하나의

---

975) 『열반경(40권본)』권7여래성품4의4. 『대정장』권12, 408c.
976) 『열반경(40권본)』권7여래성품4의4. 『대정장』권12, 408b. 경문을 상당 부분 생략

眞心이 오염의 緣 따라 5道(인간, 아수라, 축생, 아귀, 지옥)에 유전(流轉)하더라도 그 성품이 감소되지 아니하고, 내지 청정한 연 따라 佛身을 성취하여도 그 성품 또한 증대되지 아니하여 연을 따르되 자성을 잃지 않음이야 말할 나위 있겠는가! 까닭에 이르길, 「모든 중생이 일시에 성불하여도 佛界가 증가하지 않고, 중생계가 감소되지 않는다.」고 하였다. 佛界가 곧 중생(계)인 까닭이며, 또한 동일한 性인 까닭이다.

〈459〉

一際無差. 隨緣自結. 曠代無減. 十方咸說. 如天寶器. 任福而飯色不同.

> 如三十三天共食寶器. 隨其福德. 飯色有異.

일제(一際, 一相)로 차별이 없고,
인연 따라 스스로 응결(모습으로 화현함)하되,
기나긴 세월이 지나도 감소되지 않으며,
十方에서 모두 (법문을) 설한다.
마치 하늘의 보배 그릇과 같이
복에 따라 받는 음식(재산)의 질이 같지 않다.

　마치 33천에서 함께 식사하는 보배 그릇과 같이 그 복덕에 따라 받는 음식의 질이 다르다.

　하였고, 일부는 뜻으로 인용하였다.

〈460〉

似一無為. 隨證而三乘有別.

金剛經云. 一切賢聖皆以無為法而有差別. 此一心法. 隨三賢十聖. 約智淺深. 證時各別. 如大涅槃經云. 十二因緣是一法. 隨智證成四種菩提. 上上智觀得諸佛菩提. 上智觀得菩薩菩提. 中智觀得緣覺菩提. 下智觀得聲聞菩提. 譬如黃石有金. 上上福人烹出金. 上福人烹出銀. 中福人烹出銅. 下福人烹出鐵.

하나의 無為와 같이

(無為에) 따라 證하되

3승과는 다르다.

『금강경』에 이르길, 「모든 현성이 다 무위법으로 차별이 있다.」고 하였다. 이 一心法은 三賢十聖에 따르되 智에 기준하여 얕고 깊음이 있고, 증득하는 때에 각기 구별된다. 이를테면 『대열반경』에 이른다. 「십이인연이 一法이다. 지혜에 따라 4종의 보리를 증득한다. 上上智는 諸佛의 보리를 본다. 上智는 보살의 보리를 본다. 中智는 연각의 보리를 본다. 下智는 성문의 보리를 본다.」[977] 비유컨대 황석에 금이 있는데 上上福人은 가열시켜서

---

977) 『열반경(40권본)』권27 사자후보살품. 『대정장』권12. 524.b. 원 경문을 뜻으로 번안하여 인용하였다.
원 경문은 다음과 같다. 「觀十二緣智, 凡有四種. 一者下, 二者中, 三者上, 四者上上. 下智觀者不見佛性. 以不見故, 得聲聞道. 中智觀者不見佛性. 以不見故, 得緣覺道. 上智觀者見不了了. 不了了故, 住十住地. 上上智觀者, 見了了故, 得

금을 얻고, 上福人은 가열시켜서 은을 얻으며, 中福人은 가열시켜서 동(銅)을 얻고, 下福人은 가열시켜서 철을 얻는 것과 같다.

〈461〉

萬法萬形. 皆逐心成. 孤光一照. 眾慮俱清. 如瓶貯醍醐. 隨諸器而不等. 猶水分江海. 逐流處而得名.

> 此一心法. 是一際門. 如醍醐一味無差. 諸器自分大小. 猶水一味不別. 江海
> 自分異名.

모든 것의 모든 모습은 다 마음 좇아 이루어진 것이다.
홀로 한 줄기 빛이 비추면
뭇 상념이 다 맑아진다.
마치 병에 담아 둔 제호(醍醐)가
여러 그릇 따라 같지 않게 되는 것과 같고,
마치 물이 강과 바다에 따라 나누어져
흐르는 곳에 따라 (다르게) 이름 얻는 것과 같다.

이 一心法은 일제문(一際門)이다. 마치 제호(醍醐)가 한 맛으로 차별이 없으며, 여러 그릇 따라 스스로 크고 작게 나누어지는 것과 같다. 마치 물이 한 맛으로 차별이 없으나 강과 바다에 따라 스스로 나누어져 다름 이름이 되는 것과 같다.

阿耨多羅三藐三菩提道.」

〈462〉

直了無疑.襟懷自豁.非劣解情當.乃上根機奪.猶如庭雀.焉攀
鴻鵠之心.還似井蛙.豈測滄溟之闊.

夫真如一心.圓信難解.且如在家凡夫.出家外道.皆是背覺合塵.不識自心
境界.故云.海枯終見底.人死不知心.若是聲聞緣覺.但證生空.亦執心外有
其實境.若藏通二教菩薩.設識自心.皆是緣生無性.徹底餐空.若大乘別教
菩薩.雖知常住不空之心.能含十法界性.即今未具.直待熏修.次第生起.唯
圓教菩薩.知自心即具十法界.一念圓足.則悟心大士.方了圓宗.高翥義天.
深遊性海.豈凡小權漸之所建乎.又滄溟者.即況如來智海.如華嚴經云.佛
子.此閻浮提.有二千五百河.流入大海.乃至如是大海.其水無量.眾寶無
量.眾生無量.所依大地亦復無量.佛子.於汝意云何.彼大海為無量不.答
言.實為無量.不可為喻.佛子.此大海無量.比如來智海無量.百分不及一.
千分不及一.乃至優波尼沙陀分不及其一.但隨眾生心為作譬喻.而佛境界
非譬所及.佛子.菩薩摩訶薩.應知如來智海無量.從初發心修一切菩薩行
不斷故.應知所住眾生無量.一切學無學聲聞獨覺所受用故.應知住地無
量.從初歡喜地乃至究竟無障礙地諸菩薩所居故.

바로 깨달아 아무런 의심 없게 되고,

가슴이 스스로 확 트인다.

저열한 이해와 情에 있는 자는 그렇게 되지 못하고,

상근기여야 획득한다.

마치 뜰의 제비와 같아

어찌 홍곡(鴻鵠)의 마음을 잡을 수 있겠는가!

또한 우물 속의 개구리와 같아
어찌 푸른 바다의 광활함을 헤아릴 수 있겠는가!

    무릇 진여 일심에 대한 원만한 믿음을 이해하기 어렵다. 또한 재가 범부와 출가 외도와 같은 자들은 모두 覺에 위배되고, 진(塵 : 경계)에 영합되어 자심이 경계임을 모른다. 까닭에 이른다. 「바닷물이 마르면 끝내는 바다를 보게 되지만 사람은 죽어도 마음을 모른다.」 성문과 연각이라면 단지 生空(我空)을 증득하고 마찬가지로 마음 밖에 실재하는 경계가 있다고 집착한다. 장교(藏敎)와 통교(通敎)의 二敎보살이라면 설령 자심이 다 인연으로 생긴 것이어서 자성이 없음을 안다고 하더라도 철저히 찬공(餐空 : 곁두리 空)이다. 대승의 別敎 보살은 비록 상주하는 不空의 마음을 알지만 능히 十法界性을 함용 함은 지금 아직 갖추지 못하였다. (더 나아가) 수행이 무르익으면서 次第生起(점차 완숙되어 가는 修證의 단계)의 과정을 거쳐야 한다. 오직 圓敎의 보살만이 자심에 바로 十法界가 갖추어져 있음을 안다. 一念에 원만히 구족하니 마음을 깨달은 大士보살이다. 이렇게 되어야 비로소 圓宗을 깨닫고, 義天에 높이 날아오르며, 깊이 性海에 노닌다. 어찌 凡小의 방편과 점법의 차원에서 세워질 수 있겠는가! 또 '푸른 바다'란 즉 如來智의 바다이다.
    이를테면 『화엄경』에 이른다.

    불자여! 이 염부제에 2천5백의 강이 있어 대해에 흘러든다. 내지 이와 같은 대해는 그 물이 한량없고, 뭇 보배가 한량없으며, 중생이 한량없다. 의지하는 바 대지 또한 한량없다. 불자여! 너의 생각에 어떠하냐! 저 대해가 한량없느냐? 답하여 말하였다. "실로 한량없으며, 비유할 수도 없습니다." "佛子여! 이 대해가 한량없음은 如來智의 바다가 한량없음에 대비하면 백분의 1에도 미치지 못하고, 천분의 1에도 미치지 못하며, 내지 우파니사타분의[978] 1에도 미치지 못하느니라. 단지 중생심에 따라 비유한 것일 뿐이고 佛의 경계는 비유가 미치지 못하느니라. 불자여! 보살마하살은 응당 如來智의 바다가 한량없음을 알아야 하느니라. 초발심으로부터 일체의 보살행 닦기를 그치지 않은 까닭이다. 마땅히 알지니 머무르는 중생이 한량없고, 모든 有學과 無學의 성문 독각이 受用하는 바가 되며, 住地가 한량없고, 처음 환희지(보살초지)에서부터 내지 궁극의 무장애지(無障礙地)의 모든 보살의 거처가 되는 까닭이니라.[979]

〈463〉

羣經之府.眾義之都.寫西來之的意.脫出世之真模.或徇他求.
如鑽冰而覓火.但歸己解.猶向乳以生酥.

鑽冰覓火者.違法性故.如心外求道.從乳求酥者.順法性故.似背境觀心.如
還源觀云.明者德隆於即日.昧者望絕於多生.會旨者山岳易移.乖宗者錙
銖難入.又普賢行願疏云.契文殊之妙智.宛是初心.入普賢之玄門.曾無別
體.失其旨也.徒修因於曠劫.得其門也.等諸佛於一朝.

뭇 경전의 중심이고,
뭇 깊은 뜻의 수도(首都)이며,

(달마대사가) 西來한 뜻을 기술하였고,

세간을 벗어난 진실한 모범이다.

혹 (自心에서가 아니라) 다른데서 구하라고 하는 것은

마치 물을 비벼서 불을 구하는 것과 같다.

단지 (자심에) 돌아가면 알게 되는 것이

마치 우유에서 소(酥 : 연유, 발효유)가 나오는 것과 같다.

　'얼음을 비벼서 불을 구한다'고 한 것은, 법성에 위배되는 까닭이다. 마음 밖에서 도를 구하는 것과 같다. '우유에서 소(酥)를 구한다'라 한 것은 법성에 수순(합치)하는 까닭이다. 마치 경계에 향하지 아니하고 마음을 관하는 것과 같다. 이를테면 『(망진)환원관(還源觀)』에 이른다. 「깨달은 자는 덕이 즉일에 융성하고, 어두운 자는 다생 지나도록 절망이다. 뜻에 계합한 자는 산악도 쉽게 옮기는데 宗(근본)에 어긋난 자는 극소한 것도 받아들이지 못한다.」[980] 또 『보현행원품소(普賢行願品疏)』에 이른다. 「문수가 妙智에 계합하였는데 완연히 초심이다. 보현이 현묘한 문에 들어갔는데 일찍이 (들어가지 못한) 다른 체가 없었다. 이 뜻을 놓치면 헛되이 광겁(曠劫) 동안 因行을 닦는 것이 되며, 그 (문수 보현의) 문을 체득하면 모든 부처님과 하루아침에 동등하게 된다.」[981]

〈464〉

正業常新.恒居本位.統一心之高廣.

---

980) 법장의 『망진환원관』. 『대정장』권45, 637a.
981) 징관의 『보현행원품소(정원신역화엄경소 권1)』. 『만속장』권5.

法華經云. 其車高廣. 高則豎徹三際. 廣則橫亘十方. 攝法無遺. 包藏無外. 凡
有所見. 皆是自心. 如華嚴經云. 如有人將欲命終. 見隨其業所受報相. 行惡
業者. 見於地獄畜生餓鬼. 所有一切眾苦境界. 或瞋或罵. 囚執將去. 亦聞嘷
叫悲歡之聲. 或見灰河. 或見鑊湯. 或見刀山. 或見劍樹. 種種逼迫. 受諸苦
惱. 作善業者. 即見一切諸天宮殿. 無量天眾天諸綵女. 種種衣服具足莊嚴.
宮殿園林盡皆妙好. 身雖未死. 而諸業力見如是事. 善財童子亦復如是. 以
菩薩業不思議力. 得見一切莊嚴境界

正業은 항상 새롭고,
항상 본 자리에 있으며,
마음의 높고 광대함을 통일한다.

『법화경』에 이른다. 「그 車(一乘인 牛車, 또는 一佛乘인 白牛車)는 높고
광대하니 높기로는 시간으로 삼제(三際 : 과거, 현재, 미래)에 통해 있고, 광대하
기로는 十方에 걸쳐 있다. 모든 법을 남김없이 아우르고, 예외 없이 다
포장한다. 무릇 보이는 모든 것은 다 自心이다.」982) 이를테면 『화엄경』에
이른다.

　　이를테면 어떤 사람이 수명이 다 하려 할 때 그 업에 따라 받게
　　되는 과보의 상을 보게 되는데 악업은 지은 자는 지옥 축생 아귀의
　　모든 뭇 고통의 경계를 본다. 혹은 성을 내거나 혹은 욕을 하며 죄수
　　잡아 가듯 데리고 간다. 또한 울부짖고 비탄하는 소리를 듣는다.

---

982) 『법화경』에 이 인용문은 보이지 않으나 권2비유품의 내용을 뜻으로 요략하여
　　 옮긴 것으로 보인다.

혹은 잿빛 강을 보고, 혹은 끓는 솥을 보며, 혹은 칼의 산, 혹은 칼의 숲을 보는데 (이들) 갖가지가 핍박해 오니 여러 고뇌를 받는다. 선업을 지은 자는 바로 모든 천상의 궁전과 한량없는 천중과 여러 채녀(綵女)를 보는데 갖가지 의복을 갖추어 장엄하였고, 궁전과 원림은 모두 다 묘하고 뛰어나다. 몸은 비록 아직 죽지 않았으나 모든 업력으로 이러한 일을 보는 것이다. 선재동자 또한 이와 같아 보살업의 부사의한 힘으로 일체의 장엄경계를 볼 수 있었다.983)

〈465〉

燭微言之周備.

如首楞嚴經云,諸法所生,唯心所現.十地論云,三界無別法,但是一心造.則 一言無不略盡.殊說更無異塗.

등불 같은 미언(微言 : 간략한 궁극의 心地법문)을 두루 갖추었네!

이를테면 『수능엄경』에 이른다. 「모든 생긴 것은 오직 마음이 나타난 것이다.」984) 『十地論』에 이른다. 「三界에 다른 법이 없고, 단지 一心이 만든 것이니 一言으로 남김없이 다 드러낼 수 있고, 다른 말로 하여도 그 밖에 다른 길이 있는 것이 아니다.」985)

---

983) 『화엄경(80권본)』권79 입법계품. 『대정장』권10. 437b.
984) 『대불정수능엄경』권1. 『대정장』권19. 109a.
985) 현전의 『십지경론』에 보이지 않는다.

〈466〉

了宗之際. 殞十方之虛空.

  首楞嚴經云. 若一人發眞歸源. 此十方虛空皆悉消殞.

宗(근원)을 깨닫는 때에
十方의 허공이 다 소멸한다.

  『수능엄경』에 이른다.「一人이 眞을 발하여(證하여) 근원에 돌아가면,
이 十方 허공이 다 소멸한다.」986)

〈467〉

懺罪之時. 翻無邊之大地.

  修一心無生懺. 如翻大地. 亦云. 若欲懺悔者. 端坐念實相. 實相者即無相也.
  亦云實地. 故法華經云. 唯此一事實. 餘二即非眞.

(一心 無生의) 참회하는 때에
무변(無邊)의 대지가 엎어진다.

---

986) 『대불정수능엄경』권9. 『대정장』권19, 147b.

一心 無生의 참회를[987) 하는 때에는 대지가 뒤 엎어지듯 한다. 또한 이른다.「참회하고자 하건대 단정히 앉아 실상을 念하라! 실상이란 곧 無相이다.」또한 이른다.「또한 實地라고도 한다.」까닭에『법화경』에 이른다.「오직 이 하나(1승) 만이 사실이고 나머지 둘(2승과 3승)은 진실이 아니다.」

〈468〉

一華開而海內春. 一理現而法界真.

如陽和發生. 無處不春. 心爲法界之體. 無法不心. 故經云. 平等真法界. 無佛無眾生

하나의 꽃이 피니
온 海內[세계]가 봄이네!
一理가 드러나니
온 법계가 진실하네!

마치 양기의 부드러움이 발생하니 봄이 아닌 곳이 없는 것과 같다. 마음이 법계의 체이니 모든 것이 마음 아닌 것이 없다. 까닭에 경에 이른다.「평등한 眞法界이니 佛도 없고, 중생도 없다.」

---

987) 一心 無生의 참회란, 죄도 마음일 뿐이고, 오직 모든 것은 마음일 뿐이기 때문에 다른 것이 생한 것이 아니어서 無生이며, 따라서 죄를 얻을 바 없고, 참회할 바도 없다는 뜻을 깨달으면 이것이 진정한 참회라는 뜻이다.

〈469〉

如二乘之蒙佛記.

台教云. 八千聲聞. 於法華會上. 見如來性. 得授佛記. 如秋收冬藏. 更無所作.
如來性者. 即是自心性也. 若識心人. 萬緣皆辦. 故云己事已辦. 梵行已立.

이를테면 二乘(2승과 3승)이 부처님으로부터 수기를 받았네!

천태교(『止觀輔行傳弘決』)에 이른다. 「8천의 성문이 법화회상에서 如來性
을 보고 부처님으로부터 수기를 받았다. 마치 가을에 수확하여 겨울에
저장해두면 다시 일을 할 필요가 없는 것과 같다.」[988] 如來性이란 곧 自心의
性이다. (일체가 오직) 마음임을 아는 사람은 만연(萬緣 : 萬事)를 다 이룬
것이다. 까닭에 이르길, 「자신의 일을 이미 다 마쳤고, 범행(梵行 : 청정행)이
이미 세워졌다.」고 하였다.

〈470〉

似窮子之付家珍.

一念纔起. 五陰俱生. 背覺合塵. 即是捨父逃逝. 循環五趣. 即是五十餘年. 若
頓悟一心. 即是定父子. 付家財. 此是定天性之父子. 付一心之法財. 故經云.

---

988) 『止觀輔行傳弘決』卷第七之二, 『대정장』권46, 366a. 원문을 약간 바꾸어 인용
하였다.

我實汝父.汝實我子.當了了明心之日.即是歸宗合覺.亦云返本還源矣.

궁자(窮子)에게 집안의 보물을 주게 된 것과 같네!

바로 한 생각 일어나면 오음(五陰 : 색수상행식)이 함께 생기니 覺에 위배되고 진(塵 : 경계)에 영합되어 버린다. 바로 이것이 (窮子의 비유에서) 부친을 버리고 멀리 도망 간 것이다. 오취(五趣 : 인간, 아수라, 축생, 아귀, 지옥)에 순환한 것이 곧 (비유에서 말한) 오십여 년이다. 만약 일심을 돈오(頓悟)하면 바로 이것이 결정의(진실한) 父子이다. 집안의 재산을 주었다 한 것은 바로 결정의 天性의 父子인지라 一心의 法財를 준 것을 뜻한다. 까닭에 경에 이른다. 「나는 진실로 너의 아버지이고, 너는 진실로 나의 아들이다.」[989] 명료하고 뚜렷하게 마음의 해를 밝히는 때에 바로 宗에 돌아가고 覺에 합치한다. 또한 이르길, 「본원에 돌아간다」고 하였다.

〈471〉

水未入海之時.不成鹹味.

百川入海.皆同一味之鹹.萬境歸心.盡趣一真之道.

물이 아직 바다에 들어가지 않았을 때에는
짠 맛이 이루어지지 않았다.

---

989) 『법화경』권2. 『대정장』권9. 17b.

百川이 바다에 들어가면 모두 똑같이 하나의 짠 맛이 된다. 만경(萬境)이 마음에 돌아가고, 모두 다 一眞의 도가 된다.

〈472〉

境若歸心之日.方可言均.

古德云.水未入海不鹹.薪未入火不燒.境未入心不等.故經頌云.一切諸法中.皆以等觀入.慧解心寂然.三界無倫疋.

경계란 마음에 돌아간 날이 되어야
비로소 평등하다고 할 수 있다.

고덕(古德)이 이른다. 「물이 아직 바다에 들어가지 않았을 때는 짜지 않다. 장작이 아직 불 속에 들어가지 않았을 때는 타지 않는다. 경계가 아직 마음에 들어가지 않았을 때는 평등하지 못하다.」 까닭에 경의 게송에 이른다.

일체 모든 것에서
항상 평등한 觀에 들면
慧解(知解)心이 고요하게 되고,
삼계는 빗댈 것이 없게 된다.990)

---

990) 法相을 慧解(知解)하는 상도 멸하게 되면 마음 일어남이 없게 되니 三界에 향함도 없게 되어 삼계가 所有로 인지되지 않는다. 또한 일체가 평등하여 삼계에

〈473〉

夢宅虛無.

三界是夢宅. 故云長眠三界中. 所夢之境. 皆是夢中意識. 如唯識論云. 如夢
觸女形. 能出不淨. 覺時亦爾. 未觸女形之時. 由極重染愛現前. 便致如斯流
溢之相. 由於夢有等無間緣差別力故. 遂便引起非理作意. 以此爲因. 便見
遺洩. 又如小兒夢遺尿等事. 如似夢中雖無實境. 能出不淨. 又如夢食毒等.
應身成病. 有悶絕流汗之事. 此亦由其唯識有用. 又如論云. 諸地獄中所有
獄倅狗烏等. 所有動作. 不待外緣. 彼地獄受罪眾生. 先罪惡業. 爲任持故. 如
木影舞. 同眾生相. 所以首楞嚴經云. 晝則想心. 夜成諸夢. 以夢覺俱不出心
故. 夢中無境. 唯心成事. 與覺無異. 如小乘立九難. 難大乘師云. 我信夢中唯
識. 不信覺時. 以有實作用故. 因以夢喻. 如出不淨等亦有實作用. 遂破彼疑.
應立量云. 覺時境色是有法. 定唯識爲宗. 因云以有實作用故. 同喻如汝夢
中境色. 是以華嚴經頌云. 菩薩了世法. 一切皆如夢. 非處非無處. 體性恒寂
滅. 諸法無分別. 如夢不異心. 三世諸世間. 一切悉如是. 夢體無生滅. 亦無有
方所. 三世悉如是. 見者心解脫. 夢不在世間. 不在非世間. 此二不分別. 得入
於忍地. 又大智度論云. 佛說諸法. 無有根本定實如毫釐許所有. 欲證明是
事. 故說夢中受五欲譬. 如須菩提意. 若一切法畢竟空無所有性. 今何以故
現有眼見耳聞法. 以是故. 佛說夢譬喻. 如人夢力故. 雖無實事. 而有種種聞
見瞋處喜處. 覺人在傍. 則無所見. 如是凡夫人. 無明顛倒力故. 妄有所見. 聖
人覺悟. 則無所見. 一切法. 若有漏. 若無漏. 若有爲. 若無爲. 皆不實虛妄. 故
有見聞. 如幽冥錄. 焦湖廟有一柏枕. 或云玉枕. 枕有小坼. 時單父縣人楊林

빗댈 다른 것이 없는지라 삼계라 할 상도 떠난다.

為估客. 至廟祈求. 廟巫謂曰. 君欲好婚否. 林曰. 幸甚. 巫即遣林近机邊. 因
入坼中. 邃見朱門瓊室. 有趙太尉在其中. 即嫁女與林. 生六子. 皆為祕書郎.
歷數十年. 並無思歸之志. 忽如夢覺. 猶在机傍. 林愴然久之. 又菩薩行者是
想念生. 此有二意. 一要須想念方能起行. 如夢從想故. 智論之中. 所聞見事.
多思惟念. 故夢見也. 二. 夫大覺是佛. 近而說之. 七地已前. 猶為夢行. 八地
為覺. 如夢渡河. 八地無明未盡. 亦是夢境. 唯佛一人故稱大覺. 如華嚴記云.
覺夢相成. 故須說覺. 於中初以覺成夢. 以未覺時不知是夢故. 於中初要在
覺時方知是夢者. 正辨須覺. 所以謂大夢之外. 則必有彼大覺之明. 謂我世
尊方知三界皆如夢故. 上引楞伽歎佛能了於夢. 次. 正在夢時不知是夢者.
謂為實故. 為諸凡夫長眠大夜. 不生厭求. 故叡公云. 夢中瞻夢. 純昏心也.
次. 設知是夢亦未覺故者. 此通妨難. 謂亦有人夢知是夢. 如人重眠. 忽有夢
生. 了知我夢. 以睡重故. 取覺不能. 喻諸菩薩從初發心. 即知三界皆夢. 豈非
是覺. 何用更說覺時. 故今釋云亦未見覺. 未大覺故. 故起信論云. 若人覺知
前念起惡. 令其不起. 雖復名覺. 即是不覺. 有生滅故. 無明覆心不自存故. 次
云. 覺時了夢知實無夢者. 非唯覺時知夢. 亦知無夢. 如八地菩薩夢渡河喻.
證無生忍. 不見生死此岸. 涅槃彼岸. 能度所度皆回得故. 況於大覺. 故經云.
久念眾生苦. 欲拔無由脫. 今日證菩提. 豁然無所有. 然由夢方有覺. 故辨夢
覺時者. 上辨以覺成夢. 此辨以夢成覺. 對夢說覺. 無夢無覺. 既了夢無夢. 對
何說覺. 故覺夢斯絕. 如無不覺. 則無始覺. 覺夢雙絕. 方為妙覺也.

꿈속의 집이 허무하다.

삼계는 꿈속의 집이다. 까닭에 이른다. 「기나긴 꿈속의 삼계에서 꿈꾸는
경계는 모두 꿈속의 의식이다.」 이를테면 『유식론』에 이른다. 「마치 꿈속에
서 여자 몸을 접촉하고 부정한 것을 흘리는 것과 같다.」991) 깨어 있을

때도 또한 그러하여 아직 여자 몸을 접촉하지 않았을 때도 극도로 애욕에 물듦이 현전함으로 인해 바로 이렇게 흘러나오는 상에 이르게 된다. 꿈에 등무간연(等無間緣)의992) 차별력이 있는 까닭에 곧바로 非理의 作意를 이끌어 나오게 한다. 이것이 因이 되어 곧바로 유정(遺精)이 나온다. 또 이를테면 어린애가 꿈속에서 소변을 재리는 등의 일과 같다. 비몽사몽 중에 비록 실제의 경계는 아니어도 능히 부정한 것을 흘리게 하는 것이다. 또 이를테면 꿈속에서 독을 먹는 것 등도 그에 응하여 몸을 병들게 하고 정신을 잃게 하며 식은땀을 흘리게 하는 일이 있게 한다. 이 또한 저 唯識에 연유한 것임을 설명하는데 유용하다. 또 이를테면 논에 이른다. 「모든 지옥 중의 모든 옥졸과 개와 까마귀 등과 그 모든 동작 등은 바깥 사물을 緣함에 의지하지 아니하고 저 지옥에서 죄 값을 받는 중생들의 先罪 악업이 지녀지고 있기 때문에 일어난다. 마치 나무 그림자가 춤을 추는 것이 중생상과 같은 것과 같다.」까닭에 『수능엄경』에 이른다. 「낮에는 마음을 생각하고, 밤에는 여러 꿈을 꾼다.」993) 꿈속이든 깨어 있을 때이든 모두 마음을 벗어나지 않은 까닭이다. 꿈속에서는 (사실의) 경계가 없다. 오직 마음이 그러한 일을 깨어 있을 때와 다름없이 낸다. 이를테면 소승에서 아홉 가지 비판 항목을 세워 대승의 師를 비판하여 말하길, "나는 꿈속에서는 오직 식일 뿐임을 믿지만 깨어 있을 때라면 (오직 識일 뿐이라는 것을) 믿지 않는다. 실제로 작용이 있는 까닭이다."고 하였다. 때문에 꿈속에서 부정한 것을

---

991) 천친보살의 『대승유식론』(『대정장』권31)에 나온다. 문장의 자구를 일부 생략하고 인용하였다.

992) 4緣의 하나로 次第緣이라고도 한다. 前念이 멸하면서 後念이 일어나도록 길을 터주는 것을 말한다. 이로 인해 생각이 이어짐이 간격 없이 펼쳐지게 된다.

993) 『대불정수능엄경』에 꼭 이러한 문장이 보이지 않는다. 어느 부분을 뜻으로 인용한 듯하다.

흘리게 되는 일 등을 비유하여 (꿈속에서도) 역시 실제의 작용이 있음을
제시하여 마침내 저 비판을 부수었다. 마땅하게 논법(宗・因・喩의 3支작법)
을 세워 이른다. "'깨어 있을 때 경색(境色)의 사물들은 분명히 오직 식일
뿐이다.'를 宗(기본 전제)으로 한다. 因은 '(식이란) 실제의 작용이 있는 까닭이
다.'가 된다. 마찬가지로 유(喩 : 비유)는 '마치 네가 꿈속에서 보는 경색(境色)과
같다'이다. 이 때문에 『화엄경』의 게송에 이른다.

> 보살이, 세간의 법이란
> 일체가 모두 꿈과 같다고 깨달았으니
> 처소가 아니되 처소가 없는 것도 아니고,
> 체성이 항상 적멸하네!
> 모든 것은 분별함이 없고,
> 꿈과 같아 마음과 다름없네!
> 三世의 모든 세간은
> 일체가 다 이와 같다네!
> 꿈의 체는 생멸함이 없고,
> 또한 方所가 없나니
> 三世가 모두 이와 같다고
> 보는 자는 마음에서 해탈하리!
> 꿈은 세간에 있는 것도 아니고,
> 세간이 아닌 곳에 있는 것도 아니나니
> 이 둘에 분별함 없으면
> 인지(忍地 : 無生法忍)에 들어갈 수 있으리!1994)

또 『대지도론』에 이른다.

　　부처님께서 설하시되 모든 것은 근본인 결정의 진실 된 것이 터럭 끝도 없다고 하신 것은, 이 일을 증명하시고자 함에서였다. 까닭에 설하시길, 꿈속에서 5욕을 감수(感受)하는 것을 비유로995) 든 것이다. 수보리가 (질문한) 뜻은, '만약 일체 모든 것이 필경에 공하여 있다고 할 性이 없다면 지금 어찌해서 눈으로 보고, 귀로 듣는 것이 있는 것입니까?'라 한 것이니 이 까닭에 부처님께서 꿈을 비유하여 설한 것이다. 이를테면 사람이 꿈의 힘으로 인해 비록 사실은 아니지만 갖가지 듣고 보는 것과 성내는 자리, 기뻐하는 자리가 있었지만 깨고 나면 옆에 있었던 사람이 보이지 않는 것과 같다. 이와 같이 범부는 무명으로 전도(거꾸로 됨)된 힘으로 인해 망령되이 있는 것을 보게 된다. 성인은 깨달아서 보는 바가 없다. 일체의 모든 것은 유루(有漏)이든 무루(無漏)이든, 유위이든, 무위이든 모두 실다움이 없고 허망하다. 까닭에 보고 듣고 하는 것이 있게 된다.996)

　이를테면『유명록(幽冥錄)』에997) 이른다.「초호묘(焦湖廟)에 하나의 측백나무 그루터기[枏]가 있어서 혹은 옥올(玉枏)이라고도 하였다. 그루터기에 조그마한 갈라진 틈이 있었다. 당시 단부현(單父縣)의 사람 양림(楊林)이

---

994) 『화엄경(80권본)』권44 십통품. 『대정장』권10, 236a.
995) 저본은 '譬如'인데 『대지도론』 원문은 '譬喩'이고, 이어지는 '須菩提' 앞에 '如'가 없다.
996) 『대지도론』권94. 『대정장』권25.
997) 『유명록』은 남조 宋의 종실 劉義慶이 문객들이 지은 志怪소설을 30권으로 집록한 책이다. 원서는 이미 散佚되었다. 유의경은 『世說新語』의 저자로 유명하다.

물건 팔 사람을 찾기 위해 묘(廟)에서 기구(祈求)하였다. 묘무(廟巫)가 말하였다. "당신은 결혼하고 싶어 합니까?" (앙)림이 말하였다. "(결혼할 수 있으면) 매우 행복하겠습니다." 무(巫)가 곧바로 (양)림을 그루터기 가까이 가게 하였는데 이로 인해 갈라진 틈 속으로 들어가니 朱門의 옥으로 된 방이 보였다. 조태위(趙太尉)가 그 안에 있었다. 바로 딸을 (양)림에게 시집보냈다. 여섯 아들을 낳았는데 모두 비서랑이 되었다. 수십 년이 지났는데도 도무지 돌아갈 생각이 없었다. 홀연 꿈에서 깨어나니 아직 그루터기 옆에 있었다. (양)림은 오랫동안 슬퍼하였다.」

또한 보살행자도 이러한 상념이 생긴다. 여기에 두 뜻이 있다. 1은, 상념이 있어야 비로소 (꿈속의) 행이 일어나게 되는 경우이다. 마치 꿈이 상념에 따라 일어나는 것과 같은 까닭이다. 『대지도론』에서 듣고 보는 일과 상념을 많이 하게 되어 꿈에 보이게 된다고 하였다. 2는, 무릇 大覺하신 佛의 경우이다. 자세히 설한다. 보살제7지 이전에는 아직 꿈속의 행이 있다. 보살제8지는 (무생법인을) 깨달아서 (현생이) 마치 꿈속에 강을 건넌 것과 같다. 제8지는 무명이 아직 다 멸하지 않았다(아직 법상의 뿌리는 남아 있음). 이 또한 (아직) 꿈속의 경계이다. 오직 佛 一人 만이 大覺이라 칭할 수 있다. 이를테면 『화엄기(화엄경수소연의초)』에 이른다.

깨어 있는 것과 꿈이 서로를 이루게 한다. 까닭에 반드시 깨어 있다고 해야 한다. (『화엄경소』의) 첫 부분에 '깨어 있음으로써 꿈이 이루어진다(꿈이 있다고 인식함)'고 한 것은, 아직 깨어나지 않았을 때에는 꿈인 줄 모르는 까닭이다. 첫 부분에 '깨어 있을 때라야 비로소 꿈임을 안다'라 한 것은 바로 반드시 깨어 있다는 것을 설명한 것이다. 까닭에 큰 꿈을 제외하고는 반드시 저 大覺의 밝음이 있는 것이다. 말하자면 우리 세존께서 삼계가 모두 꿈과 같은 것임을 바야흐로 알게 된 까닭이다. 위에서 인용한 『능가경』에서 佛은 능히 꿈에서 깨어 있음을 찬탄하였다. 다음에 이어 '바로 꿈에서는 꿈인 줄 모른다'고 한 것은 말하자면 (꿈을) 사실로 여기는 까닭이다. 모든 범부들은 무릇 大夜에 기나긴 잠에 빠져 있으면서 싫증 내지 않고 구한다. 까닭에 예공(叡公 : 僧叡)이998) 이르길, "꿈속에서 꿈을 보니 순전히 혼암한 마음이다."고 하였다. 다음에 이어 '이것이 꿈인 줄 아는 것도 또한 아직 깨어 있지 못한 까닭이다'라 한 것은, 예외의 일로 비판하는 것에 대해 소통시킨 것이다. 말하자면 또한 어떤 사람은 꿈속에서 꿈인 줄 아는데 사람이 깊이 잠에 들면 홀연 꿈이 생기고 자신이 꿈꾸고 있는 것을 안다. 잠이 깊은 까닭에 깨어나려고 하나 할 수 없다. 모든 보살이 초발심으로부터 삼계가 모두 꿈임을 바로 아는 것을 비유한 것이니 어찌 깨달음이 아니겠는가! 어찌 다시 깨달은 때를 설할 것인가! 까닭에 지금 해석하여 이르길, '또한 아직 깨닫지 못하였으니 아직 大覺이 아닌 까닭이다'고 하였다. 까닭에 『기신론』에 이른다. 「만약 사람이 앞생각에서 악심을 일으켰음을 지각하여 (능히 뒷생각을 멈추어) 그것이 일어나지 않도록 한다면 비록 또한 이름하여 覺이라 할 수는 있으나 이는 바로 不覺이다.」999) 생멸이 있는

---

998) 승예(僧叡)는 하남 안양인으로 東晋, 後秦시기에 활동하였다. 關中4聖, 구마라집의 4대제자로 칭해진다. 18세에 출가하여 僧賢, 도안에게서 수학하고, 401년 구마라집이 장안에 와 역경을 할 때 그 역장에 참여하고, 선법을 배웠다. 67세에 서방을 향해 합장하고 입적하였다. 『小品經』·『법화경』·『대지도론』·『중론』·『십이문론』·『사익경』·『비마라힐제경의소』·『자재왕경』·『성실론』·『백론』 등의 서문을 지었다.

999) 『기신론』·『대정장』권32, 576b. 『기신론』 원문에는 '能止後念(능히 뒷생각을 멈추어)'가 있으나 저본에는 결락되어 있다.

까닭이다. 무명으로 덮여져 마음이 자재하지 못하는 까닭이다. 다음에
이르길, '깨달은 때에는 꿈을 깨달아 실제로는 없는 꿈임을 안다.'고
한 것은, 깨달은 때에는 꿈임을 알 뿐 아니라 또한 꿈이 없는 것임을
안다는 것이다. 이를테면 제8지보살을 '꿈에 강을 건너는 것'이라
하고, 무생법인(無生法忍)을 證하여 생사의 차안(此岸)을 봄이 없다는
것을 비유하였다. 열반의 피안(彼岸)과 능도(能度 : 피안으로 건너는
주체, 건네주는 자)와 소도(所渡 : 건네지는 자)를 모두 얻을 수 없는
까닭이다. 하물며 大覺이야 말할 나위 있겠는가! 까닭에 경에서 이른
다. '오랫동안 중생의 고통을 생각하여 뽑아주고자 하나 벗어나게
할 길이 없었으나 금일 보리를 증득하니 확 트여서 있다고 할 것이
없다. 그러나 꿈으로 말미암아 비로소 깨어남(覺)이 있는 것이다.
까닭에 '꿈임을 분간해서 깨어 있을 때'라 한 것은, 위에서는 깨어
있음(覺)으로써 꿈이 이루어짐을 분간하여 설명하였고, 여기서는 꿈으
로써 깨어 있음이 이루어짐을 분간하여 설명하였다. 꿈에 상대해서
覺을 설하니 꿈이 없으면 覺도 없다. 이미 꿈이 없는 꿈임을 깨달았는데
무엇에 상대하여 覺을 말하겠는가! 까닭에 覺과 꿈이 여기에서 끊어진
다. 마찬가지로 不覺이 없으니 始覺이 없다. 覺과 꿈이 함께 끊어져야
비로소 妙覺이 된다.[1000]

〈474〉

化源寂滅.

1000)『화엄경수소연의초』권75. 『대정장』권36, 595c~596a.

凡聖境界. 悉從心化. 以一切萬法不離心故. 如金剛三昧經云. 善不善法. 從
心化生. 又華嚴經十忍品云. 佛子. 何為菩薩摩訶薩如化忍. 佛子. 此菩薩摩
訶薩. 知一切世間皆悉如化. 所謂一切眾生意業化. 覺想所起故. 一切世間
諸行化. 分別所起故. 一分苦樂顛倒化. 妄取所起故. 一切世間不實法化. 言
說所現故. 一切煩惱分別化. 想念所起故. 復有清淨調伏化. 無分別現行故.
於三世不轉化. 無生平等故. 菩薩願力化. 廣大修行故. 如來大悲化. 方便示
現故.

化現의 근원은 적멸(열반)이다.

범부와 성인의 경계는 모두 마음으로부터 화현된다. 일체 모든 것이
마음을 떠나지 않은 까닭이다. 이를테면 『금강삼매경』에 이른다. 「善과
不善法은 마음으로부터 화현하여 생한다.」[1001] 또 『화엄경』십인품(十忍品)
에 이른다.

　불자여! 어떻게 보살마하살이 如化(평등하게 화현됨)에 인(忍 : 결정
　부동)하는가? 불자여! 이 보살마하살은 일체세간이 모두 다 평등하게
　화현된 것임[如化]을 안다. 이른바 모든 중생의 의업(意業)이 화현된
　것이니 생각으로 일어난 것인 까닭이다. 모든 세간의 諸行이 화현된
　것이니 분별로 일어난 것인 까닭이다. 모든 고락이 전도(顚倒)로 화현
　된 것인데 생긴 것을 망령되이 취하는 까닭이다. 모든 세간이 화현되어
　實이 아닌 것이니 언설로 나타난 까닭이다. 모든 번뇌가 분별로 화현된

1001) 『금강삼매경』. 『대정장』권9, 370c.

것이니 상념으로 일어난 것인 까닭이다. 또 청정으로 조복(調伏)하여 화현한 것이니 무분별이 현행한 까닭이다. 三世가 전화(轉化)하지 않음이니 無生平等한 까닭이다. 보살의 원력으로 화현된 것이니 광대하게 수행하는 까닭이다. 여래의 大悲로 화현된 것이니 방편으로 시현한 까닭이다.[1002]

〈475〉

破疑情而藤蛇併融. 廓智地而形名雙絶.

論偈云. 於藤生蛇知. 見藤即無境. 若知藤分已. 藤知如蛇知. 即藤蛇併空. 形名俱絶. 是知千聖同證. 心外無得.

의정(疑情)을 부수어
등나무와 뱀을 함께 녹여버리니
확 트인 지혜의 자리에
모습과 이름이 함께 끊어졌네

논의 게송에 이른다.

> 등나무에 뱀을 知함이 생겼는데
> 등나무를(자신을) 보게 되면 (뱀의) 경계가 없어진다.

1002) 『화엄경(80권본)』권44. 『대정장』권10, 233c.

知에 등나무의 分이 있으니

등나무의 知가 뱀의 知와 같아

바로 등나무와 뱀이 함께 공하다.[1003]

모습과 이름이 함께 끊어지니 이로 알건대 千聖이 함께 證함이며, 마음 밖에서는 얻을 것이 없다.

〈476〉

心外求悟.望石女而兒生.意上起思.邀空華而菓結.本非有作. 性自無為.智者莫能運其意.像者何以狀其儀.言語道亡.是得路 指歸之日.

> 阿難等於楞嚴會上.蒙如來微細開示.各悟真心遍十方界.遂白佛言.我等 今日明識歸家道路.故決定無疑.

마음 밖에서 깨달음을 구함은 석녀에게서 아기 태어날 것을 바라는 것과 같다. 생각에서 다시 생각을 일으킴은 허공 꽃[空華]에서 열매 열릴 것을 기다리는 것과 같다. 본래 그러한 것이어서 지어진 것이 아니다. 본성은 스스로 함이 없다. 지혜로운 이는 그 생각을 돌리지 않는다. 흉내 내는 자가 어떻게 그 위의(威儀)를 모방할 것인가! 언어의 길이 사라졌으면 이때가 돌아갈 길을 알게 된 날이다.

1003) 같은 心識인 까닭이며, 같은 심식의 知인지라 구분될 것이 없고, 不可得이다.

아난 등이 능엄회상에서 여래의 미세한 開示을 받고 각기 진심이 十方界에 두루 함을 깨닫고 마침내 부처님께 말하였다. "저희들이 오늘 집에 돌아갈 길을 뚜렷이 알게 되었습니다. 때문에 결정코 의심이 없게 되었습니다."

〈477〉

心行處滅.當放身捨命之時.

若心外緣他境.如魚在陸不得自在.若背境歸自心.似鳥翔空無有隔礙.則念念歸真.心心至道矣.如始教云.十法界三科十八界如丈.一法界五陰如尺.唯在識心如寸.如今去丈論尺.去尺論寸.若達心具一切法已.方能度入一切色心.如今去色論心.去心所論心王.如一一尺無非是寸.及一一丈無非是尺.是故丈尺全體是寸.故知若真諦.若俗諦.若有為.若無為.一剎一塵.無非是心.既頓悟一心.全成圓信.則心外無一法可解.心內無一法可思.懷抱豁然.永斷纖疑矣.

마음 갈 곳이 멸하니
몸과 목숨을 버릴 수 있는 때가 되었네!

마음 밖에 다른 경계를 緣한다면 마치 물고기가 육지에서 자재할 수 없는 것과 같다. 만약 경계를 버려두고 자심에 돌아간다면 새가 허공을 날아오름에 방애가 없는 것과 같다. 그러하니 念念에 진실에 돌아가고, 마음마다 도에 이른다. 이를테면 천태교(『止觀輔行傳弘決』)에 이른다.

十法界와1004) 三科와1005) 十八界는 장(丈)과 같고, 一法界와 五陰(五蘊)은

척(尺)과 같다. 오직 識心에 있다 함은 촌(寸)과 같고, 지금 丈을 버리고 尺을 논하며, 尺을 버리고, 寸을 논함과 같다. 마음에 일체 모든 것을 갖추었음을 통달하면 이제 능히 모든 사물과 마음에 들어갈 수 있다. 마치 지금 사물을 버리고 마음을 논하며, 마음을 버리고 心王을 논함과 같다. 마치 하나하나의 척(尺)이 촌(寸) 아님이 없고, 아울러 하나하나의 장(丈)이 척(尺) 아닌 것이 없는 것과 같다. 이 까닭에 장척(丈尺) 전체가 촌(寸)이다.[1006]

까닭에 알건대 진제(眞諦 : 제일의제)이든 속제(俗諦)이든, 유위이든 무위이든, 하나의 세계이든 하나의 티끌이든 마음 아닌 것이 없다. 이미 일심을 돈오하였으니 원만한 믿음이 온전히 이루어진 것이다. 그러하니 마음 밖에 단 하나의 것도 분별할 것이 없으며, 마음 안에 하나의 법도 생각할 것이 없다. 마음이 활짝 열리니 극히 미세한 의문도 영원히 끊어진다.

〈478〉

執迹多端.窮源孤邁.非世匠之所成.豈劫火之能壞.

心本圓成.性非造作.不可以功成.不可以行得.論云.劫火能燒三界.不能燒虛空.故法華經云.我淨土不毀.而衆見燒盡.以心性常住.非生因之所生.唯了因之所了.

1004) 佛界, 보살계, 벽지불계, 성문계, 천상계, 인간계, 아수라계, 축생계, 아귀계, 지옥계

1005) 五蘊의 蘊, 12處, 18界를 합칭한 것.

1006) 『止觀輔行傳弘決』卷第五之二, 『대정장』권46, 291b.

자취를 붙잡으면 수많은 갈래가 되고,

근원에 온전히 이르면 홀로 뛰어 넘는다.

이는 세간 장인(匠人)의 기술로 이루어 진 것이 아니거늘

어찌 겁화(劫火)가 부술 수 있겠는가!

　마음은 본래 원만하며, 본성이어서 조작된 것이 아니다. 공력을 들여 이루어질 수 있는 것이 아니며 (어떠한) 행으로 얻어질 수 있는 것이 아니다. 論에 이른다. 「겁화가 능히 삼계를 태우지만 허공은 태울 수 없다.」 까닭에 『법화경』에 이른다. 「나의 정토는 멸하지 않는데 중생은 불에 타 사라지는 것을 본다.」[1007] 심성이 상주하는 까닭이며, 生因(생기게 하는 因)으로 생긴 것이 아니고, 오직 요인(了因 : 깨달음의 因)으로 깨닫게 되는 까닭이다.

〈479〉

白毫光裏.出莫測之身雲.

　華嚴經云.如來白毫相中.有菩薩摩訶薩.名一切法勝音.與世界海微塵數諸菩薩眾.俱時而出.右遶如來.經無量匝.又云.如來師子之座.眾寶妙華.輪臺基陛.及諸戶牖.如是一切莊嚴具中.一一各出佛剎微塵數菩薩摩訶薩.釋曰.菩薩是因.諸佛是果.供養具是境.菩薩身是心.即是因果同時.心境互入.如經頌云.諸佛一似大圓鏡.我身猶若摩尼珠.諸佛法身入我體.我身常入諸佛軀.

1007) 『법화경』권5 안락행품. 『대정장』권9, 43c.

백호(白毫)의 빛 속에서
측량할 수 없는 몸의 그림자가 나오네!

　『화엄경』에 이른다. 「여래의 백호상(白毫相)에 보살마하살이 있으니 이름이 일체법승음(一切法勝音)이다. 세계해 미진수의 제보살중과 더불어 함께 나와 오른쪽으로 여래를 돌기를 한량없이 하였다.」1008) 또 (『화엄경』에) 이른다. 「여래 사자좌와 뭇 보배와 묘한 꽃, 윤대(輪臺)와 기단의 계단 및 여러 문과 창 등 이와 같은 일체의 장엄구 중의 하나하나에서 각기 부처님세계와 미진수의 보살마하살이 나왔다.」1009) 해석하여 이른다. 「보살은 因이고, 諸佛은 果이며, 공양구는 경계이다. 보살의 몸은 마음이다. 바로 이것이 因과 果가 동시이며, 마음과 경계가 서로에 들어간다는 것이다. 이를테면 경의 게송에 이른다.

　　　제불은 하나의 크고 둥그런 거울과 같고,
　　　내 몸은 마니주와 같다.
　　　제불법신이 나의 몸에 들어오고
　　　내 몸이 항상 제불의 몸에 들어간다.」

〈480〉

無生蓋中. 現大千之世界.

1008) 『화엄경(80권본)』권6 여래현상품. 『대정장』권10, 29c.
1009) 『화엄경(80권본)』권5 세주묘엄품. 『대정장』권10, 22c~23a.

維摩經云. 長者子寶積. 與五百長者子. 俱持七寶蓋供養佛. 佛之威神. 令諸
寶蓋合成一蓋. 遍覆三千大千世界. 而此世界廣長之相悉於中現. 五百蓋
者. 即是五陰. 合成一蓋者. 即是一心. 華嚴經云. 此寶蓋皆從無生法忍之所
起. 乃至一切供具. 皆是自心表現. 心外實無一法建立. 若心外見法. 是外道
經書. 非佛法旨趣.

생한 바 없는 덮개에
대천의 세계가 나타나네!

『유마경』에 이른다.

　　장자의 아들 보적이 5백의 장자 아들과 함께 칠보로 된 덮개를
지니고 부처님께 공양하였다. 부처님이 위신력으로 여러 보배 덮개를
하나의 덮개로 합성하고 삼천대천세계를 두루 다 덮었는데 이 세계의
폭과 길이의 모습이 모두 다 그 가운데 나타났다.[1010]

'오백의 덮개'란, 바로 오음(五陰)이다. '하나의 덮개로 합성하였다'란 바로
一心이다. 『화엄경』에 설한 '이 보배 덮개'는 모두 무생법인(無生法忍)으로부
터 생긴 것이다. 내지 모든 공양구도 다 自心이 표현된 것이다. 마음 밖에는
실은 하나의 존재도 세울 것이 없다. 만약 마음 밖에서 존재를 본다고
한다면 이는 외도의 경서이고, 佛法의 뜻이 아니다.

1010) 『유마경』불국품제1. 『대정장』권14, 537b.

〈481〉

釋門挺價.法苑垂箴.

釋門挺價者.如龍女所獻心珠.故云價直三千大千世界.亦云無價寶珠.法
苑垂箴者.一切諸法.以心為定量.先賢所稟.後學同遵.可為萬代之箴規.十
方之龜鏡.

석문(釋門 : 佛門)의 빼어난 가치는
법원(法苑 : 진리의 정원)에서 잠언을 베푼데 있다.

'석문의 빼어난 가치'란, 마치 용녀가 마음의 구슬을 올린 것과 같다.
까닭에 이르길, '그 가치가 삼천대천세계에 당하며, 또한 無價의 보배 구슬과
같다'고 하였다. '법원(法苑)에서 잠언을 베푼다'란, 일체 모든 것은 마음으로
헤아림이 결정되고, 선현의 가르침을 후학이 똑같이 준수하니 가히 만대의
잠언이고 법규이며, 十方의 귀감이 된다는 뜻이다.

〈482〉

無聲之樂寂寂.

以真心大寂滅樂.豈隨喧動耶.故禪門中泥為無絃琴.

소리 없는 즐거움이 적적(寂寂)하네!

眞心은 대적멸의 즐거움이거늘 어찌 떠들썩하게 흔들리는 것이겠는가! 까닭에 선문(禪門)에서 「진흙이 줄 없는 거문고가 된다」고 하였다.

〈483〉

真如之海沈沈.

一心真如之海. 澄之不清. 攪之不濁. 湛然寂照. 瑩淨無瑕. 所以眾生因一念無明境界風. 鼓動真如海. 起種種識浪. 相續不斷. 故楞伽經頌云. 藏識海常住. 境界風所動. 種種諸識浪. 騰躍而轉生.

진여의 바다는 침침하다.

일심 진여의 바다는 맑되 맑지 않고, 교란되어 있되 혼탁하지 않다. 담연하여 항상 비추고, 밝고 깨끗하여 티가 없다. 까닭에 중생이 한 생각의 무명으로 인한 경계의 바람으로 진여의 바다를 출렁이게 하고, 갖가지 識의 파도를 일으키니 상속하여 끊임없다. 까닭에 『능가경』의 게송에 이른다.

> 장식(藏識)의 바다는 상주하고,
> 경계의 바람으로 출렁이며,
> 갖가지 여러 식의 파도가
> 솟구쳐 오르고 전변하며 일어난다.[1011]

1011) 『대승입능가경』권2 集一切法品第二之二. 『대정장』권16, 594c.

〈484〉

應量出生. 如龍王之降雨差別.

如龍王雨. 隨人間天上能感之緣. 因自業而不同. 成異味而有別. 如經偈云.
譬如虛空中. 雨八功德水. 到鹹等住處. 生種種異味. 如來慈悲雲. 雨八聖道
水. 到眾生心處. 生種種解味. 如華嚴經云. 佛子. 譬如海中有大龍王. 名大莊
嚴. 於大海中降雨之時. 乃至從他化天至於地上. 於一切處所雨不同. 所謂
於大海中雨清冷水. 名無斷絕. 於他化自在天雨簫笛等種種樂音. 名為美
妙. 於化樂天雨大摩尼寶. 名放大光明. 於兜率天雨大莊嚴具. 名為垂髻. 於
夜摩天雨大妙華. 名種種莊嚴具. 於三十三天雨眾妙香. 名為悅意. 於四天
王天雨天寶衣. 名為覆蓋. 於龍王宮雨赤真珠. 名涌出光明. 於阿脩羅宮雨
諸兵仗. 名降伏怨敵. 於北鬱單越雨種種華. 名曰開敷. 餘三天下悉亦如是.
然各隨其處. 所雨不同. 雖彼龍王其心平等. 無有彼此. 但以眾生善根異故.
雨有差別. 佛子. 如來應正等覺無上法王亦復如是. 欲以正法教化眾生. 先
布身雲彌覆法界. 隨其樂欲. 為現不同.

사량함에 응하여 나오는 것이
마치 용왕이 비를 내리는데 차별이 있는 것과 같네!

　마치 용왕이 비를 내리듯 (차별 있음이) 인간과 천상이 감수하는 연에
따르고, 자신이 지은 업을 因으로 함이 같지 않다. 다른 맛을 이루니 차별이
있다. 이를테면 경의 게송에 이른다.

　　비유컨대 허공에서

팔공덕수(八功德水)의[1012] 비가 내려
짠 맛 등에 이르고 머물러
갖가지 다른 맛을 내는 것과 같다.
여래의 자비 구름이
八聖道(八正道)의 물을 내려
중생의 마음에 이르고
갖가지 解의 맛을 낸다.

이를테면 『화엄경』에 이른다.

불자여! 비유컨대 바다에 대용왕이 있어 대장엄이라 이름 하였는데 대해에 비를 내리는 때나 내지 타화자재천으로부터 지상에 이르기까지 일체처에 비를 내리는 것이 같지 않았다. 이른바 대해에 청냉수를 내림을 이름 하여 '단절됨이 없음'이라 하고, 타화자재천에 피리 등 갖가지 음악소리를 내림을 이름 하여 '미묘함'이라 하고, 화락천에 대마니보를 내림을 이름 하여 '대광명을 발함'이라 하며, 도솔천에 대장엄구가 내림을 이름 하여 '상투를 드리움'이라 하고, 야마천에 크게 묘한 꽃이 내림을 이름 하여 '갖가지 장엄구'라 이름 하며, 삼십삼천에서 뭇 묘한 향이 내림을 이름 하여 '기쁜 마음'이라 하고, 사천왕이 하늘 보배 옷을 내림을 이름 하여 '덮개'라 하며, 용왕궁에 빨간 진주를 내림을 이름 하여 '광명이 용출함'이라 하고, 아수라궁에 여러 병기(兵

1012) 『탐현기』권19의 해설에 의하면, 팔공덕수는 一은 輕, 二는 冷, 三은 軟, 四는 美, 五는 淨, 六은 不臭, 七은 마실 때 조화롭고 쾌적함, 八은 마시고 나서 탈이 없는 것이다. 『대정장』권35, 470a.

器)를 내림을 이름 하여 '원수인 적을 항복시킴'이라 하며, 북울단월에 갖가지 꽃을 내림을 이름 하여 '꽃이 핌'이라 하고, 그 밖의 천상 아래의 세 중생계도[1013) 다 이와 같다. 그러나 각기 그 처소에 따라 내리는 비가 같지 않다.[1014)

비록 저 용왕의 마음은 평등하지만 피차(彼此)를 차별 둠이 없다. 단지 중생의 선근이 다른 까닭에 비 내림에 차별이 있는 것이다.

불자여! 여래 응정등각 무상법왕 또한 이와 같아 정법으로 중생을 교화하고자 먼저 몸의 그림자를 펴서 법계를 가득 덮고, 그 욕락에 따라 나타냄이 다른 것이다.

〈485〉

循業發現. 猶人間之隨福淺深.

如福德人執石為寶. 猶業貪者變金為蛇. 法無定形. 隨心轉變. 如迷時菩提為煩惱. 悟時煩惱為菩提. 但隨迷悟之心. 菩提性常不動. 夫論一心. 獨立絕妙. 豈在文賦詞句而廣敷演乎. 祇為眾生不了真心. 妄起差別. 但有一法纔生. 並為心病. 執有成妄. 達空成真. 如淨名經云. 此四魔八萬四千諸煩惱門. 而諸眾生為之疲勞. 諸佛則以此法而作佛事. 是名入一切諸佛法門. 菩薩入此門者. 若見一切淨妙佛土. 不以為喜. 不貪不高. 若見一切不淨佛土. 不以

1013) 須彌四洲 가운데 위에서 北의 울단월은 앞에 제시하였고, 그 나머지인 弗婆提・瞿陀尼・閻浮提를 말한다. 南의 염부제가 우리 인간이 사는 세계이다.

1014) 『화엄경(80권본)』권51 여래출현품. 『대정장』권10, 269c~270a.

為憂.不礙不沒.生法師云.若投藥失所.則藥反為毒矣.苟曰得愈.毒為藥
也.是以大聖為心病之醫王.觸事皆是法之良藥.苟達其一.眾事皆備矣.菩
薩既入此門.便知佛土本是就應之義.好惡在彼.於我豈有異哉.

업에 따라 발현됨이
마치 인간이 복의 얕고 깊음에 따르는 것과 같다.

　마치 복덕인은 돌을 집었는데 보석이 되고, 업이 빈한한 자는 금이 변하여
뱀이 되는 것과 같다. 존재에는 일정한 형상이 없어 마음 따라 전변한다.
마치 미혹한 때에는 보리가 번뇌였으나 깨달은 때에는 번뇌가 보리인 것과
같다. 단지 미혹과 깨달음의 마음 따른 것이고, 보리의 성품은 항상하여
움직임이 없다. 무릇 일심을 논하건대 독립되어 절묘하거늘 어찌 글이나
시구로 널리 설명할 수 있겠는가. 단지 중생이 진심을 깨닫지 못하여 망령됨
이 일어남에 차별이 있는 것이다. 단지 일법이라도 생기면 모두 마음의
병이 된다. 집착하면 망(妄)이 되고, 공임을 통달하면 眞이 된다. 이를테면
『정명경(유마경)』에 이른다. 「사마(四魔)1015) 8만4천의 모든 번뇌문으로 모
든 중생은 피로하게 된다. 그래서 모든 부처님은 이 법으로 佛事를 한다.
이를 이름 하여 일체제불의 법문에 들어감이라 한다. 이 문에 들어간 보살이
만약 모든 정묘한 불토를 보면 기뻐하지도 아니하고, 탐탁하지도 아니하며,
높다고 여기지도 않는다. 만약 모든 不淨한 불토를 보더라도 근심하지
아니하고, 걸리지도 않고, 빠지지도 않는다.」1016)
　道生법사가1017) 이른다. 「만약 약을 잘못 투입하면 약이 반대로 독이

1015) 오온마(五蘊魔), 번뇌마, 死魔, 天魔
1016)『유마경』보살행품제11.『대정장』권14, 553c~554a.

된다. 진실로 치유될 수 있다고 하면 독이 약이 된다.」이 까닭에 大聖(佛)은 심병(心病)의 의왕(醫王)이다. 현실에 부딪치는 일 마다 모두 법의 양약이다. 그 가운데 하나만 통달하여도 뭇 事가 다 갖추어진다. 보살이 이미 이 문에 들어 와 佛土가 본래 (중생의 마음에) 응한다는 뜻을 바로 알았다. 좋고 나쁨이 거기에 있거늘 나라고 하여 어찌 다르겠는가!

〈486〉

既達心宗.應當瑩飾.鍊善行以扶持.澄法水而潤澤.

華嚴經云.解脫長者言.我已入出如來無礙莊嚴解脫門.乃至我見如是等十方各十佛剎微塵數如來.彼諸如來不來至此.我若欲見安樂世界阿彌陀如來.隨意即見.乃至知一切佛及與我心悉皆如夢.知一切佛猶如影像.自心如水.知一切佛所有色相及以自心悉皆如幻.知一切佛及以己心悉皆如響.我如是知.如是憶念.所見諸佛.皆由自心.善男子.當知菩薩修諸佛法.淨諸佛剎.積集妙行.調伏眾生.發大誓願.入一切智自在遊戲不可思議解脫之門.得佛菩提.現大神通.遍往一切十方法界.以微細智普入諸劫.如是一切悉由自心.是故善男子.應以善法扶助自心.應以法水潤澤自心.應以境界

1017) 道生(355-434)은 竺道生이라고도 한다. 거록(하북 평향) 출신으로 팽성(江蘇 銅山)에서 지냈다. 속성은 魏이다. 竺法汰에게 사사하여 竺으로 성을 바꾸었다. 20대에 이미 뛰어난 강좌로 명성을 떨쳤다. 이후 廬山의 慧遠에게서 수학하다가 장안에 가서 구마라집의 가르침을 받고 그 역장에 참여하였다. 구마라집 4대제자의 1인으로 칭해졌다. 그의 '일천제 성불론'과 '돈오성불론'은 뛰어난 것으로 당시 많은 영향을 주었다. 저서에 『二諦論』, 『佛性當有論』, 『法身無色論』, 『佛無淨土論』, 『應有緣論』, 『辯佛性義』, 『法華經義疏』 등이 있다. 弟子에 僧瑾, 道猷 등이 있다.

淨治自心, 應以精進堅固自心, 應以忍辱坦蕩自心, 應以智證潔白自心, 應
以智慧明利自心, 應以佛自在開發自心, 應以佛平等廣大自心, 應以佛十力
照察自心, 故知摩尼沈泥, 焉能雨寶, 明鏡匿垢, 曷以照人, 猶衆生心久積塵
勞似障眞性, 今雖明達, 要假眞修, 故云設有餘習, 還以佛知見治之, 則成出
纏眞如, 離垢解脫, 究竟淸淨矣.

이미 마음의 근원을 통달하였으면
(이제) 응당 밝게 다스리고,
선행을 단련하여 부지(扶持)해야
法水(진리의 물)가 맑아지고 윤택해진다.

『화엄경』에 이른다.

　　해탈장자가 (선재동자에게) 말하였다. "내가 이미 여래의 걸림 없는
장엄해탈문에 들어갔다 나와 ('卽見' 이하 중략) 내지(經文이 아니고 생략
한 것을 나타냄) 내가 이와 같은 十方 各 十佛刹의 미진수 여래를 보았다.
저 여러 여래가 이곳에 오신 것은 아니나 내가 안락세계 아미타여래를
보고자 하면 마음 따라 바로 보인다. 내지(생략 부분) 모든 부처님과
나의 마음이 모두 꿈과 같음을 알았으며, 모든 부처님이 영상(影像)과
같고 내 마음은 물과 같음을 알았다. 모든 부처님의 모든 색상과
자심이 모두 다 환(幻)과 같음을 알았다. 모든 부처님과 나의 마음이
모두 다 메아리와 같음을 알았다. 내가 이와 같이 알고, 이와 같이
생각하였으니 보이는 모든 부처님이 다 내 마음에서 나온 것이었다.
선남자여! 마땅히 알지니 보살이 모든 불법을 닦고, 모든 불찰(佛刹

: 佛世界)을 청정히 하며, 묘행(妙行)을 쌓고, 중생을 조복시키며, 대서원을 발하고, 일체지(一切智)에 자재하며, 유희(遊戱)하는 불가사의한 해탈문에 들어가 부처님의 보리(깨달음)를 얻고, 대신통을 나타내며, 모든 十方법계에 두루 나아가 미세한 지혜로써 두루 여러 겁(劫)에 들어간다. 이러한 모든 일은 다 자심에 연유한 것이다. 이 까닭에 선남자여! 응당 善法으로써 자심을 부조(扶助)하고, 응당 法水로써 자심을 윤택하게 하며, 응당 경계로써 자심을 맑게 다스리고, 응당 정진으로써 자심을 견고히 하며, 응당 인욕으로써 자심을 너그럽게 다스리고, 응당 지혜로써 자심이 결백함을 證하며, 응당 지혜로써 자심을 밝고 예리하게 하고, 응당 부처님의 자재함으로 자심을 개발하며, 응당 부처님의 평등함으로써 자심을 광대하게 하고, 응당 부처님의 十力으로써 자심을 비추어 관찰해야 하느니라."[1018]

까닭에 알건대 마니주가 진흙에 빠져 있는데 어찌 비 오게 하는 보배의 기능을 할 것이며, 밝은 거울이 먼지로 덮여 있는데 어찌 사람을 비출 수 있겠는가. 마치 중생심에 오랫동안 진로(塵勞 : 번뇌)가 쌓여 眞性을 장애하는 것과 같다. 지금 비록 밝게 통달하였더라도 진정한 수행을 필요로 하는 것이다. 까닭에 여습(餘習)이 있는 것이니 또한 佛의 지견으로써 다스린다. 그리하여 출전진여(出纏眞如 : 얽매임에서 벗어난 진여)와 이구해탈(離垢解脫 : 번뇌를 떠난 해탈)과 구경의 청정함을 성취한다.

1018) 『화엄경(80권본)』권63 입법계품第三十九之四. 『대정장』권10, 339b~340a. 경문의 몇몇 문장을 생략하고 인용하였다. '乃至'로 써 있는 부분이 생략된 곳이다.

〈487〉

照世行慈而不謬.先洞三明.

三明者.一過去宿命明.二未來天眼明.三現在漏盡明.雖約三世而立三明.
但是心明.故證道歌云.心鏡明.鑒無礙.廓然瑩徹周沙界.

세간을 비추어보고 자비를 행함에 어긋남이 없고,
먼저 三明通이 열리네!

三明이란, 1. 과거 일을 아는 숙명명(숙명통), 2. 미래 일을 아는 천안명(天眼
明), 3. 현재에 번뇌를 다 멸하는 누진명(漏盡明)이다. 三世에 의거해서 三明을
세운 것이지만 단지 心明일 뿐이다. 까닭에 『증도가』에 이른다.

> 마음의 거울이 밝아
> 비춤에 걸림이 없네!
> 환히 트여 항하사의 세계를
> 두루 밝게 꿰뚫어 비추네![1019]

〈488〉

觀根授道而無差.須憑十力.

1019) 『영가증도가』. 『대정장』권48.

十力者.一是處非處力.三業力.三定力.四根力.五欲力.六性力.七至處道
力.八宿命力.九天眼力.十漏盡力.此十力者.遍知因果.普照萬法.若窮萬
法.根本是心.但了一心.十力如鏡.

근기를 보아 도를 주는데
차별이 없다.
반드시 (부처님의) 十力에 의지해야 한다.

　十力이란, 1. 처비처력(處非處力 : 일체의 인연과 과보를 아는 힘), 2. 업력(중생
삼세의 業緣과 과보, 生處를 아는 힘), 3. 定力(선정에 자재 무애함), 4. 根力(중생
근기에 대해 다 아는 힘), 5. 欲力(모든 중생의 욕락과 선악을 여실하게 아는 힘),
6. 性力(중생의 갖가지 界分이 다른 것을 여실하게 아는 힘), 7. 至處道力(六道有漏
行이 이르는 곳과 열반 無漏行이 이르는 곳을 여실히 두루 아는 힘), 8. 숙명력(宿命力
: 중생의 과거 일을 여실하게 아는 힘), 9. 天眼力(중생의 미래 일을 여실히 아는
힘), 10. 누진력(漏盡力 : 미혹과 남은 습기를 모두 단멸하여 영원히 생하지 않음)이
다. 이 十力이란 두루 인과를 알고, 모든 것을 두루 비추는 것이다. 모든
것을 꿰뚫어 보건대 근본은 마음이다. 단지 일심임을 깨달으면 十力은
거울과 같다.

〈489〉

杜源大士.立志高強.

　直了眞心實觀之人如杜源.漸敎法學之人如尋流.故圓敎初心.已超權學之
士.如云.以小乘之極極.不如圓敎之初初.故心爲源.法如流.心爲所現.法

依於心.則萬法是心之影故.

(번뇌, 일체법이 나오는) 원천을 막아버리는 大士[보살]는
立志가 고강(高強)하다.

바로 眞心을 깨달아 실관(實觀)하는 이는 마치 (번뇌, 일체법이 나오는)
원천을 막아버리는 것과 같고, 점교(漸敎)의 법문으로 배우는 이는 흐르는
물줄기를 찾아가는 것과 같다. 까닭에 圓敎의 初心에서 이미 권학(權學
: 방편법문의 수학)의 士를 뛰어 넘는다. 이를테면 이른다. 「소승의 극극(極極
: 궁극)이 圓敎의 초초(初初 : 初入) 만 못하다. 까닭에 마음이 원천이고,
法은 흐르는 물줄기와 같다. 마음이 나타난 것이어서 법은 마음에 의지한다.
모든 것은 마음의 그림자인 까닭이다.

〈490〉

或剝皮出髓而誓思繕寫.

> 釋迦如來因地.値無佛世.欲求經法.天帝化爲羅刹.言.汝能剝皮爲紙.折骨
> 爲筆.打骨出髓爲墨.我能示汝佛經.菩薩聞之歡喜.逐剝皮折骨.羅刹驚之.
> 逐乃隱身不現.十方有佛現身.爲說法要.

혹은 피부를 벗기고 (뼈를 쪼개서) 골수를 내어
(부처님의 법문 듣길) 서원하며 글 쓰는데 쓰려 하였다.

석가여래께서 인지(因地 : 보살행)에 계실 때 부처님이 계시는 때를 만나지

못하여 經法을 구하고자 하였다. 천제가 나찰로 변신하여 말하였다. "네가 능히 피부를 벗겨서 종이로 하고, 뼈를 쪼개서 붓으로 하고, 뼈를 부수어 골수를 내어 묵으로 한다면 내가 능히 너에게 불경을 보여줄 수 있다." 보살이 환희하며 마침내 피부를 벗기고 뼈를 쪼갰다. 나찰이 놀라서 마침내 몸을 숨기고 나타나지 않았다. 十方의 부처님이 현신하여 법요를 설하였다.

⟨491⟩

或投巖赴火而志願傳揚.

> 大涅槃經云. 有仙人於羅刹求法. 羅刹言. 汝能捨身. 我當為說. 仙人遂上高巖. 投身直下. 羅刹接得. 為說偈言. 諸行無常. 是生滅法. 生滅滅已. 寂滅為樂. 則是悟心性之樂. 如智度論云. 如犢子啾啾鳴喚. 見母即止. 一切諸法亦復如是. 至法性即住. 萬法到心. 諸緣並絕.

혹은 절벽에 달려가서 불 속에 몸을 던져
법을 전수 받고 홍양하고자 원하였다.

『대열반경』에 이른다. 「어떤 선인(仙人)이 나찰에게 법을 구하였는데 나찰이 말하였다. "네가 능히 몸을 버린다면 내가 응당 설해 주겠다." 仙人이 마침내 높은 암봉에 올라가 바로 투신하였다. 나찰이 바로 이어 게송을 설하였다.

> 諸行(모든 것)이 무상하니
> 이것이 생멸법이다.

생멸이 멸하고 나면

적멸(寂滅 : 열반)이 낙(樂)이 된다.[1020]

이것이 심성을 깨달은 樂이다. 이를테면『대지도론』에 이른다. 「마치 송아지가 응얼대고 울다가 어미를 보면 바로 그치는 것과 같다.」[1021] 일체 모든 것도 또한 이와 같다. 법성에 이르면 바로 머문다. 모든 것이 마음에 이르면 모든 緣함이 다 끊어진다.

〈492〉

身燭千燈. 瀝懇而唯求半偈.

大方便佛報恩經云. 昔有轉輪聖王. 就婆羅門求法. 於身剜成千瘡. 注滿膏油. 以取上妙細[疊*毛]. 纏以為炷. 點成千燈. 供養彼師. 求於半偈. 於是法師為王說偈曰. 夫生輒死. 此滅為樂. 此樂者. 是法樂. 大寂滅樂. 禪定樂. 不同天上天樂. 人間識樂. 天上樂者. 以動踊為樂. 雙鎚畫鼓. 對舞柘枝. 是人間識樂. 故智度論頌云. 獨坐林樹間. 寂然滅諸惡. 憺怕得一心. 此樂非天樂.

몸에 기름을 내어 일천의 등불을 켜서

간절히 구함은

1020) 『열반경(40권본)』권14성행품. 『대정장』권12, 451a. 경문을 상당 부분 생략하고 인용하였다.

1021) 『대지도론』권32. 『대정장』권25. 원문 그대로 인용하지 아니하고 字句를 바꾸어 뜻으로 인용하였다.

오직 반게(半偈)를 얻고자 함이었네!

　『대방편불보은경(大方便佛報恩經)』에 이른다. 「옛적에 전륜성왕이 있었는데 바라문에게 가서 법을 구하였다. 몸을 깎아서 천 곳에 상처를 내고 가득히 기름을 채웠으며, 묘하고 미세한 양모를 얽어서 심지를 만들고 1천의 등불을 켜서 그 스승에게 공양하고 반게(半偈 : 절반의 게송)를 구하였다. 이에 법사가 왕에게 게송을 설하였다.

　　　무릇 생하면 곧 죽나니
　　　이것이 멸함이 樂이네!1022)

　이 樂이란 법락이며, 대적멸락(大寂滅樂)이고, 선정락(禪定樂)이어서 천상의 천락(天樂)과 다르고, 인간의 식락(識樂)과 다르다. 천상락이란 동용(動踊)함을 樂으로 한다. 한 쌍의 쇠망치로 그림 북을 치고, 한 편에서는 뽕나무 가지 잡고 춤을 추니 이것이 인간의 식락(識樂)이다. 까닭에『대지도론』의 게송에 이른다.

　　　홀로 숲속에 앉아
　　　고요히 모든 악을 멸하여
　　　평안하고 담박하게1023) 一心을 얻었나니
　　　이 樂은 天樂이 아니라네!1024)

1022) 『대방편불보은경』권2 대치품제3. 『대정장』권3. 경문을 뜻으로 요약하여 인용하였다.
1023) 저본은 '儋怕'이나 『대지도론』 원문은 '恬憺'으로 뜻으로 보아 후자가 옳다.

〈493〉

足翹七日.傾心而為讚華王.

釋迦如來因地.於林中翹足七日.以一偈讚底沙如來.偈云.天上天下無如
佛.十方世界亦無比.世間所有我盡見.一切無有如佛者.故云.天上天下.唯
我獨尊.又云.此事唯我能知.是以心為祕密門.非佛難證.

한 쪽 발을 들고 7일 동안
온 마음으로 화왕(華王 : 佛)을 찬탄하였네!

　석가여래께서 因地(보살행을 하는 때)에 숲 속에서 7일간 한 발을 들고
하나의 게송으로 저사여래(底沙如來)를 찬탄하였다. (그) 게송에 이른다.

　　　天上 天下에 부처님 만 한 분이 없고
　　　十方世界에도 또한 비할 자가 없네!
　　　세간의 모든 것을 내가 남김없이 다 보았는데
　　　일체 무엇이든 부처님 만 한 자가 없도다!

　까닭에 이른다. "천상천하에 오직 내가 홀로 존귀하도다!"
또 이른다. "이것은 오직 나만이 능히 안다."
이 까닭에 마음이 비밀문이며, 佛이 아니고는 證하기 어렵다.

1024)『대지도론』권13 석초품중찬시라바라밀의 제23.『대정장』권25.

〈494〉

更有念法勤苦.祗希一言.懸懸而頓忘寢食.顒顒而不避寒喧.遍
界南求.行菩薩之大道.

善財童子南行.遍法界參五十三員善知識.得一百十城法門.為求菩薩之
道.最先參見文殊初友.已悟自心.後漸至諸善知識.皆云我已先發菩提心.
但求菩薩差別智道.及至彌勒.證一生成佛之果.後彌勒却指歸再見初友文
殊.以表前心後心一等.更無差別.始終不出一心.離此別無奇特矣.

더 나아가 念法에 부지런히 힘쓰며,

단지 一言을 구하고자

간절함에 침식도 잊었다.

(선지식을) 우러러 찾아다님에

춥고 따뜻함을 가리지 않았다.

두루 남행하며 (선지식을) 찾아다니며,

보살의 대도를 행하였다.

　　선재동자가 남행하며 두루 법계의 53 선지식을 참견(參見)하며, 110성읍의
법문을 듣고 보살의 도를 구하였다. 가장 먼저 문수를 첫 선우로써 참견하여
자심을 깨달았다. 나중에 점차 여러 선지식을 만났는데 모두 말하길, "내가
이미 먼저 보리심을 발하였으니 단지 보살의 차별지도(差別智道)를 구하고자
하였다."고 하였다. 이어 미륵보살이 계신 곳에 이르러 일생에 성불하는
과를 성취하였다. 이어 미륵보살의 지시로 돌아가 다시 첫 선우였던 무수보
살을 뵈었다. 이는 前心과 後心이 하나로 평등하여 차별이 없으며, 처음부터

끝까지 일심을 벗어나지 않는 것임을 드러낸 것이다. 이를 떠나 따로 기특한
법이 따로 없다.

〈495〉

忘身東請.為般若之真源.

> 常啼菩薩東行.於法涌菩薩求學般若.常啼者.常在空閑林.為求般若.未聞
> 般若時.恒常啼泣.故號常啼.及聞空中聲告言.往東行當遇善友開發.遂賣
> 身求供.直至法涌菩薩處.遇菩薩入定.立待定出.仍刺血灑地等.後乃得悟
> 法音.頓明般若心要.

몸을 잊고 동행(東行)하며 청법한 것은
반야의 진실한 원천을 얻기 위함이었네!

상제보살이 동행(東行)하여 법용보살에게 반야를 구학(求學)하였다. 상제
(常啼)는 항상 텅 비어 한가로운 숲에서 반야를 구하였는데 아직 반야를
듣지 못한 때에는 항상 흐느껴 울었다. 그래서 '상제(常啼 : 항상 울다)'라고
불렀다. 그러다가 공중에서 소리가 들렸는데 이르길, "동쪽으로 가게 되면
선우가 개발(開發)해주는 것을 만나게 될 것이다."고 하였다. 드디어 몸을
팔아 공양물을 구하여 곧바로 법용보살이 계신 곳에 이르러 선정에 든
보살을 만나게 되었다. 선정에 들었다가 바로 선정에서 나올 때를 기다리면
서 몸을 찔러 나온 피로 땅 등을 씻었다. 이어 법음(法音)을 듣고 깨달아
반야의 心要를 단박에 밝게 통달하였다.

〈496〉

沖邃幽奇.擧文難述.任身座與肉燈.用海墨而山筆.

如法華經中.提婆達多以身為牀座.轉輪聖王剜身千燈.華嚴經云.聚須彌
山為筆.以四大海水為墨.不能寫普眼經之一品.斯皆為法忘軀.誓求至道.
寧容造次乎.

텅 비어 깊고, 아득하고, 기이하여
글로 기술하기 어렵다.
몸을 앉는 자리로 삼고,
몸에서 기름 내어 등불을 켰다.
바닷물을 묵으로 쓰고,
산을 붓으로 삼았다.

이를테면 『법화경』에서 제바달다가 몸을 앉는 자리로 삼았고,[1025] 전륜성
왕은 몸을 베어 (그 기름으로) 1천의 등에 불을 밝혔다. 『화엄경』에 이르길,
「수미산을 모아 붓으로 삼고, 四大海의 물을 묵으로 삼아도 普眼經(법문)
의[1026] 한 품도 필기할 수 없다」고[1027] 하였다. 이는 모두 법을 구하기
위하여 몸을 잊은 것이다. 至道를 구하고자 서원하였는데 어찌 경솔하게

[1025] 『법화경』권4 제바달다품. 『대정장』권9, 34c.

[1026] 『화엄경』 원문은 '經'이 '法門'으로 되어 있다.

[1027] 『화엄경(80권본)』권62 입법계품. 『대정장』권10, 336a. 경문을 뜻으로 줄여서
인용하였다.

덤벙댈 수 있겠는가!

〈497〉

藥王燒手.報莫大之深恩.

法華經云.藥王菩薩.燃百福莊嚴臂.供養日月淨明德佛.七萬二千歲.乃至
云.我捨兩臂.必當得佛金色之身.若實不虛.令我兩臂還復如故.我捨兩臂
者.即是捨斷常二見.便得成佛.如華嚴經頌云.一切法不生.一切法不滅.若
能如是解.諸佛常現前.不生是不常.不滅是不斷.纔離斷常諸見.自然成佛.
論云.見在即凡.情亡即佛.

약왕보살이 손을 태워 (공양해서)
(부처님의) 막대한 깊은 은혜에 보답하였다.

『법화경』에 이르길, 「약왕보살이 백복장엄(百福莊嚴)의 팔을 태워 日月淨
明德佛에게 7만2천세 동안 공양하였다.」 하였고, 내지 이르길, 「내가 두
팔을 버려서 반드시 佛의 金色身을 얻겠다. 진실하여 허망하지 않다면
내 두 팔이 다시 예전과 같이 되리라」고[1028) 하였다. '내가 두 팔을 버렸다'란
바로 斷見과 常見의 二見을 버려 바로 성불할 수 있었음을 말한다. 이를테면
『화엄경』의 게송에 이른다.

1028) 『법화경』권6 藥王菩薩本事品第二十三. 『대정장』권9, 53c. 경문의 여러 부분
을 생략하고 인용하였다.

일체 모든 것은 생함이 없고,
일체 모든 것은 멸함이 없다.
능히 이와 같이 이해한다면
모든 부처님이 항상 현전하리!1029)

'생함이 없다'는 것은 常(영원)이 아니라는 것이고, '멸함이 없다'란, 斷(단멸)이 아니라는 것이다. 단견과 상견의 여러 견을 떠나야 비로소 자연히 성불한다. 논에서 이르길, 「지금 범부에 있어도 情이 없어지면 바로 佛이다.」

〈498〉

普明刖頭.求難思之妙術.

大方便佛報恩經云.有婆羅門.於普明王乞頭.王言.我為一切眾生故.願於來世.得大智慧頭.施於汝等.乃至爾時普明王者.即釋迦如來是.佛言.我捨轉輪王頭布施.數滿一千.況餘身分.大凡菩薩捨頭目髓腦.皆為求無上正等正覺之心.此無上心.乃是成佛之妙術也.

보명왕이 머리를 베어 주고
생각하기 어려운 묘술을 구하였다.

『대방편불보은경(大方便佛報恩經)』에 이른다.

1029) 『화엄경(80권본)』권160 昇須彌山頂品第十三. 『대정장』권10, 81c.

어떤 바라문이 보명왕에게 머리를 베어 줄 것을 요청하였다. 왕이
말하였다. "나는 모든 중생을 위해 내세에는 대지혜의 머리를 얻어서
너희들에게 베풀 것을 원한다." 내지(생략 부분) 이 때 보명왕이 곧
석가여래이다. 부처님이 말씀하였다. "내가 전륜왕의 머리를 버리고
보시하길 수 천 년 간 하였는데 하물며 몸의 다른 부분이야 말할
나위 있겠는가!"[1030]

무릇 대보살이 머리와 눈과 골수와 뇌를 버리는 것은 모두 無上正等正覺을
구하는 마음에서 나온 것이다. 이 無上心이 바로 성불의 묘술이다.

〈499〉

能祛冰執.可定行藏.

心外見法.便成執滯.所以首楞嚴經頌云.見聞如幻醫.三界若空華.若洞境
明心.則無執想.所以經云.佛言.我於諸法無所執故.得常光一尋.身真金色.

능히 얼음과 같이 응고된 집착을 녹여 버리니
가히 선정 속에서 법장을 실천하게 되었다.[1031]

1030) 『대방편불보은경』권5 자품제7. 『대정장』권3. 원 경문 여러 부분을 생략하고
    간략히 인용하였다.
1031) 소승의 선정에서는 일상의 일들을 할 수 없으나 대승의 선정에서는 일상의 모
    든 행을 할 수 있다.

마음 밖에 존재가 있는 것으로 보면 바로 집착에 걸리게 된다.
까닭에 『수능엄경』의 게송에 이른다.

견문함은 마치 幻이나 눈에 낀 백태와 같고,
삼계는 허공꽃과 같다.[1032]

만약 경계가 확 트여 마음을 통달하면 집착하는 상념이 없게 된다. 까닭에
경에서 이른다. 「내가 모든 것에 집착한 바 없었던 까닭에 영원한 빛을
단번에 얻고, 眞金色의 몸이 되었다.」

⟨500⟩

證自覺之聖智.

楞伽經云. 佛告大慧. 前聖所知. 轉相傳授. 妄想無性. 菩薩摩訶薩. 獨一靜
處. 自覺觀察. 不由於他. 離見妄想. 上上勝進. 入如來地. 是名自覺聖智相.
是以覺自心成聖智. 如密嚴經頌云. 如地無分別. 萬物依以生. 藏識亦復然.
眾境之依處. 如人以己手. 還自捫其身. 亦如象與鼻. 取水自霑灑. 復似諸嬰
孩. 以口含其指. 如是識分別. 現境還自緣. 是心之境界. 普遍於三有. 久修觀
行者. 而能善通達. 內外諸世間. 一切唯心現.

자심에서 깨달은 聖智를 證하고,[1033]

『능가경』에 이른다.

부처님께서 대혜에게 말씀하셨다. "前聖(前佛)이 아시는 바를 전전 (輾轉) 상전(相傳)하여 가르쳐 주신 것이니 망상은 체성이 없다는 것이 다. 보살마하살이 홀로 하나의 조용한 곳에서 스스로 (본래) 깨달아 있음을 관찰하는 것이지 다른 것에 말미암지 않는다. 見의 망상을 떠나 上上의 뛰어난 진전으로 여래지에 드나니 이를 이름 하여 자심에 서 깨달은 성지상(聖智相)이라 한다.[1034]

이 까닭에 자심을 깨달아 聖智가 이루어지는 것이다. 이를테면『밀엄경』 의 게송에 이른다.

마치 땅이 분별함 없는데
만물이 그에 의지해 사는 것과 같이
장식(藏識) 또한 그러하여
뭇 경계의 의지처가 되네!
마치 사람이 자신의 손으로
다시 그 몸을 만지는 것과 같고,
또한 코끼리가 코로 물을 취하여 스스로 몸에 뿌려 씻는 것과
같으며,
또한 마치 모든 어린 아이가
입으로 그 손을 빠는 것과 같아

1034) 『능가아발다라보경』권2 一切佛語心品之二. 『대정장』권16, 497b.

이로 알건대[1035] 識의 분별은

경계를 나타내고 다시 스스로 그에 緣하는 것이네!

이 마음의 경계가

三有(三界)에 두루 하나니

오래도록 관행을 닦은 자여야

능히 잘 통달할 수 있다.

내외의 모든 세간은

모두 오직 마음이 나타난 것이다.[1036]

〈501〉

入本住之道場.

楞伽經云. 大慧復白佛言. 如世尊所說. 我從某夜得最正覺. 乃至某夜入般
涅槃. 於其中間不說一字. 亦不已說當說. 無說是佛說. 大慧白佛言. 何言不
說是佛說. 佛告大慧. 我因二法故作是說. 一自得法. 二本住法. 云何自得法.
若彼如來所得. 我亦得之. 無增無減. 緣自得法究竟境界. 離言說妄想. 離文
字二趣. 云何本住法. 謂古先聖道. 如金銀等性. 法界常住. 若如來出世. 若不
出世. 法界常住. 如趣彼城道. 譬如士夫行曠野中. 見向古城平坦正道. 即隨
入城. 受如意樂. 仁王經觀空品云. 若有修習聽說. 如虛空同法性. 一切法皆
如也. 又諸佛所說. 但是傳述古佛之教. 非自製作. 般若論云. 須菩提言. 如來

1035) 저본은 '如是識分別'인데 원 경문은 '是知識分別'이다. 큰 차이는 없으나 후자
가 더 뚜렷하다.

1036) 『대승밀엄경(不空역본)』권중 入密嚴微妙新品之餘. 『대정장』권16.

無所說. 此義云何. 無有一法. 唯獨如來說. 餘佛不說. 如密嚴經頌云. 譬如百川流. 日夜常歸往. 如地有眾寶. 種種色相味. 諸有情受用. 隨福而招感. 如是賴耶識. 與諸分別俱. 增長於生死. 轉依成正覺. 故知溺生死河. 登菩提座. 皆是自心致此昇降. 是以先德云. 智人求心不求佛. 愚人求佛不求心.

本住의 도량에 들어가네.

『능가경』에 이른다.

대혜가 다시 부처님께 말하였다. "세존께서 설하시길, '나는 어느 날 밤에 최상의 올바른 깨달음을 성취한 때로부터 내지 어느 날 밤에 반열반에 들기까지 그 중간에 단 一字도 설하지 않았으며, 또한 이미 설하지도 않았고, 앞으로도 설함이 없을 것이다. 설함이 없는 것이 佛說이다.'고 하셨습니다. 대혜가(제가) 부처님께 말씀드립니다. 왜 설함 없음이 佛說이라 하십니까?"

부처님께서 대혜에게 말씀하셨다. "나는 二法으로 인하여 이렇게 설한다. 一은 自得法(자심에서 얻은 법)이고, 二는 本住法이다. 무엇을 自得法이라 하는가. 저 여래가 얻은 바를 나도 또한 얻나니 증가함도 없고 감소된 바도 없다. 自得法의 궁극의 경계에 연하여 언설과 망상을 떠나고, 문자와 이취(二趣 : 인간과 천상)를 떠난다. 무엇을 本住法이라 하는가. 옛 先聖의 도는 마치 금은 등의 성품과 같아 법계에 상주한다. 여래가 세상에 나오든 나오지 않든 법계에 상주함이 마치 저 성읍으로[1037] 가는 길과 같다. 비유컨대 어떤 행자가 광야를 가다가 古城으로 향한 평탄한 正道를 발견하고 바로 그 길 따라 성에 들어가 如意한[1038]

樂을 누린 것과 같다."1039)

『仁王經』관공품(관여래품)에 이른다.

> 만약 (반야바라밀다를) 수습하고자 하건대 듣는 자聽者와 설하는
> 자說者가 허공과 같이 동일한 법성이며 모든 것이 다 如함을 알아야
> 한다.1040)

또한 諸佛이 설한 바는 단지 古佛의 가르침을 전하여 설한 것일 뿐이어서
스스로 만든 것이 아니다. 『반야론』에 이른다. 「수보리가 말하였다. "여래께
서는 설하는 바가 없다." 이 뜻이 어떠한가? 하나의 법도 없는데 오직 여래만이
설하고, 여타의 부처님은 설하지 않는다."
이를테면 『밀엄경』의 게송에 이른다.

> 비유컨대 백천(百川)의 흐름과 같아 (經文 : 여러 識의 習氣는)
> 밤낮으로 항상 흘러 돌아간다.
> 마치 땅에 뭇 보배가 있어
> 갖가지 색상과 맛을

1037) 『대정장』본의 경문은 '成道'로 되어 있으나 뒷 구절의 내용에 의하면 저본과
　　　같이 '城道'가 옳다.
1038) 『대정장』본의 원 경문은 '種種'이다.
1039) 『능가아발다라보경』권3一切佛語心品之三. 『대정장』권16. 498c.
1040) 『인왕경』권상 관여래품에 나오는데 원문을 약간 바꾸어서 인용하였다. 원문은
　　　다음과 같다. 「善男子! 若有修習般若波羅蜜多, 說者 聽者, 譬如幻士, 無說
　　　無聽. 法同法性, 猶如虛空. 一切法皆如也.」

모든 유정중생들이 받아 사용하는 것과 같다.

복에 따라 불러들여 감수(感受)하는 것이니

이와 같이 아뢰야식은

모든 분별과 함께 하며

생사를 증장한다.

(이러한 식에) 의지함에서 탈피하면[轉依] 정각을 이룬다.[1041]

생사의 강에 빠졌다가 보리의 자리에 오르는 것은 모두 자심이 이렇게 오르고 내려감을 이르게 하는 것이다. 이 까닭에 선덕(先德)이 이른다. "지혜로운 이는 마음을 구하고, 佛을 구하지 않는다. 어리석은 이는 佛을 구하고, 마음을 구하지 않는다."

〈502〉

步步而到泥徹底.

如香象渡河. 步步到底. 此喩圓教. 不同權漸. 如兎馬渡河. 故李長者論云. 不如一念圓證無生. 超彼三乘權學等見. 寶積經頌云. 文殊大智人. 深達法源底.

걸음마다 (강바닥의) 진흙 깊숙이 밟고 가며,

1041) 『대승밀엄경』권하 아뢰야밀엄품제8. 『대정장』권16. 원 경문 「百川流日夜」 다음에 수개 句를 생략하고 인용하였다.

마치 향상(香象)이 강을 건너는데 걸음마다 강바닥 까지 닿는 것과 같다고 하였으니 이는 圓教를 비유한 것이며, 마치 토끼와 말이 강을 건너는 것과 같은 방편의 점법(漸法)과는 같지 않다는 것을 말한 것이다. 까닭에 『李長者論(신화엄론)』에 이른다. 「일념에 無生을 원만히 증득하여 저 3승 권학(權學 : 방편 법문으로 수학) 등의 지견을 뛰어 넘는 것만 같지 못하다.」1042) 『보적경』 게송에 이른다.

대지혜의 문수보살은
법의 근원까지 깊이 체달하였네!1043)

〈503〉

箭箭而破的穿楊.

如射. 若以的爲的. 多乖少中. 若以地爲的. 無不中者. 如以心爲的. 無不合宗. 又養由善射. 百發百中. 百步穿楊. 箭不虛發. 故云. 但以大乘理對. 萬不失一.

화살마다 버드나무 과녁을 맞추어 꿰뚫는 것과 같다.

마치 화살과 같아 과녁을 맞추는 것으로 하면 대부분 맞추지 못하고 약간 만 맞춘다. 만약 땅을 과녁으로 삼으면 맞추지 못하는 것이 없다.

1042) 『신화엄경론』권1. 『대정장』권36.
1043) 『대보적경』권105 신통증설품제9. 『대정장』권11.

마치 마음을 표적으로 삼으면 근본에 합치하지 못함이 없는 것과 같다. 또한 명사수는 백발백중인데 백보의 거리에서 버드나무를 꿰뚫으며, 화살이 헛되이 발사되지 않는다. 까닭에 이른다. 「단지 대승의 理로 대응하면 하나도 잘못됨이(놓치는 것이) 없다.」

〈504〉

齊襟而唯思擧領. 整綱而祇要提綱.

況此一心祕密法門. 如提綱擧領. 撮要而談. 亦云單刀直入. 夫教中. 有顯了說. 祕密說. 有真實說. 方便說. 有遮詮. 表詮. 此是顯了說. 真實說. 是表詮. 直表其心體. 不是遮非破執方便之言. 故法華經頌云. 正直捨方便. 但說無上道. 顯了說者. 如密嚴經頌云. 無心亦無境. 能所量俱無. 但依於一心. 如是而分別. 又頌云. 如火輪垂髮. 乾闥婆之城. 不了唯自心. 妄起諸分別.

마음을 균등히(치우치지 않게) 하되
오직 핵심의 要義 만을 생각한다.
요의를 뚜렷이 하여
단지 그 요의만을 든다.

하물며 이 일심의 비밀법문은 마치 핵심 요점을 드는 것과 같고, 요점을 잡아 대담하는 것과 같다. 또한 단도직입(單刀直入)이라고도 한다. 무릇 教에 현료설(顯了說 : 第一義인 了義를 바로 드러냄)이 있고, 비밀설, 진실설, 방편설이 있으며, 차전(遮詮)과 표전(表詮)이[1044] 있다. 이는 현료설(顯了說)이며, 진실설이고, 표전(表詮)이며, 그 심체를 바로 가리켜 드러낸 것이다.

차비(遮非 : 否定法으로 指示)로 집착을 부수는 방편의 말이 아니다. 까닭에 『법화경』의 게송에서 이른다.

> 곧바로 가리키고 방편설을 버리며,
> 단지 無上道를 설할 뿐이다.[1045]

현료설(顯了說)이란 이를테면 『밀엄경』의 게송에서 설한다.

> 마음도 없고, 또한 경계도 없으며,
> 能(주관)과 所(객관, 대상)의 인식도 모두 없다.
> 단지 일심에 의지해서
> 이와 같이 (분별 떠나)[1046] 분별할 뿐이네![1047]

또 게송에 이른다.

1044) 차전(遮詮)과 표전(表詮)에서 遮는 직접 드러내지 아니하고 그렇지 않다는 부정의 방법으로 드러내는(詮) 것이다. 表는 당체를 直示함이다. 詮은 事理를 갖추어 설함(기술함)이다. 즉 정면으로 사리의 당체를 가리켜 뚜렷이 드러나게 함이다. 이를테면 소금이 '담박하지 않다'고 함이 遮이고, 소금이 '짜다'고 함은 表이다. 또 물을 말하는데 '건조하지 않은 것'이라 함은 遮詮이고, '습하다'고 함은 表詮이다. 경론에 자주 나오는 '絶百非(일체의 지견을 끊어버리게 하는 否定에 의한 指示)'는 모두 遮詮을 가리키고, 바로 一眞을 드러냄은 表詮이다. 또 空宗에서는 遮詮을 宗으로 하고, 性宗에서는 遮表二門을 함께 쓴다.
1045) 『법화경』권1방편품. 『대정장』권9, 10a.
1046) 能所 떠난 一心이기에 분별할 바가 없다. 그래서 一心에서의 見聞覺知는 見聞覺知 한다 함이 없는 見聞覺知이고, 때문에 見聞覺知에 걸림 없어 자유자재 한다. 모두 一心 여래장의 行用일 뿐이다.
1047) 『대승밀엄경(不空역본)』권상 밀엄미묘신생품. 『대정장』권16.

(일체 모든 것은) 마치 화륜(火輪)과 수발(垂髮),[1048]

건달바성과 같은데

오직 自心일 뿐임을 깨닫지 못하여

망령되이 여러 분멸 일어나는 것이라네![1049]

〈505〉

浴滄溟而已用諸河之水.蓺一塵而皆含眾味之香.

大涅槃經云.如人入海中浴.已用諸河之水.楞嚴三昧經云.如擣萬種為丸.
若蓺一塵.具足眾氣.皆喻若了一心.一切法門悉皆冥合.

푸른 바다에 목욕하면

이미 모든 강물을 쓴 것이고,

하나의 티끌을 태우면

뭇 맛의 향기를 다 포함한다.

『대열반경』에 이른다.

　　마치 사람이 바다에 들어가 목욕하면

　　이미 모든 강물을 쓴 것과 같다.[1050]

1048) 수발(垂髮)이란 눈 감으면 머리 쪽으로 떠오르는 둥그런 영상을 말한다.

1049) 위와 같음.

1050) 『대반열반경(40권본)』권24 光明遍照高貴德王菩薩品.『대정장』권12, 509b. 원

『(수)능엄삼매경』에1051) 이른다.

　　마치 만 가지 씨앗을 찧어서 환(丸)을 만들고, 한 티끌을 태우면 뭇 향기를 갖추는 것과 같다.

모두 일심을 깨달으면 모든 법문이 다 합치되는 것을 비유한 것이다.

〈506〉

如忉利雜林. 靡作差殊之見.

佛地論云. 三十三天有一雜林. 諸天和合福力所感. 若諸天衆不在此林. 宮殿等事共樂時受. 勝劣有異. 有我我所差別受用. 若在此林. 若事若受都無勝劣. 皆同上妙. 無我我所和合受用. 能令平等. 故名雜林. 此由諸天各修平等和合福業增上力故. 令彼諸天阿賴耶識變現此林. 同處同時同一相狀. 由此雜林增上力故. 令彼轉識亦同變現. 雖各受用而謂無別. 是以若達諸法皆心想生. 即從世俗門入聖行處.

마치 도리천의 잡림(雜林)에서는
다르게 보이지 않는 것과 같다.

　　문의 자구를 약간 바꾸어서 인용하였다. 원문은 「譬如有人在大海浴, 當知是人已用諸河泉池之水.」
1051) 구마라집역의 『불설수능엄삼매경』을 말할 것이나 본 경에 이 경문이 보이지 않는다.

『佛地(經)論』에 이른다.

(논에 이른다) 삼십삼천에 하나의 잡림이 있는데 諸天이 화합한 福力으로 감수(感受)한다. 만약 여러 천중(天衆)이 이 숲에 있지 않으면 궁전 등에서 함께 즐거움을 누릴 때 뛰어나고 열등함의 차이가 있고, 我와 我所의 차별로 受用한다. 만약 이 숲에 있게 되면 事이든 感受이든 모두 뛰어나고 열등함의 차이가 없이 모두 똑같이 뛰어나게 묘하며, 我와 我所의 화합으로 인한 차별 受用이 없고, 능히 평등하게 한다. 까닭에 이름 하여 잡림이라 한다. 이는 제천이 각기 평등 화합의 복업을 닦은 증상력(增上力)에 연유하여 저 제천의 아뢰야식이 이 숲을 同處, 同時, 同一한 모습으로 변현하게 한 것이다. 이 잡림의 증상력으로 말미암아 저 전식(轉識) 또한 똑같이 변현한다. 비록 각기 受用하되 차별이 없음을 말한다.[1052]

이 까닭에 만약 모든 것이 다 마음의 상념으로 생한 것임을 통달하면 바로 세속문으로부터 성행처(聖行處)에 들어간다.

〈507〉

猶須彌南面. 純舒金色之光.

須彌山南面. 純現金光. 雜色之鳥投入山時. 皆同金色. 如萬法歸心. 皆同心法故.

1052) 『불지론』권6. 『대정장』권26.

마치 수미산이 남면(南面)하여
순일한 금색의 빛을 펴는 것과 같다.

수미산이 남면하여 순일한 빛을 드러낸다. 잡색의 새가 산에 들어갈 때 모두 같은 금빛이다. 모든 것이 마음에 돌아가며, 모두 같은 마음의 법인 것과 같은 까닭이다.

〈508〉

作似醉醒.如同夢起.外道授呪於天中.婦人求男於林裏.

西天有外道.供養梵天求呪.遂於夢中見天授呪然梵天實不下.但託天為增上力.皆是夢心所感如斯事耳.又復聞乎為求子息者.密隱林中.夢見有人共為交集.便得其子.此並是夢中意識所變.但是自心.實無外境.

마치 술에 취하고 깨어남이
꿈에서처럼 일어나는 것과 같고,
외도가 (꿈속에서) 범천이 주문(呪文) 주는 것을 보고,
부인이 숲속에서 남자를 구함과 같다.

서천(인도)에 어떤 외도가 있었는데 범천에 공양하며 주문을 구하였다. 마침내 꿈속에서 범천이 주문을 주는 것을 보았다. 그러나 범천이 실은 내려온 바가 없다. 단지 범천에게 부탁한 것이 증상력이 된 것이다. 모두 꿈인데 마음에서 이러한 일들을 느끼는 것이다. 또한 듣지 못하였는가! 자식을 구하던 사람이 은밀히 숲속에 들어갔다가 꿈속에서 어떤 사람과

만나 함께 어울리게 되었는데 바로 그 자식을 얻게 되었다. 이는 모두 꿈속에서 의식이 변화된 것이다. 단지 자심일 뿐이고 실은 바깥 경계가 없다.

〈509〉

無爲無事.全當實相之門.唯寂唯深.頓悟法空之旨.

千經萬論.正談人空法空.悟入一心之旨.八識之源.此一心八識.微細難知. 唯佛能了.且八識心王.以第八阿賴耶識爲根本.能生起前之七識.如起信 論云.生滅與不生滅和合.非一非異.名阿賴耶識.古德釋云.不生滅心與生 滅和合.非一非異者.以七識染法爲生滅.以如來藏淨法爲不生滅.不生滅 心擧體動故.心不離生滅相.生滅之相莫非神解故.生滅不離心相.如是不 相離.故名和合爲阿賴耶識.以和合故.非一非異.若一即無和合.若異亦無 和合.非一非異.故得和合也.又如來藏淸淨心動作生滅不相離.故云和合. 非謂別有生滅.來與眞合.如動水作波.波非外合.謂生滅之心.心之生滅.無 相故.心之生滅.因無明成.生滅之心.從本覺起.而無二體.不相捨離.故云 和合.如大海水.因風波動.水相風相不相捨離.生與無生若是一者.生滅識 相滅盡之時.心神之體亦應隨滅.墮於斷邊.若是異者.依無明風熏動之時. 靜心之體不應隨緣.即墮常邊.離此二邊.非一非異.又上所說覺與不覺.二 法互熏.成其染淨.既無自體.全是一覺.何者.由無明故成不覺.以不覺義熏 本覺故.生諸染法.又由本覺熏不覺故.生諸淨法.依此二義.遍生一切.故言 識有二義.生一切法.

無爲, 無事가

實相의 문에 온전히 합당하다.
오직 고요하고, 오직 깊고 깊을 뿐인 것이
法空의 뜻을 돈오(頓悟)함이다.

　천경만론(千經萬論)이 바로 人空과 法空을 설하여 一心의 뜻과 8식의
근원에 깨달아 들어가게 하는 것이다. 이 일심과 8식은 미세하여 알기
어렵다. 오직 부처님만이 능히 깨달아 안다. 또한 8식의 心王은 제8식인
아뢰야식을 근본으로 한다. 능히 앞의 7식을 생기한다. 이를테면 『기신론』에
이른다. 「생멸과 不生滅이 화합되어 있어 하나도 아니고 다르지도 않은
것을 이름 하여 아뢰야식이라 한다.」[1053]
　고덕(古德 : 元曉)이 해석하여 이른다.

　'不生滅心과 생멸이 화합되어 있어 하나도 아니고 다르지도 않다'라
한 것은, 7(個)식인 염법(染法)은 생멸하고, 여래장인 淨法은 생멸하지
않는다. 생멸하지 않는 마음이 온 몸을 들어 動하는 까닭에 마음이
생멸상을 떠나지 않는다. 생멸하는 상이 神解하지 않음이 없는 까닭에
생멸이 심상을 떠나지 않는다. 이와 같이 서로 떠나 있지 않은 까닭에
이름 하여 화합되어 있어 아뢰야식이라 하며, 화합된 까닭에 하나도
아니고 다르지도 않다고 하였다. 만약 하나라면 화합이 없을 것이고,
만약 다르더라도 마찬가지로 화합이 없을 것이다. 하나도 아니고
다르지도 않은 까닭에 화합할 수 있다.
　또한 여래장 청정심은 움직여 생멸상을 짓는 까닭에 서로 떠나

1053) 『기신론』, 『대정장』권32, 576b.

있지 않다. 까닭에 화합이라 하는 것이며, 따로 생멸이 있다는 것이 아니다. 서로 어울려 진실하게 화합되는 것이 마치 움직임과 물이 파도를 만드는 것과 같다. 파도란 밖에서 합해져 된 것이 아니다. 말하자면 생멸심은 마음의 생멸이니 相이 없는 까닭이다. 마음의 생멸은 무명에 인하여 이루어진다. 생멸심은 本覺으로부터 일어난 것이어서 二體가 아니며, 서로 떨어져 있지 않다. 까닭에 화합되어 있다고 하였다. 마치 大海의 물이 바람으로 인하여 파동 치는데 水相과 風相이 서로 떨어져 있지 않은 것과 같다. 만약 生과 無生이 一(하나)이라 하면, 생멸하는 識相이 멸진(滅盡)하는 때 心神의 체도 또한 응당 그에 따라 멸할 것이니 斷見의 변(邊)에 떨어지는 것이 되고, 만약 (생과 무생이) 다르다면 無明의 바람이 훈동(熏動)하는 때에 고요한 마음의 체가 응당 緣에 따르지 않는다는 것이 되어 바로 常見의 변(邊)에 떨어진다. 이 이변(二邊 : 斷見과 常見)을 떠나니 하나도 아니고 다르지도 않다. 또한 위에서 설한 바 覺과 不覺의 二法이 서로 훈(熏)하며, 그 염(染)과 정(淨)을 이룬다. 그래서 이미 자체가 없으며 전부 一覺이다. 왜 그러한가! 無明으로 말미암아 不覺이 이루어졌고, 不覺의 뜻이 本覺을 훈(熏)하여 여러 염법(染法)을 생한 까닭이다. 또한 本覺이 不覺을 훈(熏)함으로 인하여 여러 정법(淨法)을 생한 까닭이다. 이 二義에 의지하여 모든 것을 두루 생하는 까닭에 識에 二義가 있어 일체 모든 것을 생한다고 하였다.[1054]

1054) 원효가 저술한 『기신론소』의 여러 곳에서 한두 문단씩 발췌 인용하여 붙였다.

〈510〉

百氏冥歸.萬古難移.據前塵之無體.唯自法之施為.若樂工之弄木偶.如戲場之出技兒.

起信疏云.經頌云.佛說如來藏.以為阿賴耶.惡慧不能知.藏即賴耶識.阿賴耶.是梵語.此云我愛執藏.即是一切眾生第八根本識心.第八識心.即如來藏.以一切外道眾生.不能了達.執為藏識.佛言.大慧.七識不流轉.不受苦樂.非涅槃因.大慧.如來藏受苦樂.與因俱.若生若滅.解曰.七識念念生滅無常.當起即謝.如何流轉.自體無成.故不受苦樂.既非染依.亦非無漏涅槃依矣.其如來藏真常普遍.而在六道.迷此能令隨緣成事.受苦樂果.與七識俱.名與因俱.不守自性而成.故七識依此而得生滅.云若生若滅.此明如來藏.即是真如隨緣.故受苦樂等.又云.常與無明七識共俱.無有斷絕.意云.如來藏以隨緣故.名阿賴耶識.故與無明共俱.說大海如阿賴耶.波如無明七識.水即如來藏.云無斷絕者.無始時來.相續不斷故.如來藏者.即所熏之淨性.隨染緣成虛偽等者.即能熏之染幻.識藏即所成賴耶也.為善不善因者.謂此性隨善緣起諸善法.性即為善因.隨不善緣起諸不善法.性即為不善因.受苦樂與因俱者.隨善受樂.性在其中.隨惡受苦.性亦在其中.若生若滅者.循環諸趣.萬死萬生.如技兒等.如人作戲.變改服章.體是一人.初未曾易.故楞伽經頌云.心如工技兒.意如和技者.五識如音樂.妄想觀技眾.所以草堂和尚偈云.樂兒本是一形軀.乍作官人乍作奴.名目服章雖改變.始終奴主了無殊.故知清淨如來藏一點真心.不增不減.湛然常住.以不守自性.隨染淨之緣.遂成凡聖十法界.雖即隨緣.又不失自性.在凡不減.處聖不增.如水隨風作波之時.不失溼性.一切眾生真心亦復如是.隨相轉變.性常不動.故還源觀云.真如之性.法爾隨緣.隨緣之時.法爾歸性.

백씨(百氏 : 모든 사람)가 그윽한 자리에 돌아가니

만고에 변화되기 어렵다(변화될 수 없다).

현전된 경계의 體가 없으니

오직 자심의 시위(施爲)일 뿐이다.

마치 곡예사가 나무 인형을 부리고,

극장에서 기예 부리는 자와 같다.

　『기신론소』에[1055] 이른다.

　경(『대승밀엄경』)의 게송에 이른다.

　　　佛이 설한 여래장이 아뢰야식이나니

　　　나쁜 지혜 가진 자는 알 수 없네![1056]

　장식(藏識)이 곧 아뢰야식이다. '아뢰야란 범어인데 여기 말로는 아애집장(我愛執藏 : 제7식에 의해 망령되이 我로써 愛執됨)의[1057] 뜻이다. 바로 모든 중생의 제8근본 識心이다. 제8識心이 곧 여래장이다. 모든 외도 중생은

1055) 『기신론소』는 원효의 저술을 가리키는데 그 글에 보이지 아니하고, 『대승기신론』에 대한 그 밖의 주석서에도 보이지 않는다. 아마 誤記인 듯 하다.

1056) 唐의 地波訶羅 역, 『대승밀엄경』卷下 아뢰야미밀품제8, 『대정장』권16.

1057) 『成唯識論』권2에 의거하면 아뢰야식에는 能藏·所藏·執藏(我愛執藏)의 三義가 있다. (1)能藏 : 아뢰야식에 자체에 일체만법의 종자를 함장함을 말한다. (2)所藏 : 현행이 종자를 熏하는 義를 가리킨다. (3)執藏 또는 我愛執藏이라 칭하는데 제8식이 항상 제7마나식의 妄執에 의해 實我, 實法으로 愛執되는 면을 가리킨다.

(제7식이) 장식을 애집함을 요달(了達)할 수 없다.[1058] (『능가아발다라보경』
에 이른다)

　　부처님이 말씀하였다. "대혜여! 七識(제7식 이하의 7개 식)은 유전(流
　　轉)하지 아니하고, 고락을 받지도 않으며 열반의 因도 되지 않는다.[1059]
　　대혜여! 여래장이 고락을 받고 (7개 식과) 더불어 因으로써[1060] 함께
　　하며, 생하기도 하고 멸하기도 한다.[1061]

　　해석한다. '7개 識은 念念히 생멸하며 無常하다. 일어나는 자리에서 바로
멸해지는데 어떻게 유전(流轉)하겠는가! 자체가 성립되지 않는 까닭에 고락
을 받음도 없다. 이미 염법(染法)에 의지함도 없으며, 또한 무루의 열반에
의지함도 없다. 그 여래장의 眞常이 六道에 두루 하다. 이러함에 어두워서(이
러함을 몰라서) 緣따라 事가 이루어져 고락을 받게 한다. 7개의 식과 함께
함을 이름 하여 '(제7식 이하와) 더불어 因으로써 함께 한다'고 하였다.
自性을 지키지 아니하고 (만사를) 이루는 까닭에 8개 식이 이에 의지하여
생멸할 수 있음을 말하여 '생하기도 하고 멸하기도 한다'고 하였다."
　　이는 여래장이 바로 진여수연(眞如隨緣 : 진여가 緣에 따름, 緣에 따르는

1058) 본문 '執爲藏識'에서 중간의 '爲'는 글자 수를 4字로 만들기 위한 虛字이다. 그
　　렇지 않으면 잘못된 뜻이 되어버린다. 이는 바로 '執藏識(장식을 애집함)'으로
　　보아야 한다.
1059) 마치 파도가 생멸하는 것이 아니라 바닷물이 그렇게 출렁이고 흐르는 것인 것
　　과 같다. 여기서 바닷물이 곧 여래장에 비유된다.
1060) 본문 '與因俱'는 뒷 글에 나오듯이 '7개 識과 더불어'의 뜻이다. 그래서 '因과
　　더불어'로 해석하면 안 된다. '因과 더불어'로 해석하면 여래장 외에 因이 따로
　　있다는 것이 되어 어긋난다.
1061) 『능가아발다라보경』권4 일체불어심품. 『대정장』권16, 512b.

진여)인 까닭에 고락을 받는 것임을 밝힌 것이다.

또 이른다. "항상 無明·7식(제7식 이하)과 함께 함에 단절됨이 없다." 생각하건대 여래장이 緣을 따르는 까닭에 이름 하여 아뢰야식이라 한다. 까닭에 무명과 더불어 함께 한다. 대해는 아뢰야식과 같고, 파도는 무명 및 7識과 같다. 물은 곧 여래장이다. '단절됨이 없다'란 무시 이래로 상속하여 단절되지 않은 까닭이다. '여래장'이란 바로 소훈(所熏)된 정성(淨性)이다. '오염의 연 따라 허위(虛偽)를 이루었다'는 등은 바로 능훈(能熏)인 염환(染幻)이다. (여기서) 識藏은 바로 所成의 아뢰야식이다. '선과 불선의 인이 된다'란 이 性이 善緣에 따라 여러 善法을 생기하면 性이 곧 善因이 되고, 不善緣에 따라 여러 불선법을 생기하면 性이 곧 不善因이 되는 것을 말한다. '고락을 받음에 因과 더불어 함께 한다'란 善에 따라 樂을 받는 경우 性이 그 가운데 있고, 惡을 따라 苦를 받아도 性이 또한 그 가운데 있음을 말한다. 생이든 멸이든 여러 생류에 순환하며 萬死萬生함이 마치 저 기예를 부리는 자와 같고, 연극하는 사람과 같아 복장을 바꾸어 걸친 것일 뿐이고, 體는 한사람이다. 처음부터 바꾸어진 적이 없다. 까닭에 『능가경』의 게송에 이른다.

心(제8식)은 기예부리는 자와 같고,
意(제7식)은 기예를 보조하는 자와 같으며,
五識은 음악과 같고(伴侶가 되고)[1062]
망상은 기예를 보는 구경꾼과 같다.[1063]

1062) 『대승입능가경』 원문은 '爲伴侶'이다.
1063) 『대승입능가경』권5 찰나품. 『대정장』권16, 620a.

까닭에 초당(草堂)화상(규봉종밀)의[1064] 게송에 이른다.

기락(技樂)을 공연하는 자는 본래 하나의 몸이었고,
잠깐 官人이 되었다가 금방 노(奴)가 되기도 하며,
명목과 복장은 바꾸어졌지만
처음부터 끝까지 奴와 주인이 다른 자가 아니었네!

까닭에 알건대 청정 여래장의 일점(一點) 眞心은 증가되지도 아니하고, 감소되지도 않으며, 맑게 상주한다. 자성을 지키지 않고 염(染)과 정(淨)의 緣에 따라 마침내 범부와 성인의 十法界를 이룬다. 비록 바로 연에 따르더라도 또한 자성을 잃지 않는다. 범부에 있어도 감소되지 아니하고, 성인에 처하여도 증가되지 않는다. 마치 물이 바람 따라 파도를 지을 때 습성(濕性)을 잃지 않는 것과 같다. 모든 중생의 진심(眞心)도 또한 이와 같다. 相 따라 전변하되 性은 항상하여 동함이 없다. 까닭에 『(修華嚴奧旨妄盡)환원관』에 이른다. "진여성이 본래 그대로 緣에 따른다. 緣에 따르는 때에 본래 그대로 性에 돌아간다."[1065]

〈511〉

縱淺縱深. 靡出一心之際.

1064) 섬서성 호현(鄠縣)에 있는 초당사(규봉사)에 규봉종밀이 오래 머물러 그를 초당 또는 규봉으로 칭한다.

1065) 『망진환원관』. 『대정장』 639b. 원문을 약간 바꾸어서 인용하였다. 원문은 다음과 같다. 「謂眞如之法, 法爾隨緣, 萬法俱興, 法爾歸性.」

華嚴經云.佛子.菩薩摩訶薩次第遍往諸佛國土神通三昧.乃至於一念頃.一切佛所勤求妙法.然於諸佛出興於世.入般涅槃.如是之相.皆無所得.如散動心了別所緣.心起不知何所緣起.心滅不知何所緣滅.此菩薩摩訶薩亦復如是.不分別如來出世及涅槃相.佛子.如日中陽燄.不從雲生.不從池生.不處於陸.不住於水.非有非無.非善非惡.非清非濁.不堪飲漱.不可穢汙.非有體非無體.非有味非無味.以因緣故而現水相.為識所了.遠望似水.而與水想.近之則無.水想自滅.此菩薩摩訶薩亦復如是.不得如來出興於世及涅槃相.諸佛有相及以無相.皆是想心之所分別.佛子.此三昧名為清淨深心行.菩薩摩訶薩於此三昧入已起.起已不失.是知非唯佛教以心為宗.三教所歸.皆云反己為上.如孔子家語云.衛靈公問於孔子曰.有語寡人.為國家者.謹之於廟堂之上.則政治矣.何如.子曰.其可也.愛人者則人愛之.惡人者則人惡之.所謂不出圜堵之室而知天下者.知反己之謂也.是知若反己以徇物.則無事而不歸自心.取捨忘懷.美惡齊旨.是知但了一心.無相自顯.則六趣塵牢.自然超越.出必由戶.莫不因斯道矣.如古德云.六道羣蒙自此門出.歷千劫而不返.一何痛矣.所以諸佛驚入火宅.祖師特地西來.乃至千聖悲嗟.皆為不達唯心出要道耳.華嚴經明一念能為無盡之事.故云一心超勝.如經云.一者.佛一跏趺坐遍滿十方無量世界.二.一切諸佛說一義句.悉能開示一切佛法.三.放一光明.悉能遍照一切世界.四.一身中悉能示現一切佛身.五.一處中悉能示現一切世界.六.於一智中.悉能決了一切諸法.無所罣礙.七.一念中悉能遍往十方世界.八.一念中悉現如來無量威德.九.一念中普緣三世佛及眾生.心無雜亂.十.於一念中與去來今一切諸佛體同無二.是為十.還源觀引論云.由依唯識故.境本無體.真空義成故.以塵無有故.本識即不生.由此方知.由心現境.由境顯心.心不至境.境不至心.常作此觀.智慧甚深.唯識序云.離心之境克湮.即識之塵斯在.帶數之名攸顯.唯識之稱兆彰.故得一心之旨.永傳而不窮.八識之燈.恒然而無盡矣.

얕아지기도 하고, 깊어지기도 하나
一心을 벗어나지 않는다.

『화엄경』에 이른다.

佛子여! 보살마하살이 (어떻게 하여)[1066] 차례로 모든 불국토를
두루 왕래하는 신통삼매를 행하는가? 내지(경문 생략 부분) 한 생각
사이에 모든 佛所에 가서 묘법을 부지런히 구한다. 그러나 모든 부처님
이 세상에 출현하시어 열반에 드는 이러한 상은 모두 얻을 바 없는
것이다. 이를테면 산란하여 흔들리는 마음이 所緣을 요별(了別)함에
마음이 일어나면 어떻게 해서 所緣이 일어난 것인지를 모르고, 마음이
멸하면 어떻게 해서 所緣이 멸하는지를 모른다. 이 보살마하살도
또한 이와 같아 여래가 세간에 나오심과 열반상을 분별함이 없다.
佛子여! 마치 낮에 아지랑이가 구름으로부터 생하지도 아니하고, 연못
으로부터 생하지도 아니하며, 땅에 처하지도 아니하고, 물에 머물러
있지도 아니하며, 有도 아니고, 無도 아니고, 선도 아니고 악도 아니며,
맑지도 아니하고 혼탁하지도 아니하고, 마실 수도 양치질 할 수도
없으며, 더럽힐 수도 없고, 체가 있는 것도 아니고 체가 없는 것도
아니며, 맛이 있는 것도 아니고 맛이 없는 것도 아니다. 이러한 인연으
로 물의 모습을 나타내어 그렇게 인식이 되며, 멀리서 바라보면 물
같아서 물이라는 생각이 일어나지만 가까이 가서 보면 (물이) 없고,
물이라는 생각이 스스로 소멸된다. 이러함은 보살마하살도 또한 마찬
가지이다. 여래가 세간에 출현하심과 열반상을 얻을 수 없다. 모든

1066) 원 경문에 있는 '云何爲'가 결락되어 있다.

부처님이 相이 있든 相이 없든 모두 생각하는 마음으로 분별된 것이다. 佛子여! 이 삼매를 이름 하여 청정심심행(淸淨深心行)이라 한다. 보살마하살이 이 삼매에 들어가서는 일어나고(나오고), 나와서는 (삼매를) 잃지 않는다.1067)

이로 알건대 불교는 마음을 宗(근본)으로 할 뿐 아니라 三敎(佛·道·儒)가 돌아갈 곳이다. 모두가 이르길, "자신에게 돌아감이 최상이다"고 하였다. 이를테면 『공자가어(孔子家語)』에 이른다. 「위령공이 공자에게 물었다. "과인(寡人)에게 (금과옥조로 삼는) 말이 있으니 '국가를 다스리는 자는 묘당(廟堂)에서 삼가 하는 것이 바로 정치다'는 것입니다. 어떠합니까?" 공자가 말하였다. "좋습니다. 남을 사랑하는 자는 남이 그를 사랑합니다. 남을 싫어하는 자는 남이 그를 싫어합니다. (자신을 알게 되면 남을 알게 됩니다)1068) 이른바 '담장으로 둘러진 집에서 나오지 아니하고 천하를 안다'는 것이니 자신을 돌아보아 아는 것을 말한 것입니다."」1069) 이로 알건대 만약 자신을 돌아보는 것으로써 사물을 따르면 無事하되 자심에 돌아가지 못한다. 취하고 버림을 잊어버리고, 좋고 싫음에 평등한 마음이 되어야 한다. 이로 알건대 단지 一心을 깨달으면 無相임이 스스로 드러난다. 그러하니 육취(六趣 : 6道)의 감옥에서 자연히 벗어난다. 나갈 때는 반드시 문을 거쳐야 하니 이 도를 因으로 하지 않음이 없다. 이를테면 고덕이 이른다. 「六道의 중생이 이 문의 덕택으로 벗어나게 된다. (이 문을 모르는 중생이) 천겁을 거쳐도

1067) 『화엄경(80권본)』권41십정품. 『대정장』권10, 215a~b. 원 경문에서 일부 문단 등을 생략하고 인용하였다. '乃至'로 기술된 것은 그 부분을 생략하였다는 뜻이다.
1068) 『공자가어』 원문의 이 문장이 결락되어 있다. 원문은 「知得之己者, 則知得之人」
1069) 『공자가어』현군제13.

돌아오지 못하니 얼마나 통탄스러운 일인가」 까닭에 모든 부처님이 신속하게 화택(火宅 : 중생계)에 들어오며, 조사가 특별히 서천(인도)에서 오고, 내지 천성(千聖)이 비탄하니 모두 (중생들이 화택을) 벗어나는 要道인 유심(唯心)을 통달하지 못한 때문이다. 『화엄경』에서 '一念이 능히 다 함 없는 일을 이루는 것'임을 설명하였다. 까닭에 이르길, "일심이 초월하는 뛰어난 법문이다"고 하였다.

이를테면 경(『화엄경』)에 이른다.

(佛子여! 諸佛世尊은 10종의 비할 바 없는 부사의 경계가 있으니 어떤 것들이 열 가지인가!) 1. 부처님의 한 번의 가부좌가 두루 十方 무량세계에 가득하다. 2. 모든 부처님이 설하는 하나 한 뜻의 句가 능히 모든 불법을 다 개시(開示)한다. 3. 하나의 빛을 발함으로 능히 모든 세계를 능히 다 두루 비춘다. 4. 한 몸에서 모든 부처님의 몸을 능히 다 시현(示現)한다. 5. 한 곳에서 능히 모든 세계를 다 시현한다. 6. 하나의 지혜에서 일체 모든 것에 대해 능히 결정으로 깨달아 걸림이 없다. 7. 일념 중에 十方세계를 능히 두루 왕래한다. 8. 일념 중에 여래의 무량한 위덕(威德)을 다 드러낸다. 9. 일념 중에 삼세의 부처님과 중생을 두루 緣하되(만나되) 마음에 혼란됨이 없다. 10. 일념 중에 과거 미래 현재의 모든 부처님과 體가 동일하여 둘이 아니다. 이것이 열 가지이다.1070)

1070) 『화엄경(80권본)』권46佛不思議法品. 『대정장』권10, 242c.

『(妄盡)환원관(還源觀)』에서 논을 인용하여 이른다. 「唯識(모든 것이 오직 識일 뿐임)에 의지하는 까닭에 경계가 본래 체가 없으며, 眞空의 뜻이 이루어지고, 경계가 있지 않은 까닭에 本識이 생하지 않는다.」[1071] 이로 말미암아 이제 알건대 마음에 연유하여 경계가 나타나고, 경계에 연유하여 마음이 드러난다. 마음이 경계에 이르지 아니하고, 경계가 마음에 이르지 아니한다. 항상 이러함을 관찰하면 지혜가 깊어진다. 『唯識序』에[1072] 이른다. 「마음 떠난 경계에 대해서는 (그 경계에) 잠기는 것을 이기는데, 識에 즉한 경계에 대해서는 처한 자리에서 名相이 드러난 바에 걸린다. 유식의 뜻에 일치함이 만고에 빛나니, 일심의 뜻을 얻고, 영원히 전해져 다 함이 없다. 八識(法門)의 등불이 항상 그러하여 다 함이 없다.」

〈512〉

任延任促.但當唯識之時.

如經云.如是我聞一時佛在舍衛城等.時即是一心唯識之時.故云.一念無量劫.無量劫一念.法華玄贊疏云.如經中說一時者.即是唯識時.說聽二徒心識之上.變作三時相狀而起.實是現在隨心分限.變作短長事緒終說.總名一時.如夢所見.謂有多生.覺位唯心.都無實境.聽者心變三世亦爾.唯意所緣.是不相應行蘊.法界法處所攝.古德言一時者有四.一則不定約剎那.二則不定約相續.三則不定約四時六時八時十二時等.四則不定約成道已後年數時節.名為一時.但是聽者根熟.感佛為說.說者慈悲.應機為談.說聽

1071) 『망진환원관』. 『대정장』권45, 640a.
1072) 여러 유식 계통 경론의 서문에 이 인용문이 보이지 않는다.

事訖.總名為一時.今不定約剎那等者.聽法之徒根器或鈍.說時雖短.聽解時長.或說者時長.聽者亦久.於一剎那.猶未能解.故非剎那.亦不定說.若約相續者.猶能說者得陀羅尼.說一字義.一切皆了.或能聽者得淨耳意.聞一字時.一切能解.故非相續.由於一會聽者根機有利有鈍.如來神力.或延短念為長劫.或促多劫為短念.亦不定故.總約說聽究竟名時.亦不定說.若約四時六時八時十二時者.一日一月照四天下.長短暄寒.近遠晝夜.諸方不定.恒二天下同起用故.又除已下.上諸天等.無此四時及八時等.經擬上地諸方流通.若說四時等.流行不遍故.亦不定說.若約成道已後年數時節者.三乘凡聖所見佛身報化年歲短長成道已來近遠各不同故.釋曰.上所說不定約剎那時.及相續時.與四時六時八時十二時等.及約成道已後年數時節.名為一時者.以根有利鈍.長短不定.上界下界.時節無憑.但說唯心之一時.可為定量.無諸過失.事理相當.既亡去取之情.又絕斷常之見.不唯一時作唯識解.實乃萬義皆歸一心.則稱可教宗.深諧祕旨.能開正見.永滅羣疑.所以經云.一切諸法.以實際為定量.又云.但以大乘而為解說.令得一切種智故知但說大無過.夫言大乘者.即是一心之乘.乘是運載義.若論運載.豈越心耶.又夫不識心人.若聽法看經.但隨名相.不得經旨.如僧崖云.今聞經語.句句與心相應.又釋法聰.因聽慧敏法師說法.得自於心.蕩然無累.乃至見一切境.亦復如是.若不觀心.盡隨物轉.是故大乘入道安心論云.若以有是.為是有所不是.若以無是為是.則無所不是.一智慧門.入百千智慧門.見柱作柱解得柱相.不作柱解.觀心是柱法.無柱相.是故見柱即得柱法.一切形色亦得如是.故華嚴經頌云.世間一切法.但以心為主.隨解取眾相.顛倒不如實.

느리고 빠름에 자재함은
단지 唯識의 뜻에 합치될 때에 가능하게 된다.

이를테면 경에 이르길, 「이와 같이 내가 들었다. 한 때에 부처님께서 사위성 등에 계셨다」고 한 바로 그 때가 一心唯識의[1073) 때이다. 까닭에 이른다. 「일념이 무량겁이고, 무량겁이 일념이다.」

『법화현찬소(法華玄贊疏)』에[1074) 이른다.

(『법화현찬』에 이른다.)

이를테면 경에서 설한 '한 때에'란 곧 '唯識인 때'이다. (부처님의) 說과 (듣는 자의) 청(聽)의 이도(二徒 : 二者)가 심식에서 三時(과거, 현재, 미래)로 모습을 변작하며 일어나지만, 실은 현재 마음의 분한(分限)에[1075) 따라 짧고 긴 현상을 변작하는 것이다. 그 시종(始終)의 설이 모두 '한 때(一時)'이다. 마치 꿈에서 본 바로는 多生이라 하나 覺位에서는 오직 마음일 뿐이어서(唯心) 모두 사실의 경계가 없다. 청(聽)도 마음이 三世(三時)로 변작하여 일어난 것임이 또한 그와 같다. 오직 意에 緣되는 것이니 이는 행온(行蘊 : 5온 가운데 행온)에 상응하지 않으며, 법계 중에 법처(12處 가운데 法塵. 즉 意의 대상이 되는 모든

1073) 唯識이기에 一心이고, 一心이기에 唯識이다. 오직 識 뿐이기에 識 외에 다른 것이 없어 唯識을 세울 바도 없다. 그래서 곧 一心의 뜻과 통한다. 一心은 見分과 相分이 멸한 자리이니 분별을 떠난 자리이며, 인식의 대상이 아니다. 유식도 마찬가지이다.

1074) 법상종 자은규기의 저술인 『법화현찬(묘법연화경현찬)』에 대한 주석서인데 그 서명, 저자와 본문이 보이지 않는다. 아래 인용하는 전반부('해석한다' 앞 부분)는 『법화현찬』의 본문이고, 그 아래 부분이 『법화현찬소』의 글이다.

1075) 중생의 마음은 항상 分限의 마음을 벗어나지 못한다. 마음이 일어나면 그것은 곧 分限의 마음이다.

상념의 相)에 포함된다. 고덕이 이른다. 「'한 때(一時)'에 넷이 있다. 1은, 찰나에 의거(입각)해서 한정되지 않음이고, 2는, 상속에 의거해서 한정되지 않음이며, 3은, 4時·6時·8時·12時 등에 의거해서 한정되지 않음이고, 4는, 成道 이후의 年數와 시절에 의거해서 한정되지 않음을 이름 하여 '한 때'라고 한다.」 단지 듣는 자(聽者)의 근기가 원숙하면 佛이 설함을 감득한다. 설하는 자가 자비로우면 근기에 응하여 설한다. 설하고 듣는 일이 마쳐지면 모두 다 '한 때'라고 칭한다. 지금 찰나 등에 의거(입각)해서 한정되지 않는다고 한 것은, 법을 듣는 무리들의 근기가 혹 둔하여 설하는 시간이 비록 짧더라도 법을 듣고 이해하는 시간이 길고, 혹은 설하는 자의 (설하는) 시간이 길면 듣는 자도 또한 오래 걸리기도 하며, 한 찰나에도 오히려 아직 능히 이해하지 못하기도 한다. 까닭에 찰나가 아니며 또한 한정된 설이 아니다. 만약 상속으로 한정한다면, 마치[1076] 설하는 자가 다라니를 얻어 一字의 義를 설하면 일체를 다 깨달으며, 혹은 듣는 자가 귀를 청정히 하는 뜻을 깨달아 一字의 법문을 듣는 때 일체를 다 능히 이해하는 것과 같다. 까닭에 상속에 한정되지 않는다. 一會에서 듣는 자의 근기가 날카롭기도 하고 둔하기도 하는데 여래의 神力은 혹 짧은 시간을 연장하여 기나긴 겁이 되게 하기도 하고, 혹은 다겁을 단축하여 짧은 생각이 되게 하기도 한다. 이 또한 한정되지 않은 까닭이다. 說과 청(聽)을 구경(궁극)의 이름으로 총괄하는 '一時'라[1077] 함도 또한 한정되지 않는다.[1078] 4時·6時·8時·12時에 의거해서

1076) 『대정장』권34의 『법화현찬』 원문은 '由'인데 저본은 '猶'이다. 전후의 뜻으로 보아 '猶'가 옳다.

1077) 저본은 '時'인데 『대정장』권34의 『법화현찬』 원문은 '一時'이다.

한정함도 하나의 해와 하나의 달이 사방 천하를 비추고, 길고 짧음, 따뜻함과 추움, 가깝고 멈, 낮과 밤이 여러 위치에 따라 일정치 않아 한정되지 않으니 항상 (낮과 밤의) 二天下가 함께 起用되는 까닭이다. 또 (『법화경』에서) '除(제외하고)' 이하는 위로는 諸天 등에 이 4時와 8時가 없기 때문에 경에서 上地(諸天)에 비교하여 통하게 한 것이다. 만약 4時 등에 의거해서 (한정되는 것이라면) 그 유행함에 두루 하지 않는 까닭에 또한 한정되어 있다고 하지 못한다. 만약 성도 이후의 年數와 시절에 의거하여 한정된다면, 3승과 범부 성인이 보는 바의 佛身・報身・化身의 연세와 장단(長短), 成道 이래의 가깝고 먼 것이 각기 다른 까닭에 한정되지 않는다.[1079)]

해석한다 : 위에서 설한 바, 찰나시(刹那時) 및 상속시(相續時)와 4時・6時・8時・12時 등과 아울러 成道 이후의 年數와 시절에 의거하여 한정되지 않으니 이를 '한 때(一時)'라 칭한다 함은, 근기에 날카로움과 둔함, 길고 짧음이 일정치 않고, 上界와 下界, 시절이란 의거할 수 없는 것이니 단지 오직 마음일 뿐(唯心)인 '한 때(一時)'라고 해야 가히 定量(결정의 認知)이라 할 수 있다는 것이며, 여러 과실(過失)이 없고, 事와 理가 서로 합치하게 되기 때문이다. 이미 버리고 취하는 정이 소멸되었고, 또한 단견과 상견이 끊어졌기에 오직 '한 때(一時)'로 유식을 이해할 뿐 아니라 실은 바로 萬義가 다 一心에 돌아가며, 그래서 가히 敎의 宗이라 칭할 수 있는 것이다. 깊이 비밀한 뜻에

1078) 저본은 '不定說'인데 『대정장』권34의 『법화현찬』 원문은 '不定'이다.

1079) 여기까지는 자은규기의 『법화현찬』을 인용한 부분이다. 『법화현찬』권1末, 『대정장』권34.

합치하면 능히 正見이 열리고, 영원히 뭇 의문을 멸하게 된다. 까닭에 경에서 이른다. 「일체 모든 것은 실제가 定量(결정의 認知)이 된다.」 또 이른다. 「단지 대승으로 해설하여 일체종지(一切種智)를 얻게 하는 까닭에 단지 대승만을 설함에 잘못이 없음을 안다.」 무릇 대승이라 함은 곧 一心의 乘이다. 乘은 '(물건을) 실어 운반한다'는 뜻이다. 실어서 운반함으로 논하건대 어찌 마음을 넘을 수 있겠는가! 또한 무릇 마음을 모르는 사람이 법문을 듣거나 경전을 보더라도 이는 단지 名相에 따라가는 것일 뿐이어서 경의 뜻을 얻지 못한다. 이를테면 승애(僧崖)가 이른다. 「지금 경의 말씀을 듣건대 句마다 마음에 상응한다.」 또 석법총(釋法聰)은 「혜민(慧敏)법사의 설법을 들은 것으로 인해 자심을 깨달으니 깨끗이 씻어져 아무런 묶임이 없게 되었다. 내지 모든 경계를 봄에 있어서도 또한 그러하였다.」고 하였다. 만약 觀心하지 않으면 언제나 사물에 따라 굴러가게 되어버린다. 이 까닭에 『대승입도안심론(大乘入道安心論)』에1080) 이른다.

1080) 달마대사와 그 제자들의 어록 내지 법문을 제자 曇林이 정리하여 편집한 書인데 현재 여러 異名으로 전해지고 있다(『보리달마사행론』, 『보리달마론』, 『달마론』, 『사행론』, 『이입사행론장권자』 등). 현재 조선과 한말에 간행된 2종의 刊本과 돈황에서 1세기 이래 연이어 발견된 9종의 寫本 殘本이 전한다. 이 가운데 가장 完整된 본은 조선 세조 天順8년(1464)에 남원부에서 간행되어 현재 일본 천리대도서관에 소장된 〈天順本〉이고, 경허선사가 1908년 간행한 『선문촬요』에 수록된 본은 이 〈천순본〉 전반부를 발췌한 것이다. 돈황출토의 9종 사본을 종합 정리하면 말미에 약간 결락부분이 있지만 대략 완본에 가까운 본을 얻게 된다. 본서는 달마와 그 초기 제자들의 법문인 까닭에 그간 크게 소략하였던 초기 선종기의 선법을 전해주는 귀중한 자료다.
〈천순본〉 원문은 椎名宏雄 著, 程正 역, 〈天順本〈菩提達磨四行論〉〉, 『中國佛學』2, 2003, pp.20–33 ; 楊曾文, 『菩提達磨四行論』, 鄭州, 少林書局, 2006.10.

만약 이것이 옳다는 것이 있으면 옳지 않은 것이 있게 된다. 만약 이것이 옳다는 것이 없으면 옳지 않은 것이 없게 된다. 하나의 지혜문에 백천의 지혜문이 들어간다.

기둥을 보고 기둥이라는 알음알이를 내고 기둥이라는 相을 얻는다. 기둥이라는 알음알이를 짓지 아니하고, 마음이 기둥임을 관찰하면 기둥이라는 相이 없게 된다. 이 까닭에 기둥을 보면 바로 기둥이라는 법을 얻게 되고, 모든 形色도 얻게 됨이 이와 같다. 까닭에 『화엄경』의 게송에 이른다.

세간의 모든 것은
단지 마음을 주인으로 한다.
알음알이에 따라 뭇 상을 취함은
전도(顚倒 : 뒤바뀌어 짐)된 것이라 진실이 아니다.[1081]

---

pp.7~48에 對校本이 수록되어 있고, 9종의 사본에 대한 정리와 연구는 수십 년 이래 많은 성과가 이루어져 왔다. 이에 대한 소개는 田中良昭, 『敦煌禪宗文獻 の硏究』, 大東出版社, 東京, 1983, pp.171-189 등에 자세히 정리되어 있다. 인용된 부분은 鈴木大拙이 돈황본을 정리 소개한 원문의 〈13〉절에 수록되어 있다(『二入四行論長卷子』, 『鈴木大拙禪思想史硏究 第二』, 동경, 암파서점, 1987) 한편 필자는 여러 이본들을 종합 참조하고, 이를 역주 해설하여 본서보다 더 일찍 출간할 예정이다.

1081) 『화엄경(80권본)』권13광명각품. 『대정장』권10, 066c.

〈513〉

大矣圓詮.奇哉正轍.

如來圓教.正說一心.經云.三界上下法義唯心.此就世間依報以明心.又云.
如如與真際.涅槃及法界.種種意生身.我說為心量.此據出世法體以明心.
終窮至實.畢到斯原.隨流感果.還宗了義.故經云.道不離心.心不離道.如
十玄門中.由心迴轉善成門者.並是如來藏性清淨真心之所建立.若善若
惡.隨心所轉.故云迴轉善成.心外無別境.故言唯心也.若順轉即名涅槃.經
云心造諸如來.若逆轉即是生死.經云三界虛妄皆一心作.即生死涅槃.皆
不出心矣.

위대하도다! 원만한 설법이여!
기이하도다! 올바른 길이여!

여래의 圓教는 바로 일심을 설한 것이다. 경(『능가아발다라보경』)에 이르길,
「三界 上下 모든 존재의 뜻이 오직 마음일 뿐이다.」고 하였다. 이는 세간의
의보(依報)로써 마음일 뿐임을 밝힌 것이다. 또 (『능가아발다라보경』에)
이른다.

　　如如와 眞際
　　열반과 법계
　　갖가지 意生身을
　　나는 心量(오직 마음일 뿐임)이라[1082] 설하네![1083]

이는 출세간의 법체로써 마음일 뿐임을 밝힌 것이다. 궁극에는 진실에
이르고, 필경에는 이 근원에 이른다. 생류에 따라 과보를 감수하나 다시
근본의 了義에 돌아간다. 까닭에 경에서 이른다. 「도는 마음을 떠나지
아니하고, 마음은 도를 떠나지 않는다.」 이를테면 『(화엄일승)十玄門』에
이른다.

'(제9) 유심회전선성문(唯1084)心廻轉善成門 : 오직 마음이 회전하며
훌륭하게 이룬 것)'이란, (이는 마음에 입각하여 설한 것이니 '오직 마음이
회전(廻轉)한 것'이란 앞의 여러 義의 교문 등이) 모두 여래장성 청정진
심으로 건립된 것이며, 선이든 악이든 마음 따라 전변되는 것임을
드러낸 것이다. 까닭에 이르길, '회전(廻轉)하며 훌륭하게 이룬다(廻轉
善成)'고 하였다. 마음 밖에 다른 경계가 없는 까닭에 '오직 마음일
뿐이다(唯心)'고 하였다. 만약 수순하여 전변하면(구르면) 곧 열반이라
한다. (까닭에) 경에서 이르길, 「「마음이 모든 여래를 짓는다」고 하였
다. 만약 거슬리어 전변하면(구르면) 곧 생사가 된다. (까닭에) 경에서
이르길, 「삼계가 허망하니 모두 오직1085) 일심이 지은 것이다」고

1082) 心量 : 『능가경』에서 心量은 두 가지 뜻으로 쓰이고 있다. (1) 오직 마음뿐이어
　　서 無生이다, 無生이어서 오직 마음뿐이라고 하는 궁극의 법문, 또는 心性을
　　그대로 가리킨다. 「無心之心量, 我說爲心量」, 「離一切諸見, 及離想所想, 無得
　　亦無生, 我說爲心量」(『능가아발다라보경』권3 一切佛語心品之三(『대정장』권
　　16, 500b)는 곧 이 뜻이다. (2) 이와는 달리 마음의 모든 분별상을 가리키는
　　세속의 心量이다. 「境界於外現, 是世俗心量」(같은 경, 같은 게송)은 그 면을
　　든 것이다. 여기서는 (1)의 뜻이다. 이 두 뜻이 실은 오직 마음일 뿐이라는 뜻
　　으로는 공통이다.
1083) 『능가아발다라보경』권3 一切佛語心品之三. 『대정장』권16, 500b.
1084) 저본은 '由'인데 『십현문』의 원문은 '唯'이다. 후자가 옳다.

하였다. 즉 생사와 열반이 모두 마음을 벗어나 있는 것이 아니다.[1086]

〈514〉

六神通而焉可變.四辯才而莫能說.

法華經云.止止不須說.我法妙難思.以眾生心.是絶待妙.無法可比故.不可
以心思.不可以口議.是以達磨西來.默傳心要.為若此

육신통이라도 어찌 변하게 할 수 있겠는가!
사변재(四辯才)라도 설할 수 없네!

『법화경』에 이른다.

> 그만 두거라! 그만 두거라! 설할 것이 아니니라!
> 나의 법은 묘하여 생각하기 어려우니라!
> (여러 증상만인들은
> 듣고는 반드시 敬信하지 않을 것이니라)[1087]

1085) 저본은 '皆'인데 원문은 '唯'이다.

1086) 杜順의 『화엄일승십현문』. 『대정장』권45, 518b. 원문을 일부 생략하고 인용하
였다. 번역문에 (　)한 부분은 그 생략된 글이다. 원문은 다음과 같다. 「第九
唯心迴轉善成門者. 此約心說. 所言唯心迴轉者. 前諸義敎門等. 並是如來藏性
清淨眞心之所建立. 若善若惡. 隨心所轉. 故云. 迴轉善成. 心外無別境. 故言
唯心. 若順轉. 卽名涅槃. 故經云. 心造諸如來. 若逆轉. 卽是生死. 故云. 三界
虛妄. 唯一心作. 生死涅槃. 皆不出心.」

중생심은 상대가 끊어져 묘하고, 비교할 수 없는 까닭에 마음으로 생각할
수 없으며, 말할 수 없다. 이 까닭에 달마가 인도에서 건너 와 心要를 말없이
전한 것이 바로 이와 같다.

〈515〉

攀枝而直到根株. 尋水而已窮源穴.

> 心爲萬法根本. 故華嚴經云. 菩薩知一切法即心自性. 成就慧身不由他悟.
> 若於心外覓法. 便向他求. 如但尋枝派. 轉失根源. 是以永嘉集云. 即心爲道
> 者. 可謂尋流得源矣.

가지를 잡으면
곧바로 뿌리에 이른다.
물을 찾으니
이미 원혈(源穴 : 源泉)에 이르렀다.

마음은 모든 것의 근본이다. 까닭에 『화엄경』에 이른다. 「보살은 일체
모든 것이 바로 마음의 자성임을 알아 慧身을 성취하니 다른 것에 연유하여
깨닫지 않는다.」[1088] 만약 마음 밖에서 법을 찾으면 바로 다른 것에 향하여
구하는 것이 된다. 마치 단지 가지로 분지(分枝)된 것만 찾다가 도리어

1087) 『법화경』권1 서품. 『대정장』권9, 06c. 「止止不須說, 我法妙難思. 諸增上慢者,
      聞必不敬信.」
1088) 『화엄경(80권본)』권17 범행품. 『대정장』권10, 089a.

근원을 잃게 되는 것과 같다. 이 때문에 『영가집』에서 이른다. 「(당념
당처의) 마음에 즉함을 道로하는 자는 가히 물줄기를 찾아 근원을 얻는
것이라 할 수 있다.」[1089]

〈516〉

傳印而盡繼曹溪. 得記而俱成摩竭.

> 韶州曹侯溪. 是第六祖能大師住處. 示衆云. 善惡都莫思量. 自然得入心體.
> 湛然常寂. 妙用恒沙. 故先德云. 不得一法. 號曰傳心. 釋迦成道於摩竭國中.
> 經云. 菩薩不行見法. 不行聞法等. 諸佛疾與授記. 故華嚴經頌云. 所取不可
> 取. 所見不可見. 所聞不可聞. 一心不思議. 但直了自心之時. 心外了無所得.
> 即便是得記之時矣.

법인(法印)이 전해져 모두 조계(曹溪)에 이어졌고,
(석가는) 수기(授記) 얻어 마갈타국에서 성도하셨네.

소주(韶州) 조후계(曹侯溪)는 제6조 혜능대사가 머무른 곳이다. 대중에게
開示하여 말씀하였다. 「선악에 대해 모두 사량하지 않으면 자연히 심체에
들어갈 수 있다. (심체는) 맑고 항상 고요하다. 묘용이 항하사와 같다.」[1090]
까닭에 先德이 이른다. 「한 법도 얻은 바 없음을 칭하여 傳心이라 한다.」
석가모니가 마갈타국에서 성도하였다. 경에서 이르길, 「보살이 법을 보는

1089) 『선종영가집』優畢又頌第6. 『대정장』권48.
1090) 『육조법보단경』宣詔第九. 『대정장』권48, 360a.

행을 하지 아니하고, 법을 듣는 행 등을 하지 않으니 제불이 속히 수기하였다.」
고1091) 하였다. 까닭에 『화엄경』의 게송에 이른다.

所取(취해지는 것)를 취할 수 없고,

所見(보이는 것)을 볼 수 없으며,

所聞(들리는 것)을 들을 수 없나니

一心은 불가사의하다.1092)

단지 자심임을 바로 깨달은 때에 마음 밖에서는 얻을 바 없음을 깨닫는다.
바로 이 때가 수기(授記)를 얻는 때이다.

1091) 부처님이 보살 인행시에 不行을 통해 비로소 성불할 수 있었다는 법문은 『사
익범천소문경(思益梵天所問經)』제2(『대정장』15, 45c에 나온다. 그 요지는 다
음과 같다. 보살이 諸佛로부터 어떠한 행으로 授記를 받는가 하면, 不行生法,
不行滅法, 不行善法, 不行不善法, 不行世間法, 不行出世間法, 不行有罪法,
不行無罪法, 不行有漏法, 不行無漏法, 不行有爲法, 不行無爲法, 不行涅槃法,
不行見法, 不行聞法, 不行覺法, 不行知法, 不行施法, 不行捨法, 不行戒法, 不
行覆, 不行忍, 不行善, 不行法, 不行精進, 不行禪, 不行三昧, 不行慧 등의 不
行이다. 諸法의 二相을 떠남, 身口意의 업상을 떠남이 授記의 뜻이다. 석가모
니불께서 과거 무량 아승지겁에 걸쳐 諸佛을 만나 가르침을 따르며 헛되이 세
월을 보내지 않았으나 授記를 받지 못하였는데 그것은 行에 의지한 까닭이었
다. 나중에 연등불을 만나 수기를 받을 수 있게 된 것은 일체의 諸行을 넘어섰
기 때문이었다. 일체의 有爲法을 행하지 않음이 正行이고, 일체법을 不行함이
隨法行(진리를 따르는 행)이다. 왜냐하면 제법을 不行함이 正이다 사邪다 하
고 분별하지 않음인 까닭이다.
1092) 『화엄경(80권본)』권19昇夜摩天宮品第十九. 『대정장』권10, 102b. 所取, 所見,
所聞이 能取, 能見, 能聞과 각기 다른 자리가 아닌 일심이어서 취할 바 없고,
볼 바 없으며, 들을 바 없다. 그러면서 취하는 바 없이 취하고, 보는 바 없이
보며, 듣는 바 없이 듣는다. 그래서 일심은 부사의하다.

〈517〉

可謂履道之通衢. 悟宗之眞訣.

此一心門. 能收一切. 故云. 十方佛土中. 唯有一乘法. 所以肇論云. 天得一以
淸. 地得一以寧. 君王得一以治天下. 衆生得一以成道. 一者道也. 天有道以
輕淸. 地有道以寧靜. 谷有道以盈滿. 草木有道以生長. 鬼神有道以靈聖. 君
王有道執王天下. 故知道不可斯須廢之. 道即靈知心也.

가히 도를 실천하는 사거리 통로이고,

宗을 깨닫는 진결(眞訣)이라 할 수 있네!

이 一心門은 능히 일체 모든 것을 거두어들인다(포용한다). 까닭에 이른다.
「十方 佛土 중에 오직 일승법이 있을 뿐이다.」 까닭에 『조론(肇論)』에 이르길,
「天은 하나를 얻어 맑고, 땅은 하나를 얻어 평안하며, 군왕은 하나를 얻어
천하를 다스린다.」고[1093] 하였다. 중생은 하나를 얻어 성도한다. 하나란
道이다. 하늘에 도가 있어 가볍고 맑게 한다. 땅에 도가 있어 평안하고
고요하다. 골짜기에 도가 있어 가득 차 있다. 초목에 도가 있어 생장하며,
귀신에게 도가 있어 영성(靈聖)하다. 군왕에게 도가 있어 천하를 휘어잡는다.
까닭에 알건대 도는 어디에서나 사라질 수 없는 것이며, 도는 곧 영지(靈知)하
는 마음이다.

1093) 『조론』열반무명론. 『대정장』권45. 157a.

〈찾아보기〉

〈참고문헌〉

가. 원전류

- 『註心賦』(정신문화연구원 고전편찬실, 1980)
- 『註心賦』(송광사소장본/전남대도서관소장)
- 『心賦注』(『卍續藏』권63)
- 『대승입능가경』(『대정장』권16)
- 『능가아발다라보경』(『대정장』권16)
- 『입능가경』(『대정장』권16)
- 『능가경역주』(박건주, 운주사, 2010)
- 『大佛頂首楞嚴經』(『대정장』권19)
- 『유마힐소설경』(『대정장』권14)
- 『신화엄경론』(『대정장』권36)
- 『종경록』(『대정장』권48)
- 『대지도론』(『대정장』권25)
- 『법화경』(『대정장』권9)
- 『방광반야경』(『대정장』권8)
- 『도행반야경』(『대정장』권8)
- 『조당집』(北京, 中華書局, 2007/2010)
- 『속고승전』(『대정장』권48)
- 『송고승전』(『대정장』권50)
- 『경덕전등록』(『대정장』권51)
- 『대승밀엄경(지바하라역본)』(『대정장』권16)
- 『불조통기』(『대정장』권49)
- 『肇論』(『대정장』권45)
- 『화엄경(80권본)』(『대정장』권10)
- 『화엄경(60권본)』(『대정장』권9)
- 『대반야바라밀다경』(『대정장』권5, 권6)
- 『華嚴發菩提心章凡例』(『대정장』권45)
- 『화엄경소(澄觀)』(『대정장』권35)
- 『반주삼매경』(『대정장』권13)
- 『화엄경탐현기』(『대정장』권35)
- 『大乘起信論義記』(『대정장』권44)
- 『중론』(『대정장』권30)

- 『대법고경』(『대정장』권9)
- 『대화엄경약책』(『대정장』권36)
- 『십선업도경』(『대정장』권15)
- 『불설관불삼매해경』(『대정장』권15)
- 『백론』(『대정장』권30)
- 『유식론』(『대정장』권31)
- 『석가방지』(『대정장』권51)
- 『대방광불화엄경입법계품돈증비로자나법신자륜유가의궤』(『대정장』권19)
- 『불설법집경』(『대정장』권17)
- 『보운경』(『대정장』권16)
- 『불설심왕보살투타경』(『대정장』권85)
- 『전심법요』(『대정장』권48)
- 『섭대승론』(『대정장』권31)
- 『대승현론』(『대정장』권45)
- 『善慧大士錄』(『卍續藏』120冊)
- 『유마경현소』(『대정장』권38)
- 『대반열반경(40권본)』(『대정장』권12)
- 『注維摩詰經』(『대정장』권38)
- 『觀音玄義』(『대정장』권34)
- 『보현행원품소』(『卍續藏』5冊)
- 『菩薩瓔珞經』(『대정장』권16)
- 『대승기신론』, (『대정장』권32)
- 『大方廣佛華嚴經隨疏演義鈔』(『대정장』권36)
- 『成唯識論掌中樞要』(『대정장』권43)
- 『釋門自鏡錄』(『대정장』권51)
- 『佛說法句經』(『대정장』권85)
- 『釋摩訶衍論』(『대정장』권32)
- 『금강경』(『대정장』권8)
- 『점찰선악업보경』(『대정장』권17)
- 『화엄책림』(『대정장』권45)
- 『修習止觀坐禪法要』(『대정장』권46)
- 『中華傳心地禪門師資承習圖』(『卍續藏』63책)
- 『肇論疏』(『대정장』권45)
- 『마하지관』(『대정장』권46)

- 『선원제전집도서』(『대정장』권48)
- 『성유식론』(『대정장』권31)
- 『成唯識論述記』(『대정장』권43)
- 『방거사어록』『卍續藏』권69책)
- 『華嚴經義海百門』(『대정장』권45)
- 『大方等大集經賢護分』(『대정장』권13)
- 『대승본생심지관경』(『대정장』권3)
- 『대법거다라니경』(『대정장』권21)
- 『하택신회선사어록 역주 : 돈황문헌역주1』(박건주, 운주사, 2009)
- 『북종선법문 : 돈황문헌역주Ⅱ』(박건주 역주, 운주사, 2009)
- 『佛說不增不減經』(『대정장』권16)
- 『華嚴一乘十玄門』(『대정장』권45)
- 『永明智覺禪師唯心訣』(『대정장』권48)
- 『보장론』(『대정장』권45)
- 『대방등대집경』(『대정장』권16)
- 『修華嚴奧旨妄盡妄盡還源觀』(『대정장』권45)
- 『밀엄경』(『卍續藏』 63冊)
- 『보살처태경』(『乾隆大藏經』 0429)
- 『불지경론』(『대정장』권26)
- 『불퇴전법륜경』(『대정장』권9)
- 『대보적경』(『대정장』권11)
- 『원각경소』(『卍續藏』9책)
- 『능가사자기』(박건주 역주, 운주사, 2011)
- 『대방등여래장경』(『대정장』권16)
- 『대집경』(『대정장』권13)
- 『금강삼매경』(『대정장』권9)
- 『능엄경의소석요초)(『卍續藏』31책)
- 『현양성교론』(『대정장』권31)
- 『지관보행전홍결』(『대정장』권46)
- 『반주삼매경』(『대정장』권13)
- 『보살영락본업경』(『대정장』권24)
- 『화엄발보리심장』(『대정장』권45)
- 『대승기신론소』(『대정장』권44)
- 『대장엄법문경』(『대정장』권17)

- 『사익범천소문경』(『대정장』권15)
- 『석문자경록』(『대정장』권51)
- 『증일아함경』(『대정장』권2)
- 『인왕경』(『대정장』권8)
- 『전식론』(『대정장』권31)
- 『대승밀엄경(不空 역본)』(『대정장』권16)
- 『십이문론』(『대정장』권30)
- 『대방광불화엄경부사의불경계분』(『대정장』권10)
- 『금강삼매경론』(『대정장』권34)
- 『법화현의』(『대정장』권33)
- 『대승유식론』(『대정장』권31)
- 『화엄경탐현기』(『대정장』권35)
- 『불지론』(『대정장』권26)
- 『법화현찬』(『대정장』권34)
- 『보리달마론』(박건주 역주, 운주사, 2013)
- 『선종영가집』(『대정장』권48)
- 『절관론 역주』(박건주 역주, 운주사, 2012)
- 『사기』, 『예기』, 『상서』, 『관자』
- 『순자』, 『공자가어』, 『논어』, 『역경』

나. 연구논저

- 『永明延壽大師研究』(杭州佛學院編, 北京, 宗教文化出版社, 2005. 8))
- 『中國禪宗通史』(杜繼文・魏道儒 著, 南京, 江蘇人民出版社, 2007)
- 『중국초기선종 능가선법 연구』(박건주, 운주사, 2007)
- 「永明延壽的淨土信仰之確立」(楊笑天, 『佛學研究』, 1998年7期)
- 「永明延壽的融合思想及其影響」(潘桂明, 『佛學研究』, 1994年3期)
- 『傅大士研究』(張勇, 成都, 巴蜀書社, 2000)
- 『華嚴禪の思想史的研究』(吉津宜英, 東京, 大東出版社, 1985)
- 『中國天台宗通史』(潘桂明・吳忠偉, 南京, 2001)
- 『唐五代禪宗史』(楊曾文, 北京, 中國社會科學出版社, 1999)

저 자

북송(北宋) 영명연수(永明延壽, 904~975)

영명연수는 선종 法眼宗의 제3조, 정토종 제6조이다. 당 昭宗4년(904) 江蘇 단양에서 출생. 주로 항주 부근에서 5대10국으로부터 북송초기에 걸쳐 활동. 법안종 천태덕소의 玄旨를 이었다. 교학의 전 방면에 통달, 달마선의 교선일치론을 근간으로 천태, 화엄, 유식, 정토, 중관, 열반, 능엄선, 밀교 등의 교의와 선지를 아우르며, 『종경록』100권, 『주심부』, 『만선동귀집(萬善同歸集)』·『유심결(唯心決)』1권 등 61종 197권의 저술을 남겼다. 특히 唯心淨土에 의한 禪淨雙修論 은 후대에 큰 영향을 끼쳤다. 북송 개보8년(975) 72세로 입적.

역 주

원조(元照) 박건주(朴健柱, keon202@hanmail.net)

전남 목포 출생, 전남대 사학과 동 대학원 석사,
성균관대 대학원, 사학과 박사 (문학박사, 동양사)
성균관대, 전남대 (현) 순천대, 목포대, 조선대 강사
동국역경원 역경위원, 전남대 종교문화연구소 전임연구원

저 서 『중국 초기선종 능가선법연구』, 『달마선』, 『중국고대사회의 법률』, 『초기선종 동산법문과 염불선』

역 서 『능가경역주』, 『능가사자기』, 『절관론 역주』, 『티베트밀교 무상심요법문』, 『위없는 깨달음의 길, 금강경』, 『하택신회선사어록 : 돈황문헌역주1』, 『북종선법문 : 돈황문헌역주2』, 『집고금불도논형(고려대장경)』, 『보리달마론』, 『아시아의 역사와 문화1 : 중국고대사』, 『풍토와 인간』 등이 있다.

註心賦 역주

초판 1쇄 인쇄   2014년 11월 20일
초판 1쇄 발행   2014년 11월 30일
초판 2쇄 발행   2015년 9월 15일

저   자 | 영명연수(永明延壽)
역   주 | 박건주(朴健柱)
펴 낸 이 | 하운근
펴 낸 곳 | 學古房

주   소 | 경기도 고양시 덕양구 통일로 140 삼송테크노밸리 A동 B224
전   화 | (02)353-9908   편집부(02)356-9903
팩   스 | (02)6959-8234
홈페이지 | http://hakgobang.co.kr/
전자우편 | hakgobang@naver.com,   hakgobang@chol.com
등록번호 | 제311-1994-000001호

ISBN   978-89-6071-450-2   93220

값 : 50,000원

이 도서의 국립중앙도서관 출판시도서목록(CIP)은 서지정보유통지원시스템 홈페이지
(http://seoji.nl.go.kr)와 국가자료공동목록시스템(http://www.nl.go.kr/kolisnet)에서 이용하실 수
있습니다.(CIP제어번호: CIP2014033224)

■ 파본은 교환해 드립니다.